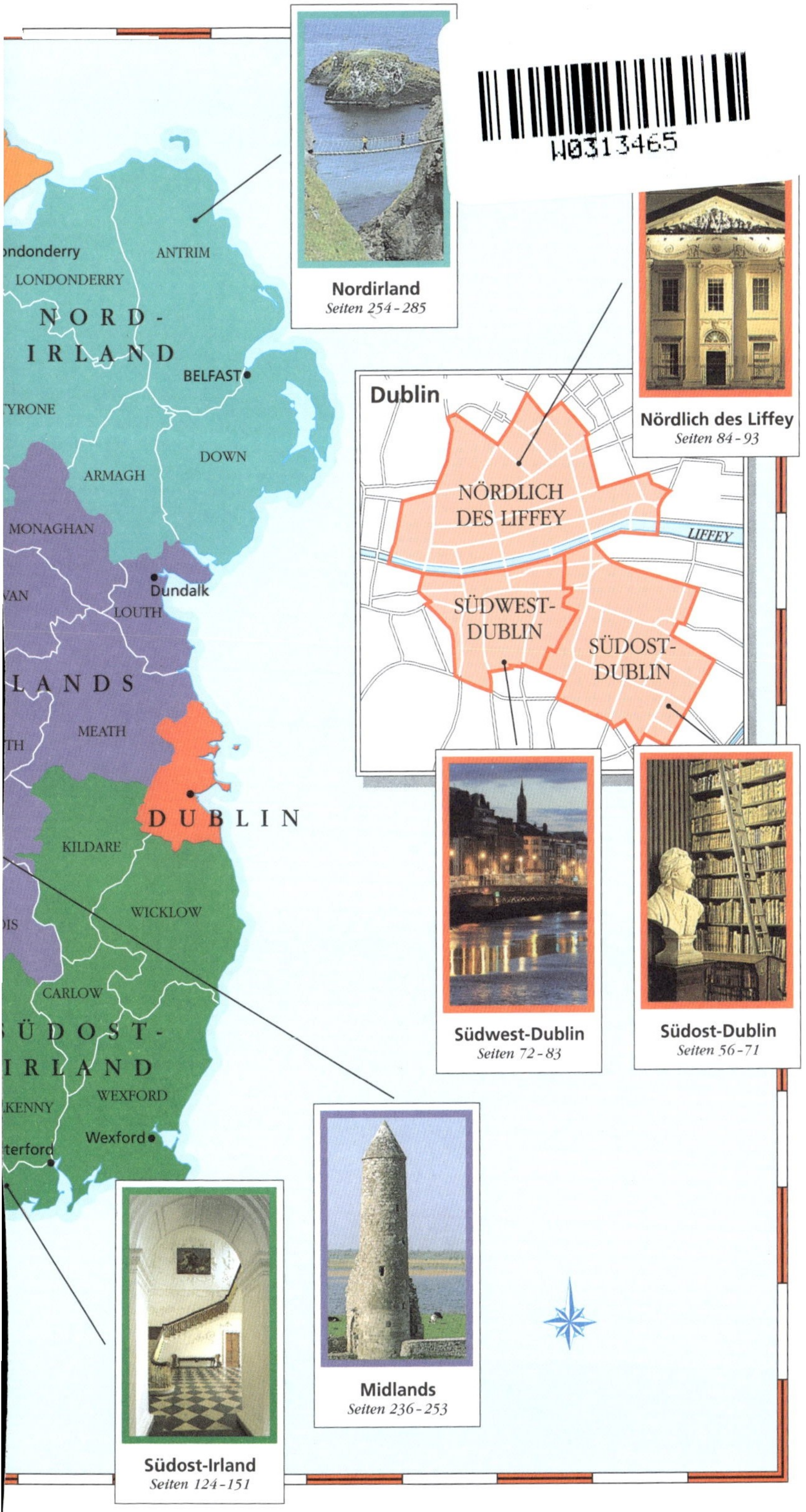

ANTRIM
LONDONDERRY
NORD-IRLAND
BELFAST
DOWN
ARMAGH
MONAGHAN
Dundalk
LOUTH
MEATH
DUBLIN
KILDARE
WICKLOW
CARLOW
WEXFORD
Wexford
Nordirland
Seiten 254-285
Dublin
NÖRDLICH DES LIFFEY
LIFFEY
SÜDWEST-DUBLIN
SÜDOST-DUBLIN
Nördlich des Liffey
Seiten 84-93
Südwest-Dublin
Seiten 72-83
Südost-Dublin
Seiten 56-71
Midlands
Seiten 236-253
Südost-Irland
Seiten 124-151

Vis-à-Vis

IRLAND

Vis-à-Vis

IRLAND

Hauptautoren:
Lisa Gerard-Sharp und Tim Perry

DORLING KINDERSLEY
LONDON • NEW YORK • MÜNCHEN
MELBOURNE • DELHI
www.dorlingkindersley.de

Ein Dorling Kindersley Buch

www.dorlingkindersley.de

Texte
Una Carlin, Polly Phillimore, Susan Poole, Martin Walters

Fotografien
Joe Cornish, Tim Daly, Alan Williams

Illustrationen
Draughtsman Maps, Maltings Partnership, Robbie Polley

Kartografie
Gary Bowes, Margaret Slowey, Richard Toomey
(ERA-Maptec, Dublin, Irland)

Redaktion und Gestaltung
Dorling Kindersley, London: Ferdie McDonald, Lisa Kosky, Maggie Crowley, Simon Farbrother, Emily Hatchwell, Seán O'Connell, Jane Simmonds, Joy FitzSimmons, Jaki Grosvenor, Katie Peacock, Jan Richter, Samantha Borland, Adam Moore; Vivien Crump, Helen Partington, Steve Knowlden, Douglas Amrine, Gaye Allen, David Proffit, Hilary Stephens

•

Titel der englischen Originalausgabe:
Eyewitness Travel Guide *Ireland*
Zuerst erschienen 1995 in Großbritannien
bei Dorling Kindersley Ltd.
A Penguin Company

•

Für die deutsche Ausgabe:

Aktualisierte Neuauflage 2013 / 2014

•

Programmleitung Dr. Jörg Theilacker, Dorling Kindersley Verlag
Projektleitung Stefanie Franz, Dorling Kindersley Verlag
Übersetzung Christian Quatmann, Werner Kügler, Carla Meyer
Redaktion Dr. Gabriele Rupp, München; Bernhard Lück, Augsburg
Schlussredaktion Harald Grätz, München
Satz und Produktion Dorling Kindersley Verlag
Lithografie Colourscan, Singapur
Druck South China Printing Co. Ltd., China

ISBN 978-3-8310-1983-0
13 14 15 16 16 15 14 13 12

Dieser Reiseführer wird regelmäßig aktualisiert. Angaben wie Telefonnummern, Öffnungszeiten, Adressen, Preise und Fahrpläne können sich jedoch ändern. Der Verlag kann für fehlerhafte oder veraltete Angaben nicht haftbar gemacht werden. Für Hinweise, Verbesserungsvorschläge und Korrekturen ist der Verlag dankbar. Bitte richten Sie Ihr Schreiben an:

Dorling Kindersley Verlag GmbH
Redaktion Reiseführer
Arnulfstraße 124 • 80636 München
travel@dk-germany.de

◁ **Rock of Cashel im County Tipperary** ***(siehe S. 196f)***
◁◁ **Umschlag: Dunguaire Castle im County Galway** ***(siehe S. 212)***

Inhalt

Evangelisches Symbol aus dem ***Book of Kells (siehe S. 64)***

Irland stellt sich vor

Dublin

Georgianische Tür am Fitzwilliam Square, Dublin ***(siehe S. 68)***

Die Regionen Irlands

Verzierung am Chorus Gate auf Powerscourt *(siehe S. 134f)*

Leuchtturm am Spanish Point bei Mizen Head *(siehe S. 167)*

Zu Gast in Irland

Grund-informationen

Fassade eines Pubs in Dingle *(siehe S. 157)*

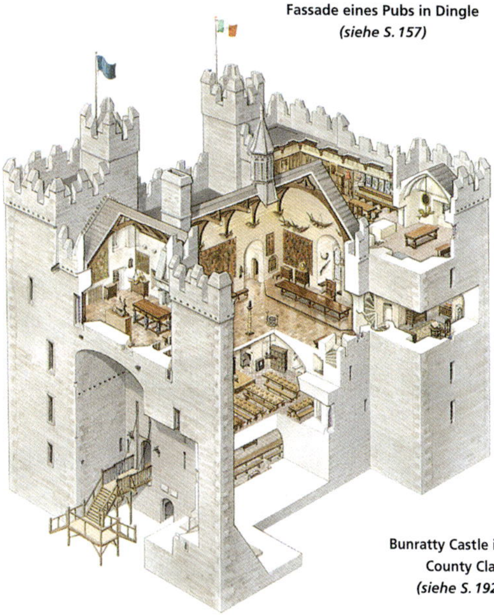

Bunratty Castle im County Clare *(siehe S. 192f)*

Benutzerhinweise

Dieser Reiseführer soll Ihren Besuch zu einem Erlebnis machen, das durch keinerlei praktische Probleme getrübt wird. Der Abschnitt *Irland stellt sich vor* beschreibt das Land und stellt es in einen historischen Zusammenhang. In den sieben Regionalkapiteln und in *Die Stadtteile Dublins* werden Sehenswürdigkeiten in Text und Bild beschrieben. Empfehlungen zu Hotels und Restaurants gibt das Kapitel *Zu Gast in Irland*. Die *Grundinformationen* helfen Ihnen beim Zurechtfinden und geben Ihnen viele praktische Tipps.

Die Stadtteile Dublins
Das Zentrum von Dublin ist in drei Kapitel unterteilt. Jedes beginnt mit einer Liste aller Sehenswürdigkeiten. Ein viertes Kapitel, *Abstecher*, beschreibt die Vororte und das County Dublin. Alle Einträge sind mit Nummern versehen, die mit denen auf der Stadtteil- und Detailkarte sowie bei den folgenden Einträgen identisch sind.

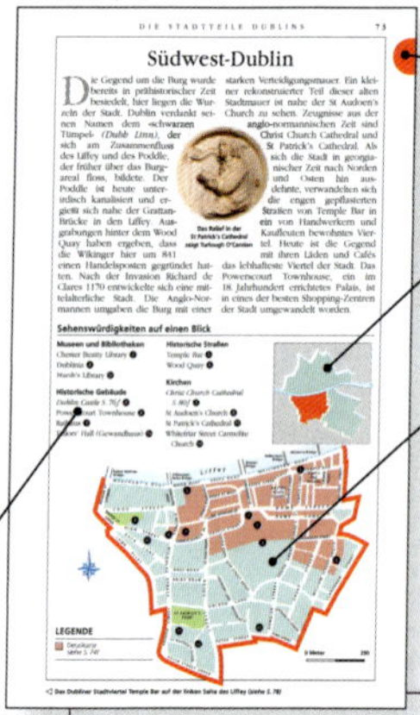

Alle Seiten, die sich auf Dublin beziehen, haben eine rote Farbcodierung.

Eine Orientierungskarte zeigt die Lage des Stadtteils, in dem Sie sich befinden.

1 Stadtteilkarte
Die beschriebenen Sehenswürdigkeiten sind auf der Karte durchnummeriert. Attraktionen in Dublin finden sich auch auf dem Stadtplan *auf den Seiten 116–119.*

Sehenswürdigkeiten auf einen Blick führt das Wichtigste auf: Kirchen, Museen und Sammlungen, historische Gebäude, Parks und Gärten.

2 Detailkarte
Diese Karte zeigt die Sehenswürdigkeiten eines Stadtteils aus der Vogelperspektive.

Die Routenempfehlung (rote Linie) führt Sie durch die interessantesten Straßen.

Sterne markieren herausragende Sehenswürdigkeiten.

3 Detaillierte Informationen
Alle Sehenswürdigkeiten werden einzeln beschrieben – mit Adresse, Telefonnummer, Öffnungszeiten und Eintrittspreisen.

Textkästen geben zusätzliche interessante Informationen.

1 Einführung
Die Landschaft und der Charakter jeder Region werden hier ebenso beschrieben wie ihre Entwicklung während der letzten Jahrhunderte und was sie dem Besucher heute zu bieten hat.

Die Regionen Irlands
Neben Dublin wurde Irland in diesem Buch in sieben Regionen unterteilt, denen jeweils ein Kapitel gewidmet ist. Die interessantesten Reiseziele einer Region sind nummeriert und auf einer *Regionalkarte* dargestellt.

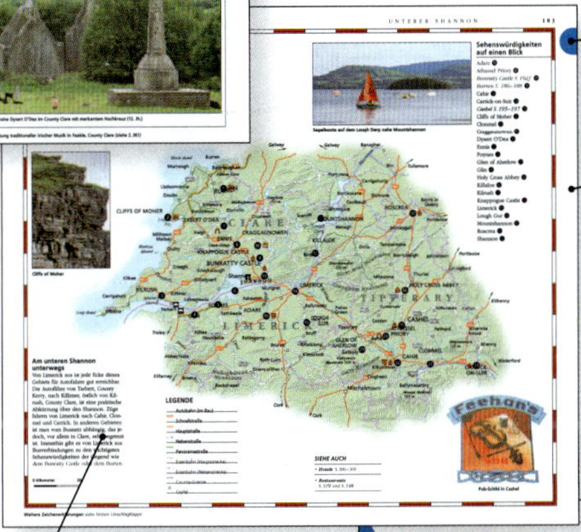

Jede Region kann durch die Farbcodierung (siehe vordere Umschlaginnenseiten) schnell gefunden werden.

2 Regionalkarte
Diese Karte zeigt eine Übersicht der ganzen Region. Alle Sehenswürdigkeiten sind nummeriert. Die Karte gibt auch hilfreiche Tipps für die Erkundung des Gebiets mit Auto, Bus oder Bahn.

In ... unterwegs informiert über Verkehrsverbindungen und Reisewege in einer Region.

3 Detaillierte Informationen
Die Reihenfolge der sehenswerten Reiseziele einer Region entspricht der Nummerierung auf der Regionalkarte. *Zu jedem Ort und jeder Sehenswürdigkeit gibt es detaillierte Informationen.*

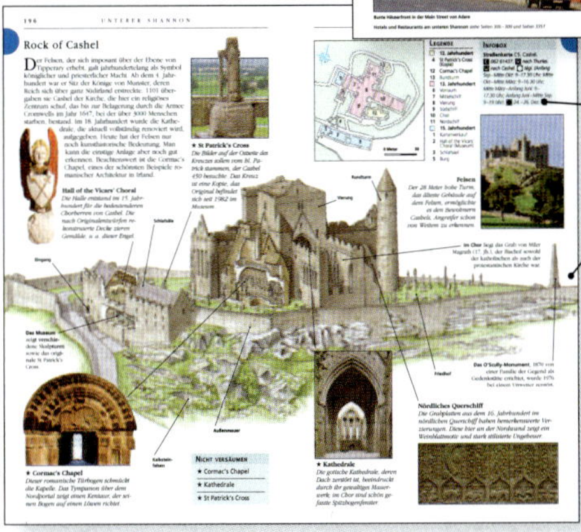

Die Infobox enthält Informationen, die für einen Besuch der Sehenswürdigkeit hilfreich sind.

4 Hauptsehenswürdigkeiten
Irlands Highlights werden auf zwei oder mehr Seiten, Orte oder Stadtzentren in 3-D-Perspektive, historische Bauten im Aufriss abgebildet.

Stadtplan Dublin
siehe Seiten 116–119
Straßenkarte Irland
hintere Umschlaginnenseiten

The Atlantic Inn
MADDENS
GALLEY

Irland stellt sich vor

Irland entdecken

Das reiche kulturelle Erbe, spektakuläre Landschaften und der gelassene Lebensstil seiner gastfreundlichen Bewohner machen Irland zum beliebten Reiseziel. Die vielen keltischen Ruinen, mittelalterlichen Festungen und stattlichen Residenzen verleihen dem Land einen geradezu majestätischen Anstrich. In diesem Reiseführer ist Irland in acht farbcodierte Regionen (mit der Provinz Nordirland und Dublin) aufgeteilt, die jeweils mehrere Countys (Bezirke) umfassen.

Büste des hl. Patrick

Dublin

- **Trinity College**
- **Keltische Schätze im National Museum**
- **Theater und Pubs**

Das kosmopolitische Dublin hat viele Attraktionen zu bieten, die nahe beieinanderliegen. Im **Trinity College**, 1592 von Queen Elizabeth I gegründet, kann man die Old Library mit dem mittelalterlichen *Book of Kells (siehe S. 62–64)* besichtigen. Das **National Museum** *(siehe S. 66f)*, ein paar Blocks entfernt, bietet einen faszinierenden Einblick in Irlands Vergangenheit. Die **National Gallery** *(siehe S. 70f)* zeigt exzellente Ausstellungen. Das Gebäude wird bis 2014 saniert.

Dublins Theaterlandschaft ist hervorragend. Stücke irischer Autoren inszeniert etwa das von W. B. Yeats gegründete **Abbey** *(siehe S. 88)*.

Im quirligen Viertel **Temple Bar** *(siehe S. 78)* findet man viel traditionelles Flair sowie beliebte Bars und Restaurants. Doch denken Sie daran: Dublin ist wesentlich kostspieliger als ländliche Gegenden.

Die Ha'penny Bridge *(siehe S. 93)* überspannt in Dublin den Liffey

Die grüne Landschaft um die Lakes of Killarney *(siehe S. 162f)*, County Kerry

Südost-Irland

- **Powerscourt**
- **Wicklow Mountains**
- **Strände**

Der »sonnige Südosten« gehört zu den beliebtesten Urlaubsregionen Irlands, da hier das Wetter im Sommer beständiger ist als im Rest des Landes. Die Hafenstadt **Rosslare** *(siehe S. 151)* hat einen wunderbaren Strand und einen exzellenten Golfplatz zu bieten.

Am Fuß des Great Sugar Loaf Mountain liegt das Anwesen **Powerscourt** *(siehe S. 134f)*, dessen Gärten zu den schönsten des Landes zählen.

In **Glendalough** *(siehe S. 140f)* in den Wicklow Mountains befinden sich die stimmungsvollen Ruinen einer Siedlung, die der hl. Kevin im 6. Jahrhundert gründete.

Cork und Kerry

- **Cork und Blarney Stone**
- **Bunte Fischerdörfer**
- **Lakes of Killarney**

Diese Region, eine der malerischsten des Landes, hat eine lange, zerklüftete Küste und Irlands höchste Berge zu bieten. Zu den zahllosen Wander- und Fahrradwegen gehört der berühmte **Ring of Kerry** *(siehe S. 164f)* rund um die Halbinsel Iveragh. Die klaren **Lakes of Killarney** *(siehe S. 162f)* zwischen den grünen Hügeln Zentral-Kerrys gehören zu Irlands beliebtesten Ferienzielen.

Cork, eine kleine, hübsche Stadt mit Flusspromenaden und verwinkelten Gassen, hat ein großes Kulturangebot *(siehe S. 174–177)*. Bei den Ruinen des **Blarney Castle** *(siehe S. 171)* stehen Besucher Schlange, um den Blarney Stone zu küssen, was Eloquenz verleihen soll. Die **Old Midleton Distillery** *(siehe S. 179)* östlich von Cork bietet Führungen und Proben für Whiskey-Liebhaber.

◁ Die neogotische Kathedrale St Colman's in Cobh, Cork *(siehe S. 178)*

Unterer Shannon

- **Der Burren**
- **Cliffs of Moher**
- **Frühchristliche Spuren**

Der Shannon fließt durch eine Region aus trockenem Kalkboden und feuchten Marschen, ehe er ins Meer mündet. Auf dem **Burren**, einer bizarren Mondlandschaft *(siehe S. 186–188)*, wachsen nur wenige Bäume. Die jäh abfallenden, nebelverhangenen **Cliffs of Moher**, die den Atlantikwinden ausgesetzt sind, gehören zu den spektakulärsten Küstenabschnitten *(siehe S. 184)*. Auf einem Hügel steht der **Rock of Cashel** (5. Jh.), zunächst Sitz der Könige von Munster, später religiöses Zentrum *(siehe S. 196f)*.

Der Poulnabrone Dolmen auf dem Kalksteinplateau des Burren

Westirland

- **Aran Islands**
- **Connemara National Park**
- **Charmantes Galway**

Irlands Westen ist eine Region der Gegensätze, mit Ackerland, zerklüfteten Küsten und kosmopolitischen Städten. Die irische Sprache (Gälisch) wird hier noch vielerorts gesprochen. Gepflegt wird auch die traditionelle Folklore. Auf den **Aran Islands** *(siehe S. 214f)* kann man das alte Irland erleben. Die Inseln haben sich in den letzten 100 Jahren kaum verändert.

Der **Connemara National Park** *(siehe S. 208)* umfasst vier der Twelve Bens, die sich hoch über Heideland

Bunte Ladenfronten im Zentrum Galways *(siehe S. 210f)*, Westirland

erheben. Hier leben Wanderfalken und halbwilde Connemara-Ponys.

Das quirlige **Galway** ist die am schnellsten wachsende Stadt Irlands – besitzt aber auch noch mittelalterliches Flair *(siehe S. 210f)*.

Nordwest-Irland

- **Wilde Strände und Küsten**
- **Prähistorische keltische Stätten**

Die relativ isoliert lebende Bevölkerung des Nordwestens spricht großteils noch Gälisch. Teil der eindrucksvollen Landschaft sind die imposanten Klippen der **Slieve League**, die bei Sonnenuntergang in Rottönen leuchten *(siehe S. 229)*. Schon die großen Bestände an Hirschwild machen **Glenveagh National Park and Castle** *(siehe S. 224f)* attraktiv. Zudem sind Lough Veagh und, außerhalb des Parks, das verwunschene Poisoned Glen sehenswert.

Midlands

- **Newgranges antike Gräber**
- **Ruinen von Clonmacnoise**

Die Midlands sind die Wiege der irischen Zivilisation. Die mysteriösen Gräber von **Newgrange** wurden um 3200 v. Chr. angelegt *(siehe S. 246f)*. Vom einst blühenden Kloster **Clonmacnoise** blieben nur gespenstische Ruinen *(siehe S. 250f)*.

Im georgianisch angelegten **Birr** *(siehe S. 253)* stehen schön restaurierte Häuser.

Nordirland

- **Giant's Causeway**
- **Faszinierende Seen**
- **Belfasts Nachtleben**

Bisher wurde Nordirland immer mit religiös-politischen Konflikten assoziiert. Seit sich friedlichere Zeiten anbahnen, erkunden Besucher wieder die **Mountains of Mourne** *(siehe S. 284)* und Irlands größten See, **Lough Neagh** *(siehe S. 274f)*.

Belfast *(siehe S. 276–279)* ist eine faszinierende Stadt mit politischen Bezügen, etwa den Wandbildern in West-Belfast. Das Cathedral Quarter ist ein kulturelles Zentrum mit architektonischen Juwelen.

Giant's Causeway *(siehe S. 262f)*, eine Formation aus Basaltsäulen, trägt zur wilden Schönheit der **Causeway Coast** *(siehe S. 261)* bei.

Ruine des Dunluce Castle in Nordirland *(siehe S. 261)*

Irland auf der Karte

Die Insel Irland bedeckt eine Fläche von 84430 Quadratkilometern. Sie liegt nordwestlich des europäischen Festlands im Atlantik und ist von England, Wales und Schottland durch die Irische See getrennt. Die Insel umfasst die Republik Irland sowie das zu Großbritannien gehörende Nordirland. Die Republik Irland (4,6 Millionen Einwohner) nimmt 85 Prozent der Inselfläche ein. Im britischen Nordirland leben 1,8 Millionen Menschen. Dublin, die Hauptstadt der Republik Irland, ist exzellent an das internationale Verkehrsnetz angebunden.

Europa

Viele Irland-Besucher reisen über Dublin ein, entweder mit der Fähre bis Dun Laoghaire oder per Flugzeug. Die meisten Fähren kommen aus Wales, Schottland oder Frankreich. Es gibt aber auch internationale Flüge nach Shannon, Belfast und Cork. Vom europäischen Festland aus fliegt man nonstop nach Dublin. Kleinere Flughäfen sind per Zwischenlandung in Großbritannien erreichbar.

0 Kilometer 100

0 Meilen 50

LEGENDE

- Flughafen
- Fährhafen
- Schnellfähre
- Autobahn
- Autobahn (im Bau)
- Hauptstraße
- Eisenbahn

Weitere Zeichenerklärungen *siehe hintere Umschlagklappe*

Großraum Dublin

Fast ein Drittel der Bewohner der Republik Irland lebt in Dublin. Das Stadtzentrum wurde verkehrsberuhigt. Hafen und Flughafen sind schnell zu erreichen.

Ein Porträt Irlands

Für viele Besucher ist die Grüne Insel das Land der strohgedeckten Cottages, der Pubs, der Musik und der Poesie. Wie alle Stereotype hat auch dieses Klischee einen wahren Kern. Die politische und wirtschaftliche Realität ist allerdings weniger ideal, doch der entspannte Humor seiner Bewohner machte Irland schon immer zu einem höchst angenehmen Reiseziel.

Irland ist ein geteiltes Gebiet, das von den Auseinandersetzungen zwischen zwei religiösen Gemeinschaften geprägt wird. Doch die Waffenruhe der IRA 1997 und das Karfreitagsabkommen gaben neue Hoffnung. Der Sozialdemokrat und Katholik John Hume und Protestantenführer David Trimble wurden gemeinsam mit dem Friedensnobelpreis geehrt. 1998 nahm das neue Parlament (Nordirische Regionalversammlung) die Arbeit auf.

Cathleen ní Houlihan, die Personifizierung Irlands

Irland ist oft von Kriegen und Katastrophen heimgesucht worden. Seinen Tiefpunkt erlebte das Land während der Großen Hungersnot (1845–48), als viele Iren auswanderten. In den USA leben mehr Menschen irischer Herkunft als in Irland. Auch die im Kampf um die Unabhängigkeit von Großbritannien erlittenen Wunden prägen bis heute das irische Selbstverständnis. Die Heldin des Yeats-Stücks *Cathleen ní Houlihan* ruft ihre jungen Landsleute dazu auf, ihr Leben für Irland hinzugeben. Ihr Bildnis zierte die erste Banknote, die der neue Staat (1921) mit Dominion-Status 1922 herausgab.

In beiden Teilen der Insel ist eine junge, gut ausgebildete Bevölkerung zu Hause. In der Republik sind 43 Prozent der Bevölkerung jünger als 30 Jahre.

Fassade des Dubliner Trinity College *(siehe S. 62f)*, der berühmtesten Universität der Republik Irland

◁ **Reetdach eines traditionellen Landhauses in Adare *(siehe S. 194)*, County Limerick**

Kleine Erstkommunikantin im County Kerry

Trotz hoher Geburtenraten ist das ländliche Irland nur dünn besiedelt. Die industrielle Revolution erreichte den Süden kaum. So blieb die Republik bis weit ins 20. Jahrhundert »altmodischer« und ärmer als die meisten übrigen Länder Westeuropas.

Wirtschaftliche Entwicklung

Steuervergünstigungen und niedrige Inflationsraten haben ausländische Investoren nach Irland gelockt. Heute haben dort viele Weltkonzerne Niederlassungen. Die Republik hat im Gegensatz zu Großbritannien den Euro eingeführt. Seit 2008 leidet Irland jedoch unter einer Rezession. Die Zahlen der Arbeitslosen und Auswanderer sind hoch, die Immobilienpreise liegen am Boden und die Staatsschulden haben kritisches Niveau erreicht.

Ein bedeutender Wirtschaftszweig ist der Fremdenverkehr: Die Republik wird alljährlich von mehr als 5,5 Millionen Gästen besucht, der Norden verzeichnet 1,4 Millionen Besucher.

Traditioneller irischer Tanz

Traditionell gab es in Nordirland weit mehr Industrie als im Süden, aber während des 25-jährigen Bürgerkriegs haben einige Branchen (z.B. der Schiffsbau) einen Niedergang erlebt. Neue Investoren fühlten sich abgeschreckt. Die Wahlen zur Nordirischen Regionalversammlung (Parlament) bereiteten den Weg für neue wirtschaftliche und politische Entwicklungen. Dennoch stehen dem Wohlstand Irlands geografische Nachteile entgegen: Die Insel liegt weit von ihren Hauptmärkten entfernt und muss hohe Transportkosten in Kauf nehmen. Das Verkehrssystem konnte jedoch dank EU-Subventionen verbessert werden.

Religion und Politik

Der Einfluss des Katholizismus ist zwar noch immer groß, aber nicht mehr so stark wie früher. Die Teilnahme an der Messe hat in den vergangenen Jahren stark nachgelassen. Doch spielt die Religion nach wie vor eine wichtige Rolle in der Politik. In der Diskussion über Fragen wie Empfängnisverhütung, Abtreibung, Scheidung oder Homosexualität ist eine konservative Einstellung vorherrschend.

Pflastermaler in der O'Connell Street, Dublin

Die Wahl der liberalen Juristin Mary Robinson zur ersten Präsidentin im Jahr 1990 und ihrer Nachfolgerin Mary McAleese 1998 wurde nicht nur von Frauen als Beginn einer auf-

Traditionelle Landwirtschaft: eine Wiese mit Heuschobern oberhalb der Clew Bay, County Mayo

geklärteren Epoche begrüßt. Das neue politische Klima begünstigte die Etablierung von Frauenrechten und bereitete der Vetternwirtschaft ein Ende.

Sprache und Kultur

Bis zum 16. Jahrhundert war das Gälische die Muttersprache der Bevölkerung Irlands. Seither ist das Englische dominierend. Heute ist die Republik Irland offiziell zweisprachig. Kenntnisse der irischen Sprache sind für den Zugang zur Universität und für den Staatsdienst Bedingung, obwohl gerade einmal elf Prozent der Bevölkerung fließend Gälisch sprechen.

Pony-Schau in Connemara

Die irische Kultur hat lebenskräftige Wurzeln. Die Menschen lieben die alten Volkssagen, die Lieder und die epische Dichtung des Landes – und sie verstehen es, Feste zu feiern. Musik ist geradezu eine nationale Leidenschaft der Iren. Das Spektrum reicht von Rockbands wie U2 zur Folk-Musik von Gruppen wie Clannad, den Chieftains oder Mary Black.

Eine weitere nationale Passion ist das Pferderennen. Fußball und die gälischen Sportarten wie Hurling, Camogie und Gaelic Football erfreuen sich ähnlicher Beliebtheit.

Mit den Pubs als Mittelpunkt des gesellschaftlichen Lebens ist auch das Trinken ein wesentlicher Bestandteil der irischen Kultur. Unglücklicherweise haben das 2004 eingeführte Rauchverbot und die darniederliegende Wirtschaft zu einem landesweiten Pub-Sterben geführt. Doch auch dieser Umstand wird den Iren nicht die Liebe zu Guinness, Klatsch und Musik nehmen können.

Matt Molloy's Pub in Westport, County Mayo

Flora und Fauna

Wachtelkönig oder Wiesenralle

Die irische Landschaft ist eine der größten Attraktionen des Landes. Sie variiert zwischen Sümpfen, Mooren und Seen im zentralen Tiefland und Bergen und Felseninseln im Westen. Zwischen diesen Extremen ist die Insel größtenteils von Weideland bedeckt. Wälder gibt es hingegen fast keine. Die noch nach traditionellen Methoden bewirtschafteten Teile des Westens bieten bedrohten Tierarten einen Lebensraum, wie etwa der Wiesenralle (Wachtelkönig), die mit Vorliebe auf naturnahen Wiesen brütet.

Irlands Fauna

Natterjack-Kröte

Aufgrund der Insellage leben in Irland nicht so viele Tiere wie auf dem Festland. So gibt es hier z. B. keine Schlangen, Maulwürfe, Wiesel oder Gemeinen Kröten (der Natterjack hingegen kommt vor). Die Waldmaus ist das einzige kleine Nagetier, das hier lebt. Das rote Eichhörnchen wurde durch das graue verdrängt.

Felsküste

Alpenkrähe

Die Dingle-Halbinsel *(siehe S. 158f)* gehört zu einer Reihe felsiger Landzungen mit fjordartigen Buchten. Sie entstanden, als der Meeresspiegel am Ende der letzten Eiszeit anstieg. Die Klippen und Inseln bieten vielen Meeresvögeln eine Heimat, so etwa riesigen Tölpel-Kolonien bei Little Skellig *(siehe S. 164f)*. Bis heute brütet auf den Klippen im äußersten Westen die Alpenkrähe.

Grasnelken *bilden ganze Gruppen und bringen vom Frühling bis zum Herbst immer neue rosa Blüten hervor.*

Strand-Leimkraut *ist eine niedrige Pflanzenart mit großen weißen Blüten und wächst auf Klippen und an steinigen Kiesstränden.*

Seen, Flüsse und Moore

Haubentaucher

Die wasserreiche Landschaft um Lough Oughter ist typisch für das Seenland am River Erne *(siehe S. 270f)*. Das ganze Jahr über fallen reichlich Niederschläge, deshalb sind vor allem die Flüsse Shannon *(siehe S. 185)* und Erne von Feuchtgebieten umgeben. Der elegante Haubentaucher brütet vor allem an den größeren Seen des Nordens.

Wasserlobelien *wachsen in seichten, steinigen Seen. Die Blätter sitzen unter Wasser, während die Blüten an blattlosen Stängeln oberhalb des Wasserspiegels gedeihen.*

Großes Flohkraut *wurde früher zur Bekämpfung von Ungeziefer verwendet. Es wächst auf feuchten Wiesen.*

Rotwild *ist in vielen Gegenden heimisch, vor allem in den Hügeln Connemaras.*

Robben *sind an der Atlantikküste ein vertrauter Anblick. Sie ernähren sich von Fisch und bisweilen auch von Seevögeln.*

Baummarder *sind meist nachtaktiv. Im Sommer sieht man sie bisweilen auch tagsüber.*

Otter *sind an flachen Stellen vor der Felsküste wesentlich verbreiteter als in Seen und Flüssen.*

Berge und Hochmoor

Stein-schmätzer

Genau wie im zentralen Tiefland *(siehe S. 252)* gibt es auch auf der übrigen Insel mit ihrem felsigen Untergrund Sumpfgebiete, vor allem im Westen wie hier in Connemara *(siehe S. 206–209)*. In höheren Lagen gehen diese Sümpfe in Heidemoor und karges Grasland über. Das in den Heidelandschaften heimische Schwarzkehlchen ist ein ruheloser Vogel mit schwarzem oder dunkelbraunem Kopf und orangeroter Brust.

Der Gagelstrauch *ist ein aromatischer Strauch. Die Blätter kann man zur Aromatisierung von Getränken verwenden.*

Fieberklee *wächst in den Fens und im Sumpfland. Die Blüten des auch Bitterklee genannten Gewächses sind weiß mit rosa Punkten.*

Weideland

Saat-krähe

Hügeliges Weideland mit grasendem Vieh – wie das hier abgebildete Vorland der Wicklow-Berge *(siehe S. 138f)* – ist in Irland ein vertrauter Anblick. Die traditionellen landwirtschaftlichen Methoden, die noch in weiten Teilen der Insel praktiziert werden, sind für Pflanzen und Tiere von Vorteil. Saatkrähen, die sich von Würmern und Insektenlarven ernähren, sind sehr verbreitet.

Die Wiesen-Platterbse *rankt sich an Gräsern und anderen Pflanzen empor. Ihre gelben Blüten wachsen in Traubenform.*

Sumpfdisteln *stehen auf feuchten Wiesen und in sumpfigen Gehölzen. Sie haben kleine purpurrote Blüten.*

Architektur

Fenster eines irischen Cottage

Die turbulente Geschichte Irlands hat das architektonische Erbe der Insel erheblich in Mitleidenschaft gezogen. Cromwells Truppen zerstörten im 17. Jahrhundert Dutzende von Burgen, Klöstern und Städten. Gleichwohl sind zahlreiche Gebäude und Anlagen erhalten geblieben. Die ältesten noch vorhandenen Siedlungen sind eisenzeitliche Befestigungen. Dem Christentum verdankt Irland Klöster, Kirchen und Rundtürme, den Konflikten zwischen den anglo-normannischen Adligen und den einheimischen Anführern Burgen und Turmhäuser. Die herrschende Schicht ließ prächtige Landsitze erbauen.

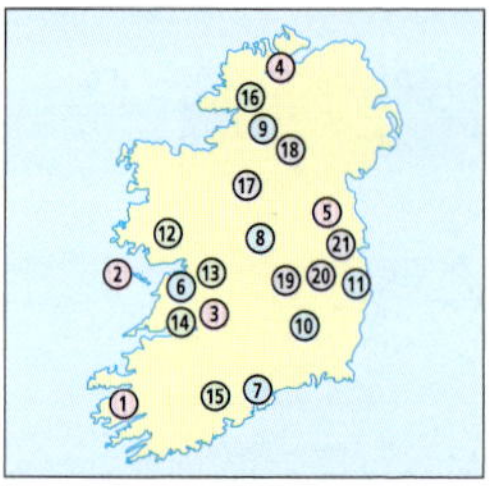

ZUR ORIENTIERUNG

- Eisenzeitliches Fort
- Rundturm
- Turmhaus
- Georgianisches Landhaus

Eisenzeitliche Befestigungsanlage

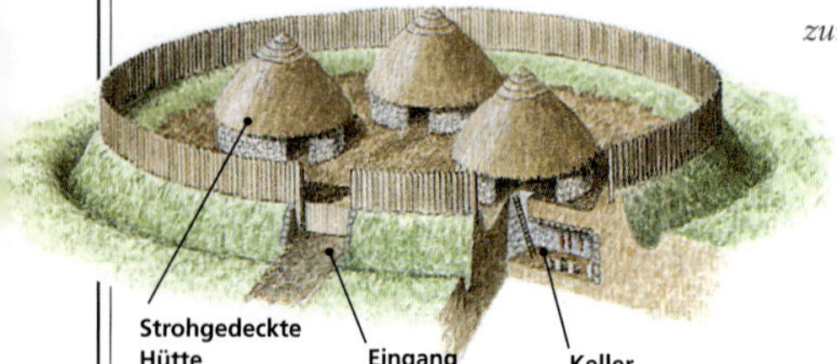

Ringforts, *eisenzeitliche Hofanlagen, waren zum Schutz vor Viehdieben mit einem Erdwall, einem Holzzaun und einem Graben umgeben. Innerhalb der Anlage lebten die Menschen in Hütten mit Kellern, die auch als Lagerräume und Verstecke dienten. Einige dieser Anlagen wurden bis ins 17. Jahrhundert benutzt. Heute sind nur noch kleine Wälle erkennbar. Im Westen wurden die Farmanlagen mit Steinen befestigt. Oft wurden sie auf Klippen errichtet.*

Rundturm

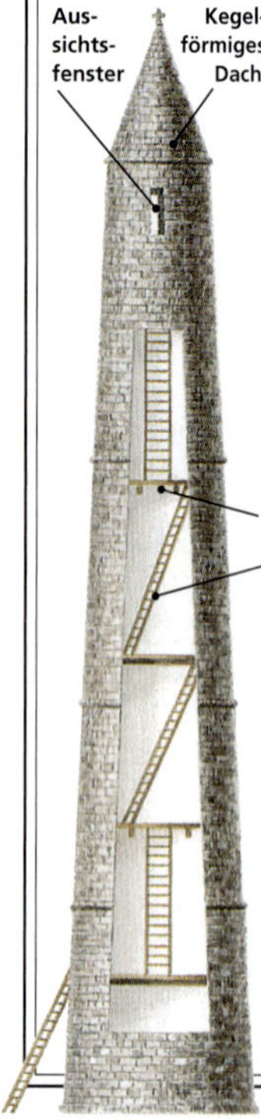

Rundtürme *wurden zwischen dem 10. und 12. Jahrhundert auf Klosteranlagen errichtet. Oft sind sie über 30 Meter hoch. Eigentlich waren es Glockentürme, doch sie dienten auch als Fliehburgen und zur Lagerung von wertvollen Manuskripten. Den Eingang, der sich bis zu vier Meter über dem Boden befand, erreichte man über eine Leiter, die dann hinaufgezogen wurde.*

Turmhaus

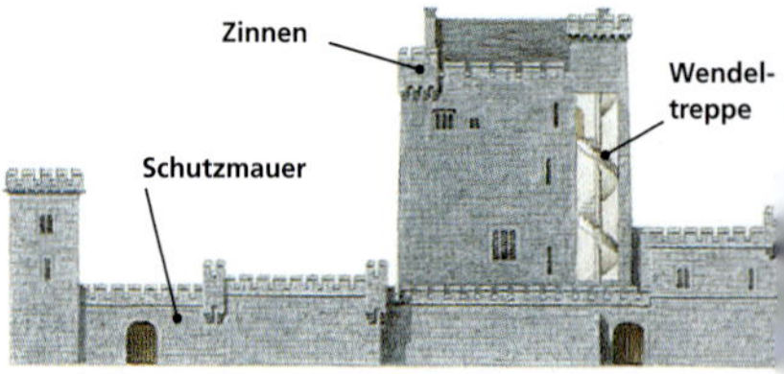

Turmhäuser *nennt man zwischen dem 15. und dem 17. Jahrhundert errichtete kleine Burgen oder befestigte Wohnanlagen. Das große rechteckige Haus war oft von einer Steinmauer eingefasst, die einen – der Verteidigung und als Viehgehege dienenden – befestigten Innenhof bildete. Oben auf dem Haus waren Zinnen angebracht, die bei Angriffen Schutz boten.*

Cottage

Cottages *mit nur einem Raum und einem Stroh- oder Schieferdach trifft man in Irland auch heute noch an. Die Häuschen aus Naturstein mit nur kleinen Fenstern (zur Wärmeisolierung) wurden von Landarbeitern und Kleinpächtern bewohnt.*

Eisenzeitliche Forts

① Staigue Fort *S. 164*
② Dún Aonghasa *S. 214*
③ Craggaunowen *S. 190*
④ Grianán Ailigh *S. 226f*
⑤ Hill of Tara *S. 248*

Rundtürme

⑥ Kilmacduagh *S. 212*
⑦ Ardmore *S. 145*
⑧ Clonmacnoise *S. 250f*
⑨ Devenish Island *S. 271*
⑩ Kilkenny *S. 144*
⑪ Glendalough *S. 140f*

Turmhäuser

⑫ Aughnanure Castle *S. 209*
⑬ Thoor Ballylee *S. 212f*
⑭ Knappogue Castle *S. 189*
⑮ Blarney Castle *S. 171*
⑯ Donegal Castle *S. 230*

Georgianische Landhäuser

⑰ Strokestown Park House *S. 218f*
⑱ Castle Coole *S. 272*
⑲ Emo Court *S. 253*
⑳ Russborough House *S. 132f*
㉑ Castletown House *S. 130f*

Der gut erhaltene Rundturm von Ardmore

Georgianische Landhäuser

Zwischen 1720 und 1800 *gaben vermögende Landbesitzer palastartige Landhäuser in dem im damaligen England populären palladianischen oder klassizistischen Stil in Auftrag. Das oben abgebildete Castle Coole ist eine dieser palladianischen Anlagen mit Hauptgebäude und zwei seitlichen Kolonnaden, die zu je einem kleinen Pavillon führen. Der klassizistische Einfluss zeigt sich an der schmucklosen Fassade und den dorischen Säulen der Kolonnaden. Die namhaftesten Architekten irischer Landhäuser sind Richard Castle (1690–1751) und James Wyatt (1746–1813).*

Stuckarbeiten

Die im 18. Jahrhundert beliebten Stuckverzierungen findet man in zahlreichen georgianischen Landsitzen sowie auch in Stadthäusern und öffentlichen Gebäuden. Wegen ihrer kunstvollen Stuckarbeiten (vor allem in Castletown und Russborough) waren die italienischen Brüder Francini besonders begehrt. Gleiches gilt für den irischen Kunsthandwerker Michael Stapleton (Trinity College).

Trompe-l'œil-Detail im Emo Court

Decke, Dublin Writers Museum

Stuckporträt im Castletown House

Stuckarbeit im Russborough House

Architektonische Fachbegriffe

Bienenstockhütte: Rundes Steingebäude mit einem Kuppeldach, das aus Schichten überstehender Steine gebildet wird.

Cashel: Fort mit Ringmauer.

Crannog: Teils künstlich angelegte Verteidigungsinsel in einem See, häufig mit Hütten bebaut *(siehe S. 33)*.

Ringmauer: Meist in Abständen mit Türmen bestückte Außenmauer einer Burg.

Hiberno-romanisch: Kirchenarchitektur mit Rundbogen, die mit geometrischen Mustern sowie Menschen- und Tierdarstellungen verziert sind. Der Stil wird auch als irisch-romanischer Stil bezeichnet.

Hügel und Palisadenzaun: Von einem Zaun eingefasste und von einem Holzturm gekrönte Bodenerhebung. Diese Anlagen ließen sich im Kriegsfall rasch errichten.

Tympanon: Oft verziertes Bogenfeld über einem Portal, einer Tür oder einem Fenster.

Literatur

Erstausgabe von *Ulysses*

Für ein kleines Land wie Irland ist es eine beachtliche Leistung, mit Shaw, Yeats, Beckett und Seamus Heaney vier Nobelpreisträger hervorgebracht zu haben. Dennoch kann man nicht von *der* irischen Literatur sprechen, da sie ländliche und städtische, protestantische und katholische Traditionen, gälisch- und englischsprachige Werke umfasst. Bis heute wird die Literatur Irlands durch Liebe zur Sprache und zum Fabulieren geprägt.

W. B. Yeats – Irlands berühmtester Poet

Die Blasket-Inseln, Inspiration für verschiedene Schriftsteller

Gälische Literatur

Die irische Literatur ist angeblich die älteste volkssprachliche Literatur Europas. Sie geht bis in jene monastischen Zeiten zurück, als die keltischen Sagen, z. B. das Cúchulainn-Epos *(siehe S. 26)*, erstmals niedergeschrieben wurden. Mit dem Verschwinden der irischen Aristokratie (17. Jh.) erlebte auch die gälische Literatur ihren Niedergang. Im 20. Jahrhundert feierte sie u. a. mit Peig Sayers' Berichten über das harte Leben auf den Blasket-Inseln *(siehe S. 158)* eine Wiedergeburt.

Anglo-irische Literatur

Der Zusammenbruch der gälischen Kultur und die Vorherrschaft des Protestantismus verschafften dem Englischen allmählich eine dominierende Stellung. Ein früher anglo-irischer Autor war der Satiriker Jonathan Swift, Verfasser von *Gullivers Reisen*, der 1667 als Sohn englischer Eltern in Dublin geboren wurde. Die anglo-irische Literatur kultivierte damals das Drama und maß ihrem heimatlichen Umfeld wenig Bedeutung bei. Zu den führenden Dramatikern, die nach 1700 auch in London populär waren, zählen Oliver Goldsmith mit seiner bekannten Komödie *She Stoops to Conquer* und Richard Brinsley Sheridan, der Verfasser von *The School for Scandal*. Anfang des 19. Jahrhunderts tat sich Maria Edgeworth mit Romanen wie *Castle Rackrent* hervor, in denen die Klassenunterschiede innerhalb der irischen Gesellschaft thematisiert wurden. Das 19. Jahrhundert erlebte einen Exodus irischer Dramatiker nach England. Darunter war auch Oscar Wilde, der ab 1874 die Universität Oxford besuchte und später mit Stücken wie *The Importance of Being Earnest* zum Liebling der Londoner Gesellschaft avancierte. Der in Dublin geborene, gesellschaftskritische Dramatiker, Pazifist und Nobelpreisträger George Bernard Shaw *(siehe S. 100)* ließ sich ebenfalls in London nieder.

Romanautorin Maria Edgeworth

Dramatiker George Bernard Shaw

Autoren des 20. Jahrhunderts

Im Jahr 1898 gründeten W. B. Yeats und Lady Gregory das Dubliner Abbey Theatre *(siehe S. 88)*. Die Eröffnung 1904 war zugleich das Startsignal für die *Irish Renaissance*, die sich auf nationale Themen konzentrierte. John Millington Synge ließ sich durch seine Liebe zu den Aran-Inseln und den Gestalten der irischen Sagen inspirieren, doch die in seinem *Playboy of the Western World* kultivierte »unmoralische Sprache« löste bei der Erstaufführung im Abbey

Theatre einen Skandal aus. Mit den Zeitgenossen Sean O'Casey und W. B. Yeats beeinflusste er Generationen irischer Autoren, etwa den Romancier Seán O'Faoláin, den Kolumnisten Flann O'Brien und Brendan Behan. Kinder der *Irish Renaissance* sind auch Patrick Kavanagh und Louis MacNeice, der als einer der besten Dichter seiner Generation galt.

Brendan Behan amüsiert sich in einem Dubliner Pub

Karikatur von Moralaposteln vor dem Abbey Theatre

Literarische Giganten

Aus der Vielzahl talentierter irischer Autoren ragen drei Personen besonders heraus: zunächst W. B. Yeats *(siehe S. 233)*, Verfasser von melancholischer Poesie, der zu den Vorkämpfern der *Irish Renaissance* gehörte und einer neuen nationalen Kulturidentität mit zum Durchbruch verhalf. James Joyce *(siehe S. 90)* war ein weiterer Revolutionär. Seine komplexen Erzähltechniken haben die Entwicklung des modernen Romans enorm beeinflusst. Der vielfach als literarische Offenbarung gefeierte Roman *Ulysses* beschreibt einen Tag in Dublin. Noch heute wird in der Stadt alljährlich der nach dem Protagonisten des Werks Leopold Bloom benannte »Bloomsday« begangen. Der letzte der drei Giganten, Samuel Beckett *(siehe S. 62)*, war ebenfalls gebürtiger Dubliner, der später nach Frankreich ging. In seinen Werken *Warten auf Godot* und *Endspiel* befasst Beckett sich mit der durch Entfremdung und Sinnlosigkeit charakterisierten menschlichen Existenz.

Patrick Kavanagh bei der Bloomsday-Feier

Zeitgenössische Autoren

Die literarische Tradition Irlands wird heute von talentierten Autoren weitergeführt. Zu den besten zählen William Trevor, ein Meister der Kurzgeschichte, und Brian Moore, dessen Geschichten sich mit politischer Desillusionierung befassen. Anne Enright (2007) und John Banville (2005) gewannen den Booker-Preis. Die Herkunft Roddy Doyles aus dem Arbeitermilieu spiegelt sich in *The Snapper* und *Paddy Clarke Ha Ha Ha*. Neben Joseph O'Connor, Cecelia Ahern, Colum McCann und Edna O'Brien gehören auch Seamus Heaney und Derek Mahon zu den herausragenden irischen Gegenwartsautoren.

Irland im Film

Immer wieder hat Irland die wichtigen Regisseure der Welt inspiriert. Das Land und seine Bewohner sind Gegenstand mehrerer bedeutender Filme. Die bekanntesten darunter sind: *The Crying Game* (1992), *Im Namen des Vaters* (1994) und *Michael Collins* (1996). Ein weiterer in Dublin spielender Film war *Die Commitments* (1991), ebenso wie der von der Kritik gefeierte Musikfilm *Once* (1997). *The Guard* (2011) mit Brendan Gleeson in der Hauptrolle wurde ebenfalls von der Fachwelt mit Lob überschüttet.

Mitwirkende in *Die Commitments* von Roddy Doyle

Musik

Irischer Jig

Irland ist der einzige Staat der Welt mit einem Musikinstrument – der Harfe – im Nationalwappen. Die Iren lieben Musik, auch moderne wie Country- oder Rockmusik, doch die traditionelle irische Folk Music ist dominierend. Ob man die bis ins Mittelalter zurückreichenden gälischen Liebeslieder hört oder die schottisch und englisch beeinflusste Volksmusik des 17. und 18. Jahrhunderts – der irische Charakter der Klänge ist unverkennbar. Zur irischen Musik gehört der Tanz. Etliche Melodien gehen auf jahrhundertealte Dreh- und Gigue-Tänze sowie Hornpipes (nach dem Blasinstrument benannte Tänze) zurück. Heute werden sie auf Veranstaltungen wie *fleadhs* und *ceilís* gespielt.

Turlough O'Carolan *(1670–1738) ist der berühmteste irische Harfenist. Der blinde Musiker spielte den Reichen wie den Armen gleichermaßen auf. Viele von O'Carolans Melodien, etwa* The Lamentation of Owen O'Neill, *sind bis heute beliebt.*

John F. McCormack *(1884–1945) Der irische Tenor feierte Anfang des 20. Jahrhunderts in Amerika große Erfolge. Besonders beliebt waren seine Aufnahmen von Mozart-Arien. Ein anderer Sänger, der Tenor Josef Locke aus Derry, wurde in den 1940er und 1950er Jahren mit Balladen populär. Sein Leben wurde 1992 in* Hear My Song *verfilmt.*

Piano-Akkordeon

Das Bodhrán ist eine in der Hand gehaltene Ziegenhaut-Trommel, die mit einem kleinen Stock geschlagen wird. Es klingt besonders schön zur Flöte.

Flöte

Zweireihiges Knopfgriff-Akkordeon

Zeitgenössische Musikszene

Mary Black

Heute ist Irland ein Schmelztiegel verschiedenster Musikstile. Die Renaissance der traditionellen Musik hat viele renommierte Musiker hervorgebracht, etwa die Flötenvirtuosen Liam O'Flynn und Paddy Keenan aus Dublin. Durch ihre Mischung von Alt und Neu haben es Gruppen wie die Chieftains und die Fureys zu Weltruhm gebracht. Dank Van Morrison und Bands wie Thin Lizzy und Boomtown Rats in den 1970er und 1980er Jahren ist Irland auch eine führende Rock-Nation. Die berühmteste irische Rockband ist U2 aus Dublin, die in den 1980er Jahren zu den beliebtesten Gruppen der Welt gehörte. Später folgten Sänger wie Enya, Mary Black, Sinéad O'Connor und Damien Rice sowie Gruppen wie The Cranberries, The Corrs, Boyzone und Westlife.

Bono von U2

Traditionelle irische Tänze *erfreuen sich neuerdings wieder wachsender Beliebtheit. Seit dem 17. Jahrhundert bilden die sonntäglichen Dorftänze einen Brennpunkt des ländlichen Gesellschaftslebens.*

Traditionelle Live-Musik

Überall in Irland gibt es Pubs mit Live-Musik. Traditionelle irische Musiker befolgen nur wenige Regeln. Aufgrund des Improvisationscharakters der Musik sind die Stücke nie völlig identisch.

Violinen werden entweder unter das Kinn geklemmt oder gegen Oberarm, Schulter oder Brust gehalten.

Irische Volkslieder, *etwa das nebenstehende über den Osteraufstand von 1916, haben meist ein patriotisches Thema. Es gibt aber auch Lieder, die nicht vom Befreiungskampf, sondern von Not, Emigration und vom Heimweh handeln.*

Traditionelle Instrumente

Traditionelle Bands kennen keine »feste« Besetzung. Wie die Musik selbst sind auch einige Instrumente keltischen Ursprungs. Die Uillean Pipes z. B. sind mit der heute in Schottland und England verbreiteten Variante des Dudelsacks verwandt.

Das irische Melodeon *ist der Urtyp des Knopfgriff-Akkordeons. Es passt besser zur irischen Volksmusik als das Piano-Akkordeon.*

Die Uillean Pipes *sind mit dem Dudelsack verwandt und gehören zu den Hauptinstrumenten traditioneller irischer Musik.*

Die Harfe *ist seit dem 10. Jahrhundert in Gebrauch. In der letzten Zeit spielt sie bei Darbietungen traditioneller irischer Musik wieder eine Rolle.*

Das Banjo *stammt aus dem Süden der USA und eröffnete den traditionellen Bands ganz neue klangliche Möglichkeiten.*

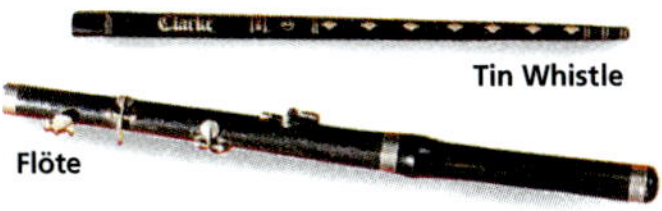

Tin Whistle

Flöte

Querflöte und Tin Whistle *gehören zu den beliebtesten Instrumenten der Volksmusik. Die Tin Whistle (auch Penny Whistle) ist eine einfache Flöte.*

Die Violine *wird von irischen Musikern »fiddle« genannt. Spieltechniken und Klangfarben variieren von Region zu Region.*

Keltisches Erbe

Steinfigur auf der Insel Boa

Irlands reiche erzählerische Tradition umfasst auch eine durch Mythen und Sagen geprägte volkstümliche Überlieferung. Etliche dieser Geschichten zirkulieren seit dem 8. Jahrhundert in schriftlicher Form, doch die meisten sind schon über 2000 Jahre alt. Sie wurden durch Druiden von Generation zu Generation mündlich weitergegeben und zeigen Ähnlichkeiten zu keltischen Sagen. Die irische Folklore ist voller Helden und furchtloser Krieger, aber auch Hexen, Kobolde, Feen und andere übernatürliche Geschöpfe treiben hier ihr (Un-)Wesen.

Teilansicht des 2300 Jahre alten Gundestrup-Kessels aus Dänemark, der Cúchulainns Triumph in der »Viehschlacht von Cooley« zeigt

Cúchulainn

Der berühmteste Krieger der irischen Mythologie ist Cúchulainn. Mit sieben Jahren tötete ein Junge namens Setanta den bissigen Hund des Schmieds Culainn durch einen Stockschlag. Culainn war sehr aufgebracht. Deshalb hütete Setanta fortan sein Haus und erwarb sich den neuen Namen Cúchulainn (»Hund des Culainn«).

Bevor er in die Schlacht ging, verwandelte sich Cúchulainn in einen Giganten, nahm eine andere Farbe an, und eines seiner Augen wurde riesig groß. Seinen größten Sieg errang er in der »Viehschlacht von Cooley«. Die mythische Königin Maeve von Connaught hatte ihren Truppen befohlen, den preisgekrönten Bullen von Ulster zu entführen. Doch Cúchulainn erfuhr davon und besiegte die Männer

Die Rachekönigin Maeve von Connaught

ganz allein. Maeve rächte sich und lockte ihn mithilfe von Zauberern in eine Todesfalle. Heute erinnert im Dubliner Hauptpostamt *(siehe S. 89)* eine Cúchulainn-Statue an die Helden des Osteraufstands von 1916.

Finn McCool

Der Krieger Finn McCool ist der berühmteste Anführer der Fianna, einer wegen ihrer Tapferkeit und Stärke gerühmten Truppe, die Irland gegen ausländische Invasoren verteidigte. Finn war aber nicht nur stark und kühn, sondern besaß auch Seherkräfte und konnte die Zukunft voraussagen, indem er seinen Daumen in den Mund steckte und daran saugte.

Wenn sie nicht gerade im Krieg waren, verbrachten die Mitglieder der Fianna ihre Zeit mit der Jagd. Finn hatte einen Hund namens Bran, der fast so groß war wie sein Herr und angeblich der Ahn-

Feen, Kobolde und Elfen

Grafische Darstellung eines winzigen Kobolds

Die Existenz von Geistern und »kleinen Leuten« (Feen) spielt in der irischen Mythologie eine große Rolle. Vor Jahrhunderten glaubte man daran, dass unter Erdhügeln Elfen wohnen und die Berührung von Elfen Unglück bringen würde. Berühmt waren vor allem die Kobolde. Wenn man einen dieser Wichte fing, so die Sage, führte er einen zu einem Goldtopf. Sobald man ihn jedoch einmal aus den Augen ließ, hatte er sich wieder in Luft aufgelöst. Die Todesfee war ein weiblicher Geist, dessen Wehklagen vor einem Haus den baldigen Tod eines der Hausbewohner ankündigte.

Todesfee mit flatterndem Haar

herr der heutigen Irischen Wolfshunde ist. Viele Fianna-Mitglieder besaßen übernatürliche Kräfte, etwa Finns Sohn Ossian, der nicht nur wie sein Vater als Krieger, sondern auch als weiser Dichter berühmt war.

Der Sage nach hat der meist als Riese dargestellte Finn den Giant's Causeway im County Antrim *(siehe S. 262f)* erbaut, um gegen den schottischen Riesen Benandonner zu kämpfen.

Darstellung des für die Schlacht gerüsteten Finn McCool

König Lirs Kinder

Eine der traurigsten Gestalten der irischen Sage ist König Lir, der seine vier Kinder so sehr liebte, dass deren Stiefmutter vor Eifersucht tobte. Eines Tages führte sie die Kinder an einen See und verzauberte sie in Schwäne, die von da an 900 Jahre lang auf den Gewässern Irlands ihr Dasein fristen sollten. Kaum hatte sie den Zauber ausgesprochen, wurde sie von Gewissensbissen gequält und schenkte den Schwänen die Gabe überirdisch

Die Kinder König Lirs werden in Schwäne verwandelt

schönen Gesangs. König Lir verfügte daraufhin, dass in Irland kein Schwan getötet werden dürfte – ein bis heute strafbares Vergehen. Das Ende des 900-jährigen Zaubers fiel mit der Ankunft des Christentums zusammen. Die Kinder gewannen menschliche Gestalt zurück und starben kurz darauf.

Hl. Brendan

Brendan, ein Mönchsmissionar (6. Jh.), war viel auf Reisen. Obwohl er vorwiegend in Westirland lebte, soll er sich auch in Wales, Schottland und Frankreich aufgehalten haben. Seine berühmteste Reise ist aber wohl eher Fiktion und geht auf keltische Sagen zurück: Das Schiff mit Brendan und Mönchen soll nach siebenjähriger Irrfahrt auf dem Meer und zahllosen Prüfungen endlich das Land der Verheißung entdeckt haben. Das Fest des hl. Brendan wird in Kerry bis zum heutigen Tag mit der Besteigung des Mount Brendan begangen.

Der hl. Brendan und seine Mönche begegnen einer Sirene, Holzschnitt

Ursprünge irischer Ortsnamen

Die Namen vieler Städte und Dörfer in Irland leiten sich von gälischen Bezeichnungen für auffallende Landschaftsmerkmale ab. Manche von ihnen sind mittlerweile verschwunden. Im Folgenden sind einige Bestandteile solcher Ortsnamen erklärt:

Die Festung auf dem Felsen von Cashel, Namensgeber der Stadt

Ar, ard – *hoch, Höhe*
Ass, ess – *Wasserfall*
A, ah, ath – *Furt*
Bal, bally – *Stadt*
Beg – *klein*
Ben – *Gipfel, Berg*
Carrick, carrig – *Fels*
Cashel – *Steinfestung*
Crock, knock – *Hügel*
Curra, curragh – *Marsch*
Darry, derry – *Eiche*
Dun – *Burg*
Eden – *Hügelabhang*
Innis, inch – *Insel*
Inver – *Flussmündung*
Isk, iska – *Wasser*
Glas, glass – *grün*
Glen, glyn – *Tal*
Kil, kill – *Kirche*
Lough – *See, Bucht*
Mona, mone – *Torfmoor*
Mor – *groß, ausgedehnt*
Mullen, mullin – *Mühle*
Rath, raha – *Festung*
Slieve – *Berg, Gebirge*
Toom – *Begräbnisstätte*
Tul, tulagh – *Hügelchen*

Die St Canice's Cathedral in Kilkenny (der Name bedeutet »Canices Kirche«)

Sport-Events

Alle wichtigen internationalen Mannschaftssportarten werden in Irland praktiziert, doch am beliebtesten sind Gaelic Football und Hurling, zwei traditionelle irische Spiele. Die meisten großen Spiele sind, wie auch Fußball- und Rugby-Spiele, lange im Voraus ausverkauft. Wer kein Ticket hat, kann sie sich auch in einem Pub im Fernsehen anschauen. Pferderennen, die es an insgesamt 240 Tagen des Jahres gibt, finden ebenfalls begeisterten Zuspruch. Wer sich selbst sportlich betätigen möchte, kann beispielsweise angeln oder Golf spielen.

North West 200 *ist das schnellste auf öffentlichen Straßen (unweit von Portstewart,* siehe S. 260*) ausgetragene Motorradrennen der Welt.*

Endspiel um den Irish Football League Cup – die nordirische Fußballmeisterschaft

Die Round-Ireland-Regatta findet nur alle zwei Jahre statt.

National Hunt Racing: viertägiges Pferderennen in Punchestown

Das irische Grand National *ist ein mörderisches Hindernisrennen bei Fairyhouse.*

Irish Champion Hurdle – Hindernisrennen in Leopardstown, County Dublin

Beginn der Lachsfangsaison

Das Six Nations Rugby Tournament *zwischen Irland, Schottland, Wales, England, Italien und Frankreich dauert bis April. Irland trägt seine Heimspiele im Aviva Stadium in Dublin aus.*

Die Internationale Seen-Rallye ist ein prestigeträchtiges Autorennen, das um die Seen von Killarney führt *(siehe S. 162f).*

Die Golfmeisterschaft Irish Open *zieht Weltklassespieler an, die auf Plätzen wie Ballybunion im County Kerry antreten.*

LEGENDE

- Hurling
- Gaelic Football
- Galopprennen
- Nationales Jagdrennen
- Rugby
- Fußball
- Lachsfang
- Reiten

Beim Irish Derby *auf der Rennstrecke The Curragh* (siehe S. 129) *sind viele der besten Dreijährigen Europas zu sehen.*

…ei der Cork Week-Regatta, *…ie alle zwei Jahre vom …oyal Cork Yacht …lub ausgerichtet wird, …essen sich Boote …ller Klassen.*

Das All-Ireland Football Final *wird im Croke Park in Dublin ausgetragen. Teilnehmer sind die beiden besten Countys, die im Gaelic Football aufeinandertreffen. Das Spiel wird von mehr Menschen verfolgt als jedes andere Sportereignis in Irland.*

Greyhound Derby im Shelbourne Park, Dublin

Bei der Galway Race Week geht es nicht nur um Pferdesport, sie ist auch ein wichtiges gesellschaftliches Ereignis.

Der Dublin Marathon *ist der wichtigste Marathonlauf Irlands. Das Rennen zieht zahlreiche Sportler an, darunter auch Spitzenathleten aus aller Welt.*

…li	August	September	Oktober	November	Dezember

Internationaler Wettbewerb der Kunstspringer in der Millstreet

Finale um den Cup des Irischen Fußballverbands

Die Dublin Horse Show *ist die wichtigste Pferdeschau des Landes – und gesellschaftliches Ereignis.*

Finale der irischen Hurling-Meisterschaft im Croke Park in Dublin

Die Gälische Athletenvereinigung

Die GAA (Gaelic Athletic Association; gälisch: Cumann Lúthchleas Gael) wurde 1884 zur Förderung traditioneller irischer Sportarten gegründet. Trotz der Konkurrenz des internationalen Fußballs ist in Irland noch immer Gaelic Football – eine Mischung aus Rugby und Fußball – am beliebtesten. Ähnlich populär ist Hurling, eine mit Holzschlägern gespielte schnelle und sehr körperbetonte Feldsportart, die schon in frühkeltischer Zeit entstanden sein soll. Sowohl Gaelic Football als auch Hurling werden von Amateuren auf Gemeinde- und Bezirksebene gespielt. Das nationale Hurling-Finale findet in Dublin statt.

Camogie, eine von Frauen bevorzugte Variante des Hurling

Die Geschichte Irlands

Südkreuz, Clonmacnoise

Wegen der abgeschiedenen Lage war Irland auch von der Geschichte Europas ein bisschen abgekoppelt. In Irland standen nie römische Legionen, stattdessen künden viele Sagen von kriegerischen Göttern und heroischen Königen aus der Frühzeit des Landes. Dennoch nahmen kriegerische keltische Stämme nach Ankunft des hl. Patrick auf der Insel 432 n. Chr. das Christentum an.

Bis zu den Wikingereinfällen (9. Jh.) erfreute sich Irland relativen Friedens. Es entstanden riesige Klöster, Zentren der Gelehrsamkeit und des Glaubens. Den Wikingern gelang es nie, die Insel völlig unter ihre Kontrolle zu bringen. 1169 trafen dann die Anglo-Normannen ein. Viele Stammesführer unterwarfen sich Henry II von England, der sich zum Lord Irlands ausrief. Er zog 1172 ab, seine Ritter teilten das Land auf.

Die Verhältnisse änderten sich, als der englische König Henry VIII 1532 mit dem Katholizismus brach und es zwischen irischen Katholiken und Truppen der englischen Krone zu erbitterten Kämpfen kam. Wo immer die Iren geschlagen wurden, ging das Land in den Besitz englischer oder schottischer Protestanten über. Vollendet wurde die Eroberung durch den Sieg Wilhelms III. von Oranien 1690 über seinen Schwiegervater James II. Die neue Ordnung unterdrückte die Iren, doch die Opposition gegen die Engländer bestand weiterhin.

Bei der Hungersnot (1845–48) starben bzw. emigrierten über zwei Millionen Menschen. Der Ruf nach Unabhängigkeit wurde lauter, aber es bedurfte noch jahrzehntelanger Debatten und blutiger Kämpfe, bevor das Land 1921 geteilt wurde: Im Süden entstand der Freistaat Irland. Nordirland verblieb bei Großbritannien, was blutige Konflikte zur Folge hatte. Das Karfreitagsabkommen (1998) mit Entwaffnung der paramilitärischen Gruppen ebnete den Weg für das neue nordirische Parlament. Hier regieren seit Mai 2007 die einstigen Gegner gemeinsam.

Karte von Irland (1592), auf der die vier traditionellen Provinzen zu sehen sind

◁ ***Das Fest des hl. Kevin inmitten der Ruinen von Glendalough (siehe S. 140f)* von Joseph Peacock (1813)**

Prähistorisches Irland

Frühbronzezeitliche Steinaxt

Bis vor etwa 9500 Jahren war Irland unbewohnt. Die ersten Menschen, die möglicherweise über eine Landbrücke von Schottland aus einwanderten, waren Jäger und Sammler, die nur wenige Siedlungsspuren hinterlassen haben. Im 4. Jahrtausend v. Chr. trafen jungsteinzeitliche Bauern und Viehhirten ein, die ihre Felder mit mächtigen Steinmauern einfassten und Monumentalgräber wie das in Newgrange errichteten. Die Eisenzeit begann im 3. Jahrhundert v. Chr. mit der Besiedlung Irlands durch die Kelten, die von Mitteleuropa aus auf die Insel gelangten und sich schon in kurzer Zeit als herrschende Kultur etablierten.

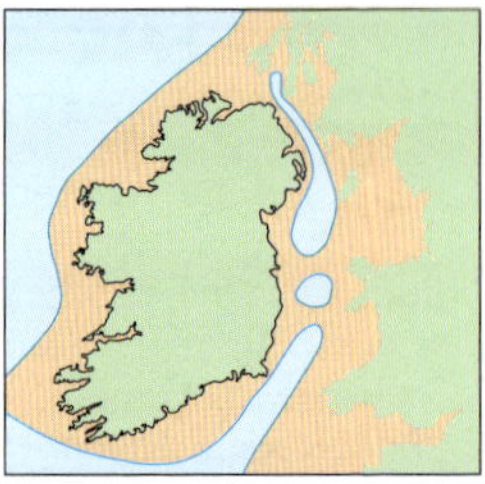

Irland um 8000 v. Chr.

Frühere Küstenlinie

Heutige Küstenlinie

Dolmen oder Portalgräber

*Die Megalithgräber datieren von etwa 2000 v. Chr. Der Dolmen von Legananny in den Bergen von Mourne (*siehe S. 284*) ist ein imposantes Beispiel.*

Diese Scheiben wurden auf den Schultern getragen.

Dreifache Seilschnüre

Ringkragen aus Gleninsheen

Die späte Bronzezeit hat viele Schmuckstücke hervorgebracht. Dieser Goldkragen stammt aus der Zeit um 700 v. Chr.

Holzgötze

Dieser Fetisch fand in heidnischen Fruchtbarkeitsriten Verwendung.

Keltischer Steingötze

Dieser dreigesichtige Kopf wurde im County Cavan gefunden. In der keltischen Religion hatte die Zahl Drei herausragende Bedeutung.

Bronzene Trense

Zwei mit reich verzierten Geschirren bespannte Pferde zogen die Kampfwagen.

ZEITSKALA

Ausgestorbener »Irischer Elch«

um 7500 v. Chr. Erstbesiedlung Irlands

5000–3000 Irland ist von dichten (hauptsächlich Eichen- und Ulmen-)Wäldern bedeckt

2500 Anlage des Passagen-Grabs von Newgrange *(siehe S. 246f)*

1500 Erhebliche Fortschritte in der Metallverarbeitung

8000 v. Chr.	6000	4000	2000	1000

6000 Aus dieser Zeit stammende Hütten wurden am Mount Sandel ausgegraben (älteste Siedlungen Europas)

3700 Neolithische Bauern erreichen Irland. Sie roden Wälder und bauen Getreide an

2050 Die nach ihren kunstvollen Tongefäßen benannten Becher-Leute erreichen Irland zu Beginn der Bronzezeit

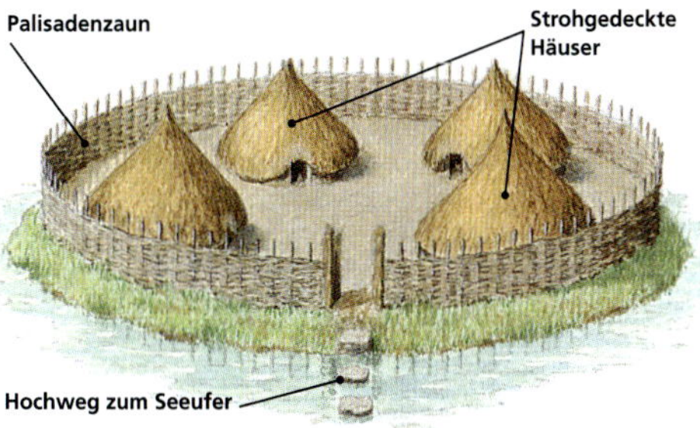

Rekonstruktion eines Crannog
Die seit der Bronzezeit in Seen angelegten künstlichen Inseln, die Crannogs, waren anfangs für die Fischerei gedacht. Sie entwickelten sich zu Wohnanlagen und blieben bis ins 17. Jahrhundert in Gebrauch.

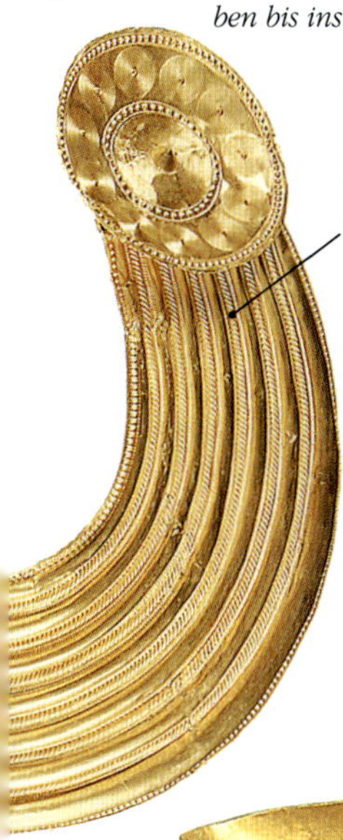

Die erhöhten Bänder des Ringkragens wurden von hinten in das Gewebe hineingetrieben. Die feinen Seilmotive wurden dann von vorn mit dem Messer eingraviert.

Dieses Knochenstück *(um 50 n. Chr.) wurde vermutlich zur Wahrsagerei verwendet.*

Goldboot
Dieses als Votivgabe geopferte Boot (1. Jh. n. Chr.) ist Bestandteil eines in Broighter entdeckten Goldschatzes.

Prähistorisches Irland

Zu den vorgeschichtlichen Stätten Irlands gehören die Anlage von Newgrange mit ihren Ganggräbern *(siehe S. 246f)*, der Dolmen von Brownshill *(siehe S. 141)* sowie Ossian's Grave. In Céide Fields *(S. 204)* und Lough Gur *(S. 194f)* gibt es prähistorische Siedlungen. Der größte steinzeitliche Friedhof liegt in Carrowmore *(S. 234)*. Nachbauten prähistorischer Stätten finden sich in Craggaunowen *(S. 190)*. Das National Museum – Archaeology in Dublin *(S. 66f)* besitzt die schönste Sammlung von Kunsthandwerk.

In Newgrange (siehe S. 246f) *liegt die am schönsten restaurierte jungsteinzeitliche Grabstätte Irlands.*

Ossian's Grave *ist ein Hofgrab, der früheste Typus neolithischer Gräber mit steinernem Hof vor dem Grabhügel* (siehe S. 267).

600 Erste Welle keltischer Einwanderer

500 Stammesfehden: Clan-Anführer streiten um den Titel des Ard Ri (Oberkönigs)

80 n. Chr. Der römische General Agricola erwägt die Invasion Irlands von Britannien aus

367 Das römische Britannien wird von Iren, Pikten und Sachsen angegriffen

50	500	250	1 n. Chr.	250

250 Zweite keltische Einwanderungswelle bringt den Stil der La-Tène-Kultur nach Irland

um 150 Der griechische Geograf Ptolemäus berichtet über Irland und zeichnet eine Karte der Insel

Mit Vögeln verzierter Bronze-Stachelstock

Aus Südfrankreich stammender Bronze-Schwertgriff

Keltisches Christentum

Ein Mönch illustriert ein Manuskript

Das keltische Irland war in über hundert Stammesgebiete unterteilt, von denen viele den Königen größerer Provinzen wie Munster und Connaught untertan waren. Bisweilen gab es auch einen offiziellen Oberkönig, der in Tara *(siehe S. 248)* residierte. Mit der Christianisierung im 5. Jahrhundert n. Chr. begann ein Zeitalter der Gelehrsamkeit, die vor allem in den Klöstern gepflegt wurde. Ende des 8. Jahrhunderts wurde Irland durch die Ankunft der Wikinger erschüttert.

Irland im Jahr 1000

Wikingersiedlungen

Die vier alten Provinzen

Ogham-Stein
Die älteste irische Schrift (Ogham) datiert von etwa 300 n. Chr. Die Einkerbungen entsprechen römischen Buchstaben.

Keltische Klöster

Die Klöster waren große Bevölkerungszentren. Die Rekonstruktion zeigt Glendalough *(siehe S. 140f)* um das Jahr 1100. Der große Rundturm diente dem Schutz vor Wikingern.

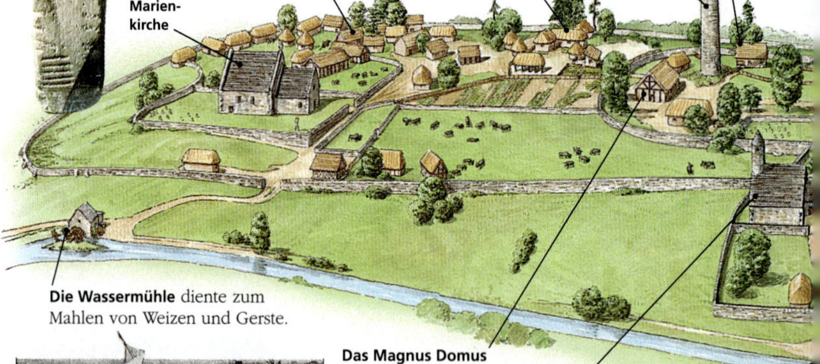

Schlacht von Clontarf
Nach ihrer Niederlage gegen den irischen Oberkönig Brian Ború 1014 integrierten sich die Wikinger in die einheimische Bevölkerung. Brian Ború selbst fand in der Schlacht den Tod.

ZEITSKALA

430 Papst entsendet den ersten christlichen Missionar

432 Beginn der Mission des hl. Patrick

455 Der hl. Patrick gründet Kirche in Armagh

Der hl. Patrick

400 | 500 | 600 | 700

um 550 Beginn des Goldenen Zeitalters des keltischen Klosterlebens

563 Der hl. Columba (Colmcille), der erste irische Missionar, gründet Kloster auf der Hebriden-Insel Iona

615 Der hl. Columba stirbt in Italien, nachdem er in ganz Europa viele Klöster gegründet hat

664 Synode von Whitby beschließt, dass die irische Kirche die Datierung des Osterfests von Rom übernimmt

um 690 Fertigstellung des *Buchs von Durrow (siehe S. 63)*

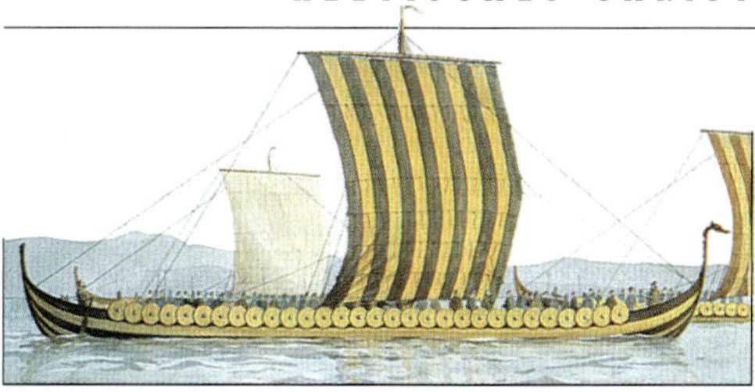

Überfälle und Niederlassung der Wikinger
Die ersten Langschiffe gingen 795 in Irland vor Anker. Die gefürchteten Wikinger führten neue Agrarmethoden und die Münzprägung ein. Sie gründeten auch Städte wie Dublin, Waterford und Limerick.

Goldvogel von Garryduff
Dieses Goldornament, vermutlich ein Zaunkönig, stammt etwa aus dem 7. Jahrhundert n. Chr.

e St Kieran's Church
ıd andere bedeu-
ınde Kirchen wur-
ːn aus Stein errich-
ː. Ansonsten gab es
ır Holzbauten.

Krummstab der Äbte von Clonmacnoise
Dieser Bischofsstab aus dem 11. Jahrhundert ist von einer verzierten Silberhülle umgeben.

Frühchristliche Stätten

Außer in Glendalough gibt es frühe Klosterbauten noch in Clonmacnoise und auf der Insel Devenish. Kirchen aus dieser Zeit stehen in Gallarus *(siehe S. 157)*, in Clonfert *(S. 213)* und auf dem Rock of Cashel *(S. 196f)*, Hochkreuze *(S. 243)* und Rundtürme *(S. 20)* findet man an vielen Stellen der Insel. Das National Museum – Archaeology in Dublin *(S. 66f)* besitzt eine exzellente Sammlung kirchlicher Kunstobjekte. Das Trinity College *(S. 62f)* birgt die schönsten illuminierten Manuskripte.

Devenish Island *mit seinem schönen Rundturm (12. Jh.) befindet sich am Lower Lough Erne* (siehe S. 271).

Clonmacnoise (siehe S. 250f) *liegt am Shannon-Ostufer. Das romanische Portal gehört zu den Ruinen einer Nonnenkirche.*

Wikinger-Silberbrosche

795 Erste Plünderung der Küstenklöster durch die Wikinger

967 Irische Krieger plündern Limerick und inszenieren Aufstand gegen Anführer der Wikinger

999 Sitric Seidenbart, der Wikingerkönig von Dublin, unterwirft sich Brian Ború

1166 Dermot McMurrough, König von Leinster, flieht

1134 In Cashel wird die Cormac's Chapel errichtet *(S. 196f)*

800 | 900 | 1000 | 1100

841 Eine große Flotte der Wikinger verbringt den Winter in Dublin

807 Beginn der Arbeiten am Kloster von Kells *(S. 241)*

1014 Oberkönig Brian Ború von Munster schlägt bei Clontarf die Streitkräfte der Wikinger und des Königs von Leinster

Wikingermünze

1142 Gründung des ersten Zisterzienserklosters in Mellifont *(siehe S. 245)*

Irland unter den Normannen

Goldbrosche (13. Jh.)

Von Richard de Clare (genannt »der Bogenheld«) geführte anglo-normannische Edelleute wurden 1170 vom König von Leinster ins Land gerufen. Sie brachten die wichtigsten Städte unter ihre Herrschaft. Henry II von England proklamierte sich zum Herrscher Irlands. In den folgenden Jahrhunderten verfiel die englische Herrschaft. Die englische Krone kontrollierte schließlich lediglich ein als »Pale« *(siehe S. 132)* bekanntes kleines Gebiet um Dublin.

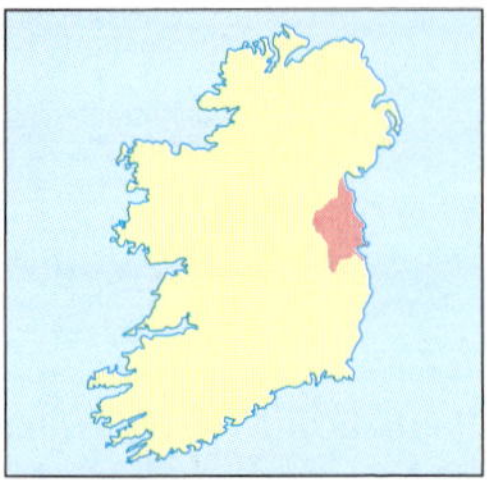

Irland im Jahr 1488

Ausdehnung des Pale-Gebiets

Hochzeit des »Bogenhelden«
Der König von Leinster gab dem »Bogenhelden« seine Tochter zur Frau, weil er ihm sein Land zurückerobert hatte (Gemälde von Daniel Maclise von 1854).

Normannische Waffen
Diese bei Waterford ausgegrabenen Pfeile und Bogen sind vielleicht nach de Clares Angriff 1170 zurückgeblieben.

Carrickfergus Castle

Die ersten anglo-normannischen Forts waren Holzbauten, die bald durch Steinburgen ersetzt wurden. Mit dem Bau von Carrickfergus *(siehe S. 275)* wurde kurz nach 1180 begonnen.

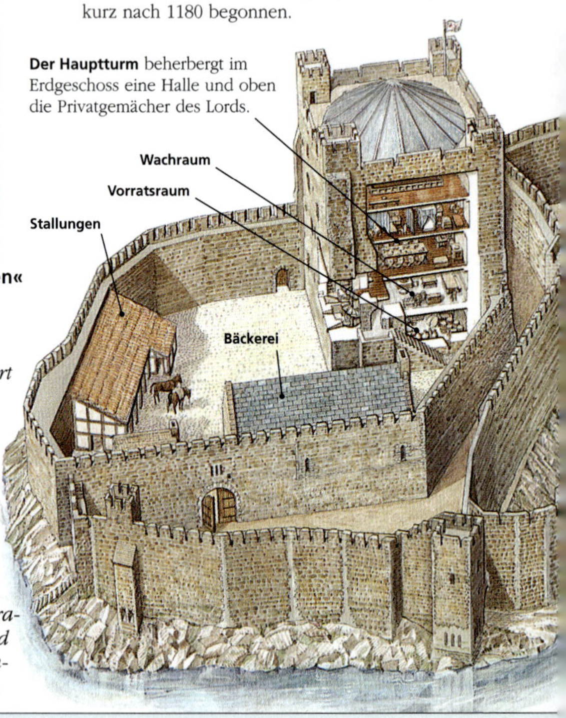

ZEITSKALA

1170 Richard de Clares Anglo-Normannen landen auf Wunsch des exilierten Königs von Leinster, Dermot McMurrough

1172 Papst bestätigt Lehensherrschaft von Henry II von England über Irland

1177 Courcys Truppen dringen nach Ulster ein

Dermot McMurrough, König von Leinster, der de Clare zu Hilfe gerufen hatte

1200

1224 Dominikaner kommen nach Irland und gründen Klöster

1250

1260 Der irische Führer Brian O'Neill fällt in der Schlacht von Down

1297 Erstes irisches Parlament tagt in Dublin

1300

1315 Schotten fallen in Irland ein. Edward Bruce wird zum König gekrönt

1318 Bruce fällt in der Schlacht

Rückkehr der Flotte Richards II nach England 1399
König Richard unternahm zwei Irlandfahrten – 1394 und 1399. Auf der ersten besiegte er Art McMurrough, den König von Leinster, die zweite blieb erfolglos.

Éamonn Burke
Der Lord von Mayo (14. Jh.) war ein typischer Vertreter der Adeligen anglo-normannischer Herkunft.

Anglo-Normannen

Gute Beispiele normannischer Festungsbauten in Irland sind die Burgen von Carrickfergus, Limerick *(S. 191)* und Trim *(S. 248)* sowie Waterfords Stadtmauern. Gotische Kathedralen: Christ Church *(S. 80f)* und St Patrick's *(S. 82f)* in Dublin sowie St Canice's *(S. 144)* in Kilkenny. Ruinen mittelalterlicher Zisterzienserabteien gibt es in Jerpoint und Boyle *(S. 219)* zu sehen.

Jerpoint Abbey (siehe S. 145) *hat einen Kreuzgang (15. Jh.), in den sonderbare Figuren geschnitzt wurden.*

Zu Waterfords *anglo-normannischer Befestigung gehört auch dieser Wachturm* (siehe S. 146f).

Große Charta von Waterford (1372) mit Porträts der Bürgermeister von vier mittelalterlichen Städten

1394 König Richard II landet mit Armee, um Herrschaft neu zu befestigen; fünf Jahre später zweite Expedition

1496 Kildare abermals Lord-Verwalter

1491 Kildare unterstützt Ansprüche Perkin Warbecks auf englischen Thron

1471 Achter Earl of Kildare zum Lord-Verwalter ernannt

1350 | **1400** | **1450**

1366 Statuten von Kilkenny verbieten Ehen zwischen Anglo-Normannen und Iren

1348 Schwarzer Tod: Ein Drittel der Bevölkerung stirbt in nur drei Jahren

Englische Truppen (links) stehen irischen Reitern gegenüber

1487 Kildare krönt in Dublin Lambert Simnel zum König Edward VI

1494 Lord-Verwalter Edward Poynings verbietet Tagungen des irischen Parlaments ohne königliche Zustimmung

Protestantische Eroberung

Hugh O'Neill, Earl of Tyrone

Der Bruch Englands mit der katholischen Kirche, die Auflösung der Klöster und die Selbsternennung Henrys VIII zum König von Irland verbitterten sowohl die alten anglo-normannischen Dynastien als auch die irischen Clans, etwa die O'Neills. Gegen starken Widerstand etablierte sich die englisch-protestantische Vorherrschaft erst nach 150 Jahren. Die Tudors und Stuarts verfolgten eine Politik der Neubesiedlung und militärischen Gewalt. Als der Katholik James II den englischen Thron bestieg, keimten in Irland Hoffnungen – doch er wurde abgesetzt und floh nach Irland, wo er 1690 von Wilhelm III. von Oranien geschlagen wurde.

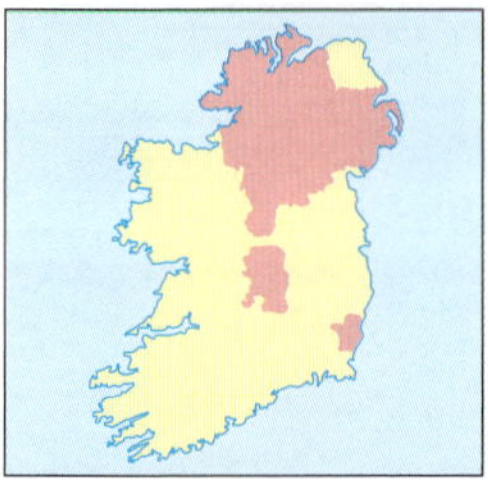

Irland im Jahr 1625

Hauptgebiete der Ansiedlungspolitik James' I

Schlacht am Boyne
Dieser Wandteppich der Bank von Irland (siehe S. 60) *zeigt Wilhelm von Oranien, der 1690 seine Truppen gegen die Armee James' II führt. Sein Sieg wird bis heute von den Oraniern in Nordirland gefeiert.*

Das erste Entsatzschiff, das Londonderry erreichte, war die *Phoenix*. Drei Monate lang wurden englische Schiffe durch eine Holzbarrikade an der Einfahrt in die Foyle-Bucht gehindert.

Die Armee James' II attackiert das Schiff vom Ostufer der Foyle-Bucht aus.

Die Waffen und Uniformen (17. Jh.) sind nicht historisch treu dargestellt.

Silken Thomas Fitzgerald
Silken Thomas, Führer der Kildarer, kündigte Henry VIII 1534 die Treue auf und wurde 1537 gemeinsam mit seinen fünf Onkeln gehängt.

ZEITSKALA

Henry VIII

1500

1504 8. Earl of Kildare macht sich nach dem Sieg bei Knocktoe zum Herrn Irlands

1525

1534 Silken Thomas rebelliert gegen Henry VIII

1539 Henry VIII löst Klöster auf

1541 Henry VIII wird vom irischen Parlament zum König von Irland proklamiert

1550

1557 Mary I lässt in Offaly und Laois erste Briten ansiedeln

Sir Thomas Lee, Offizier der Armee Elizabeths I, in irischer Tracht

1575

1582 Desmond-Rebellion in Munster

1585 Irland wird kartiert und in 32 Countys unterteilt

1588 Spanische Armada sinkt vor der Westküste

1592 Gründung des Trinity College in Dublin

160

Droghedas Belagerung
Zwischen 1649 und 1652 rächte Cromwells Armee Angriffe auf protestantische Siedler mit äußerster Härte. Hier leitet Cromwell die Beschießung Droghedas.

Fremdbesiedlung Irlands

James I erkannte, dass Irland sich durch Macht allein nicht unterjochen ließ. Er ließ deshalb die ansässigen Iren vertreiben und verteilte ihr Land an englische und schottische Protestanten. Diese Politik führte zur Entstehung vieler neuer loyaler Garnisonsstädte, die die englische Krone unterstützten.

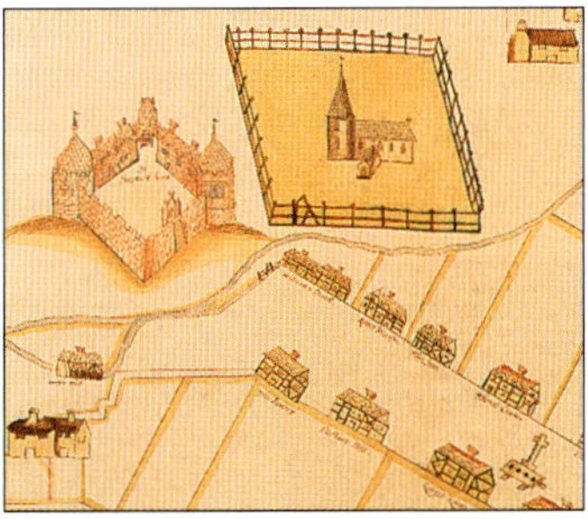

Bellaghy *im County Londonderry wurde von der Weinhändler-Gilde besiedelt. Diese Karte der präzise geplanten Stadt entstand 1622.*

Die Stadtmauern von Derry sind nie von Angreifern zerstört worden. Viele der Tore und Bastionen aus dem 17. Jahrhundert, die die Belagerung von 1689 überstanden haben, sind noch gut erhalten *(siehe S. 258f)*.

Protestanten stürmen den englischen Entsatztruppen aus der belagerten Stadt entgegen und schlagen auf den Feind ein.

Derrys Befreiung

Rund 20 000 Protestanten wurden 1689 von den Streitkräften James' II 105 Tage lang in Londonderry belagert. Tausende verhungerten, bis englische Kriegsschiffe zu Hilfe kamen. Das Gemälde von William Sadler II (18. Jh.) zeigt das Ende der Belagerung.

Loftus Cup
Adam Loftus, Kanzler von Irland, nutzte seine Position zur eigenen Bereicherung. 1593 ließ er das große Siegel von Irland einschmelzen und diesen vergoldeten Silberpokal fertigen.

1607 Irischer Hochadel flieht auf den europäischen Kontinent. Britische Neusiedler in Ulster

1632 Wichtiges irisches Geschichtswerk: *The Annals of the Four Masters*, von vier Franziskanermönchen aus Donegal verfasst

Protestantische Lehrjungen schließen vor der Belagerung von 1689 die Stadttore von Derry

1690 Wilhelm von Oranien schlägt James II in der Schlacht am Boyne. James' Armee kapituliert im folgenden Jahr in Limerick

1625 | **1650** | **1675** | **1700**

1603 Earl of Tyrone beendet durch Vertrag von Mellifont den achtjährigen Krieg

1641 Bewaffneter Aufstand in Ulster gegen Neuansiedlung

1649 Cromwell landet in Dublin, zerstört Drogheda und Wexford. Katholische Landbesitzer werden in den äußersten Westen umgesiedelt

1688 James II, der abgesetzte katholische König von England, flieht nach Irland und organisiert dort seine Truppen

1689 Belagerung Londonderrys

1695 Strafgesetze beschneiden drastisch die Rechte der Katholiken

Georgianisches Irland

Kabinettschrank im Castletown House

Zur Zeit der protestantischen Vorherrschaft lebte die landbesitzende Oberschicht in großem Wohlstand und baute prächtige Landhäuser. Die Katholiken durften zu jener Zeit nicht einmal Land kaufen. Ende des 18. Jahrhunderts forderten Radikale die Unabhängigkeit von der englischen Krone. Premierminister Henry Grattan versuchte, das Ziel auf parlamentarischem Weg zu erreichen. Wolfe Tone und die United Irishmen plädierten für einen bewaffneten Aufstand. Beide Wege scheiterten letztlich.

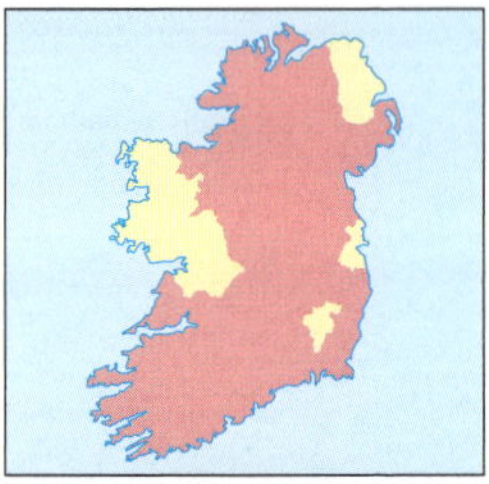

Irland im Jahr 1703

Countys mit 75 Prozent Landbesitz für Protestanten

Irisches Parlament
Das Gemälde zeigt den irischen Politiker Henry Grattan (siehe S. 60). *Das »Grattan-Parlament« tagte von 1782 bis 1800, wurde dann jedoch durch das Vereinigungsgesetz abgeschafft.*

Infrastruktur
Im 18. Jahrhundert wurden ehrgeizige Projekte wie der Grand Canal gebaut, aber auch Überlandstraßen und breite Straßen und Plätze in Dublin.

ZEITSKALA

Jonathan Swift (1667–1745)

1710 – 1720 – 1730 – 1740 – 1750

- **1713** Jonathan Swift wird zum Dechanten der St Patrick's Cathedral ernannt *(siehe S. 82f)*
- **1724** Jonathan Swift greift in *Ein bescheidener Vorschlag* die irischen Strafgesetze an
- **1731** Gründung der Dublin Society zur Förderung der Landwirtschaft, der Künste und des Handwerks
- **1731** Erstausgabe des *Belfast Newsletter*, der ältesten bis heute erscheinenden Zeitung der Welt
- **1738** Tod des berühmtesten irischen Harfenisten Turlough O'Carolan *(siehe S. 24)*
- **1742** Uraufführung von Händels *Messias* in Dublin
- **1751** Das Rotunda-Hospital in Dublin ist das erste Entbindungskrankenhaus der Britischen Inseln

Leinenbleiche
In Ulster erblühte dank eingewanderter hugenottischer Fachkräfte die Leinenindustrie. Das fertige Gewebe wurde auf Feldern oder an Flussufern ausgelegt (siehe S. 268).

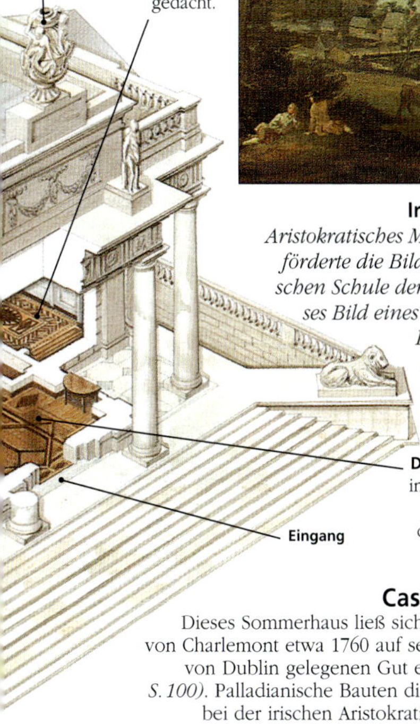

Die klassizistischen Urnen auf dem Dach kaschieren die Kamine.

Das Porzellankabinett war als Schlafzimmer gedacht.

Die Halle mündet in eine halbkreisförmige Apsis, die in den Salon führt.

Eingang

Irische Malerei
Aristokratisches Mäzenatentum förderte die Bildung einer irischen Schule der Malerei. Dieses Bild eines unbekannten Künstlers zeigt Leixlip Castle.

Casino Marino

Dieses Sommerhaus ließ sich der Erste Earl von Charlemont etwa 1760 auf seinem nördlich von Dublin gelegenen Gut errichten *(siehe S. 100)*. Palladianische Bauten dieser Art waren bei der irischen Aristokratie sehr beliebt.

Georgianisches Irland

Dublin besitzt eine Vielzahl an georgianischen *terraces* und öffentlichen Gebäuden, darunter das Zollhaus *(siehe S. 88)* und die Four Courts *(S. 92f)*. In der Umgebung der Stadt erinnern in Castletown *(S. 130f)*, Russborough und Powerscourt *(S. 134f)* Landhäuser an den Lebensstil der Oberschicht im 18. Jahrhundert. Sehenswert sind auch Emo Court, Westport House *(S. 204)* und Castle Coole *(S. 272)*.

Emo Court *mit seinem schlichten ionischen Portikus ist ein Werk von James Gandon, der auch viele der öffentlichen Gebäude Dublins gebaut hat.*

Russborough House (siehe S. 132f) *wurde 1741 von Richard Castle erbaut. Elegante Nischen flankieren den großen Kamin in der Eingangshalle.*

Eingang der Guinness-Brauerei

1782 Parlament erhält mehr Unabhängigkeit von London

Die Irischen Freiwilligen, die das Parlament zu Reformen drängten

1798 Rebellion der United Irishmen niedergeschlagen

1760 | **1770** | **1780** | **1790**

1759 Arthur Guinness kauft die St James's Gate Brewery in Dublin

Zollhaus

1791 James Gandons Zollhaus in Dublin erbaut

1793 Begrenzte rechtliche Gleichstellung der irischen Katholiken

1795 Protestanten bilden in Ulster den Oranier-Orden

Hungersnot und Emigration

Rationierungskarte

Das beherrschende Ereignis der irischen Geschichte im 19. Jahrhundert war die durch den völligen Ausfall der Kartoffelernte verursachte Große Hungersnot (1845–48). Irisches Getreide wurde weiterhin nach England exportiert. In Irland starben rund zwei Millionen Menschen an Hunger und Krankheiten bzw. emigrierten in die USA. Die Not löste einen Kampf der Pächter für mehr Rechte aus, der schließlich in der Forderung nach Unabhängigkeit von Großbritannien mündete. Im Parlament trat der charismatische Charles Stewart Parnell für eine unabhängige irische Regierung ein.

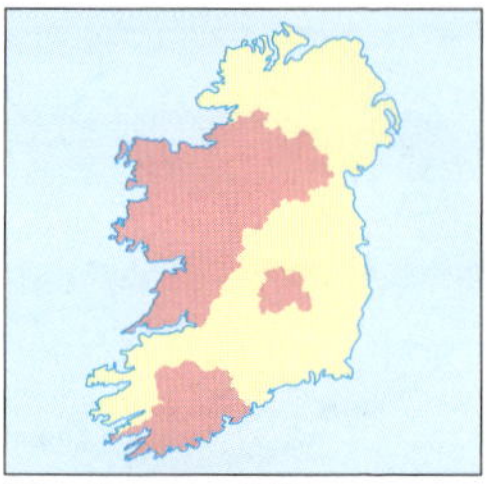

Irland im Jahr 1851

Gebiete, in denen die Bevölkerung über 25 Prozent abnahm

Daniel O'Connell
Der »Befreier« genannte O'Connell organisierte friedliche »Riesenkundgebungen« zugunsten der rechtlichen Gleichstellung der Katholiken. Er zog 1828 für den Bezirk Clare ins Parlament ein.

Die Schiffe, auf denen die Iren nach Amerika reisten, waren überfüllt, verseucht und als »Sargschiffe« verrufen.

Castle Clinton war vor der Einrichtung der Anlagen auf Ellis Island die Abfertigungsstation für Neuankömmlinge in New York.

Boykottierung der Grundbesitzer
1880 bewachten Soldaten die Ernte des Captain Boycott. Er war das Opfer einer Kampagne gegen Gutsbesitzer, die ihre Pächter vertrieben hatten. Sein Name ging in die Sprache ein.

ZEITSKALA

Charles Bianconis Postkutschenlinie, 1836

1800 Vereinigungsgesetz: Irland wird rechtlich Bestandteil Großbritanniens

1803 Von Emmet angeführte Erhebung wird unterdrückt, nachdem aus der napoleonischen Invasion nichts geworden ist

1815 Erster Kutschen-Dienst in Irland eröffnet

1817 Fertigstellung des Royal Canal

1828 Nach einer von Daniel O'Connell angeführten fünfjährigen Kampagne wird ein Gesetz verabschiedet, das einer begrenzten Zahl von Katholiken das Wahlrecht gibt

1838 Father Mathew ruft Anti-Alkohol-Kampagne ins Leben. Fünf Millionen Iren geloben Abstinenz. Die Whiskey-Produktion wird reduziert

1845 Beg der Groß Hungersn die vier Ja dauern so

1800 | 1810 | 1820 | 1830 | 1840

Father Mathew

Vertreibung irischer Bauern
Kurz vor 1880 stürzten die Preise für landwirtschaftliche Produkte ins Bodenlose. Die Pächter konnten ihre Abgaben nicht mehr zahlen und wurden von ihrem Land vertrieben. Ihre Not rief die Land-Liga für Reformen ins Leben.

Iren im Ausland

Ein Ergebnis der Hungersnot war die Entstehung einer starken irischen Gemeinschaft in den USA. Die Einwanderer arbeiteten sich in der amerikanischen Gesellschaft allmählich nach oben und wurden relativ wohlhabend. Sie forderten die US-Regierung auf, die Briten zu einer Änderung ihrer Irland-Politik zu bewegen. Die militante Gruppe Clan na Gael entsandte US-Bürgerkriegsveteranen nach Irland, die in den fenianischen Erhebungen von 1865 und 1867 mitkämpften.

New Yorker Parade *am 17. März 1870 anlässlich des St Patrick's Day.*

Die Iren galten in den USA weithin als bäuerliche Analphabeten und stießen oft auf Ablehnung.

Einwanderer bei der Ankunft

Die Iren, die die Reise nach Amerika überlebten, landeten in Castle Garden in New York. Obwohl meist Bauern, siedelten sich die meisten in Manhattan an. Das Gemälde (1855) stammt von Samuel Waugh.

Charles Stewart Parnell
Die politische Laufbahn des Vorkämpfers der Land-Liga und der Home Rule war 1890 abrupt zu Ende, als er des Ehebruchs bezichtigt wurde.

1853 Königin Victoria eröffnet die Dubliner Ausstellung

Dubliner Ausstellung

1877 Parnell wird Chef der neuen Home Rule Party

1884 Gründung des Gälischen Sportverbands, der sich für irische Traditionen einsetzt

1892 Zweite Gesetzesvorlage zur Regelung einer unabhängigen Regierung abgelehnt

1850 | **1860** | **1870** | **1880** | **1890**

1867 Irische Amerikaner kehren zurück, um in einem von der Irish Republican Brotherhood angezettelten Aufstand mitzukämpfen

1848 Scheitern des Junges-Irland-Aufstands – einer spontanen Reaktion auf den Aufruhr im übrigen Europa

1879–82 Der von der Land-Liga entfesselte Krieg versucht, eine Reform der Pachtgesetze zu erzwingen

1881 Parnell wird in Dublin inhaftiert

1886 Premier Gladstone scheitert mit seiner ersten Gesetzesvorlage zur Regierungsregelung im Parlament

Krieg und Unabhängigkeit

Briefmarke von 1922

Der Erste Weltkrieg rückte die irischen Unabhängigkeitsbestrebungen erst einmal in den Hintergrund. 1916 brachte der Osteraufstand neue Initiative, 1919 wurde ein inoffizielles irisches Parlament etabliert, ein Krieg gegen die britischen »Besatzungs«-Truppen begann. Im anglo-irischen Vertrag von 1921 wurde die Insel geteilt. Der Irische Freistaat erhielt größere innenpolitische Unabhängigkeit, Nordirland blieb bei Großbritannien. Daraufhin entbrannte im Süden zwischen Vertragsbefürwortern und -gegnern ein Bürgerkrieg.

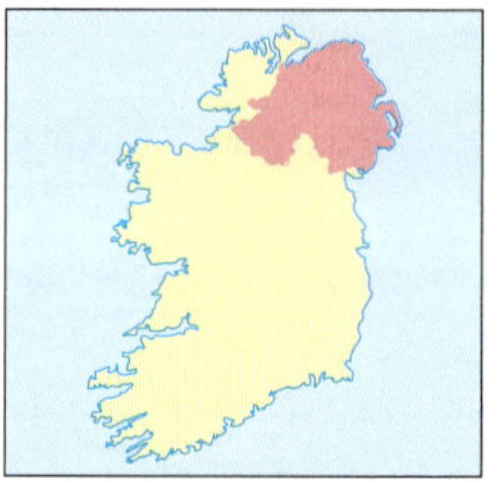

Irland im Jahr 1922

- *Nordirland*
- *Irischer Freistaat*

Unionisten-Partei
Anführer des Kampfes war der Dubliner Anwalt Edward Carson. 1913 wurde das Ulster-Freiwilligen-Korps gegründet, das für den Verbleib von sechs Countys in Großbritannien kämpfte.

Sean J. Heuston

Major John McBride

Thomas McDonough

William Pearse

Patrick Pearse, Dichter, verlas am Ostermontag von den Stufen des Hauptpostamts die Proklamation der Republik.

Die Medaille für die Osteraufständischen von 1916 zeigt auf der einen Seite den mythischen irischen Krieger Cúchulainn.

Black and Tans
Diese nach ihren improvisierten Uniformen (schwarz und braun) benannten britischen Truppen übten 1920/21 an den Iren brutale Vergeltung.

ZEITSKALA

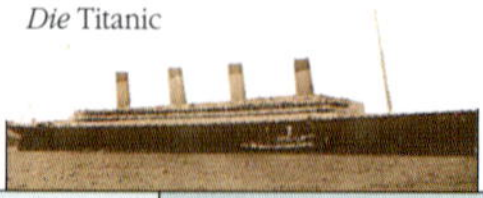

Die Titanic

1904 Eröffnung des Dubliner Abbey Theatre

1905

1905 Gründung der Partei Sinn Féin (»Wir selbst«)

1910

1912 Die in Belfast gebaute *Titanic* sinkt auf der Jungfernfahrt

1912 Edward Carson schart Protestanten um sich. 471 414 Bürger unterzeichnen Verpflichtung, um die Home Rule zu kämpfen

1913 Generalstreik in Dublin

Von Constance Markievicz während des Osteraufstands verwendete Kuriertasche

1915

1916 Osteraufstand niedergeschlagen

1918 Sinn Féin gewinnt 73 Sitze im Parlament von Westminster. Constance Markievicz wird erste Parlamentarierin

1919 Erst sammenk des unab gigen Pa ments (*D Éireann*)

19

1920 Gesetzesvorlage zur Lösung der Irland-Frage schlägt Teilung der Insel vor

1921 Unterzeichnung des angl irischen Vertrags. Rücktritt Valeras. Bürgerkrieg in Südirlan

Das Hauptpostamt Ostern 1916
An der geplanten nationalen Erhebung beteiligten sich nur 2500 bewaffnete Rebellen in Dublin. Es gelang ihnen, fünf Tage lang das Hauptpostamt besetzt zu halten.

Dieses Mauser-Gewehr wurde von den Rebellen im Kampf eingesetzt.

Eamon de Valera (1882–1975)

Nachdem er nach dem Osteraufstand der Exekution entgangen war, spielte de Valera in der irischen Politik gut 60 Jahre lang eine beherrschende Rolle. Die Opposition seiner Sinn-Féin-Partei gegen den anglo-irischen Vertrag von 1921 stürzte den neuen Irischen Freistaat in einen Bürgerkrieg. Nachdem er die Partei Fianna Fáil etabliert hatte, wurde de Valera 1932 neuer Premierminister. Er blieb bis 1948 im Amt. Von 1959 bis 1973 war er Präsident Irlands.

Zu den Erinnerungsstücken aus dem Gefängnis in Kilmainham *(siehe S. 97)* gehört auch dieses von einem britischen Soldaten aus Patronenhülsen gefertigte Kruzifix.

Anführer des Aufstands von 1916

Diese Porträt-Collage zeigt 14 Anführer des Osteraufstands, die allesamt vor ein Kriegsgericht gestellt und im Gefängnis von Kilmainham erschossen wurden. Die Brutalität ihrer Hinrichtung nahm die bis dahin distanzierte Öffentlichkeit für die Aufständischen ein und ließ diese als Märtyrer erscheinen.

Wahlplakat
Cumann na nGaedheal, die Partei der Vertragsbefürworter, gewann 1923 die ersten Wahlen im Freistaat. 1933 fusionierte sie mit anderen Parteien zur Fine Gael.

2 Gründung des chen Freistaats. hael Collins d in Cork aus n Hinterhalt chossen

Michael Collins (1890–1922), Held im Unabhängigkeitskrieg, wurde Präsident des Irischen Freistaats und Oberbefehlshaber der Armee

1932 Erdrutschsieg von Fianna Fáil bei den Wahlen. De Valera für 16 Jahre *Taoiseach* (Premierminister)

1936 IRA wird von der Regierung verboten

1939 Éire erklärt sich im Zweiten Weltkrieg für neutral

1925 | **1930** | **1935**

1923 W. B. Yeats erhält Nobelpreis für Literatur

1925 G. B. Shaw erhält den Nobelpreis für Literatur

1926 De Valera verlässt Sinn Féin und gründet die Partei Fianna Fáil

1929 Errichtung eines Wasserkraftwerks am Shannon

1933 Gründung der Fine-Gael-(Vereinigtes-Irland-)Partei als Opposition zu Fianna Fáil

1937 Neue Verfassung erklärt vollständige Unabhängigkeit von Großbritannien. Name des Landes von nun an Éire

Jüngere Geschichte

Mary Robinson, die erste irische Präsidentin

Seit dem Beitritt zur Europäischen Gemeinschaft 1973 (heute EU) hat die Irische Republik viel unternommen, um ihre Wirtschaft zu modernisieren. Der gesellschaftliche Wandel lässt sich z. B. daran erkennen, dass Scheidungen erlaubt sind. In Nordirland hingegen gehören seit etwa 25 Jahren Attentate und Schießereien zum Alltag. Seit den jüngsten Friedensabkommen und der Amtseinführung der Northern Ireland Assembly 2008 gibt es jedoch wieder Hoffnung auf Stabilität. Die Wahlen 2011 gewannen die konservative Fine Gael und die Labour Party.

1972 Blutiger Sonntag: Britische Soldaten erschießen 13 Demonstranten in Derry. Nordirisches Parlament wird aufgelöst. Verwaltung wird durch Großbritannien fortgeführt

1976 Mairead Corrigan und Betty Williams die Organisatorinnen der Ulster-Frieden bewegung, erhalten in Os den Friedensnobelpreis

1969 Zusammenstöße zwischen Polizei und Demonstranten in Belfast und Derry. Britische Truppen werden entsandt

1956 IRA veranstaltet bis 1962 Terror-Kampagne entlang der nordirischen Grenze

1967 Gründung der Nordirland-Bürgerrechts-Vereinigung zur Bekämpfung der Diskriminierung der Katholiken

NORDIRLAND			
1945	**1955**	**1965**	**1975**
REPUBLIK IRLAND			

1949 Neue Regierung unter John A. Costello. Das Land ändert seinen Namen von Éire in Republik Irland und tritt aus dem Britischen Commonwealth aus

1955 Beitritt der Republik Irland zur UNO

1959 Eamon de Valera tritt als *Taoiseach* (Premier) zurück. Er wird später zum Präsidenten gewählt

1973 Die Republik Irlan tritt der Europäischen Wirtschaftsgemeinschaft bei. Die Mitgliedschaft garantiert dem Land dringend benötigte Subventionen

1947 Die Statue von Königin Victoria wird vom Vorplatz des irischen Parlaments in Dublin entfernt

1963 John F. Kennedy, der erste amerikanische Präsident irisch-katholischer Herkunft, besucht Irland. Hier ist er mit Präsident Eamon de Valera zu sehen

1969 Samuel Beckett, hier bei Probenarbeiten, erhält den Nobelpreis für Literatur, reist aber nicht nach Stockholm, um ihn entgegenzunehmen

1985 Barry McGuigan gewinnt gegen den Panamesen Eusebio Pedroza die Boxweltmeisterschaft im Federgewicht

1986 Nordirische Loyalisten widersetzen sich erbittert der im Vorjahr zwischen irischer und britischer Regierung ausgehandelten anglo-irischen Vereinbarung

1987 Bei einer Parade am Enniskillen Remembrance Day tötet eine IRA-Bombe elf Personen

1994 Auf die IRA-Feuereinstellung folgt eine Feuerpause der Unionisten. Sinn-Féin-Chef Gary Adams darf in Großbritannien im Fernsehen sprechen

1995 Zum ersten Mal seit 25 Jahren patrouillieren in Nordirland tagsüber keine Soldaten mehr. Lagan-Brücke in Belfast wird eröffnet

1998 Das Karfreitagsabkommen (Entwaffnung) soll den Weg für eine zukünftige Autonomie Nordirlands ebnen

2001 David Trimble tritt als Premierminister zurück, wird aber später wiedergewählt. Beginn einer Periode der Gespräche über eine Rückkehr zur britischen Direktregierung

2005 Die IRA verkündet das Ende ihrer bewaffneten Kampagne

2007 Der Protestant Ian Paisley (DUP) und der Katholik Martin McGuinness (Sinn Féin) werden Regierungschef bzw. stellvertretender Regierungschef

2010 DUP und Sinn Féin erzielen Einigung über den vollständigen Transfer von Polizei- und Justizgewalt von London nach Belfast

NORDIRLAND

1985 **1995** **2005** **2015**

REPUBLIK IRLAND

982 Staats-
hulden
nd Arbeits-
sigkeit
hren zu
ner Wirt-
hafts-
ise. Inner-
alb von
vei Jahren
nden drei
ahlen statt

9 Papst
annes Paul
esucht
nd und fei-
vor mehr
einer Milli-
Menschen
Dubliner
enix Park
Messe

1988 Dublins 1000-jähriges Bestehen wird mit großem Aufwand gefeiert

1991 Mit Mary Robinson gelangt die erste Frau ins irische Präsidentenamt. Nachfolgerin ist Mary McAleese

1994 Die Fußballmannschaft der Republik Irland kommt bei den Weltmeisterschaften in den USA bis ins Viertelfinale

2002 Im Rahmen der europäischen Währungsunion wird der Euro gesetzliches Zahlungsmittel

2008 Profigolfer Pádraig Harrington gewinnt Open Championship und PGA Championship

2005 Irisch (Gälisch) wird offizielle Sprache der EU. In der Republik Irland ist Irisch erste und Englisch zweite Amtssprache

2011 Bei den aufgrund einer Regierungskrise vorgezogenen Neuwahlen siegen Fine Gael und Labour. Enda Kenny wird neuer Premierminister

1987 Der Dubliner Stephen Roche gewinnt in einer Saison die Tour de France, den Giro d'Italia und die Weltmeisterschaft

Das Jahr in Irland

Die meisten Gäste besuchen Irland im Juli und August. Auch Belfast kann man mittlerweile im Juli während der Marching Season besuchen. Im Juni und September kann es ebenfalls angenehm sein, auf das Wetter ist jedoch nie Verlass, denn Irlands üppiges Grün ist das Ergebnis eines feuchten Klimas. Die meisten Sehenswürdigkeiten sind zwischen Ostern und September geöffnet, haben aber nur begrenzte Öffnungszeiten. Im Frühjahr und Sommer gibt es viele Festtage, die oft mit musikalischen Darbietungen gefeiert werden. Irland ist am interessantesten, wenn es etwas zu feiern gibt, und bietet sich auch für die Zeit um Weihnachten und Neujahr als Reiseziel an. Halten Sie Ausschau nach dem Wort *fleadh* (Festival), doch vergessen Sie nicht, dass Iren auch gern spontan feiern.

Ladies' Day beim Dubliner Springturnier

Alljährliche St Patrick's Day Parade in Dublin *(17. März)*

Frühling

Der St Patrick's Day gilt oft als Beginn der Reisesaison. Danach folgt das *Bank-Holiday*-Wochenende im Mai, das an zahlreichen Orten mit Musik begangen wird. Die meisten Hotels sind dann ausgebucht.

März

St Patrick's Festival *(17. März)*. Fünf Tage lang gibt es Paraden, Konzerte, Céilí-Tänze und Feuerwerke in Dublin sowie Paraden in allen Großstädten des Landes.

Pferde-Pflüg-Wettbewerb und Kaltblüterschau, Ballycastle *(17. März, siehe S. 266)*. Jährlicher Wettbewerb, der seit mehr als 100 Jahren ausgetragen wird.

DLR Poetry Now Festival *(Ende März)*. Dun Laoghaire. Vier Tage lang feiert man irische Dichtkunst.

Feis Ceoil, Dublin *(Ende März)*. Ein an verschiedenen Schauplätzen stattfindendes Festival klassischer Musik.

April

Pan Celtic Festival, Donegal *(Mitte Apr)*. Feier der keltischen Kultur.

Cork Choral Festival *(Ende Apr, siehe S. 174f)*.

Mai

Belfast Civic Festival and Lord Mayor's Show *(Mitte Mai, siehe S. 276–279)*. Parade mit Kapellen und Festwagen.

Balmoral Show, Belfast *(Mitte Mai)*. Dreitägige Veranstaltung mit diversen Wettbewerben von Schafescheren über tanzende Hunde bis zu Modeschauen.

»A Taste of Baltimore« Meeresfrüchte-Festival *(Ende Mai, siehe S. 170)*.

Fleadh Nua, Ennis *(Ende Mai, siehe S. 189)*. Irische Musik und Tanz.

Guinness-Reklame am St Patrick's Day *(17. März)*

Sommer

Im Sommer finden die meisten Feste statt. Es gibt interessante Termine, von Musik- und Kunstfestivals bis hin zu Sport-, Sommerschul- und Eheanbahnungs-Veranstaltungen. Buchen Sie rechtzeitig eine Unterkunft, wenn Sie besonders beliebte Ereignisse besuchen wollen.

Strandrennen in Laytown *(Sep)*

Juni

Kilkenny Cat Laughs *(Ende Mai–Anfang Juni)*. Internationales Comedy-Festival.

County Wicklow Garden Festival *(Mai–Juli)*. Findet in Gärten – z. B. Powerscourt *(siehe S. 134f)* – statt.

Dublin Docklands Maritime Festival *(Anfang Juni)*. Hier gibt es große Schiffe, Straßentheater, Freiluftmärkte, Konzerte und Veranstaltungen.

Women's Mini Marathon, Dublin *(Anfang Juni)*.

Bloomsday, Dublin *(16. Juni)*. Feier des *Ulysses* von James Joyce in Lesungen.

Scurlogstown Olympiad Celtic Festival, Trim *(Anfang Juni, siehe S. 248)*. Traditionelles

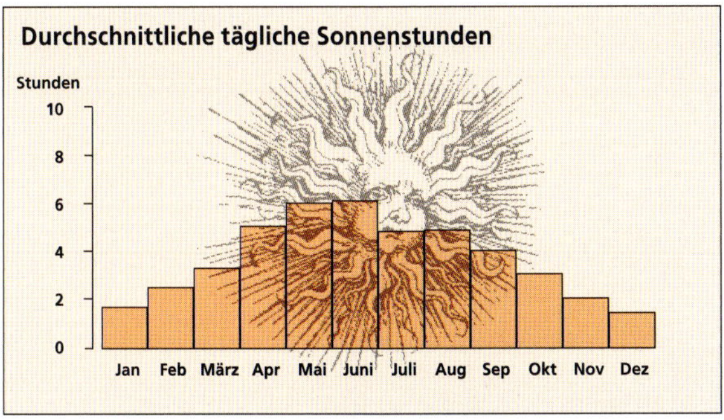

Sonnenschein
Die Tabelle bezieht sich auf Dublin, doch die Verhältnisse sind im ganzen Land recht ähnlich. Im Südosten scheint die Sonne länger, während Nordirland etwas weniger verwöhnt wird als die Republik.

Musik- und Tanzfest mit Wahl der Festivalkönigin.

Musik in großen irischen Häusern *(Mitte Juni)*. Klassische Musik in herrlichem Ambiente.

Castleward Opera, Strangford *(ganzer Juni, siehe S. 284)*. Opernfestival auf prächtigem altem Anwesen.

Erdbeerfest des County Wexford *(Ende Juni–Anfang Juli, siehe S. 150)*. Mit Handwerksschau, Musik, Theater – und natürlich Erdbeeren.

Traditionelle Segelboote in der Cruinniú na mBád bei Kinvara *(August)*

Juli

Twelfth of July *(12. Juli, siehe S. 244)*. Mitglieder des Oranier-Ordens marschieren durch nordirische Städte, um des protestantischen Siegs (1690) über die Armee James' II zu gedenken.

Cork-Regatta-Woche, Crosshaven, Cork *(Mitte Juli)*.

Galway Arts Festival *(3. und 4. Woche, siehe S. 210f)*. Umzüge, Konzerte, Straßentheater im mittelalterlichen Stadtzentrum. Im Anschluss gibt es das beliebte Fünf-Tage-Rennen von Galway.

Mary-von-Dungloe-Festival, Dungloe *(letzte Woche, siehe S. 228)*. Tanz und Musik sowie die Wahl der Schönheitskönigin.

Jahrmarkt von Lughnasa, Carrickfergus Castle *(Ende Juli, siehe S. 275)*. Beliebter »mittelalterlicher« Jahrmarkt.

Internationales Folk-Festival von Ballyshannon *(Ende Juli, S. 231)*. Drei Tage mit traditioneller irischer Musik.

O'Carolan-Festival für Harfen- und traditionelle Musik, Keadue, County Roscommon *(Ende Juli–Anfang Aug)*. Vielfältige traditionelle Musik- und Tanzdarbietungen.

Parade der Oranier am Twelfth of July *(12. Juli)*

August

Galway Race Week, County Galway *(Anfang Aug)*. Eine Woche gibt es jeden Tag Pferderennen.

Dampfwagen-Rallye von Stradbally, County Laois *(Anfang Aug)*. Rallye mit dampfbetriebenen Wagen.

Dublin Horse Show *(1. oder 2. Woche)*. Springturnier und gesellschaftliches Ereignis.

Puck Fair, Killorglin, County Kerry *(Mitte Aug, siehe S. 165)*. Zweitägiges Festival mit Krönung einer Ziege.

Segnung der See *(2. und 3. So)*. In allen Küstenstädten.

Oul' Lammas-Jahrmarkt, Ballycastle *(2. Hälfte Aug, siehe S. 266)*. Ein populäres Volksfest, das vor allem für seine essbaren Meerespflanzen bekannt ist.

Kunstwoche von Kilkenny *(Mitte des Monats, siehe S. 142f)*. Bedeutendes Kunstfestival mit Lesungen und Filmvorführungen.

Rose-von-Tralee-Festival *(Ende Aug, siehe S. 156)*. Umzüge und Wahl der »Rose«.

Cruinniú na mBád, Kinvara *(Mitte Aug, siehe S. 212)*. Traditionelle Boote treffen sich zur »Versammlung der Boote«.

Dampfwagen, Rallye von Stradbally *(Juli)*

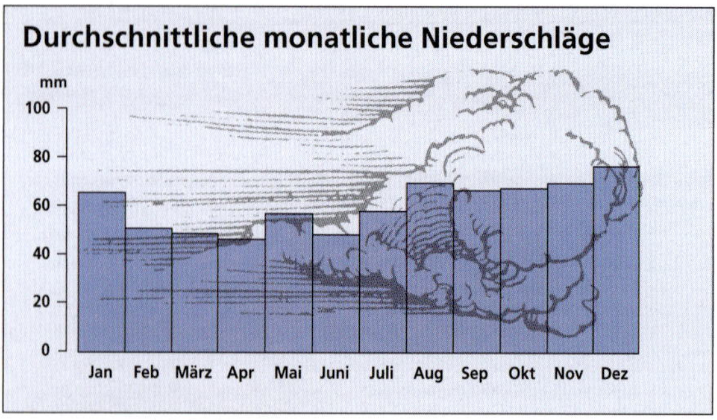

Niederschläge
Irland ist eines der feuchtesten Länder Europas – mit gleichmäßig über das Land verteilten Regenfällen. Im Westen sind die Niederschläge am höchsten, im Südosten geringfügig niedriger. Die nebenstehenden Werte gelten für Dublin.

Austernfestival in Galway ***(Sep)***

Herbst

Austern und Opernaufführungen sind Attraktionen des Herbstes. Zudem gibt es Film- und Musikfestivals. Das *Bank-Holiday*-Wochenende im Oktober wird in vielen Städten mit Musik begangen.

September

Heritage Week *(Anfang Sep).* Landesweit Veranstaltungen.
Rennen von Laytown Beach, County Meath *(erste Septemberwoche).* Pferderennen.
Finale der Hurling-Meisterschaft, Croke Park, Dublin *(1. So, siehe S. 29).*
Matchmaking Festival Lisdoonvarna *(Sep und 1. Woche im Okt, siehe S. 188).* Alleinstehende treffen sich zu Musik und Tanz.
Internationales Festival der »Leichten« Oper in Waterford *(Mitte Sep–Anf. Okt, siehe S. 359).* Musicals und Operetten im Theatre Royal.
Finale der Irischen Football-Meisterschaften, Croke Park, Dublin *(3. So, siehe S. 29).* Gälischer Fußball.
Galway Oyster Festival *(Ende Sep, S. 210f).* Austernproben an mehreren Orten.

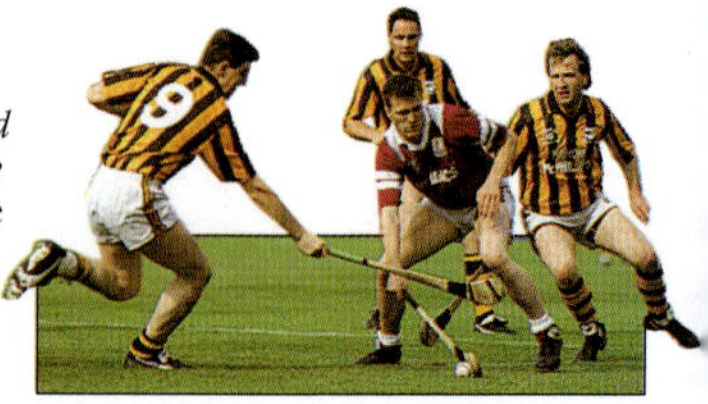

Hurling-Meisterschaft im Croke Park, Dublin

Oktober

»Oktoberfest«, Londonderry *(ganzer Okt, siehe S. 258f).* Tanz, Dichterlesungen, Film, Theater und Musik.
Cork Film Festival *(Anf. Okt, siehe S. 174f).* Irische und internationale Filme.
Kinsale International Festival of Fine Food *(Anf. Okt, siehe S. 172f).* Köstliches in Restaurants und Pubs der irischen »Gourmet-Kapitale«.
Ballinasloe Fair, County Galway *(1. Woche).* Straßentreiben mit Europas ältestem Pferdemarkt.
Dubliner Theaterfestival *(1. und 2. Woche).* Werke irischer und internationaler Dramatiker.

Einspänner in Lisdoonvarna

Opernfestival in Wexford *(letzte 2 Wochen im Okt, siehe S. 359).* Festival mit weniger bekannten Opern.
Belfast Festival an der Queen's-Universität *(letzte 2 Wochen im Okt, siehe S. 276–279).* Theater-, Ballett-, Film- und Musikaufführungen.
Hallowe'en (Samhain) *(31. Okt).*
Cork Jazz Festival *(Ende Okt, siehe S. 174f).* Sehr beliebtes Festival mit Musikdarbietungen in der ganzen Stadt.

November

Éigse Sliabh Rua, Slieverue, County Kilkenny *(Mitte Nov).* Historisches Festival mit Theater, Gastauftritten und interessanten Diskussionen.
Internationales Chorfestival in Sligo *(Mitte Nov, siehe S. 234).* Chöre aus aller Welt treten gegeneinander an.

Traditioneller Pferdemarkt in Ballinasloe, County Galway ***(Okt)***

Durchschnittliche monatliche Temperaturen

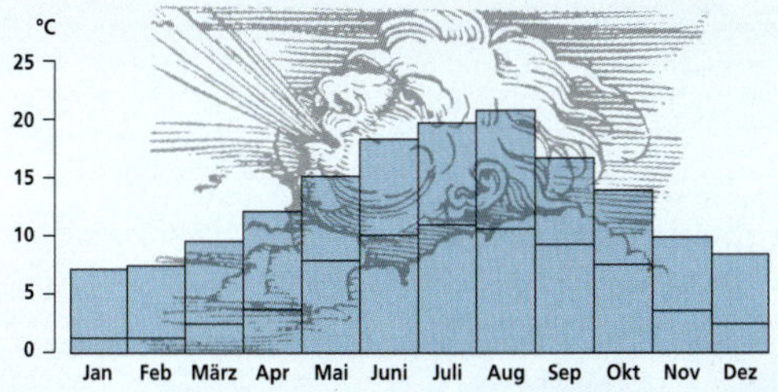

Temperaturen
Die Tabelle zeigt die durchschnittlichen monatlichen Tiefst- und Höchsttemperaturen von Dublin. Der Winter ist in Irland mild, mit Ausnahme der hohen Bergketten. Die wärmsten Sommertemperaturen herrschen im Südosten.

Winter

Obwohl der Winter keine Festivalsaison ist, gibt es dennoch reichlich Unterhaltung, einschließlich Theater- und Musikaufführungen. In der Weihnachtszeit finden zahllose ungezwungene Veranstaltungen statt. Zudem werden Pferderennen ausgetragen *(siehe S. 28)*.

Dezember

Twelve Days of Christmas *(Dez)*. Dublin. Weihnachtsmarkt mit Festival-Atmosphäre.
Rennen von Leopardstown *(26. Dez, siehe S. 129)*. Am 2. Weihnachtsfeiertag wird das bedeutendste Rennen ausgetragen. Weitere gibt es in Limerick und Down Royal.
St Stephen's Day *(26. Dez)*. Katholische Jungen ziehen mit geschwärzten Gesichtern singend umher, um Geld für gute Zwecke zu sammeln.

Als Kaminkehrer hergerichtete Knaben am St Stephen's Day *(Dez)*

Januar

Fangsaison für Lachs und Lachsforelle *(17. Jan–Ende Sep, siehe S. 362f)*. Saisonbeginn einer beliebten Freizeitbeschäftigung der Iren.

Februar

Jameson Dublin International Film Festival *(Ende Feb–Anfang März)*. Diverse Kinos.
Belfast Musical Festival *(Ende Feb–Mitte März)*. Jugend-Musik- und Theaterwettbewerbe.
Sechs-Nationen-Rugby-Turnier, Aviva Stadium, Dublin *(mehrere Samstage Feb–Mitte Apr, siehe S. 28)*.

Glendalough *(siehe S. 140f)* im Schnee

Feiertage

New Year's Day *(1. Jan)*
St Patrick's Day *(17. März)*
Good Friday *(Karfreitag)*
Easter Monday *(Oster-Mo)*
May Day *(1. Mo im Mai)*
Spring Bank Holiday (Nordirland: *letzter Mo im Mai*)
June Bank Holiday (Republik: *1. Mo im Juni*)
Twelfth of July (Nordirland: *12. Juli*)
August Bank Holiday *(1. Mo im Aug)*
Summer Bank Holiday (Nordirland: *letzter Mo im Aug*)
October Bank Holiday *(letzter Mo im Okt)*
Christmas Day *(25. Dez)*
St Stephen's Day (Republik: *26. Dez*)
Boxing Day (Nordirland: *26. Dez*)

Dublin

Dublin im Überblick

Die irische Hauptstadt mit ihren knapp über 500 000 Einwohnern hat zahlreiche Attraktionen, die man leicht zu Fuß erkunden kann. In diesem Reiseführer wird die Innenstadt in drei Sektionen eingeteilt: *Südost-Dublin*, das Herz der modernen City und Sitz des Trinity College. *Südwest-Dublin* mit dem alten Zentrum und der Burg. *Nördlich des Liffey*, die an die imposante O'Connell Street angrenzende Gegend. Die jeweiligen Kartenverweise beziehen sich auf den Stadtplan *(siehe S. 116–119)*.

Die Christ Church Cathedral *wurde zwischen 1172 und 1220 von den anglo-normannischen Eroberern Dublins erbaut. Sie steht auf einer Anhöhe oberhalb des Liffey. Das heutige Erscheinungsbild der Kathedrale geht auf die nach 1870 durchgeführten Restaurierungsarbeiten zurück* (siehe S. 80f).

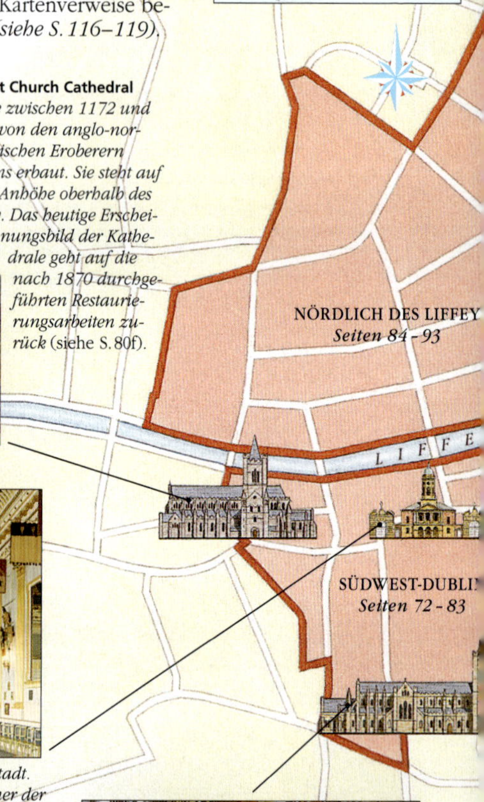

Dublin Castle *steht im Herzen der Altstadt. Die abgebildete St Patrick's Hall ist einer der auf den oberen Etagen an der Südseite der Burg gelegenen Prachträume. Heute werden diese Räume für Staatszwecke, etwa die Amtseinführung des Präsidenten, genutzt* (siehe S. 76f).

Die St Patrick's Cathedral *hat einen mit Bannern geschmückten Chor, dessen Gestühl mit den Insignien der Ritter des hl. Patrick verziert ist. Hier gibt es die größte Orgel Irlands sowie Gedenksteine, die dem Dechanten Jonathan Swift und prominenten anglo-irischen Familien gewidmet sind* (siehe S. 82f).

◁ ***Stephen's Green*** **(1796) von James Malton (1761–1803)**

Die O'Connell Street, *Dublins lebhafteste Straße, wartet mit einer Mischung architektonischer Stile, einer mit den Statuen berühmter Bürger verzierten Zentralpromenade und der 120 Meter hohen Skulptur* The Spire (Monument of Light) *auf. Abseits der O'Connell Street in der Moore Street findet man einen malerischen Markt* (siehe S. 88f).

Das Custom House *ist ein klassisches georgianisches Gebäude von James Gandon (erbaut 1781–91). Die in Stein gehauenen Köpfe, die die Schlusssteine zieren, sind Personifizierungen der Flüsse Irlands. Der oben abgebildete verkörpert den Fluss Foyle* (siehe S. 88).

Das Trinity College *beherbergt eine alte Bibliothek mit kostbaren illustrierten Manuskripten; dazu gehört auch das* Buch von Durrow *aus der Mitte des 7. Jahrhunderts* (siehe S. 62–64).

Die National Gallery *wurde 1864 eröffnet. Die präsentierten Gemälde sind vorwiegend irischer und italienischer Herkunft. Das kostbarste Bild ist Caravaggios* Kreuzabnahme Christi. *Der Millennium-Flügel zeigt allein über 500 Werke* (siehe S. 70f).

Das National Museum of Ireland – Archaeology *präsentiert eindrucksvolle Exponate, die von der Steinzeit bis ins 20. Jahrhundert reichen. Der Ardagh-Kelch (um 800 n. Chr.) ist nur einer von vielen keltisch-christlichen Schätzen des Hauses* (siehe S. 66f).

Dr. SWIFT
K
I

Südost-Dublin

Trotz seiner Nähe zur alten ummauerten Stadt war dieser Teil Dublins bis zur Gründung des Trinity College 1592 relativ unterentwickelt. Selbst dann sollte es noch fast 100 Jahre dauern, bis das Areal weiter im Süden in den weitläufigen Stadtpark St Stephen's Green umgestaltet wurde.

Georgianischer Türklopfer am Merrion Square

Mitte des 18. Jahrhunderts brach in der Gegend ein Bauboom aus. Während dieser Zeit wurden imposante Gebäude errichtet, etwa die Alte Bibliothek im Trinity College, das Leinster House und die Bank of Ireland. Die auffälligsten Hinterlassenschaften des georgianischen Dublin sind allerdings die schönen Plätze und *terraces* rund um den Merrion Square. Viele der fast unveränderten Bauten haben noch originale Türklopfer, Lünetten und schmiedeeiserne Balkone. Heute ist Südost-Dublin das touristische Herz der Stadt. Nur wenige Besucher können sich der lebendigen Atmosphäre der Grafton Street entziehen. In diesem Areal ist auch ein großer Teil des irischen Kulturerbes zu finden. Die National Gallery zeigt eine beeindruckende Sammlung irischer und europäischer Malerei, während das National Museum of Ireland – Archaeology bronzezeitliche Goldarbeiten sowie frühchristliche Schätze besitzt.

Sehenswürdigkeiten auf einen Blick

Museen, Bibliotheken und Sammlungen

National Gallery S. 70f 12
National Library 8
National Museum of Ireland – Archaeology S. 64f 7
National Wax Museum Plus 10
Natural History Museum 11
Royal Hibernian Academy 14

Historische Gebäude

Bank of Ireland 1
Leinster House 9
Mansion House 5
Trinity College S. 62f 2

Historische Straßen

Fitzwilliam Square 15
Grafton Street 3
Merrion Square 13

Kirche

St Ann's Church 6

Park

St Stephen's Green 4

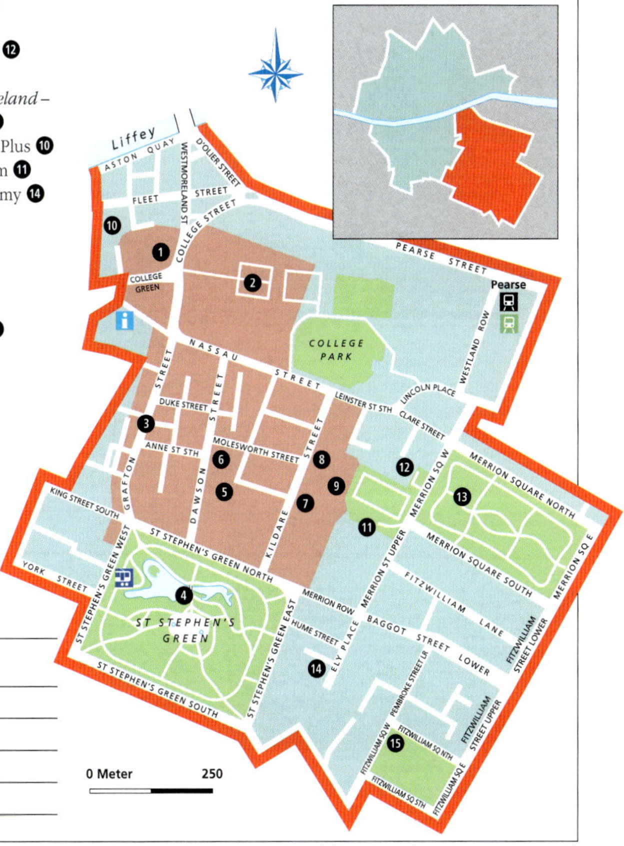

LEGENDE

- Detailkarte *siehe S. 58f*
- Bahnhof
- DART-Station
- Luas-Haltestelle
- Information

◁ **Marmorbüste Jonathan Swifts in der Alten Bibliothek, Trinity College** ***(siehe S. 62f)***

Im Detail: Südost-Dublin

Die Gegend um das College Green wird von den Fassaden der Bank of Ireland und des Trinity College dominiert. In den Gassen und Passagen, die die Fußgängerzone Grafton Street queren, gibt es viele der gehobeneren Dubliner Läden und Restaurants. An der Kildare Street befinden sich das irische Parlament, die Nationalbibliothek und das National Museum of Ireland – Archaeology. Um dem Getümmel zu entkommen, suchen viele den Park St Stephen's Green auf, der von georgianischen Gebäuden gesäumt wird.

Bank of Ireland
Das große georgianische Gebäude war ursprünglich als irisches Parlament konzipiert. ❶

Grafton Street
Zu allen Tageszeiten ist diese geschäftige Fußgängerstraße gut besucht. Auch viele Straßenmusiker kommen hierher. ❸

St Ann's Church
Die imposante Fassade wurde dem Gebäude (18. Jh.) 1868 hinzugefügt. Das Innere besticht durch hübsche Bleiglasfenster. ❻

Mansion House
In diesem Gebäude residiert seit 1715 Dublins Bürgermeister. ❺

★ St Stephen's Green
Der Stadtpark ist von vielen großartigen Gebäuden umgeben. Im Sommer ziehen die Mittagskonzerte Besucher an. ❹

Hotels und Restaurants in Dublin *siehe Seiten 294–298 und 324–328*

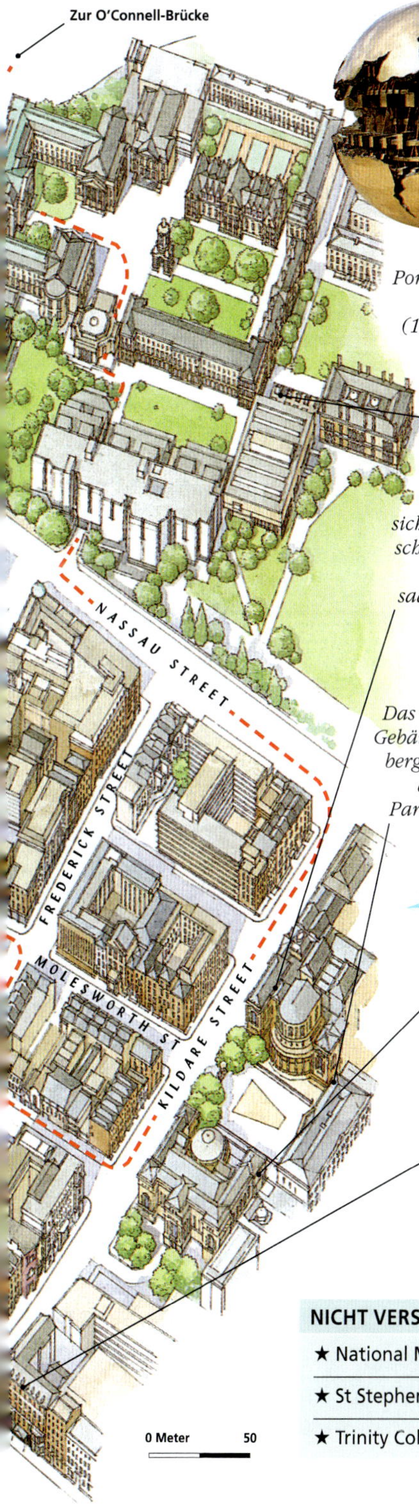

★ Trinity College
Pomodoros Skulptur Sphäre in Sphäre *(1982) verleiht den Gebäuden auf dem Campus eine moderne Note.* ❷

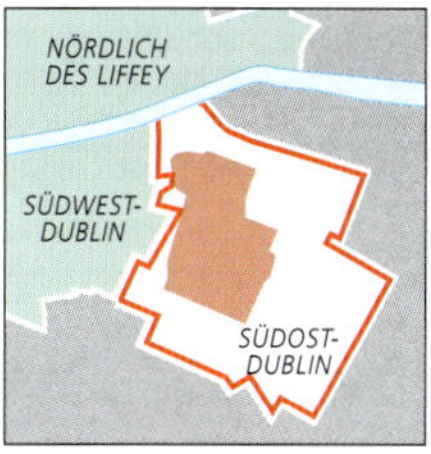

Zur Orientierung
Siehe Stadtplan S. 118f

National Library
Ein Cherubim-Fries zieht sich an den Wänden des – auch schon von James Joyce frequentierten – schönen alten Lesesaals der Bibliothek entlang. ❽

Leinster House
Das imposante Gebäude beherbergt seit 1922 das irische Parlament. ❾

★ National Museum of Ireland – Archaeology
Zu den irischen Altertümern des Museums gehört auch ein mysteriöses Bronzeobjekt (2. Jh. n. Chr.). ❼

Das Shelbourne Hotel (1867) dominiert die Nordseite von St Stephen's Green. Einheimische und Besucher trinken dort gern ihren Nachmittagstee.

NICHT VERSÄUMEN

- ★ National Museum
- ★ St Stephen's Green
- ★ Trinity College

LEGENDE

- Routenempfehlung
- Luas-Haltestelle
- Information

Stadtplan Dublin *siehe Seiten 116–119*

Früherer Sitzungssaal des irischen Oberhauses in der Bank of Ireland

Bank of Ireland 1

2 College Green. **Stadtplan** D3.
677 6801. *Mo, Di, Fr 10–16 Uhr, Mi 10.30–16 Uhr, Do 10–17 Uhr.* *Sa, So, Feiertage.*
House of Lords *Di 10.30, 11.30, 13.45 Uhr.*

Das Domizil der Irischen Nationalbank war das erste bewusst als Parlamentssitz geplante Gebäude Europas. Der Mitteltrakt wurde von dem irischen Architekten Edward Lovett Pearce begonnen, aber erst nach seinem Tod 1739 fertiggestellt. Leider wurde der achteckige Sitzungssaal des Unterhauses *(siehe S. 40)*, Pearce' Meisterstück, 1802 auf Befehl der Regierung entfernt. Der Saal des Oberhauses indes blieb erhalten. Bei Führungen sind die schöne Kassettendecke und die Eichenpaneele zu besichtigen. Auf großen Wandteppichen sind die *Schlacht am Boyne* und die *Belagerung Londonderrys* dargestellt. Außerdem gibt es einen aus 1233 Teilen bestehenden Kristalllüster von 1788.

Den östlichen Portikus fügte 1785 der Architekt James Gandon hinzu. Weitere Ergänzungen wurden Ende des 18. Jahrhunderts vorgenommen.

Nach Auflösung des irischen Parlaments 1800 erwarb die Bank of Ireland das Gebäude. Das heutige Erscheinungsbild wurde 1808 mit der Umgestaltung der Lobby des Unterhauses in eine Schalterhalle und mit dem Foster-Place-Anbau erreicht. Auf der Frontseite der Bank zum College Green hin (bis ins 17. Jh. Weideland) steht eine von John Foley 1879 geschaffene Statue Henry Grattans *(siehe S. 40)*.

Bronzestatue der *Molly Malone* in der Grafton Street

Trinity College 2

Siehe Seiten 62f.

Grafton Street 3

Stadtplan D4.

Das »Rückgrat« der beliebtesten Einkaufsgegend Dublins *(siehe S. 104f)* verläuft vom Trinity College zum St-Stephen's-Green-Einkaufszentrum. An der Einmündung der Nassau Street befindet sich eine 1988 von Jean Rynhart geschaffene Statue der aus dem gleichnamigen Lied bekannten Straßenhändlerin *Molly Malone*. In diesem von Musikanten und Pflastermalern bevölkerten Fußgängerbereich liegt das Warenhaus Brown Thomas *(siehe S. 104)*. Auch kleinere Läden für den gehobenen Bedarf sind vertreten. Shopper zieht es vor allem zu Monsoon, HMV und Oasis. Juweliere gibt es hier ebenfalls. Nr. 78 befindet sich gleich neben der Samuel-Whyte-Schule, die sich so illustrer Schüler wie des Anführers des Aufstands von 1803, Robert Emmet *(siehe S. 77)*, und des Duke of Wellington rühmen kann.

In den ruhigeren Seitenstraßen verbergen sich einige irische Pubs, in denen gestresste Shopper eine Pause einlegen können.

St Stephen's Green 4

Stadtplan D5. *bei Tageslicht.*
Newman House 85–86 St Stephen's Green. 477 9810.
Juni–Aug: Di–Fr 14–16 Uhr; Sep–Mai: nach Anmeldung. *Feiertage.* *obligatorisch; die Führungen beginnen zur vollen Stunde.*

Königliches Chirurgenkolleg gegenüber von St Stephen's Green

Dieses Gelände, ursprünglich eine von drei Allmenden der alten Stadt, wurde 1664 eingehegt. In ihrer heutigen Form wurde die neun Hektar große Anlage 1880 durch Schenkungsmittel Lord Ardilauns, eines Mitglieds der Guinness-Familie, geschaffen. Zwischen Blumenbeeten, Bäumen, einem Brunnen und einem See stehen diverse Statuen namhafter Dubliner. Neben einer James-Joyce-Büste *(siehe S. 90)* findet man auch ein W.-B.-Yeats-Denkmal *(siehe S. 232f)* von Henry Moore. Das Denkmal

Hotels und Restaurants in Dublin *siehe Seiten 294–298 und 324–328*

Erholung suchende Dubliner am Ufer des Sees in St Stephen's Green

des Nationalistenführers Wolfe Tone, von den Einheimischen auch »Tonehenge« genannt, an der Ecke Merrion Row wurde 1967 von Edward Delaney entworfen. Im Musikpavillon (1887) finden im Sommer tagsüber Konzerte statt.

Das imposante Royal College of Surgeons (Königliches Chirurgenkolleg, 1806) steht auf der Westseite. Während des Aufstands von 1916 *(siehe S. 44f)* hatten sich dort unter dem Kommando der Gräfin Constance Markievicz Rebellen verschanzt.

Am belebtesten ist die im 19. Jahrhundert als Beaux-Promenade bekannte Nordseite des Parks, auf der sich bis heute Gentlemen-Clubs befinden. Das auffälligste Gebäude ist das renovierte Shelbourne Hotel. Seit der Eröffnung 1867 ist der Eingang mit Statuen nubischer Prinzessinnen samt Sklaven geschmückt. Ein Blick in das lüstergeschmückte Foyer ist ebenso lohnenswert wie ein Besuch der Lord Mayor's Lounge zum Nachmittagstee.

Auf der Südseite befindet sich das Newman House, Sitz der Katholischen Universität Irlands (heute Bestandteil des University College). Der erste Rektor des 1854 erbauten Hauses war der englische Theologe John Henry Newman. Berühmte Schüler waren Patrick Pearse, der ehemalige Präsident Eamon de Valera *(siehe S. 45)* und der Dichter James Joyce.

In den umliegenden Gebäuden findet man einige der besterhaltenen georgianischen Interieurs. So sind die Wände und die Decken des Apollon-Zimmers im Haus Nr. 85 mit Barock-Stuckaturen (1739) der Schweizer Paolo und Filippo Francini geschmückt.

Das Bischofszimmer im Haus Nr. 86 ist mit Möbeln aus dem 19. Jahrhundert ausgestattet. Die kleine Universitätskirche (1856) nebenan hat ein byzantinisches Marmorinterieur. Gleichfalls auf der Südseite des Parks befindet sich Iveagh House, ein Stadthaus der Familie Guinness, in dem jetzt das Außenministerium ansässig ist.

Mansion House ❺

Dawson St. **Stadtplan** E4.
für die Öffentlichkeit.

Das attraktive Gebäude an der Dawson Street wurde 1710 im Queen-Anne-Stil für den Aristokraten Joshua Dawson erbaut. 1715 erwarb die Stadt das Haus als Amtssitz des Bürgermeisters. Die Stuckfassade wurde in viktorianischer Zeit angebracht. Der Round Room neben dem Hauptgebäude wurde 1821 aus Anlass des Besuchs von König George IV errichtet.

Die Abgeordneten des Dáil Éireann *(siehe S. 65)*, das die Unabhängigkeitserklärung beschloss, traten hier erstmals am 21. Januar 1919 zusammen.

St Ann's Church ❻

Dawson St. **Stadtplan** E4. *676 7727.* *Mo–Fr 10–16 Uhr (So an Gottesdiensten: 8, 10.45, 18.30 Uhr).*

Zu ihrer beeindruckenden romanischen Fassade kam die 1707 erbaute Kirche erst 1868. Innen sind farbenprächtige Bleiglasfenster aus der Mitte des 19. Jh. zu bewundern. 1723 schenkte Lord Newton der Kirche Geld zur Armenspeisung. Der alte Brottisch steht noch neben dem Altar. Berühmte Gemeindemitglieder waren Wolfe Tone *(siehe S. 40)*, der hier 1785 heiratete, Douglas Hyde *(siehe S. 83)* und Bram Stoker (1847–1912), der Autor von *Dracula*.

Glaube, Hoffnung und Wohltätigkeit, Fensterdetail, St Ann's Church

Trinity College ❷

Wappen des Trinity College

Das Trinity College wurde 1592 von Königin Elizabeth I auf dem Gelände eines ehemaligen Augustinerklosters gegründet. Katholiken besuchen die ursprünglich protestantische Universität in größerer Anzahl erst seit rund 25 Jahren. Zu den berühmtesten Studenten zählen die Dramatiker Oliver Goldsmith und Samuel Beckett sowie der Autor Edmund Burke. Die Rasenflächen und gepflasterten Quadrate des Kollegs sind eine Oase der Ruhe in der Stadt. Attraktionen sind der Long Room und das in der Alten Bibliothek verwahrte *Book of Kells*.

★ Campanile
Der 30 Meter hohe Glockenturm wurde 1853 von Sir Charles Lanyon erbaut, dem Architekten der Queen's University in Belfast (siehe S. 278).

Kapelle (1798)
Die einzige Kapelle der Republik, die von allen Konfessionen genutzt wird. Das Fenster über dem Altar datiert von 1867.

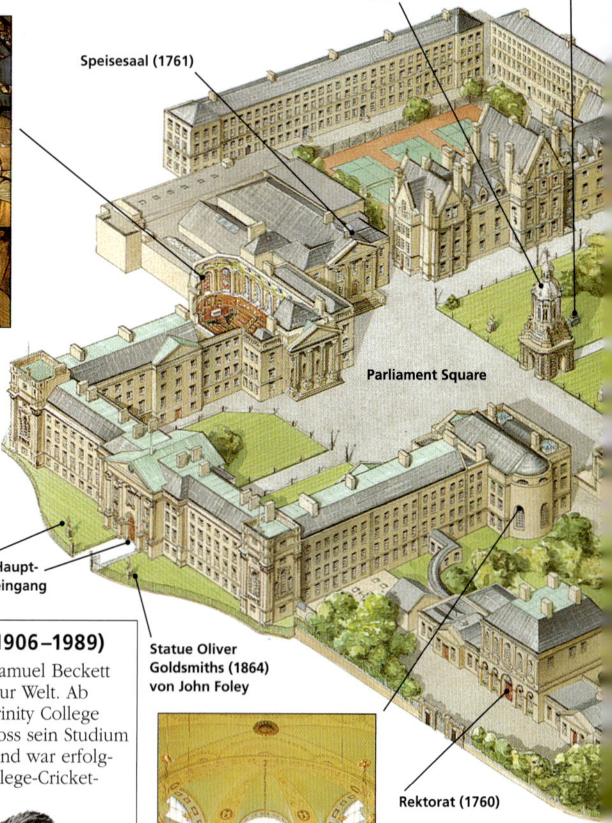

Samuel Beckett (1906–1989)

Der Nobelpreisträger Samuel Beckett kam 1906 in Foxrock zur Welt. Ab 1923 studierte er am Trinity College Sprachen. Beckett schloss sein Studium mit Auszeichnung ab und war erfolgreiches Mitglied im College-Cricket-Team. Anfang der 1930er Jahre zog er nach Frankreich. Viele seiner Werke, darunter auch *Warten auf Godot* (1951), schrieb er zunächst auf Französisch und übertrug sie erst viel später ins Englische.

Prüfungshalle
In dem nach Plänen von Sir William Chambers 1791 fertiggestellten Raum beeindrucken vor allem der vergoldete Eichenholzlüster und die Decke.

Library Square
Das rote Backsteingebäude auf der Ostseite des Bibliotheksplatzes wurde um 1700 gebaut und ist der älteste Teil des Kollegs.

INFOBOX

College Green. **Stadtplan** D3.
896 1000. *DART zur Pearse Street.* *10, 14, 15, 46 u. a.*
Alte Bibliothek und Long Room *Mai–Sep: Mo–Sa 9.30–17, So 9.30–16.30 Uhr (Okt–Apr: So 12–16.30 Uhr).*
10 Tage an Weihnachten.
nach Anmeldung.
Kapelle *nach Vereinbarung.*
Douglas Hyde Gallery
nur zu Ausstellungen.
www.tcd.ie/library

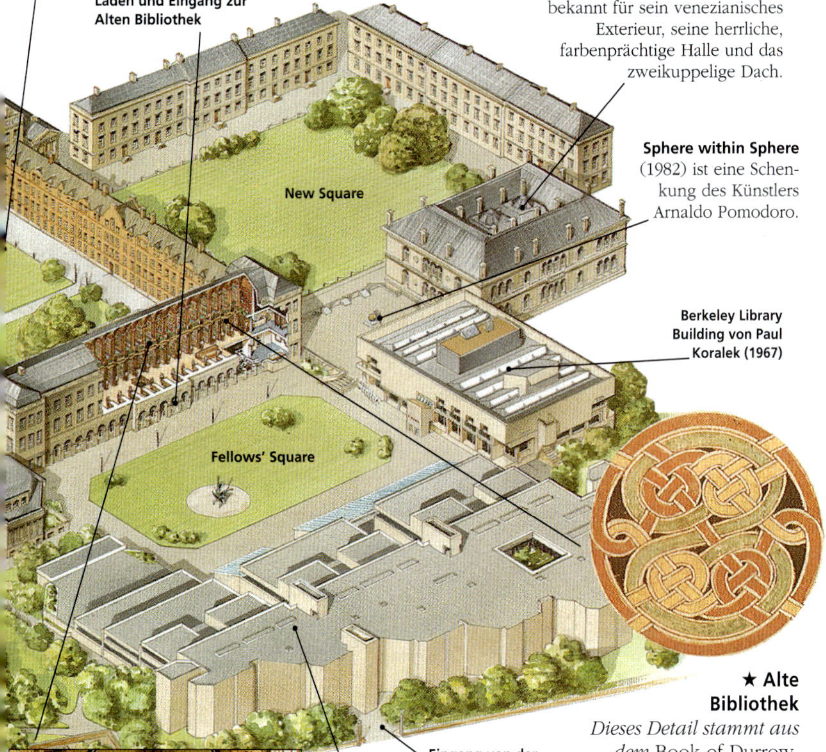

Laden und Eingang zur Alten Bibliothek

Das Museumsgebäude (1857) ist bekannt für sein venezianisches Exterieur, seine herrliche, farbenprächtige Halle und das zweikuppelige Dach.

Sphere within Sphere (1982) ist eine Schenkung des Künstlers Arnaldo Pomodoro.

Berkeley Library Building von Paul Koralek (1967)

★ Alte Bibliothek
Dieses Detail stammt aus dem Book of Durrow, *das mit weiteren herrlich illustrierten Manuskripten und dem* Book of Kells (siehe S. 64) *in der Alten Bibliothek verwahrt wird.*

Eingang von der Nassau Street

Die Douglas-Hyde-Galerie präsentiert seit den 1970er Jahren zeitgenössische Kunst.

★ Long Room *(1732)*
Der spektakuläre Raum ist insgesamt 64 Meter lang. Er beherbergt 200 000 alte Texte, Marmorbüsten von Gelehrten und die älteste Harfe Irlands.

NICHT VERSÄUMEN

- ★ Alte Bibliothek
- ★ Campanile
- ★ Long Room

Stadtplan Dublin *siehe Seiten 116–119*

Book of Kells

Die schönste mittelalterliche Handschrift Irlands, das *Book of Kells*, stammt von Mönchen, die 806 n. Chr. vor den Wikingern von Iona nach Kells bei Newgrange *(siehe S. 241)* flüchteten. Das Buch, das im 17. Jahrhundert ins Trinity College *(siehe S. 62f)* gebracht wurde, enthält die vier Evangelien in lateinischer Sprache. Das Manuskript ist mit verschlungenen Spiralen, Menschen- und Tierdarstellungen verziert. Einige der Farben wurden eigens aus dem Nahen Osten importiert.

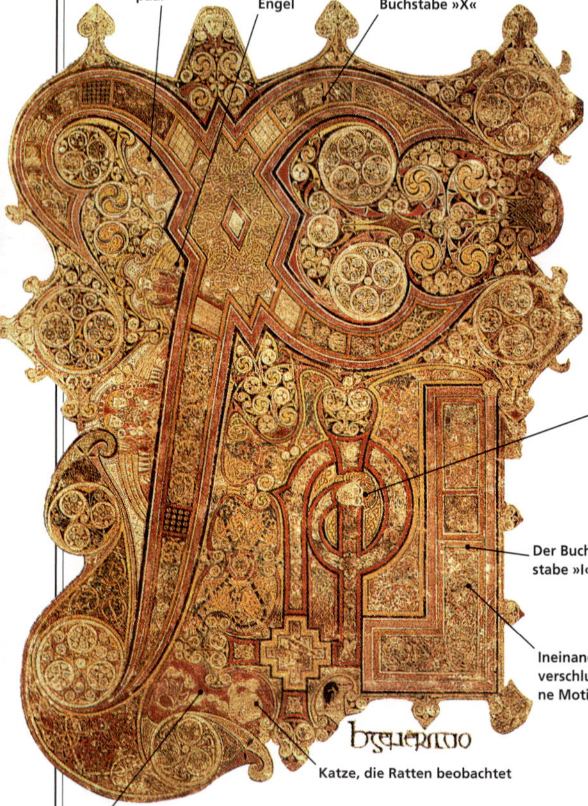

Der Buchstabe, der wie ein »P« aussieht, ist ein griechisches »R«.

Die Brot fressenden Ratten könnten eine Anspielung auf Sünder sein, die die Kommunion empfangen. Die Bedeutung der das Buch schmückenden Menschen und Tiere ist oft schwer ergründbar.

Die Symbole *der vier Evangelisten kehren in dem Buch immer wieder. Die Figur des Mannes versinnbildlicht den hl. Matthäus.*

Ein ganzseitiges Porträt *des hl. Matthäus, der barfuß vor einem Thron steht, ist vor dem Beginn des Matthäus-Evangeliums eingefügt.*

Monogrammseite

Die kunstvollste Seite des Buchs enthält die ersten drei Wörter des Matthäus-Evangeliums zur Geburt Christi. Das erste Wort »XRI« ist eine Abkürzung für »Christus«.

Der Text *ist in keltischen Schriftzeichen mit farbenprächtig verzierten Anfangsbuchstaben geschrieben. Tier- und Menschendarstellungen markieren oft die Zeilenenden.*

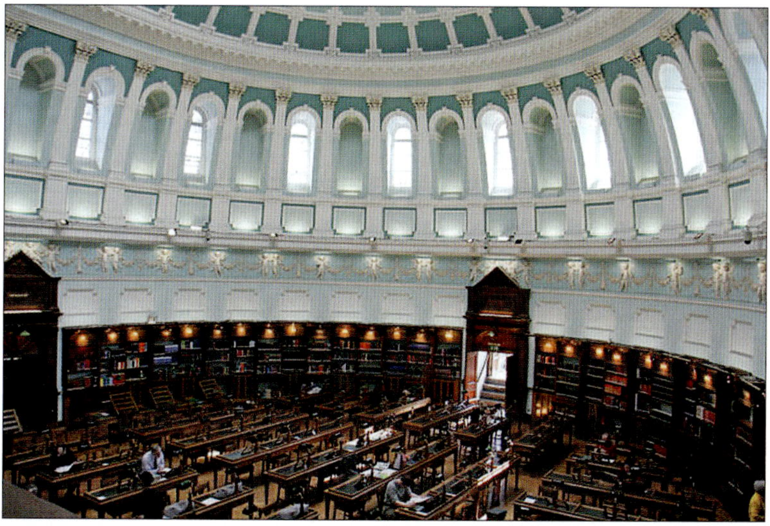

Der von einer Kuppel überwölbte Lesesaal im ersten Stock der Nationalbibliothek

National Museum of Ireland – Archaeology 7

Siehe Seiten 66f.

National Library 8

Kildare St. **Stadtplan** E4. *661 0200. Mo–Mi 9.30–19.45, Do, Fr 9.30–16.45, Sa 9.30–12.45 Uhr. Feiertage.* **www**.nli.ie

Die von Sir Thomas Deane entworfene Nationalbibliothek wurde 1890 eröffnet. Sie birgt die ersten Editionen aller wichtigen irischen Autoren und Exemplare praktisch aller in Irland veröffentlichten Bücher. Zur Sammlung gehören auch Manuskripte, Drucke, Zeichnungen, Karten, Fotos, Zeitungen, Musik, Grafiken und genealogische Aufzeichnungen, was sie zur herausragendsten Sammlung dokumentierten irischen Erbes in der ganzen Welt macht.

Besucher können den Lesesaal, in dem wichtige irische Schriftsteller gearbeitet haben, oder eine der Ausstellungen besuchen.

Jeder, der an Genealogie interessiert ist, kann eine kostenlose Anfrage an den Genealogy Advisory Service stellen.

Die Bibliothek veranstaltet auch etliche kostenlose Events, darunter Lesungen, Theatervorführungen, Lesungen für Kinder, Führungen und Workshops.

Leinster House 9

Kildare St. **Stadtplan** E4. *618 3000. nur Gruppen nach Anmeldung (für Ausländer bei ihrer Botschaft). Einzelheiten telefonisch erfragen.* **www**.oireachtas.ie

Das beeindruckende Palais beherbergt die beiden Kammern des irischen Parlaments *(Dáil* und *Seanad).* Es wurde im Jahr 1745 ursprünglich für den Duke of Leinster erbaut. Richard Castle gestaltete die zur Kildare Street gewandte Front im Stil eines Stadthauses, während die auf den Merrion Square blickende Rückseite an ein ländliches Gutshaus erinnert. 1815 erwarb die Royal Dublin Society das Gebäude. Die Regierung kaufte dann im Jahr 1922 zunächst einen Teil des Anwesens für »parlamentarische Zwecke«, später auch das restliche Gebäude.

Interessierte können die wichtigsten Räume (u.a. den Saal, in dem der *Seanad* tagt) besichtigen.

Parlament

Der Irische Freistaat, Vorläufer der Republik Irland, wurde 1922 *(siehe S. 44f)* gegründet, obwohl bereits seit 1919 ein inoffizielles irisches Parlament *(Dáil)* getagt hatte. Heute besteht das Parlament aus zwei Häusern: dem *Dáil Éireann* (Unterhaus, Repräsentantenhaus) und dem *Seanad Éireann* (Oberhaus, Senat). Premierminister ist der *Taoiseach*, Stellvertreter der *Tánaiste*. Die 166 Abgeordneten des Dáil – *Teachta Dála* oder TDs – werden nach dem Verhältniswahlrecht bestimmt, die 60 Senatoren von verschiedenen Individuen und Institutionen ernannt, darunter vom *Taoiseach* und der Universität Dublin.

Eröffnung des ersten Parlaments des Irischen Freistaats 1922

National Museum of Ireland – Archaeology ❼

Das National Museum of Ireland – Archaeology wurde in den 1880er Jahren nach Plänen von Sir Thomas Deane erbaut. Die Halle ist mit Marmorsäulen und einem Tierkreismosaik geschmückt. Die Schatzkammer birgt Stücke wie das Goldboot von Broighter *(siehe S. 33)*, die Ausstellung *Ór – Irisches Gold* zeigt bronzezeitliche Goldarbeiten wie den Gleninsheen-Ringkragen *(siehe S. 32f)*. Zum National Museum gehören noch drei weitere Museen: Decorative Arts & History *(siehe S. 101)*, Country Life und Natural History.

Ägyptische Mumie
Der Sarkophag der Tentdinebu entstand vermutlich zwischen 945 und 716 v. Chr. Das farbenprächtige Stück ist Teil der umfangreichen ägyptischen Sammlung.

★ Ór – Irisches Gold
Die Sammlung gehört zu den umfangreichsten bronzezeitlichen Goldes in Westeuropa. Die abgebildete Gold-Lunula (1800 v. Chr.) ist eines der Schmuckstücke der Sammlung.

LEGENDE

- Königtum und Opferung
- Ór – Irisches Gold
- Schatzkammer
- Prähistorisches Irland
- Mittelalterliches Irland
- Wikinger-Ausstellung
- Altägyptische Sammlung
- Keramiken und Glas aus dem alten Zypern
- Leben und Tod in der römischen Welt
- Sonderausstellungen
- Kein Ausstellungsbereich

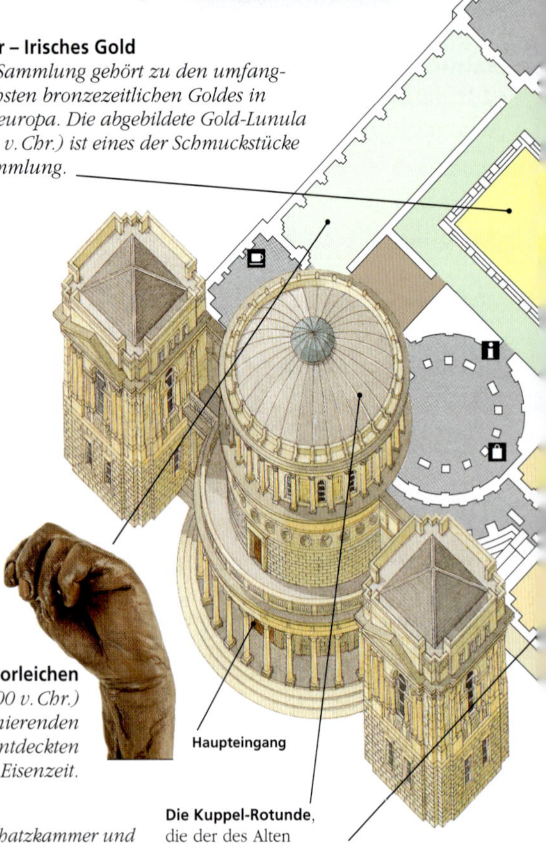

★ Moorleichen
Die konservierte Hand (um 600 v. Chr.) ist ein Exponat der faszinierenden Ausstellung von 2003 entdeckten Moorleichen aus der Eisenzeit.

Kurzführer

Im Erdgeschoss finden Sie die Schatzkammer und die Ausstellungen Ór – Irisches Gold, Königtum und Opferung *und* Prähistorisches Irland. *Der erste Stock beherbergt Wikinger-Exponate und die* Altägyptische Sammlung. *Die Exponate des Museums werden von Zeit zu Zeit neu organisiert.*

Die Kuppel-Rotunde, die der des Alten Museums in Berlin nachempfunden ist, bildet eine eindrucksvolle Eingangshalle.

Die Schatzkammer beherbergt Meisterwerke des irischen Kunsthandwerks, etwa den Kelch von Ardagh *(siehe S. 55)*.

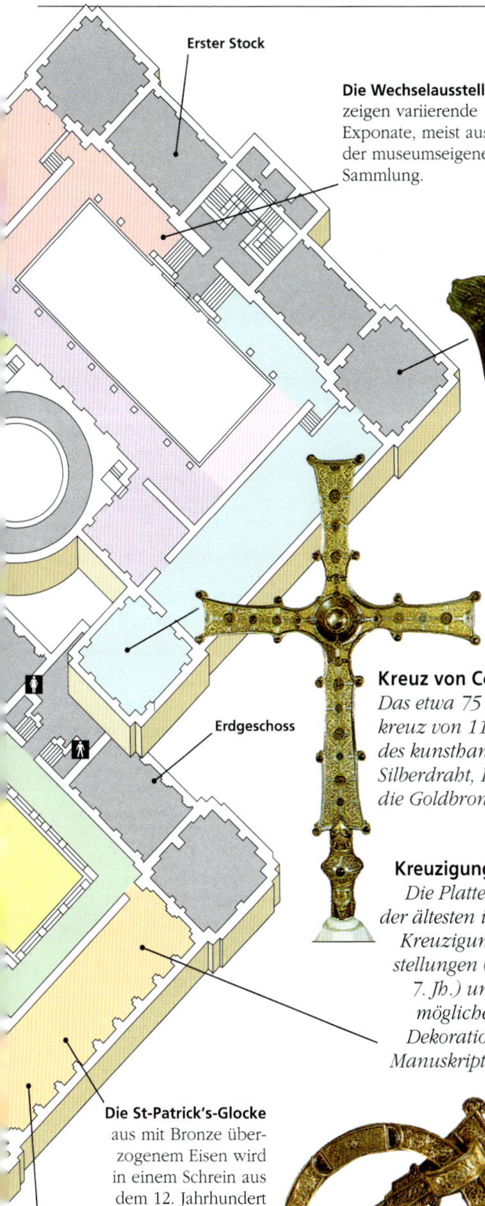

Die Wechselausstellungen zeigen variierende Exponate, meist aus der museumseigenen Sammlung.

INFOBOX

Kildare St. **Stadtplan** E4. *677 7444. DART zur Pearse Station, Luas Green Line zu St Stephen's Green. 10, 11, 13 u. a.*
Di–Sa 10–17, So 14–17 Uhr.
Karfreitag, 25. Dez.
nur Erdgeschoss.
www.museum.ie

Hölzernes Objekt
Die Wikinger-Ausstellung zeigt Münzen, Tonwaren und Waffen, die in den 1970er Jahren bei Wood Quay am Liffey (siehe S. 78) *ausgegraben wurden.*

Kreuz von Cong
Das etwa 75 Zentimeter hohe Prozessionskreuz von 1123 weist ein beeindruckendes kunsthandwerkliches Niveau auf. Silberdraht, Kristall und Emaille zieren die Goldbronzeplatten.

Kreuzigungsplatte
Die Platte ist eine der ältesten irischen Kreuzigungsdarstellungen (spätes 7. Jh.) und war möglicherweise Dekoration eines Manuskriptdeckels.

Die St-Patrick's-Glocke aus mit Bronze überzogenem Eisen wird in einem Schrein aus dem 12. Jahrhundert aufbewahrt.

★ Tara-Brosche
Diese in Bettystown in der Grafschaft Meath gefundene Brosche (8. Jh. n. Chr.) mit Einlegearbeiten aus Bernstein und Emaille ist an Vorder- und Rückseite mit Golddraht-Filigranarbeit verziert.

NICHT VERSÄUMEN

★ Moorleichen

★ Ór – Irisches Gold

★ Tara-Brosche

Stadtplan Dublin *siehe Seiten 116–119*

National Wax Museum Plus ⑩

The Armoury, Foster Place, College Green. **Stadtplan** D3. *671 8373.* *tägl. 10–19 Uhr.* *25. Dez.* **www**.waxmuseumplus.ie

Das National Wax Museum Plus zeigt seine Wachsfiguren auf vier Stockwerken.

Besucher gehen auf eine Zeitreise mit Wachsfiguren aus der irischen Geschichte, Literatur, Musik, Film, Wissenschaft und Politik. Die Grand Hall ist Stars der irischen Rockmusik und des irischen Spielfilms vorbehalten, etwa U2 und Liam Neeson. Internationale Stars wie Madonna und Elvis Presley sind ebenfalls verewigt. Im Recording Studio kann man mit modernster Technik ein Musikvideo drehen.

Die Attraktionen der Children's Fantasy World sind ein Kino für Kinder und Figuren wie Harry Potter. Die Chamber of Horrors im Untergeschoss ist nichts für Besucher mit schwachen Nerven.

Das Wax Museum befindet sich im historischen Armoury Building

Natural History Museum ⑪

Merrion St. **Stadtplan** E4. *677 7444.* *Di–Sa 10–17, So 14–17 Uhr.* *Karfreitag, 25. Dez.* *teilweise.* **www**.museum.ie

Das Museum wurde 1857 mit einer Vorlesung des schottischen Forschers David Livingstone eröffnet. Hinter dem Eingang stehen drei Skelette des »Irish Elk«, einer ausgestorbenen Hirschart. Im Erdgeschoss befasst sich der Irish Room mit der irischen Tierwelt, im Obergeschoss widmet man sich allen Säugetieren der Erde. Die Primaten (Affen und Lemuren), der Königstiger sowie die Walskelette, die an der Decke hängen, sind besonders faszinierende Ausstellungsstücke.

Georgianische Stadthäuser an den Parkanlagen des Merrion Square

National Gallery ⑫

Siehe Seiten 70f.

Merrion Square ⑬

Stadtplan F4.

Einer der größten georgianischen Plätze Dublins wurde 1762 von John Ensor angelegt.

Auf der Westseite beeindrucken die imposanten Fassaden des Natural History Museum, der National Gallery und der vordere Garten des Leinster House *(siehe S. 65)*. Gleichwohl kann sich dieses erhabene Dreigespann mit den georgianischen Stadthäusern auf den übrigen Seiten des Platzes nicht messen.

An vielen der heute meist gewerblich genutzten Häuser geben Tafeln Auskunft über die Persönlichkeiten, die hier einst wohnten. Dazu gehört der Dichter W. B. Yeats *(siehe S. 232f)*, der im Haus Nr. 82 lebte. Der Dramatiker Oscar Wilde (siehe S. 22) verbrachte seine Kindheit im Haus Nr. 1.

Die Parkanlage in der Mitte diente während der Großen Hungersnot der 1840er Jahre *(siehe S. 219)* als Suppenküche. Auf der Nordwestseite des Parks steht der Rutland-Brunnen (1791), der allein für die Armen errichtet wurde.

Royal Hibernian Academy ⑭

15 Ely Place. **Stadtplan** E5. *661 2558.* *Mo, Di 11–17, Mi–Sa 11–19, So 14–17 Uhr.* *Weihnachtsferien.* **www**.rhagallery.ie

Die Akademie ist einer der größten Ausstellungsorte der Stadt. Hier werden Exponate im traditionellen und im innovativen Stil von irischen und internationalen Künstlern gezeigt. Der moderne Bau aus Backstein und Glas setzt sich am Ende der georgianischen Ely Place markant vom georgianischen Umfeld ab.

Fitzwilliam Square ⑮

Stadtplan E5. **No. 29 Fitzwilliam St Lower** *702 6165.* *Di–Sa 10–17, So & Feiertage 12–17 Uhr.* *3 Wochen an Weihnachten.* *teilweise.* **www**.esb.ie/numbertwentynine

Der ab 1790 angelegte Platz zählt zu Dublins spätesten georgianischen Anlagen. Heute haben sich hier zahlreiche Arztpraxen angesiedelt.

In den 1960er Jahren fielen 16 Stadthäuser an der Fitzwilliam Street Lower, Fortsetzung des Fitzwilliam Square, dem Hauptquartier der Elektrizitätswerke zum Opfer. Das Unternehmen versucht, die Empörung durch die Restaurierung des georgianischen Hauses Nr. 29 zu besänftigen.

Dublins georgianische Reihenhäuser

Das 18. Jahrhundert war Dublins Epoche des Wohlstands, in der die irischen Lords, die nicht länger als arme Vettern der britischen erscheinen wollten, aus Dublin eine der schönsten Städte Europas machten. Man baute elegante Reihenhäuser *(terraces)*, die neue Straßen und Plätze säumten. Im 19. Jahrhundert ging der Reichtum verloren.

Türklopfer, Merrion Square

Etliche Familien mussten ihre Häuser in Mietswohnungen unterteilen, viele bedeutende Straßen verkamen. Zur Zeit des Wirtschaftsbooms in den 1960er Jahren schien die Bausubstanz bedroht. Glücklicherweise blieb vieles erhalten. So kann man bis heute am Merrion Square oder Fitzwilliam Square erstklassige Architektur bewundern.

Schmiedeeiserne Balkone *waren wirkungsvolle architektonische Elemente. Die noch vorhandenen stammen meist aus viktorianischer Zeit.*

Spielzimmer

Mansarde

Die Schlafzimmer befanden sich meist im zweiten Stock. Weiter oben lagen die Räume der Bediensteten und der Kinder.

Der Salon befand sich stets im ersten Stock. Die hohe Decke war mit kunstvollen Stuckarbeiten ornamentiert.

Architrav

Das Esszimmer lag meist im Erdgeschoss.

Die Küche war mit einem großen Herd ausgestattet, der mit Kohle oder Holz befeuert wurde. In der Speisekammer daneben wurden die Vorräte aufbewahrt.

Üppige Stuckarbeiten *dienten im 18. Jahrhundert dazu, den Wohlstand des Besitzers zu dokumentieren.*

Die Eingangstür *wurde gewöhnlich von einer segmentierten Lünette gekrönt. Die Hauptverzierung der Tür selbst war ein schwerer Türklopfer aus Messing.*

Georgianische Reihenhäuser

Obwohl georgianische Straßenzüge oft einheitlich erscheinen, haben die Häuser ganz unterschiedliche Lünetten, Architrave und Balkone. In der Eingangshalle gab es meist einen Steinfußboden. Gegenüber der Eingangstür führte eine Treppe nach oben. Viele der Stadthäuser hatten keinen Garten, doch die Parks im Zentrum der Plätze waren ausschließlich den Anwohnern vorbehalten.

National Gallery ⓬

Der heimatlose Wanderer von J. Foley

Die National Gallery wurde 1864 eröffnet. Dank großzügiger Schenkungen beherbergt sie exzellente Stücke, etwa die einst im Russborough House *(siehe S. 132f)* beheimatete Milltown-Sammlung. George Bernard Shaw gehörte ebenfalls zu ihren Förderern – mit einem Drittel seines Vermögens. Der Schwerpunkt liegt zwar auf Kunst aus Irland, doch auch die wichtigsten Schulen der europäischen Malerei sind gut vertreten. Während der Sanierung der historischen Flügel Dargan und Milltown können sich die Ausstellungsorte einzelner Exponate ändern.

Kurzführer

Die Galerie wird voraussichtlich bis 2014 umfassend saniert, die Sammlungen werden deshalb an wechselnden Orten zu sehen sein. Besucher sollten sich vorab per Telefon oder E-Mail informieren, ob und wo spezielle Ausstellungen zu finden sind.

★ Pierrot
Diese kubistische Arbeit des in Spanien geborenen Künstlers Juan Gris ist eine seiner zahlreichen Variationen des Themas Pierrot und Harlekin. Das Bild stammt von 1921.

★ For the Road
Ein ganzer Raum ist dem Werk Jack Yeats' (1871–1957) gewidmet. Das Bild reflektiert die Verbundenheit des Künstlers mit der Landschaft von Sligo.

NICHT VERSÄUMEN

- ★ *For the Road*
- ★ *Kreuzabnahme Christi*
- ★ *Pierrot*

★ Die Kreuzabnahme Christi
Dieses 1990 im Dubliner Jesuiten-Kolleg wiederentdeckte Caravaggio-Bild (1602) hob das Ansehen der Galerie beträchtlich.

INFOBOX

Clare Street, Merrion Square West. **Stadtplan** E4. *661 5133. DART Pearse Station. 5, 7, 10, 13/13a, 44c, 48a. Mo–Mi, Fr, Sa 9.30–17.30, Do 9.30–20.30, So 12–17.30, Feiertage 10–17.30 Uhr. Karfreitag, 24.–26. Dez. Sonderausstellungen.*
www.nationalgallery.ie

Judith mit dem Haupt des Holofernes
Andrea Mantegna (ca. 1431–1506) verwendete für dieses Bild der Enthauptung des Assyrers eine monochrome Farbgebung.

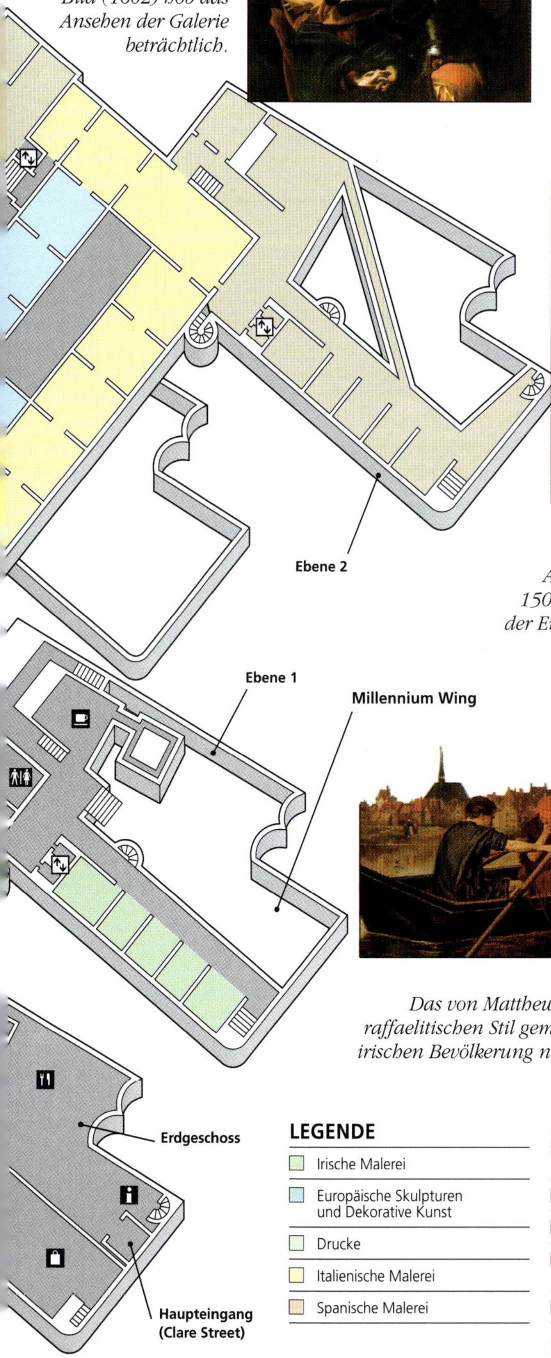

Der Krankenbesuch
Das von Matthew James Lawless 1863 im präraffaelitischen Stil gemalte Bild zeigt die Armut der irischen Bevölkerung nach der Großen Hungersnot.

LEGENDE

- Irische Malerei
- Europäische Skulpturen und Dekorative Kunst
- Drucke
- Italienische Malerei
- Spanische Malerei
- Nordeuropäische und französische Malerei
- Yeats Museum
- Wechselausstellungen
- Während der Sanierung bis 2014 geschlossen
- Kein Ausstellungsbereich

Stadtplan Dublin *siehe Seiten 116–119*

Südwest-Dublin

Die Gegend um die Burg wurde bereits in prähistorischer Zeit besiedelt, hier liegen die Wurzeln der Stadt. Dublin verdankt seinen Namen dem »schwarzen Tümpel« *(Dubh Linn)*, der sich am Zusammenfluss des Liffey und des Poddle, der früher über das Burgareal floss, bildete. Der Poddle ist heute unterirdisch kanalisiert und ergießt sich nahe der Grattan-Brücke in den Liffey. Ausgrabungen hinter dem Wood Quay haben ergeben, dass die Wikinger hier um 841 einen Handelsposten gegründet hatten. Nach der Invasion Richard de Clares 1170 entwickelte sich eine mittelalterliche Stadt. Die Anglo-Normannen umgaben die Burg mit einer starken Verteidigungsmauer. Ein kleiner rekonstruierter Teil dieser alten Stadtmauer ist nahe der St Audoen's Church zu sehen. Zeugnisse aus der anglo-normannischen Zeit sind Christ Church Cathedral und St Patrick's Cathedral. Als sich die Stadt in georgianischer Zeit nach Norden und Osten hin ausdehnte, verwandelten sich die engen gepflasterten Straßen von Temple Bar in ein von Handwerkern und Kaufleuten bewohntes Viertel. Heute ist die Gegend mit ihren Läden und Cafés das lebhafteste Viertel der Stadt. Das Powerscourt Townhouse, ein im 18. Jahrhundert errichtetes Palais, gehört heute zu den besten Shopping-Center der Stadt.

Das Relief in der St Patrick's Cathedral zeigt Turlough O'Carolan

Sehenswürdigkeiten auf einen Blick

Museen und Bibliotheken
Chester Beatty Library 2
Dublinia 8
Marsh's Library 12

Historische Gebäude
Dublin Castle S. 76f 1
Powerscourt Townhouse 4
Rathaus 3
Tailors' Hall (Gewandhaus) 10

Historische Straßen
Temple Bar 5
Wood Quay 6

Kirchen
Christ Church Cathedral S. 80f 7
St Audoen's Church 9
St Patrick's Cathedral 11
Whitefriar Street Carmelite Church 13

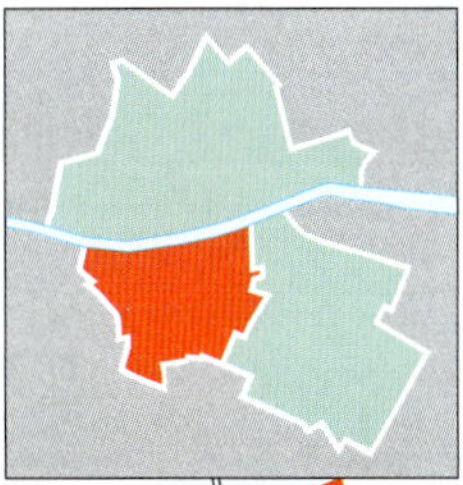

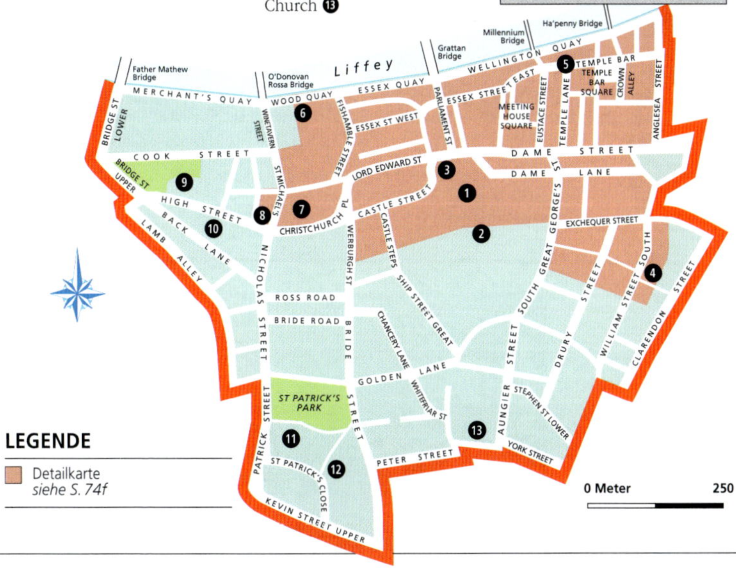

◁ **Das Dubliner Stadtviertel Temple Bar auf der linken Seite des Liffey *(siehe S. 78)***

Im Detail: Südwest-Dublin

Obwohl Südwest-Dublin mit historischen Gebäuden wie dem Dublin Castle und der Christ Church Cathedral aufwartet, lässt dieser Teil der Stadt den Charme der Gegend rund um die Grafton Street vermissen. Man hat sich jedoch bemüht, das Viertel attraktiver zu gestalten. Insbesondere um Temple Bar säumen nun Kunstgalerien, Läden und Cafés die hübschen Straßen.

Sunlight Chambers heißt das 1900 von der Lever-Brothers-Gruppe erbaute Haus. Die hübsche Terrakotta-Fassade wirbt auch für die Waschmittel des Konzerns.

Wood Quay
Hier gründeten die Wikinger 841 ihre erste ständige Siedlung in Irland. ❻

★ Christ Church Cathedral
In Irlands ältester Kathedrale findet man unter den Familiengrabmälern auch jenes des 19. Earl of Kildare. ❼

Dublinia
Das mittelalterliche Dublin und die Wikinger ist Thema dieses interaktiven Museums, das in der ehemaligen Synodalhalle der Church of Ireland untergebracht ist. ❽

St Werburgh's Church
Hinter der etwas düsteren Fassade der Kirche aus dem 18. Jahrhundert verbirgt sich ein kunstvolles Inneres.

Rathaus
Das ursprünglich 1779 als Königliche Börse erbaute Verwaltungszentrum der Stadt besticht durch seinen korinthischen Portikus. ❸

★ Dublin Castle
Der Salon mit seinem Waterford-Kristalllüster ist einer der luxuriösen Räume, die im 18. Jahrhundert für die Vizekönige von Irland errichtet wurden. ❶

Hotels und Restaurants in Dublin *siehe Seiten 294–298 und 324–328*

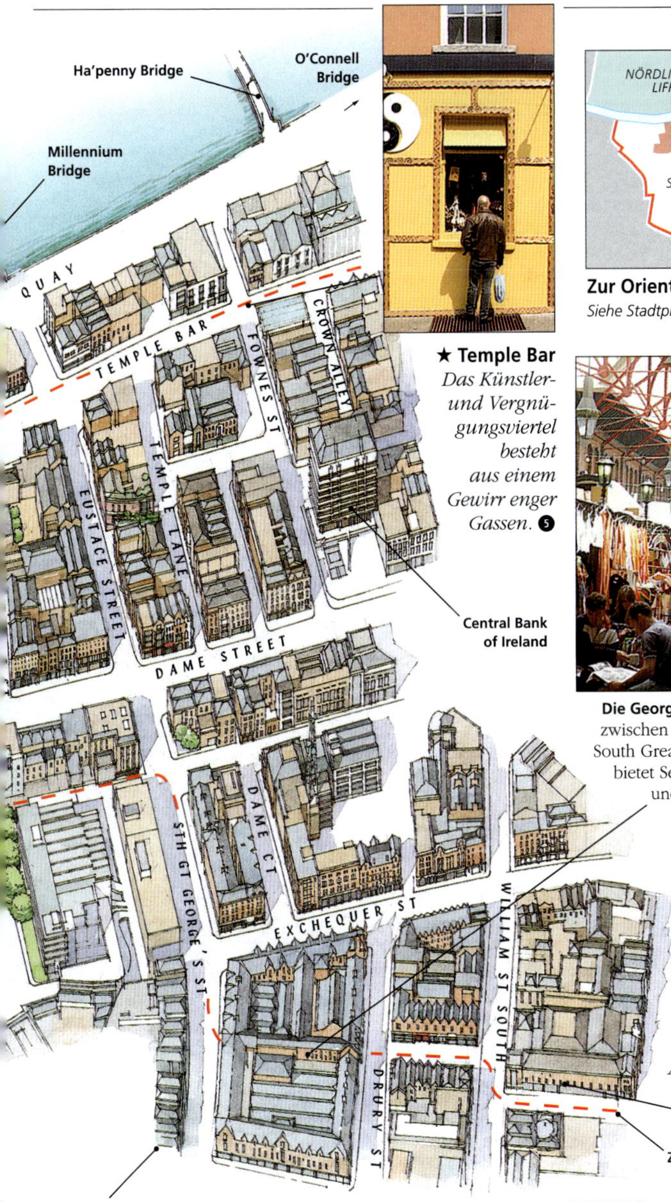

★ **Temple Bar**
Das Künstler- und Vergnügungsviertel besteht aus einem Gewirr enger Gassen. ❺

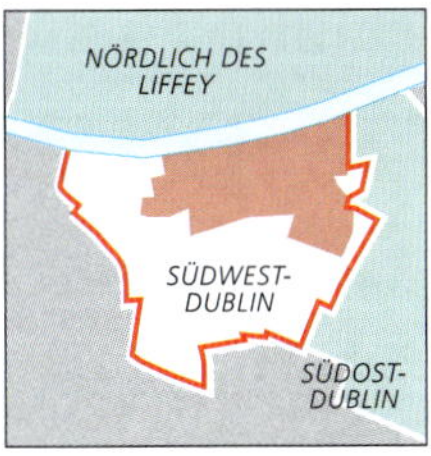

Zur Orientierung
Siehe Stadtplan S. 118f

Die George's Street Arcade zwischen Drury Street und South Great George's Street bietet Secondhand-Mode und alten Schmuck.

Powerscourt Townhouse
Das Shopping-Center ist eine der besten Adressen für modische Accessoires und Kunsthandwerk. ❹

The Long Hall ist ein wunderbar altmodisches Pub mit einer tollen Atmosphäre. Hinter der Bar des schmalen Raums sind viele alte Uhren aufgereiht.

0 Meter 50

LEGENDE

– – – Routenempfehlung

NICHT VERSÄUMEN

- ★ Christ Church Cathedral
- ★ Dublin Castle
- ★ Temple Bar

Stadtplan Dublin *siehe Seiten 116–119*

Dublin Castle ❶

Hl. Patrick von Edward Smyth

Dublin Castle war 700 Jahre lang das Zentrum britisch-kolonialer Herrschaft in Irland. An der Stelle des Schlosses befand sich bereits im 10. Jahrhundert eine Festung. Sie wurde 1170 von den Normannen erobert und später ausgebaut. Aus dieser Zeit ist noch der Record Tower erhalten. Nach dem Brand 1684 ließ Sir William Robinson den Oberen und Unteren Schlosshof anlegen. Auf der Südseite des Oberen Hofes befinden sich die Prunkgemächer sowie die prächtige St Patrick's Hall. In diesen Gemächern waren die von den Briten eingesetzten Vizekönige von Irland untergebracht.

Justitia
Die Statue über dem Haupteingang kehrt der Stadt den Rücken zu und war deshalb den Dublinern oft Anlass für Hohn und Spott.

★ Thronsaal
Dies ist einer der prächtigen Räume. Er enthält einen Thron, der 1821, anlässlich des Besuchs von König George IV, aufgestellt wurde.

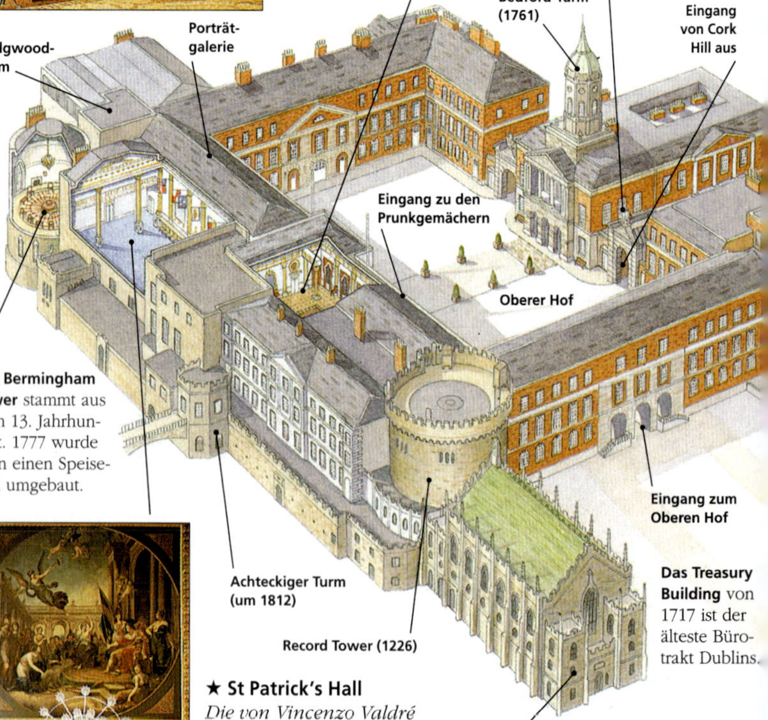

Der Bermingham Tower stammt aus dem 13. Jahrhundert. 1777 wurde er in einen Speisesaal umgebaut.

Das Treasury Building von 1717 ist der älteste Bürotrakt Dublins.

Die Chapel Royal wurde 1814 von Francis Johnston vollendet. Die 100 Köpfe an der Außenseite stammen von Edward Smyth.

★ St Patrick's Hall
Die von Vincenzo Valdré (späte 1780er Jahre) angefertigten Deckengemälde in dieser mit Bannern geschmückten Halle versinnbildlichen die Beziehung zwischen Großbritannien und Irland.

INFOBOX

Nahe Dame St. **Stadtplan** C3.
677 7129.
49, 56a, 77a, 123.
Staatsgemächer *Mo–Sa 10–16.45, So, Feiertage 12–16.45 Uhr.* *1. Jan, Karfreitag, 24.–27. Dez.* *obligatorisch.*
www.dublincastle.ie

Robert Emmet

Robert Emmet (1778–1803), der Anführer des gescheiterten Aufstands von 1803, gilt bis heute als Held. Er wollte mit der Besetzung von Dublin Castle ein Fanal im Kampf gegen das Unionsgesetz *(siehe S. 42)* setzen. Emmet wurde in Kilmainham Gaol gehenkt. Doch die Rede, die er vorher hielt, inspirierte noch die nachfolgenden Generationen in ihrem Freiheitskampf.

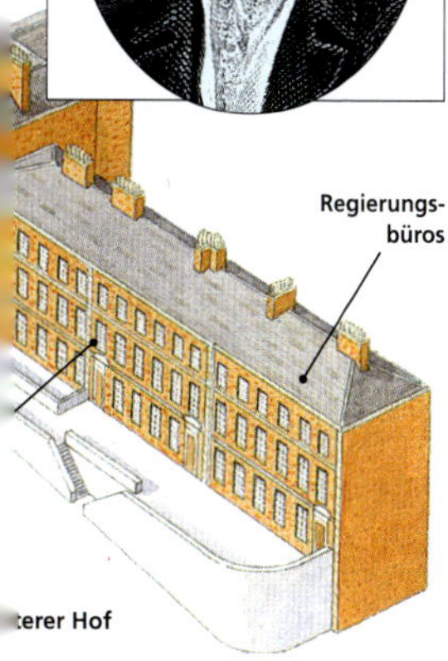

NICHT VERSÄUMEN

★ St Patrick's Hall

★ Thronsaal

Koran-Manuskript (1874) des Kalligrafen Ahmad Shaikh aus Kaschmir, ausgestellt in der Chester Beatty Library

Chester Beatty Library ❷

Clock Tower Building, Dublin Castle.
407 0750. *Mo–Fr 10–17 (Okt–Apr: Di–Fr), Sa 11–17, So 13–17 Uhr.* *Karfreitag, 24.–26. Dez, 1. Jan, Feiertage.* **www**.cbl.ie

Die weltbekannte Sammlung erhielt 2002 den Titel Europäisches Museum des Jahres. Der amerikanische Bergbaumagnat Sir Alfred Chester Beatty, der 1968 starb, vermachte sie dem Staat. Wegen dieser Gabe wurde er 1957 zu Irlands erstem Ehrenbürger ernannt. Beatty sammelte fast 300 Koran-Ausgaben vieler Meisterkalligrafen. In der Sammlung finden sich 6000 Jahre alte babylonische Steintafeln, griechische Papyrusrollen und Bibelauszüge in koptischer Sprache.

Die Schätze aus dem Fernen Osten umfassen eine Sammlung chinesischer Jadebücher – jedes Blatt dieser Bücher ist eine hauchdünne Jadescheibe mit eingravierten, goldgefüllten Schriftzeichen. Burmesische und siamesische Kunst ist durch Exponate aus dem 18. und 19. Jahrhundert, den *Parabaiks*, vertreten. Das sind Bücher aus Papier von Maulbeerbaumblättern. Sie enthalten Volkssagen, die mit farbenfrohen Illustrationen versehen sind. Die Exponate der japanischen Sammlung reichen vom 16. bis zum 19. Jahrhundert. Überaus interessant sind auch die westeuropäischen Manuskripte, allen voran das *Coëtivy Book of Hours*, ein illustriertes französisches Gebetbuch aus dem 15. Jahrhundert.

Rathaus ❸

Lord Edward St. **Stadtplan** C3.
222 2204. *Mo–Sa 10–17.15 Uhr.* *Karfreitag, 24.–26. Dez, 1 Jan.*
www.dublincity.ie/dublincityhall/

Der von Thomas Cooley entworfene »korinthische« Bau wurde 1769–79 als Börse errichtet, 1852 von der Dublin Corporation übernommen und als Versammlungsort des Stadtrats genutzt. Hinter der säulenverzierten Fassade öffnet sich die Eingangsrotunde mit einer von sechs Paar kannelierten Säulen gestützten Kuppel. Die Multimedia-Ausstellung *Dublin City Hall – The Story of the Capital* beleuchtet die Entwicklung Dublins seit dem Einfall der Anglo-Normannen im Jahr 1170.

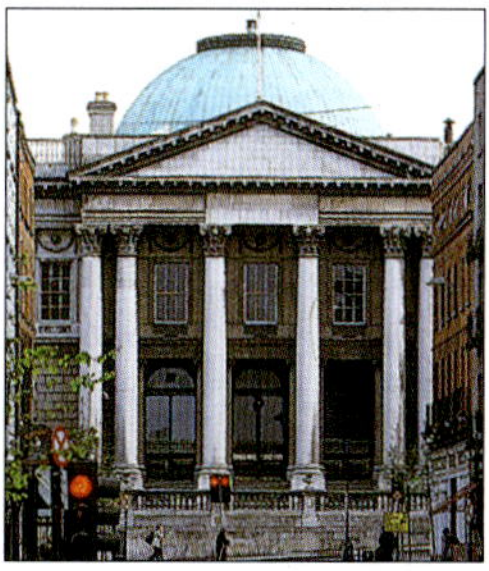

Rathaus von der Parliament Street aus

Innenhof des Shopping-Centers Powerscourt Townhouse

Powerscourt Townhouse ❹

South William St. **Stadtplan** D4. ☎ *671 7000.* ◯ *Mo–Fr 10–18 (Do bis 20), Sa 9–18, So 12–18 Uhr. Siehe auch* ***Shopping*** *S. 352–355.* **www**.powerscourtcentre.com

Das 1774 von Robert Mack vollendete Palais war Stadtresidenz des Vicomte Powerscourt *(siehe S. 134f)*, der auch einen Landsitz in Enniskerry besaß. Für den Bau schaffte man von seinem Landgut Granit heran. Heute beherbergt das Gebäude eines der besten Dubliner Einkaufszentren. Innen sind noch immer die Mahagonitreppe und die Stuckarbeiten von Michael Stapleton zu sehen.

1830 wurde das Gebäude von einer Textilhandlung genutzt. Nach weiteren Umbauten in den 1960er Jahren zogen Galerien, Cafés, Juweliere und Luxusläden in das Gebäude mit dem von einer Glaskuppel gekrönten Innenhof. Man erreicht Powerscourt Townhouse auch von der Grafton Street aus durch die schmale Johnson Court Alley.

Temple Bar ❺

Stadtplan C3.
Temple Bar Information Centre 18 Eustace St. ☎ *677 2255 (Tonband).* ◯ *tägl.* ● *Feiertage. Siehe auch* ***Unterhaltung*** *S. 114.*
Project Arts Centre 39 East Essex Street. ☎ *881 9613.*
Irish Film Institute 6 Eustace Street. ☎ *679 5744.* *Diversions (Mai–Sep).* **www**.templebar.ie

Einige der besten Ausgehtreffs und Restaurants sowie ungewöhnliche Läden säumen die engen Pflasterstraßen zwischen der Bank of Ireland *(siehe S. 60)* und der Christ Church Cathedral. Im 18. Jahrhundert waren hier eine Menge schräge Vögel ansässig. Die Fownes Street war für ihre Bordelle bekannt. Doch auch der Parlamentarier Henry Grattan *(siehe S. 40)* wurde hier geboren. Bis nach dem Zweiten Weltkrieg lebten und arbeiteten hier Handwerker. Mit der Industrialisierung verfiel die Gegend.

In den 1970er Jahren erwarb die nationale Transportgesellschaft CIE in der Umgebung Grundstücke, um ein großes Busdepot anzulegen. Während sie noch mit der Beschaffung der Immobilien befasst war, vermietete die Gesellschaft alte Ladengeschäfte an junge Künstler, Platten-, Textil- und Buchhändler. So nahm das Viertel einen »alternativen« Charakter an. Die CIE ließ schließlich von ihren Bauplänen ab. Zynische Dubliner sagen, die Gegend sei jetzt die »offizielle Kunstzone« der Stadt – doch die lebendige Atmosphäre zieht immer noch viele junge Leute an, nicht zuletzt wegen der zahlreichen Bars, Restaurants, Läden und Galerien.

Zu den Highlights gehören das **Project Arts Centre**, ein anerkanntes Zentrum für avantgardistische Kunst-Performances, und das **Irish Film Institute**, das nicht nur Arthouse- und Programmfilme zeigt, sondern auch über ein Restaurant mit Bar und einen Laden verfügt.

Beim Meeting House Square liegt einer der Schauplätze von Diversions, einem Sommerfestival mit Open-Air-Konzerten, Theater- und Filmvorführungen. Hier befinden sich auch das National Photographic Archive und die Gallery of Photography. Samstags gibt es einen Lebensmittelmarkt, auf dem u. a. Austern, Lachs und Käse angeboten werden.

Den Pub Temple Bar gibt es seit 1840

Wood Quay ❻

Stadtplan B3.

An dieser Stelle – benannt nach den starken Holzbohlen, mit denen das Land vor dem Wasser geschützt wurde – ließen sich erstmals Wikinger in Irland nieder. Ausgrabungen haben Reste eines der frühesten Wikingerdörfer in Irland freigelegt *(siehe S. 79)*. Das Areal ist seit 2008 zugänglich. Viele der Funde sind im Nationalmuseum *(siehe S. 66f)* und in der Dublinia-Ausstellung *(siehe S. 79)* zu sehen.

Bummel in den Straßen von Temple Bar

Hotels und Restaurants in Dublin *siehe Seiten 294–298 und 324–328*

Frühere Synodalhalle, jetzt Schauplatz der Dublinia-Ausstellung

Christ Church Cathedral ⑦

Siehe Seiten 80f.

Dublinia ⑧

St Michael's Hill. **Stadtplan** B3. *679 4611. Apr–Sep: tägl. 10–17; Okt–März: tägl. 10–16.30 Uhr. 17. März, 23.–26. Dez. Eintritt zur Christ Church Cathedral über die Brücke inkl.* **www**.dublinia.ie

Die Dublinia-Ausstellung dokumentiert Dublins frühe Geschichte von der Ankunft der Anglo-Normannen im Jahr 1170 bis zur Auflösung der Klöster zwischen 1538 und 1541 *(siehe S. 38)*. Die Ausstellung ist in der neogotischen Synodalhalle untergebracht, in der bis 1983 die Church of Ireland residierte. Die Halle und ihre Verbindungsbrücke zur Christ Church Cathedral wurden um 1870 erbaut. Vor der Einrichtung der Dublinia 1993 war die Synodalhalle kurzzeitig ein Nachtclub.

Die Ausstellung ist durchgehend interaktiv gestaltet und ermuntert die Besucher, selbst die Vergangenheit Dublins zu erforschen. Besucher betreten die Ausstellung durch das Untergeschoss, wo der Bereich *Viking World* die Geschichte der ersten skandinavischen Siedler erzählt. Das Erdgeschoss nimmt der lebensgroße Nachbau einer mittelalterlichen Stadt ein mitsamt einem lebendigen Markt und der Küche eines Händlers. Wichtige Ereignisse der Dubliner Geschichte wie die Pest und der Aufstand des Silken Thomas *(siehe S. 38)* werden hier ebenso gezeigt wie ein Modell von Dublin um das Jahr 1500. In einem weiteren Raum werden archäologische Funde aus dem nahen Wood Quay *(siehe S. 78)* gezeigt.

Einen fantastischen Blick über die Stadt genießt man vom 60 Meter hohen Turm von St Michael.

Wikinger in Dublin

Wikinger landeten seit Ende des 8. Jahrhunderts immer wieder in Irland und gründeten 841 Dublin. Wo sich bei der Mündung des Flusses Poddle in den Liffey ein schwarzer Tümpel *(Dubh Linn)* bildete, bauten sie am heutigen Standort von Dublin Castle ein Fort. Eine weitere Siedlung legten sie am Wood Quay an *(siehe S. 78)*. Sie handelten mit Silber und Sklaven und betrieben Piraterie. Nach der Niederlage gegen Brian Ború in der Schlacht von Clontarf 1014 *(siehe S. 34)* integrierten sich die Wikinger in ihr Umfeld und wurden Christen. Nach der anglo-normannischen Invasion von 1170 *(siehe S. 36)* zerfiel ihr Handelsposten. Viele der Bewohner wurden in die Kolonie Oxmanstown auf der Nordseite des Flusses umgesiedelt.

Wikingerschiff in der Bucht von Dublin

St Audoen's Church ⑨

High St, Cornmarket. **Stadtplan** B3. *677 0088. Mai–Okt.*

Turm der St Audoen's Church

Die denkmalgeschützte St Audoen's Church, das älteste noch existierende Gotteshaus in Dublin, ist das ganze Jahr über für Besucher geöffnet. Der über 800 Jahre alte Turm gilt als ältester Kirchturm Irlands. Die drei Glocken wurden 1423 hinzugefügt. Auch das Kirchenschiff (ebenfalls aus dem 15. Jh.) ist erhalten. Die Kirche steht in einem Kirchhof, der weite Rasenflächen mit gepflegten Büschen aufweist. An der Rückseite führen Stufen zum St-Audoen's-Bogen hinunter, dem einzigen verbliebenen alten Stadttor. Flankiert wird das Tor von Teilen der restaurierten Stadtmauer aus dem 13. Jahrhundert. Direkt daneben steht die 1847 fertiggestellte römisch-katholische St Audoen's Church.

Christ Church Cathedral ❼

Wappen am Kirchenstuhl des Bürgermeisters

Die Christ Church Cathedral wurde von Sitric »Silkbeard«, dem irisch-normannischen König Dublins, und Dunan, dem ersten Bischof Dublins, gegründet. 1186 wurde sie von Erzbischof John Cumin neu erbaut. Sie ist die Kathedrale der (anglikanischen) Diözese Dublin und Glendalough. In den 1870er Jahren wurde das baufällige Gebäude von dem Architekten George Street umgestaltet. Die riesige Krypta wurde 2000 renoviert.

★ Lesepult
Das schöne Messingpult in der Schatzkammer der Krypta wurde im Mittelalter gefertigt. Ein weiteres Pult steht an der Nordseite des Mittelschiffs vor der Kanzel.

Mittelschiff
Das 25 Meter hohe Schiff besticht durch seine gotischen Bogen. Auf der Nordseite ragt eine als Dachstütze genutzte Wand aus dem 13. Jahrhundert etwa 50 Zentimeter hervor.

Mittelalterliche Steinreliefs findet man im nördlichen Seitenschiff. Die wunderbaren romanischen Kapitelle (um 1200) zeigen eine Gruppe von Musikanten und zwei von Greifen umwickelte menschliche Gesichter.

Eingang

Die Brücke zur Synodalhalle wurde bei der Umgestaltung der Kathedrale in den 1870er Jahren hinzugefügt.

★ Grabmal von Richard de Clare
Die große Figur im Kettenpanzer ist wohl nicht de Clare. Er ist jedoch in der Kathedrale begraben – und der liegende Ritter ist vielleicht Teil seines ursprünglichen Grabmals.

NICHT VERSÄUMEN

- ★ Grabmal von Richard de Clare
- ★ Krypta
- ★ Lesepult

Chapel of St Laud
Der Schrein an der Wand birgt das Herz von St Laurence O'Toole. In der Kapelle gibt es noch mittelalterliche Bodenfliesen.

INFOBOX

Christchurch Place. **Stadtplan** B3.
677 8099. *50, 66, 77 u. a.*
wechselnde Öffnungszeiten, Details auf der Website.
26./27. Dez. *Mo–Fr 12.45, So 11, 15.30 Uhr (bitte Hinweise am Tor beachten).* *teilweise.* **www.**christchurchdublin.ie

In der Marienkapelle wird täglich das Abendmahl gefeiert.

★ Krypta
Diese reich verzierte Schale von Francis Garthorne ist Teil der Sammlung, die König William III der Christ Church Cathedral anlässlich des Sieges in der Schlacht am Boyne 1690 überließ.

Romanisches Portal
Das Portal am südlichen Querschiff gehört zu den schönsten Beispielen irischer Steinmetzkunst des 12. Jahrhunderts.

Die Fundamente des einstigen Domkapitels stammen aus dem frühen 13. Jahrhundert.

ZEITSKALA

1000 – 1200 – 1400 – 1600 – 1800

- **1038** Bau der ursprünglichen hölzernen Wikinger-Kathedrale
- **1186** Der erste anglo-normannische Erzbischof, John Cumin, gibt den Bau einer neuen Kathedrale in Auftrag
- **1240** Vollendung der Stein-Kathedrale
- **1487** Krönung des zehnjährigen Lambert Simnel zum König von England
- **1541** König Henry VIII gibt der Kathedrale ein neues Statut
- **1600** Ladenbesitzer mieten sich in der Krypta ein
- **1689** König James II von England betet in der Kathedrale
- **1742** Der Chor singt bei der Uraufführung von Händels *Messias*
- **1871** Beginn der Umgestaltung der Kathedrale, einschließlich Synodalhalle und Brucke
- **1983** Die Kathedrale gibt die Benutzung der Synodalhalle auf

Begegnung zwischen Lambert Simnel und dem Earl of Kildare (siehe S. 37)

Tailors' Hall (Gewandhaus) ⑩

Back Lane. **Stadtplan** B4.
454 1786. nach Anmeldung.
www.antaisce.org

Das Gewandhaus, das einzige noch existierende Zunfthaus Dublins, versprüht inmitten eines Sanierungsgebiets altmodischen Charme. Das 1706 errichtete Gebäude steht hinter einem Kalksteinbogen in einem Hof. Es ist Irlands ältestes Zunfthaus und wurde früher von unterschiedlichen Gewerben genutzt. Es diente auch als politischer Treffpunkt: So sprach Wolfe Tone vor dem Aufstand von 1798 *(siehe S. 41)* hier zu den United Irishmen. Das Gebäude wurde Anfang der 1960er Jahre wegen Baufälligkeit geschlossen, doch Desmond Guinness sorgte für eine vollständige Renovierung.

Fassade des Gewandhauses, nun Sitz des Irish National Trust *(An Taisce)*

St Patrick's Cathedral mit dem Minot-Turm samt Turmhelm

St Patrick's Cathedral ⑪

St Patrick's Close. **Stadtplan** B4.
453 9472. Mo–Sa 9–17 Uhr (März–Okt: bis 18 Uhr), So 9–14.30 Uhr (März–Okt: bis 18 Uhr); letzter Eintritt 30 Minuten vor Schließung. keine Besichtigung bei Gottesdiensten (9 und 17.30 Uhr).
www.saintpatrickscathedral.ie

Das größte irische Gotteshaus steht neben einer heiligen Quelle, an der der hl. Patrick um 450 n. Chr. zum Glauben Bekehrte getauft haben soll. Um die Wende zum 20. Jahrhundert wurde eine Steinplatte mit einem keltischen Kreuz darauf ausgegraben, die die Quelle bedeckte. Sie wird heute am westlichen Ende des Hauptschiffs der Kathedrale verwahrt. Ursprünglich war die Kathedrale eine Holzkapelle, die 1192 unter Erzbischof John Cumin durch einen Steinbau ersetzt wurde. In den folgenden Jahrhunderten galt die St Patrick's Cathedral als Gotteshaus des Volkes, während die ältere Christ Church Cathedral *(siehe S. 80f)* vom britischen Establishment genutzt wurde. Mitte des 17. Jahrhunderts kamen hugenottische Flüchtlinge aus Frankreich nach Dublin und erhielten dort die Lady Chapel als Gotteshaus zugewiesen. Heute ist die Kathedrale Hauptkirche der irischen Anglikaner und Episkopalen.

Ein Großteil des heutigen Gebäudes wurde zwischen 1254 und 1270 fertiggestellt. Die Kathedrale wurde im Lauf der Jahrhunderte vernachlässigt, brannte nieder und konnte nur dank der Großzügigkeit von Sir Benjamin Guinness um 1860 gründlich restauriert werden. Das Bauwerk ist 91 Meter lang. Am westlichen Ende befindet sich der 1370 unter Erzbischof Minot restaurierte und als Minot-Turm bekannte 43 Meter hohe Glockenturm. Der Turmhelm wurde im 18. Jahrhundert hinzugefügt.

Das Innere der Kathedrale ist mit Gedenkbüsten, Messingtafeln und Monumenten übersät. Ein am Eingang erhältliches Faltblatt hilft bei der Orientierung. Das größte und kunstvollste Grabmal ließ sich im 17. Jahrhundert die Familie Boyle errichten. Die von Richard Boyle, Earl of Cork, dem Andenken seiner zwei-

Jonathan Swift (1667–1745)

Jonathan Swift wurde in Dublin geboren und am Trinity College *(siehe S. 62f)* ausgebildet. 1689 ging er nach England, kehrte jedoch 1694 zurück, als seine politische Karriere scheiterte. Er schlug die Kirchenlaufbahn ein und wurde 1713 Dekan der St Patrick's Cathedral. Daneben war er politischer Kommentator. Sein bekanntestes Werk *Gullivers Reisen* ist eine Satire auf die anglo-irischen Beziehungen. Swifts Privatleben, vor allem seine Freundschaft mit zwei jüngeren Frauen – Esther Johnson und Hester Vanhomrigh –, machte ihn zur Zielscheibe der Kritik. In seinen letzten Jahren litt Swift unter der Ménière-Krankheit, einem Ohrenleiden, das viele glauben ließ, er sei wahnsinnig geworden.

ten Frau Katherine gewidmete Grabstätte ist mit Darstellungen seiner Angehörigen geschmückt. Andere berühmte Bürger, derer in der Kirche gedacht wird, sind der Harfenist Turlough O'Carolan (1670–1738, *siehe S. 24*) und der erste irische Präsident Douglas Hyde (1860–1949).

Im südlichen Querschiff befindet sich die »Swift-Ecke«, in der ein Bücherschrank mit Swifts Totenmaske verwahrt wird. Ein von Swift selbst niedergeschriebenes Epitaph findet man an der Wand auf der Südwestseite des Schiffs. Wenige Schritte entfernt markieren zwei Messingplatten sein Grab und das seiner geliebten Esther, die vor ihm im Jahr 1728 starb.

Am westlichen Ende gibt es eine Tür mit einem Loch, das auf eine Fehde zwischen den Lords Kildare und Ormonde 1492 zurückgeht. Lord Ormonde hatte im Stiftshaus Zuflucht gesucht. Es wurde jedoch bald Friede geschlossen, und Kildare schnitt ein Loch in die Tür, um Ormonde die Hand zu reichen.

Marsh's Library ⓬

St Patrick's Close. **Stadtplan** B4. *454 3511. Mo, Mi–Fr 9.30–13, 14–17, Sa 10–13 Uhr. 10 Tage um Weihnachten, Feiertage.*
www.marshlibrary.ie

Die älteste öffentliche Bibliothek Irlands wurde 1701 für den Dubliner Erzbischof Narcissus Marsh gebaut. Sie wurde von Sir William Robinson entworfen, der auch einen Großteil von Dublin Castle *(siehe S. 76f)* und das Royal Hospital Kilmainham *(siehe S. 97)* erbaute.

Die Bücherschränke werden von einer Mitra gekrönt und sind mit geschnitzten Giebeln und eingelassenen Goldlettern geschmückt. Im rückwärtigen Teil der Bibliothek gibt es vergitterte Alkoven, in die Leser von seltenen, wertvollen Büchern eingeschlossen wurden. Zur Büchersammlung (16., 17. und frühes 18. Jh.) gehören unersetzliche Bände, darunter auch Bischof Bedells Übersetzung des Alten Testaments ins Irische (1685).

Grabmal (1632) der Familie Boyle in der St Patrick's Cathedral

Marienaltar in der Karmeliterkirche in der Whitefriar Street Carmelite Church

Whitefriar Street Carmelite Church ⓭

56 Aungier St. **Stadtplan** C4. *475 8821. Mo, Mi–Sa 8–18, Di 8–21, So, Feiertage 9.30–19 Uhr.*
www.carmelites.ie

George Papworth entwarf diese 1827 erbaute katholische Kirche. Sie steht neben der Stätte eines mittelalterlichen Karmeliterklosters, von dem es keine Überreste gibt.

Während St Patrick's und Christ Church, die zwei Kathedralen der Kirche von Irland, viele Reisende anziehen, trifft man hier zumeist Dubliner an. Sie kommen, um für die Heiligen Kerzen zu entzünden – u. a. für den hl. Valentin, den Schutzpatron der Liebenden. Seine Überreste lagen auf dem Friedhof des hl. Hippolytus in Rom, bis Papst Gregor XVI. sie 1836 der Kirche schenkte. Heute ruhen sie unter der Statue des hl. Valentin an der Nordostseite neben dem Hochaltar.

Berühmt ist die flämische Marienstatue der Lady of Dublin (spätes 15. oder frühes 16. Jh.) aus Eiche. Sie hat früher vielleicht der St Mary's Abbey *(siehe S. 93)* gehört und soll die einzige Holzstatue ihrer Art sein, die die während der Reformation angerichteten Zerstörungen in den irischen Klöstern *(siehe S. 38)* unbeschadet überstanden hat.

Nördlich des Liffey

Der Dubliner Norden entstand als letzter Teil der Stadt im 18. Jahrhundert. Die Behörden wollten hier ein Gebiet mit großzügigen Alleen schaffen, doch der Straßenverkehr machte diesen Plan zunichte. Dennoch ist die von schönen Statuen und Denkmälern gesäumte O'Connell Street recht eindrucksvoll. Hier kaufen die Dubliner ein. In einigen der Seitenstraßen, vor allem in der Moore Street, findet man bunte Verkaufsstände und Straßenhändler. Einige öffentliche Gebäude wie James Gandons großartiges Zollhaus, die majestätischen Four Courts und das historische Hauptpostamt *(siehe S. 89)* verleihen dieser Gegend zusätzlichen Charme. Das schöne Rotunden-Hospital war die erste offizielle Entbindungsklinik in Europa. Die beiden berühmtesten Dubliner Theater, Abbey und Gate, sind ebensolche Besuchermagneten wie das Dublin Writers Museum und das James-Joyce-Zentrum – die beiden Museen sind den Schriftstellern Dublins gewidmet.

Statue von James Joyce in der Earl Street North

Auch die schönsten georgianischen Straßenzüge befinden sich im Norden der Stadt. Viele sind vernachlässigt, doch einige, beispielsweise die North Great George's Street, werden restauriert.

Sehenswürdigkeiten auf einen Blick

Museen und Sammlungen
- Dublin Writers Museum 9
- Hugh Lane Gallery 10
- James Joyce Centre 5
- Old Jameson Distillery 13
- National Leprechaun Museum 17

Historische Gebäude
- Custom House 1
- Four Courts 15
- King's Inns 11
- Rotunda Hospital 7

Historische Straßen und Brücken
- Ha'penny Bridge 18
- O'Connell Street 3
- Smithfield 12

Theater
- Abbey Theatre 2
- Gate Theatre 6

Kirchen
- St Mary's Abbey 16
- St Mary's Pro-Cathedral 4
- St Michan's Church 14

Park
- Garden of Remembrance 8

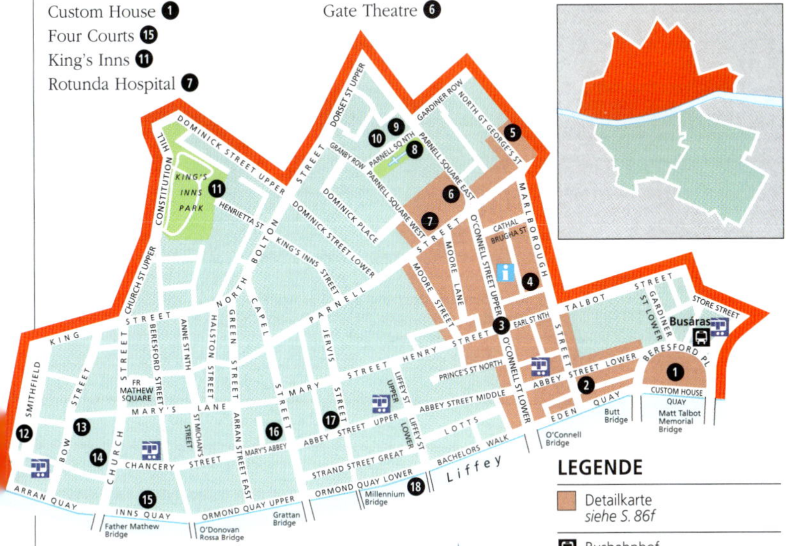

LEGENDE
- Detailkarte *siehe S. 86f*
- Busbahnhof
- Luas-Haltestelle
- Information

0 Meter 250

Der Portikus des Custom House wird abends schön beleuchtet *(siehe S. 88)*

Im Detail: O'Connell Street und Umgebung

Pflastermosaik in der Moore Street

Während der georgianischen Ära galt die O'Connell Street als vornehmste Wohngegend Dublins. Beim Osteraufstand von 1916 wurden viele der schönen Häuser zerstört, einschließlich eines Großteils des Hauptpostamts, von dem nur die Fassade erhalten blieb. Heute wird die O'Connell Street von Läden gesäumt. Weitere Attraktionen in der Nähe sind St Mary's Pro-Cathedral und James Gandons Custom House.

James Joyce Centre
In dem schönen georgianischen Stadthaus befindet sich ein kleines Joyce-Museum. ❺

Parnell-Denkmal (1911)

Gate Theatre
Das 1928 gegründete Theater ist für seine Inszenierungen zeitgenössischer Stücke bekannt. ❻

Rotunda Hospital
Im Rotunden-Hospital gibt es eine 1750 nach dem Entwurf von Richard Castle erbaute Kapelle. Man findet dort schöne Bleiglasfenster, kannelierte Säulen, Paneele und kunstvolle Eisenbalustraden. ❼

Der Markt in der Moore Street ist der lebhafteste im Umfeld der O'Connell Street. Budenverkäufer bieten lautstark eine immense Auswahl an frischem Obst, Gemüse und Schnittblumen an.

The Spire, eine elegante Stahlskulptur, ist 120 Meter hoch.

Das Hauptpostamt ist das größte Gebäude an der O'Connell Street und stand im Zentrum des Aufstands von 1916.

James-Larkin-Statue (1981)

LEGENDE

- Routenempfehlung
- Luas-Haltestelle
- Information

0 Meter 50

NICHT VERSÄUMEN

★ Custom House

★ O'Connell Street

St Mary's Pro-Cathedral
Die 1825 erbaute Kirche ist das wichtigste Gotteshaus der Dubliner Katholiken. Das Gipsrelief über dem Altar stellt Mariä Himmelfahrt dar. ❹

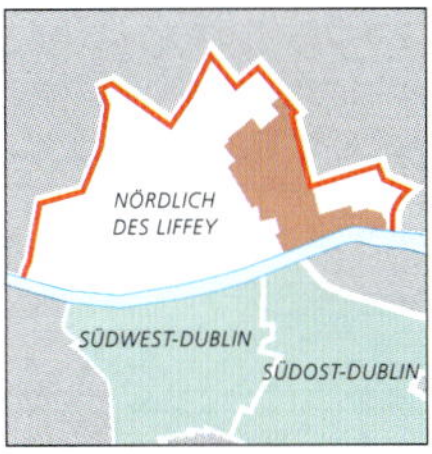

Zur Orientierung
Siehe Stadtplan S. 118f

Die James-Joyce-Statue (1990) von Marjorie Fitzgibbon erinnert an den berühmtesten irischen, 1882 in Dublin geborenen Romancier. In seinen Büchern *Dubliners* und *Ulysses* hat er die Menschen und Straßen Dublins dargestellt.

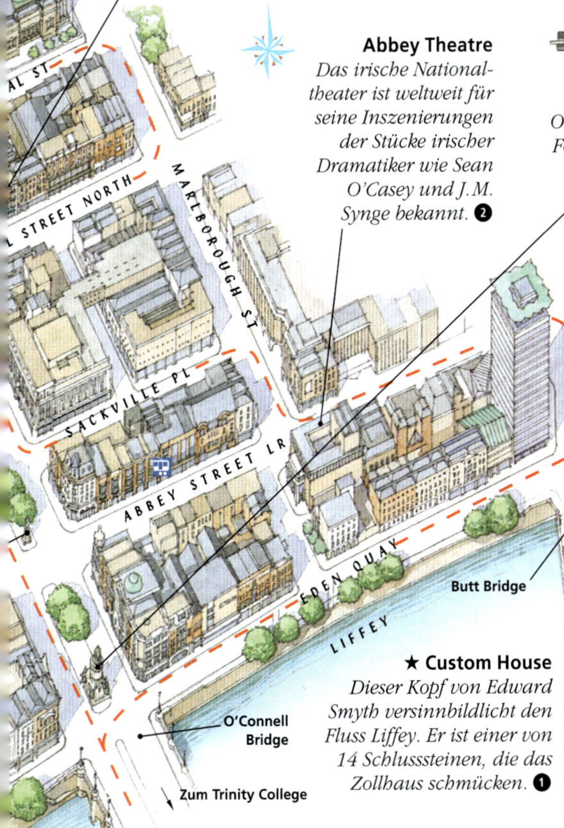

Abbey Theatre
Das irische Nationaltheater ist weltweit für seine Inszenierungen der Stücke irischer Dramatiker wie Sean O'Casey und J.M. Synge bekannt. ❷

★ O'Connell Street
Die Errichtung des Daniel-O'Connell-Denkmals von John Foley hat von der Grundsteinlegung 1864 bis zur Vollendung 19 Jahre gedauert. ❸

★ Custom House
Dieser Kopf von Edward Smyth versinnbildlicht den Fluss Liffey. Er ist einer von 14 Schlusssteinen, die das Zollhaus schmücken. ❶

Stadtplan Dublin *siehe Seiten 116–119*

Das angestrahlte Custom House und sein Widerschein im Liffey

Custom House ❶

Custom House Quay. **Stadtplan** E2. 888 2538. für die Öffentlichkeit.

Das majestätische Gebäude wurde vom englischen Architekten James Gandon als Zollhaus entworfen. Doch nur neun Jahre nach der Fertigstellung wurde die Zollverwaltung durch das Unionsgesetz von 1800 *(siehe S. 42)* nach London verlegt und das Gebäude somit überflüssig. Im Jahr 1921 feierten Sinn-Féin-Anhänger ihren Wahlsieg, indem sie das Haus – in ihren Augen Symbol des britischen Imperialismus – in Brand setzten. Das Feuer tobte fünf Tage und richtete schweren Schaden an. Fünf Jahre später begann man mit der Restaurierung, die sich bis zum Jahr 1991 hinzog, als das Zollhaus schließlich in ein Regierungsgebäude umgewandelt wurde.

An den beiden Enden der Hauptfassade befinden sich Pavillons, die das irische Wappen krönt, in der Mitte ist ein dorischer Portikus. 14 allegorische Häupter des Bildhauers Edward Smyth bilden die Schlusssteine der Bogen und Eingänge. Die Köpfe symbolisieren wichtige irische Flüsse und den Atlantik. Die Kupferkuppel wird von einer Darstellung des Handels gekrönt. Die Nordfassade weist Allegorien von Europa, Afrika, Amerika und Asien auf. Den besten Blick auf das Gebäude hat man von der Matt Talbot Bridge.

Abbey Theatre ❷

Lower Abbey St. **Stadtplan** E2. *878 7222.* *nur zu Aufführungen.* **Vorverkauf** *Mo–Sa 10.30–19 Uhr. Siehe auch* ***Unterhaltung*** *S. 108.* **www**.abbeytheatre.ie

Emblem des Abbey Theatre

Das von W. B. Yeats und Lady Gregory gemeinsam geführte Theater zeigte 1904 das erste Stück. In den ersten Jahren brachte dieses hochgelobte Nationaltheater vor allem Stücke von W. B. Yeats, J. M. Synge und Sean O'Casey zur Aufführung. Es kam auch zu Skandalen, etwa als im Jahr 1926 bei der Premiere von O'Caseys *The Plough and the Stars* die Fahne des Irischen Freistaats auf der Bühne in einem von Prostituierten besuchten Pub zu sehen war.

Heute wird das Abbey vom Arts Concil of Ireland / An Chomhairle Ealaíon subventioniert und fördert junge Schriftsteller und Schauspieler. Jedes Jahr gibt es ein Programm mit innovativen irischen und internationalen Theaterproduktionen.

Zu den kürzlich aufgeführten Produktionen gehören Stücke von Wilde, Beckett, Shakespeare, Brecht, Marina Carr, Tom Mac Intyre, Billy Roche und Sam Shepard.

O'Connell Street ❸

Stadtplan D1–D2.

Diese Straße hat sich ganz anders entwickelt, als es die Pläne von Luke Gardiner vorsahen. Als der irische Adlige das Land um 1750 erwarb, schwebte ihm eine Vorzeigemeile mit eleganten Wohnhäusern und zentraler Promenade vor. Diese Vision zerplatzte jedoch schnell: Der Bau der Carlisle-Brücke (der heutigen O'Connell Bridge) 1790 machte die Straße zu Dublins wichtigster Nord-Süd-Achse. Der Osteraufstand von 1916 und der Irische Bürgerkrieg zogen zudem etliche Gebäude in Mitleidenschaft.

Südliches Ende der O'Connell Street mit dem Daniel-O'Connell-Denkmal

Seit den 1960er Jahren wich viel alte Bausubstanz neonbeleuchteten Amüsierstätten, Fast-Food-Restaurants und Ladenketten.

Einige ehrwürdige Bauten haben die Zeiten überdauert, so das Hauptpostamt GPO (1818), das Gresham Hotel (1817), das Warenhaus Clery's (1822) und der im einzigen original erhaltenen Stadthaus der Straße untergebrachte Teil des Hotel Royal Dublin.

Die Vielfalt der Baustile macht einen Bummel durch die O'Connell Street sehr reizvoll. Die O'Connell Street (früher Sackville Street) heißt seit 1922 nach dem berühmten katholischen »Befreier« Daniel O'Connell *(siehe S. 42)*, dessen Denkmal (1822) unübersehbar am Südende der Straße aufragt. Etwas weiter nördlich, gegenüber dem Hauptpostamt, erinnert eine Statue an James Larkin (1867–1943), der im Jahr 1913 den Dubliner Generalstreik anführte. Das nächste Standbild zeigt Father Theobald Mathew (1790–1856), der die Abstinenzler-Bewegung ins Leben rief. Das obeliskenähnliche Denkmal am Nordende der Straße ehrt Charles Stewart Parnell (1846–1891), den Führer der Home Rule Party *(siehe S. 43)*, der auch als »ungekrönter König von Irland« bekannt ist.

James-Larkin-Statue (1981) in der O'Connell Street

An der Stelle, die einst die Nelson-Säule zierte, ragt *The Spire* auf. Das Denkmal aus Edelstahl hat die Form einer kegelförmigen Nadel, deren Durchmesser sich von drei Metern an der Basis bis auf zehn Zentimeter in 120 Metern Höhe zuspitzt, wo ein Glaskörper leuchtet.

General Post Office (GPO)

Titelseite des *Irish Life*-Magazins: Osteraufstand-Szene von 1916

Das 1818 an der O'Connell Street erbaute Hauptpostamt ist ein Symbol des Osteraufstands von 1916. Mitglieder der Irish Volunteers und der irischen Bürgerarmee besetzten das Gebäude am Ostermontag. Patrick Pearse *(siehe S. 44)* verlas von den Stufen des Gebäudes die Proklamation der Irischen Republik. Die Rebellen konnten das GPO eine Woche lang halten, doch der Beschuss durch die Briten zwang sie zur Aufgabe. Anfangs gingen viele Iren auf Distanz zu den Aufständischen. Doch als in den folgenden Wochen im Gefängnis von Kilmainham *(siehe S. 97)* 14 Anführer erschossen wurden, änderte sich die Situation grundlegend. Ein Museum zeigt eine Kopie der Proklamation und Berichte des damaligen Personals. Es besitzt auch eine schöne Briefmarkensammlung.

St Mary's Pro-Cathedral ❹

83 Marlborough St. **Stadtplan** D2.
874 5441. Mo–Sa 7.30–18.45 (Sa bis 19.15), So 9–13.45, 17.30–19.45, Feiertage 10–13.30 Uhr. **www**.procathedral.ie

Die 1825, noch vor Gleichstellung der Katholiken *(siehe S. 42)*, der Jungfrau Maria geweihte Kirche ist Dublins katholische Kathedrale. Ihr abgelegener Standort war das Äußerste, was die anglo-irischen Stadtführer der Kirche zugestanden. Die Fassade ist dem Athener Theseus-Tempel nachempfunden. Dorische Säulen stützen einen Giebel mit Statuen des hl. Laurence O'Toole, Erzbischof und Schutzpatron Dublins (12. Jh.), der Jungfrau Maria und des hl. Patrick. St Mary's ist Heimstatt des Palestrina-Chors. 1904 begann der Tenor John McCormack *(siehe S. 24)* hier seine Laufbahn. Der Chor singt sonntags um 11 Uhr.

Klassizistisches Hauptschiff der St Mary's Pro-Cathedral

Stadtplan Dublin *siehe Seiten 116–119*

James Joyce Centre 5

35 North Great George's St. **Stadtplan** D1. 878 8547. *Di–Sa 10–17, So 12–17 Uhr.* *Karfreitag, 21. Dez–3. Jan und Feiertage.* **www**.jamesjoyce.ie

Den größten Teil seines Lebens verbrachte James Joyce außerhalb Irlands, seine Hauptwerke (*Ulysses, Dubliners*) aber spielen in der Heimatstadt des Autors. Das Zentrum ist in einem Stadthaus des Earl of Kenmare von 1784 untergebracht. Michael Stapleton, einer der größten irischen Stuckateure seiner Zeit, hat an den Stuckarbeiten mitgewirkt, von denen v. a. die Friese bemerkenswert sind.

Die literarische Ausstellung befasst sich mit den Biografien von rund 50 Figuren aus Joyce' *Ulysses*, die alle reale Dubliner Bürger zum Vorbild hatten. Professor Dennis J. Maginni, eine Nebenfigur in *Ulysses*, betrieb in diesem Haus eine Tanzschule. Leopold und Molly Bloom, die Hauptfiguren, wohnten ein paar Schritte entfernt in der Eccles Street 7. Das Zentrum veranstaltet Dichterlesungen und Führungen durch das Dublin von James Joyce.

Das von Jesuiten geführte Belvedere College am Ende der Straße in der Great Denmark Street besuchte Joyce 1893–1898. Seine unglücklichen Schultage hat er in *Jugendbildnis* beschrieben. Im Innern des College findet man einige der besten Stuckaturen (1785) Stapletons.

James Joyce (1882–1941)

Der in Dublin geborene Joyce verbrachte sein Leben großteils im alten Europa. Doch Dublin war Hintergrund all seiner großen Werke wie *Dubliners*, *Jugendbildnis* und *Ulysses*. Joyce behauptete, wenn die Stadt je zerstört werden sollte, könnte man sie anhand des *Ulysses* rekonstruieren. Die Iren jedoch brandmarkten das Buch als pornografisch und publizierten es erst in den 1960er Jahren.

Gate Theatre 6

Cavendish Row. **Stadtplan** D1. *nur zu Aufführungen.* **Vorverkauf** *874 4045.* *Mo–Sa 10–19 Uhr. Siehe auch* ***Unterhaltung*** *S. 108.* **www**.gatetheatre.ie

Eingang des Gate Theatre

Das 1928 von Hilton Edwards und Mícheál Mac Liammóir gegründete Theater ist vor allem für seine Aufführungen zeitgenössischer internationaler Dramen bekannt. Liammóir ist bis heute vor allem für seine Oscar Wilde *(siehe S. 22)* gewidmete Ein-Mann-Show *The Importance of Being Oscar* berühmt. Ein früher Erfolg war auch Denis Johnstons *The Old Lady Says No*, das seinen Titel Notizen verdankt, die Lady Gregory an den Rand des Manuskripts schrieb. Obwohl als Aufführungsstätte neuer Stücke bekannt, spielt das Gate heute auch klassische irische Dramen. Zu den Talenten, die hier den Durchbruch schafften, gehören James Mason und Orson Welles.

Rotunda Hospital 7

Parnell Square West. **Stadtplan** D1. *873 0700.* **www**.rotunda.ie

Das mitten auf dem Parnell Square gelegene Hospital ist die älteste Entbindungsklinik Europas. Das Erscheinungsbild des im Jahr 1745 von Dr. Bartholomew Mosse gegründeten Instituts erinnert an Leinster House *(siehe S. 65)*. Beide Gebäude entwarf der Architekt Richard Castle, ebenso wie Powerscourt Townhouse *(siehe S. 78)* und Russborough House *(siehe S. 132f)*.

Im ersten Stock befindet sich eine Kapelle mit herrlichen Bleiglasfenstern sowie überreichen Rokoko-Stuckarbeiten und einem Deckengewölbe aus dem Jahr 1755 von dem deutschen Stuckateur Bartholomew Cramillion zu sehen. Das Deckengemälde zeigt symbolhaft Fruchtbarkeit sowie die Tugenden Vertrauen, Hoffnung und Nächstenliebe.

Buntglasfenster (um 1863) in der Kapelle des Rotunda Hospital

Hotels und Restaurants in Dublin *siehe Seiten 294–298 und 324–328*

Garden of Remembrance ❽

Parnell Square. **Stadtplan** C1.
◯ *tägl. Sonnenauf- bis -untergang.*
www.heritageireland.ie

Auf der Nordseite des Parnell Square liegt ein kleiner Park zu Ehren der im Kampf für die Freiheit Irlands gestorbenen Männer und Frauen. Dieser »Garten der Erinnerung« befindet sich an der Stelle, wo Anführer des Osteraufstands von 1916 vor ihrer Überführung ins Kilmainham Gaol *(siehe S. 97)* nachts festgehalten wurden und wo sich 1913 die Irish-Volunteers-Bewegung konstituierte.

Der von Daithí Hanly entworfene Garten wurde 1966 anlässlich des 50. Jahrestags des Osteraufstands von Präsident Eamon de Valera *(siehe S. 45)* feierlich eröffnet. Im Zentrum befindet sich ein kreuzförmiges Bassin. Auf dem Boden symbolisieren Mosaiken zerbrochener Schwerter, Speere und Schilde den Frieden. An einem Ende des Gartens steht eine Bronzestatue (1971) der legendären *Kinder des Lir (siehe S. 27)* von Oisín Kelly.

Kinder des Lir **im Garden of Remembrance**

Schriftstellergalerie im Dublin Writers Museum

Dublin Writers Museum ❾

18 Parnell Square North. **Stadtplan** C1. ☎ *872 2077.* ◯ *Mo–Sa 10–17, So und Feiertage 11–17 Uhr (letzter Einlass 45 Min. vor Schließung).* ● *25., 26. Dez.*
www.writersmuseum.com

Das Museum in dem attraktiven Stadthaus aus dem 18. Jahrhundert wurde im Jahr 1991 eröffnet. Die Exponate beziehen sich auf sämtliche Formen der irischen Literatur vom 18. Jahrhundert bis zur Gegenwart. Das Haus präsentiert Gemälde, Manuskripte, Briefe, seltene Ausgaben und andere Andenken an viele irische Autoren. Es finden außerdem Wechselausstellungen statt. Im Obergeschoss gibt es eine Schriftstellergalerie. Das Museum veranstaltet zudem Lesungen. Ein gut sortiertes Antiquariat rundet das Angebot ab.

Hugh Lane Gallery ❿

Charlemont House, Parnell Square North. **Stadtplan** C1. ☎ *222 5550.* ◯ *Di–Do 10–18, Fr, Sa 10–17, So 11–17 Uhr.* ● *24.–28. Dez.*
www.hughlane.ie

Der namhafte Kunstsammler Hugh Lane hat diese wertvolle Kollektion impressionistischer Gemälde 1905 der Dublin Corporation vermacht. Eigentlich wollte Lane seine Sammlung der National Gallery in London schenken. Als die Dublin Corporation jedoch Charlemont House ins Gespräch brachte, überlegte es sich Lane anders. Doch bevor sein geändertes Testament beglaubigt war, ging er mit der *Lusitania (siehe S. 178)* unter. Daraus resultierte ein Streit zwischen beiden Institutionen, der erst nach 50 Jahren beendet wurde. Jetzt zeigen die Dublin Corporation und die National Gallery die Bilder abwechselnd im Fünf-Jahres-Turnus.

Neben der Lane-Schenkung mit Werken von Degas, Renoir und Monet beherbergt die Galerie auch einen Skulpturensaal (u. a. mit Werken von Rodin) und eine umfangreiche Sammlung moderner irischer Malerei. Eine spannende Erweiterung ist die Schenkung von John Edwards: das berühmte Londoner Atelier von Francis Bacon.

Sur la plage **(um 1876) von Edgar Degas, Hugh Lane Gallery**

Stadtplan Dublin *siehe Seiten 116–119*

Detail der Holzschnitzereien (um 1724) in der St Michan's Church

King's Inns ⓫

Henrietta St/Constitution Hill. **Stadtplan** B1. *für die Öffentlichkeit.*

Das klassisch proportionierte Gebäude wurde 1795 als Wohn- und Studiendomizil für Juristen errichtet. James Gandon ließ mit dem Haus die Henrietta Street, damals eine der besten Dubliner Adressen, enden. Francis Johnston fügte 1816 das Kuppeldach hinzu. 1817 war das Bauwerk fertiggestellt. Innen gibt es einen schönen Speisesaal und die Räumlichkeiten des vormaligen Nachlassgerichts. Die Westfassade hat zwei von Karyatiden (Bildhauer: Edward Smyth) flankierte Eingänge. Eine weitere Figur mit Buch und Federkiel versinnbildlicht das Gesetz.

Ein Großteil der Gegend um den Constitution Hill ist leider heute unansehnlicher als in georgianischen Zeiten. Gleichwohl sind die öffentlichen Gärten noch immer durchaus gefällig.

Karyatide, King's Inns

Smithfield ⓬

Stadtplan A2.

Die Mitte des 17. Jahrhunderts als Marktplatz in einem der ältesten Wohnviertel angelegte gepflasterte Fläche lädt nach den verkehrsreichen Dubliner Straßen zum Ausruhen ein – umso mehr, als der aufwendig gestaltete Platz jetzt Fußgängerzone ist und von Gaslampen beleuchtet wird. Smithfield erwacht am ersten Sonntag im Monat zum Leben, wenn dort ein Pferdemarkt stattfindet. Das Kino Lighthouse ist ein willkommener Neuzugang.

Old Jameson Distillery ⓭

Bow St. **Stadtplan** A2. *807 2355. tägl. 9–18 Uhr (So ab 10 Uhr), letzte Führung 17.30 Uhr. Karfreitag, 24.–26. Dez.* **www**.jamesonwhiskey.com

Diese große Ausstellung belegt, dass das aufstrebende Smithfield-Gelände in Dublins Norden durchaus Investoren anlockt. In dem restaurierten Gebäude, einst Teil der John-Jameson-Brennerei, wurde von 1780 bis 1971 Whiskey gebrannt. Ein Besuch ist lehrreich und unterhaltend. Die Führung beginnt mit einem Video. Die Herstellung von Whiskey wird beim 40-minütigen Rundgang durch die Destillieranlagen erläutert. Im Unterschied zum schottischen Whisky wird die Gerste nur an der Luft getrocknet – nicht über Rauch, was den Whiskey sanfter schmecken lässt. Das kann man anschließend an der Bar testen.

Verkostung verschiedener Brände in der Old Jameson Distillery

St Michan's Church ⓮

Church St. **Stadtplan** B3. *872 4154. Mitte März–Okt: Mo–Fr 10–12.45, 14–16.45, Sa 10–12.45 Uhr; Nov–Mitte März: Mo–Fr 12.30–14.30, Sa 10–12.45 Uhr. teilweise.*

Diese Kirche, ein »Neubau« von 1685, erhebt sich über einer irisch-wikingischen Vorgängerin (11. Jh.). Die Fassade ist unspektakulär, das Innenleben ist beeindruckender: Dank der trockenen Luft – ein Resultat der magnesiumreichen Kalksteinmauern – sind die Leichname im Keller nahezu unverwest erhalten. Die maroden Holzsärge erlauben einen Blick auf die mumifizierten Toten. Unter diesen sollen sich die hingerichteten Gebrüder Sheares befinden, zwei Anführer des Aufstands von 1798 *(siehe S. 41)*.

Eine Attraktion ist auch die Orgel von 1724, auf der schon Georg Friedrich Händel gespielt haben soll. Auf dem Friedhof soll auch Robert Emmet *(siehe S. 77)*, der Anführer des Aufstands von 1803, anonym begraben sein.

Four Courts ⓯

Inns Quay (Zugang für die Öffentlichkeit: Morgan Place). **Stadtplan** B3. *872 5555. Mo–Fr 9.30–12.30, 14–16.30 Uhr (zu Gerichtssitzungen).*

Dieses majestätische Bauwerk wurde 1802 nach Plänen von James Gandon vollendet und 120 Jahre später im Bürgerkrieg *(siehe S. 44f)* fast ganz zerstört. Die unersetzliche, bis ins 12. Jahrhundert zurückreichende Dokumentensammlung des Staatsarchivs zerfiel zu Asche.

Bis 1932 baute man die Hauptgebäude anhand von Gandons Originalplänen wieder auf. Figuren von Moses, Gerechtigkeit, Barmherzigkeit, Weisheit und Autorität krönen den von sechs Säulen gestützten korinthischen Portikus unter einer Kuppel. In den beiden Seitenflügeln residierten die vier Gerichtshöfe oder Four Courts. Eine Tafel informiert über Geschichte und Funktionen des Hauses.

Blick von Temple Bar auf die Ha'penny Bridge zur Liffey Street

St Mary's Abbey ⓰

Meetinghouse Lane. **Stadtplan** C2. *833 1618. informieren Sie sich telefonisch beim Office of Public Works (086 606 2729) über die Öffnungszeiten.* **www**.heritageireland.ie

Der von den Benediktinern 1139 gegründete, 1147 den Zisterziensern übergebene Komplex war eines der größten und wichtigsten Klöster im mittelalterlichen Irland. Das Kloster, das zu seiner Entstehungszeit in ländlicher Idylle lag, herrschte nicht nur über ausgedehnte Ländereien, sondern besorgte auch die Steuereintreibung und war Tagungsort des Rats von Irland. Bei einer solchen Versammlung kündigte »Silken Thomas« Fitzgerald *(siehe S. 38)* Henry VIII die Gefolgschaft auf und zettelte die kurze Rebellion von 1534 an. Die Abtei wurde 1539 aufgelöst und diente im 17. Jahrhundert als Steinbruch.

Heute ist nur noch das Gewölbe des Stiftshauses übrig. Man findet dort ein Modell der Anlage, das ihr Aussehen vor 800 Jahren zeigt.

National Leprechaun Museum ⓱

Twilft House, Jervis St. **Stadtplan** C2. *873 3899. tägl. 9:30–18.30 (letzter Einlass 17.45 Uhr).*

Das reizende Museum zu Mythen und Folklore Irlands bringt Besuchern keltische Kultur näher und erzählt viel über Feen, Kobolde und Elfen. Kinder werden die lebendigen Geschichten lieben, doch auch Erwachsene werden hier ihren Spaß haben.

Ha'penny Bridge ⓲

Stadtplan D3.

Die bogenförmige gusseiserne Fußgängerbrücke, die täglich von Tausenden von Menschen benutzt wird, verbindet das Temple-Bar-Viertel *(siehe S. 78)* mit der Liffey Street. Sie wurde von John Windsor, einem Stahlbauer aus dem englischen Shropshire, errichtet. Das Bauwerk, eines der meistfotografierten von Dublin, hieß früher Wellington Bridge, ist heute aber auch als Ha'penny Bridge bekannt. Ihren Beinamen verdankt die 1816 eröffnete Brücke dem halben Penny Wegzoll, den ihre Benutzung bis 1919 kostete. Nach einer umfassenden Restaurierung erstrahlt die Brücke in neuem Glanz.

James Gandons Four Courts am Ufer der Liffey

Mehr über Dublin? Vis-à-Vis Dublin *ISBN 978-3-8310-1519-1*

Abstecher

Viele Sehenswürdigkeiten liegen außerhalb des Stadtzentrums. Der Besuch der westlichen Vorstädte lohnt einen Tagesausflug, z. B. um das nahe dem gespenstischen Kilmainham Gaol (Gefängnis) gelegene Royal Hospital Kilmainham mit dem Museum of Modern Art zu besichtigen. Der Phoenix Park lädt zu einem ausgedehnten Spaziergang ein. Dieser größte Stadtpark Europas besitzt auch einen Zoo. Weiter nördlich liegt der Botanische Garten, der mit über 20000 Pflanzenarten aufwartet.

Kandelaber im Malahide Castle

Nicht weit davon entfernt befindet sich das Casino Marino, eines der imposanten Beispiele palladianischer Architektur in Irland. Die herrliche Küste erreicht man leicht mit einem der DART-Züge – so das Vorgebirge von Howth und, weiter südlich, die bezaubernde Gegend um Dalkey Village und die Killiney-Bucht. In einem der zur Verteidigung gegen Napoléon errichteten Martello-Türme, dem James Joyce Tower, werden Joyce-Memorabilien präsentiert. Im Nordosten liegt Malahide Castle, einst Heim der Talbots.

Sehenswürdigkeiten auf einen Blick

Museen und Sammlungen

Guinness Storehouse 4
Irish Museum of Modern Art/ Royal Hospital Kilmainham 3
James Joyce Tower 14
Kilmainham Gaol 2
National Museum of Ireland – Decorative Arts & History 9
Shaw's Birthplace 6

Parks und Gärten

Glasnevin Cemetery 10
National Botanic Gardens 5
Phoenix Park 1

Historische Gebäude

Casino Marino 7
Dublin Docklands 8
Malahide Castle 11

Städte und Dörfer

Dalkey 15
Dun Laoghaire 13
Howth 12
Killiney 16

Zentrum von Dublin

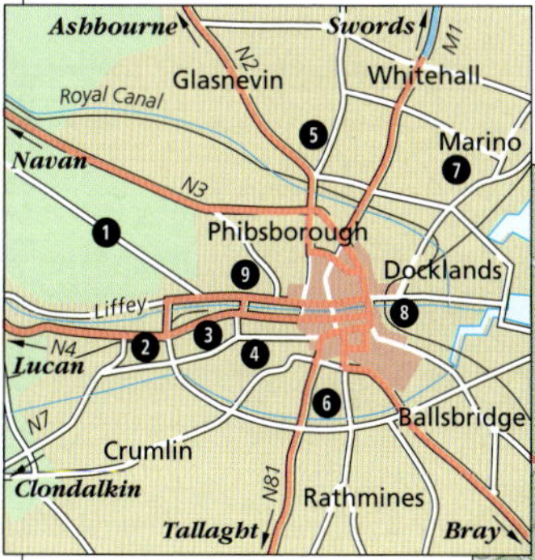

0 Kilometer 4

Großraum Dublin

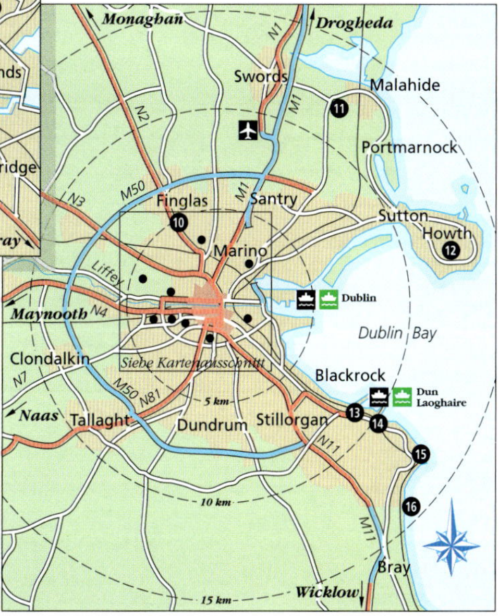

16 Kilometer = 10 Meilen

LEGENDE

- Zentrum von Dublin
- Großraum Dublin
- Autobahn
- Hauptstraße
- Nebenstraße
- Eisenbahn
- Internationaler Flughafen
- Fährhafen
- Schnellfähre

◁ **Martello Tower in Howth Head** ***(siehe S. 102)***

Phoenix Park ❶

Park Gate, Conyngham Rd, Dublin 8. 🚌 *10, 25, 26, 37, 38, 39 u. a.* 🕐 *tägl. 7–23 Uhr.* **Phoenix Park Visitor Centre** ☎ *677 0095.* 🕐 *Apr–Okt: tägl. 10–18 Uhr; Nov–März: Mi–So 9.30–17.30 Uhr.* *nur Erdgeschoss.* **www**.phoenixpark.ie
Dublin Zoo ☎ *474 8900.* 🕐 *März–Sep: tägl. 9.30–18 Uhr; Okt: 9.30–17.30 Uhr; Nov–Jan: tägl. 9.30–16 Uhr; Feb: tägl. 9.30–17 Uhr (letzter Einlass eine Stunde vor Schließung).* **www**.dublinzoo.ie

Westlich des Zentrums liegt der von einer elf Kilometer langen Mauer umgebene größte eingefriedete Stadtpark Europas. Der Name »Phoenix« soll vom gälischen Begriff *Fionn Uisce*, »klares Wasser«, stammen. Damit ist eine Quelle gemeint, die nahe der **Phoenix-Säule** entspringt, die von dem mythischen Vogel gekrönt wird. Der Park entstand 1662, als der Duke of Ormonde die Gegend in einen Hirschgarten umwandelte. 1745 gestaltete man das Gelände neu und machte es der Öffentlichkeit zugänglich.

Nahe dem Eingang liegt an einem See der **People's Garden** – der einzige kultivierte Teil des Parks. Ein Stück weiter folgt der 1830 gegründete **Dublin Zoo**. Der viertälteste Zoo der Welt ist bekannt für seine Löwenzucht.

Neben der Phoenix-Säule gibt es im Park zwei weitere Denkmäler. Der 63 Meter hohe Obelisk des **Wellington Testimonial** wurde 1817 begonnen und 1861 fertiggestellt. Seine Flachreliefs aus Bronze stammen von erbeuteten Kanonen. Das 27 Meter hohe stählerne **Papstkreuz** markiert jene Stelle, an der 1979 Papst Johannes Paul II. vor mehr als einer Million Menschen eine Messe hielt. Zwei der im Park gelegenen Häuser aus dem 18. Jahrhundert sind **Áras an Uachtaráin**, die offizielle Residenz des irischen Präsidenten, und **Deerfield**, der Amtssitz des US-amerikanischen Botschafters. Im **Ashtown Castle**, einem restaurierten Turmhaus (17. Jh.), ist das Besucherzentrum untergebracht. Außerdem stehen Spielfelder für Gaelic Football, Hurling und Polo ebenso wie Lauf- und Radwege zur Verfügung.

Papst Johannes Paul II. bei der Messe im Phoenix Park 1979

Jogger im Phoenix Park

Zeichenerklärung
siehe hintere Umschlagklappe

Restaurierte Zentralhalle im Gefängnis Kilmainham

Kilmainham Gaol ❷

Inchicore Rd, Kilmainham, Dublin 8. ☎ *453 5984.* 🚌 *51B, 51C, 69, 73, 78 A, 79.* ◯ *Apr–Sep: tägl. 9.30–18 Uhr; Okt–März: Mo–Sa 9.30–17.30, So und Feiertage 10–18 Uhr (letzter Eintritt eine Stunde vor Schließung).* ● *24.–26. Dez.* *Gruppenbuchung vorab.* *teilweise.* **www**.heritageireland.ie

Eine lange Allee verbindet das Königliche Hospital mit dem Gefängnis von Kilmainham. Das Gebäude wurde 1796 erbaut und in den 1960er Jahren restauriert. In den 130 Jahren, die das Gebäude als Gefängnis diente, waren dort viele irische Unabhängigkeitskämpfer inhaftiert, etwa Robert Emmet *(siehe S. 77)* und Charles Stewart Parnell *(siehe S. 43)*. Der letzte Gefangene, Eamon de Valera *(siehe S. 45)*, wurde am 16. Juli 1924 entlassen.

Die Führung beginnt in der Kapelle, in der Joseph Plunkett Grace Gifford heiratete – kurz bevor er wegen seiner Beteiligung am Osteraufstand von 1916 *(siehe S. 44f)* hingerichtet wurde. Sie endet im Gefängnishof, wo Plunketts verletzter Kamerad James Connolly vor seiner Erschießung auf einen Stuhl gebunden wurde. Man sieht auch die Zellen der an den Aufständen von 1798, 1803, 1848 und 1867 Beteiligten sowie den Raum, in dem die Gefangenen gehenkt wurden.

Eine Ausstellung zeigt persönliche Gegenstände von Häftlingen und Exponate aus der Zeit vor 1924, also bevor das Gefängnis geschlossen wurde.

Irish Museum of Modern Art – Royal Hospital Kilmainham ❸

Military Road, Kilmainham, Dublin 8. ☎ *612 9900.* *Heuston Station.* 🚌 *26, 51, 51B, 78A, 79A, 90, 123.* **Irish Museum of Modern Art** ◯ *Di, Do–Sa 10–17.30, Mi 10.30–17.30, So und Feiertage 12–17.30 Uhr (letzter Einlass 17.15 Uhr).* ● *Karfreitag, 24.–27. Dez.* *teilweise.* **Gärten** ◯ *ganzjährig.* **www**.imma.ie

Das Krankenhaus gilt als Irlands schönstes Gebäude aus dem 17. Jahrhundert. Es entstand 1690 nach dem Vorbild des Pariser Invalidendoms und wurde von Sir William Robinson als Heimstatt für 300 verwundete Soldaten entworfen – eine Funktion, die es bis 1927 beibehielt. Nach Fertigstellung war man von der klassischen Symmetrie des Baus so beeindruckt, dass manche vorschlugen, ihn zum Hauptcampus von Trinity College zu machen. Die Kapelle besitzt Holzschnitzereien und schöne Bleiglasfenster. Die Stuckdecke ist eine Replik des 1902 eingestürzten Originals. Die Barock-Gärten sind nun öffentlich zugänglich.

Im Jahr 1991 wurden die Wohnquartiere zum Museum umgestaltet. Die Ausstellung zeigt einen Querschnitt durch die zeitgenössische irische und internationale Kunst. Die Exponate wechseln regelmäßig. Retrospektiven und Sondershows zählen ebenfalls zum Programm.

Royal Hospital Kilmainham mit Kunstmuseum

Guinness-Probe im Storehouse

Guinness Storehouse ❹

Crane St, Dublin 8.
408 4800. *78A, 51B, 123.*
tägl. 9.30–17 Uhr (Juli, Aug: bis 19 Uhr). *Karfreitag, 24.–26. Dez.*
www.guinness-storehouse.com

Das Guinness Storehouse befindet sich in der komplett umgestalteten St James's Gate Brewery, in der einst die Guinness-Brauerei untergebracht war. Über 15000 Quadratmeter Ausstellungsfläche verteilen sich auf sieben Stockwerke. Sie gruppieren sich um einen riesigen Lichthof in Form eines Pint-Glases. Die Besucher können in einem Stockwerk an interaktiven Displays die Zutaten für ein Guinness-Bier nicht nur ansehen, sondern auch anfassen und probieren. Sie werden in ein georgianisch eingerichtetes Vorzimmer geführt, in dem sie Arthur Guinness »begegnen« und ihn bei der Arbeit beobachten können. In einem anderen Stockwerk wird der Brauprozess sehr anschaulich erklärt. In der Böttcherei können die Zuschauer beobachten, wie früher die Bierfässer hergestellt wurden. Durch Modelle und auf Tafeln wird beschrieben, wie der Transport des Biers vonstattenging und wie das Bier u.a. durch auffällige Werbung Weltruhm erlangte.

Stilvoll wird der Rundgang durch das Storehouse mit einem Guinness in der traditionellen Brewery Bar oder in der Gravity Bar im obersten Stock des Gebäudes mit einem großartigen Panoramablick über die ganze Stadt beendet.

So wird Guinness gebraut

Etikett einer Guinness-Flasche

Guinness ist ein dunkles Bier, das für sein malziges Aroma und seine cremige Schaumkrone bekannt ist. Nach bescheidenen Anfängen vor über 200 Jahren nimmt die Guinness-Brauerei heute an ihrem Standort in St James's Gate eine Fläche von rund 25 Hektar ein. Sie ist eine der großen Brauereien Europas und exportiert Bier in mehr als 120 Länder. Andere berühmte Marken von Guinness sind Harp und Smithwick's Ale.

Guinness-Herstellung

Die vier Hauptbestandteile des Guinness-Biers sind Gerste, Hopfen, Hefe und Wasser, das entgegen landläufiger Auffassung nicht aus dem Liffey, sondern aus den Wicklow-Bergen stammt.

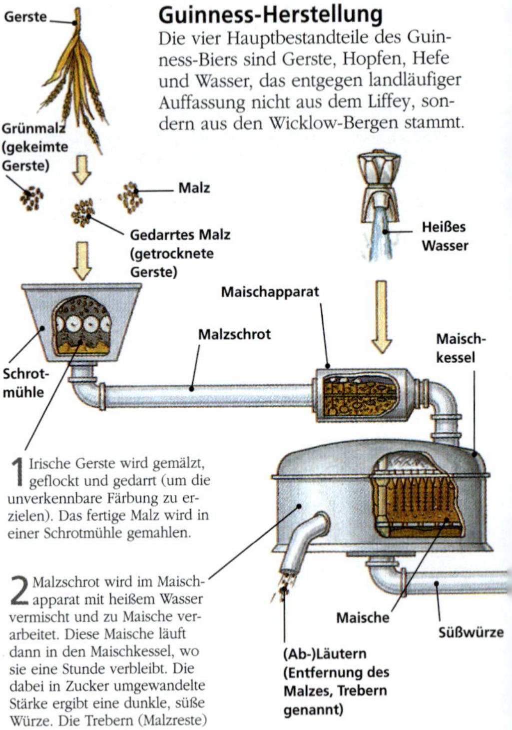

1 Irische Gerste wird gemälzt, geflockt und gedarrt (um die unverkennbare Färbung zu erzielen). Das fertige Malz wird in einer Schrotmühle gemahlen.

2 Malzschrot wird im Maischapparat mit heißem Wasser vermischt und zu Maische verarbeitet. Diese Maische läuft dann in den Maischkessel, wo sie eine Stunde verbleibt. Die dabei in Zucker umgewandelte Stärke ergibt eine dunkle, süße Würze. Die Trebern (Malzreste) werden entfernt (abgeläutert).

Die Guinness-Reklame *ist fast so berühmt wie das Produkt selbst. Seit 1929, als die Brauerei erstmals mit dem Spruch »Guinness ist gut für Sie« warb, hat das Unternehmen immer wieder durch seine lustige Plakat- und TV-Werbung auf sich aufmerksam gemacht.*

Arthur Guinness

Arthur Guinness

Im Dezember 1759 übernahm der 34-jährige Arthur Guinness gegen einen Pachtzins von 45 Pfund jährlich die seit fast zehn Jahren stillgelegte St James's Gate Brewery. Damals lag die Dubliner Brauereiwirtschaft darnieder – die Ale-Qualität wurde häufig kritisiert. Im ländlichen Irland war Bier fast unbekannt, dort trank man lieber Whiskey und Gin. Außerdem machten Importe dem irischen Brauwesen zu schaffen. Guinness braute zunächst Ale, kannte aber auch schon das in London unter dem Namen Porter produzierte dunkle Ale. Porter hieß das Bier wegen seiner Beliebtheit bei den Trägern *(porters)* auf den Märkten von Covent Garden. Guinness stellte die Ale-Produktion ein und entwickelte eine eigene Porter-Rezeptur. Diese Geschäftspolitik war so erfolgreich, dass er 1769 seine erste Ladung Guinness-Bier exportieren konnte.

Stich (um 1794) eines zufriedenen Gastes

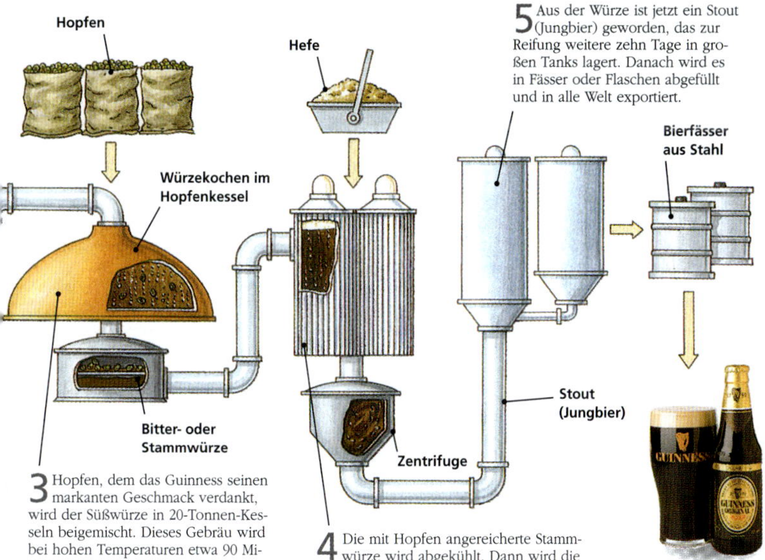

5 Aus der Würze ist jetzt ein Stout (Jungbier) geworden, das zur Reifung weitere zehn Tage in großen Tanks lagert. Danach wird es in Fässer oder Flaschen abgefüllt und in alle Welt exportiert.

3 Hopfen, dem das Guinness seinen markanten Geschmack verdankt, wird der Süßwürze in 20-Tonnen-Kesseln beigemischt. Dieses Gebräu wird bei hohen Temperaturen etwa 90 Minuten gekocht und dann gefiltert.

4 Die mit Hopfen angereicherte Stammwürze wird abgekühlt. Dann wird die Hefe zugesetzt. Diese Mischung fließt in einen Gärkessel, wo sich ein Teil des Zuckers in Alkohol verwandelt. Der Gärprozess dauert 48 Stunden, danach werden die Hefereste mit einer Zentrifuge entfernt.

Guinness vom Fass und in der Flasche

Die Guinness-Brauerei *hat seit der ersten Schiffsladung, die 1769 nach England exportiert wurde, einen Großteil ihrer Produktion auf dem Wasserweg ausgeliefert. Die Kähne, die das Bier bis 1961 über den Liffey zum Dubliner Hafen transportierten, wo es für den Export nach Übersee verladen wurde, waren früher ein vertrauter Anblick.*

Heute verwendet man Braukessel aus Stahl

Riesige Seerosenblätter im Seerosenhaus der National Botanic Gardens

National Botanic Gardens 5

Botanic Ave, Glasnevin, Dublin 9.
857 0909. *4, 13, 19, 19A, 83.* *März–Okt: Mo–Fr 9–17, Sa, So 10–18 Uhr; Nov–Feb: Mo–Fr 9–16.30, Sa, So 10–16.30.* *25. Dez.* *Gruppen auf Anfrage.*
www.botanicgardens.ie

Der Botanische Garten, Irlands berühmtestes Botanik- und Gartenbauzentrum, wurde im Jahr 1795 eröffnet. Das gusseiserne Palmenhaus und die gläsernen Gewächshäuser verströmen einen altmodischen Charme. Sie wurden 1843–69 von Richard Turner errichtet, der auch das Palmenhaus in den Londoner Kew Gardens und die Gewächshäuser im Belfaster Botanischen Garten *(siehe S. 278)* schuf.

Im 20 Hektar großen Botanischen Garten wachsen über 16000 Pflanzenarten. Hübsch sind die viktorianischen Beete. Weitere Höhepunkte sind der Rosengarten, die Kakteen- und Orchideensammlungen sowie ein 30 Meter hoher Redwood-Baum.

Im Besucherzentrum ist ein Restaurant untergebracht, ein Ausstellungsbereich mit Exponaten zur Geschichte und Bestimmung des Botanischen Gartens sowie ein Hörsaal, in dem regulär Gespräche und Workshops stattfinden. Der Garten grenzt an den Glasnevin oder Prospect Cemetery *(siehe S. 101)*.

Shaws Geburtshaus 6

33 Synge St, Dublin 8. *475 0854.* *16, 19, 122.* *Juni–Aug: Di–Fr 10–13, 14–17, Sa 14–17 Uhr.*
www.visitdublin.com

Der Dramatiker und Nobelpreisträger George Bernard Shaw wurde am 26. Juli 1856 in diesem Haus geboren. 1876 folgte er seiner Mutter nach London. Sie war vier Jahre zuvor wegen des Alkoholismus ihres Mannes mit ihren Töchtern fortgezogen. In London lernte Shaw auch seine spätere Frau kennen. Er blieb bis zu seinem Tod 1950 in England.

Küche im Geburtshaus von Shaw

Besucher können Shaws Schlafzimmer besichtigen und die Küche, in der der spätere Autor »aus einer braunen Delfter Kanne viel Tee trank, der so lange über dem Kaminfeuer zog, bis er sich in reines Tannin verwandelte«.

Casino Marino 7

Cherrymount Crescent.
833 16 18. *DART nach Clontarf.* *20A, 20B, 27A, 42, 42C, 123.* *Mai–Okt: tägl. 10–17 Uhr.* *obligatorisch; letzte Führung 45 Min. vor Schließung.*
www.heritageireland.ie

Die von Sir William Chambers in den 1760er Jahren für Lord Charlemont entworfene anmutige kleine Villa *(siehe S. 40f)* steht inmitten einer schönen Anlage. Die einst als Sommerhaus für das Marino-Anwesen errichtete Villa überstand die Zeiten, während das Hauptgebäude 1921 abgerissen wurde. Das Casino gilt als eines der schönsten Beispiele klassizistischer Architektur in Irland. Beim Bau gab es einige Innovationen, etwa als Urnen verkleidete Kamine und hohle Säulen für die Wasserleitungen. Vor der Villa halten an den Ecken vier dem Bildhauer Joseph Wilton zugeschriebene Steinlöwen Wache.

Steinlöwe vor dem Casino Marino

Das kompakte Haus birgt 16 auf drei Ebenen um die zentrale Treppe gruppierte Räume. Im Erdgeschoss gibt es eine Halle und einen Salon mit Seidenvorhängen, kunstvollen Parkettfußböden und vertäfelten Decken. Der prächtige State Room und die Dienstbotenzimmer befinden sich im ersten Stock.

Vergoldeter Holzstuhl im National Museum of Ireland

Dublin Docklands ❽

www.dublindocklands.ie

Vor rund 300 Jahren lagen die Docklands bis auf das Fischerdorf Ringsend unter Wasser. In den 1990er und 2000er Jahren wurde das Gebiet erschlossen und zu einem interessanten Viertel. Theater, Museen und das Dublin Wheel, von dem man einen fantastischen Blick auf die Stadt hat, sowie zahlreiche Cafés und Restaurants machen den Reiz der Docklands aus. Die Docklands umspannen beide Seiten des Liffey. Über die Samuel Beckett Bridge erreicht man den östlichen Rand des Stadtzentrums.

National Museum – Decorative Arts & History ❾

Collins Barracks, Benburb St, Dublin 7. *677 7444. 25, 25A, 66, 67, 90. Di–Sa 10–17, So 14–17 Uhr. Karfreitag, 25. Dez.* www.museum.ie

Nahe dem Phoenix Park, gegenüber der Guinness-Brauerei am anderen Liffey-Ufer, steht das wunderschöne Nebengebäude des National Museum of Ireland *(siehe S. 66f)* für dekorative Kunst und Geschichte. Der Komplex wurde 1700 von König William III in Auftrag gegeben, zehn Jahre nach der siegreichen Schlacht am Boyne. Er war die größte Kaserne seines Hoheitsgebiets und bot über 5000 Personen Arbeit und Unterkunft. Ursprünglich hieß die Kaserne Dublin Barracks, nach der irischen Unabhängigkeit wurde sie jedoch nach Michael Collins, dem ersten irischen Oberbefehlshaber, benannt. Bis in die 1990er Jahre diente der Bau als Kaserne, dann wurde er Teil des Nationalmuseums.

In Kontrast zum grauen Äußeren präsentiert das Innere seine Exponate auf innovative Weise mit den neuesten Technologien.

Im Südblock sind überwiegend Möbel, Silber, Glas- und Keramikwaren sowie eine Sammlung von wissenschaftlichen Instrumenten ausgestellt. Der Westblock informiert Besucher über Geschichte, Arbeit und Entwicklung des National Museum of Ireland. Die »Out of Storage«-Ausstellung kombiniert verschiedene Artefakte aus aller Welt mit Hintergrundinformationen, die von Multimedia-Datenbanken abgerufen werden können. Die Abteilung »Curator's Choice« ist eine der Hauptattraktionen. Hier sind 25 außergewöhnliche Exponate – etwa ein früher Hurling-Schläger – ausgestellt mit Erklärungen zu ihrer Geschichte und kulturellen Bedeutung.

Im Nordblock gibt es eine Dauerausstellung über »Soldaten und Offiziere«, die irische Militärgeschichte vom Standpunkt eines normalen irischen Soldaten von 1550 bis in die späten 1990er Jahre zeigt.

Glasnevin Cemetery ❿

Finglas Rd. *830 1133. 13, 19, 19A, 40, 40A von Parnell St. tägl. 8–18 Uhr. tägl. 14.30 Uhr (Dauer: 90 Min).*
Museum *882 6500. Mo–Fr 10–17, Sa, So 11–17 Uhr.* www.glasnevinmuseum.ie

Auf Irlands größtem Friedhof befinden sich auf über 50 Hektar mehr als eine Million Gräber. Glasnevin Cemetery, der ursprünglich Prospect Cemetery hieß, wurde 1832 auf Initiative von Daniel O'Connell *(siehe S. 42)* für irische Katholiken und Protestanten gegründet.

Der alte Teil des Friedhofs ist von hohen Mauern und Wachtürmen umgeben. Damit wollte man im frühen 19. Jahrhundert vermeiden, dass Leichen gestohlen werden. Das Gebiet jenseits der Straße wurde hinzugefügt, als man mehr Platz brauchte. Auf beiden Friedhöfen sieht man eine bunte Vielfalt unterschiedlicher Monumente, von einfachen Grabsteinen, die bis in die 1860er Jahre vorherrschten, über kunstvolle keltische Kreuze der nationalistischen Wiederbelebung bis zu Marmormonumenten aus dem späten 20. Jahrhundert.

Ein Museum gibt Auskunft über die Geschichte des Friedhofs und über die Menschen, die hier bestattet sind. Bei einem geführten Rundgang kommt man an Gräbern vieler Berühmtheiten vorbei, darunter Daniel O'Connell, Michael Collins, Eamon de Valera, Constance Markievicz und Brendan Behan.

Glasnevin Cemetery, der größte Friedhof von Dublin

Eichengebälk in der großen Halle von Schloss Malahide

Malahide Castle ⓫

Malahide, Co Dublin. *DART nach Malahide.* *42 von Beresford Place nahe Busáras.* *846 2184.* *Apr–Sep: tägl. 10–17 Uhr; Okt–März: Mo–Sa 10–17, So und Feiertage 11–17 Uhr (Mittagspause im Winter tel. erfragen).* *obligatorisch (letzte Führung 16.30 Uhr).* **www**.malahidecastle.com
Fry Model Railway *Apr–Sep: Di–Sa 10–13, 14–17, So und Feiertage 13–17 Uhr.*

Dieses riesige Schloss erhebt sich unweit der Küstenstadt Malahide. Das Gebäude stammt im Kern aus dem 12. Jahrhundert. Spätere Anbauten wie die runden Türme lassen es wie ein Märchenschloss erscheinen. Bis 1973 bewohnte die Familie Talbot die frühere Festung.

Die Talbots waren unerschütterliche Anhänger von James II. Am Tag der Schlacht am Boyne im Jahr 1690 *(siehe S. 244)* sollen in dem Schloss 14 Familienmitglieder gefrühstückt haben, von denen keines die Schlacht überlebte.

Eine fachkundige Führung präsentiert die irischen Möbel aus dem 18. Jahrhundert, die große Halle mit ihren Eichenbalken und die Ziervertäfelung des Eichenzimmers. Zu besichtigen sind auch die von der National Gallery *(siehe S. 70f)* ausgeliehene Porträtsammlung der Familie Talbot sowie Bilder anderer Personen, etwa von Wolfe Tone *(siehe S. 40)*.

Im Kornspeicher steht die Fry-Modelleisenbahn, deren Bau der Eisenbahningenieur Cyril Fry in den 1920er Jahren begann. Auf 240 Quadratmetern sind Züge, Miniaturbahnhöfe, Straßen und Landmarken wie der Liffey zu sehen.

Howth ⓬

Co Dublin. *DART.* **Howth Castle** *tägl. 8 Uhr bis Sonnenuntergang.* **www**.howthismagic.com

Der Fischerort Howth ist die nördliche Grenze der Dublin Bay. Das Felsmassiv Howth Head bietet schöne Ausblicke auf die Bucht, ein Fußweg führt an der »Nase« genannten Spitze entlang. In der Nähe steht der Baily-Leuchtturm (1814). Leider ist das Gebiet heute verbaut.

Westlich von Howth liegt Howth Castle, eine Burg aus normannischer Zeit. Auf dem Gelände befindet sich das **National Transport Museum**.

Im Sommer fahren Boote zum Felseninselchen Ireland's Eye mit einer Vogelkolonie.

National Transport Museum
01 8320 427. *Sa, So, Feiertage 14–17 Uhr.* *Mo–Fr.* **www**.nationaltransportmuseum.org

Dun Laoghaire ⓭

Co Dublin. *DART.* **National Maritime Museum of Ireland** *280 0969.* *Mai–Sep: Di–So 13–17 Uhr.* **Comhaltas Ceoltóirí Éireann** *280 0295.* *Musik: Mi und Sa abends;* céilís: *Fr.* **www**.comhaltas.ie

Irlands größter Personenfähr- und Yachthafen mit seinen bunten Villen, Parks und Palmen zeigt eine über-

Der Baily-Leuchtturm an der Südostspitze von Howth Head

Im Hafen von Dun Laoghaire ankern Dutzende von Yachten

raschende Seite der Insel. An manchen Tagen fühlt man sich dort wie in Italien. Viele Besucher strömen direkt nach Dun Laoghaire (gesprochen »Danlieri«). Man kann auch am Hafen promenieren oder am Ostpier entlang zum Leuchtturm spazieren. Die Dörfer Sandycove und Dalkey erreicht man über den Fußweg »The Metals« entlang der stillgelegten Eisenbahn. Die Mariners' Church (1837) beherbergt das Seefahrtmuseum. Zu sehen ist u. a. ein von französischen Offizieren während Wolfe Tones erfolgloser Invasion 1796 in Bantry benutztes Langboot *(siehe S. 168)*. Am Monkstown's Belgrave Square liegt das Comhaltas Ceoltóirí Éireann, Irlands wichtigstes Zentrum für Volksmusik und -tanz mit traditionellen Konzerten und Tanzvorführungen *(céilís)*.

James Joyce Tower ⓮

Sandycove, Co Dublin. *280 9265. DART nach Sandycove. 59. Apr–Aug: Di–Sa 10–13, 14–17, So 14–18 Uhr; Sep–März: nach Anfrage.*

Oberhalb des Dorfs Sandycove thront auf einem Felsvorsprung dieser gedrungene Turm. Er ist einer von 15 Wehrtürmen, die 1804 zwischen Dublin und Bray als Schutz vor einer Invasion Napoléons angelegt wurden. 100 Jahre später war Joyce *(siehe S. 90)* hier eine Woche lang Gast des Dichters Oliver St John Gogarty, der im *Ulysses* als Buck Mulligan verewigt ist. Gogarty mietete den Turm für ganze acht Pfund jährlich. Die Granitwände des zwölf Meter hohen Turms bergen einige Joyce-Briefe und persönliche Habseligkeiten wie seine Gitarre, sein Zigarrenetui, seinen Spazierstock und seine Totenmaske. Es gibt ferner Fotografien und Erstausgaben, darunter auch die von Henri Matisse illustrierte Luxusausgabe (1935) des *Ulysses*. Das ursprünglich kanonenbestückte, von Gogarty jedoch als Terrasse genutzte Dach gibt den Blick auf die Dublin Bay frei. Unterhalb befindet sich ein früher nur von Männern bevölkerter, heute jedoch allgemein zugänglicher FKK-Strand.

Gitarre im James Joyce Tower

Dalkey ⓯

Co Dublin. *DART.*
www.dalkeyvillage.net

Früher nannte man Dalkey »Stadt der sieben Burgen«. Von diesen sind allerdings nur noch zwei erhalten. Beide stehen an der Hauptstraße des hübschen Orts, der mit seinen engen, gewundenen Straßen und anmutigen Villen beinahe mediterran anmutet.

Ein Stück weit vor der Küste liegt Dalkey Island, ein felsiges Vogelschutzgebiet samt Wehrturm und mittelalterlicher Benediktinerkirche. Im Sommer kann man vom nahe gelegenen Coliemore Harbour aus mit dem Schiff zur Insel gelangen.

Killiney ⓰

Co Dublin. *DART nach Dalkey oder Killiney.*

Südlich von Dalkey steigt die Küstenstraße steil an, bevor sie ins Dorf Killiney hinunterführt. Die Strecke bietet einige der schönsten Ausblicke dieses Teils der Ostküste, die stellenweise an die Bucht von Neapel erinnern. Im Norden ist Howth Head sichtbar, im Süden sind es Bray Head *(siehe S. 133)* und die Ausläufer der Wicklow Mountains *(siehe S. 138f)*. Einen schönen Ausblick bietet auch der Killiney Hill Park (nahe der Victoria Road), der den kurzen, steilen Aufstieg lohnt. Unterhalb liegt Killiney Beach, ein beliebter Strand.

Ladenfronten in der Hauptstraße von Dalkey

Shopping

Dublin besitzt nördlich und südlich des Liffey jeweils eine große Einkaufsstraße. Im Norden bietet die Gegend um die Henry Street edle Kaufhäuser und kleine Spezialitätenläden. Im Süden locken vor allem in der trendigen Grafton Street elegante Boutiquen und Läden. Doch trotz der großen Auswahl an internationalen Markennamen und Ladenketten lebt Dublins wahrer Geist in seinen Straßenmärkten, die jede Menge irisches Kunsthandwerk und originelle Souvenirs feilbieten. Dublin ist auch ein Paradies für Schnäppchenjäger und Secondhand-Fans, die von Büchern über Kleidung bis Nippes alles finden, was ihr Herz begehrt. Die Stadt bietet für jedes Budget etwas. Hinweise, wo Sie was erstehen können, finden Sie auf den folgenden Seiten.

Schild an einem Spezialitätenladen

Shopping-Meilen

Temple Bar hat sich zum Besuchermagnet entwickelt. Abends tummeln sich hier die Nachtschwärmer, tagsüber kann man in Handwerks-, Designer- und Souvenirläden stöbern.

Wer ein relaxteres, eleganteres Ambiente bevorzugt, sollte in der Altstadt bummeln. Westlich von Temple Bar, zwischen Parliament Street und Fishamble Street, locken modische Designer-Boutiquen und kosmopolitische Cafés.

Aufgrund von Dublins schneller Entwicklung gibt es heute turbulente Märkte an Orten, wo früher gähnende Leere herrschte. Das erste Areal dieser Art waren die sogenannten »Docklands« am Ufer des Liffey, vor allem auf der Nordseite, östlich des Custom House. Hier entstehen permanent neue Läden, Restaurants und Märkte, etwa das CHQ Shopping Centre mit vielen Designer-Boutiquen.

Rund um die Liffey Street wird immer mehr gebaut, was zur Wiederbelebung alter Einkaufsgegenden beiträgt. Heute ist die Capel Street wieder eine angesagte Ladenstraße, ebenso die eindrucksvolle Bloom's Lane an der Millennium Bridge.

Öffnungszeiten

Läden sind im Allgemeinen montags bis samstags von 9 bis 18 Uhr geöffnet. Einige Kaufhäuser öffnen auch sonntags von 11 oder 12 bis 18 Uhr. Viele Geschäfte haben am Donnerstag bis 20 Uhr offen.

Bezahlung

Gängige Kreditkarten wie Visa und MasterCard werden in den meisten Läden akzeptiert. Die Mehrwertsteuer beträgt 21 Prozent. Bürger aus Nicht-EU-Ländern können sie sich bei Ausreise zurückerstatten lassen. Das Formular hierzu erhält man beim Einkauf.

Die Grafton Street ist eine Fußgängerzone

Kaufhaus Brown Thomas

Kaufhäuser

Dublins bekannteste Kaufhäuser sind **Arnott's**, das älteste und größte der Stadt, und **Debenhams** – beide in der Henry Street.

Einer der ältesten Läden der Stadt, **Clery's** in der O'Connell Street, führt Souvenirs, Mode und internationale Markenwaren. Das irische Kaufhaus **Brown Thomas** ist für seinen gehobenen Stil bekannt.

Filialen von Marks & Spencer gibt es z. B. in der Grafton Street und in der Mary Street.

Shopping-Center

In Dublin gibt es vier große Shopping-Center – drei im Süden, eines im Norden der Stadt. Südlich des Liffey befinden sich **Stephen's Green Centre** und **Powerscourt Centre**. Das Stephen's Green Centre ist ein riesiges Shopping-Center mit unzähligen Geschäften unter einem Dach,

Die farbenfrohe George's Street Arcade

darunter Kunsthandwerks- und Geschenkeläden, Boutiquen und Fast-Food-Restaurants.

Das vierstöckige georgianische Powerscourt Centre ist luxuriöser. Hier findet man viele Modeläden, Restaurants und Antiquitätenläden. Ebenfalls im Süden befindet sich das **Dundrum Centre**.

Am nördlichen Ufer des Liffey steht das **Jervis Centre**, in dem sich viele britische Ladenketten und populäre irische Einzelhandelsgeschäfte niedergelassen haben.

Keramikvase

Märkte

Im Norden der Stadt, gleich bei der Henry Street, bieten die lautstarken Händler auf dem Moore Street Market täglich frisches Obst und Gemüse feil. In dieser Gegend eröffneten viele Ethno-Läden, in denen man alles Mögliche von CDs mit iranischer Tanzmusik bis zu asiatischen Konserven bekommt.

Auf dem wunderbaren **Temple Bar Food Market** findet man jeden Samstag eine große Auswahl an biologisch angebauten Nahrungsmitteln. Besonders beliebt ist ein Stand mit frischen Austern und offenen Weinen – ideal für eine Pause beim Marktbummel.

Einzigartig ist die sieben Tage die Woche offene **George's Street Arcade** mit vielen Secondhand-Läden. Hier findet man CDs, Bücher, Nippes sowie junge Designermode, flippige Kleidung und Accessoires.

Souvenirs und Geschenke

Es überrascht nicht, dass Dublins populärste Fundgrube für Souvenirs das Haus von Irlands beliebtestem Getränk ist – das **Guinness Storehouse** *(siehe S. 98f)*. Die interaktiven Führungen durch das Hopfenlager rundet man am besten mit einem Besuch im Souvenirladen ab, wo man vielerlei Dinge mit Guinness-Logo kaufen kann.

In der Nassau Street findet man viele Andenkenläden, z. B. **Heraldic Artists**, wo Iren ihren Stammbaum nachverfolgen lassen können. **Knobs and Knockers** ist auf Türklopfer und -griffe spezialisiert. Unterschiedlichste Mitbringsel, z. B. einzigartige irische Keramik und das berühmte Waterford-Kristall, bietet der **Kilkenny Shop**.

Der Laden des Trinity College auf der anderen Straßenseite verkauft Universitätsandenken und Artikel, die mit dem *Book of Kells* in Zusammenhang stehen, sowie andere Souvenirs.

Weniger nobel sind **Carroll's Irish Gift Stores**, eine Kette von Geschenke- und Modeläden, die man an vielen Ecken der Stadt findet. Sie bieten kitschige Kobolde und ähnliche skurrile Produkte.

Delikatessen

Liebhaber guter Weine und Whiskeys haben in Dublin die Qual der Wahl. **Mitchell & Son** hat einen riesigen Laden im Finanzdistrikt, liefert aber auch auf Online-Bestellung. Im **Celtic Whiskey Shop** verkauft sachkundiges Personal irische Whiskeys und schottische Whiskys.

Zum hervorragenden kulinarischen Charakter der Stadt tragen die vielen Feinkostläden bei. **Sheridan's Cheesemongers** in der South Anne Street ist auf irischen Bauernkäse spezialisiert, verkauft aber auch andere Käsesorten und weitere Delikatessen. **Butler's Irish Chocolate** lockt mit hübschen Geschenkschachteln exquisiter selbst hergestellter Schokolade. Wer frisch gefangenen irischen Lachs kaufen will, geht zu **Fallon & Byrne** in der Exchequer Street. Dort erhält man auch Bioware, importierte Produkte sowie Wein-, Käse- und Wurstspezialitäten.

Da Dublin immer multikultureller wird, gibt es in der Stadt auch immer mehr Läden mit Delikatessen aus aller Welt. Viele haben sich im Norden der Stadt in der Parnell Street und der Moore Street niedergelassen. Im Süden findet man solche Läden in der George's Street.

Käse satt – Sheridan's Cheesemongers

Mehr über Dublin? Vis-à-Vis Dublin *ISBN 978-3-8310-1519-1*

Mode

In Dublin gibt es viele elegante Boutiquen. Die angesagtesten liegen in der Umgebung von Dublins »Fifth Avenue« – der Grafton Street. **Costume** mit einer großen Auswahl an irischen und internationalen Designer-Labels ist eine beliebte Adresse für Damenmode. Designer wie Roland Mouret, Temperley und Jonathan Saunders sind hier ebenfalls zu finden.

Schnäppchenjäger zieht es in Temple Bars Altstadtmarkt, wo viele Outlet-Läden irische Mode zu reduzierten Preisen verkaufen.

Klassische Herrenmode bietet der berühmte Schneider **Louis Copeland**. Traditionelles gibt es im Kilkenny Shop *(siehe S. 105)* und bei **Kevin & Howlin**. Beide führen Tweed, Arans und viele irische Kleidungsstücke.

Bücher

Angesichts des reichen literarischen Vermächtnisses ist es nicht verwunderlich, dass es in Dublin viele Buchhandlungen gibt. In der Dawson Street wird jeder Buchliebhaber fündig, etwa bei **Hodges Figgis**. **Eason's** in der O'Connell Street ist ein großer Buchladen. **The Secret Book and Record Store** bietet eine kleine erlesene Auswahl aus den Bereichen irische Literatur, Geschichte und Philosophie. Das Antiquariat **Cathach Books** ist auf alte irische Drucksachen spezialisiert. Hier findet man viele Erstausgaben und Raritäten. Im Hauptgeschäft von **Hughes & Hughes** finden oft Signierstunden statt. **Chapters** hat eine der größten Secondhand-Abteilungen der Stadt.

Musik

Die meisten Musikläden liegen in Temple Bar. Die kleinen Geschäfte führen alles von obskurer Elektronikmusik bis zu Indie und Reggae. Viele unabhängige Musikläden mussten in den letzten Jahren schließen, **E2 Music** stemmt sich jedoch gegen den Trend und hat einen Laden für neue und gebrauchte CDs und DVDs eröffnet. Bei **All City Records** ist man auf Hip-Hop und Dance spezialisiert. **HMV**, der größte Musikladen der Stadt, verkauft Musik und Filme aus allen Genres.

Die meisten CD-Läden führen traditionelle irische Musik. Die größte Auswahl und hilfreiches Personal bietet **Celtic Note** in der Nassau Street.

McCullough Piggot und **Opus II** südlich des Liffey sowie **Waltons** im Norden verkaufen Noten und irische Instrumente wie Akkordeons, Dudelsäcke und *bodhráns*.

Antiquitäten

Einer der ältesten Antiquitätenläden der Stadt, die **Oman Antique Galleries**, ist auf hochwertige georgianische, viktorianische und edwardianische Möbel spezialisiert. **Clifford Antiques** bietet originale und reproduzierte antike Möbelstücke sowie dekorative offene Kamine. Seine Sammlung an Bronzebrunnen und -figuren ist einzigartig. Die eklektische Auswahl bei **Christy Bird** umfasst recycelte Möbel und Pub-Armaturen.

Zu den Antiquitätenläden im Powerscourt Centre gehört **Delphi** mit Schmuck aus viktorianischer und edwardianischer Zeit sowie Belleek-Porzellan. **Courtville Antiques** verkauft Art-déco-Schmuck und Liebhaberstücke, z. B. Verlobungsringe mit Diamanten, viktorianische Broschen und edwardianischen Emailleschmuck. Antikes aus Silber, darunter irische und englische Porträtminiaturen aus dem 18. bis 20. Jahrhundert, verkauft **The Silver Shop**.

Alte Landkarten und Drucke findet man in der Umgebung der Grafton Street, z. B. in der **Neptune Gallery** und bei **Antique Prints**.

Die Francis Street in einem der ältesten Stadtteile Dublins bietet ebenfalls viele Antiquitätenläden. Alte Uhren, Secondhand-Möbel und vielerlei Nippes locken Passanten in die Läden, die selbst schon fast Antiquitätenstatus haben.

Beaufield Mews außerhalb des Zentrums ist auf Porzellan und Bilder aus dem frühen 20. Jahrhundert spezialisiert, **Q Antiques** in Dun Laoghaire führt eine interessante Auswahl an Stilmöbeln und dazu passenden Lampen.

Informieren Sie sich auf der Website von **Antiques Fairs** über Termine und Plätze der Antiquitätenmessen, die das ganze Jahr über stattfinden.

Kunstgalerien

Die Fülle von Kunstgalerien und Künstlerateliers machen Dublin zum beliebten Reiseziel von Sammlern und Bewunderern der schönen Künste. Zahlreiche Galerien findet man in der Dawson Street, einer Parallelstraße der Grafton Street. Die renommierte, trendige **Apollo Gallery** etwa präsentiert Werke von einigen der berühmtesten Künstler des Landes.

Die **Oisín Gallery** in der Westland Row verkauft auf mehreren Ebenen Werke der besten jungen, aufstrebenden Künstler Irlands. Vielleicht ersteigern Sie auch in den **Whyte's Auction Rooms** internationale oder einheimische Kunstwerke. Die Kataloge werden vorab im Internet veröffentlicht.

Sonntags findet am Merrion Square nahe dem Museumsviertel ein Kunstmarkt statt. Unterschiedlichste Werke hängen an dem schwarzen Gitter rund um den Platz. Gerade bei gutem Wetter ist diese improvisierte Ausstellung ein wahres Vergnügen.

Auch in Temple Bar findet man zahlreiche Kunstgalerien, darunter etwa die **Temple Bar Gallery and Studios**. Diese Einrichtung gehört zu Dublins angesagtesten Kunststätten und präsentiert Werke von mehr als 30 irischen Künstlern, die mit diversen Medien arbeiten. In der Nähe, im Herzen von Dublins linkem Liffey-Ufer, liegen die **Original Print Gallery** und die **Gallery of Photography** mit ihrer imposanten Sammlung hochglänzender Kunstbände. Obwohl die Gegend wegen vieler Betrunkener und Lärmender keinen guten Ruf hat, hält sie doch ihren Status als »Kulturbastion« aufrecht.

AUF EINEN BLICK

Kaufhäuser

Arnott's
12 Henry St. **Stadtplan** D2. *01 805 0400.* **www**.arnotts.ie

Brown Thomas
88–95 Grafton St. **Stadtplan** D4. *01 605 6666.* **www**.brownthomas.com

Clery's
18–27 Lower O'Connell St. **Stadtplan** D2. *01 878 6000.* **www**.clerys.ie

Debenhams
54–62 Henry St. **Stadtplan** D2. *01 814 7200.* **www**.debenhams.com

Shopping-Center

Dundrum Centre
Dundrum. *01 299 1700.* **www**.dundrum.ie

Jervis Centre
125 Upper Abbey St. **Stadtplan** C2. *01 878 1323.* **www**.jervis.ie

Powerscourt Centre
59 William St South. **Stadtplan** D4. *01 679 4144.* **www**.powerscourtcentre.com

Stephen's Green Centre
St Stephen's Green West. **Stadtplan** D4. *01 478 0888.* **www**.stephensgreen.com

Märkte

George's Street Arcade
George's St. **Stadtplan** C4. **www**.georgesstreetarcade.ie

Temple Bar Food Market
Meeting House Sq, Temple Bar. **Stadtplan** D3. **www**.templebar.ie

Souvenirs und Geschenke

Carroll's Irish Gift Stores
57 Upper O'Connell St. **Stadtplan** A3. *01 873 5709.* **www**.carrollsirishgifts.com

Guinness Storehouse
St James's Gate. **Stadtplan** A3. *01 408 4800.* **www**.guinness-storehouse.com

Heraldic Artists
3 Nassau St. **Stadtplan** A3. *01 679 7020.* **www**.roots.ie

Kilkenny Shop
6–10 Nassau St. **Stadtplan** E4. *01 677 7066.*

Knobs and Knockers
19 Nassau St. **Stadtplan** A3. *01 671 0288.*

Delikatessen

Butler's Irish Chocolate
24 Wicklow St. **Stadtplan** D4. *01 671 0591.*

Celtic Whiskey Shop
27–28 Dawson St. **Stadtplan** D4. *01 675 9744.*

Fallon & Byrne
11–17 Exchequer St. **Stadtplan** D4. *01 472 1010.*

Mitchell & Son
CHQ Building, IFSC. **Stadtplan** D4. *01 612 5540.*

Sheridan's Cheesemongers
11 Anne St South. **Stadtplan** D4. *01 679 3143.*

Mode

Costume
10 Castle Market. **Stadtplan** D4. *01 679 4188.*

Kevin & Howlin
31 Nassau St. **Stadtplan** E4. *01 677 0257.*

Louis Copeland
39–41 Capel St. **Stadtplan** C2. *01 872 1600.*

Bücher

Cathach Books
10 Duke St. **Stadtplan** D4. *01 671 8676.*

Chapters
Ivy Exchange, Parnell St. **Stadtplan** D2. *01 872 3297.*

Eason's
40 Lower O'Connell St. **Stadtplan** D2. *01 858 3800.*

Hodges Figgis
56–58 Dawson St. **Stadtplan** D4. *01 677 4754.*

Hughes & Hughes
Stadtplan D5. *01 478 3060.* **www**.hughesandhughes.ie

The Secret Book and Record Store
15a Wicklow St, Dublin 2. **Stadtplan** D3. *01 679 7272.*

Musik

All City Records
4 Crow St, Temple Bar. **Stadtplan** C3. *01 677 2994.*

Celtic Note
12 Nassau St. **Stadtplan** E4. *01 670 4157.* **www**.celticnote.com

E2 Music
34 College Green. **Stadtplan** D3. *01 672 9707.*

Golden Discs
Jervis St. **Stadtplan** C2. *01 878 1063.* **www**.goldendiscs.ie

HMV
65 Grafton St. **Stadtplan** D4. *01 679 5334.* **www**.hmv.com

McCullough Piggot
11 S William St. **Stadtplan** D4. *01 677 3138.*

Opus II
26 Sth Great George's St. **Stadtplan** C4. *01 677 8571.*

Waltons
2–5 N Frederick St. **Stadtplan** D1. *01 874 7805.* **www**.waltons.ie

Antiquitäten

Antiques Fairs
www.antiquesfairsireland.com

Antique Prints
16 Anne St South. **Stadtplan** D4. *01 671 9523.*

Beaufield Mews
Woodlands Ave, Stillorgan, Co Dublin. **Straßenkarte** D4. *01 288 0375.*

Christy Bird
32 Richmond St South. *01 475 4049.*

Clifford Antiques
7/8 Parnell St. **Stadtplan** D1. *01 872 6062.*

Courtville Antiques
Powerscourt Centre. **Stadtplan** D4. *01 679 4042.*

Delphi
Powerscourt Centre. **Stadtplan** D4. *01 679 0331.*

Neptune Gallery
41 William St South. **Stadtplan** D4. *01 671 5021.*

Oman Antique Galleries
20/21 William St South. **Stadtplan** D4. *01 616 8991.*

Q Antiques
76 York Rd, Dun Laoghaire, Co Dublin. **Straßenkarte** D4. *01 280 2895.*

The Silver Shop
Powerscourt Centre. **Stadtplan** D4. *01 679 4147.* **www**.silvershopdublin.com

Kunstgalerien

Apollo Gallery
15–18 W Essex St, Temple Bar. **Stadtplan** C3. *01 671 2609.* **www**.apollogallery.ie

Gallery of Photography
Meeting House Sq, Temple Bar. **Stadtplan** C3. *01 671 4654.*

Oisín Gallery
44 Westland Row. **Stadtplan** F3. *01 661 1315.*

Original Print Gallery
4 Temple Bar. **Stadtplan** D3. *086 178 1771.*

Temple Bar Gallery and Studios
5–9 Temple Bar. **Stadtplan** D3. *01 671 0073.*

Whyte's Auction Rooms
38 Molesworth St. **Stadtplan** D2. *01 676 2888.* **www**.whytes.ie

Stadtplan Dublin *siehe Seiten 116–119* **Straßenkarte** *siehe hintere Umschlaginnenseiten*

Unterhaltung

Obwohl Dublin mit Kinos, Theatern, Rocklokalen und Nachtclubs gut bestückt ist, unterscheidet sich die Stadt von anderen europäischen Großstädten vor allem durch ihre Pubs. Lebhafte Gespräche, improvisierte Musik und natürlich Guinness sind Voraussetzungen für einen angenehmen Abend in einer dieser gemütlichen Kneipen.

Eines der beliebtesten Ausgehviertel ist das in jüngster Zeit neu belebte Temple Bar. Im Gewirr enger Pflastersteinstraßen wird alles geboten – von traditioneller Musik in alten Pubs bis zu den angesagtesten aktuellen Hits. Wegen der zahllosen Kneipen und Lokale ist das Stadtzentrum südlich des Liffey bei Nachtschwärmern beliebt. Auf der Nordseite liegen die beiden berühmtesten Theater Dublins, die größten Kinos und die topmoderne Arena The O2, ein Bahnhof aus dem 19. Jahrhundert. Hier finden die großen Rock- und Musical-Ereignisse, aber auch klassische Konzerte statt.

Fassade des Olympia Theatre

Straßenmusiker unweit der Grafton Street in Südost-Dublin

Information

Zeitungen wie *Irish Times* oder *Irish Independent* drucken die Programme von Clubs, Kinos, Theatern usw. ab, vor allem am Wochenende. *Hot Press*, eine landesweite zweiwöchentliche Zeitung, die sich mit Musik befasst, bietet einen umfangreichen Veranstaltungskalender für Dublin. *The Evening Herald* ist ebenso eine gute Quelle für Informationen über Konzerte und Filme. Ihr liegt donnerstags *The Dubliner* mit Bar- und Restaurantkritiken bei.

Tickets

Für viele Veranstaltungen gibt es an der Abendkasse Karten, sicherer ist der Vorverkauf. Bei allen großen Veranstaltern kann man per Kreditkarte bezahlen. **Ticketmaster** akzeptiert für viele große Veranstaltungen eine telefonische Buchung per Kreditkarte. Die Hauptfilialen von **HMV** und **Dublin Tourism** (Suffolk Street) verkaufen Karten für alle großen Theater und Rockkonzerte.

Theater

Irlands Nationaltheater, das **Abbey Theatre** *(siehe S. 88)*, präsentiert junge irische Autoren, aber auch Stücke von Brendan Behan, J. M. Synge, Sean O'Casey und W. B. Yeats. Das **Peacock Theatre** im gleichen Haus zeigt experimentelle Stücke. Das **Gate Theatre** *(siehe S. 90)*, auch auf der Nordseite, wurde 1929 gegründet und ist für Inszenierungen internationaler Stücke bekannt. Im **Grand Canal Theatre** werden West-End-Musicals, Opern, Ballett- und Theaterstücke aufgeführt.

Das **Samuel Beckett Theatre** ist berühmt für seine kraftvollen Produktionen. Das **Gaiety Theatre**, das wichtigste südlich des Liffey, präsentiert populäre Stücke meist irischer Autoren. Experimentelles Theater und modernen Tanz bietet das **Project Arts Centre** in Temple Bar. Im **Smock Alley Theatre** gastieren experimentelle Theatergruppen und studentische Produktionen. In **Bewley's Café Theatre** werden mittags Dramen aufgeführt. Das **Andrew's Lane Theatre** bietet jungen Autoren und Regisseuren ein Forum. Im **Olympia Theatre** sind Komödien und populäre Dramen zu sehen. Gelegentlich werden auch Rockkonzerte und Aufführungen irischer Musik veranstaltet. Die meisten Theater sind am Sonntag geschlossen.

Jedes Jahr im Oktober findet an allen Spielstätten das **Dublin Theatre Festival** mit experimentellen irischen und internationalen Stücken statt.

Plattenladen und Kartenbüro in der Crown Alley, Temple Bar

Begeistertes Publikum beim Temple Bar Blues Festival

Kino

Die Dubliner Kinos erlebten in den 1990er Jahren einen Ansturm – dank des Erfolgs einiger in Dublin angesiedelter Filme wie *Mein linker Fuß* (1989) oder *Die Commitments* (1991). Die Filmindustrie boomte und blieb mit Publikumsrennern wie *Intermission* (2004) und *The Guard* (2011) im Gespräch. Das **Irish Film Institute** bietet meist unabhängige und ausländische Filme sowie Vorträge und Seminare. Es hat zwei Vorführräume, eine Bar und ein Restaurant. Weitere Programmkinos sind das **Screen** in der Nähe des Trinity College und **The Lighthouse Cinema** in Smithfield. Die großen Premierenkinos befinden sich auf der nördlichen Flussseite. Sie bieten für Nachmittagsvorstellungen Preisnachlässe und am Wochenende Spätvorstellungen. Im Sommer finden die **Temple Bar Cultural Events** statt mit Open-Air-Aufführungen, die meisten am Meeting House Square.

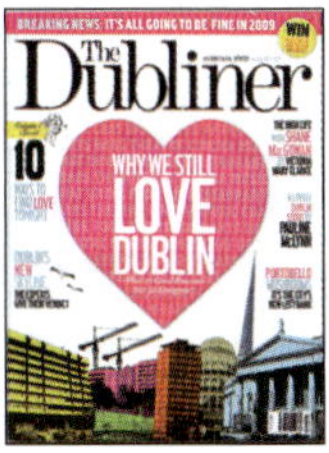

The Dubliner*, donnerstags im *Evening Herald

Klassische Musik, Oper und Tanz

In der **National Concert Hall** spielt jede Woche das heimische RTÉ National Symphony Orchestra. Es gastieren auch regelmäßig bekannte internationale Orchester wie die Berliner Philharmoniker. Der beliebte Veranstaltungsort bietet etwas für jeden Musikgeschmack, so gibt es auch Opern-, Musical- und Tanzaufführungen sowie Jazzkonzerte und irische Folk-Musik.

Die **Hugh Lane Gallery** *(siehe S. 91)* bietet Sonntagsmatineen. Weitere Klassikkonzerte zeigen das **Royal Hospital Kilmainham** *(siehe S. 97)*, das **Bank of Ireland Arts Centre** in der Dame Street sowie die **Royal Dublin Society (RDS)**. Internationale Opern finden in **The O2** statt. Die Opera Ireland tritt jedes Jahr im April und November im Gaiety Theatre auf. Auf dem Programm des **Grand Canal Theatre** auf der Südseite der Stadt stehen auch Opern- und Ballettproduktionen.

Rock, Jazz, Blues und Country-Musik

Dublins Rockszene blüht seit den 1970er Jahren, als die hiesige Band Thin Lizzy weltweit bekannt wurde. Der Erfolg von U2 ermutigte zur Gründung weiterer lokaler Bands. Jeden Abend findet in Dublin mindestens ein interessanter Gig statt. **Whelan's** ist die populärste Live-Bühne. Seit 1989 treten hier berühmte Musiker auf. Bei **The Mezz** in Temple Bar steigen fast jeden Abend Live-Konzerte mit Reggae, Funk und Rock. Der zweistöckige Club ist immer voller Studenten und Urlauber. Für einen Platz an der Bühne muss man hier frühzeitig erscheinen.

Der **Workman's Club** ist ein weiterer Dubliner Live-Musik-Tempel mit mehreren Bars und Bühnen auf zwei Stockwerken. DJs lassen die Plattenteller nicht ruhen und sorgen für ständigen Nachschub an Indie-, Hillbilly-, Rock- und Ska-Sounds.

Im oberen Raum der sympathischen **International Bar** finden am Mittwochabend Konzerte akustischer Musiker und Liedermacher statt. Am Sonntagnachmittag zwischen 13 und 16 Uhr wird hier traditionelle irische Musik gespielt, während das **Ha'penny Bridge Inn** am Freitag- und Samstagabend Folk- und Bluesmusik bietet.

Große Namen treten entweder in **The O2** oder – im Sommer – in den Sportstadien auf. Das viktorianische Theater **Olympia** präsentiert einzigartige Konzerte in ungewöhnlichem Rahmen. Im **Slane Castle** außerhalb von Dublin findet fast jeden Sommer ein Rockfestival statt *(siehe S. 245)*.

Button Factory und **The Sugar Club** bieten das ganze Jahr hindurch Jazz, Salsa, Latin und Blues. In **The Academy** treten auf vier Stockwerken Live-Bands und DJs auf. Country-Musik ist in Irland sehr beliebt. In vielen Pubs finden entsprechende Konzerte statt. Details erfährt man in den Veranstaltungsmagazinen.

Rockband auf der Bühne des Sugar Club

Traditionelle Musik

Für viele Iren ist die Musik in einem Pub genauso wichtig wie die Guinness-Qualität. In Dublins Zentrum erklingen in vielen Pubs *Bodhrán-*, Fidel- und Dudelsackklänge. Zu den berühmtesten zählt **O'Donoghue's**, in dem die legendären Dubliners Anfang der 1960er Jahre ihre Karriere begannen. Das **Cobblestone** und das **Auld Dubliner** sind ebenfalls bekannt. Das Legends im Arlington Hotel kombiniert irische Küche mit abendlichen Tanzshows. In den Bergen um Dublin liegt **Johnnie Fox's**, etwa 35 Minuten mit dem Auto entfernt. Hier gibt es jeden Abend Live-Musik.

Pubs und Bars

Dublins Pubs sind ein Stück lebendiger Geschichte. An diesen Orten sind einige der bekanntesten Szenen irischer Literatur angesiedelt. Hier trafen sich aufständische Politiker. Viele weltbekannte Musiker traten hier erstmals auf. Singen, tanzen, reden und lachen – eine Tour durch Dublins Pubs ist ein absolutes Muss.

Innerhalb der Stadtgrenzen gibt es an die 1000 Pubs. Zu den besten traditionellen Etablissements gehören **Neary's**, das bei Schauspielern beliebt ist und einen fantastischen Marmortresen hat, die stimmungsvolle **Long Hall** und das schicke **Stag's Head** von 1770.

Die Pubs des 19. Jahrhunderts hatten gemütliche Nischen, in denen man ungestört trinken und reden konnte. Ein paar davon gibt es noch, z. B. die winzige Journalistenkneipe **Doheny & Nesbitt** und das **Kehoe's**.

Der **Brazen Head** von 1198 ist wohl Dublins ältestes Pub. Die heutige Kneipe aus den 1750er Jahren ist voller alter Fotos und dunklem Holz. Jeden Abend gibt es traditionelle Live-Musik. Jedes Pub rühmt sich seines hervorragenden Guinness, das allerbeste serviert man jedoch im 1782 gegründeten **Mulligan's**. Im **The Bull and Castle** gibt es eine große Auswahl an Bieren von Kleinbrauereien sowie gutes Essen.

The Grave Diggers nördlich der Stadt an einem Friedhof in Phibsborough hat mehr Charakter als die meisten. Die Taxifahrt lohnt sich auf jeden Fall. An Wochenenden im Sommer sitzt man auf dem Rasen vor dem Haus.

Guinness-Reklame vor einem Dubliner Pub

Das **Grogan's** in der William Street ist teils Bar, teils Kunstgalerie (ausgestellt sind Gemälde hiesiger Künstler) und Treffpunkt der Boheme.

Das **Café en Seine** ist einer Pariser Bar der Belle Époque nachempfunden. Das riesige, verwinkelte Café ist wunderbar dekoriert. Am Wochenende treffen sich hier Dublins Thirtysomethings. Nebenan liegt **Ron Black's**, eine der stilbewussteren Bars der Stadt, in der sich die Filmszene ein Stelldichein gibt. Hohe Decken, dunkel getäfelte Wände und eine helle Einrichtung bilden die Kulisse, in der man gut Geschäfte besprechen oder einfach nur Leute beobachten kann.

Das im französischen Stil eingerichtete Café en Seine

Das **Grand Central** ist eine der wenigen Bars an der Hauptstraße der Stadt, der O'Connell Street. Sie befindet sich in einer ehemaligen Bank. Viele Originalelemente sind noch erhalten.

Das **Dakota** ist eine große, belebte Tapas- und Weinbar, die viele junge Leute anzieht. **The Welcome Inn** ist eine Art Zeitreise in die 1970er Jahre samt niedrigen Plastiktischen, Vinylhockern und vergilbter Tapete. Die jungen Gäste sind zuweilen etwas wild – je nachdem, was aus der Musikbox ertönt.

Die **Dice Bar** ist eine Pseudo-Kellerbar in Rot- und Schwarztönen. Zu hören sind seltene Rock'n'Roll- und Blues-Aufnahmen.

Urban und kosmopolitisch gibt sich **The Globe**, in dem man tagsüber auch Kaffee trinken kann. Die Klientel ist ein cooler Mix aus Musikern und hippen Städtern. Noch modischer geht es in der Bar **4 Dame Lane** zu. Hier lauschen junge Menschen eklektischen Tönen. Fackeln markieren den Eingang.

Zum eleganten Morgan Hotel in Temple Bar gehört die schöne **Morgan Bar**, die sich hervorragender Cocktails rühmt. **The Market Bar** ist eines der beliebtesten Gastro-Pubs der Stadt. Die Bar in einer alten Fabrik, mit hoher Decke und Ziegelwänden, bietet industriellen Retro-Charme und den ganzen Tag über erstklassiges Essen.

Das kleine, behagliche **Peter's Pub** ist für gutes Bier bekannt und gilt als die Dubliner Kneipe schlechthin.

Literatur-Tour

Literaten-Pubs gibt es in Dublin zuhauf, vor allem rund um die Grafton Street. Das **McDaid's** mit seinem Art-déco-Interieur hat noch etwas von der Boheme-At-

Die alte Fassade des Doheny & Nesbitt

mosphäre jener Zeit, als berühmte Autoren-Trinker wie Patrick Kavanagh und Brendan Behan hier Stammgäste waren. Das **Davy Byrne's** ist heute zwar nobler als zu jener Zeit, als James Joyce' Romanfigur Leopold Bloom hier Gorgonzola und ein Senfbrot aß, lohnt aber immer noch einen Besuch.

Diese sowie einige weitere einst von den berühmtesten irischen Autoren und Dramatikern frequentierten Pubs präsentiert **Dublin Literary Pub Crawl**. Die von Schauspielern geführten Zwei-Stunden-Touren beginnen mit einem Bier im **The Duke**. Im Sommer werden die Führungen jeden Tag angeboten, im Winter meist nur an Wochenenden.

Nachtclubs

Dublins Clubs erfinden sich immer wieder neu, und Vielfalt beherrscht die Szene: Neben gigantischen Superclubs gibt es auch kleine, geradezu intime Etablissements. Die Lizenzgesetze der Stadt beschneiden die Clublandschaft allerdings: Ein lizenzierter Club muss um 2.30 Uhr schließen – für eine Großstadt sehr früh. Die Dubliner Clubgänger fangen ihren Abend entsprechend früh an, meist in einem Pub.

Der **POD**-Komplex bietet in vier Räumlichkeiten die größte Vielfalt der Stadt: Im **Crawdaddy** finden Live-Konzerte statt, von hiesigen Hip-Hop-Gruppen bis zu international bekannten Reggae-Stars. Nebenan liegt die ultratrendige **Lobby Bar**, in der man – umgeben von Avantgarde-Design – Soul hört. Eine Tür weiter befindet sich das originale POD, in dem der Mix aus neuesten Sounds und attraktive Gäste eine exklusive Atmosphäre schaffen. Im **Tripod** mit Balkonen und abgetrennten Sitzecken wird Live-Musik gespielt. Der von Keith Hobbs gestaltete Club dient auch als Veranstaltungsort für die unterschiedlichsten Live-Shows.

Copper Face Jacks ist der wohl profitabelste Club dieser Größe in Europa. Auf den Tanzflächen schwitzen die Gäste – meist männliche und weibliche Singles – zu Pop. Wenn die Schlange vor dem Club zu lang ist – in der Nähe gibt es ein ähnliche Clubs.

The Academy, vormals Spirit, öffnete im 2008 seine Pforten und gilt als angesagter Musiktempel. Auf vier Etagen wird hier ein einzigartiges Club-Erlebnis geboten. The Academy wetteifert mit dem Whelan's um den Titel des besten Live-Musik-Clubs mit einer Vorliebe für Rock und Pop sowie Auftritten von bekannten DJs aus der ganzen Welt.

Im **Twisted Pepper**, gleich neben The Academy, werden Musik, Kunst und Entertainment geboten. Die Club Nights ziehen ein junges trendiges Publikum an, es finden aber auch Live-Konzerte, Filmnächte und Comedy-Shows statt. Die Café-Bar, in der großartige Cocktails serviert werden, dient als Ausstellungsraum.

Wer entspannte Eleganz sucht, sollte das **Joy's** aufsuchen. Die Weinbar ist bei Mitdreißigern beliebt und hat lange geöffnet.

Der coolste Nightclub der Stadt ist das **Krystle** auf der Harcourt Street. Der Club befindet sich auf der Nordseite des Liffey. Irische Rugby-Spieler und bekannte Models haben das Krystle zu einer Institution des Dubliner Nachtlebens gemacht.

Im **Ri-Ra** (irisch für »Aufruhr«) hört man jeden Abend andere Musik: Hip-Hop, House, Funk, Soul oder Reggae. Dieser Club in einem Nebengebäude des beliebten Globe ist einer der ältesten der Stadt und wird jeden Abend in der Woche von den tanzwilligen Nachteulen Dublins frequentiert.

Lillie's Bordello wirbt als renommiertester Nachtclub Dublins für sich. Hier herrscht eine geradezu luxuriöse, dekadente Atmosphäre. Der legendäre VIP-Raum ist seit langer Zeit ein Favorit unter den Reichen und Berühmten der Stadt. Mit etwas Glück steht man Schulter an Schulter mit Prominenten aus der Unterhaltungsbranche.

Howl at the Moon ist ein exotisch eingerichteter, schicker Club in der Nähe des Merrion Square. Der Club erstreckt sich über drei Stockwerke und verfügt auch über Außenbereiche, darunter einen geheizten, überdachten Raucherbereich. Am Donnerstag- und Freitagabend ist der Eintritt frei.

Im **The Grand Social** nördlich des Liffey legen die Haus- und Gast-DJs an den Wochenenden Disco, Indie, Classic Rock und Electro auf. Der montagabendliche Jazz-Club ist ebenfalls sehr beliebt.

Clubnächte, Karaoke und Getränke-Specials machen **The George** zu einem der beliebtesten Schwulenclubs in Dublin. Die sonntägliche Travestie-Bingo-Nacht sollte man gesehen haben.

The Front Lounge ist bei Schwulen beliebt, auch wegen der gemütlichen Sessel und dem großartigen Essen. Höhepunkt ist der Karaoke-Dienstag ab 22 Uhr.

AUF EINEN BLICK

Tickets

Dublin Tourism
Tourism Centre, Suffolk St, Dublin 2. 01 605 7700. **www**.visitdublin.ie

HMV
65 Grafton St. **Stadtplan** D4. 01 679 5334. **www**.hmv.com

Ticketmaster
0818 719300. **www**.ticketmaster.ie

Theater

Abbey Theatre
Abbey St Lower. **Stadtplan** E2. 01 878 7222. **www**.abbeytheatre.ie

Bewley's Café Theatre
Bewley's Café, 78 Grafton St. **Stadtplan** D4. 01 679 5720. **www**. bewleyscafetheatre.com

Dublin Theatre Festival
44 Essex St East. **Stadtplan** C3. 01 677 8439. **www**. dublintheatrefestival.com

Gaiety Theatre
King St South. **Stadtplan** D4. 01 677 1717. **www**.gaietytheatre.com

Gate Theatre
Cavendish Row, Parnell Sq. **Stadtplan** D1. 01 874 4045. **www**.gate-theatre.ie

Grand Canal Theatre
Grand Canal Square, Docklands. 01 677 7999. **www**. grandcanaltheatre.ie

Olympia Theatre
Dame St. **Stadtplan** C3. 01 679 3323. **www**.olympia.ie

Project Arts Centre
39 East Essex St. **Stadtplan** C3. 01 881 9613. **www**.projectartscentre.ie

Samuel Beckett Theatre
Trinity College. **Stadtplan** E3. 01 896 1334. **www**.tcd.ie

Smock Alley Theatre
SS Michael & John's Church, Exchange St Lower, Temple Bar. **Stadtplan** C3. 01 679 9277. **www**.smockalley.com

Kino

Cineworld Cinemas
Parnell St. **Stadtplan** C2. 1520 880 444. **www**. cineworld.ie

Irish Film Institute
6 Eustace St, Temple Bar. **Stadtplan** C3. 01 679 5744. **www**.ifi.ie

The Lighthouse Cinema
Market Square, Smithfield. **Stadtplan** B2. 01 879 7601. **www**. lighthousecinema.ie

Screen
D'Olier St. **Stadtplan** D3. 01 672 5500. **www**.screencinema.ie

Temple Bar Cultural Events
www.templebar.ie

Klassische Musik, Oper und Tanz

Bank of Ireland Arts Centre
Bank of Ireland Arts Centre, Foster Place, College Green. **Stadtplan** D3. 01 671 1488. **www**.bankofireland.ie

Grand Canal Theatre
Grand Canal Square, Docklands. 01 677 7999. **www**. grandcanaltheatre.ie

Hugh Lane Gallery
Charlemont House, Parnell Sq North. **Stadtplan** C1. 01 222 5550. **www**.hughlane.ie

National Concert Hall
Earlsfort Terrace. **Stadtplan** D5. 01 417 0000. **www**.nch.ie

The O2
Link Bridge East, Wall Quay North. **Stadtplan** D1. 01 819 8888. **www**.theO2.com

Royal Dublin Society (RDS)
Ballsbridge. 01 668 0866. **www**.rds.ie

Royal Hospital Kilmainham
Military Lane, Kilmainham, Dublin 18. 01 612 9900. **www**.modernart.ie

Rock, Jazz, Blues und Country-Musik

The Academy
57 Abbey St. **Stadtplan** C2. 01 877 9999. **www**.theacademydublin. com

Button Factory
Curved St, Temple Bar. **Stadtplan** E4. 01 670 9202. **www**.buttonfactory.ie

Ha'penny Bridge Inn
42 Wellington Quay. **Stadtplan** C3. 01 677 0616.

International Bar
23 Wicklow St. **Stadtplan** D3. 01 677 9250. **www**.internationalbar. com

The Mezz
Eustace St, Temple Bar, Dublin 2. **Stadtplan** C3. 01 670 7655. **www**.mezz.ie

Slane Castle
Slane, Co Meath. 041 988 4400. **www**.slanecastle.ie

The Sugar Club
8 Lower Leeson St. **Stadtplan** E5. 01 678 7188. **www**.thesugarclub.com

The Workman's Club
10 Wellington Quay, Dublin 2. **Stadtplan** C3. 01 679 9114.

Whelan's
25 Wexford St. **Stadtplan** E4, C5. 01 478 0766. **www**.whelanslive.com

Traditionelle Musik

Auld Dubliner
Auld Dubliner, 24–25 Temple Bar. **Stadtplan** D3. 01 677 0527.

Cobblestone
77 King St North. **Stadtplan** A2. 01 872 1799. **www**.cobblestonepub.ie

Johnnie Fox's
Glencullen, Co Dublin. 01 295 5647. **www**.jfp.ie

AUF EINEN BLICK

Legends
Arlington Hotel Temple Bar, 16–18 Lord Edward St. **Stadtplan** C3.
01 670 8777. **www.**arlingtonhoteltemplebar.com

O'Donoghue's
15 Merrion Row.
Stadtplan E5.
01 660 7194.
www.odonoghues.ie

The Temple Bar
48 Temple Bar, Dublin 2.
01 672 5287.
www.thetemplebarpub.com

Pubs und Bars

4 Dame Lane
4 Dame Lane, Dublin 2.
Stadtplan C3.
01 679 0291.

Brazen Head
20 Lower Bridge St.
Stadtplan A3.
01 679 5186.
www.brazenhead.com

The Bull and Castle
5–7 Lord Edward St.
Stadtplan C3.
01 475 1122.
www.bullandcastle.ie

Café en Seine
40 Dawson St, Dublin 2.
Stadtplan D4.
01 677 4567.
www.capitalbars.com

Dakota
9 William St S, Dublin 2.
Stadtplan D4.
01 672 7690.
www.dakotabar.ie

Davy Byrne's
21 Duke St.
Stadtplan D4.
01 677 5217.
www.davybyrnes.com

Dice Bar
79 Queen St, Dublin 7.
Stadtplan A2.
01 872 8622.

Doheny & Nesbitt
5 Lower Baggot St.
Stadtplan E5.
01 676 2945.

Dublin Literary Pub Crawl
1 Suffolk St.
Stadtplan D3.
01 670 5602.
www.dublinpubcrawl.com

The Duke
9 Duke St.
Stadtplan D4.
01 679 9553.

The Globe
11 S Great George's St, Dublin 2.
Stadtplan C4.
01 671 1220.
www.globe.ie

Grand Central
Abbey St/O'Connell St, Dublin 1.
Stadtplan D2.
01 872 8662.

The Grave Diggers
Prospect Sq, Glasnevin, Dublin 9.
Stadtplan D1.

Grogan's
15 William St S, Dublin 2.
Stadtplan D4.
01 677 9320.
www.groganspub.ie

Kehoe's
9 Anne St South.
Stadtplan D4.
01 677 8312.

Long Hall
51 Great George's St S.
Stadtplan C4.
01 475 1590.

The Market Bar
14a Fade St, Dublin 2.
Stadtplan D4.
01 613 9094.
www.marketbar.ie

McDaid's
3 Harry St, bei Grafton St.
Stadtplan D4.
01 679 4395.
www.mcdaids.ie

Morgan Bar
The Morgan Hotel, 10 Fleet St, Dublin 2.
Stadtplan D3.
01 643 7000.
www.themorgan.com

Mulligan's
8 Poolbeg St.
Stadtplan E3.
01 677 5582.
www.mulligans.ie

Neary's
1 Chatham St.
Stadtplan D4.
01 677 8596.

Peter's Pub
1 Johnson's Place, Dublin 2.
Stadtplan D4.

Ron Black's
38 Dawson St, Dublin 2.
Stadtplan D4.
01 672 3231.
www.ronblacks.ie

Stag's Head
1 Dame Court, bei Dame Lane.
Stadtplan D3.
01 679 3687.

The Welcome Inn
13 Parnell St, Dublin 1.
Stadtplan D1.
01 874 3227.

Nachtclubs

The Academy
57 Middle Abbey St, Dublin 1.
Stadtplan C2.
01 877 9999.

Copper Face Jacks
29–30 Harcourt St.
Stadtplan D5.
01 475 8777.
www.jackson-court.ie

Crawdaddy
Harcourt St.
Stadtplan D5.
01 476 3374.
www.crawdaddy.ie

The Front Lounge
33–34 Parliament St.
Stadtplan C3.
01 670 4112.
www.thefrontlounge.ie

The George
89 Sth Great George's St.
Stadtplan C4.
01 478 2983.
www.thegeorge.ie

Howl at the Moon
718 Lower Mount St.
Stadtplan F4.
01 634 5460.
www.howlatthemoon.ie

Joy's
Baggot St, Dublin 2.
Stadtplan F5.
01 676 6729.
www.joysniteclub.com

Krystle
Harcourt St, Dublin 2.
Stadtplan D5. **www.**krystlenightclub.com

Lillie's Bordello
Adam Court, bei Grafton St.
Stadtplan D4.
01 679 9204.
www.lilliesbordello.ie

POD, Lobby Bar
Harcourt St.
Stadtplan D5.
01 476 3374.
www.pod.ie

Ri-Ra
Great George's St South, Dublin 2.
Stadtplan E3.
01 671 1220.
www.rira.ie

The Grand Social
35 Lower Liffey St, Dublin 1.
Stadtplan D3.
01 874 0076.
www.thegrandsocial.ie

Tripod
Harcourt St, Dublin 2.
Stadtplan D5.
01 476 3374.
www.pod.ie

Twisted Pepper
54 Middle Abbey St.
Stadtplan D2.
01 873 4038.
www.bodytonicmusic.com

Stadtplan Dublin *siehe Seiten 116–119*

Highlights: Unterhaltung

An einem Abend in Dublin kann man eine Menge unternehmen. Es gibt eine große Anzahl sehr guter Lokale, die nahe beieinanderliegen – viele davon sind im Temple-Bar-Viertel. Die Stadt hat für jeden Geschmack und Geldbeutel etwas zu bieten: Weltklasse-Theater, exzellente Konzerte, Szenetreffs und gemütliche Lokale mit traditioneller, Country-, Jazz- oder Rockmusik. Selbst wenn Sie keine besondere Veranstaltung besuchen möchten – die zahllosen Pubs bieten reichlich Abwechslung.

Gate Theatre
Das Gate spielt ausländische Stücke und irische Klassiker wie Sean O'Caseys Juno and the Peacock (siehe S. 90).

Stag's Head
Das herrliche viktorianische Pub mit seiner langen Mahagonibar hat noch heute seine alten Spiegel und seine Bleiglasdekoration (siehe S. 110).

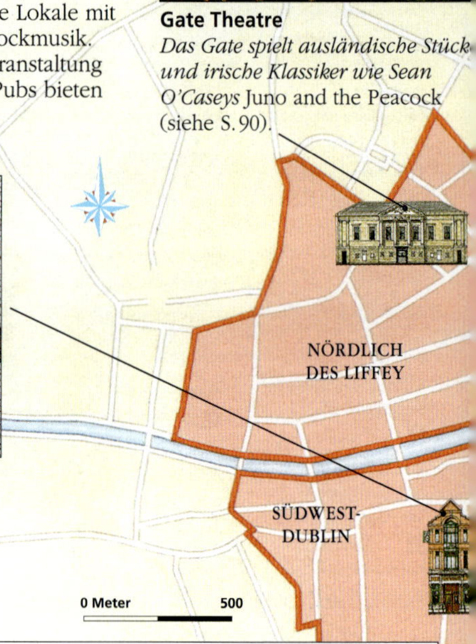

Temple-Bar-Viertel

Um alles zu erkunden, was diese engen Straßen bieten, braucht man ein paar Abende. Hier liegen viele der besten »bezahlbaren« Restaurants der Stadt: Neben traditionellen Pubs mit »Fiedelmusik« findet man moderne Bars, Theater sowie das Irische Filmzentrum (Irish Film Institute). Clubs bieten Sounds von Country bis zu den aktuellsten Hits aus den Musikcharts.

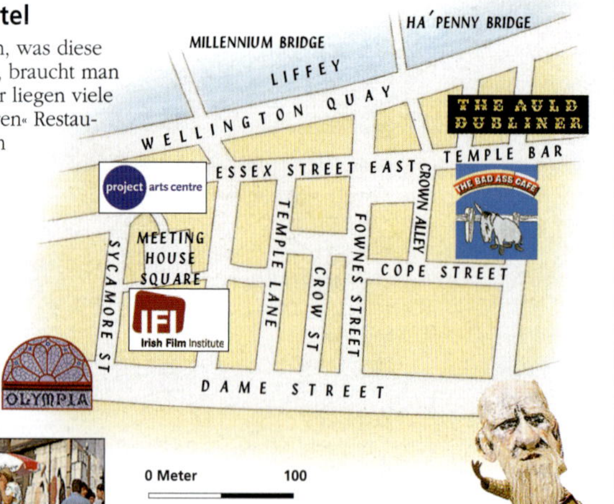

Anstehen für ein Konzert in Temple Bar

Straßentheater gehört im Sommer in Temple Bar zum Straßenbild. Dieser Schauspieler hat sich eine George-Bernard-Shaw-Maske übergezogen.

Abbey Theatre
Trotz finanzieller Schwierigkeiten bringt das angesehene Irische Nationaltheater stets überzeugende Stücke wie Oscar Wildes An Ideal Husband *auf die Bühne* (siehe S. 88).

The O2
Die erste Live-Musik-Adresse befindet sich mitten im Hafenviertel. Die speziell auf Konzerte ausgerichtete Arena bietet von jedem Platz aus gute Sicht und eine tolle Akustik, sodass jeder Besuch zu einem besonderen Erlebnis wird (siehe S. 109).

McDaid's
Der Dramatiker Brendan Behan (siehe S. 23) *trank in diesem 1779 eröffneten Pub so manches Bier. Obwohl ein Besuchermagnet, bewahrt das McDaid's seinen Boheme-Charme und bietet in seinen beiden Bars Raum für einen entspannten Umtrunk* (siehe S. 110f).

National Concert Hall
Irlands führender Musikveranstaltungsort bietet eine interessante Bandbreite von Auftritten nationaler und internationaler Künstler, von traditioneller Musik bis Oper sowie von Klassik bis Jazz. Das heimische RTÉ National Symphony spielt einmal in der Woche (siehe S. 109).

Stadtplan

LEGENDE

- Hauptsehenswürdigkeit
- Sehenswürdigkeit
- Bahnhof
- DART-Station
- Luas-Haltestelle
- Bushaltestelle
- Busbahnhof
- Taxi
- Parken
- Information
- Krankenhaus m. Notaufnahme
- Polizei
- Kirche
- Post
- Eisenbahn
- Fußgängerzone

0 Meter 200

1:11 500

Abkürzungen im Stadtplan

Ave	Avenue	**E**	East	**Pde**	Parade	**Sth**	South
Br	Bridge	**La**	Lane	**Pl**	Place	**Tce**	Terrace
Cl	Close	**Lr**	Lower	**Rd**	Road	**Up**	Upper
Ct	Court	**Nth**	North	**St**	Street/Saint	**W**	West

A
B
C
1
2
3
4
5
GRANGEGORMAN UPPER
KIRWAN STREET
STANHOPE STREET
FOUNTAIN PLACE
STONEY BATTER
BRUNSWICK STREET NORTH
GEORGE'S LA
KING STREET
BROWN ST NTH
MORNING STAR AVE
PHIBSBOROUGH RD
CONSTITUTION HILL
CHURCH ST UPPER
KING'S INNS PARK
King's Inns
TEMPLE COTTAGES
DOMINICK STREET UPPER
PALMERSTON PL
MOUNTJOY ST MIDDLE
WESTERN WAY
MOUNTJOY ST
HENRIETTA LANE
HENRIETTA STREET
HENRIETTA PLACE
PREBEND STREET
LINENHALL TCE
LINENHALL PDE
COLERAINE ST
LISBURN ST
LINENHALL STREET
LURGAN STREET
BOLTON STREET
ST MARY'S TCE
DORSET ST UPPER
National Wax Museum
Dublin Writers Museum
Hugh Lane Municipal Gallery of Modern Art
GARDEN OF REMEMBRANCE
GRANBY ROW
GRANBY LANE
PARNELL SQUARE
DOMINICK PLACE
DOMINICK STREET LOWER
DOMINICK LANE
KING'S INNS STREET
LOFTUS LANE
PARNELL STREET
CHAPEL LANE
RYDER'S ROW
CAPEL STREET
WOLFE TONE STREET
JERVIS STREET
MARY STREET
St Mary's Church
WOLFE TONE PARK
National Leprechaun Museum
ABBEY STREET UPPER
BYRNE'S LANE
JERVIS LANE UP
JERVIS LANE LR
St Mary's Abbey Exhibition
MEETINGHOUSE LANE
ANGLESEA ROW
MARY ST LITTLE
BRITAIN ST
LITTLE BRITAIN ST
GREEN STREET
LITTLEGREEN ST
HALSTON STREET
GEORGE'S HILL
BALL'S LA
ANNE STREET NORTH
BERESFORD STREET
STIRRUP LA
NEW ST NTH
CHURCH TCE
FATHER MATHEW SQUARE
CUCKOO LANE
CHURCH AVE W
MARY'S LANE
MAY LANE
GREEK STREET
ST MICHAN'S ST
ARRAN STREET EAST
MARY'S ABBEY
CHURCH STREET
NORTH
BOW STREET
FRIARY AVENUE
SMITHFIELD
BLACKHALL PDE
ST PAUL STREET
BLACKHALL ST
BLACKHALL PL
OXMANTOWN LA
HENDRICK LANE
HENDRICK STREET
QUEEN STREET
HAYMARKET
CHURCH ST NEW
Old Jameson Distillery
St Michan's Church
JOHN ST NTH
BENBURB STREET
COKE LA
PHOENIX ST NTH
STABLE LA
HAMMOND LANE
CHANCERY STREET
CHARLES ST W
CHANCERY PL
Four Courts
ORMOND SQUARE
STRAND ST
STRAND STREET
SWIFT'S ROW
LITTLE
ORMOND QUAY
Millennium Bridge
ELLIS QUAY
Mellowes Bridge
USHER'S ISLAND
ARRAN QUAY
Liffey
USHER'S QUAY
INNS QUAY
ORMOND QUAY UPPER
Grattan Bridge
WELLINGTON QUAY
Father Mathew Bridge
O'Donovan Rossa Bridge
ESSEX QUAY
ISLAND STREET
USHER STREET
ST AUGUSTINE STREET
BRIDGE ST LOWER
MERCHANT'S QUAY
WOOD QUAY
WINETAVERN STREET
EXCHANGE ST LOWER
ESSEX STREET WEST
ESSEX STREET EAST
COWS LANE
EXCHANGE ST UP
COPPER ALLEY
FISHAMBLE ST
PARLIAMENT ST
CRANE LA
SYCAMORE ST
MEETING HOUSE SQUARE
EUSTACE ST
CURVED ST
TEMPLE
BONHAM ST
BRIDGEFOOT STREET
MARSHALL LANE
OLIVER BOND STREET
COOK STREET
St Audoen's Church
SCHOOLHOUSE LANE W
ST MICHAEL'S CL
BORRIS CT
Christ Church Cathedral
JOHN'S LA EAST
LORD EDWARD ST
CORK HILL
City Hall
DAME STREET
DAME LANE
Dublin Castle
BRIDGE ST UPPER
JOHN'S LANE WEST
HIGH STREET
BACK LANE
Tailors' Hall
Dublinia
CHRISTCHURCH PL
CASTLE STREET
CASTLE STEPS
WERBURGH ST
St Werburgh's Church
SHIP ST LITTLE
SHIP STREET GREAT
SOUTH GREAT GEORGE'S ST
FADE ST
THOMAS STREET WEST
THOMAS CT
ST CATHEDRAL LANE EAST
HANBURY LANE
THOMAS COURT LANE
EARL STREET SOUTH
MEATH STREET
VICAR STREET
FRANCIS STREET
LAMB ALLEY
J DILLON STREET
JOHN DILLON STREET
DEAN SWIFT SQ
SWIFT'S ALLEY
THOMAS DAVIS ST STH
NICHOLAS STREET
ROSS ROAD
BRIDE ROAD
BRIDE STREET
CHANCERY LANE
STEPHEN ST UPPER
STEPHEN ST LOWER
LONGFORD ST GREAT
LONGFORD ST LITTLE
DIGGES LANE
BOW LANE
GOLDEN LANE
WHITEFRIAR ST
Whitefriar Street Carmelite Church
WHITEFRIAR PLACE
WOOD ST
AUNGIER STREET
YORK
MEATH PLACE
GARDEN LANE
ASH STREET
CARMAN'S HALL
HANOVER STREET
HANOVER LANE
BULL ALLEY STREET
ST PATRICK'S PARK
St Patrick's Cathedral
Adelaide Hospital
PETER STREET
PETER ROW
PIMLICO
REGINALD STREET
GRAY STREET
MARK'S ALLEY W
BRAITHWAITE ST
POOLE ST
THE COOMBE
BRABAZON STREET
COOMBE COURT
PATRICK ST
DEAN ST
ST PATRICK'S CLOSE
Marsh's Library
JOHN STREET SOUTH
WATKINS BUILDINGS
WEAVERS STREET
ARDEE STREET
ARDEE ROW
CORK STREET
BRABAZON ROW
NEW MARKET
NEW ROW SOUTH
WARDS HILL
NEW STREET SOUTH
KEVIN STREET UPPER
CATHEDRAL LA
CATHEDRAL VIEW CT
BISHOP STREET
KEVIN STREET LOWER
AUNGIER PL
DIGGES ST UP
MERCER STREET
REDMOND'S HILL
WEXFORD ST
CUFFE STREET
CHURCH LANE S
LIBERTY LANE
MONTAGUE PL
ORMOND ST
WEAVER'S SQUARE
CHAMBER STREET
OSCAR SQUARE
MILL STREET
FUMBALLY LANE
BLACKPITTS
CLARENCE MANGAN ROAD
BROWN ST SOUTH
O'CURRY AVE
O'CAROLAN RD
O'CURRY ROAD
ST THOMAS ROAD
GEOFFREY KEATING ROAD
EBENEZER TERRACE
SUSAN TERRACE
DONORE RD
MICHAEL'S TCE
HAMMOND ST
MALPAS STREET
ST KEVIN'S AVE
WILLIAM'S PL STH
CLANBRASSIL ST LR
LONG LANE
Meath Hospital
HEYTESBURY ST
CAMDEN ROW
PLEASANTS STREET
CAMDEN ST LR
CAMDEN PLACE

D
E
F
1
2
3
4
5
Hill Street
Temple Lane Nth
Gardiner St Middle
Summer Hill
Gloucester Place
Bella Street
Bella Place
Rutland St Lr
Seville Terrace
Seville Pl
Killarney Street
North Great George's Street
Rutland Place
James Joyce Cultural Centre
Parnell Pl
Rutland Place
Parnell Street
Britain Pl
Cumberland St North
Diamond Park
Gloucester Pl
Gloucester Diamond
Sean Mac Dermott Street Lower
Buckingham St Lower
Beaver St
Preston St
Railway Street
Diamond Park
Strong's Court
Sean MacDermott St Up
Gardiner Street Lower
Rotunda Hospital
Cathal Brugha St
Thomas's Lane
Moore Lane
O'Connell St Upper
St Mary's Pro-Cathedral
Tyrone House
Marlborough Street
Mabbot Lane
Corporation Street
Liberty Park
Foley Street
Amiens Street
Connolly
Sheriff Street Lower
Oriel St Up
O'Rahilly Parade
Cathedral St
Talbot Street
Talbot Place
Inner Dock
Beresford Lane
French-man's Lane
Store Street
Busáras
Henry Pl
Henry Street
Earl St Nth
Earl Place
Mayor Street Lower
Commons
George's Dock
General Post Office
Prince's Street North
O'Connell St Lower
Sackville Pl
Abbey Street Lower
Beresford Pl
Custom House
Memorial Rd
Abbey Theatre
Abbey Street Old
Abbey Street Middle
William's Row
Harbour Ct
Eden Quay
Butt Bridge
Custom House Quay
North Wall Quay
Matt Talbot Memorial Bridge
Sean O'Casey Bridge
Liffey
Lotts
Litton Lane
O'Connell Bridge
Burgh Quay
George's Quay
City Quay
Bachelors Walk
Liffey
Ha'penny Bridge
Aston Quay
Aston Pl
Adair Lane
Price's Lane
Westmoreland St
D'Olier St
Hawkins Street
Poolbeg Street
Tara Street
Luke Street
Moss Street
Tara Street
Rath Row
Gloucester Street South
Bracken's Lane
Prince's Street South
Dowlings Court
Peterson's Court
Creighton Street
Windmill Lane
Fleet Street
Townsend Street
Lombard Street East
Hanover Street East
Asdill's Row
Bedford Row
Crown Alley
Cope Street
National Wax Museum Plus
Anglesea Street
Foster Pl
Bank of Ireland
College Street
Pearse Street
Spring Gdn La
Shaw St
Mark Street
Mark's Lane
Magennis Place
Sandwith Street Lower
Erne Pl Lr
College Green
Trinity St
St Andrew's St
Suffolk Street
Trinity College
College Lane
Westland Row
Pearse
Erne Tce Front
Wicklow St
Nassau Street
Cumberland St South
Boyne Street
Bass Place
Sandwith St Upper
Erne Street Upper
Powerscourt Townhouse
Clarendon St
St Teresa's Church
Johnson Ct
Duke Street
Duke Lane
Dawson Street
Dawson Lane
Frederick St South
Setanta Place
Kildare Street
Heraldic Museum
Leinster St Sth
Lincoln Place
Clare Street
Clare La
Fenian Street
Denzille Lane
Hogan Place
Holles Street
Lemon Street
Anne St South
Molesworth Street
National Gallery
National Library
Merrion St Lr
Merrion Sq W
Merrion Square North
Holles Place
Holles Row
Chatham Row
Chatham St
Grafton Street
Anne's Lane
St Ann's Church
Molesworth Place
Schoolhouse La
Leinster House
Natural History Museum
Merrion Square
Mansion House
National Museum of Ireland – Archaeology
King Street South
St Stephen's Green North
Shelbourne Hotel
Government Buildings
Merrion St Up
Merrion Square South
Merrion Sq E
Mount St Lr
Grant's Row
Stephen's Place
Stephen's La
St Stephen's Green West
St Stephen's Green
Merrion Row
Fitzwilliam Lane
Baggot Rath Place
Hume Street
Ely Place
Fitzwilliam St Lr
Mount Street Upper
St Stephen's Green East
Bell's La
Pembroke Street Lr
Baggot Street Lower
James's Street East
James's Place
St Stephen's Green South
Stokes Pl
Newman House
Royal Hibernian Academy
Windsor Place
Pembroke Lane
Baggot Ct
Fitzwilliam St Up
Herbert Street
Convent Cl
Herbert La
Iveagh House
Harcourt St
Clonmel St
Iveagh Gardens
Earlsfort Tce
Leeson St Lr
Leeson Lane
Quinn's Lane
Fitzwilliam Sq W
Fitzwilliam Square Nth
Fitzwilliam Square
Lad Lane
Hagan's Ct
Pembroke Row
Ard Street
Cope Street
Chequer St
Castle Market
Dame St South
Mercer St
Cover's Alley
College of Surgeons

Coffee Shop
Specialising in
HOMEMADE FOOD
HOT & COLD SNACKS
PADDY
BAWN
BROSNAN'S
BAR
PADDY
BROSNANS
LOUNGE

Die Regionen Irlands

Irland im Überblick

Die irische Atlantikküste – von den zerklüfteten Landstrichen bei Cork und Kerry bis zu den abgelegenen Halbinseln des Nordwestens – ist äußerst anziehend. Doch reizvoll ist auch das Landesinnere mit grünen Tälern, dunklen Mooren und stillen Loughs (Seen). Fast überall gibt es historische Sehenswürdigkeiten: die weltberühmten neolithischen Fundstätten in den Midlands, normannische Burgen im Norden und palladianische Landsitze im Südosten.

Yeats Country *ist eine eng mit W. B. Yeats verbundene, hübsche Gegend des County Sligo. Der Dichter kam hier zur Welt und ist am Fuß der Ben-Bulben's-Berge begraben* (siehe S. 232f).

Im Connemara National Park *im County Galway gibt es herrliche Berg-, Seen- und Küstenlandschaften. In den ausgedehnten Sümpfen und Mooren leben zahlreiche Tierarten und seltene Pflanzen* (siehe S. 208).

Bunratty Castle ***(siehe S. 192f)***

Der Rock von Cashel, *eine befestigte mittelalterliche Abtei, thront auf freiliegendem Kalkgestein im Herzen des County Tipperary. Man findet hier einige der schönsten romanischen Skulpturen Irlands* (siehe S. 196f).

Bantry House ***(siehe S. 168f)***

Die Lakes of Killarney *werden von den grünen, bewaldeten Hängen einiger der höchsten Berge Irlands gesäumt. Sie sind die Hauptattraktion im Südwesten der Insel* (siehe S. 162f).

◁ **Die farbenfrohe High Street in Dingle *(siehe S. 157)***

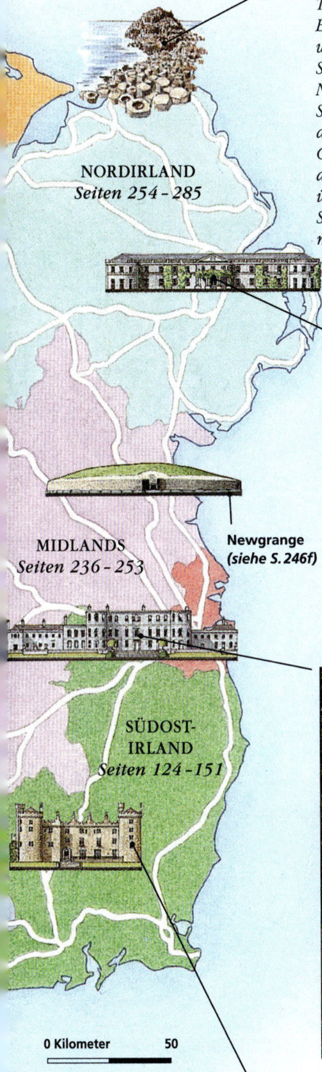

The Giant's Causeway, *eine Formation aus mehreren Tausend polyedrischen Basaltsäulen, ist die wohl interessanteste Sehenswürdigkeit Nordirlands. Einer Sage nach platzierte der Riese Finn MacCool die Felsen, um auf diese Weise übers Meer nach Schottland zu kommen* (siehe S. 262f).

Mount Stewart House, *ein Herrenhaus aus dem 19. Jahrhundert, ist vor allem für seinen erst in den 1920er Jahren angelegten herrlichen Park bekannt. Das warme Mikroklima in diesem Teil des County ließ eine bunte Ansammlung exotischer Pflanzen heranwachsen* (siehe S. 282f).

Powerscourt, *ein wundervoll gelegenes großes Anwesen am Fuß der Wicklow Mountains, ist von einem der letzten großen barocken Gärten Europas umgeben. Es wurde nach 1730 angelegt und im 19. Jahrhundert restauriert* (siehe S. 134f).

Kilkenny Castle *war jahrhundertelang ein Bollwerk der Butler-Dynastie, die im Mittelalter einen Großteil Südost-Irlands kontrollierte. Die riesige normannische Festung wurde in viktorianischer Zeit umgebaut und beherrscht noch heute Kilkenny, eine der historisch interessantesten und hübschesten Städte Irlands* (siehe S. 142f).

Südost-Irland

Kildare · Wicklow · Carlow · Kilkenny
Waterford · Wexford

Der Südosten der Insel ist mit dem wärmsten Klima gesegnet und hat von jeher Siedler angezogen. Die sanft gewellte Landschaft mit ihrem fruchtbaren Ackerland, den imposanten mittelalterlichen Burgen und den Landsitzen, die den Eindruck von Wohlstand vermitteln, ist seit vielen Jahrhunderten Kulturland.

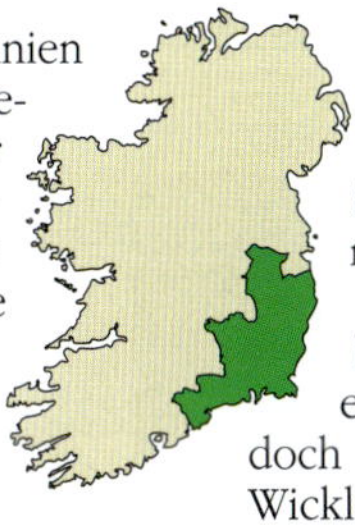

Die Nähe zu Großbritannien machte den Südosten wiederholt zum Einfallstor für Invasoren. Im 9. Jahrhundert fielen die Wikinger ein und gründeten einige der ältesten Städte Irlands, darunter Waterford und Wexford. Im Jahr 1169 kamen die Anglo-Normannen *(siehe S. 36f)* und bestimmten die Entwicklung der Region in der folgenden Zeit.

Wegen seiner strategischen Bedeutung wurde der Südosten meist von der englischen Krone ergebenen Lords sorgfältig geschützt. Die Überreste ihrer imposanten Burgen bezeugen die Macht der Fitzgeralds von Kildare und der Butlers von Kilkenny, die den Südosten während des Mittelalters gemeinsam kontrollierten. Der englische Einfluss war hier stärker als im übrigen Irland. Ab dem 18. Jahrhundert zogen reiche anglo-irische Familien in die Region und bauten schöne Herrenhäuser wie die palladianischen Meisterwerke Russborough und Castletown. Die englische Herrschaft wurde jedoch nicht überall akzeptiert. Die Wicklow Mountains dienten vielen Gegnern der Krone als Zuflucht, so auch denjenigen Rebellen, die 1798 nach einer Schlacht gegen die Engländer bei der Stadt Enniscorthy fliehen mussten *(siehe S. 41)*.

Anders als das flache Grasland, das sich von Kildare Richtung Westen erstreckt, ist die Bergregion in Irlands Südosten noch eine richtige Wildnis. Im Osten reihen sich an der Küste zwischen Dublin und Rosslare im County Wexford die Sandstrände fast lückenlos aneinander.

Traditionelle strohgedeckte Häuser in Dunmore East, County Wexford

◁ **Treppenhaus mit Stuckarbeiten aus dem 18. Jahrhundert, Castletown House, County Kildare** ***(siehe S. 130f)***

Überblick: Südost-Irland

Der Südosten hat für jeden etwas zu bieten, von belebten Seebädern bis zu malerischen Kanaldörfern, normannischen Abteien und Vogelreservaten. Die mit bedeutenden Sehenswürdigkeiten, etwa dem Kloster Glendalough und den herrlichen Parks von Powerscourt, bestückten Wicklow Mountains sind ein ideales Reise- und Wandergebiet. Weiter südlich führen die schönsten Routen durch die Flusstäler von Slaney, Barrow und Nore mit historischen Häfen wie New Ross. Von hier aus kann man die Wasserwege der Umgebung per Boot erkunden. An der Südküste, die abwechslungsreicher ist als die östlichen Küstenregionen, wechseln Strände mit Felsformationen ab, die stillen Küstendörfer bieten sich als Alternative zu den Städten Waterford und Wexford an. Weiter landeinwärts liegen Lismore und Kilkenny – Letzteres eine der schönsten historischen Städte Irlands.

Graiguenamanagh am Barrow nördlich von New Ross

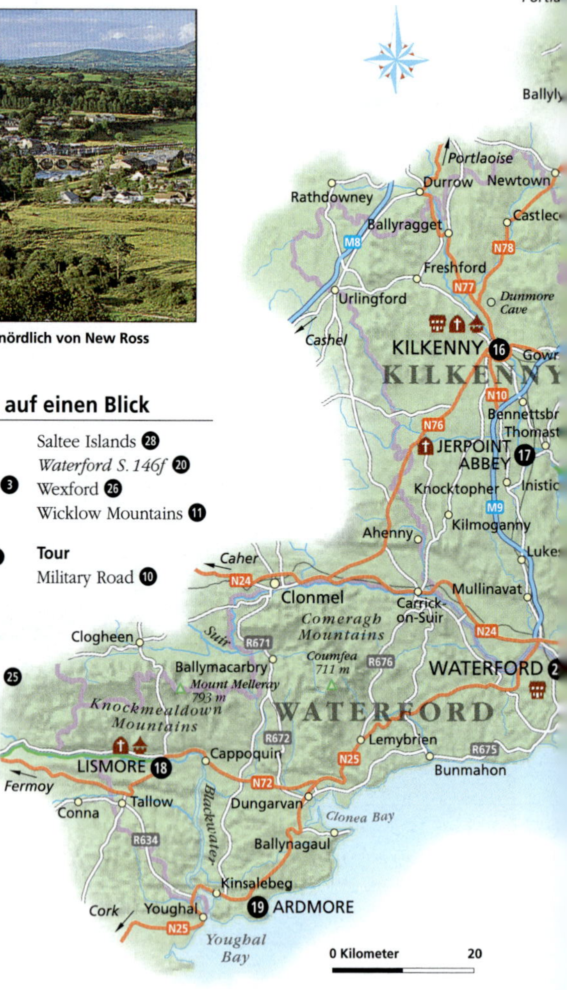

Sehenswürdigkeiten auf einen Blick

Ardmore 19
Avondale House 14
Bog of Allen Nature Centre 3
Bray 8
Brownshill Dolmen 15
Castletown House S. 130f 1
Dunmore East 21
Enniscorthy 24
Glendalough 13
Hook Peninsula 22
Irish National Heritage Park 25
Jerpoint Abbey 17
Johnstown Castle 27
Kildare 5
Kilkenny S. 142–144 16
Killruddery House 9
Lismore 18
Monasterevin 4
Mount Usher Gardens 12
New Ross 23
Powerscourt S. 134f 7
Robertstown 2
Rosslare 29
Russborough House 6
Saltee Islands 28
Waterford S. 146f 20
Wexford 26
Wicklow Mountains 11

Tour

Military Road 10

Geflügeltes Pferd (19. Jh.) in Powerscourt

In Südost-Irland unterwegs

Die Nationalstraßen N11, N9 und N7 verbinden Dublin mit Wexford, Waterford und Kildare. Die Bahn bedient diese Strecken ebenfalls: Die Städte der Ostküste liegen an der Route Dublin–Rosslare. Auch Kildare und Kilkenny sind gut angebunden. Zur Erkundung der Südküste benötigen Sie ein Auto. Zwischen Waterford und Wexford kann man die Passage-East-Ballyhack-Fähre nehmen.

LEGENDE

- Autobahn
- Schnellstraße
- Hauptstraße
- Nebenstraße
- Panoramastraße
- Eisenbahn (Hauptstrecke)
- Eisenbahn (Nebenstrecke)
- County-Grenze
- Gipfel

Seebad Bray an der Ostküste

SIEHE AUCH

- ***Hotels*** S. 299–302
- ***Restaurants*** S. 328–331 und S. 346f

Castletown House ❶

Siehe Seiten 130f.

Robertstown ❷

Straßenkarte D4. Co Kildare. *650.*

Der Ort Robertstown liegt zehn Schleusen von Dublin entfernt am Grand Canal. Lagerschuppen und Häuschen aus dem 19. Jahrhundert prägen die Stadt am Kanal. Bis in die 1960er Jahre fuhren hier noch Frachtkähne, heute legen nur noch Ausflugsboote an. Das im Jahr 1801 erbaute Robertstown Hotel dient noch immer als Veranstaltungsort für Feste.

Nahe Sallins, rund acht Kilometer östlich von Robertstown, führt das 1783 gebaute imposante **Leinster-Aquädukt** den Kanal über den Liffey.

Robertstown Hotel in der gleichnamigen Ortschaft

Bog of Allen Nature Centre ❸

Straßenkarte D4. Lullymore, Co Kildare. *045 860 133.* *nach Newbridge.* *nach Allenwood.* *Mo–Fr 10–16 Uhr.* *teilweise.* **www**.ipcc.ie

Wer sich für die Geschichte der irischen Moore interessiert, sollte das Naturzentrum besuchen (in einer Farm in Lullymore, neun Kilometer nordöstlich von Rathangan). Peatland World ist das Herz des Bog of Allen, eines Hochmoors *(siehe S. 252)*, das sich in den Countys Offaly, Laois und Kildare erstreckt. Die Ausstellung zeigt Tiere und Pflanzen sowie archäologische Funde. Vorab gebuchte Führungen machen die Besucher mit dem empfindlichen Ökosystem des Moors bekannt.

Torf zum Heizen wird gestochen

Monasterevin ❹

Straßenkarte D4. Co Kildare. *3000.*

Die georgianische Marktstadt liegt an der Kreuzung des Grand Canal mit dem Fluss Barrow westlich von Kildare. Der Kanal machte die Stadt im 18. Jahrhundert reich. Heute werden die Schleusen nur noch selten benutzt. Sehenswert in Monasterevin ist das Aquädukt, ein wahres Meisterwerk des Kanalbaus.

Die **Moore Abbey**, gleich neben der Kirche, entstand im 18. Jahrhundert auf dem Gelände eines älteren Stifts. Im 19. Jahrhundert wurde das Gebäude erheblich umgestaltet. In den 1920er Jahren wohnte der Tenor John McCormack *(siehe S. 24)* in dem einstigen Stammsitz der Earls of Drogheda. Heute dient das Gebäude als Krankenhaus.

Kildare ❺

Straßenkarte D4. Co Kildare. *7500.* *Market House (045 521 240).* *Do.* **www**.kildare.ie

Das charmante Kildare wird von der **St Brigid's Cathedral** überragt, deren Schutzheilige 480 an dieser Stelle eine religiöse Gemeinschaft gründete. Hier lebten Mönche und Nonnen unter einem Dach, doch das war nicht die einzige unorthodoxe Gepflogenheit der Gemeinschaft. Heidnische Riten, beispielsweise das Abbrennen eines »ewigen« Feuers, wurden bis ins 16. Jahrhundert kultiviert. Das Feuerloch ist ebenso erhalten wie der höchste in Irland zu besteigende Rundturm aus

St Brigid's Cathedral und der dachlose Rundturm in Kildare

Japanische Gärten in Tully bei Kildare

dem 12. Jahrhundert. Die Kathedrale wurde in viktorianischer Zeit umgebaut – in Anlehnung an die Entwürfe des 13. Jahrhunderts.

St Brigid's Cathedral
Market Square. 085 120 5920.
Mai–Sep: tägl. **Spende.**

Umgebung: Kildare liegt im Land der Pferderennen: Der Rennplatz Curragh ist in der Nähe, überall findet man Rennställe. Im nordöstlich gelegenen Kill werden Vollblüter versteigert.

Gleich südlich von Kildare, in Tully, befindet sich das **National Stud**, ein halbstaatliches Zuchtgestüt, das 1900 von dem exzentrischen anglo-irischen Oberst William Hall-Walker gegründet wurde. Er taxierte den Wert seiner Fohlen nach ihrem Horoskop. Dachfenster in den Stallungen sollten die Pferde in den Genuss des Sonnen- und Mondlichts bringen. 1915 vermachte er das Gestüt der Krone und erhielt zum Dank den Titel eines Lord Wavertree.

Besucher des 400-Hektar-Anwesens können beim Training der Pferde zuschauen. Die Stuten werden normalerweise von den Hengsten getrennt gehalten, ein »Animier«-Hengst testet die Paarungsbereitschaft der Stuten. Die Zuchthengste decken mehr als 100 Stuten pro Saison. Das Gestüt hat eine Sattlerei, eine Schmiede sowie ein Museum in einem alten Stall, das über die Bedeutung des Pferdes in der irischen Geschichte informiert. Eines der Exponate ist das Skelett des in den 1960er Jahren berühmten Springers *Arkle*.

Das Gestüt teilt sich das Anwesen mit den von Lord Wavertree auf dem Höhepunkt des edwardianischen Orient-Faibles geschaffenen **Japanischen Gärten** und dem **St Fiachra's Garden**. Den Park legte der japanische Landschaftsgärtner Tassa Eida 1906–10 mithilfe seines Sohns Minoru und 40 Mitarbeitern an. Zum Baum- und Strauchbestand gehören Maulbeer-, Ahorn- und Kirschbäume, Bonsais und Bambusarten. Die Gärten beschreiben allegorisch den Weg von der Wiege zum Grab: Am Beginn tritt das Leben aus dem Tor des Vergessens, am Ende steht das »Tor zur Ewigkeit«, ein Zen-Steingarten. Zum St Fiachra's Garden (1,6 ha) gehören Wald, Feuchtgebiete, Seen und Inseln sowie ein Garten mit Waterford-Kristall.

National Stud, Japanische Gärten und St Fiachra's Garden
Tully. *045 521617.*
Mitte Feb–Okt: tägl. 9.30–17 Uhr; Nov: 9.30–16 Uhr.
Dez–Mitte Feb.
nur National Stud.
www.irishnationalstud.ie

Pferderennen in Irland

Irland hat eine ausgeprägte Rennkultur. Weil diese Sportart nicht als elitär gilt, erfreuen sich alle daran. Eines der Zentren für Vollblutzucht liegt bei Curragh: eine 2000 Hektar große, zaunlose Grasebene im County Kildare. In der Gegend gibt es viele Gestüte und Trainingszentren. Jeden Morgen kann man Pferde in den verschiedenen Gangarten beobachten. Die meisten irischen Galopprennen, so auch das Irish Derby, werden auf dem Rennplatz von Curragh östlich von Kildare ausgetragen. Berühmt sind aber auch die Veranstaltungen im nahen Punchestown – vor allem das Hindernisrennen im April/Mai – und in Leopardstown, wo gleichfalls große Hindernisrennen stattfinden *(siehe S. 28f)*.

Auf der Zielgeraden beim Rennen in Curragh

Castletown House ❶

Conolly-Wappen an einem Stuhl

Castletown House wurde 1722–29 für William Conolly, den Sprecher des irischen Parlaments, erbaut. Die Fassade, eine Arbeit des Florentiner Architekten Alessandro Galilei, war das erste Beispiel des palladianischen Stils auf der Insel. Die herrliche Innenausstattung datiert aus der zweiten Hälfte des 18. Jahrhunderts. Sie wurde von Lady Louisa Lennox, der Frau von William Conollys Großneffen Tom, der ab 1759 hier wohnte, in Auftrag gegeben. Bis 1965 war Castletown in Familienbesitz, dann übernahm es die Irish Georgian Society. Nun ist es in Staatsbesitz und öffentlich zugänglich.

★ Long Gallery
Friese (um 1720) zieren den Raum. Die Nischen (1770) sind im pompejischen Stil gestaltet.

Roter Salon
Der Raum bekam seinen Namen von dem (wohl französischen) roten Damast (um 1820), der die Wände bedeckt. Der kostbare Mahagonisekretär wurde um 1760 für Lady Louisa angefertigt.

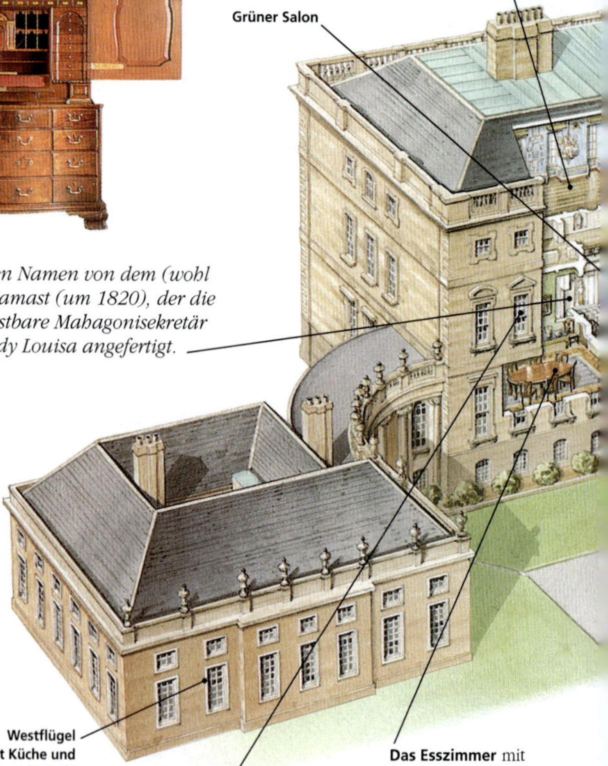

Grüner Salon

Westflügel mit Küche und Besuchercafé

Das Esszimmer mit einer prachtvollen Kassettendecke entwarf Isaac Ware.

Wandgemälde im Boudoir
Die aus der Long Gallery hierher verbrachten dekorativen Paneele sind von der Raffael-Loggia im Vatikan inspiriert.

★ Print Room
In dem einzigen noch erhaltenen Grafikkabinett Irlands widmete sich Lady Louisa italienischen Stichen. Im 18. Jahrhundert pflegten die Damen Drucke direkt an die Wand zu applizieren und mit kunstvollen Girlanden zu rahmen.

INFOBOX

Straßenkarte D4. Celbridge, Co Kildare. *01 628 8252.*
67, 67A von Dublin.
Mitte März–Ende Okt: Di–So 10–18 Uhr (letzter Einlass 16.45 Uhr). *teilweise.*
obligatorisch.
Sommerkonzerte.
www.castletown.ie

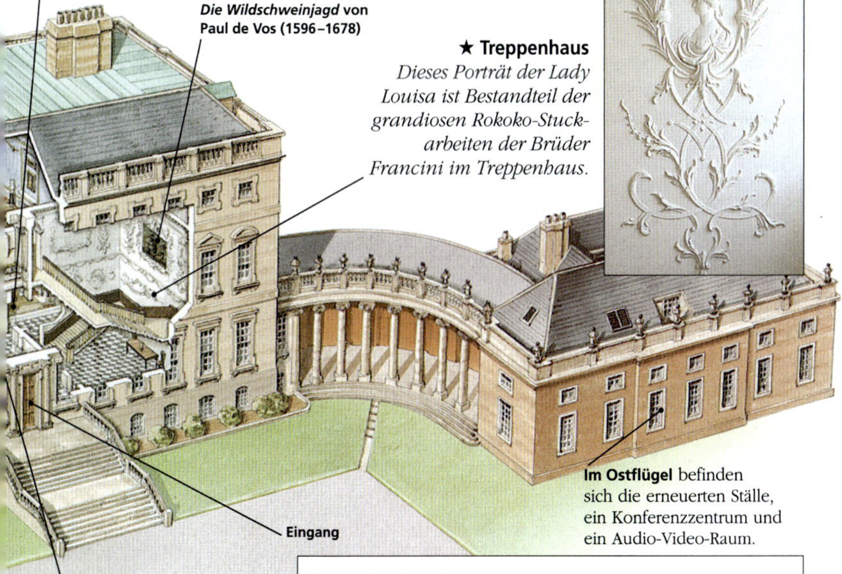

***Die Wildschweinjagd* von Paul de Vos (1596–1678)**

★ Treppenhaus
Dieses Porträt der Lady Louisa ist Bestandteil der grandiosen Rokoko-Stuckarbeiten der Brüder Francini im Treppenhaus.

Im Ostflügel befinden sich die erneuerten Ställe, ein Konferenzzentrum und ein Audio-Video-Raum.

Eingang

Die Eingangshalle ist ein streng klassizistischer Raum. Herausragend sind die Verzierungen an den Pilastern der oberen Galerie.

NICHT VERSÄUMEN

- ★ Long Gallery
- ★ Print Room
- ★ Treppenhaus

Conolly-Denkmal

Das Bauwerk befindet sich ein Stück außerhalb des Castletown-Anwesens und liegt genau in der Fluchtlinie der Long Gallery. Conollys Witwe Katherine gab es 1740 als Denkmal für ihren Mann und zur Arbeitsbeschaffung nach einem harten Winter in Auftrag. Das aus übereinandergeschichteten Bogen bestehende, von einem Obelisken gekrönte Gebilde entwarf Richard Castle, der Architekt von Russborough House *(siehe S. 132)*.

Salon im Russborough House mit Kamin und Stuckdecke

Russborough House ❻

Straßenkarte D4. Blessington, Co Wicklow. *045 865 239.* *65 von Dublin.* *Mai–Sep: tägl. 10–18 Uhr; Apr, Okt: So und Feiertage 10–18 Uhr.* *obligatorisch.* **www**.russborough.com

Das um 1740 für Joseph Leeson, Earl von Milltown, erbaute palladianische Herrenhaus ist eines der schönsten Irlands. Der Architekt Richard Castle entwarf auch Powerscourt House *(siehe S. 134f)*. Castle gilt als erster Vertreter des palladianischen Stils in Irland. Anders als viele große Landsitze der Pale-Region befindet sich Russborough in tadellosem Zustand. Die Front des Hauses ist die längste in Irland. Die Fassade ist mit Wappenlöwen und »Kurven«-Kolonnaden verziert. Das Interieur ist noch eindrucksvoller: Viele Räume sind mit exzellenten Stuckarbeiten der Brüder Francini ausgestattet, die auch in Castletown House *(siehe S. 130f)* mitwirkten. Die besten Arbeiten finden sich in Musikzimmer, Salon und Bibliothek. Diese Räume sind reich geschmückt mit Laubwerk und Cherubim. Die Stuckarbeiten neben der Haupttreppe zeigen eine Jagd mit Hunden und Blumengirlanden. Die Stuckarbeiten im Salon umgeben Meeresszenen des französischen Malers Joseph Vernet (1714–1789). Die Gemälde wurden 1926 veräußert, jedoch über 40 Jahre später wieder aufgespürt und ins Haus zurückgebracht.

Meeresszene von Vernet im Salon

Russborough hat viele weitere Schätze zu bieten, etwa die aus italienischem Marmor gearbeiteten Kamine, imposante Mahagonitüren sowie unschätzbare Silber-, Porzellan- und Gobelinsammlungen.

Abgesehen von alledem lohnt sich ein Besuch in Russborough vor allem wegen der **Beit Art Collection**, die für flämische, holländische und spanische Meister bekannt ist. Sir Alfred Beit, der Russborough 1952 erwarb, erbte die Bilder von seinem Onkel, einem Mitbegründer des De-Beers-Diamanten-Imperiums in Südafrika. 1974, 1986 und 2000 wurden etliche Werke gestohlen. Die meisten konnten jedoch später zurückgeholt werden. 2001 kamen bei einem Raub weitere Stücke abhanden, wurden aber wiedergefunden. In Russborough wird nur eine Auswahl der Sammlung gezeigt. Die meisten Gemälde befinden sich als Dauerleih-

Geschichte des Pale

Pale (Pfahl, Gau) bezeichnet die Grenzen des um Dublin gelegenen englischen Einflussbereichs von der Normannen- bis zur Tudor-Zeit. Die Grenzziehung variierte. Zum Zeitpunkt seiner größten Ausdehnung erstreckte sich das Gebiet von Dundalk im County Louth bis nach Waterford. Der gälische Adel außerhalb der Zone konnte sein Land unter der Bedingung behalten, dass er seine Söhne innerhalb des Pale erziehen ließ.

Die Bewohner des Pale vertraten die Interessen ihres Herrschers und englische Werte. So vergrößerte sich die Kluft zwischen der gälischen Mehrheit und den Anglo-Iren so weit, dass die Engländer das Land verlassen mussten. Noch lange nach Schleifung der Festungen lebte die Idee des Pale fort. »Jenseits des Pale« bedeutet bis heute asozial.

Familienidyll (18. Jh.): typische Szene für den gehobenen Lebensstil der Oberschicht des *Pale*

Strandpromenade von Bray, im Hintergrund der Bray Head

gaben in der National Gallery in Dublin *(siehe S. 70f)*.

Die interaktive Ausstellung im Untergeschoss zeigt 3-D-Fotografien, die Sir Alfred Beit in den 1920er und 1930er Jahren aufgenommen hat, sowie Vinylplatten und Notenblätter aus den 1920er Jahren. Der Westflügel des Gebäudes wurde nach dem Brand von 2010 komplett saniert und mit acht Doppelzimmern für Gäste ausgestattet, die beim Irish Landmark Trust (www.irishlandmark.com) gebucht werden können.

Umgebung: Das durch die Stauung des Liffey entstandene, bei Wassersportlern beliebte **Poulaphouca Reservoir** erstreckt sich südlich von Blessington. Der Blick auf die Berge ist ebenfalls schön.

Powerscourt ❼

Siehe Seiten 134f.

Bray ❽

Straßenkarte D4. Co Wicklow. *33 000. DART. Old Court House, Main St (01 286 7128).* **www**.visitwicklow.ie

Das frühere viktorianische Seebad ist heute ein lauter Ferienort mit Nepplokalen und Fish-and-Chips-Läden an der Strandpromenade. Im Sommer herrscht in dem vor allem von jungen Familien frequentierten Ort bedrängende Enge. Wer Ruhe sucht, kann auf Bray Head an der Hochküste spazieren gehen. Von Bray aus lassen sich die Gärten von Powerscourt, die Wicklow Mountains und die hübschen Küstendörfer Killiney und Dalkey *(siehe S. 103)* gut erkunden.

Killruddery House ❾

Straßenkarte D4. Bray, Co Wicklow. *01 286 3405.* **House** *Juli–Sep: tägl. 13–17 Uhr. Gärten Mai–Sep: tägl. 9.30–17 Uhr; Apr, Okt: nur Wochenenden. für Gruppen ab 20 Personen (nach Voranmeldung). teilweise.* **www**.killruddery.com

Killruddery House südlich von Bray wurde 1651 erbaut und ist seitdem die Residenz der Earls of Meath. Anfang des 19. Jahrhunderts wurde es im neoelisabethanischen Stil umgebaut. Das Haus birgt schöne Schnitz- und Stuckarbeiten. Seinen Charme verdankt es dem Garten aus dem 17. Jahrhundert, der als schönste Anlage Irlands im französischen Stil gilt. Der Gärtner Bonet, der auch in Versailles tätig war, legte ihn in den 1680er Jahren an.

Die mit großer Präzision bepflanzte Anlage besticht durch romantische Ecken, Hecken und viele schöne Bäume und Sträucher. Das von einer Lorbeerhecke umschlossene Waldtheater ist das einzige seiner Art in Irland.

Das Zentrum des Gartens bilden die »Langen Teiche« und zwei 165 Meter lange Kanäle, in denen früher Fische gezüchtet wurden. Jenseits davon führt ein Weiher zu einem viktorianischen Arrangement von Wegen, die von Statuen sowie Eiben-, Buchen- und Lindenhecken gesäumt werden.

Blick über die »Langen Teiche« (Long Ponds) auf Killruddery House

Powerscourt 7

Laokoon-Statue auf der oberen Terrasse

Die Gärten von Powerscourt sind wegen ihrer Gestaltung und der herrlichen Lage am Fuß des Great Sugar Loaf Mountain die vielleicht schönsten Irlands. Richard Wingfield, der Erste Viscount von Powerscourt, gab das gesamte Anwesen um 1730 in Auftrag. Weitere Ziergärten ließ der 7. Viscount 1875 anlegen. Er installierte auch Tore, Urnen und Statuen, die er auf seinen Reisen gesammelt hatte. Bei einem Brand 1974 wurde Powerscourt schwer beschädigt. Das Erdgeschoss wurde jedoch wunderschön renoviert und beherbergt nun ein exklusives Shopping-Center, ein exzellentes Restaurant und ein Café.

Bamberg Gate

Das um 1770 in Wien gefertigte, vergoldete schmiedeeiserne Tor brachte der 7. Viscount aus dem Bamberger Dom nach Powerscourt.

Die ummauerten Gärten umfassen ein Arrangement beschnittener Lorbeerbäume.

Laokoon-Statue

Auf dem Tierfriedhof ließen die Wingfields ihre Hunde und Katzen, ja sogar Pferde und Rinder begraben.

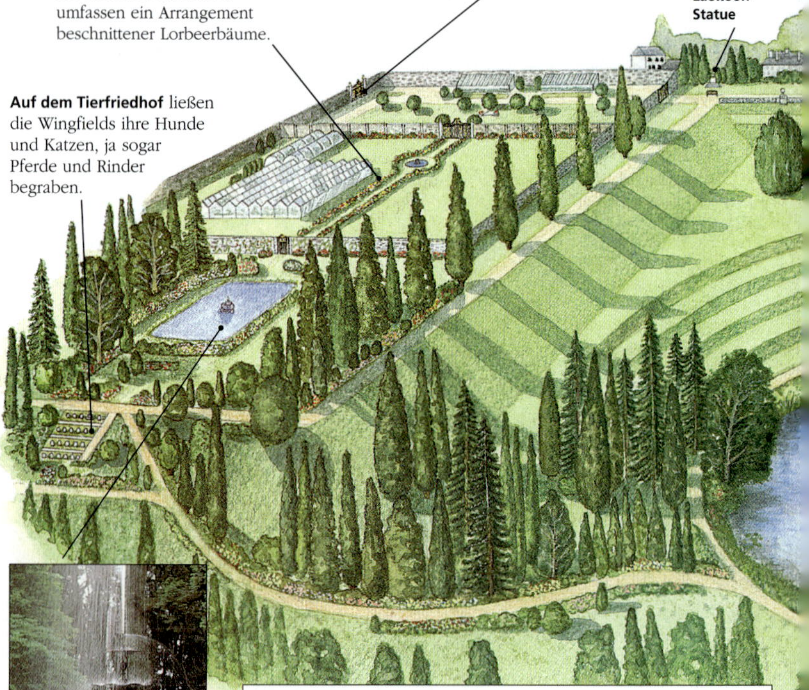

Delfinbecken

Das im 18. Jahrhundert als Fischteich angelegte Gewässer ist umgeben von exotischen Koniferen.

Powerscourt House

Das Powerscourt House und die prachtvollen Gärten wurden 1731 am Standort einer normannischen Burg von Richard Castle entworfen, ebenso wie das Russborough House *(siehe S. 132f)*. Im Jahr 1974 brannte das palladianische Herrenhaus von Powerscourt innen komplett aus. Die neuen Besitzer, die Familie Slazenger, haben Teile des Hauses renoviert. Heute gibt es hier ein Café, Andenkenshops und eine Ausstellung über die Geschichte des Anwesens.

Powerscourt brannte 1974 aus

★ Freitreppe
Die 1874 eingefügte herrliche italienische Freitreppe führt zum Tritonsee, wo Pegasus in zweifacher plastischer Ausführung wacht: als geflügeltes Ross der griechischen Mythologie und als Emblem der Familie Wingfield.

INFOBOX

Straßenkarte D4. Enniskerry, Co Wicklow. *01 204 6000.* *185 ab DART-Station Bray.* *tägl. 9.30–17.30 Uhr (Okt–März: bis Sonnenuntergang).* *25., 26. Dez.* **www.**powerscourt.ie

Kieselmosaik
Am nahen Strand von Bray wurden viele Tonnen Kieselsteine gesammelt, um auf der Terrasse dieses Mosaik anzulegen.

Der italienische Garten ist auf Terrassen angelegt, die nach 1730 in das umliegende Hügelland gegraben wurden.

Der Pepper Pot Tower entstand 1911.

★ Tritonsee
Der für den ersten Garten geschaffene See verdankt seinen Namen der Springbrunnenfigur, die einer Arbeit Berninis in Rom nachempfunden ist.

★ Japanische Gärten
In den bezaubernden edwardianischen Gärten auf ehemaligem Sumpfland wachsen chinesische Koniferen und Bambus.

NICHT VERSÄUMEN

- ★ Freitreppe
- ★ Japanische Gärten
- ★ Tritonsee

Gärten von Powerscourt mit dem Great Sugar Loaf Mountain im Hintergrund ▷

Tour: Military Road ⑩

Rotes Eichhörnchen

Die Briten bauten die Militärstraße durch die Wicklow Mountains, um nach dem Aufstand von 1798 *(siehe S. 149)* irische Rebellen aufzuspüren. Die heute als R115 bekannte Straße führt durch die abgelegensten und zerklüftetsten Landschaften des County Wicklow. Auf der Fahrt sieht man viele Tiere (z. B. Hirsche) und Pflanzen.

Powerscourt Waterfall ⑨
Der Dargle stürzt im höchsten irischen Wasserfall 130 Meter tief über Granitfelsen hinab.

Glencree ①
In Glencree und einigen anderen Orten sind die früheren britischen Kasernen erhalten.

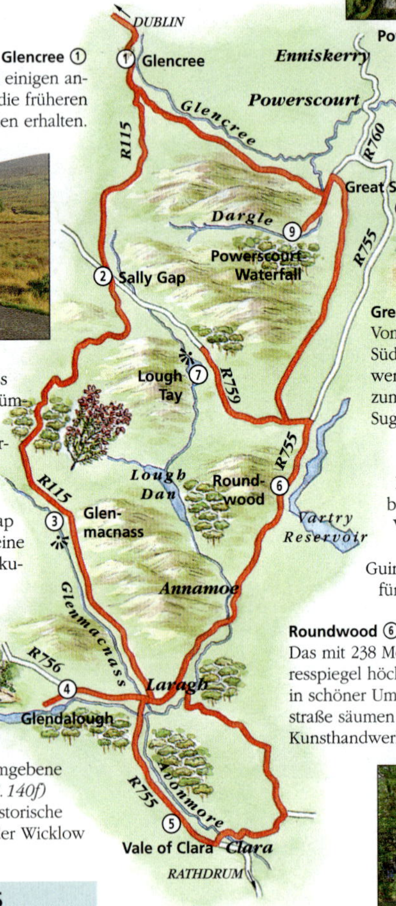

Great Sugar Loaf ⑧
Vom Parkplatz auf der Südseite aus kann man in weniger als einer Stunde zum Granitkegel des Sugar Loaf hinaufsteigen.

Sally Gap ②
Der abgelegene Pass ist von einem mit Tümpeln und Bächen durchzogenen Moorgebiet umgeben.

Lough Tay ⑦
Kahle Felswände erheben sich um das dunkle Wasser von Lough Tay. Der See gehört der Guinness-Brauerei, ist aber für Wanderer zugänglich.

Glenmacnass ③
Hinter dem Sally Gap führt die Straße in eine Schlucht mit spektakulärem Wasserfall.

Roundwood ⑥
Das mit 238 Metern über dem Meeresspiegel höchste Dorf Irlands liegt in schöner Umgebung. Die Hauptstraße säumen Pubs, Cafés und Kunsthandwerksläden.

Glendalough ④
Das von Hängen umgebene alte Kloster *(siehe S. 140f)* ist die wichtigste historische Sehenswürdigkeit der Wicklow Mountains.

Vale of Clara ⑤
Das malerisch bewaldete Tal folgt dem Fluss Avonmore. Hier liegt versteckt das aus zwei Häusern, Kirche und Schule bestehende winzige Dorf Clara.

ROUTENINFOS

Länge: *96 km.*
Rasten: *Es gibt Pubs und Cafés in Enniskerry (z. B. das Poppies, einen altmodischen »tea room«) und in Roundwood, doch die Gegend eignet sich besser für Picknicks. Südlich von Enniskerry gibt es mehrere ausgewiesene Picknickplätze* (siehe S. 385–387).

0 Kilometer 5

LEGENDE

- Routenempfehlung
- Andere Straße
- Aussichtspunkt

Wicklow Mountains ⓫

Straßenkarte D4. *nach Rathdrum und Wicklow.* *nach Enniskerry, Wicklow, Glendalough, Rathdrum und Avoca.* *Rialto House, Fitzwilliam Square, Wicklow (0404 69117).* **www**.wicklowmountainsnationalpark.ie

In der Wildnis der Wicklow Mountains ist es nur schwer vorstellbar, dass Dublin keine Stunde Autofahrt entfernt ist. Wegen ihrer Unzugänglichkeit waren die Berge früher ein ideales Versteck für Gegner der englischen Herrschaft. Während das Gebiet des Pale *(siehe S. 132)* im Südosten der englischen Krone folgte, herrschten im Gebirge Kriegsherren wie die O'Tooles. Auch die Aufständischen von 1798 *(siehe S. 41)* suchten hier Zuflucht. Michael Dwyer, einer ihrer Anführer, konnte in den Hügeln bis 1803 seine Freiheit behaupten.

Die ab 1800 angelegte **Military Road** machte die Gegend zugänglicher, doch sie ist noch immer dünn besiedelt. Nur wenig Verkehr stört die Atmosphäre tiefer Schluchten, üppiger Wälder und weiter Heidemoore. Torfstechen ist noch immer ein blühendes Kleingewerbe, wie die vielen Torfstapel neben der Straße belegen. Zahllose Wanderwege durchschneiden die Landschaft, etwa der **Wicklow Way**, der sich vom Marlay Park in Dublin bis Clonegal (County Carlow) über 132 Kilometer erstreckt. Er ist zwar markiert, doch man kommt leicht vom Weg ab – wandern Sie also nicht ohne Karte. Obwohl die Berge nirgends höher als 915 Meter sind, können sie bei schlechtem Wetter gefährlich werden.

Ansonsten bietet die Landschaft Wanderern viele Möglichkeiten. Ein guter Startpunkt zur Erkundung des nördlichen Teils ist das Dorf **Enniskerry**. Im Sommer wimmelt es hier von Besuchern, die die Gärten von Powerscourt *(siehe S. 134f)* besichtigen. Von Laragh Richtung Süden kann man nach Glendalough *(siehe S. 140f)* und zum **Vale of Avoca** wandern, in dem im Frühjahr Kirschbäume blühen. Seine Schönheit beschrieb Thomas Moore: »In der weiten Welt ist kein Tal so süß wie jenes, in dessen Schoß die funkelnden Wasser zusammentreffen« – ein Verweis auf den Zusammenfluss von Avonbeg und Avonmore am **Meeting of the Waters** jenseits des Avondale House *(siehe S. 141)*. Inmitten bewaldeter Hügel im Herzen des Tals liegt der Ort Avoca. Hier stellen die **Avoca Handweavers** in der ältesten irischen Weberei Irlands (seit 1723) bunte Tweedstoffe her.

Straßenschilder in den Wicklow Mountains

Weiter nördlich in Meeresnähe unweit des Dorfs Ashford braust der Fluss Vartry durch die tiefen Spalten des **Devil's Glen**. Beim Eintritt in die Schlucht stürzt der Fluss etwa 30 Meter tief in den »Punschtopf des Teufels«. Es gibt hier schöne Spaziermöglichkeiten samt beeindruckendem Ausblick auf die Küste.

Mount Usher Gardens an den Ufern des Vartry

Avoca Handweavers
Avoca. *0402 35105.* *tägl.* *25., 26. Dez.*
www.avoca.ie

Farbenprächtiges Heidemoor um den Sally Gap in den Wicklow Mountains

Mount Usher Gardens ⓬

Straßenkarte D4. Ashford, Co Wicklow. *0404 40205.* *nach Ashford.* *März–Okt: tägl. 10.30–18 Uhr.* *teilweise.* *auf tel. Anfrage.*
www.mountushergardens.ie

Am Fluss Vartry, gleich östlich von Ashford, liegen diese Gärten. Sie wurden 1868 vom Dubliner Edward Walpole angelegt. Es gibt seltene Sträucher und Bäume – von chinesischen Koniferen und Bambussen bis zu mexikanischen Pinien und Pampagras – sowie eine im Herbst bunte Ahornallee. Die Gärten bieten neben exotischer Vegetation immer wieder Ausblicke auf den Fluss und die auf Wehren stehenden Reiher.

Glendalough ⓭

Straßenkarte D4. Co Wicklow.
St Kevin's Bus von Dublin.
Ruinen *tägl. 9.30–17 Uhr (Mitte März–Mitte Okt: bis 18 Uhr).*
im Sommer.
Besucherzentrum *0404 45325/ 45352.* *tägl.* *23.–30. Dez.*

Die steilen, bewaldeten Hänge von Glendalough (»Tal der zwei Seen«) sind Kulisse für eines der am schönsten gelegenen Klöster Irlands. Das im 6. Jahrhundert vom hl. Kevin gegründete Anwesen wurde immer wieder von den Wikingern geplündert, stand jedoch mehr als 600 Jahre lang in Blüte. Der Niedergang begann 1398, als englische Truppen die Gebäude teilweise schleiften. Das monastische Leben behauptete sich jedoch bis zur Auflösung der Klöster 1539 durch Henry VIII *(siehe S. 38)*. Pilger kommen weiterhin nach Glendalough, viele am 3. Juni, dem St Kevin's Day, an dem es früher oft zu Unruhen kam *(siehe S. 30)*.

Reste des Torhauses, das früher ins Kloster Glendalough führte

Blick über den Oberen See in Glendalough

Das Alter der Gebäude ist ungeklärt, die meisten entstanden wohl zwischen dem 10. und dem 12. Jahrhundert. Viele wurden um 1870 restauriert. Die Hauptruinen liegen östlich des Unteren Sees, die dem hl. Kevin zugeschriebenen Gebäude am Oberen See. Hier kann man die Ruhe genießen und den Massen entkommen, die den unteren Teil des Anwesens bevölkern. Versuchen Sie, früh dort zu sein, vor allem in der Hauptsaison. Zutritt gewährt der doppelte Steinbogen des Torhauses, des einzigen seiner Art in einem irischen Klosterbezirk.

Nur wenige Schritte vom Eingang entfernt liegt der Friedhof mit seinem **Rundturm**. Der 30 Meter hohe Turm gehört zu den schönsten Exemplaren in Irland. Seine Spitze wurde 1870 rekonstruiert. Die dachlose Kathedrale neben dem Turm stammt zum größten Teil aus dem 10. und dem 12. Jahrhundert und ist die größte Ruine des Tals. Im Zentrum des Friedhofs befindet sich das **Priesterhaus**. Es heißt so, weil hier früher der einheimische Klerus bestattet wurde. Die verwitterte Figur oberhalb der Tür ist vermutlich der von zwei Schülern flankierte hl. Kevin. Etwas östlich davon befindet sich **St Kevin's Cross** aus dem 8. Jahrhundert. Das Granitkreuz gehört zu den besterhaltenen Hochkreuzen in Glendalough. Ein Stück weiter in dem üppigen Tal steht eine winzige Kapelle mit einem steilen Steindach. Das im 11. Jahrhundert oder bereits früher erbaute Gebäude ist als **St Kevin's Kitchen** bekannt – wohl wegen seines später hinzugefügten Glockentürmchens, das an einen Schornstein erinnert. **St Mary's**, eine der ältesten Kirchen von Glendalough,

St Kevin's Kitchen

Glendalough

Das Besucherzentrum erzählt die Geschichte des Klosters und ist der ideale Start für einen Rundgang. Die Ruinen liegen nicht einmal 1,5 Kilometer auseinander und sind in etwa einer Stunde zu besichtigen – ein Tagesausflug ist jedoch sinnvoller.

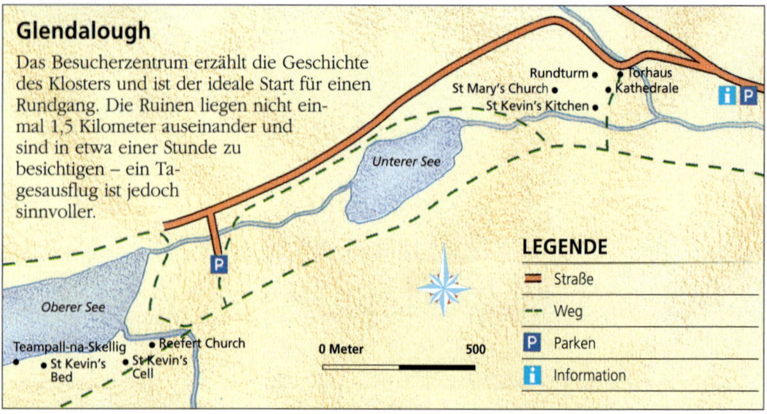

Rundturm von Glendalough

steht etwas weiter westlich. Am Ostfenster sind noch romanische Spuren zu erkennen. Folgt man dem Weg am Südufer des Flusses entlang, gelangt man zum Oberen See. Hier stehen weitere Klosterruinen. Man kann von hier aus auch durch das Tal und zu einigen ausgedienten Blei- und Zinkminen wandern.

Nicht weit vom Poulanass-Wasserfall entfernt finden Sie in einem Wäldchen die Ruinen der schlichten **Reefert Church**. Der Name leitet sich von Righ Fearta (»Begräbnisplatz der Könige«) her. Nahebei auf einem Felsvorsprung mit Blick auf den Oberen See befindet sich **St Kevin's Cell**, eine Ruine in Form eines Bienenkorbs, die dem Eremiten als Wohnstatt gedient haben soll.

Zwei Ruinenfelder auf der Südseite des Sees sind zu Fuß nicht erreichbar, aber vom gegenüberliegenden Ufer aus hat man eine gute Sicht darauf. **Teampall-na-Skellig**, die »Kirche auf dem Fels«, wurde wohl am Standort der ersten vom hl. Kevin in Glendalough gegründeten Kirche errichtet. Östlich davon ist **St Kevin's Bed** in den Fels gegraben. Diese kleine Höhle oberhalb des Oberen Sees soll der bevorzugte Rückzugsort des hl. Kevin gewesen sein. Hier soll der Heilige auch angeblich die Avancen einer Frau zurückgewiesen haben, indem er sie in den See gestoßen hat.

Hl. Kevin in Glendalough

Kevin wurde 498 als Abkömmling des Königshauses von Leinster geboren. Er verzichtete jedoch auf seine Privilegien und lebte als Eremit in einer Höhle in Glendalough. Später gründete er hier ein Kloster und ein Studienzentrum. Die Mönche widmeten sich der Krankenpflege und der Abschrift und Illustration von Manuskripten. Kevin zog zu Lebzeiten viele Schüler nach Glendalough – als Pilgerstätte wurde das Kloster aber erst nach seinem Tod um 618 berühmt.

Statt Fakten sind über Kevin vor allem bunt schillernde Legenden bekannt. Eine Geschichte besagt, er sei 120 Jahre alt geworden. Einer anderen Überlieferung zufolge legte eines Tages, als Kevin betete, eine Amsel ein Ei in eine seiner ausgestreckten Hände. Der Heilige verharrte angeblich in dieser Position, bis das Vogeljunge endlich schlüpfte.

Avondale House ⓮

Straßenkarte D4. Co Wicklow.
0404 46111. *nach Rathdrum.* **Haus** *Ostern–Okt: informieren Sie sich auf der Website.*
Karfreitag, 23.–28. Dez. *teilweise.* **Gelände** *tägl.*
www.coillteoutdoors.ie

Nahe Rathdrum liegt das georgianische Geburtshaus von Stewart Parnell (1846–1891, *siehe S. 43*). Das heutige Museum informiert über das Leben des Politikers und über den Kampf für die Unabhängigkeit Irlands. Das Anwesen gehört dem Staat, der hier eine Forstschule betreibt. Auf dem **Avondale Forest Park** genannten Gut gibt es einen im 18. Jahrhundert angelegten Baumgarten und viele Spazierwege.

Brownshill Dolmen ⓯

Straßenkarte D4. Co Carlow.
nach Carlow. *tägl.*

Auf einem Feld an der R726, drei Kilometer östlich von Carlow, thront ein Dolmen mit dem größten Deckstein Irlands. Dieser angeblich 100 Tonnen schwere Stein ruht mit einer Seite im Erdreich, während drei wesentlich kleinere Steine das andere Ende stützen. In dem um 2000 v. Chr. errichteten Grab soll ein irischer Anführer begraben sein. Auf einem Pfad von der Straße gelangt man dorthin.

Der für seinen Deckstein berühmte Brownshill Dolmen

Im Detail: Kilkenny ⓰

Kilkennys Wappen

Kilkenny ist zweifellos die schönste Stadt im Inneren Irlands. Sie erlangte im 13. Jahrhundert Bedeutung, als sie zur Hauptstadt des mittelalterlichen Irlands wurde. 1390 gelangte die anglo-normannische Familie Butler an die Macht und herrschte von da an 500 Jahre über Kilkenny. Noch heute künden die schön restaurierten Gebäude von ihrem Einfluss. Kilkenny ist stolz auf sein historisches Erbe und veranstaltet jedes Jahr im August das renommierteste Kunstfestival der Republik.

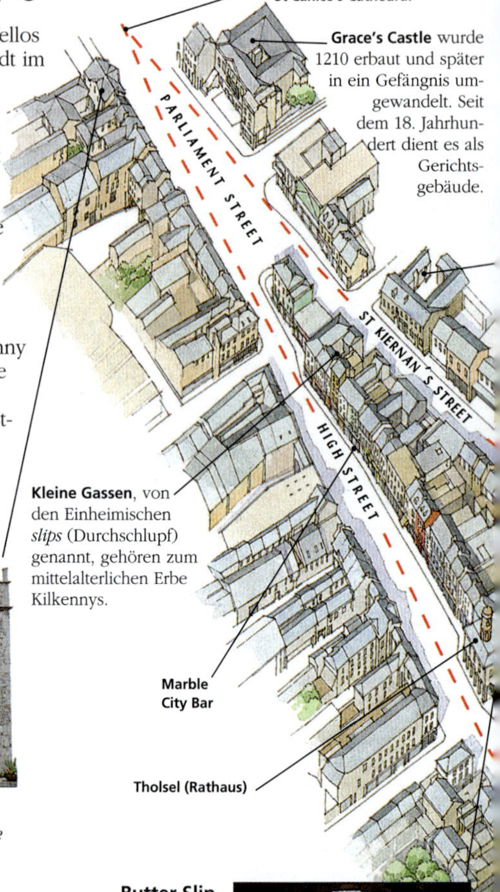

Nach Irishtown, zur St Canice's Cathedral

Grace's Castle wurde 1210 erbaut und später in ein Gefängnis umgewandelt. Seit dem 18. Jahrhundert dient es als Gerichtsgebäude.

Kleine Gassen, von den Einheimischen *slips* (Durchschlupf) genannt, gehören zum mittelalterlichen Erbe Kilkennys.

Marble City Bar

Tholsel (Rathaus)

★ Rothe House

Das um zwei Innenhöfe errichtete hübsche Tudor-Kaufmannshaus besitzt die für die Hauptstraßen Kilkennys einst typischen Arkaden. Das kleine Museum im Haus zeigt archäologische Funde aus der Umgebung sowie eine Kostümsammlung.

Butter Slip

Die Gasse verdankt ihren Namen den Butterständen, die früher den kleinen Marktplatz säumten.

Die High Street

Das Rathaus (18. Jh.) mit seinem Turm und den Arkaden ist das Wahrzeichen der High Street. In der eleganten georgianischen Kammer tagt der Stadtrat noch heute.

NICHT VERSÄUMEN

- ★ Kilkenny Castle
- ★ Rothe House

Hotels und Restaurants in Südost-Irland *siehe Seiten 299–302 und 328–331*

Kyteler's Inn
Die mittelalterliche Kutschenstation (siehe S. 346) *ist nach Lady Alice Kyteler benannt, einer »Hexe«, die im 14. Jahrhundert in dem Gebäude wohnte. Wie in den meisten Pubs der Stadt gibt es auch hier Smithwick's, ein Bier, das seit 1710 in Kilkenny gebraut wird.*

INFOBOX

Straßenkarte C4. Co Kilkenny. *26 000. Dublin Rd (056 772 2024). Bus Éireann (051 317 864). Shee Almshouse, Rose Inn St (056 775 1500).*
Rothe House *056 772 2893. Apr–Okt: Mo–Sa 10.30–17, So 15–17 Uhr; Nov–März: Mo–Sa 10.30–16.30 Uhr. Sa 13–14 Uhr.*

Das Shee-Armenhaus ist eines der wenigen in Irland erhaltenen Tudor-Gebäude dieser Art. Heute dient es als Informationszentrum der Stadt.

St Mary's Hall

St John's Bridge

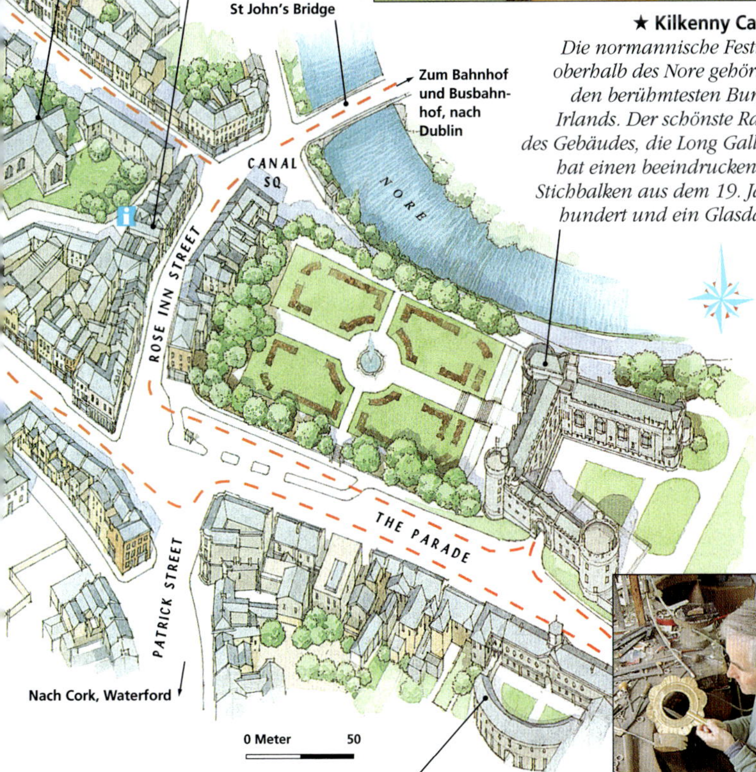

Zum Bahnhof und Busbahnhof, nach Dublin

★ Kilkenny Castle
Die normannische Festung oberhalb des Nore gehört zu den berühmtesten Burgen Irlands. Der schönste Raum des Gebäudes, die Long Gallery, hat einen beeindruckenden Stichbalken aus dem 19. Jahrhundert und ein Glasdach.

Nach Cork, Waterford

LEGENDE

- P Parken
- i Information
- – – Routenempfehlung

Kilkenny Design Centre
Das Zentrum im früheren Stall der Burg ist landesweit bekannt. Sie können Handwerkern bei der Arbeit zusehen und ihre Produkte auch kaufen.

Überblick: Kilkenny

Die in einer malerischen Biegung des Nore gelegene Stadt ist architektonisch hochinteressant. Der überwiegend verwendete hiesige schwarze Kalkstein wird auch Kilkenny-Marmor genannt. Viele der Kostbarkeiten liegen versteckt: So verbirgt sich etwa hinter einer georgianischen Fassade ein Tudor-Kamin oder klassizistisches Interieur.

Der Name Irishtown im von der St Canice's Cathedral überragten Bereich erinnert an die frühere Teilung der Stadt. Hier, in der einstigen Englishtown, stehen bis heute repräsentative öffentliche Gebäude.

Die Brauereien von Kilkenny sind ein Paradies für Bierliebhaber. Rund 60 Pubs warten hier auf Besucher.

Schild der Marble City Bar in der High Street

Kilkenny Castle

The Parade. *056 770 4106.* *tägl. (Details auf der Website).* *Karfreitag, Weihnachten.* *obligatorisch.* *teilweise.* *Im Sommer teils längere Wartezeiten.* **www**.kilkennycastle.ie

Die um 1190 erbaute Burg war bis 1935 durchgängig bewohnt. Ab dem 14. Jahrhundert lebte dort die mächtige Familie Butler *(siehe S. 142)*, 1967 vermachten deren Nachkommen die Burg dem Staat. Mit Türmen und dicken Mauern hat das Bauwerk trotz erheblicher Umbauten seinen mittelalterlichen Charakter bewahrt. Am auffälligsten sind restaurierte neogotische Stilelemente aus viktorianischer Zeit.

Nordseite der Burg Kilkenny mit viktorianischen Zinnen

Zwei Flügel der Burg erstrahlen wieder im Glanz des 19. Jahrhunderts. Hier befinden sich u.a. die Bibliothek, der Salon und die Long Gallery mit der restaurierten familieneigenen Kunstsammlung. Nach Abschluss der Restaurierungsarbeit beherbergt das Bauwerk auch ein modernes Konferenzzentrum, das sich in einem der Türme aus dem 12. Jahrhundert befindet.

Das Gelände wurde im Lauf der Jahrhunderte immer kleiner, doch die in der hügeligen Landschaft gelegenen klassischen Parks und Terrassen blieben erhalten.

St Canice's Cathedral

Irishtown. *056 776 4971.* *tägl.* **www**.stcanicescathedral.ie

Der Rundturm neben der im 13. Jahrhundert in einem frühen englisch-gotischen Stil erbauten Kathedrale bietet einen schönen Ausblick. Die Truppen Cromwells plünderten St Canice's 1650, dennoch ist sie eines der kostbarsten Baudenkmäler Irlands. Die Wände aus Kilkenny-Marmor und die Kalksteinpfeiler strahlen schlichte Größe aus. Im südlichen Querschiff beeindrucken Steinmetzarbeiten und prächtige Grabmäler aus dem 16. Jahrhundert mit Skulpturen von Mitgliedern der Familie Butler.

Black Abbey

Abbey St. *056 772 1279.* *tägl.* **www**.kilkenny.ie

Die im Jahr 1225 gegründete Dominikanerabtei westlich der Parliament Street wurde im 16. Jahrhundert zum Gerichtsgebäude, ist heute aber wieder ein Kloster. Die Kirche hat unterirdische Gewölbe und vielleicht etwas überrestaurierten plastischen Schmuck. Es gibt auch einige schöne Bleiglasfenster und eine Alabasterstatue aus dem 14. Jahrhundert.

Umgebung: Nördlich der Stadt liegt **Dunmore Cave**, eine Kalksteinhöhle mit bizarren Gesteinsformationen.

Das Dorf **Bennettsbridge**, acht Kilometer südlich von Kilkenny, ist berühmt für seine Keramiken. Die Nicholas-Mosse-Töpferei *(siehe S. 357)* ist auf farbenfrohe Waren aus einheimischem Ton spezialisiert.

Dunmore Cave

Ballyfoyle. *056 776 7726.* *März–Okt: tägl. 9.30–17 Uhr (Mitte Juni–Mitte Sep: bis 18.30 Uhr); Nov–Feb: Mi–So 9.30–17 Uhr.* *obligatorisch.* **www**.heritageireland.ie

Grab des zweiten Marquess of Ormonde in der St Canice's Cathedral

Hotels und Restaurants in Südost-Irland *siehe Seiten 299–302 und 328–331*

Jerpoint Abbey ⓱

Straßenkarte D5. Thomastown, Co Kilkenny. *056 772 4623.* *nach Thomastown.* *März–Sep: tägl. 9–17.30 Uhr; Okt: tägl. 9–17 Uhr; Nov: tägl. 9.30–16 Uhr; Dez–Feb: auf Anfrage.* **www**.heritageireland.ie

Die Abtei am Ufer des Little Arrigle südlich von Thomastown ist trotz der Zerstörung etlicher Gebäude noch immer eine der schönsten Zisterzienserruinen in ganz Irland. Die um 1160 gegründete Anlage konkurrierte lange Zeit mit der nahe gelegenen Duiske-Abtei *(siehe S. 149)*. Jerpoint blühte bis zur Auflösung der Klöster *(siehe S. 38f)*, dann übernahmen sie die Earls von Ormonde.

Zinnenturm und Kreuzgang der Anlage stammen aus dem 15. Jahrhundert. Die Hauptattraktion in Jerpoint ist der Säulengang mit amüsanten Skulpturen von Rittern, adeligen Damen, Bischöfen, Drachen – und einem Mann mit Bauchschmerzen. Die Kirche stammt aus dem 12. Jahrhundert und ist gut erhalten. Die Kapellen des Querschiffs bergen Grabmalskulpturen aus dem 13. bis 16. Jahrhundert. Romanische Kapitelle zieren die Nordseite des Schiffs. Skulpturen früherer Bischöfe sind auf dem gesamten Gelände der Abtei zu sehen.

Heiligenskulpturen auf einem Grabmal (16. Jh.) in der Jerpoint Abbey

Lismore ⓲

Straßenkarte C5. Co Waterford. *1500.* *Lismore Heritage Centre, Main St (058 54975).* *Handwerk.* **www**.discoverlismore.com

Das elegante Städtchen wird vom **Lismore Castle** überragt, das sich romantisch über dem Fluss Blackwater erhebt. Die 1185 erbaute, im 19. Jahrhundert umgestaltete Burg ist das irische Domizil des Duke of Devonshire. Besucher können lediglich die bis an den Fluss reichenden prächtigen Gärten besichtigen. Das **Lismore Heritage Centre** erzählt die Geschichte des hl. Carthagus, der im 7. Jahrhundert hier ein Kloster gründete. Zwei Kathedralen in der Stadt sind ihm geweiht. Die protestantische **Cathedral of St Carthage** ist die interessantere von beiden. Der Kirchenbau wurde 1633 fertiggestellt und später im Stil der Neogotik der viktorianischen Epoche umgebaut. Ein Bleiglasfenster stammt von dem präraffaelitischen Künstler Sir Edward Burne-Jones.

Burne-Jones-Fenster in der St Carthage's Cathedral, Lismore

Lismore Castle Gärten *058 54424.* *Apr–Sep: tägl. 11–16.45 Uhr.*

Umgebung: Von Lismore aus führt eine malerische Route durch das **Blackwater Valley** *(siehe S. 177)*. Von Cappoquin an verläuft sie durch ein Waldgebiet zur Flussmündung bei Youghal *(siehe S. 179)*.

Ardmore ⓳

Straßenkarte C5. Co Waterford. *450.* *024 94444.*

Ardmore ist ein beliebter Ferienort am Meer mit schönem Strand, gut besuchten Pubs, hübschen Klippenwegen und interessanten Bauwerken. Auf einem Hügel neben dem Dorf steht ein im 5. Jahrhundert vom hl. Declan gegründetes Kloster. Der Heilige bekehrte die Gegend zum Christentum.

Die meisten Gebäude, einschließlich der zerfallenen **St Declan's Cathedral**, stammen aus dem 12. Jahrhundert. In den Arkaden der Westmauer der Kathedrale stehen einige Skulpturen mit Titeln wie *Der Erzengel Michael wiegt Seelen* in der oberen Reihe und darunter *Die Anbetung der Heiligen Drei Könige* und *Salomons Urteil*.

Der 30 Meter hohe Rundturm der Anlage gehört zu den besterhaltenen in Irland. Eine nahe gelegene Kapelle soll angeblich über dem Grab des hl. Declan errichtet worden sein.

St Declan's Cathedral in Ardmore mit gut erhaltenem Rundturm

Waterford 20

Waterfords Stadtwappen

Waterford wurde 914 von den Wikingern gegründet und später von den Anglo-Normannen ausgebaut. Die Stadt hatte eine strategisch günstige Lage an der Mündung des Suir und stieg rasch zum führenden Seehafen Südost-Irlands auf. Seit dem 18. Jahrhundert gründet sich ihr Wohlstand auf die bekannte Glasindustrie. Die Handelstradition ist bis heute lebendig, noch immer ist der Hafen von Waterford einer der geschäftigsten des Landes. Heute versucht man, die von der Industrialisierung in Mitleidenschaft gezogene alte Bausubstanz zu retten. Die alte Wikingersiedlung wurde wieder freigelegt. Im historischen Zentrum gibt es jetzt eine Fußgängerzone.

Domhof an der Lady Lane im Herzen der Stadt

Überblick: Waterford

Die Reste der Stadtmauer verlaufen entlang dem einst von den Wikingern befestigten Areal. Der am besten erhaltene Abschnitt liegt nordwestlich des **Watch Tower** in der Castle Street. Der Reginald's Tower oberhalb des Flusses ist das größte Bauwerk der Anlage. Durch die Bogen in der Reginald Bar fuhren früher Schiffe den Fluss hinab. Die Ausfalltore gehören zu den Wikinger-Resten der sonst meist normannischen Befestigungsanlage.

Die schönsten Gebäude der überwiegend mittelalterlichen Stadt sind georgianischen Ursprungs. Gute Beispiele findet man in der Mall südwestlich vom Reginald's Tower und auf dem Cathedral Square. Er verdankt seinen Namen der **Christchurch Cathedral**, die John Roberts um 1770 entwarf. Der hiesige Architekt prägte den georgianischen Charakter der Stadt. Innen überrascht das Bildnis eines verwesenden Leichnams (15. Jh.). Weiter Richtung Fluss passiert man die Ruinen von **Grey Friars** aus dem 13. Jahrhundert, auch französische Kirche genannt, da das Gebäude nach 1693 von emigrierten Hugenotten als Kapelle genutzt wurde.

Am Flussufer Richtung Westen steht in der Barronstrand Street der viktorianische Clock Tower. Über den belebten Läden erhebt sich die **Holy Trinity Cathedral** mit neoklassizistischem Interieur. In der von hier nach Westen verlaufenden George's Street gibt es zahlreiche gemütliche Pubs. Diese Straße führt zur O'Connell Street, deren restaurierte Lagerhäuser mit den schäbigeren Gebäuden am Quai kontrastieren. Im Sommer gibt es Bootsfahrten auf dem Fluss.

Reginald's Tower am Kai

Reginald's Tower

The Quay. *051 304 220.*
Ostern–Mitte Sep: tägl. 10–17 Uhr (Juni–Mitte Sep: bis 18 Uhr); Mitte Sep–Ostern: Mi–So 10–17 Uhr.

Anglo-Normannen schufen 1185 den Bau aus Stein. Die drei Meter dicken Mauern sollen – erstmals in Irland – mit Mörtel gebaut worden sein, gemischt aus Blut, Fell, Kalk und Schlamm. Der Turm war Festung, Münze, Arsenal und Gefängnis.

Chorister's Hall

The Granary, Merchants Quay.
051 304 500. Juni–Aug: Mo–Sa 9–18, So und Feiertage 11–18 Uhr; Sep–Mai: Mo–Sa 10–17, So 11–17 Uhr. 1. Jan, 25 Dez.

Die Chorister's Hall (13. Jh.), eines der drei Museen für die Waterford Treasures Collection, beherbergt die Mittelaltersammlung, u. a. eine vier Meter lange Urkunde.

Blick über den Fluss Suir auf Waterford

Hotels und Restaurants in Südost-Irland *siehe Seiten 299–302 und 328–331*

Waterford Crystal Visitor Centre

The Mall. *051 332 500.* *Nov–Feb: Mo–Fr 9.30–15.15 Uhr; März–Okt: tägl. 9–16.15 Uhr.*
www.waterfordvisitorcentre.com

Bei einem Besuch des Waterford Crystal Visitor Centre erhält man einen sehr guten Einblick in die Methoden der Glasherstellung.

1783 wurde die Fabrik von den Brüdern George und William Penrose gegründet, die sich wegen des Hafens für Waterford entschieden. Lange genoss ihr Kristall den besten Ruf. Drakonische Steuern veranlassten die Firma jedoch, 1851 zu schließen. 1947 öffnete eine neue Fabrik gleich südlich der Stadt. Glasbläser und -schleifer vom Kontinent unterwiesen die hiesigen Lehrlinge. Die Konkurrenz von Tipperary und Galway Crystal schmälerte in den frühen 1990er Jahren die Umsätze, doch dank zunehmender Nachfrage auf dem amerikanischen Markt stiegen die Absatzzahlen wieder.

Nach der Schließung der Fabrik und des Besucherzentrums 2009 wurde eine Übereinkunft getroffen, um die Zukunft des Kristalls in Waterford zu sichern. Während ein Großteil der Herstellung nun anderswo stattfindet, können Besucher nach wie vor in einer Minifabrik auf dem ESB-Gelände die Herstellung von repräsentativen Stücken verfolgen. Das Besucherzentrum bietet Touren, bei welchen man Interessantes über die 225 Jahre alte Glastradition erfährt. Angeschlossen ist ein Laden, in dem man Waterford-Kristall kaufen kann.

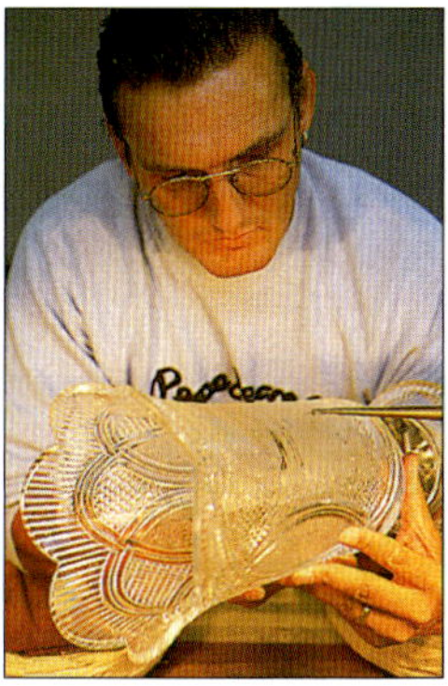

Handwerker der Kristallfabrik in Waterford bei der Arbeit

INFOBOX

Straßenkarte D5. Co Waterford. *49 000.* *10 km südl.* *Plunkett Station, The Bridge (051 873 401).* *The Quay (051 879 000).* *The Granary, Merchants Quay (051 875 823).*
www.discoverireland.ie
International Festival of Light Opera (Sep).

Der Hafen von Ballyhack jenseits des Suir

Umgebung: Im kleinen Hafen **Passage East**, zwölf Kilometer östlich von Waterford, landeten 1170 die Normannen *(siehe S. 36)*, doch längst ist es um den Ort still geworden. Eine Autofähre verbindet das Dorf mit Ballyhack im County Wexford. Sie gewährt Blicke auf Waterfords Hafen und bringt Fahrgäste auf die Hook Peninsula *(siehe S. 148)*.

Dunmore East 21

Straßenkarte D5. Co Waterford.
1600.

Das hübscheste Fischerdorf Waterfords verdankt seinen Charme den roten Sandsteinklippen und dem Hafen. Am Fuße der Klippen führen Wege entlang, doch die besten Ausblicke bietet die Straße, die sich vom efeubewachsenen Ship Inn am Strand zum Haven Hotel hinaufwindet. Ein Tor in der Nähe führt in einen herrlichen Garten mit Ausblick auf die Fischerboote. Der Weg die Stufen hinauf wird durch den Anblick der Klippen mit Möwenkolonien belohnt.

Der geschäftige Fischereihafen von Dunmore East

Hook Peninsula 22

Straßenkarte D5. Co Wexford.
nach Duncannon. von Passage East nach Ballyhack (051 382 480).
Fethard-on-Sea (051 397 502).
www.hooktourism.com

Die von sanften Landschaften, alten Ruinen und ruhigen Dörfern geprägte Landzunge ist ideal für eine Rundreise. Die »Ring of Hook«-Route beginnt südlich von New Ross an der **Dunbrody Abbey**, den Ruinen einer Zisterzienserkirche (12. Jh.), doch eignet sich auch **Ballyhack** als Ausgangspunkt. Der Ort war früher ein befestigter Zugang zum County Waterford und ist noch durch eine Fähre mit dem benachbarten Hafen Passage East verbunden *(siehe S. 147)*. Das um 1450 vom Templerorden erbaute **Ballyhack Castle** beherbergt ein kleines Museum. Vier Kilometer weiter liegt das kleine Seebad **Duncannon** mit breitem Sandstrand und sternförmigem Fort, das 1588 zum Schutz gegen die Spanische Armada entstand.

Nach Süden führt die Küstenstraße nach **Hook Head**. Hier thront seit 1172 der wohl älteste Leuchtturm Europas. Pfade säumen die Küste, an der es Seevögel, Robben und Versteinerungen gibt.

Nur zwei Kilometer östlich liegt das malerische **Slade**. Den Fischereihafen überragt **Slade Castle**, ein Turmhaus aus dem 15. Jahrhundert. Die Straße führt weiter an der zerklüfteten Küste entlang, vorbei an dem Seebad Fethard-on-Sea zu den spektakulären Ruinen von **Tintern Abbey**. William Marshall, Earl of Pembroke, gründete im 13. Jahrhundert das Zisterzienserkloster. Über Felder gelangt man zu einer Steinbrücke mit Blick auf die **Bannow Bay**, in der 1169 Normannen gelandet sein sollen.

Dunbrody Abbey
Campile. *051 388 603.*
Sep: tägl. 10–18 Uhr.

Ballyhack Castle
Ballyhack. *051 389 468.*
Ende Juni–Aug: tägl. 10–18 Uhr.

Tintern Abbey
051 562 650.
tägl. 10–18 Uhr.
Mai–Okt: tägl.

Normannischer Leuchtturm in Hook Head, Halbinsel Hook

Burgruine und Hafen von Slade auf der Halbinsel Hook

New Ross 23

Straßenkarte D5. Co Wexford.
6000. South Quay (051 421 857). Di.
www.experiencenewross.com
Galley Cruising Restaurants *The Quay (051 421 723). Apr–Okt.*

Die Stadt am Ufer des Barrow ist eine der ältesten des County. Ihre Bedeutung verdankt sie dem Hafen. Im Sommer herrscht auf dem Fluss reger Betrieb. Die Galley Cruising Restaurants bedienen den Barrow wie auch Nore und Suir. Am South Quay liegt **The Dunbrody**, die maßstabsgetreue Rekonstruk-

Hotels und Restaurants in Südost-Irland *siehe Seiten 299–302 und 328–331*

tion eines Frachtschiffs. Die vom Kai steil ansteigenden Straßen sind von traditionellen Läden gesäumt. Das heutige Rathaus und frühere Zollhaus **Tholsel** besetzten die Briten während des Aufstands von 1798 *(siehe S. 40f)*. Gegenüber erinnert das einem Pikenier aus Wexford gewidmete Denkmal an die Tapferkeit der irischen Rebellen im Kampf gegen die Briten.

St Mary's (13. Jh.) in der Nähe war einst die größte Gemeindekirche Irlands. Vom Original blieben ein Querschiff und mittelalterliche Grabsteine.

The Dunbrody
South Quay. *051 425 239.*
tägl. 9–18 Uhr.
www.dunbrody.ie

Umgebung: Ein Ausflug den Barrow aufwärts führt 16 Kilometer weiter nördlich nach **Graiguenamanagh**. Sehenswert in der Marktstadt ist die **Duiske Abbey**, die größte Zisterzienserkirche Irlands. Das 1207 erbaute Gotteshaus ist restauriert und dient heute als Gemeindekirche. Interessante Details sind ein romanisches Portal, das Eichendach und die Überreste des mittelalterlichen Bodenbelags. Eine Statue des Ritters von Duiske mit gekreuzten Beinen gehört zu den schönsten mittelalterlichen Plastiken Irlands.

Wenn man am Nore entlangfährt, gelangt man zum idyllischen **Inistioge** in einem bewaldeten Tal. Das Dorf hat hübsche Häuschen (18. Jh.), einen mit Linden bepflanzten Platz und eine zehnbogige Brücke über den Nore. Von Inistioge aus kann man am Fluss entlang oder bis zum Nationalpark **Woodstock House Demesne** wandern. Inmitten der Buchenwälder steht ein Herrenhaus (18. Jh.).

Auf einem Hügel zwölf Kilometer südlich von New Ross liegt ein zum **John F Kennedy Park and Arboretum** gehöriges Waldgebiet. In dem 1968 nahe Dunganstown (nun **The Kennedy Homestead**) gegründeten Park gibt es mehr als 4500 Baumarten, viele Naturpfade und Reitmöglichkeiten.

Duiske Abbey
Graiguenamanagh, Co Kilkenny.
059 972 4238. *Mo–Fr.*

John F Kennedy Park and Arboretum
New Ross, Co Wexford. *051 388 171.* *tägl.* *Karfreitag, 25. Dez.* *Mai–Ende Sep.*
www.heritageireland.ie

Blick auf Enniscorthy und die St Aiden's Cathedral vom Vinegar Hill aus

Enniscorthy ㉔

Straßenkarte D5. Co Wexford.
5000. *The 1798 Visitor Centre (053 923 7596).*

Die Straßen am Ufer des Slaney bewahren die Erinnerung an die turbulente Vergangenheit der Stadt. 1798 kam es bei Enniscorthy zum letzten Gefecht der Wexford-Pikeniere, als sie auf dem nahen **Vinegar Hill** gegen 20 000 britische Soldaten kämpften. Das **National 1798 Visitor Centre** dokumentiert diese Ereignisse ausführlich.

Eine weitere Attraktion ist die **St Aidan's Cathedral**, die der für seine Mitwirkung am Londoner Parlamentsgebäude berühmte A. W. N. Pugin (1812–1852) in den 1840er Jahren erbaute. Der Fluss Slaney wird von Kornspeichern, Mühlen und Keramikwerkstätten gesäumt, beispielsweise der immer noch arbeitenden Carley's Bridge (1654).

Eines der vielen Pubs von Enniscorthy ist die fast ganz aus Holz erbaute Antique Tavern *(siehe S. 346)*, die mit bei der Schlacht auf dem Vinegar Hill 1798 verwendeten Spießen dekoriert ist.

National 1798 Visitor Centre
Millpark Road. *053 923 7596.*
Mo–Fr 9.30–17, Sa, So und Feiertage 12–17 Uhr.
www.1798centre.ie

St Aidan's Cathedral
Main St. *053 923 5777.*
tägl. 9–18 Uhr.
www.staidanscathedral.ie

Der Binnenhafen von New Ross vom Westufer des Barrow aus gesehen

Blick über den Hafen auf die Stadt Wexford

Irish National Heritage Park 25

Straßenkarte D5. Ferrycarrig, Co Wexford. *053 912 0733.* *Mai–Aug: 9.30–18.30 Uhr (Sep–Apr: bis 17.30 Uhr).* *Weihnachtswoche.* *März–Okt.*
www.inhp.com

Der Park auf einem früheren Sumpfgelände nahe Ferrycarrig nördlich von Wexford ist ein eindrucksvolles Freilichtmuseum. Nachbauten alter Häuser und Begräbnisstätten vermitteln einen Eindruck der Geschichte Irlands *(siehe S. 32f)*. Die Abteilung über die Kelten ist besonders interessant. Die Wikingerwerft mit einem Kaperschiff und einer Wassermühle (7. Jh.) ist auch einen Besuch wert.

Wexford 26

Straßenkarte D5. Co Wexford. *17 000.* *Quay Front (053 912 3111).*
www.discoverireland.ie

Wexfords Name kommt vom nordischen *Waesfjord* (schlammige Mündung). Der Ort war früher ein blühender Hafen. Seit viktorianischer Zeit verlor er allerdings wegen Versandung an Bedeutung. Die Wexforder Kais, an denen die Schiffe früher nach Bristol, Tenby und Liverpool ablegten, werden heute vornehmlich von Booten für den Muschelfang genutzt.

Wexford ist eine ansprechende Stadt mit hübschen Pubs, einer bunten Kunstszene – und sprachlichen Eigentümlichkeiten. Der von den frühen Siedlern gesprochene Yola-Dialekt färbt bis heute die Aussprache.

In Wexford sind nur wenige Spuren der Vergangenheit erhalten. Die Fischgrätanlage der Stadt – mit der sich windenden Main Street und den davon abzweigenden engen Gassen – geht auf die Wikinger zurück. Die Keyser's Lane, die die South Main Street mit dem Paul Quay verbindet, ist eine tunnelartige Gasse, die früher zum Anlegeplatz führte. Die Normannen errichteten die Wexforder Stadtmauer, zu deren Resten eines der alten Tore gehört. Dahinter liegt die **Selskar Abbey**, die Ruine eines Augustinerklosters aus dem 12. Jahrhundert. Henry II soll hier wegen der Ermordung von Thomas Becket Buße getan haben.

Schild eines Pubs in Wexford

Wexford besitzt zudem hübsche Gebäude aus späteren Perioden, etwa die Markthalle (heute ein Kunstzentrum) **Cornmarket** (18. Jh.) an der Main Street. Der nahe gelegene **Bull-Ring-Platz** ist historisch bemerkenswert, weil in normannischer Zeit hier Bullenhatzen stattfanden und Cromwells Leute 1649 an der Stelle ein Gemetzel unter den Einwohnern anrichteten.

Das Wexforder Opernfestival im Oktober ist das führende Opernereignis des Landes. Es findet im hochmodernen **Wexford Opera House** auf dem Gelände des alten Royal Theatre statt. Fans rühmen die intime Atmosphäre während und nach den Vorstellungen, wenn Künstler und Zuhörer in den Pubs zusammentreffen. Das Centenary Stores nahe der Main Street ist eines der beliebtesten.

Umgebung: Östlich der Stadt liegt das 100 Hektar große, für seine Gänse berühmte **Wexford Wildfowl Reserve**: Mehr als ein Drittel der Weltpopulation an Weißbrust-Grönlandgänsen überwintert hier von Oktober bis April.

Die Schlammtümpel locken Schwäne und Stelzvögel an und sind ein ergiebiges Jagdrevier für Greifvögel. Man kann die Tiere von einigen Unterständen, einem Aussichtsturm oder im Rahmen einer geführten Bootstour beobachten.

Wexford Opera House
High Street. *053 912 2400.*
www.wexfordoperahouse.ie

Wexford Wildfowl Reserve
Wexford. *053 912 3129.*
tägl. *am Wochenende.*

Bootsausflüge
Harbour Thrills, Seaview, Murrintown. *085 732 9787.*

Johnstown Castle 27

Straßenkarte D5. Co Wexford. *053 914 2888.* *Wexford.*
Park *Mai–Sep: tägl.* *24., 25. Dez.*

Fassade von Johnstown Castle

Das prächtige neogotische Herrenhaus liegt sechs Kilometer südwestlich von Wexford. Es ist seit 1945 in staatlicher Hand und für die Öffentlichkeit nicht zugänglich. Besichtigt werden kann

Halbkreisförmiger Sandstrand bei Rosslare

dagegen das **Irish Agricultural Museum** im Wirtschaftstrakt. Modelle veranschaulichen heute traditionelles Gewerbe und es gibt eine sehr gute Ausstellung zur Hungersnot. Weitere Ausstellungen widmen sich dem Dorfhandwerk und Landküchen.

Das Prachtvollste an Johnstown Castle sind die italienischen Gärten mit künstlichen Seen und Ziersträuchern. Außer Japanischen Zedern, Redwoods und Kiefern blühen Azaleen und Kamelien. An den Seen leben u.a. Höckerschwäne, Teichrallen, Zwergtaucher und Reiher.

In den dicht bewachsenen Wäldern westlich des Gebäudes verbergen sich die Ruinen des aus dem Mittelalter stammenden Turmhauses **Rathlannon Castle**.

Irish Agricultural Museum
Johnstown Castle. *053 914 2888.* *tägl. 9–17 Uhr.* *teilweise.* **www**.irishagrimuseum.ie

Saltee Islands 28

Straßenkarte D5. Co Wexford.
von Wexford nach Kilmore Quay: Mi, Sa. *von Kilmore Quay: Apr–Sep (je nach Wetter).* *053 912 9637.* **www**.salteeislands.info

Die Inseln vor der Südküste von Wexford sind ein Paradies für Seevögel. Great und Little Saltee Island bilden das größte Vogelreservat Irlands und bieten u.a. Tölpeln, Möwen, Papageitauchern und Schwarzschnabel-Sturmtauchern eine Heimat. Great Saltee ist vor allem für seine Kormorankolonie berühmt. Es gibt hier auch über 1000 Paare Dreizehenmöwen. Im Frühling und im Herbst legen Zugvögel hier eine Zwischenstation ein. Die Vogelwelt der Inseln wird erforscht. Auch eine Robbenkolonie wird genau untersucht.

Die zwei unbewohnten Inseln befinden sich in Privatbesitz, doch Besucher sind willkommen. Bei schönem Wetter werden von **Kilmore Quay** aus Bootsausflüge angeboten.

Kilmore Quay ist ein auf einem präkambrischen Gneisfelsen erbautes Fischerdorf. Strohgedeckte Häuser drängen sich am Sandstrand und am Hafen.

Guillemot Maritime Museum
Kilmore Quay. *053 912 9655.* *Mai, Sep: Sa, So; Juni–Aug: tägl.*

Rosslare 29

Straßenkarte D5. Co Wexford.
2000. *Kilrane, Rosslare Harbour (053 912 3111).*
www.discoverireland.ie

Nach dem Niedergang des Wikingerhafens in Wexford übernahm Rosslare dessen Rolle. Der Hafen ist so bekannt, dass viele Leute bei seinem Namen mehr an Fähren nach Wales und Frankreich denken als an die Stadt acht Kilometer nördlich.

Die Stadt, einer der sonnigsten Orte Irlands, lockt viele Urlauber an. Sie hat einen 9,5 Kilometer langen Strand und einen erstklassigen Golfplatz. Im Norden führen Spazierwege nach Rosslare Point.

Umgebung: Im **Yola Farmstead Folk Park** in Tagoat, sechs Kilometer südlich von Rosslare, kann man eine liebevoll renovierte Villa aus dem 18. Jahrhundert und eine Windmühle besichtigen.

Yola Farmstead Folk Park
Tagoat. *053 913 2610.* *März, Apr, Nov: Mo–Fr 10–16 Uhr; Mai–Okt: tägl. 10–16 Uhr*

Tölpelkolonie auf den Klippen von Great Saltee Island

Cork und Kerry

Cork · Kerry

Seit viktorianischer Zeit lockt die herrliche Landschaft Besucher an. Felsmassive ragen in den Atlantik hinaus. Im Schutz der Buchten liegen farbenfrohe Fischerdörfer. Das County Kerry bietet spektakuläre Landschaften und zahllose prähistorische und frühchristliche Fundstätten, während der sanftere Charakter des County Cork schon so manchen Besucher zum Bleiben verführte.

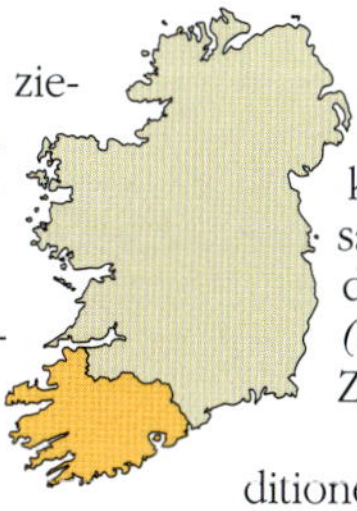

Killarney und seine Seen ziehen Besucher ebenso an wie die hübschen Küstenstädte und -dörfer in Cork. Die Gegend ist noch sehr authentisch – insbesondere in den gälischsprachigen Nischen leben viele traditionsbewusste Menschen. Das Handwerk besitzt hier eine lange Tradition.

Dieser Teil Irlands hatte früher den engsten Kontakt zum Festland. Aus Angst vor französischen und spanischen Invasionen bauten die Engländer im 17. Jahrhundert an der Küste Corks mehrere Festungen, darunter das mächtige Charles Fort in Kinsale.

Im 19. Jahrhundert kamen viele Menschen während der Hungersnot *(siehe S. 219)* nach Cork und schifften sich von Cobh aus nach Amerika ein. Die Bedeutung Corks als Hafenstadt hat seitdem zwar abgenommen, doch sie ist noch immer die zweitwichtigste Stadt der Insel mit einem regen Kulturleben.

Armut und Temperament ließen im Südwesten eine mächtige republikanische Bewegung entstehen. Im Unabhängigkeits- und im anschließenden Bürgerkrieg kam es hier wiederholt zu Partisanenkämpfen. 1920 brannten die berüchtigten Black and Tans *(siehe S. 44f)* aus Rache das Zentrum von Cork nieder.

Kerry wurde wegen seiner traditionellen Missachtung der Herrschaft Dublins auch »das Königreich« genannt. Die Iren erkennen die Bewohner Kerrys – über die viele Witze kursieren – an ihrer Lebenslust.

In diesem Areal wohnen nicht nur die freundlichsten Menschen Irlands, es bietet auch einige der schönsten Landschaften. Typisch für Cork sind grüne Täler und eine schöne Küste, Kerry ist zerklüfteter und bergiger. Die Inseln vor der Küste Kerrys wirken ungastlich, aber viele waren früher bewohnt. Im 6. Jahrhundert befand sich auf der abgelegenen Felseninsel Skellig Michael ein christliches Kloster.

Papageitaucher auf der Insel Skellig Michael vor der Küste Kerrys

◁ **Strand bei Barley Cove nahe Mizen Head, County Cork** ***(siehe S. 167)***

Überblick: Cork und Kerry

Killarney ist ein beliebter Ausgangspunkt für die Erkundung Corks und Kerrys, vor allem für die Ring-of-Kerry-Tour und Fahrten zu den archäologischen Fundstätten der Dingle Peninsula. Trotz des unbeständigen Wetters locken die spektakulären Landschaften und die üppige Natur viele Besucher an. Wenn Sie in ruhigen Fischerdörfern und eleganten Städten wie Kenmare anhalten, werden Sie von den Einheimischen stets freundlich begrüßt. Outdoor-Fans finden reichlich Möglichkeiten zum Reiten, Wandern oder Radfahren. Die Stadt Cork mit ihren Kunstgalerien und Kunsthandwerksläden besitzt kosmopolitisches Ambiente.

Ein Kuss für den Blarney Stone am Blarney Castle nahe Cork

In Cork und Kerry unterwegs

Zur Erkundung der Gegend ist ein Auto unverzichtbar. Die N22 verbindet Cork, Killarney und Tralee; die N71 führt an der Küste entlang über Clonakilty und Bantry nach Killarney. In abgelegeneren Gebieten sind die Schilder bisweilen nur auf Gälisch beschriftet. Von Killarney aus gibt es Busausflüge. Die Zugverbindung Cork–Dublin ist gut. Auch Killarney ist an Cork und Dublin per Bahn angebunden, man muss eventuell unterwegs umsteigen. Busse verkehren ebenfalls in der Region, oft aber nur zu den Hauptsehenswürdigkeiten.

Weitere Zeichenerklärungen *siehe hintere Umschlagklappe*

Grasendes Vieh nahe der Ardfert Cathedral

Sehenswürdigkeiten auf einen Blick

Ardfert Cathedral 2
Baltimore 18
Bantry Bay 16
Bantry House S. 168f 15
Beara Peninsula 13
Blackwater 26
Blarney Castle 23
Carrigafoyle Castle 1
Clonakilty 20
Cobh 27
Cork S. 174–177 25
Dingle (An Daingean) 4
Drombeg Stone Circle 19
Gallarus Oratory 5
Garinish Island 14
Kenmare 12
Killarney 7
Kinsale S. 172f 24
Lakes of Killarney S. 162f 8
Lee 22
Mizen Head 17
Old Midleton Distillery 28
Skellig Islands 10
Timoleague Abbey 21
Tralee 3
Valentia Island 9
Youghal 29

Touren

Dingle Peninsula 6
Ring of Kerry 11

LEGENDE

- Autobahn
- Schnellstraße
- Hauptstraße
- Nebenstraße
- Panoramastraße
- Eisenbahn (Hauptstrecke)
- Eisenbahn (Nebenstrecke)
- County-Grenze
- Gipfel

SIEHE AUCH

- ***Hotels*** S. 302–306
- ***Restaurants*** S. 331–334 und S. 347f

Newman's Mall in Kinsale

Die Ardfert Cathedral und die Ruinen von Teampall na Hoe und Teampall na Griffin

Carrigafoyle Castle ❶

Straßenkarte B5. Co Kerry.
🚌 *nach Listowel.*

Oberhalb der Shannon-Mündung, drei Kilometer von Ballylongford entfernt, thront die Burg Carrigafoyle aus dem 15. Jahrhundert, Sitz des O'Connor-Clans, der einen Großteil des nördlichen Kerry beherrschte. Die Engländer belagerten oder plünderten sie wiederholt. Die Truppen Cromwells zerstörten sie im Jahr 1649 dann endgültig *(siehe S. 39)*. Zu den Ruinen gehören ein Burghof und ein Turm.

Ruinen von Carrigafoyle Castle

Ardfert Cathedral ❷

Straßenkarte A5. Co Kerry.
📞 *066 713 4711.* 🕐 *Ostern – Mitte Sep: tägl., sonst auf Anfrage.* 📷 ♿
www.heritageireland.ie

Der Kirchenkomplex ist dem hl. Brendan, dem Seefahrer *(siehe S. 213)*, geweiht, der 484 in der Nähe zur Welt kam und im 6. Jahrhundert hier ein Kloster gründete. Die zerfallene Kathedrale ist aus dem 12. Jahrhundert. Ein romanisches Portal und die Blendarkaden sind erhalten. Die Zinnen wurden erst im 15. Jahrhundert hinzugefügt. Das südliche Querschiff zeigt eine Ausstellung über die Geschichte der Kathedrale. Auf dem Friedhof stehen Überreste der romanischen Kirche Teampall na Hoe und die spätgotische Kapelle Teampall na Griffin.

In der Nähe finden sich auch die Ruinen eines 1253 von Thomas Fitzmaurice gegründeten Franziskanerklosters. Der Kreuzgang und die südliche Kapelle stammen aus dem 15. Jahrhundert.

Umgebung: Nordwestlich von Ardfert liegt **Banna Strand**, wo der irische Patriot Roger Casement 1916 mit einem deutschen U-Boot Waffen für den Osteraufstand anlandete *(siehe S. 44f)*. An seine Festnahme erinnert ein Denkmal. David Lean drehte hier 1970 den Film *Ryans Tochter*.

20 Fahrminuten nördlich von Ardfert, in Ballyduff, steht der 28 Meter hohe **Ratoo Round Tower**. Von dem im 10. oder 11. Jahrhundert erbauten Wachturm aus sollte frühzeitig vor Angriffen der Wikinger gewarnt werden. Er ist einer der schönsten in Irland.

Tralee ❸

Straßenkarte B5. Co Kerry.
👥 *23 000.* 🚂 🚌 ℹ *Ashe Memorial Hall, Denny St (066 712 1288).* 🛒 *Fr.*
www.tralee.ie

Die Heimat des renommierten Rose of Tralee International Festival *(siehe S. 49)* wendet große Mühe auf, ihr Kultur- und Freizeitangebot zu vermarkten. Hauptattraktion ist das **Kerry County Museum** mit dem Themenpark Königreich Kerry und drei Ausstellungen: einer audiovisuellen Schau über die Landschaften Kerrys, archäologischen Funden und einer Zeitreise durch das mittelalterliche Tralee.

Das **Siamsa Tíre** National Folk Theatre leistet viel für die Erhaltung der irischen Kultur. Im Sommer finden hier traditionelle Gesangs- und Tanzdarbietungen statt.

Etwas außerhalb liegt die 1800 erbaute **Blennerville**

Steam Railway auf der Strecke zwischen Tralee und Blennerville

Windmill, Irlands größte noch betriebene Windmühle. Im Lee Valley Park gegenüber gibt es ein Schutzgebiet, ein Besucherzentrum, einen See sowie Wander- und Radwege. Die **Steam Railway** verbindet Blennerville mit Tralee. Vom Bahnhof Ballyard fährt die Bahn zur Windmühle.

Kerry County Museum
Ashe Memorial Hall, Denny St.
066 712 7777. Juni–Sep: tägl. 9.30–17 Uhr; Okt–Mai: Di–Sa 9.30–17 Uhr. eine Woche zu Weihnachten.

Siamsa Tíre
Town Park. *066 712 3055.*
Mai–Sep: bei Veranstaltungen.

Blennerville Windmill
066 712 1064. Apr–Okt: tägl.

Steam Railway
Ballyard Station. *066 712 1064.*
Juni–Aug: tägl.

Dingle 4

Straßenkarte A5. Co Kerry.
2000. Apr–Nov. Strand St (066 915 1188). Sa.
www.discoverireland.ie/southwest

Die einst abgelegene gälischsprachige Stadt ist heute ein blühender Fischerhafen und beliebtes Ferienzentrum – mit bunten Handwerksläden und Cafés, oft mit leichtem Hippie-Touch.

Dingle Bay ist ein hübscher Ort mit einem etwas heruntergekommenen Hafen voller Fischkutter. Die quirligen Bars am Kai bieten Musik und frisches Seafood. Star des Hafens ist der Delfin Fungi, der seit 1984 hier lebt und den man per Boot oder schwimmend besuchen kann.

Andere Meeresbewohner kann man in der Ocean World bestaunen. Die neue Attraktion mit atemberaubenden Unterwassertunneln präsentiert Fauna und Flora der hiesigen Küste.

Gallarus Oratory, eine frühchristliche Kirche

Gallarus Oratory 5

Straßenkarte A5. Co Kerry.
nach Dingle. 066 915 6444.
Apr–Sep

Die winzige Kirche blickt auf den Hafen von Smerwick herab. Sie wurde zwischen dem 6. und 9. Jahrhundert erbaut und ist das besterhaltene frühchristliche Gotteshaus Irlands und ein Glanzstück der erstmals von den jungsteinzeitlichen Grabbauern angewandten Kragsteintechnik: Die Steine wurden schräg gesetzt, damit der Regen besser abfließen konnte.

Fischerboote liegen am Kai von Dingle

Tour über die Dingle Peninsula ❻

Pub-Schild, Ballyferriter

Die Halbinsel ist eine der attraktivsten Gegenden Irlands. Im Norden ragt der Brandon Mountain empor. Die Westküste bietet überwältigende Blicke aufs Meer. Bei einer Rundfahrt (die mindestens einen halben Tag dauert) sieht man faszinierende Altertümer: Festungen aus der Eisenzeit, Inschriften, Steinhütten und frühchristliche Gebetshäuser. Manche liegen auf Privatgrund. Der Eintritt kostet eventuell etwas. In Teilen der Halbinsel wird Gälisch gesprochen, insbesondere in abgelegenen Gebieten. Viele Straßenschilder und Wegweiser tragen dort nur irische Aufschriften.

Blick vom Clogher Head

Riasc (An Riasc) ⑦
Die durch Ausgrabungen freigelegte Klosteranlage aus dem 6. Jahrhundert umfasst die Überreste eines Gebetshauses, mehrere mit Kreuzen versehene Platten und eine Steinstele mit Inschriften *(siehe S. 243)*.

Ballyferriter (Baile an Fheirtéaraigh) ⑥
Zu den Sehenswürdigkeiten dieses gemütlichen Dorfs zählen die pastellfarbenen Häuser, die Töpferei von Louis Mulcahy und ein Heimatmuseum.

Blasket Centre (Ionad an Bhlascaoid) ⑤
Das Zentrum am Blasket Sound informiert die Besucher über Literatur, Sprache und Leben der Bewohner der Blasket Islands. Sie übersiedelten 1953 auf das Festland.

Dunmore Head (Ceann an Dúin Mhoir) ④
Der westlichste Punkt bietet schöne Blicke auf die Blasket Islands.

Slea Head (Ceann Sléibe) ③
Auf der Küstenstraße um das Vorgebirge von Slea Head kommen die Blasket Islands in Sicht. Die Kreuzigungsskulptur an der Straße nennen die Einheimischen »das Kreuz« (An Cros).

LEGENDE

- Routenempfehlung
- Andere Straße
- Aussichtspunkt

0 Kilometer 2

Kilmalkedar (Cill Maolchéadair) ⑨
Wo früher eine heidnische Kultstätte war, liegen die Ruinen einer irisch-romanischen Kirche mit Steinskulpturen. Auf dem Friedhof stehen heidnische Gedenksteine, ein Kreuz und eine Sonnenuhr.

Gallarus Oratory (Séipéilín Ghallrois) ⑧
Die winzige Steinkirche *(siehe S. 157)* ist Zeugnis des frühen Christentums in Irland.

Dingle (An Daingean) ①
Dingle ist bekannt für seinen Delfin Fungi. Hier kann man gut essen, trinken und übernachten *(siehe S. 157)*.

Dunbeg Fort (An Dún Beag) ②
Das Fort aus der Eisenzeit ist eine der besterhaltenen Klippenfestungen Irlands. In der Nähe kann man die Steinhütten von Fahan besichtigen. Sie datieren aus der Zeit des frühen Christentums und dienten Pilgern wohl als Quartier.

ROUTENINFOS

Länge: *40 km.*
Rasten: *Die meisten Dörfer, etwa Dunquin oder Ballyferriter, haben nette Gaststätten und Bars, die einfache Mahlzeiten servieren. Es gibt auch einige Rastplätze zum Picknicken. Auf der Küstenstraße um Slea Head sollte man nur an den sicheren, als Aussichtspunkt markierten Stellen parken* (siehe S. 385–387).

Pferdekutschen in Killarney warten auf Gäste

Killarney ❼

Straßenkarte B5. Co Kerry.
15 000. Beach Road (064 663 1633). Fr.
www.killarney.ie

Killarney wird zwar oft als zu touristisch abgetan, besitzt aber eine gemütliche Atmosphäre. Der Humor seiner Bewohner äußert sich am deutlichsten bei den Kutschern, die schon seit Generationen in diesem Gewerbe arbeiten. Im Sommer ist die Stadt überlaufen. Die Läden haben bis 22 Uhr geöffnet, es gibt mehrere ausgezeichnete Restaurants und einige Hotels an den Seen. Killarney ist ein guter Ausgangspunkt für Ausflüge zu den bekannten Seen *(siehe S. 162f)* und den heidebedeckten Hügeln der Umgebung.

Umgebung: Von Killarney aus erreicht man nach kurzer Fahrt das **Muckross House** mit Blick auf die Seen. Das imposante viktorianische Herrenhaus wurde 1843 im elisabethanischen Stil errichtet. Die eleganten Innenräume sind mit Stilmöbeln ausgestattet. Hier befinden sich auch das Heimatmuseum, das die Geschichte Südwest-Irlands vermittelt. In der nahe gelegenen Muckross Farm wird Landwirtschaft noch wie in den 1930er und 1940er Jahren betrieben.

Muckross House
6 km südl. von Killarney. *064 667 0144. Juli–Aug: tägl. 9–19 Uhr; Sep–Juni: tägl. 9–17.30 Uhr. 26. Dez–2. Jan.*
www.muckross-house.ie

Berglandschaft bei Moll's Gap am Ring of Kerry *(siehe S. 164f)* ▷

Lakes of Killarney ❽

Früchte des Erdbeerbaums

Das wegen seiner herrlichen Landschaft berühmte Gebiet ist eine der größten Attraktionen für Besucher Irlands. Die drei Seen im Nationalpark von Killarney bilden in der von Abtei- und Schlossruinen übersäten Gegend den Hauptanziehungspunkt: spiegelnde Wasserflächen mit einem ständigen Wechselspiel feiner Licht- und Farbschattierungen. Die Landschaft bezauberte viele Künstler und Schriftsteller, etwa William Makepeace Thackeray, der »einen Abgrund, bedeckt von tausend Bäumen …, und Berge, so weit das Auge reicht«, beschrieb. Im Herbst leuchten an den Ufern die roten Früchte des Erdbeerbaums.

Meeting of the Waters
Dinis Island bietet den schönsten Blick auf diesen Ort, an dem sich Upper Lake, Muckross Lake und Lough Leane vereinigen. An der Old Weir Bridge schießen Boote über die Stromschnellen.

Torc Waterfall
Der Owengarriff River stürzt in Kaskaden durch das bewaldete Friars Glen in den Muckross Lake. Ein gewundener Pfad führt zum höchsten Punkt des 18 Meter hohen Wasserfalls, mit hervorragender Aussicht auf den Torc Mountain.

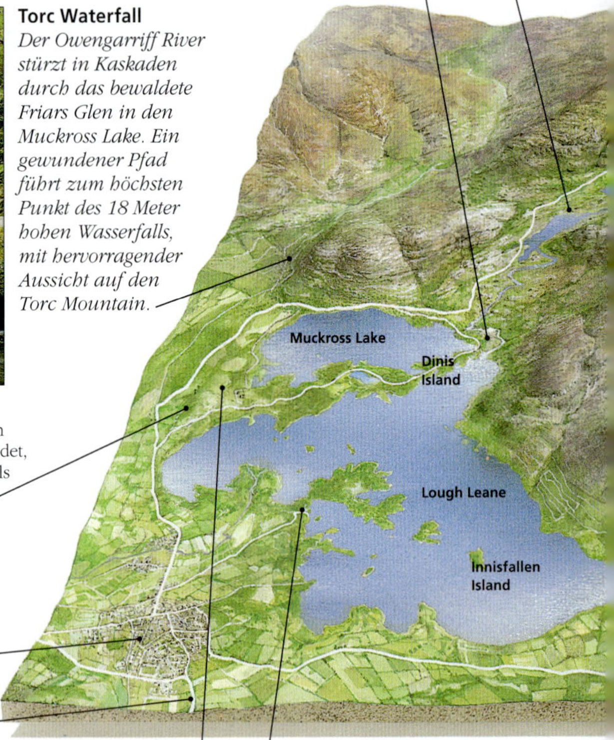

Muckross Abbey, 1448 von den Franziskanern gegründet, wurde 1653 von Cromwells Truppen niedergebrannt.

Killarney *(siehe S. 159)* ist der Hauptausgangspunkt für Ausflüge in das Gebiet rund um die Seen.

N22 nach Tralee ***(siehe S. 156f)***

Ross Castle wurde im 15. Jahrhundert erbaut und war die letzte Bastion der Iren gegen die Truppen Cromwells. Diese eroberten die Festung 1653.

★ Muckross House
Das Haus aus dem 19. Jahrhundert (siehe S. 159) *liegt wunderschön oberhalb der Seen. Das Naturkundezentrum informiert über Flora und Fauna des Nationalparks.*

Upper Lake

Er ist der kleinste der drei Seen. Der Long Range River verbindet ihn mit dem Meeting of the Waters.

INFOBOX

Straßenkarte B5. Killarney, Co Kerry. *Kerry (066 976 4644). Killarney (064 663 1633).*

National Park *064 663 1947. Fußgänger haben durchgehend Zutritt; Autos: tägl. 8–18 Uhr (Juni–Aug: bis 19 Uhr).*

www.killarneynationalpark.ie

Muckross House siehe S. 159

Ross Castle *064 663 5851. Mitte März–Mitte Okt: tägl. obligatorisch. von Ross Castle*

MV Pride of the Lakes *(064 662 7737): Apr–Sep (je nach Wetter);*

The Lily of Killarney *(064 663 3358): März–Okt.*

Kate Kearney's Cottage *064 664 4146. Ostern–Okt: tägl. 9–24 Uhr; Nov–Ostern: 11–21 Uhr.*

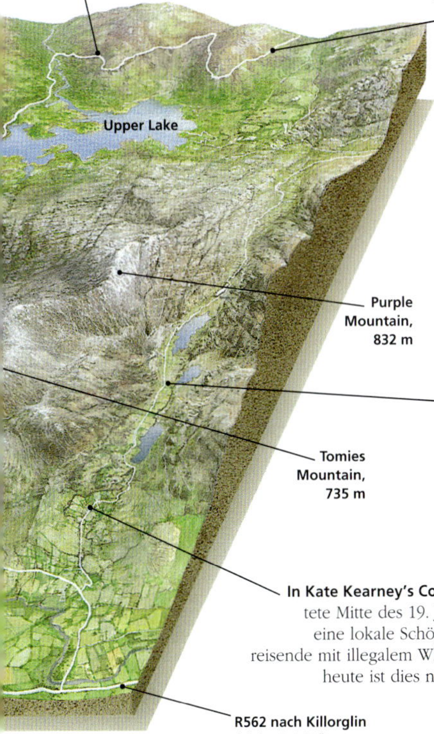

★ Gap of Dunloe

Gletscher schufen die wildromantische Schlucht. Der Weg zum Pass lockt Wanderer, Radfahrer und Reiter. Er führt an drei kleinen Seen vorbei und bietet herrliche Ausblicke auf die Schlucht.

Lough Leane

Den größten der drei Seen mit seinen vielen unbewohnten Inselchen umgeben bewaldete Hänge. Von Ross Castle fährt ein Schiff zur Insel Innisfallen.

NICHT VERSÄUMEN

- ★ Gap of Dunloe
- ★ Muckross House

Valentia Island ❾

Straßenkarte A5. Co Kerry. *nach Cahirciveen.* *Mai–Sep: Cahirciveen (066 947 2589, 064 31633).* **www**.visitvalentiaisland.ie

Auf Valentia fühlt man sich wie auf dem Festland, und doch ist es eine Insel, die mit Portmagee durch eine Brücke verbunden ist. Die Insel ist elf Kilometer lang und bietet gute Wassersportmöglichkeiten, romantische Küsten, archäologische Stätten und eine traumhafte Aussicht vom Geokaun Mountain. Nahe Valentia, etwa 15 Kilometer südwestlich der Halbinsel Iveragh, liegen die Skellig Islands.

Stufen zum Kloster von Skellig Michael

Nahe der Brücke informiert das **Skellig Experience Centre** über die Geschichte des Klosters auf Skellig Michael sowie über die Seevögel und Meerestiere der größten Skellig-Insel. Die Klippen von Skellig reichen 50 Meter tief. Das Zentrum organisiert auch Schiffsfahrten um die Inseln.

Valentias Hauptort **Knightstown** bietet Unterkünfte und Pubs sowie fantastische Ausblicke.

1866 wurde von der Südwestspitze der Insel ausgehend das erste Transatlantikkabel nach Neufundland in Kanada verlegt.

Skellig Experience Centre
Valentia Island. 066 947 6306.
tel. erfragen

Skellig Islands ❿

Straßenkarte A6. Co Kerry. *März–Okt: von Valentia Island.* *066 947 6306.*

Skellig Michael, auch Great Skellig genannt, ist ein Welterbe der UNESCO. Der ungastlich aus dem Atlantik ragende Felsen ist 17 Hektar groß. Ein einsames frühchristliches Kloster thront 218 Meter hoch auf einem Felsgesims, zu dem eine über 1000 Jahre alte Treppe führt. Mönche suchten hier im 6. Jahrhundert Einsamkeit.

Tour entlang dem Ring of Kerry ⓫

Die Route um die Halbinsel Iveragh, die man im oder gegen den Uhrzeigersinn befahren kann, ist als Ring of Kerry bekannt. Sie dauert einen ganzen Tag, will man in Muße die Fischerdörfer und die Landschaft bewundern. Brechen Sie früh auf, damit Sie den Massen entgehen, die mittags oder zum Nachmittagstee die Orte bevölkern. Auch Abstecher ins Innere der Halbinsel lohnen sich.

Glenbeigh ③
Besichtigen Sie das Kerry Bog Village, ein Museumsdorf mit Häusern aus dem 19. Jahrhundert.

Cahirciveen ④
Der Hauptort der Halbinsel beherbergt ein Heimatmuseum.

Strand bei Ballinskelligs

LEGENDE

- Routenempfehlung
- Andere Straße
- Boote zu den Skellig Islands
- Aussichtspunkt

Derrynane House ⑤
In dem Haus aus dem 17. Jahrhundert erinnert ein Museum an Daniel O'Connell *(siehe S. 42)*, der hier einmal wohnte.

Staigue Fort ⑥
Eine schmale Straße führt zu einer Ringfestung *(caher)* aus der Eisenzeit, der besterhaltenen Irlands.

Sie bauten eine Gruppe bienenkorbartiger Stein- und zwei bootsförmige Gebetshäuser. Die ohne Mörtel errichteten Bauwerke sind unbeschädigt erhalten. Die Mönche lebten auf dieser Insel völlig autark. Mit vorbeifahrenden Schiffsleuten tauschten sie Eier, Federn und Robbenfleisch gegen Getreide, Werkzeuge und Häute. Aus den Häuten fertigten sie Pergament für religiöse Schriften. Bis ins 12. Jahrhundert war das Kloster bewohnt, dann zogen sich die Mönche in die Augustinerpriorei von Ballinskelligs zurück.

Heute bevölkern Skellig Michael Tausende von Seevögeln, die auf den Klippen nisten und brüten, u.a. Sturmschwalben und Papageitaucher. Die Vogelkolonien sind durchs Meer und die felsige Küste vor Räubern sicher.

Basstölpel vor den Felshängen von Little Skellig

Little Skellig liegt näher am Festland. Die Felswände des sieben Hektar großen Eilands ragen steil aus dem Meer. Neben vielen anderen Meeresvögeln findet man hier eine der weltgrößten Basstölpelkolonien – hier brüten ungefähr 22 000 Paare. Außerdem hat man die Möglichkeit, Riesenhaie, Delfine und Schildkröten zu beobachten.

Außer einem Pier auf Skellig Michael gibt es auf den Inseln keine Landungsstege. So soll verhindert werden, dass die Tiere gestört oder die Pflanzen und die archäologischen Stätten beschädigt werden.

Wenn das Wetter es erlaubt, werden Bootsausflüge um die Inseln angeboten. Private nicht mit dem Fremdenverkehrsamt kooperierende Anbieter steuern im Sommer auch von Portmagee oder Ballinskelligs die Inseln an.

Killorglin ② Das hübsche Dorf oberhalb eines Flusses ist wegen seines Puck Fair bekannt *(siehe S. 49)*.

Killarney ① Der traditionelle Ausgangs- und Zielpunkt für eine Tour am Ring of Kerry. Zu Beginn der Fahrt genießt man die Aussicht auf den See.

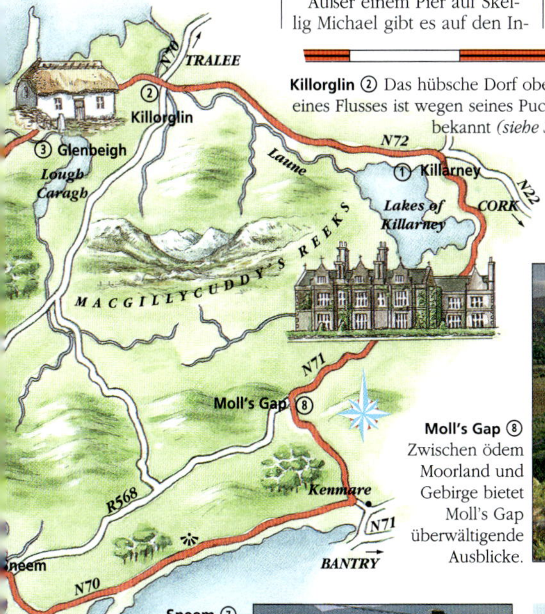

Moll's Gap ⑧ Zwischen ödem Moorland und Gebirge bietet Moll's Gap überwältigende Ausblicke.

Sneem ⑦ Bunt gestrichene Fassaden beleben das Straßenbild des reizenden Orts, der noch seinen altertümlichen Dorfanger hat.

0 Kilometer 10

ROUTENINFOS

Länge: *180 km.*

Rasten: *Viele Orte, beispielsweise Killorglin oder Cahirciveen, bieten Pubs mit Snacks. Abends können Sie in einem der Gourmet-Restaurants in Kenmare speisen* (siehe S. 333).

Spitzenklöpplerin in Kenmare

Kenmare ⓬

Straßenkarte B5. Co Kerry. *1700.* *Mai–Sep: Main St (064 664 1233).* *Mi.* **www**.discoverireland.ie

Cromwells Generalinspektor Sir William Petty gründete diesen Ort 1670 an der Mündung des Sheen. Sein Nachfahre, der Marquess of Lansdowne, baute Kenmare 1775 in ein Modellstädtchen für Grundbesitzer um, geprägt durch Stuckfassaden.

Kenmare ist für Spitze bekannt. Während der Hungersnot führten Nonnen hier das Spitzenklöppeln ein, um für Mädchen und Frauen einen Broterwerb zu schaffen. Es gibt hier auch einige gute Hotels *(siehe S. 304)* und Gourmet-Restaurants *(siehe S. 333)*. Der Ort ist ideal als Ausgangspunkt für Fahrten über die Beara Peninsula und den Ring of Kerry *(siehe S. 164f)*.

Die Market Street führt zum Fluss und dem **Druid's Circle**, einem prähistorischen Ring aus 15 Steinen, wahrscheinlich für Menschenopfer.

Beara Peninsula ⓭

Straßenkarte A6. Co Cork und Co Kerry. *nach Glengarriff (tägl.) und Castletownbere (nur Fr).* *Kennmare (064 664 1233).*

Moorland mit verstreut liegenden Fischerdörfern ist typisch für die Halbinsel. Früher war sie Zuflucht und Anlaufstelle von Schmugglern. Die Iren machten beim Tausch von Sardinen gegen französischen Cognac damals wohl das bessere Geschäft.

Die schöne Landschaft lädt zu Wanderungen ein. Der nicht ganz leichte Weg über den **Healy Pass** durch die Caha Mountains bietet herrliche Blicke auf die Bantry Bay und die raue Landschaft von West Cork. Westlich ragt der **Hungry Hill** empor, der bei Bergsteigern beliebte höchste Berg der Caha Mountains.

Zwischen Caha und den Slieve Miskish Mountains liegt **Castletownbere**, der Hauptort der Halbinsel. Früher nutzten Schmuggler den Naturhafen. Heute drängen sich hier Fischtrawler. In McCarthy's Bar am Town Square steht noch der Tisch, an dem bis vor wenigen Jahrzehnten Familien Heiratsverträge aushandelten.

Westlich von Castletownbere liegt die Ruine von **Puxley Mansion**, dem Stammhaus der Puxleys, denen die Bergwerke in **Allihies** gehörten. Allihies, bis in die 1930er Jahre ein Zentrum des Kupferbergbaus, ist ein interessanter Ort mit ockerfarbenen Abraumhalden und dem **Allihies Copper Mine Museum**.

Eine Seilbahn fährt von der Spitze der Halbinsel nach **Dursey Island** mit Schlossruine und Seevögelkolonien. Von der für je sechs Fahrgäste oder ein großes Tier zugelassenen Kabine blickt man auf die Inseln Bull, Cow und Calf.

Auf der R757 kommt man nach Kenmare zurück. Zwei Dörfer lohnen einen Halt: **Eyeries** wegen seiner Handwerksarbeiten und bunten Hausfassaden und **Ardgroom** als Ausgangspunkt für Wanderungen durchs eiszeitliche Tal um den **Glenbeg Lough**.

Allihies Copper Mine Museum
Allihies. *027 73218.* *Apr–Okt: tägl.* **www**.acmm.ie

Garinish Island ⓮

Straßenkarte B6. Co Cork. *von Glengarriff (027 63116).* **Park** *027 63040.* *Apr–Okt: tägl.* *teilweise.* **www**.heritageireland.ie

Harold Peto gestaltete die kleine, auch Ilnacullin genannte Insel 1910 für den Belfaster Geschäftsmann

Beara Peninsula: Blick vom Healy Pass auf die Caha Mountains

Hotels und Restaurants in Cork und Kerry *siehe Seiten 302–306 und 331–334*

Italienischer Garten mit Zierbecken und Statue auf Garinish Island

Annan Bryce in einen exotischen Garten um. Der Park, der auf die Bantry Bay blickt, hat neoklassizistische Zierbauten und ist von üppiger subtropischer Flora bedeckt.

Besonders prächtig ist das exotische Strauchwerk im Sommer. Im Mai und Juni blühen Kamelien, Azaleen und Rhododendren. Es gibt eine Pflanzung mit neuseeländischen Farnen, einen japanischen Steingarten und eine schöne Sammlung von Bonsaibäumen. Es wird angenommen, dass der die Insel krönende Martello-Turm der Erste ist, der jemals gebaut wurde.

Herzstück des Parks ist ein mit Säulen ausgestatteter Garten im italienischen Stil mit neoklassizistischer Statue und dekorativem Zierbecken. Seinen Reiz verdankt er vor allem dem Kontrast zwischen der gepflegt-üppigen Vegetation und dem Blick auf das raue Meer und die karge Gebirgslandschaft. Wer Glück hat, kann auf der Überfahrt zu diesem Golfstrom-Paradies in der Bantry Bay sogar Seehunde sehen.

Bantry House ⓯

Siehe Seiten 168f.

Bantry Bay ⓰

Straßenkarte A6. Co Cork.
nach Bantry und Glengarriff.
März–Okt: The Square, Bantry (027 50229). **www**.bantry.ie
Bamboo Park *027 63975.*
www.bamboo-park.com

Interessant sind hier die Orte **Bantry** und **Glengarriff**, Ausgangspunkte für Ausflüge nach Mizen Head und auf die Beara Peninsula. Bantry liegt an den Hügeln, die sich zur Bucht erstrecken. Das vorgelagerte **Whiddy Island** war Sitz der Familie White, die im 18. Jahrhundert ins Bantry House zog. **Bere Island** im Westen war bis zum Zweiten Weltkrieg britischer Stützpunkt. Auf der Südseite stehen noch Martello-Türme.

Glengarriff verströmt viktorianisches Flair. Im Eccles Hotel an der Küste stieg Königin Victoria gern ab. George Bernard Shaw schrieb hier wohl *Die heilige Johanna.*

Im exotischen **Bamboo Park** in Glengarriff wachsen rund 30 Bambusarten, Palmen und andere Tropenpflanzen.

Mizen Head ⓱

Straßenkarte A6. Co Cork.
nach Goleen. *Town Hall, North St, Skibbereen (028 21766).*

Mizen Head, die Südwestspitze Irlands, besticht durch ihre steilen, sturmgepeitschten Klippen. Eine neu errichtete Hängebrücke führt über eine Kluft zum Leuchtturm und zum **Besucherzentrum**. Der Weg lohnt sich schon wegen des Blicks auf die Klippen. Unweit davon zieht der Sandstrand von **Barley Cove** Badegäste und Spaziergänger an. Etwas weiter östlich lockt **Crookhaven**, ein von bunten Häusern gesäumter Yachthafen.

Nach Mizen Head gelangt man von Bantry über Durrus oder von **Skibbereen** über **Ballydehob** an der R592 und das Dorf **Schull**, im Sommer Ausgangspunkt für Schiffsausflüge nach Cape Clear Island *(siehe S. 170).*

Besucherzentrum
Mizen Head. *028 35115.*
Mitte März–Okt: tägl.; Nov–Mitte März: Sa, So. *teilweise.* **www**.mizenhead.ie

Die Felsklippen von Mizen Head

Bantry House ⓯

Kostbare Standuhr im Vorraum

Bantry House ist seit 1739 der Wohnsitz der Familie White, der früheren Earls of Bantry. Das ursprüngliche Gebäude entstand um 1700, später wurde die der Bucht zugewandte Nordfassade angefügt. Die Innenräume sind mit erlesenen Kunstgegenständen und Möbeln ausgestattet, die der 2. Earl of Bantry auf Europareisen erwarb. Ein Highlight sind die Aubusson-Tapisserien für Marie-Antoinette anlässlich ihrer Hochzeit mit dem späteren Louis XVI. Bantry House bietet auch Bed and Breakfast an.

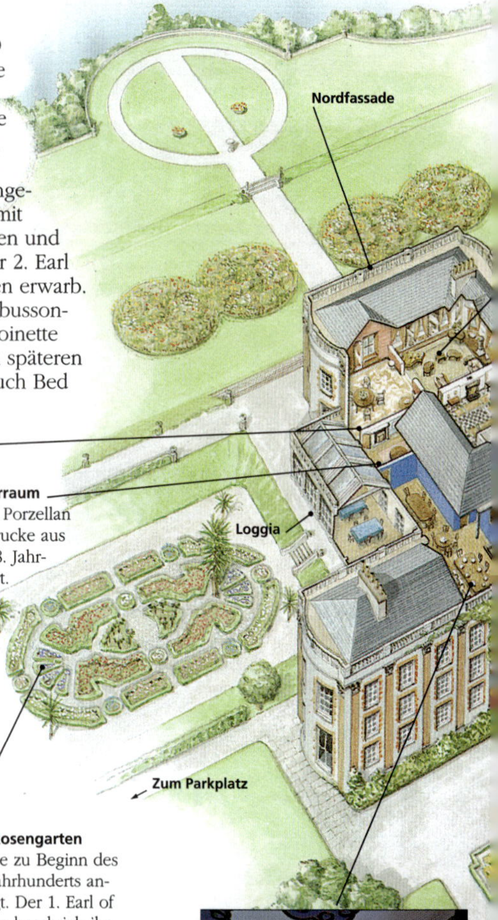

Der Vorraum enthält Porzellan und Drucke aus dem 18. Jahrhundert.

Der Rosengarten wurde zu Beginn des 18. Jahrhunderts angelegt. Der 1. Earl of Bantry beschrieb ihn als »französischen Garten englischer Art«.

Gobelin-Zimmer
Dieser Gobelin aus dem 18. Jahrhundert stellt Das Bad von Cupido und Psyche *dar. In dem Raum steht auch ein Klavier aus dem frühen 19. Jahrhundert.*

★ Speisezimmer
Den Raum dominieren Porträts von George III und Königin Charlotte, die der Hofmaler Allan Ramsay schuf. Den spanischen Lüster zieren Blumen aus Meißener Porzellan.

Erster Earl of Bantry (1767–1851)

Richard White, 1. Earl of Bantry, spielte eine führende Rolle bei der Verteidigung Irlands gegen die Invasion von Wolfe Tone und den United Irishmen *(siehe S. 40f)*. Tone setzte am 16. Dezember 1796 von Brest in der Bretagne mit 43 Schiffen nach Irland über. White bezog mit Freiwilligen an strategisch günstigen Punkten der Bantry Bay Position. Dies erwies sich jedoch als überflüssig, da sehr schlechtes Wetter die französische Flotte zur Umkehr zwang. George III verlieh White für sein mutiges Verhalten die Peers-Würde. 1800 wurde er Viscount Bantry, 1816 Earl of Bantry.

★ **Rosa Salon**
Die rosafarbenen Tapisserien des Salons wurden um 1770 für die Hochzeit Marie-Antoinettes mit dem französischen Thronfolger gefertigt.

INFOBOX

Straßenkarte B6. Bantry, Co Cork. *027 50047. von Cork nach Bantry (Mo–Sa). Apr–Okt: tägl. 10–18 Uhr. 25. Dez.* *teilweise.* **Konzerte** *monatlich und zwei Musikfeste im Sommer.* **Freilichttheater** *027 52788.* **www**.westcorkmusic.ie
Siehe auch ***Hotels*** *S. 302.*
www.bantryhouse.ie

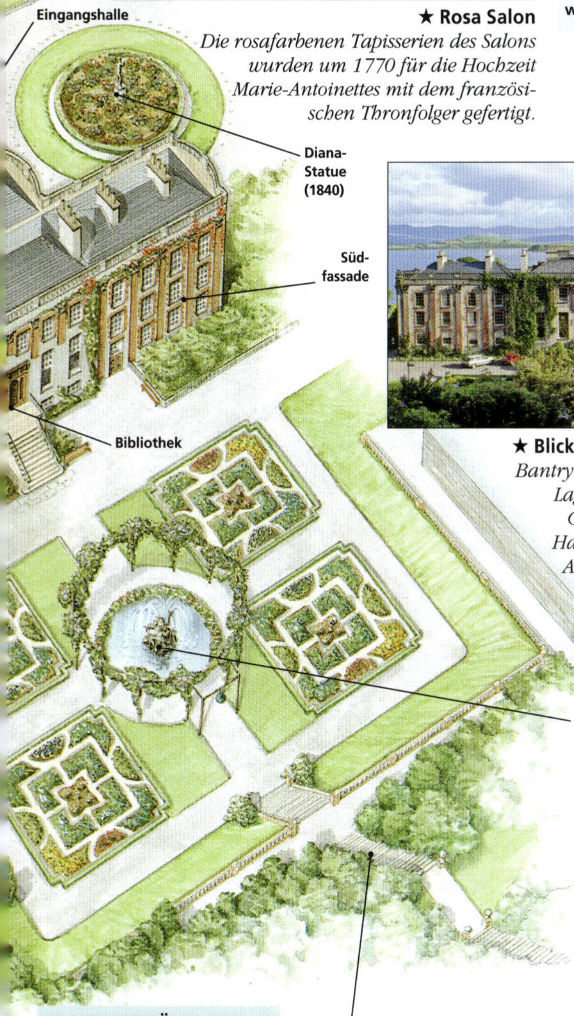

★ **Blick auf Haus und Bantry Bay**
Bantry House thront in herrlicher Lage oberhalb der Bucht. Die Gartenterrassen hinter dem Haus bieten eine einzigartige Aussicht auf die Bantry Bay mit Hafen und Whiddy Island. Die Kulisse bilden die Caha Mountains.

Italienischer Garten
Der den Boboli-Gärten in Florenz nachempfundene Park umgibt einen klassizistisch-grotesken Brunnen, den der 2. Earl of Bantry Anfang der 1850er Jahre gestaltete.

Die Stufen, auch »Himmelstreppe« genannt, führen zu einer Reihe von Terrassen mit herrlichem Blick auf Herrenhaus und Bucht.

NICHT VERSÄUMEN

★ Blick auf Haus und Bantry Bay

★ Rosa Salon

★ Speisezimmer

Baltimore 18

Straßenkarte B6. Co Cork. *220.* *nach Sherkin Island (087 911 7377),* **www**.sherkinferry.com *nach Cape Clear Island (028 39159),* **www**.cailinoir.com

Baltimores eigenartigster Auftritt in der Geschichte geht auf das Jahr 1631 zurück, als algerische Piraten mehr als 100 Einwohner in die Sklaverei verschleppten. Heute zieht das Fischerdorf Segler und »Island Hoppers« an. Wie in Schull gibt es auch hier im Sommer eine Menge Festivals.

Oberhalb des Hafens erhebt sich die Ruine eines Schlosses aus dem 15. Jahrhundert, die einstige Bastion des O'Driscoll-Clans. Lohnend sind die Fischrestaurants und die stimmungsvolle Bushe's Bar voller Seefahrer-Memorabilien.

Von den Felswanderwegen hinter dem Dorf blickt man auf Carbery's Hundred Islands in der Roaringwater Bay. Ein markanter Leuchtturm dient ankommenden Schiffen zur Orientierung.

Mit der Fähre erreicht man **Sherkin Island** mit Sandstränden, den Ruinen einer Abtei aus dem 15. Jahrhundert, einer Meeresstation und Pubs. Die Überfahrt nach **Cape Clear Island**, einer abgelegenen, irischsprachigen Insel, ist aufregender, da sie durch Felsen führt. Die Insel ist durch die Vogelwarte im North Harbour bekannt. Man hat hier auch fantastische Ausblicke.

Der weiße Leuchtturm von Baltimore ist weithin sichtbar

Der Drombeg Stone Circle stammt aus dem 2. Jahrhundert v. Chr.

Drombeg Stone Circle 19

Straßenkarte B6. Co Cork. *nach Skibbereen oder Clonakilty.*

Der Steinkreis an der Straße nach Glandore (R597), 16 Kilometer westlich von Clonakilty, ist der schönste des County Cork. Er wird auf etwa 150 v. Chr. datiert. Die 17 Monolithen bilden einen Kreis von 9,50 Metern Durchmesser. Zur Wintersonnenwende fallen die Strahlen der untergehenden Sonne auf den flachen Altarstein gegenüber dem durch zwei aufrechte Steine markierten Eingang des Kreises. In der Nähe gibt es einen Bach mit einer steinzeitlichen Kochmulde *(fulacht fiadh)*, ähnlich der von Craggaunowen *(siehe S. 190)*. Das Wasser wurde mit im Feuer erhitzten Steinen zum Sieden gebracht, in der Mulde garte man so Fleisch.

Clonakilty 20

Straßenkarte B6. Co Cork. *4000.* *25 Ashe St (023 8833226).* **www**.clonakilty.ie

In der 1588 als englischer Vorposten gegründeten Marktstadt ist die für West-Cork typische Herzlichkeit spürbar. Das **West Cork Regional Museum** informiert über die Geschichte der lokalen Industrie. Einige restaurierte Gebäude am Kai zeugen von der industriellen Vergangenheit des Orts. Sehenswert ist der georgianische Emmet Square.

Bis ins 19. Jahrhundert war Clonakilty für Leinen bekannt. Heute verdankt es seinen Ruf dem Black Pudding (Blutwurst), handgemalten Ladenschildern und Musik-Pubs.

Clonakiltys Spezialität: Black Pudding

Nahe dem Zentrum zeigt eine Ausstellung das Clonakilty der 1940er Jahre. Östlich davon steht das neu aufgebaute **Lios-na-gCon Ring Fort** *(siehe S. 20)*. Ein Damm verbindet Clonakilty mit dem Strand von **Inchydoney**.

West Cork Regional Museum
Western Rd. *023 883 3115.* *Mai–Okt (Zeiten tel. erfragen).*

Lios-na-gCon Ring Fort
087 785 2238. *nach tel. Anmeldung.* **www**.liosnagcon.com

Timoleague Abbey 21

Straßenkarte B6. Co Cork. *nach Clonakilty oder Courtmacsherry.* *tägl.* **www**.timoleague.ie

Franziskaner gründeten die Abtei an der Mündung des Argideen in die Courtmacsherry Bay Ende des 13. Jahrhunderts. Die heutige Ruine wurde mehrmals vergrößert. Der älteste Teil ist der Chor der gotischen Kirche. Der Bischof von Ross fügte die jüngste Erweiterung, den Turm, im 16. Jahrhundert hinzu. Obwohl Engländer 1642 die Abtei plünderten, sind wichtige Teile erhalten: Kirche, Krankenhaus, Spitzbogenfenster, das Refektorium und ein ummauerter Hof. Ebenso Teile von Säulengängen und Weinkeller. Dem Stil der Franziskaner entsprechend, ist die Anlage schmucklos – man darf sich aber nicht täuschen lassen. Die Mönche waren irdischen Genüssen keineswegs abgeneigt. Das Kloster verdiente am Handel mit geschmuggelten spanischen Weinen, die man aufgrund seiner Lage am damals noch schiffbaren Wasserlauf hier leicht an Land bringen konnte.

Spitzbogenfenster in den Ruinen der Timoleague Abbey

Lee ㉒

Straßenkarte B6. Co Cork. 🚉 🚌 *nach Cork.* ℹ *Cork (021 425 5100).*

Der Lee beginnt seinen Weg durch Wälder und Ackerland nach Cork *(siehe S. 174–177)* im See des zauberhaften **Gougane Barra Park**. Ein Damm führt vom Seeufer zu **Holy Island**, wo der hl. Finbarr, Corks Schutzpatron, ein Kloster gründete. Höhepunkt der Festlichkeiten zu Ehren des hl. Finbarr am 25. September ist die am folgenden Sonntag stattfindende Wallfahrt auf die Insel.

Der Lee fließt durch mehrere irischsprachige Marktorte und Dörfer. Einige davon, etwa **Ballingeary**, bieten schöne Ausblicke auf den See und gute Angelmöglichkeiten. Der Ort ist wegen der irischen Sprachschule bekannt. Weiter im Osten, nahe Inchigeela, stehen die Ruinen von **Carrignacurra Castle**. Flussabwärts liegt Gearagh, ein unter Naturschutz stehendes, mit Auwäldern bewachsenes Sumpfgebiet.

Der Fluss durchquert das Sullane-Tal mit dem blühenden Marktflecken **Macroom**. Hier erhebt sich gleich neben dem Hauptplatz die Ruine einer mittelalterlichen Burg, deren Portal restauriert wurde. 1654 überließ Cromwell die Burg Sir William Penn. Auch dessen Sohn, der später die englische Kolonie Pennsylvania gründen sollte, lebte hier zeitweise.

Zwischen Macroom und Cork wird der Lee für Wasserkraftwerke genutzt, die von Stauseen und Auwäldern umgeben sind. Kurz vor Cork, am Südufer des Flusses, liegt **Ballincollig**, wo man sich beispielsweise die früheren Royal Gunpowder Mills ansehen kann.

Blarney Castle ㉓

Straßenkarte B5. Blarney, Co Cork. ☎ *021 438 5252.* 🚌 *nach Cork.* ○ *tägl.* ● *24., 25. Dez.* ♿ *nur Erdgeschoss.* **www**.blarneycastle.ie

Aus der ganzen Welt strömen die Besucher zu dieser Burgruine und dem legendären Blarney Stone. Den Stein zu küssen, soll Eloquenz verleihen. Er ist unterhalb der Zinnen eingemauert. Wer ihn küssen will, wird an den Füßen gepackt und hängt mit dem Kopf nach unten.

Von der Burg ist nur der 1446 von Dermot McCarthy errichtete Bergfried erhalten, ein für diese Zeit typisches Turmhaus *(siehe S. 20)*. Das erste Stockwerk mit Gewölben war der Große Saal.

Um die Zinnen zu erreichen, muss man den Bergfried mit über 127 Stufen erklimmen. Das Gelände bietet attraktive Spazierwege, z. B. durch ein Wäldchen mit alten Eiben und Felsformationen in Rock Close.

Blarney House, ein Herrenhaus schottischer Barone neben dem Schloss, bewohnen seit dem 18. Jahrhundert die Colthursts. Es ist nur von April bis Mitte Juni für die Öffentlichkeit zugänglich.

Blarney liegt nur einen Spaziergang von der Burg entfernt und hat einen hübschen Dorfanger mit netten Pubs und Kunsthandwerksläden.

Die **Blarney Woollen Mills** verkaufen hochwertige Stoffe und Souvenirs.

Der zinnengekrönte Bergfried und die Turmruinen von Blarney Castle

Im Detail: Kinsale ㉔

Kontorschild in Kinsale

Für viele Irland-Besucher steht Kinsale auf der Liste der Sehenswürdigkeiten ganz oben – schließlich ist es eine der schönsten Kleinstädte Irlands mit Spuren einer wechselvollen Geschichte. Die Niederlage der irischen Truppen und ihrer spanischen Verbündeten in der Schlacht von Kinsale 1601 beendete die alte gälische Ordnung. Im 17. und 18. Jahrhundert war Kinsale wichtiger Flottenstützpunkt, heute ist es beliebter Yachthafen. Auch für seine Küche ist es bekannt: Das alljährliche Festival of Fine Food lockt Feinschmecker von nah und fern an. Neben vorzüglichen Restaurants bietet die Stadt Pubs und Bars für jeden Geschmack.

Desmond Castle entstand um 1500 und wird allgemein »French Prison« genannt.

Nach Cork

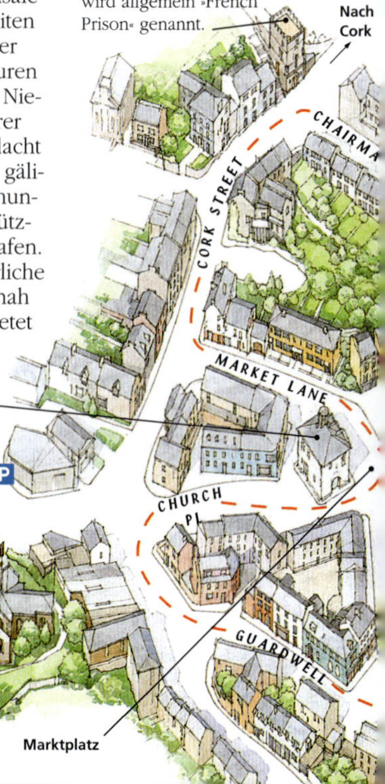

★ Old Market House
Das Museum in dem alten Gerichtsgebäude zeigt auch eine Liste der Kommunalsteuern von 1788.

Marktplatz

Charles Fort

Das sternförmige Fort, drei Kilometer östlich der Stadt in Summercove, ist über den ausgeschilderten Küstenweg erreichbar, der am Kai beginnt und an Scilly vorbeiführt. Die Engländer erbauten es 1677 zur Sicherung des Hafens gegen ausländische Kriegsschiffe. Gegen Angriffe von der Landseite war das Fort aber schwer zu verteidigen. So wurde es bei der Belagerung von 1690 von den Truppen Wilhelms von Oranien erobert. Militärisch genutzt wurde es noch bis 1922, als die abziehenden Briten es Irlands Regierung übergaben. Charles Fort gehört zu den schönsten sternförmigen Festungen Europas.

Wälle und Bastionen von Charles Fort

★ St Multose Church
Die stark umgebaute, nach einem Heiligen aus dem 6. Jahrhundert benannte normannische Kirche markiert das Zentrum der mittelalterlichen Stadt.

0 Meter 50

LEGENDE

P Parken

i Information

– – – Routenempfehlung

Kinsale Harbour
Der Hafen in der Mündung des Bandon gilt als einer der malerischsten Irlands. Kinsale ist alljährlich Schauplatz einer Reihe internationaler Segelregatten.

INFOBOX

Straßenkarte B6. Co Cork. *3400.* *Pier Road (021 477 2234).* **www**.kinsale.ie *Arts Week (Juli), Annual Regatta (Aug), Kinsale Fringe Jazz Festival (Okt), International Festival of Fine Food (Okt).* **Old Market House** *021 477 7930.* *März–Okt.* **St Multose Church** *021 477 2234.* *tägl.* **Desmond Castle and International Museum of Wine** *021 477 4855.* *Apr–Sep: tägl. 10–18 Uhr.* **Charles Fort** *021 477 2263.* *tägl.*

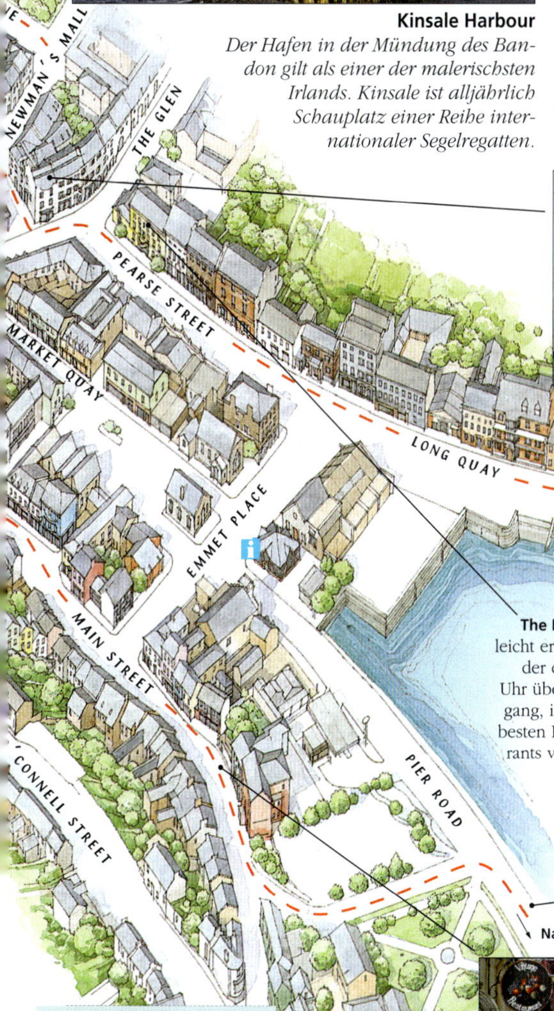

Mother Hubbards, eines der beliebtesten Cafés von Kinsale, liegt in der Market Street im Herzen der Stadt.

The Blue Haven, leicht erkennbar an der dekorativen Uhr über dem Eingang, ist eines der besten Fischrestaurants von Kinsale.

★ Main Street
In dieser malerischen Straße findet man viele der besten Restaurants und Pubs von Kinsale.

NICHT VERSÄUMEN

★ Main Street

★ Old Market House

★ St Multose Church

Cork ㉕

Schild an einem Pub in Cork

Die Stadt verdankt ihren Namen dem Sumpfgebiet am Lee: Das irische *Corcaigh* bedeutet Sumpfland. Um 650 gründete der hl. Finbarr hier ein Kloster. Enge Gassen, Wasserwege und georgianische Architektur verleihen Cork eine kontinentale Atmosphäre. Seit es im 19. Jahrhundert ein Zentrum der National-Fenian-Bewegung war *(siehe S. 43)*, hat es den Ruf politischer Aufsässigkeit. Heute äußert sich dies in der Einstellung zur Kunst und dem Flair von Boheme, das vor allem während des beliebten Jazzfestivals im Oktober spürbar ist.

Uhrenturm und Wetterfahne der St Anne's Shandon

St Anne's Shandon

Church St. ☎ 021 450 5906. ◯ März–Okt: tägl., Nov–Feb: Mo–Sa. ● 25. Dez. ♿ teilweise.

Corks Wahrzeichen erhebt sich auf den Hängen nördlich des Lee. Zwei Fassaden der 1722 erbauten Kirche bestehen aus Kalkstein, die beiden anderen aus rotem Sandstein. Die Wetterfahne auf der Turmspitze hat die Form eines Lachses. Die Einwohner Corks nennen die Turmuhr »viergesichtiger Lügner«, denn bis zu ihrer Reparatur 1986 zeigten alle vier Zifferblätter verschiedene Zeiten an. Man kann den Turm besteigen und gegen eine geringe Gebühr auch die berühmten Shandon-Glocken läuten.

Cork Butter Museum

O'Connell Square. ☎ 021 430 0600. ◯ März–Okt: tägl. 10–17 Uhr (Juli/Aug: bis 18 Uhr).
www.corkbutter.museum

Das Museum widmet sich dem wichtigsten Ausfuhrprodukt Irlands. Die 1770 eröffnete Butter-Börse klassifizierte die für den Export bestimmte Butter und belieferte die britische Kriegsmarine. 1892 lag das jährliche Exportvolumen bei 500 000 Fass Butter, was der Stadt Wohlstand brachte. 1924 schloss die Börse. Gleich nebenan befindet sich das Shandon Craft Centre, wo man Kunsthandwerkern bei der Arbeit zusehen kann.

Crawford Art Gallery

Emmet Place. ☎ 021 490 7855. ◯ Mo–Sa 10–17 Uhr, Do bis 20 Uhr. ● Feiertage. ♿
www.crawfordartgallery.ie

Ein 1724 errichtetes Gebäude aus Kalkstein und roten Ziegeln beherbergt Corks größte Kunstgalerie. Es diente ursprünglich als Zollamt, 1850 richtete man darin eine Zeichenschule ein. Der Mäzen William Horatio Crawford erweiterte es 1884, damit Ateliers und Galerien mit Skulpturen und Gemälden Platz fanden. Es diente als Schule, bis diese 1979 umzog. Die Galerie zeigt Bilder irischer Maler der Jahr-

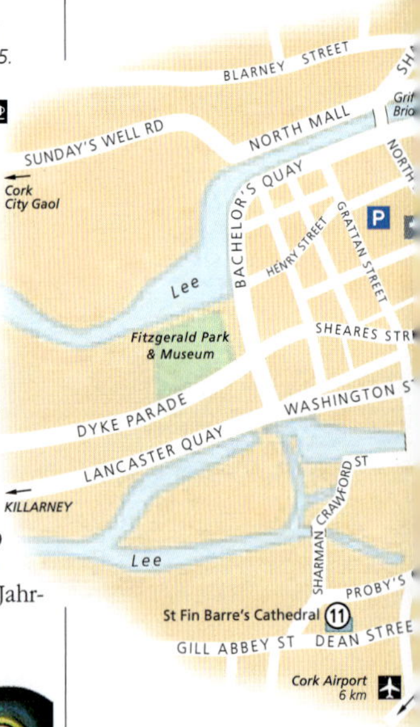

Detail des Bleiglasfensters *Begegnung des hl. Brendan mit dem unglücklichen Judas* (1911) von Harry Clarke, Crawford Art Gallery

Zentrum von Cork

Cork Butter Museum ②
Crawford Art Gallery ④
Elizabeth Fort ⑩
English Market ⑥
Father Mathew Statue ⑤
National Monument ⑦
Parliament Bridge ⑧
Red Abbey ⑨
St Anne's Shandon ①
St Fin Barre's Cathedral ⑪
St Mary's Dominican Church ③

Hotels und Restaurants in Cork und Kerry *siehe Seiten 302–306 und 331–334*

hundertwende, beispielsweise Werke von Jack Yeats, und drei Fenster von Irlands berühmtem Glasmaler Harry Clarke (1889–1931), darunter *Die Begegnung des hl. Brendan mit dem unglücklichen Judas* (1911). Sehr sehenswert ist außerdem die Sammlung mit Bildern von Joan Miró, Georges Rouault u.a.

Die Galerie ist für ihr Café bekannt, in dem Mittagsgerichte und vorzügliche Tees serviert werden. Der Raum ist mit Kunstwerken aus der Sammlung geschmückt.

Reich verzierte Decke der Apsis der St Fin Barre's Cathedral

St Fin Barre's Cathedral

Bishop St. 021 496 3387. tägl. 24. Dez–4. Jan.

http://cathedral.cork.anglican.org

In einem ruhigen Stadtviertel südlich des Lee steht die dem Gründer und Schutzheiligen Corks geweihte Kathedrale, ein 1878 nach Plänen von William Burges vollendetes dreitürmiges neogotisches Gotteshaus. Die mit Gemälden und Blattgold ausgeschmückte Decke der Apsis zeigt den von Engeln umgebenen Christus. Die Bleiglasfenster stellen Szenen aus dem Leben Christi dar.

INFOBOX

Straßenkarte C5. Co Cork.
123 000. 6 km südl. von Cork (021 431 3131).
Kent Station (021 450 6766).
Parnell Place (021 450 8188).
Tourist House, Grand Parade (021 425 5100). Cork Jazz Festival (Okt), Cork Film Festival (Okt). **www**.discoverireland.ie

Cork City Gaol

Convent Avenue, Sunday's Well.
021 430 5022. tägl. 10–17 Uhr.
www.corkcitygaol.com

Ein 20-minütiger Spaziergang führt zum restaurierten Stadtgefängnis westlich des Zentrums. Eine Ausstellung zeigt das Leben der Häftlinge im 19. und 20. Jahrhundert. Die Bedingungen waren miserabel, als Strafe mussten Gefangene auf einer Tretmühle Getreide mahlen. Das Gefängnisrestaurant ist ebenfalls einen Besuch wert. Das Radio Museum Experience ist im gleichen Gebäude untergebracht: Es dokumentiert die Geschichte des Radios in Irland und auf der ganzen Welt.

Zeichenerklärung *siehe hintere Umschlagklappe*

Blick über den South Channel auf die Parliament Bridge

Überblick: Cork

Cork ist eine Wasserstadt – und darin liegt ihr besonderer Reiz. Ihr Herz ist eine von zwei Seitenarmen des Lee gebildete Insel. Viele ihrer Straßen waren einst von Lagerhäusern und Wohnsitzen wohlhabender Kaufleute gesäumte Wasserwege. Einige malerische Brücken und Kais erinnern an holländisches Ambiente. Südlich und nördlich der Insel führen Gassen zu den aus dem 19. Jahrhundert stammenden Randbezirken. Sie bieten Blicke auf die Stadt und ihre interessanten Gebäude.

Kais

Wirtschaftlich hat der Fluss an Bedeutung verloren, dennoch spielt sich ein großer Teil des Geschäftslebens noch um die alten Kais ab. Die über einem Arm des Lee verlaufende South Mall war bis Ende des 18. Jahrhunderts ein Wasserweg. Die Boote wurden an den Steintreppen festgemacht, die zu den Wohnhäusern der Kaufleute führten. Einige davon sind noch erhalten. Darunterliegende Gewölbe führen zu den Magazinen, in denen die Waren lagerten.

Nahe der South Mall liegt die **Parliament Bridge**, die 1806 zur Erinnerung an den Act of Union entstand *(siehe S. 42)*. Die elegante einbogige Brücke errichtete William Hargrave aus Kalkstein. Sie wurde an der Stelle einer 1804 bei einer Überschwemmung zerstörten Brücke erbaut. Unweit davon, am Sullivan's Quay, trifft man sich im Quay Co-Op, einem vegetarischen Restaurant. Vom Sullivan's Quay führt eine elegante, 1985 erbaute Fußgängerbrücke über den Fluss zum Südende der Grand Parade.

National Monument, Grand Parade

Grand Parade und St Patrick's Street

Auf dem früheren Wasserweg Grand Parade erinnert das **National Monument** an die irischen Patrioten, die von 1798 bis 1867 für ihr Land starben. Im Bishop Lucey Park an der Grand Parade stehen Reste der Stadtmauer und ein schöner Torweg vom alten Kornmarkt. Zwischen St Patrick's Street und Grand Parade liegt der einfühlsam restaurierte **English Market**, ein überdachter Obst- und Gemüsemarkt von 1610. Die St Patrick's Street, Hauptschlagader der Stadt, war bis 1800 ein Wasserweg, an dessen Treppen, die zu Häusern wie Chateau Bar *(siehe S. 347)* führten, die Boote anlegten. Am Ende der Straße, nahe der Patrick Bridge, erinnert die **Father Mathew Statue** an den Begründer der Abstinenzbewegung.

Schöne Häuser an einer Straße in Cork

Obst- und Gemüsestand auf dem English Market

Paul Street

Die für ihre internationalen Restaurants, schicken Bars, Buchläden und Modeboutiquen bekannte Paul Street mit ihren Seitenstraßen Carey's Lane und French Church Street bildet das Zentrum des geschäftigsten Viertels von Cork. Anfang des 18. Jahrhunderts etablierten sich hier Hugenotten als Butterexporteure, Bierbrauer und Großhändler. Dieses Viertel ist für Cork, was Temple Bar *(siehe S. 78)* für Dublin ist.

Shandon Quarter

Geht man über die Christy Ring Bridge zum Pope's Quay, steht links die **St Mary's Dominican Church** mit einem Portikus aus ionischen Säulen, gekrönt von einem riesigen Giebelfeld. Die John Redmond Street führt in den nördlichen, vom Turm von St Anne's Shandon *(siehe S. 174)* dominierten Teil Corks. Das stolze Viertel Montenotte im Nordosten verkörperte einst viktorianischen Lebensstil.

St Fin Barre's Quarter

Südlich des Flusses thront St Fin Barre's Cathedral, Wahrzeichen des Viertels *(siehe S. 175)*. **Elizabeth Fort** aus dem 16. Jahrhundert wurde 1835 zum Gefängnis und später zur Polizeistation umfunktioniert. Etwas östlich davon liegt **Red Abbey**. Die Ruine einer Augustinerabtei (13. Jh.) ist das älteste Bauwerk von Cork.

Umgebung: Einige schöne Landstriche umgeben die Stadt, v.a. entlang dem üppigen Tal des Lee *(siehe S. 171)*.

Die Landschaft des östlichen Cork ist viel sanfter als die wilde, felsige Küste von West-Cork und Kerry, der Boden wesentlich fruchtbarer. Für Tagesausflüge bieten sich in der Gegend viele lohnende Ziele an, es fehlt auch nicht an Gelegenheiten zum Wandern, Reiten und Angeln.

Blackrock Castle Observatory

Blackrock. *021 435 7917.*
Mo–Fr 10–17, Sa, So 11–17 Uhr.
1. Jan, 24–26. Dez.
www.bco.ie

1,5 Kilometer flussabwärts vom Stadtzentrum erhebt sich Blackrock Castle. Es wurde 1582 von Lord Mountjoy als Hafenbefestigung erbaut, brannte 1827 aus und wurde 1829 wiederhergestellt. Heute beherbergt die Burg ein interaktives Planetarium und eine Ausstellung über den Kosmos.

Südlicher, am Carrigtwohill nahe dem Fota Wildlife Park *(siehe S. 178f)*, liegt Barryscourt Castle mit zwei unbeschädigten Türmen.

Blackrock Castle am Ufer des Lee

Barryscourt Castle

Carrigtwohill, Co Cork.
021 488 2218. *Juni–Sep: tägl. 10–18 Uhr.* *obligatorisch.*
www.heritageireland.ie

Die Burg war vom 12. bis 17. Jahrhundert Sitz der Familie Barry. Das Bauwerk wurde restauriert und im Stil der damaligen Zeit eingerichtet. Zur Burg gehört ein Turmhaus (15. Jh.), das im 16. Jahrhundert ausgebaut und umgestaltet wurde. Das Turmhaus an

Turmhaus von Barryscourt Castle

der Südwestecke der Burganlage hat einen rechteckigen Grundriss mit einem vierstöckigen Turm. Was Barryscourt von ähnlichen Turmhaus-Komplexen unterscheidet, ist der 50 Meter lange Saal im westlichen Bereich.

Sowohl die Great Hall als auch die Main Hall können besichtigt werden. Im Bergfried befindet sich eine Ausstellung über irische Kunst von 1100 bis 1600. Auch der Obstgarten wurde nach dem Originalentwurf aus dem 16. Jahrhundert gestaltet. An der Burgmauer befindet sich ein Kräutergarten.

Desmond Castle

Kinsale. *021 477 4855.*
Apr–Sep: tägl. 10–18 Uhr (letzter Einlass 17 Uhr).
www.heritageireland.ie

Desmond Castle, etwa 16 Kilometer südlich von Cork, wurde von Maurice Bacach Fitzgerald, dem 9. Earl of Desmond, um 1500 errichtet und gilt als perfektes Beispiel für eine städtische Turmanlage. Diese umfasst auch einen Bergfried, in dessen rückwärtigem Bereich mehrere Lagerhäuser untergebracht sind.

Die Burg diente als Munitionsdepot, Zollhaus, Fabrik und Gefängnis, 1938 wurde sie zum National Monument erklärt. Das **International Museum of Wine** in der Burg erzählt die Geschichte des Weins in Irland und zeigt u.a. alte Weinflaschen.

Blackwater 26

Straßenkarte B5. Co Cork.
nach Mallow. *nach Fermoy, Mallow oder Kanturk.*

Der Blackwater, nach dem Shannon *(siehe S. 185)* Irlands zweitlängster Fluss, entspringt im moorigen Hochland von Kerry. Er fließt ostwärts durch das County Cork nach Cappoquin im County Waterford, dann nach Süden und durch bewaldete Sandsteinschluchten bei Youghal *(siehe S. 179)* ins Meer. Große Teile des Tals sind bewaldet. Noch bis ins 17. Jahrhundert war die ganze Gegend mit Wäldern bedeckt. Der Fluss fließt auch an einigen herrlichen Landhäusern vorbei.

Berühmt ist die Gegend wegen ihrer Angelmöglichkeiten – die Nebenflüsse des Blackwater sind voller Lachsforellen. Der romantische Blackwater Valley Drive von Youghal nach Mallow bietet die besten Ausblicke ins Tal. An der Strecke liegt die Stadt **Fermoy**, die der schottische Kaufmann John Anderson im Jahr 1789 gründete, ein Anglerparadies mit Rotaugen, Flussbarschen, Rotfedern und Hechten. **Mallow**, westlich davon, ist ebenfalls für Angelgründe, aber auch für seine Golfplätze und Pferderennen bekannt. Die Stadt ist ein guter Ausgangspunkt für Ausflüge. Einen Abstecher lohnt **Kanturk** am Allow, eine nette Marktstadt mit Burg.

Brücke mit Wehr in Fermoy am Blackwater

Cobh 27

Straßenkarte C6. Co Cork.
13 000. *Old Yacht Club (021 481 3301).*
www.visitcobh.com

Cobh (gesprochen »couv«) liegt auf Great Island, einer der drei Inseln im Cork Harbour, die jetzt miteinander verbunden sind. Die terrassenförmig angeordneten viktorianischen Häuserreihen am Hafen überragt die imposante neogotische **St Colman's Cathedral**.

Nach dem Besuch Königin Victorias 1849 wurde Cobh in Queenstown umbenannt, nahm aber 1922 wieder seinen alten Namen an. Cobh liegt an einem der größten Naturhäfen der Welt und war im 18. Jahrhundert ein wichtiger Marinestützpunkt und Handelshafen. Hier schifften sich viele irische Auswanderer nach Amerika ein.

Cobh war auch Anlaufstelle für Luxusdampfer. 1838 startete die *Sirius* von hier aus als erstes Dampfschiff über den Atlantik. 1912 war Cobh die letzte Station der *Titanic* auf ihrer Unglücksreise. Drei Jahre später versenkte ein deutsches U-Boot vor Kinsale *(siehe S. 172f)* südwestlich von Cobh die *Lusitania*. Das Mahnmal auf der Promenade gedenkt der Opfer dieses Angriffs.

Irische Auswanderer

Zwischen 1848 und 1950 emigrierten aus Irland mehr als sechs Millionen Menschen – zweieinhalb Millionen davon über Cobh. Die Hungerjahre 1845–48 *(siehe S. 219)* veranlassten Massen, den Weg über den Atlantik anzutreten, zusammengepfercht und unter untragbaren hygienischen Bedingungen. Die meisten wollten in die USA und nach Kanada, einige nach Australien. Bis Anfang des 20. Jahrhunderts waren auf Einschiffung wartende Auswanderer in Cobh ein gewohnter Anblick. In den 1930er Jahren ließen weltweite Rezession und Einwanderungsbeschränkungen die Zahl der irischen Auswanderer zurückgehen.

Auswanderer im Hafen von Cobh, Stich aus dem 19. Jahrhundert

The Queenstown Story

Cobh Heritage Centre. *021 481 3591.* *tägl.* *22. Dez–5. Jan.*
www.cobhheritage.com

Die Ausstellung *The Queenstown Story* in einem viktorianischen Bahnhof erzählt die Geschichte der Hafenstadt. Exponate und audiovisuelle Technik zeigen die Verschiffung von Auswanderern und Sträflingen. 1791–1853 wurden von hier aus 40 000 Häftlinge auf den berüchtigten »Sargschiffen« in australische Sträflingskolonien gebracht. In Kontrast dazu steht die Dokumentation über die Rolle Cobhs als Hafen für Luxusliner im Transatlantikverkehr.

Umgebung: Nördlich von Cobh liegt Fota Island mit dem Herrensitz **Fota House and Gardens** (frühes 19. Jh.). Ebenfalls auf der Insel findet sich der **Fota Wildlife Park**, wo man seltene Tiere züchtet. Der Seeadler ist eine der Tierarten, die auf diese Weise in Irland vor dem Aussterben bewahrt wurden. Der Park beherbergt über 70 Tierarten,

Hafen von Cobh mit dem die Stadt überragenden Turm von St Colman's

darunter Giraffen, Flamingos und Zebras. Nur die Geparden, deren Züchtung langwierig ist, leben in Gehegen. Ein Zug verbindet die Parkteile.

Fota House and Gardens
Fota Island. 021 481 5543.
Mai–Okt: tägl.; Nov–Apr: Sa, So. *nur Haus.*
www.fotahouse.com

Fota Wildlife Park
Fota Island. 021 481 2678.
tägl. *25., 26 Dez.*
www.fotawildlife.ie

Old Midleton Distillery ㉘

Straßenkarte C5. Distillery Walk, Midleton, Co Cork. *021 461 3594.* *nach Midleton.*
tägl. *Karfreitag, 24., 25. Dez.*
www.jamesontickets.visrez.com

Die bedachtsam restaurierte Whiskey-Brennerei aus dem 18. Jahrhundert gehört zu den Irish Distillers in Midleton. Bushmills *(siehe S. 266)* ist zwar die älteste irische Whiskey-Brennerei, doch Midleton ist die größte. Sie umfasst mehrere Brennereien, die alle eigene Whiskey-Sorten herstellen, u.a. Jameson.

Audiovisuelle Vorführungen, Modelle und authentische Geräte vermitteln die Geschichte des irischen Whiskeys. Ein Rundgang führt durch Mälzereien, Darren, Destillieranlagen, Kornspeicher und Lagerhäuser. Man kann bei Kostproben versuchen, zwischen verschiedenen irischen Marken und schottischem Whisky zu unterscheiden. Sehenswert ist die weltweit größte Brennblase mit mehr als 1362 Hektolitern Fassungsvermögen.

Uhrturm in der Hauptstraße von Youghal

Youghal ㉙

Straßenkarte C5. Co Cork.
7500. *Market House, Market Square (024 92777).*
www.youghal.ie

Das historische, von Mauern umgebene Youghal (gesprochen »Yohl«) mit lebhaftem Fischereihafen erhielt Sir Walter Raleigh von Elizabeth I. Später wurde die Stadt an den Earl of Cork verkauft. Zur Zeit Cromwells wurde sie befestigte Garnisonsstadt.

Der malerische, vierstöckige **Uhrturm** war einst Stadttor, später Gefängnis. Neben dem Turm führt eine steile Treppe auf einen gut erhaltenen Teil der mittelalterlichen Stadtmauer mit schönem Blick auf die Mündung des Blackwater. Das Tor leitet zum **Red House** in der dunklen North Main Street. Es stammt aus dem Jahr 1710. Gleich nebenan findet man elisabethanische Armenhäuser und gegenüber den Turm **Tynte's Castle** aus dem 15. Jahrhundert.

In die gegenüberliegenden Stadtmauern schmiegt sich **Myrtle Grove**, eines der wenigen in Irland erhaltenen unbefestigten Herrenhäuser der Tudor-Zeit. Es hat eine dreigiebelige Fassade und im Inneren eine herrliche Eichenholztäfelung. Bergan geht es zur gotischen **Church of St Mary** mit Grabskulpturen und Bleiglasfenstern, die die Wappen der örtlichen Familien zeigen.

Getreide-Lastwagen (um 1940) im Jameson Heritage Centre

Unterer Shannon

Clare · Limerick · Tipperary

Die drei Countys, die den Unterlauf des Shannon, des längsten irischen Flusses, säumen, sind sehr unterschiedlich – vom hügeligen Ackerland in Tipperary bis zum unwirtlichen Kalksteinplateau des Burren. Die Erholungsorte am Shannon, mittelalterliche Bollwerke und historisch interessante Städte locken viele Besucher an. Dieser Teil Irlands ist auch für sein Musikleben bekannt.

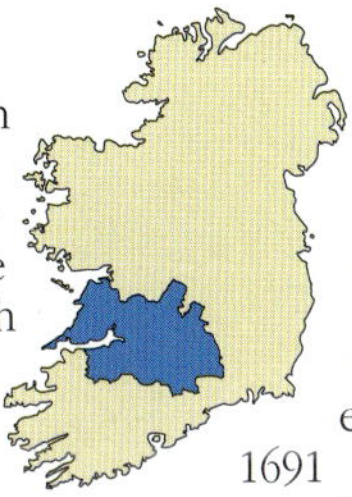

Am Shannon gab es schon in frühester Zeit Siedlungen. Man fand mehrere Steinzeitstätten, u.a. eine große Siedlung am Lough Gur. Seit dem 5. Jahrhundert lag das Gebiet im Herzen von Munster, einer der vier großen keltischen Provinzen. Der Rock of Cashel, eine imposante befestigte Abtei im County Tipperary, war 700 Jahre lang Sitz der Könige von Munster.

Im 10. Jahrhundert drangen die Wikinger in das Shannon-Gebiet vor, sehr zum Missfallen der gälischen Clans. Diese errichteten in normannischer Zeit Festungen wie Bunratty Castle. Die Bauten standen den Burgen der anglo-irischen Dynastien in nichts nach. Zu den Anglo-Iren gehörten die Familie Butler, die Earls of Ormonde, die in Tipperary viel Land besaßen, und die Fitzgeralds, die bedeutendsten Grundherren im Gebiet um Limerick. Die Stadt war im Mittelalter oft Mittelpunkt der Ereignisse am unteren Shannon. 1691 belagerte das Heer Wilhelms von Oranien die Stadt, was zum Vertrag von Limerick führte und die Flucht des katholischen Adels auf den Kontinent auslöste, die sogenannte »Flight of the Wild Geese«.

Typisch für die Region ist üppiges Grasland, das sie zum führenden Gebiet der Milchwirtschaft macht. Malerische Berglandschaften bieten z.B. die Galty Mountains im südlichen Tipperary. Am bezauberndsten ist jedoch die Gegend längs der Küste von Clare, einem County, das als Zentrum traditioneller Musik bekannt ist.

Klosterruine Dysert O'Dea im County Clare mit markantem Hochkreuz (12. Jh.)

◁ **Darbietung traditioneller irischer Musik in Feakle, County Clare** ***(siehe S. 361)***

Überblick: Unterer Shannon

Die Stadt Limerick ist durch ihre zentrale Lage ein Besuchermagnet. Viele weitere nette Orte in der Region sind jedoch eine ebenso gute Ausgangsbasis für Touren, z. B. Adare und Cashel. Killaloe eignet sich gut zur Erkundung des Shannon. Die meisten interessanten Orte Tipperarys liegen im südlichen Teil des County. Hier findet man am Suir historische Städte wie Clonmel und Cahir. Einige der kleinen Dörfer im County Clare, z. B. Doolin, sind für traditionelle Musik bekannt. In diesem County befinden sich auch Bunratty Castle und der Burren.

Cliffs of Moher

LEGENDE

- Autobahn
- Autobahn (im Bau)
- Schnellstraße
- Hauptstraße
- Nebenstraße
- Panoramastraße
- Eisenbahn (Hauptstrecke)
- Eisenbahn (Nebenstrecke)
- County-Grenze
- Gipfel

Am unteren Shannon unterwegs

Von Limerick aus ist jede Ecke dieses Gebiets für Autofahrer gut erreichbar. Die Autofähre von Tarbert, County Kerry, nach Killimer, östlich von Kilrush, County Clare, ist eine praktische Abkürzung über den Shannon. Züge fahren von Limerick nach Cahir, Clonmel und Carrick. In anderen Gebieten ist man vom Busnetz abhängig, das jedoch, vor allem in Clare, sehr begrenzt ist. Immerhin gibt es von Limerick aus Busverbindungen zu den wichtigsten Sehenswürdigkeiten der Gegend wie dem Bunratty Castle oder dem Burren.

0 Kilometer 20

Weitere Zeichenerklärungen *siehe hintere Umschlagklappe*

Segelboote auf dem Lough Derg nahe Mountshannon

Sehenswürdigkeiten auf einen Blick

Adare 15
Athassel Priory 20
Bunratty Castle S. 192f 13
Burren S. 186–188 1
Cahir 22
Carrick-on-Suir 24
Cashel S. 195–197 19
Cliffs of Moher 2
Clonmel 23
Craggaunowen 10
Dysert O'Dea 7
Ennis 8
Foynes 5
Glen of Aherlow 21
Glin 4
Holy Cross Abbey 18
Killaloe 12
Kilrush 3
Knappogue Castle 9
Limerick 14
Lough Gur 16
Mountshannon 11
Roscrea 17
Shannon 6

Pub-Schild in Cashel

SIEHE AUCH

- ***Hotels*** S. 306–309
- ***Restaurants*** S. 335f und S. 348f

Blick nach Süden auf die Cliffs of Moher, einen der imposantesten Abschnitte der Westküste Irlands

Burren ❶

Siehe Seiten 186–188.

Cliffs of Moher ❷

Straßenkarte B4. Co Clare.
von Ennis, Galway und Limerick.
Besucherzentrum *065 708 6141.*
tägl. *24.–26. Dez.*
www.cliffsofmoher.ie

Die Cliffs of Moher, die auf acht Kilometern Länge 214 Meter hoch aus dem Meer ragen, sind selbst, wenn sie in Nebel gehüllt sind, ein atemberaubender Anblick. In den Felswänden mit ihren Schichten aus Sandstein und Schiefer nisten Trottellummen, Dreizehenmöwen und andere Seevögel.

Pfade führen die Klippen entlang. Vom **Besucherzentrum** nordwestlich von Liscannor wandert man südlich in einer Stunde nach **Hag's Head**. Im Norden geht man drei Stunden vom **O'Brien's Tower**, dem unter Königin Victoria errichteten Aussichtsturm, bis Fisherstreet bei **Doolin** *(siehe S. 188)*.

Kilrush ❸

Straßenkarte B4. Co Clare.
2800. *Frances Street (065 905 1577).* *Juni–Sep.*
www.shannonregiontourism.ie

Der Yachthafen und die Förderung als historischer Ort ließen das Städtchen aus dem 18. Jahrhundert aufblühen. Folgen Sie dem gut ausgeschilderten Weg ab dem Market Square, der zu den historischen Sehenswürdigkeiten des Orts führt.

Umgebung: Boote fahren vom Hafen in Kilrush zu Delfinbeobachtungen – die Chancen stehen sehr gut, dass Sie einen der hier lebenden Großen Tümmler sehen – oder zum unbewohnten **Scattery Island** mit mittelalterlichem Kloster. Zu den Ruinen gehören fünf Kirchen und einer der höchsten Rundtürme Irlands.

Der 27 Kilometer lange **Loop Head Drive** beginnt beim Resort Kilkee, westlich von Kilrush, und windet sich nach Süden durch wildromantische Küstenlandschaften bis zum Loop Head.

Glin ❹

Straßenkarte B5. Co Limerick.
600. *von Limerick.*

Das Dorf am Shannon ist Sitz der Knights of Glin, eines Zweigs der Fitzgeralds. Ihre mittelalterliche Burg ist eine Ruine, doch westlich des Dorfs liegt **Glin Castle**, ihr zweiter Sitz. Die 1780 erbaute georgianische Burg wurde in den 1820er Jahren in gotisch-romanischer Art mit Zinnen und kitschigen Anbauten verziert. Glin Castle wurde auch schon als Hotel genutzt, derzeit ist es jedoch für die Öffentlichkeit nicht zugänglich.

Glin Castle, westlich des Dorfs, ist für Besucher geschlossen

Foynes ❺

Straßenkarte B5. Co Limerick.
650. *von Limerick.*

Foynes war in den 1930er und 1940er Jahren als östlicher Endpunkt der ersten Passagierflugroute über den Atlantik bekannt. Das **Foynes Flying Boat Museum** erläutert die Geschichte der Wasserflugzeuglinie. Die originalen Räume für Funk- und Wetterdienst sind mit Sendern, Empfängern und Morseapparaten eingerichtet. Es gibt auch einen Teesalon im Stil der 1940er Jahre und einen Nachbau des Boeing-Flugboots B314 in Originalgröße.

Foynes Flying Boat Museum
Aras Ide, Foynes. *069 65416.*
Apr–Okt: tägl.
www.flyingboatmuseum.com

Umgebung: In **Askeaton**, elf Kilometer östlich von Foynes, stehen eine Burg und ein Franziskanerkloster. Interessant ist der Kreuzgang aus schwarzem Marmor (15. Jh.) im Kloster. In Rathkeale, acht Kilometer südlich, ist das restaurierte **Castle Matrix** (15. Jh.) für seine Bibliothek bekannt.

Castle Matrix
Rathkeale. *085 730 7760.*
Mai–Sep: Sa–Do.

Hotels und Restaurants am unteren Shannon *siehe Seiten 306–309 und 335f*

Angeln am Lough Derg, dem größten See am Shannon

Shannon ❻

Straßenkarte B4, C4, C3.
nach Limerick oder Athlone.
nach Carrick-on-Shannon, Athlone oder Limerick. *Arthur's Quay, Limerick (061 317 522).*
www.discoverloughderg.ie

Der Shannon, Irlands längster Fluss, entspringt in der Grafschaft Cavan und schlängelt sich durch das Herz der Insel nach Süden zum Atlantik. Er war schon immer die Grenze zwischen den Provinzen Leinster und Connaught. Im Mittelalter wachten Burgen an den Furten von Limerick bis Portumna. An den Ufern entstanden viele Klöster, so auch das berühmte Clonmacnoise *(siehe S. 250f).* Schon um 1750 begann man, den Shannon in ein Wasserstraßensystem einzubinden, was aber durch das Aufkommen der Eisenbahnen überflüssig wurde. Das Netz erfuhr durch die Wiedereröffnung des Shannon-Erne-Kanals *(siehe S. 235)* einen enormen Aufschwung.

Entlang dem Fluss verändert sich der Charakter der Landschaft. Südlich des **Lough Allen** ziehen sich die lang gestreckten, für die Midlands typischen Moränenhügel hin. Zum **Lough Ree** hin übersäen Inseln den Fluss und bilden ein Gebiet, in dem Otter, Schwäne, Graureiher und Gänse leben. Südlich von **Athlone** *(siehe S. 249)* fließt er durch Sumpfland zum **Lough Derg**, dem größten der Shannon-Seen. Die Landschaft wird hier interessanter. Das Südende des Sees säumen bergige Waldgebiete. Ab **Killaloe** *(siehe S. 190)* fließt der Fluss schneller gen **Limerick** *(siehe S. 191)* und Meer. Die Schlammzonen an der Mündung ziehen etliche Vogelarten an.

Graureiher am Shannon

Der Hafen **Carrick-on-Shannon** *(siehe S. 235)* ist Basis für größere Schiffe, es gibt aber Häfen in allen Flussabschnitten, vor allem am Lough Derg, dem für Boote am besten geeigneten See. Wasserbusse verbinden die meisten Häfen südlich von Athlone. Bevor man ein Boot mietet, sollte man sich über das Wetter informieren, vor allem auf Lough Ree und Lough Derg, die sehr exponiert liegen. Für Unerfahrene empfiehlt sich die Strecke zwischen **Portumna** *(siehe S. 213)* und Athlone. Wanderer lieben den ausgeschilderten Lough Derg Way um den See oder die Wälder um **Lough Key** *(siehe S. 219).*

Shannon

Carrick-on-Shannon ist der wichtigste Hafen für Fahrten auf dem oberen Shannon. Portumna und die Häfen Mountshannon und Killaloe sind die wichtigsten Ausgangspunkte für Fahrten auf dem Lough Derg.

Boot auf dem Shannon

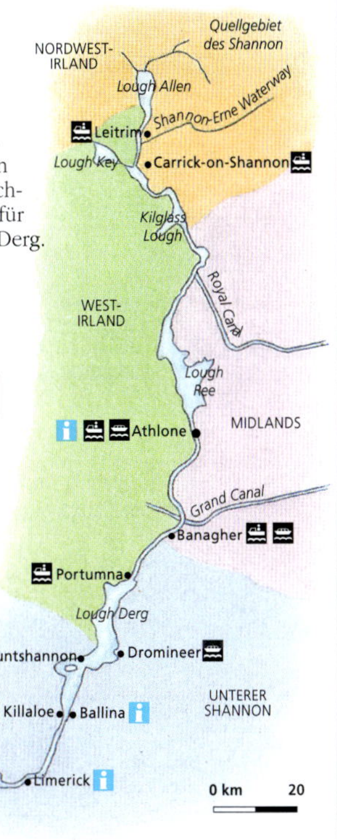

LEGENDE

- Information
- Bootsverleih
- Wasserbusstation

Athlone und die südlichen Ausläufer von Lough Ree

Burren ❶

Braunrote Sumpfwurz

Der Name des ausgedehnten Kalksteinplateaus im Nordwesten Clares geht auf das gälische *boireann* für »Felsland« zurück. 1640 beschrieb es Cromwells Verwalter als »wildes Land, das weder genug Wasser hat, um einen Mann zu ertränken, noch einen Baum, um ihn zu hängen, noch genug Erde, um ihn zu begraben«. Tatsächlich wachsen nur wenige Bäume in der kargen Gegend, dafür gedeihen andere Pflanzen. Der Burren ist eine botanische Fundgrube mit mediterranen und alpinen Pflanzen, die sonst in Irland rar sind. Von Mai bis August zaubert eine erstaunliche Blütenvielfalt bunte Farbtupfer in die Landschaft. Üppig gedeihen die Blumen an den seichten Seen und Weideplätzen, sie wurzeln aber auch in den Spalten der Kalksteinplatten, dem auffälligsten geologischen Merkmal des Plateaus. Im südlichen Burren weicht der Kalkstein Sandstein und schwarzem Schiefer, aus denen auch die imposanten Cliffs of Moher bestehen *(siehe S. 184)*.

Weiden des Burren
Aufgrund einer klimatischen Eigenart der Gegend ist es im Winter auf den Bergen wärmer als in den Tälern. Daher lässt man hier das Vieh im Winter auf den Höhen.

Fauna des Burren

Insgesamt 28 Arten machen den Burren zu einer der schmetterlingsreichsten Gegenden Irlands. Auch die Vogelwelt ist gut vertreten. Auf den Bergen und den Wiesen sind Lerche und Kuckuck heimisch, an der Küste nisten Tordalken, Trottellummen, Papageitaucher und andere Seevögel. Säugetiere sind seltener. Es gibt Dachse, Füchse und Wiesel. Häufiger sieht man zottelige Wildziegen und irische Hasen.

Der Perlmuttfalter, *eine von vielen hier heimischen Fleckenfalterarten, ist in Irland sonst nirgends anzutreffen.*

Der irische Hase – *sein weiß-brauner Winterpelz wird im Sommer rötlich braun.*

Singschwäne *aus Island strömen im Winter in die Feuchtgebiete des Burren.*

Die Nebelkrähe *erkennt man leicht an ihrem grau-schwarzen Federkleid.*

Turloughs sind seichte Seen, die im Sommer austrocknen. Wenn sie sich im Winter mit Wasser füllen, kommen Wildenten und -gänse sowie Stelzvögel.

Frühlingsenzian

Storchschnabel
Die auffällige, im Burren häufige Pflanze gehört zur Familie der Geranien und blüht im Juni.

Kalksteinplatten (Karren)
Die Erosionswirkung von Gletschern, Wind und Regen bildete Kalksteinplatten mit tiefen Spalten, grykes *genannt. Das den porösen Fels leicht durchdringende Regenwasser hat ein weitverzweigtes unterirdisches Höhlensystem geschaffen.*

Weißdorn ist eine der wenigen Straucharten, die im Burren wachsen. Er erreicht allerdings meist nur geringe Größe.

Das Sonnenröschen ist eine der seltenen Pflanzen, die im Burren noch oft vorkommen.

Stechpalmen können zwischen den Platten wurzeln. Weidetiere und Wind beschränken aber ihr Wachstum.

Frauenhaarfarn gedeiht in den feuchten Spalten der Felsplatten.

Gebirgsnelkwurz
Diese Bergpflanze wächst im Burren schon auf Meereshöhe.

Überblick: Burren

Wer sich für die einzigartige Geologie und Natur des Burren interessiert, sollte nach **Mullaghmore** fahren – das Plateau mit einer Höhe von 191 Metern ist eine der wildesten Gegenden. Hier findet man einige der eindrucksvollsten Kalksteinplatten.

Die leichter zugänglichen Teile des Burren sind gut von den **Cliffs of Moher** *(siehe S. 184)* zu erreichen. Eine kurze Fahrt Richtung Norden bringt Sie nach **Doolin**, unweit des Hafens zu den Aran Islands *(siehe S. 214f)*. In der Doolin Cave gibt es einen der größten frei hängenden Stalaktiten der Welt. Doolin gilt als Zentrum der Volksmusik. Treffpunkt für Liebhaber irischer Musik ist Gus O'Connor's Pub *(siehe S. 348)*. Die Küstenstraße nach Norden führt in ein Kalksteingebiet bei **Black Head**. Richtung Binnenland gelangt man nach **Lisdoonvarna**. In viktorianischer Zeit war es ein Heilbad, heute ist es für seine Pubs

Der Poulnabrone Dolmen im Herzen des Burren

Musikladen in Doolin

und seinen Heiratsmarkt bekannt *(siehe S. 50)*.

Die N67 nach Norden führt zum Fischerdorf **Ballyvaughan** mit schiefergedeckten Häusern, das im Sommer viele Besucher anzieht. Es ist ein guter Ausgangspunkt für Ausflüge. Der geschützte Strand nahe **Bishop's Quarter** bietet einen großartigen Blick über eine Lagune auf die Galway Bay. Von den vielen Höhlen des Burren ist nur **Aillwee Cave** zu besichtigen. In Bear Haven sieht man die Spuren von Gruben, in denen Bären ihren Winterschlaf hielten.

Kapitell der Kilfenora Cathedral

Festungs- und Burgruinen sowie prähistorische Stätten durchsetzen die Landschaft. Der Eingang von **Cahermore Stone Fort**, etwas westlich von Aillwee Cave, ist mit einem wuchtigen Türsturz gedeckt. Südlich befindet sich **Gleninsheen Wedge Tomb**, ein Grab, das für den Übergang von der Steinzeit zur Bronzezeit typisch ist. Bekannter ist der nahe **Poulnabrone Dolmen**, eine Grabstätte aus der Zeit von 2500–2000 v. Chr. Weiter südlich erreicht man die gespenstische Ruine von **Leamaneagh Castle** (17. Jh.), zu der ein von den O'Briens errichtetes Turmhaus gehört.

Am Südrand des Burren liegt das katholische Bistum **Kilfenora**, das durch ein historisches Kuriosum den Papst zum Bischof hat. Die Kathedrale des Dorfs, eine der vielen Kirchen aus dem 12. Jahrhundert im Burren, hat einen dachlosen Chor mit schönen Kapitellen. Bekannt ist Kilfenora vor allem wegen seiner Hochkreuze, von denen einige auf dem Friedhof stehen. Am besten erhalten ist das Doorty Cross. Es hat Skulpturen eines Bischofs und zweier Kleriker. Das **Burren Centre** informiert über Geologie, Flora und ökologische Fragen. Zu den Exponaten zählt ein Modell des Kalksteinplateaus.

Aillwee Cave
Ballyvaughan. *065 707 7036.*
tägl.

Burren Centre
Kilfenora. *065 708 8030.*
März–Okt: tägl.
www.theburrencentre.ie

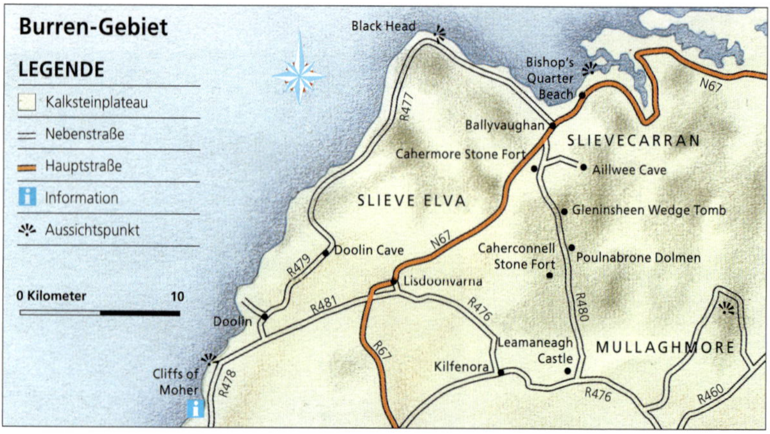

Dysert O'Dea 7

Straßenkarte B4. Corrofin, Co Clare.
von Ennis. *065 683 7401.*
Mai–Sep: tägl.

Das Turmhaus aus dem 15. Jahrhundert thront auf einem Felsen, neun Kilometer nördlich von Ennis. Es birgt das **Archäologiezentrum** mit Museum und ist Ausgangspunkt für einen Rundweg zu historischen Stätten. Hier erhält man auch eine Karte für Wanderer und Radfahrer.

Ein Feld trennt die Burg von der Klosteranlage, die der hl. Tola im 8. Jahrhundert gegründet haben soll. Die Ruinen sind schlecht erhalten, aber über einem Eingang ist noch ein romanisches Relief zu sehen. Die Ostseite eines eindrucksvollen Hochkreuzes (12. Jh.) stellt einen Bischof dar *(siehe S. 243)*. Weiter südlich führt der Weg an Resten zweier Steinforts, einer Burgruine und dem Schauplatz einer Schlacht im 14. Jahrhundert vorbei.

Ennis 8

Straßenkarte B4. Co Clare.
25 000. *Arthur's Row (065 6828366).* **www**.visitennis.ie

Besonders typisch für den Hauptort des County Clare sind die engen Gassen, die an den mittelalterlichen Ursprung der Stadt am Fergus erinnern. Ennis ist für die bemalten Ladenfronten und die Folk-Musik-Festivals (gälisch *fleadh*) bekannt. Hier gibt es viele Singing Pubs und Musik-Shops.

Knappogue Castle aus dem 15. Jahrhundert in County Clare

Die O'Briens, die Könige von Thomond, die im Mittelalter diese Gegend regierten, gründeten hier um 1240 ein Franziskanerkloster. Die großteils aus dem 14./15. Jahrhundert stammende **Ennis Friary** ist für ihre Skulpturen und reliefverzierten Gräber im Chor bekannt. Alabasterreliefs des MacMahon-Grabmals (15. Jh.) wurden für das Creagh-Grab verwendet.

Neben dem Kloster befindet sich in einem Haus aus dem 17. Jahrhundert Cruise's Restaurant. An der Ecke der Francis Street liegt das Queen's Hotel, das in James Joyce' *Ulysses* erscheint. Am südlich liegenden O'Connell Square erinnert ein Denkmal an Daniel O'Connell *(siehe S. 42)*, der 1828 als Vertreter Clares ins Parlament gewählt wurde. Nach ihm ist die Hauptstraße von Ennis benannt, die neben Pubs und Läden auch einen mittelalterlichen Turm, einen Schornsteinkasten aus der Zeit von James I und einen bemerkenswerten Bogen aus dem 18. Jahrhundert besitzt.

Romanische Steinmetzarbeiten über dem Klostertor, Dysert O'Dea

Ennis Friary
Abbey St. *065 682 9100.*
Ostern–Okt: tägl.

Umgebung: Die Gegend ist reich an Klosterruinen. Die Augustinerabtei **Clare Abbey** (3 km südlich von Ennis) gründeten die O'Briens 1189. Vieles der Anlage stammt aus dem 15. Jahrhundert.

Quin Franciscan Friary, 13 Kilometer südöstlich, datiert aus dem 15. Jahrhundert und enthält die Ruinen einer normannischen Burg. Der gut erhaltene Kreuzgang ist einer der schönsten seiner Art in ganz Irland.

Knappogue Castle 9

Straßenkarte B4. Quin, Co Clare.
061 360 788. *nach Ennis.*
Mai–Aug: tägl. *teilweise.* **www**.shannonheritage.com

Der mächtige Clan der MacNamaras ließ die Burg 1467 erbauen. Abgesehen von einer zehnjährigen Unterbrechung zur Cromwell-Zeit, blieb sie bis 1815 in ihrem Besitz. Im Unabhängigkeitskrieg *(siehe S. 44f)* nutzte sie die Revolutionsarmee.

Knappogue Castle ist eine der schönsten Burgen Irlands. Das Turmhaus ist original, die übrigen Teile sind neogotisch. Elisabethanische Kamine und Holztäfelungen zieren die Räume.

Die mittelalterlichen Bankette *(siehe S. 360)*, die hier von April bis Oktober veranstaltet werden, begleiten Gesang und Erzählungen.

Craggaunowen ⑩

Straßenkarte B4. Kilmurry, Co Clare. 061 360 788.
Mitte Apr–Aug: tägl.
teilweise.
www.shannonheritage.com

Das Museumsprojekt *Craggaunowen: the Living Past* ist der Bronzezeit und keltischen Kultur gewidmet. Es entstand in den 1960er Jahren in der Umgebung von Craggaunowen Castle auf Anregung des Archäologen John Hunt. Inspiriert wurde es von den Ausgrabungen bei Lough Gur *(siehe S. 194f)*. Die Ausstellung *Living Past* behandelt die Ankunft der Kelten in Irland sowie deren Anbau- und Jagdmethoden.

Im Sommer führen manchmal Personen in Trachten alte Handwerksformen wie Spinnen und Töpfern vor. Sie demonstrieren auch *fulacht fiadh*, Kochgruben, in denen damals das Fleisch gegart wurde. Auf dem Areal befinden sich zudem Originalteile einer *togher*, einer Holzstraße aus der Eisenzeit, die in Longford entdeckt wurde. Besonders beeindruckend ist ein *Crannog (siehe S. 33)*, eine künstliche Insel, auf der Lehmhäuser stehen – bis ins frühe 17. Jahrhundert eine Möglichkeit zur Verteidigung.

Interessant ist auch ein Boot mit Lederverkleidung, das der Entdecker Tim Severin in den 1970er Jahren konstruierte. Er benutzte es, um die Route über den Atlantik zu befahren, die der hl. Brendan der Überlieferung nach im 6. Jahrhundert in einem ähnlichen Fahrzeug genommen haben soll *(siehe S. 27)*.

Eine Frau in Tracht spinnt Wolle, Craggaunowen

Mountshannon ⑪

Straßenkarte C4. Co Clare.
240. *East Clare Heritage (061 921 351).*
www.mountshannon.com

Das Dorf an den Ufern des Lough Derg *(siehe S. 185)* lockt vor allem Angler an. Am Hafen befinden sich zahlreiche Wohnhäuser, ein Gotteshaus aus dem 18. Jahrhundert sowie einige Pubs.

Mountshannon ist ein guter Ausgangspunkt zur Erkundung des Westufers, mit vielen Rad- und Wanderwegen. Hier können Sie per Schiff nach Holy Island fahren. Dort befindet sich ein Kloster aus dem 7. Jahrhundert. Vier Kapellen und ein mittelalterlicher Friedhof sind noch erhalten.

Killaloe ⑫

Straßenkarte C4. Co Clare.
950. *Mai–Okt: Brian Ború Heritage Centre, The Bridge (061 76866).* **www**.discoverkillaloe.com

Der Geburtsort von Brian Ború, dem Oberkönig von Irland *(siehe S. 34)*, liegt am Austritt des Shannon aus dem Lough Derg. Er verfügt über den bedeutendsten Freizeithafen am See. Eine Steinbrücke aus dem 17. Jahrhundert verbindet Killaloe mit Ballina auf der anderen Seite des Sees. Zwar hat Ballina bessere Pubs, etwa das Goosers am Ufer *(siehe S. 349)*, doch Killaloe ist der größere Hafen *(siehe S. 365)* und bietet mehr Sehenswertes.

Hauptattraktion ist die **St Flannan's Cathedral** von 1182 mit einem romanischen Torbogen, der von einer früheren Kirche stammt, und einem alten Ogham-Stein *(siehe S. 34)*. Ungewöhnlich ist, dass die Inschrift des Steins in Altnordisch wie in Ogham verfasst ist. Zur Kirche gehört auch das St Flannan's Oratory, etwa zur selben Zeit wie die Kathedrale erbaut.

Das **Brian Ború Heritage Centre** auf der Brücke zeigt eine interessante Ausstellung über Brian Ború. Von dort aus können Sie ein Stück am alten Killaloe Canal entlangspazieren. Von Killaloe aus kann man mit den Fischern auf den See hinausfahren.

Fahrrad- und Bootsverleih in Mountshannon

Bunratty Castle ⑬

Siehe Seiten 192f.

Limerick ⑭

Straßenkarte B4. Co Limerick.
90 000. *Shannon.*
Arthur's Quay (061 317 522).
Sa. **www**.discoverlimerick.ie

Limerick, drittgrößte Stadt der Republik Irland, wurde von den Wikingern gegründet und später von den Normannen erobert, unter deren Herrschaft sie ihren Aufschwung erfuhr. Nach der Schlacht am Boyne *(siehe S. 244)* zog sich der Rest der Armee James' II hierher zurück und verteidigte die Stadt zunächst gegen die englischen Belagerer. Ein Jahr später fiel sie – 1691 besiegelt durch den Vertrag von Limerick, den England jedoch mehrfach verletzte. Diese Erfahrung prägt noch heute die Stadt, in der Katholizismus und Nationalismus deutlich spürbar sind. Das jahrelang von Arbeitslosigkeit und Kriminalität heimgesuchte Limerick ist bemüht, mit Industrieansiedlungen und Restaurierungsprojekten einen Ruf als Handelsmetropole zu erlangen.

Das historische Zentrum bildet der Bezirk King's Island. Zuerst siedelten hier die Wikinger. Später wurde er als Englishtown mittelalterliches Herzstück der Stadt. Hier befinden sich die zwei wichtigsten Sehenswürdigkeiten Limericks, King John's Castle und St Mary's Cathedral. Typisch für den alten Bezirk Irishtown südlich des Abbey sind die düsteren Häuser und Läden. Es finden sich hier allerdings auch historische Gebäude und georgianische Eleganz, etwa am St John's Square, in dessen Nähe die 1861 erbaute St John's Cathedral liegt. Ihr 85 Meter hoher Turm ist der höchste seiner Art im Land.

Der schönste Teil Limericks ist Newtown Pery, ein Netz freundlicher Straßen im georgianischen Stil, die alle in die O'Connell Street einmünden.

King John's Castle

Nicholas St. *061 360 788.*
tägl. *23.–26. Dez.*
www.shannonheritage.com

Wahrscheinlich wurde die Burg von König John um 1200, kurz nachdem die Normannen ins Land gekommen waren, erbaut. Sie beeindruckt mit fünf Rundtürmen und starken Befestigungsmauern. Innen zeigt eine Ausstellung zur Stadtgeschichte u. a. Töpferwaren und Schmuck. Zudem sind alte Wikingerhäuser und Befestigungsanlagen aus späterer Zeit zu sehen.

Engel am Chorgestühl der St Mary's Cathedral

Auf der nahen Thomond Bridge markiert der sogenannte Treaty Stone den Ort, an dem im Jahr 1691 der Vertrag von Limerick (»Treaty of Limerick«) unterzeichnet wurde.

St Mary's Cathedral

Bridge St. *061 310 293.*
Mo–Fr 9.30–16.30 Uhr (So nur zu Gottesdiensten). **www**.cathedral.limerick.anglican.org

Die 1172 erbaute Kirche ist das älteste Gebäude der Stadt. Außer dem sehr schönen romanischen Portal und dem Kirchenschiff ist jedoch wenig von der ursprünglichen Kirche erhalten. Der Stolz von St Mary's ist das Chorgestühl (15. Jh.) mit schönen Engels- und allegorischen Figuren.

Haustüre im georgianischen Stil am St John's Square

Nahe der Kirche bietet der George's Quay Restaurants und Straßencafés sowie schöne Ausblicke über den Fluss.

Hunt Museum

Rutland St. *061 312 833.*
Mo–Sa 10–17, So 14–17 Uhr.
So frei.
www.huntmuseum.com

Das Museum im Old Customs House zeigt eine der bedeutendsten Sammlungen antiker Funde ganz Irlands, die der Archäologe John Hunt zusammengetragen hat, darunter Goldschmuck, Waffen und ein Schild aus der Bronzezeit. Auch keltische Broschen und das Antrim Cross, ein Meisterwerk aus dem 9. Jahrhundert, sind zu sehen.

Limerick Museum

St John's Sq. *061 417 826.*
Di–Sa 10–13, 14.15–17 Uhr.
Feiertage, Weihnachtswoche.
www.limerick.ie

Das Museum in einem Kornspeicher (19. Jh.) erläutert die Geschichte Limericks und zeigt Kunsthandwerk, von Spitzen- bis zu Silberwaren.

Blick auf die Thomond Bridge und auf King John's Castle, Limerick

Bunratty Castle ⓭

Die wunderschöne Burg wurde im 15. Jahrhundert von den MacNamaras erbaut. Ihre berühmtesten Herren waren die O'Briens, Earls of Thomond, die hier vom frühen 16. Jahrhundert bis 1640 lebten. Im Inneren präsentiert sich die Burg so, wie sie zu Zeiten des »Great Earl« aussah, der 1624 starb. Im 19. Jahrhundert war sie herrenlos, 1950 wurde sie aber von Lord Gort erworben und sorgfältig im ursprünglichen Stil restauriert. Im angrenzenden Folk Park wird das ländliche Dorfleben im Irland des 19. Jahrhunderts reflektiert. Auf Bunratty finden opulente »mittelalterliche« Bankette statt.

★ North Solar

Der Kronleuchter aus dem 17. Jahrhundert in den Privaträumen des Great Earl stammt aus Deutschland. Ein »Solar« war im Mittelalter ein oben im Haus gelegenes Zimmer.

Der Kamin, heute eine Kopie aus Holz, bestand ursprünglich aus Stein. Er diente als Abzug für den Feuerplatz in der Great Hall.

Vom Murder Hole aus wurde heißes Wasser oder Pech auf Angreifer gegossen.

Eingang

Das Untergeschoss mit seinen drei Meter dicken Mauern diente wahrscheinlich als Lager oder Stall.

Nordfront

Die Burg weist an Nord- und Südseite ungewöhnlich hohe Torbogen auf. Eingänge auf Höhe des ersten Stocks, die Angreifer abschrecken sollten, waren damals typisch.

NICHT VERSÄUMEN

- ★ Great Hall
- ★ Main Guard
- ★ North Solar

INFOBOX

Straßenkarte B4. Co Clare.
061 360 788. *Shannon.*
von Ennis, Limerick, Shannon.
Burg und Folk Park *tägl. 9–17.30 Uhr (letzter Einlass 16 Uhr).* *24.–26. Dez.*
Folk Park.
Bankett siehe S. 360.
www.shannonheritage.com

★ Main Guard
Der heute für mittelalterliche Bankette genutzte Raum mit direktem Zugang zu den Kerkern der Burg war früher Wohn-, Schlaf- und Essraum der Soldaten von Bunratty. Von der Minstrels' Gallery spielte für sie Musik.

South Solar
Diese Gemächer der Burg waren für Gäste bestimmt. Die sehr schöne Fächerdecke aus Holz ist zum Teil eine Rekonstruktion im Stil der späten Tudor-Zeit.

Im Robing Room legten die Earls vor der Audienz in der Great Hall ihre Roben an. Er diente auch privaten Gesprächen.

Eine Wendeltreppe führt in jedem der vier Türme nach oben.

★ Great Hall
Diese Tudor-Standarte gehört zu der von Lord Gort ausgewählten Ausstattung der Burg. Sie befindet sich in der Great Hall, einst Bankett- und Audienzhalle und damals wie heute Bunrattys größter Raum.

Bunratty Folk Park

Die Anlage bietet eine sehr genaue Rekonstruktion des irischen Landlebens am Ausgang des 19. Jahrhunderts. Sie enthält u. a. ein altes Bauernhaus, das vor der Zerstörung durch den Bau des nahe gelegenen Flughafens Shannon gerettet werden konnte. Heute befindet sich hier ein vollständig neu errichtetes Dorf mit Läden und im traditionellen Stil erbauten Häusern, darunter ein typisches Arbeiterhaus, ein Haus im eleganten georgianischen Stil, ein Bauernhaus vom Burren *(siehe S. 188)* und eine funktionierende Kornmühle. Im Sommer führen Angestellte in Tracht altes Handwerk wie Weben oder Buttern vor.

Hauptstraße im Dorf des Bunratty Folk Park

Typisches strohgedecktes Haus im Dorf Adare

Adare ⓯

Straßenkarte B5. Co Limerick. 2000. Heritage Centre, Main St (061 396 666). tägl.
www.adarevillage.com

Adare gilt als hübschestes Dorf Irlands. Zyniker nennen es das hübscheste »englische« Dorf, da es so herausgeputzt ist wie kaum ein anderes in Irland. Das einstige Lehnsgut der Fitzgeralds, Earls of Kildare, verdankt sein heutiges Aussehen den Earls of Dunraven, die es von 1820 bis 1830 wieder instand setzten. Der Ort bietet ein sehr malerisches Gesamtbild.

Im Heritage Centre befinden sich das Fremdenverkehrsbüro und eine sehr schöne Ausstellung zur Klostergeschichte von Adare. Die **Trinitarian Priory** nebenan wurde 1230 von den Fitzgeralds gegründet und vom 1. Earl of Dunraven renoviert. Kirche und Konvent gehören der Katholischen Kirche Irlands. Gegenüber, nahe der Steinbrücke, befindet sich der Washing Pool, das restaurierte Waschhaus des Dorfes.

Im Jahr 1316 gründeten die Fitzgeralds die **Augustinian Priory** in der Limerick Road, direkt an der Hauptbrücke. Das auch als Black Abbey bekannte Gebäude hat einen Zentralturm und wunderschöne Kreuzgänge. Auf der anderen Seite der Brücke thront an den Ufern des Maigue **Desmond Castle** aus dem 13. Jahrhundert – Tickets gibt es im Heritage Centre (Juni–Ende Sep).

Von hier ist es nicht weit bis zum Luxushotel **Adare Manor** mit Golfplatz *(siehe S. 307)*. In dem zum Anwesen gehörenden 900 Hektar großen Park befinden sich die Ruinen der Kirchen **St Nicholas Church** und **Chantry Chapel** (beide 12. Jh.). Inmitten des Golfplatzes befindet sich die altehrwürdige **Franciscan Abbey** (15. Jh.), die man aber vom Weg aus gut sehen kann.

Im Herzen von Adare wartet das luxuriöse Dunraven Arms Hotel *(siehe S. 306)*. In einigen der Cottages in der Nachbarschaft, die der Earl of Dunraven 1828 ursprünglich für seine Arbeiter erbaut hatte, befinden sich heute schöne Cafés und Restaurants.

Lough Gur ⓰

Straßenkarte B5. Co Limerick.
Heritage Centre 061 385 186. tel. erfragen. teilweise.
www.loughgur.com

Lough Gur, 21 Kilometer südlich von Limerick, war schon in der Steinzeit, etwa 3000 v. Chr., besiedelt. Heute zeigt hier ein archäologischer Park Steinmonumente und Begräbnisstätten aus der Megalithzeit. Eine der eindrucksvollsten Sehenswürdigkeiten ist der 4000 Jahre alte **Great Stone Circle** unmittelbar vor dem Park an der Straße von Limerick nach Kilmallock. Ausgrabungen in der Umgebung legten in den 1970er Jahren Überreste von rechteckigen, runden und ovalen Häusern aus der Steinzeit frei. Ein Informationszentrum zeigt in Bauten, die der damaligen Zeit nachempfunden sind,

Bunte Häuserfront in der Main Street von Adare

Hotels und Restaurants am unteren Shannon *siehe Seiten 306–309 und 335f*

Fassade des Cashel Palace Hotel

verschiedene Dokumentationen zur Megalithkultur, darunter auch Modelle von Steinkreisen und Grabzimmern sowie Spielzeug und Waffen.

Auf der Knockadoon Peninsula gibt es ebenfalls verschiedene prähistorische Stätten. Zudem bietet die Halbinsel zwei Burgruinen: **Bourchier's Castle** aus dem 15. Jahrhundert und **Black Castle** aus dem 13. Jahrhundert – letztere Burg war einst Sitz der Earls of Desmond.

Roscrea ⑰

Straßenkarte C4. Co Tipperary. *4600.* *Heritage Centre, Castle St (050 521 850).* *Ostern–Sep: tägl.* **www**.heritageireland.ie

Die Klosterstadt Roscrea am Ufer des Bunnow besitzt ein historisches Zentrum. **Roscrea Castle** (13. Jh.) beeindruckt durch einen mächtigen Torturm, zwei große Ecktürme und gut erhaltene Wallanlagen. In einem der Burghöfe befindet sich **Damer House** mit einem wunderschönen Treppenhaus und einem georgianischen Garten. Jenseits des Flusses liegt **St Cronan's Monastery** (12. Jh.) mit einem interessanten Rundturm. In der Abbey Street sind noch Überreste des **Franciscan Friary** (15. Jh.) erhalten geblieben. **Roscrea Pillar** und das Hochkreuz St Cronan's befinden sich in den renovierten Blackmills.

Roscrea Castle mit Gärten
Castle St. *0505 21850.* *Ostern–Sep: tägl.* *teilweise.* **www**.heritageireland.ie

Holy Cross Abbey ⑱

Straßenkarte C5. Thurles, Co Tipperary. *050 443 124.* *nach Thurles.* *tägl. 9–20 Uhr.* **www**.holycrossabbey.ie

Ihren Namen erhielt die 1169 von den Benediktinern gegründete Abtei, weil sie einen Splitter vom Heiligen Kreuz besitzen soll. Zisterzienser, die die Abtei 1180 übernahmen, errichteten im 15. Jahrhundert den heutigen Bau. Die Kirche ist in Form eines Kreuzes angelegt und eines der herausragenden Beispiele spätgotischer Baukunst in Irland. Zudem ist sie ein beliebter Wallfahrtsort. Sehenswert sind die schön gearbeiteten Pfeiler, Fenster und Kanzel sowie an der Südseite des Längsschiffs das *tomb of the Good Woman's son*, das »Grab des Sohns der Guten Frau«. Zur Klosteranlage gehören auch einige schöne Kreuzgänge mit begrünten Innenhöfen sowie ein etwas altmodisch anmutendes Pub.

Kruzifix in der Holy Cross Abbey

Cashel ⑲

Straßenkarte C5. Co Tipperary. *11 400.* *Heritage Centre, Town Hall, Main St (062 62511).* **www**.cashel.ie

Die große Attraktion des Orts ist der **Rock of Cashel** *(siehe S. 196f).* Von dem einstigen Bischofspalais **Cashel Palace Hotel** *(siehe S. 307)*, einem vornehmen Hotel im Queen-Anne-Stil, führt ein Privatweg zu dem 65 Meter hohen Felsblock, einem Wahrzeichen Irlands. Die Reste der nahe gelegenen Burg (12. Jh.) wurden zum Kearney Castle Hotel umgebaut. Das **Brú Ború Cultural Centre**, benannt nach Brian Ború, im 10. Jahrhundert König von Munster *(siehe S. 34f)*, bietet abends traditionelle irische Musik, Theateraufführungen und hat einen Laden und ein Restaurant. Am Fuß des Rock of Cashel befindet sich die aus Sandstein erbaute **Dominican Friary** (13. Jh.) mit schönem Westportal und einem Turm aus dem 15. Jahrhundert.

Außerhalb von Cashel trifft man auf die Ruinen von **Hore Abbey**, einem ehemaligen Zisterzienserkloster (13. Jh.) mit gut erhaltenem Kapitelsaal. Lettner und Turm der Abtei stammen aus dem 15. Jahrhundert.

Brú Ború Cultural Centre
Cashel. *062 61122.* *Mitte Juni–Aug: Di–Sa; Sep–Mitte Juni: Mo–Fr.* *24. Dez–2. Jan.* **www**.bruboru.ie

Dominican Friary
Dominic St. *teilweise.*

Ruinen der Hore Abbey (1272), im Hintergrund der Rock of Cashel

Rock of Cashel

Der Felsen, der sich imposant über der Ebene von Tipperary erhebt, galt jahrhundertelang als Symbol königlicher und priesterlicher Macht. Ab dem 4. Jahrhundert war er Sitz der Könige von Munster, deren Reich sich über ganz Südirland erstreckte. 1101 übergaben sie Cashel der Kirche, die hier ein religiöses Zentrum schuf, das bis zur Belagerung durch die Armee Cromwells im Jahr 1647, bei der über 3000 Menschen starben, bestand. Im 18. Jahrhundert wurde die Kathedrale, die aktuell vollständig renoviert wird, aufgegeben. Heute hat der Felsen nur noch kunsthistorische Bedeutung. Man kann die einstige Anlage aber noch gut erkennen. Beachtenswert ist die Cormac's Chapel, eines der schönsten Beispiele romanischer Architektur in Irland.

★ St Patrick's Cross
Die Bilder auf der Ostseite des Kreuzes sollen vom hl. Patrick stammen, der Cashel 450 besuchte. Das Kreuz ist eine Kopie, das Original befindet sich seit 1982 im Museum.

Hall of the Vicars' Choral
Die Halle entstand im 15. Jahrhundert für die bedeutenderen Chorherren von Cashel. Die nach Originalentwürfen rekonstruierte Decke zieren Gemälde, u.a. dieser Engel.

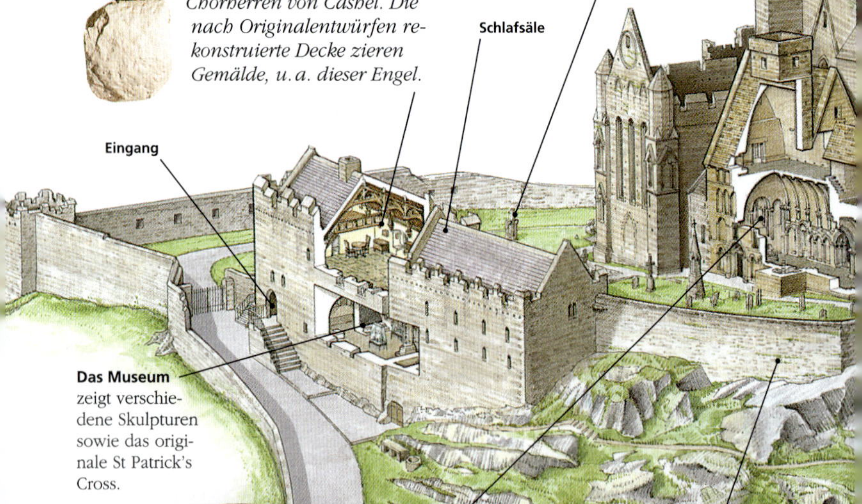

Schlafsäle

Eingang

Das Museum zeigt verschiedene Skulpturen sowie das originale St Patrick's Cross.

Außenmauer

Kalksteinfelsen

★ Cormac's Chapel
Dieser romanische Türbogen schmückt die Kapelle. Das Tympanon über dem Nordportal zeigt einen Kentauren, der seinen Bogen auf einen Löwen richtet.

NICHT VERSÄUMEN

- ★ Cormac's Chapel
- ★ Kathedrale
- ★ St Patrick's Cross

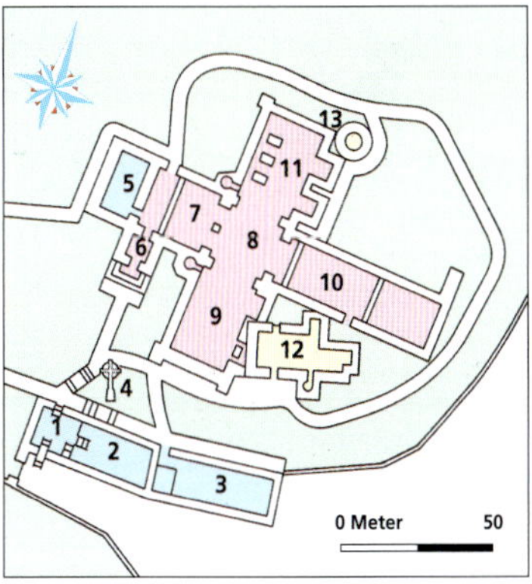

LEGENDE

12. Jahrhundert
- 4 St Patrick's Cross (Kopie)
- 12 Cormac's Chapel
- 13 Rundturm

13. Jahrhundert
- 6 Vorraum
- 7 Mittelschiff
- 8 Vierung
- 9 Südschiff
- 10 Chor
- 11 Nordschiff

15. Jahrhundert
- 1 Kartenverkauf
- 2 Hall of the Vicars' Choral (Museum)
- 3 Schlafsaal
- 5 Burg

INFOBOX

Straßenkarte C5. Cashel. *062 61437. nach Thurles. nach Cashel. tägl. (Anfang Sep–Mitte Okt: 9–17.30 Uhr; Mitte Okt–Mitte März: 9–16.30 Uhr; Mitte März–Anfang Juni: 9–17.30 Uhr; Anfang Juni–Mitte Sep: 9–19 Uhr). 24.–26. Dez.*

Felsen
Der 28 Meter hohe Turm, das älteste Gebäude auf dem Felsen, ermöglichte es den Bewohnern Cashels, Angreifer schon von Weitem zu erkennen.

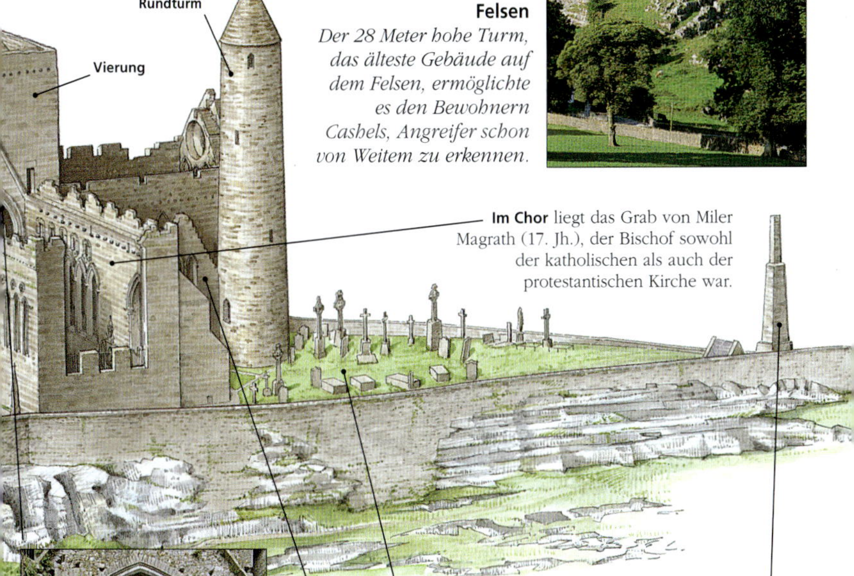

Im Chor liegt das Grab von Miler Magrath (17. Jh.), der Bischof sowohl der katholischen als auch der protestantischen Kirche war.

Das O'Scully-Monument, 1870 von einer Familie der Gegend als Gedenkstätte errichtet, wurde 1976 bei einem Unwetter zerstört.

Nördliches Querschiff
Die Grabplatten aus dem 16. Jahrhundert im nördlichen Querschiff haben bemerkenswerte Verzierungen. Diese hier an der Nordwand zeigt ein Weinblattmotiv und stark stilisierte Ungeheuer.

★ Kathedrale
Die gotische Kathedrale, deren Dach zerstört ist, beeindruckt durch ihr gewaltiges Mauerwerk; im Chor sind schön gefasste Spitzbogenfenster.

Athassel Priory 20

Straßenkarte C5. 8 km westl. von Cashel, Co Tipperary. *nach Tipperary.* *tägl.*

Die Ruine des ehemaligen Augustinerklosters liegt am Westufer des Suir. In der Kirche befindet sich das Grab von William de Burgh, der das Kloster 1192 gründete. Es heißt, Athassel sei das größte mittelalterliche Kloster Irlands gewesen. 1447 brannte die Anlage nieder. Ihre Ruinen – ein Torhaus, die Kirche und Überreste eines Kreuzgangs und des Kapitelsaals – strahlen noch heute Ruhe und Frieden aus. Bemerkenswert sind das Westportal der Kirche und der Zentralturm aus dem 15. Jahrhundert.

Die Ruinen der Athassel Priory am Ufer des Suir

Glen of Aherlow 21

Straßenkarte C5. Co Tipperary. *nach Bansha oder Tipperary.* *Coach Rd, an der R663, 8 km östlich von Galbally (062 56331).* www.aherlow.com

Das grüne Tal des Aherlow zwängt sich zwischen die Galty Mountains und die Hügel von Slievenamuck. Die von den Orten **Galbally** und **Bansha** begrenzte Ebene war eine wichtige Verbindung zwischen Limerick und Tipperary und ein Rückzugsgebiet für Gesetzesflüchtige.

Heute bietet die Region vielfältige Freizeitmöglichkeiten, etwa Reiten, Radfahren und Angeln. Spazierwege durchziehen die Ebene. Die Galty Mountains locken mit Wanderwegen und mit schönen Ausblicken über Seen, Wälder und den Fluss.

Cahir 22

Straßenkarte C5. Co Tipperary. *2100.* *Apr–Okt: Castle Street (052 744 1453).* *Fr.* www.visitcahir.ie

Das einstige Garnisonsstädtchen ist heute ein lebhafter Marktort. Von der mit Pubs gesäumten Castle Street gelangt man zum Suir, zum Cahir Castle und über einen ausgeschilderten Spazierweg zum Swiss Cottage.

Am Ortsrand liegt die Ruine von **Cahir Abbey**, einem Augustinerkloster aus dem 13. Jahrhundert mit schönen Fenstern.

Blick über den Glen of Aherlow

Cahir Castle

Castle Street. *052 744 1011.* *tägl.* *24.–30. Dez.* *teilweise.* www.heritageireland.ie

Die Burg auf einer Felsinsel im Suir ist eine der schönsten Irlands und als solche auch eine beliebte Filmkulisse. Die gut erhaltene Festungsanlage aus dem 13. Jahrhundert gehörte bis 1964 der Familie Butler, einer einst mächtigen irischen Familie, die seit den Tagen der anglo-normannischen Invasion als Lehnsherren der englischen Krone die Geschicke des County Cahir lenkte. Unter ihrer Herrschaft wurde die Burg im 15. und 16. Jahrhundert erweitert.

Die Burganlage besteht aus einem äußeren, mittleren und inneren Teil. Der innere Teil steht an der Stelle einer normannischen Burg. Wallanlagen und Burgfried stammen aus dem 13. Jahrhundert. Die schön restaurierte Great Hall in der Burg wurde 1840 weitgehend erneuert, jedoch stammen Mauern und Fenster noch aus dem 15. Jahrhundert. Von den Wallanlagen aus hat man einen herrlichen Blick über den Fluss.

Swiss Cottage

Ardfinnan Road, Cahir. *052 41144.* *Apr–Okt tägl..* *obligatorisch.*

Das Swiss Cottage ist ein wunderschönes Beispiel für ein sogenanntes *cottage orné*. Es wurde im Jahr 1810 von John Nash, einem Regency-Architekten, für die Butlers entworfen. Hier pflegten sich Lady und Lord Cahir den Annehmlichkeiten des irischen Landlebens hinzugeben. Als

Hotels und Restaurants am unteren Shannon *siehe Seiten 306–309 und 335f*

typisches *cottage orné* musste sich das Haus in die natürliche Umgebung möglichst stilvoll einbinden, so als sei es von der Natur selbst gebildet. Daher die Formvariationen der Fenster, der Dachtraufen und der Fassade. Die Räume sind sorgfältig restauriert und schön möbliert.

Clonmel ㉓

Straßenkarte C5. Co Tipperary. *17 000.* *The Main Guard (052 612 2960).*
www.clonmel.ie

Der am Suir gelegene Hauptort der Tipperary-Region gehörte einst zu den Besitzungen der Desmonds und wohl auch der Butlers. Der Wohlstand von Clonmel basierte auf den Erträgen der Mühlen und Brauereien der Gegend. Einige Mühlen sind noch zu sehen.

Die **Franciscan Friary** am Flussufer wurde in viktorianischer Zeit weitgehend umgebaut, doch gibt es immer noch einen Turm aus dem 15. Jahrhundert und ein Grabmal der Butlers (16. Jh.). Die nahe gelegene O'Connell Street, Clonmels Haupteinkaufsstraße, führt zum 1831 errichteten West Gate. Gäste des **Hearn's Hotel** in der Parnell Street

Das West Gate in Clonmel, das die O'Connell Street überspannt

Das Swiss Cottage bei Cahir, originalgetreu restauriert

können Andenken an Charles Bianconi (1786–1875) bewundern, darunter auch Bilder von den Pferdekutschen, die einst in seinem Auftrag zwischen Clonmel und Cahir verkehrten.

Carrick-on-Suir ㉔

Straßenkarte C5. Co Tipperary. *5500.* *Heritage Centre, Main St (051 640 200).*

Die kleine Marktstadt Carrick-on-Suir hat eine ganz eigene Atmosphäre. Im 15. Jahrhundert hatte der zwischen Clonmel und Waterford gelegene Ort eine wichtige strategische Funktion, doch seit den Tudors sank seine Bedeutung zunehmend. Außer Ormond Castle gibt es nicht viel zu sehen, allerdings können Sie bei Blarney Woollen Mills *(siehe S. 354)* einkaufen.

Ormond Castle

Castle Park. *051 640 787.* *Mitte Apr–Anfang Okt: tägl.* *obligatorisch.* *teilweise.*
www.heritageireland.ie

Die frühere Burg ist heute Irlands schönstes Landhaus im Tudor-Stil. Es wurde für die mächtige Familie der Butlers, Earls of Ormonde, erbaut, die ihren Adelstitel im Jahr 1328 von der englischen Krone erhielten. Der Wehrturm an der Südseite des ursprünglich mittelalterlichen Bauwerks ist mit architektonischen Elementen aus späterer Zeit verziert.

Die Repräsentationsräume verfügen über einige der schönsten Stuckdecken von ganz Irland. Die Long Gallery mit zwei Kaminen misst 30 Meter. Den elisabethanischen Anbau verdankt das Haus Black Tom Butler, dem 10. Earl of Ormonde. Als er starb, zog die Familie nach Kilkenny *(siehe S. 142f)*.

Schmuckelemente an einem Bettpfosten in Ormond Castle

Umgebung: Auf dem Friedhof von **Ahenny**, etwa zehn Kilometer nördlich von Carrick, befinden sich zwei interessante Hochkreuze *(siehe S. 243)*. Sie sind von einer »Bischofsmitra« gekrönt und mit einigen außergewöhnlichen Mustern verziert.

In **Kilkieran**, fünf Kilometer nördlich von Carrick, findet man drei weitere sehenswerte Hochkreuze aus dem 9. Jahrhundert: das Plain Cross, das West Cross und das Long Shaft Cross, die alle, jedes auf seine Art, ungewöhnlich verziert sind.

Westirland

Mayo · Galway · Roscommon

Die drei Regionen bilden das Herz von Connaught, Irlands historischem Westteil, der spärlich besiedelt und von sturmgepeitschten Bergen, niedrigen Steinmauern und Torfmooren geprägt ist. In dieser ländlichen Region liegt die lebendige Universitätsstadt Galway, in deren mittelalterlichen Straßen und gemütlichen Pubs das moderne Leben pulsiert.

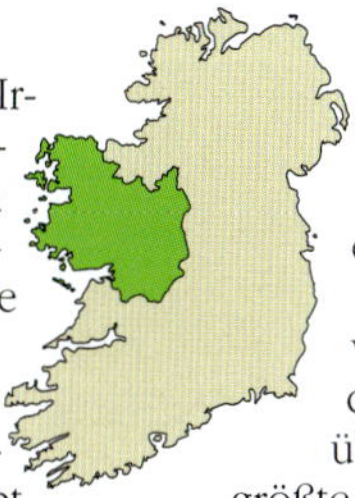

Die zerklüftete Westküste Irlands ist seit über 5000 Jahren besiedelt. Sie ist reich an prähistorischen Sehenswürdigkeiten wie den Céide Fields oder den Steinwällen der Aran Islands. Zeugnisse einer ausgeprägten klösterlichen Kultur gibt es in Kilmacduagh und Clonfert, deren religiöse Traditionen in den Wallfahrten nach Knock und Croagh Patrick fortleben.

Im Mittelalter stand Galway unter anglo-normannischer Herrschaft, seine Umgebung unter der einheimischer Clans. Nach den Siegen Cromwells wurden viele Iren zwischen 1640 und 1650 mit dem Ruf »Zur Hölle oder nach Connacht« (Connaught) in diese Provinz vertrieben. Im Lauf des 17. und 18. Jahrhunderts ließen Landlords prunkvolle Landhäuser errichten, etwa bei Clonalis, Strokestown Park und Westport. Während der Großen Hungersnot verließen viele den Westen Irlands, vor allem die Gegend um Mayo. Gleichwohl haben alte gälische Traditionen im County Galway überlebt. Hier befindet sich die größte Gaeltacht *(siehe S. 229)* des Landes, in dem die Hälfte der Bevölkerung Gälisch noch als Muttersprache spricht.

Die Braun- und Violetttöne von Connemara im Westen Galways und das fruchtbare Ackerland Roscommons bilden einen reizvollen Kontrast zur schroffen Atlantikküste, die oft in diffuse Nebel getaucht ist und von Sturmwinden heimgesucht wird.

Der Sommer ist die Zeit der Feste, dann finden beispielsweise im Juli und im August die Galway Races, im Juli das Galway Arts Festival, im August die traditionellen Bootsrennen bei Kinvara und im September das Galway Oyster Festival statt.

Schwäne am Ufer des Corrib, in Galways Stadtteil Claddagh

◁ **Typische Landschaft in Connemara *(siehe S. 207)*, überragt von den Twelve Bens *(siehe S. 208)***

Überblick: Westirland

Galway, Clifden und Westport sind die besten Ausgangspunkte, um den Westen Irlands zu erkunden. Connemara und die wilde Schönheit von Mayo beeindrucken vor allem Naturliebhaber, während Wassersportler eher zu den Inseln Achill, Aran, Clare und Inishbofin streben. Sehr beliebt bei Anglern sind auch die Seen der Countys Roscommon, Mayo und Galway. Lough Corrib und Lough Key bieten mehr Ruhe und Entspannung.

Dekorativer Stuck im Westport House

SIEHE AUCH

- ***Hotels*** S. 309–312
- ***Restaurants*** S. 337–339 und S. 349f

In Westirland unterwegs

Vom kleinen Flughafen bei Rossaveal aus kann man zu den Aran Islands fliegen, zu denen auch Fährboote von Rossaveal oder Doolin (County Clare) fahren. Mit Fähren sind von Cleggan aus Inishbofin und von Roonagh nahe Louisburgh aus Clare Island erreichbar. Zwischen Galway und Westport gibt es keine direkte Zug-, aber Busverbindungen. Nach Connemara kommt man mit dem Bus von Galway und Clifden (über Oughterard oder Cong) aus. Die Gegend kann von beiden Städten aus auch auf einem Tagesausflug mit dem Reisebus erkundet werden.

Flusstal bei Delphi im nördlichen Connemara

Sehenswürdigkeiten auf einen Blick

- Achill Island 2
- *Aran Islands S. 214f* 16
- Boyle 26
- Céide Fields 1
- Clare Island 8
- Clifden 10
- Clonalis House 24
- Clonfert Cathedral 21
- Cong 13
- Connemara National Park 12
- Croagh Patrick 7
- Foxford 5
- *Galway S. 210f* 15
- Inishbofin 9
- Kilmacduagh 18
- Kinvara 17
- Knock 6
- Kylemore Abbey 11
- Lough Corrib 14
- National Museum of Ireland – Country Life 4
- Portumna 20
- Roscommon 23
- Strokestown Park House 25
- Thoor Ballylee 19
- Turoe Stone 22
- Westport 3

Bunte Ladenfronten an einer Straße in Galway

LEGENDE

- Autobahn
- Autobahn (im Bau)
- Schnellstraße
- Hauptstraße
- Nebenstraße
- Panoramastraße
- Eisenbahn (Hauptstrecke)
- Eisenbahn (Nebenstrecke)
- County-Grenze
- Gipfel

Céide Fields ❶

Straßenkarte B2. 8 km westl. von Ballycastle, Co Mayo. *096 43325.* *Ostern–Ende Okt: tägl.* **www**.heritageireland.ie

Der Küstenabschnitt von Mayo, umgeben von mit Heidekraut bewachsenen Mooren und steil abfallenden Bergen, ist Europas größtes Gebiet, das noch von der Kultur der Steinzeit zeugt. Steinmauern gliedern ein Areal von über zehn Quadratkilometern in Parzellen für Acker- oder Weideland. Überreste von Häusern lassen erkennen, dass hier einst eine große Gemeinde lebte. Torf hatte die Felder überzogen und sie so über 5000 Jahre lang erhalten.

Teile dieser Feldmarkierungen sind freigelegt. Fremdenführer erklären vor Ort die jeweilige Bedeutung der steinernen Zeugen. Bei Grabungen fand man Töpferwaren und einfaches Werkzeug. Das interessante Informationszentrum vor Ort bietet zudem Dokumentationen zu Geologie und Botanik der Gegend.

Umgebung: An der Nordküste von Mayo, zwischen Ballina und der Halbinsel Mullet, führt der **North Mayo Sculpture Trail** an Skulpturen vorbei. 15 Werke aus Erde, Stein und anderen natürlichen Materialien fügen sich in die Umgebung ein und stammen von zwölf verschiedenen Bildhauern aus drei Kontinenten. Weitere Werke sind geplant. Intention des Projekts ist es, die Großartigkeit der Landschaft durch das künstlerische Werk zu unterstreichen. Es finden auch Wechselausstellungen statt.

Moorfindling im Dokumentationszentrum von Céide Fields

Achill Island ❷

Straßenkarte A3. Co Mayo. *3000.* *von Westport.* *098 20705.* **www**.achilltourism.com

Irlands größte Insel ist 22 Kilometer lang und 19 Kilometer breit. Man erreicht sie über eine Brücke, die hochgezogen werden kann, wenn Schiffe passieren wollen. Achill bietet Moore, Berge, steile Klippen und weite Strände und ist bei Anglern und Wassersportlern beliebt. Es gibt Hinweise, dass die Insel schon vor mehr als 5000 Jahren bewohnt war.

Autofahrern bietet sich der **Atlantic Coast Drive** an, ein Rundkurs ab Achill Sound. Die Straße führt zur Südspitze der Insel und dann an der Nordküste entlang wieder zurück. Zwischen Doeega und Keel im Südwesten erheben sich die Minaun Cliffs und Cathedral Rocks. Im Norden überragt ein Berg Slievemore, das seit der Großen Hungersnot *(siehe S. 219)* verlassen ist.

Westport ❸

Straßenkarte B3. Co Mayo. *6000.* *James St (098 25 711).* *Do.* **www**.westporttourism.com

Westport ist ein hübscher Ort. Ende des 18. Jahrhunderts ließ James Wyatt die

Der *Angel of Welcome* in der Eingangshalle von Westport House

breiten, baumgesäumten Straßen anlegen sowie die North und die South Mall an beiden Ufern des Carrowbeg. Zur Zeit der Industrialisierung und der Großen Hungersnot *(siehe S. 219)* herrschte auch hier große Armut. Das änderte sich erst in den 1950er Jahren, als neue Industrien angesiedelt wurden und auch Urlauber hierherkamen.

Gefäß aus Mooreiche und Silber, Westport House

In der Bridge Street gibt es eine Reihe Cafés und Pubs, das netteste ist Matt Molloy's *(siehe S. 350)*.

Westport House
Westport. *098 27766.*
Mitte März–Sep: tägl.; Okt–Dez: Wochenenden.
www.westporthouse.ie

Westlich des Orts kommt man zur Mündung des Carrowbeg und zur Clew Bay. Hier befindet sich Westport House, Sitz der Earls of Altamont, Nachfahren der Familie Browne, die einst Untertanen der Tudors waren. Westport wurde in den 1750er Jahren von John Browne, dem ersten Lord Altamont, gegründet, nachdem Westport House bereits 1732 nach Plänen von Richard Castle errichtet worden war. Fertiggestellt wurde die Anlage 1778 von James Wyatt. Das Haus befindet sich im Privatbesitz der Familie Browne, Nachfahren der Piratin Grace O'Malley. Es ist mit Familienporträts ausgestattet. Es gibt einen See zum Bootfahren, eine Mini-Eisenbahn, ein Museum und den Pirate Adventure Park für Kinder.

Statue des hl. Patrick zu Füßen des Croagh Patrick mit Blick über die Clew Bay

National Museum of Ireland – Country Life 4

Turlough Park, Turlough, an der N5, 8 km östl. von Castlebar, Co Mayo. *094 903 1751. Di–Sa 10–17, So 14–17 Uhr.* **www**.museum.ie

Das preisgekrönte Museum in Turlough Park widmet sich dem Landleben in Irland. Die Sammlung umspannt vorwiegend den Zeitraum von 1850 bis 1950, als Farmer nicht mehr nur Pächter, sondern Eigentümer des Landes, das sie bestellten, sein wollten und dafür kämpften. Das Museum erklärt den historischen Kontext der jeweils ausgestellten Exponate. Auf vier Stockwerken sind u. a. Korbwaren, Spinnräder und von Hand betriebene Maschinen zu sehen.

Foxford 5

Straßenkarte B3. Co Mayo. *1000. von Galway. Westport (098 25711).*

Der ruhige Marktort ist für seine Angelplätze am nahe gelegenen Lough Conn und für die Herstellung von Stoffen bekannt. Die **Foxford Woollen Mills** im Zentrum wurden im Jahr 1892 von Mother Arsenius, einer irischen Nonne, gegründet. Die Fabrik beliefert die führenden Modehäuser des Landes und kann bei Führungen besichtigt werden.

Foxford Woollen Mills and Visitor Centre
St Joseph's Place. *094 925 6104. tägl. Karfreitag, 24.–26. Dez. Ausstellung.*
www.foxfordwoollenmills.com

Knock 6

Straßenkarte B3. Co Mayo. *575. 15 km nördl. von Knock. Mai–Sep: Knock (094 938 8193).* **www**.discoverireland.ie

Im Giebel der Kirche St John the Baptist soll 1879 zwei Frauen aus dem Ort die Heilige Jungfrau mit Josef und Johannes dem Täufer erschienen sein. Die Vision wurde von der katholischen Kirche als Wunder anerkannt. Jedes Jahr kommen über 1,5 Millionen Menschen nach Knock, 1979 auch Papst Johannes Paul II. und 1993 Mutter Teresa, um den Kirchengiebel zu betrachten, in dem die Muttergottes zu sehen war. Er wurde inzwischen zu einer Art Kapelle umgebaut. In der Nähe steht die Basilica of Our Lady mit einem Marienschrein. Das **Knock Museum** erläutert das Landleben im 19. Jahrhundert und zeigt zudem Dokumentationen zur Geschichte des Wunders von Knock.

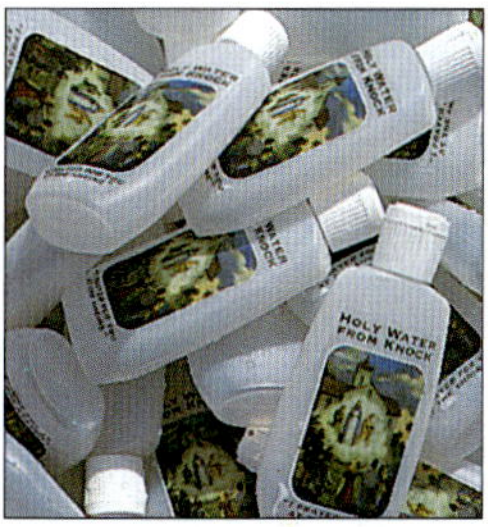

Das heilige Wasser von Knock, flaschenweise im Angebot

Knock Shrine and Museum
094 938 8100. tägl. 25., 26. Dez. Museum. **www**.knock-shrine.ie

Croagh Patrick 7

Straßenkarte B3. Murrisk, Co Mayo. *von Westport. Westport (098 25711).* **www**.croagh-patrick.com

Irlands heiliger Berg wurde nach dem Nationalheiligen *(siehe S. 281)* benannt und ist eine der Attraktionen im County Mayo. Von unten sieht er aus wie ein Kegel, ein Eindruck, der sich jedoch verliert, sobald man den Berg besteigt. Seine Geschichte lässt sich bis 3000 v. Chr. zurückverfolgen. Im Jahr 441 soll der hl. Patrick hier 40 Tage fastend zugebracht haben.

Seit dieser Zeit haben unzählige Pilger, oft barfuß, den Berg erklommen, vor allem am Garland Friday oder Reek Sunday im Juli. Von Campbell's Pub in Murrisk aus, wo eine riesige Statue des Heiligen steht, benötigt man rund zwei Stunden bis zum 765 Meter hohen Gipfel. Am Reek Sunday werden dort in der modernen Kapelle auf dem Gipfel Messen gelesen. Außerdem hat man einen herrlichen Ausblick in die Umgebung.

Clare Island ❽

Straßenkarte A3. Co Mayo.
130. vom Roonagh Quay, 6,5 km westl. von Louisburgh.
098 26307 oder 086 851 5003 (Fährverkehr). Westport (098 25045).

Clare Island wird von zwei Bergen überragt. Eine Burg aus dem 15. Jahrhundert wacht über den Hafen und seine Landspitze. Im 16. Jahrhundert war die Insel in den Händen von Grace O'Malley, Piratenkönigin und irische Patriotin, die die ganze Westküste kontrollierte. Obwohl sie, wie alte Dokumente belegen, am Hof von Königin Elizabeth I verkehrte, kämpfte sie bis zu ihrem Tod 1603 gegen die englische Herrschaft. Ihr Grab liegt in einer ehemaligen, kleinen Zisterzienserabtei und trägt als Inschrift ihr Lebensmotto: »Unbesiegbar zu Wasser und zu Lande.«

Auf der Insel finden sich Zeugnisse aus der Eisen- und Bronzezeit. Flora und Fauna sind geprägt von Moor- und Sumpfland. Tierfreunde können Delfine, Seehunde und Falken beobachten.

Umgebung: Die Stadt **Louisburgh** bietet raue Landschaft an der Atlantikküste sowie Angeln und Wassersport. Das Grace O'Malley gewidmete **Granuaile Centre** (*Granuaile* = gälisch für Grace O'Malley) dokumentiert die Archäologie und Folklore der Insel.

Die Fähre nach Inishbofin verlässt Cleggan Harbour

Granuaile Centre
St Catherine's Church, Louisburgh.
098 66341. Mo–Fr, Wochenende nach Vereinbarung.

Inishbofin ❾

Straßenkarte A3. Co Galway.
200. von Cleggan (095 45819). Clifden (095 21163).

Der Name Inishbofin bedeutet »Insel der weißen Kuh«. Der hl. Colman, Abt in Lindisfarne, wählte die oft in Nebel getauchte Insel im 7. Jahrhundert aufgrund ihrer Abgeschiedenheit als Exil. An der Stelle seines einstigen Klosters befindet sich heute eine spätmittelalterliche Kirche. An der Einfahrt zum Hafen liegt eine zerstörte Burg, die der spanische Pirat Don Bosco mit Grace O'Malley im 16. Jahrhundert besetzte. Cromwell nahm sie 1653 ein und funktionierte sie zum Gefängnis für katholische Priester um. Später gehörte Inishbofin verschiedenen Landlords. Heute lebt die Bevölkerung vom Fischfang und von der Landwirtschaft.

Das Aussehen der von Riffen umgebenen Insel ist von Steinmauern, Seen und Weiden geprägt. Hier kann man den Wachtelkönig *(siehe S. 18)* hören oder sogar sehen.

Clifden ❿

Straßenkarte A3. Co Galway.
800. März–Ende Sep: Galway Road (095 21163). Di, Fr.
www.clifdenchamber.ie

Das von der Bergkette der Twelve Bens eingerahmte und von zwei Kirchtürmen überragte Clifden ist Hauptort der Connemara-Region und idealer Ausgangspunkt für deren Erkundung. John d'Arcy, Grundbesitzer und High Sheriff of Galway, gründete den Ort 1812, um der als gesetzlos geltenden Region mehr Ansehen zu verschaffen. Doch wahrscheinlich führte gerade dieses Ansinnen zum Bankrott der Familie. In der protestantischen Kirche des Orts befindet sich eine Kopie des Cross of Cong *(siehe S. 67)*.

Heute hat Clifden einige außergewöhnliche Kunsthandwerksläden. Am zentra len Platz liegen mehrere Pubs, z. B. das lebhafte EJ Kings *(siehe S. 349)*. Connemara ist zwar berühmt für *sean nós* (A-cappella-Gesang), doch ist in Clifden eher traditionelle Musik verbreitet.

Clifden vor dem Hintergrund der Bergkette der Twelve Bens

Hotels und Restaurants in Westirland *siehe Seiten 309–312 und 337–339*

Connemara

Die schroffe Landschaft westlich von Galway besteht aus Felsküsten, Bergen und kargen Mooren. Sehenswert sind der Connemara National Park und Kylemore Abbey *(siehe S. 208)*. Busse fahren ab Galway *(siehe S. 390f)*.

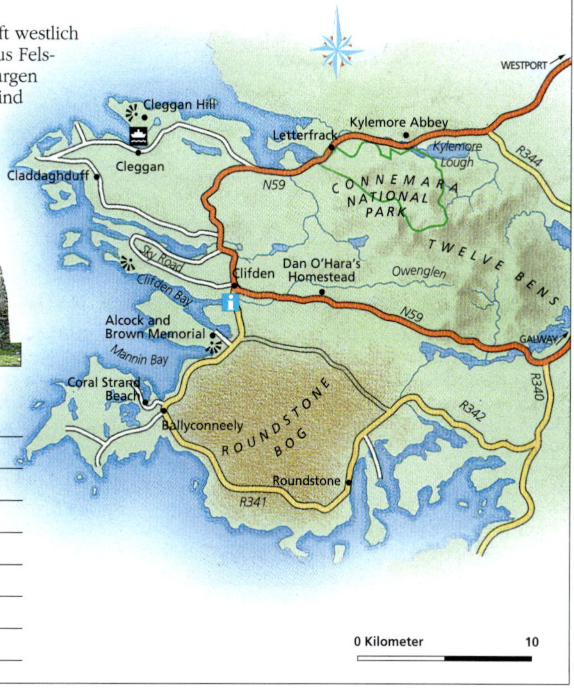

Cottage in Connemara

LEGENDE

- Hauptstraße
- Regionalstraße
- Nebenstraße
- Nationalparkgrenze
- Fähre nach Inishbofin
- Information
- Aussichtspunkt

In der **Clifden Bay**, die ab Clifden Square ausgeschildert ist, findet man weite Sandstrände. An der Owenglen Cascade, südlich von Clifden, am Anfang der Roundstone Road, ziehen im Mai Lachse auf ihrer alljährlichen Wanderung vorüber.

Umgebung: Die **Sky Road**, ein elf Kilometer langer Rundkurs, führt nordwestlich von Clifden durch verlassene Gegenden und gewährt herrliche Ausblicke über das Meer. Unterwegs passiert man Clifden Castle, die Ruine von John d'Arcys Gothic Revival und mehrere Buchten.

Die Küstenstraße nördlich von Clifden, über Claddaghduff in Richtung **Cleggan**, bietet eine spektakuläre Landschaft, die Schmuggler einst als Stützpunkt nutzten. Cleggan, ein hübscher Fischerort, liegt an der äußersten Spitze der Cleggan Bay. Von hier aus fahren Boote nach Inishbofin und Inishturk. Auf dem **Cleggan Hill** steht die Ruine eines napoleonischen Martello-Turms. Zu seinen Füßen liegt ein Grab aus der Zeit der Megalithkultur. Südlich von Clifden führt die Küstenstraße durch weite Moor- und Seenlandschaft nach Roundstone. Das **Alcock and Brown Memorial** erinnert an den ersten Transatlantikflug von Alcock und Brown im Jahr 1919. Ganz in der Nähe ist der Ort, von dem aus Marconi 1907 die erste drahtlos übermittelte Radiomeldung nach Nova Scotia sandte. Die **Ballyconneely-Region** zeichnet sich durch schroffe Inseln sowie den herrlichen **Coral Strand Beach** aus. **Roundstone** besucht man am besten zur Sommerregatta der berühmten Galway Hooker *(siehe S. 211)*.

Als Ziel einer Ausflugsfahrt Richtung Osten bietet sich **Dan O'Hara's Homestead** an. In wilder, felsiger Landschaft werden auf dieser Biofarm traditionelle Lebens- und Arbeitsweisen wiederbelebt.

Blick von der Sky Road auf die Küste

Dan O'Hara's Homestead
Heritage Centre, Lettershea, an der N59. *095 21808.* *Apr–Okt: 9–18 Uhr.*
www.connemaraheritage.com

Die imposante Kylemore Abbey am Ufer des Kylemore Lough

Kylemore Abbey ⓫

Straßenkarte A3. Connemara, Co Galway. 095 52000. *von Galway.* *tägl.* *Weihnachten.* **Garten** *tägl.* *teilweise.* **www**.kylemoreabbeytourism.ie

Die Burg am Seeufer im Schutz der Twelve Bens ist eine romantische Wiederbelebung gotischer Fantasie-Architektur. Mitchell Henry (1826–1911), ein Großindustrieller aus Manchester, ließ sie als Geschenk für seine Frau errichten. Die Henrys legten weite Moorgebiete trocken, kultivierten das Land und pflanzten Tausende von Bäumen, um den exotischen Garten vor Wind zu schützen. Nach dem plötzlichen Tod seiner Frau und seiner Tochter verließ Henry Kylemore, die Burg wurde verkauft.

Im Ersten Weltkrieg kamen Benediktinerinnen auf der Flucht aus Belgien hierher und gründeten in der Burg ein Kloster. Viele Jahre führten sie hier eine Mädchenschule. Besucher können restaurierte Kammern besichtigen. Auf dem Gelände gibt es auch ein Restaurant, einen Handwerksladen, eine Töpferund eine Seifenwerkstatt sowie einen Garten mit den längsten doppelt bepflanzten Rabatten Irlands, einem Vogelhäuschen und einem idyllischen Weg am Wasser.

Connemara National Park ⓬

Straßenkarte A3. Letterfrack, Connemara, Co Galway. *095 41325.* **Park** *tägl.* **Besucherzentrum** *095 41323.* *März–Okt: tägl.* **www**.connemaranationalpark.ie

Der Nationalpark im Herzen Connemaras besteht im Wesentlichen aus Bergen, Seen und Moorland. Auf dem über 2000 Hektar großen Gelände liegen vier der Twelve Bens, darunter Benbaun, der mit 730 Metern höchste der zwölf Berge, und Diamond Hill. Im Zentrum des Parks befindet sich das Glanmore-Tal mit dem Fluss Polladirk. Besucher können hier eine der spektakulärsten Landschaften Westirlands erleben.

Teile des Landes gehörten ursprünglich zur Kylemore Abbey. 1980 wurde der Nationalpark gegründet. Überall finden sich Zeugnisse aus prähistorischer Zeit: mehr als 4000 Jahre alte Megalithgräber und Landmarkierungen, die einst Äcker und Weideland begrenzten.

Der Park ist ganzjährig geöffnet, das Besucherzentrum nahe dem Eingang, außerhalb von Letterfrack, nur von März bis Mitte Oktober. Ausstellungen erläutern die Geschichte, Geologie, Flora und Fauna der Region. Es gibt auch Filmvorführungen und ein Restaurant. Zwei ausgeschilderte Wege führen vom Besucherzentrum durch den Park. Im Sommer werden Führungen und Aktivitäten für Kinder angeboten. Wanderungen in den Twelve Bens sollten nur erfahrene, gut ausgerüstete Bergsteiger unternehmen.

Connemaras Tierwelt

Das Sumpf- und Moorland von Connemara ist ein Pflanzenparadies, vor allem für eher ungewöhnliche Torf- und Heidepflanzen. Auch die Vogelwelt präsentiert sich in zahlreichen Arten. Hier gibt es u.a. Nebelkrähen, gut erkennbar an ihrem grauen Gefieder, Störche, Schwarzkehlchen und Zwergfalken, die kleinsten Falken auf den Britischen Inseln. Zudem wurde Rotwild angesiedelt, das man im Nationalpark sehen kann, ebenso wie Dachse, Füchse, Otter und Seehunde.

Der Merlin *nistet im Heidekraut und ernährt sich meist von kleinen Vögeln.*

Die irische Glockenheide, *eine besonders hübsche Art, wächst nur in der Connemara-Region.*

Hotels und Restaurants in Westirland *siehe Seiten 309–312 und 337–339*

Cong ⓭

Straßenkarte B3. Co Mayo. *350.* *Old Courthouse (094 954 6542).* *März–Okt: tägl.* **www**.congtourism.com

Der malerische Ort liegt am Ufer des Lough Corrib im County Mayo. *Cong* bedeutet »Landenge« – damit ist der Landstrich zwischen Lough Corrib und Lough Mask gemeint. In den 1840er Jahren baute man einen Kanal, um die beiden Seen miteinander zu verbinden, jedoch verschwand das Wasser im porösen Kalkstein des Flussbetts. Über den ausgetrockneten Kanal führen noch Brücken. Bisweilen stößt man auf alte Schleusenanlagen.

Nahe der Hauptstraße befindet sich **Cong Abbey**, eine im 12. Jahrhundert von Turlough O'Conor, König von Connaught und Oberkönig von Irland, gegründete Augustinerabtei. Die Kirchenportale sind im romanisch-gotischen Stil gestaltet. Sehr schön ist auch der Kreuzgang des Klosters. Das berühmte Cross of Cong, ein verziertes Prozessionskreuz, befindet sich heute wieder im National Museum of Ireland in Dublin, nachdem es Teil einer erfolgreichen Ausstellung im Museum of Country Life in Turlough war. Sehenswert sind auch der gotische Kapitelsaal und das Fischerhaus der Mönche über dem Fluss. Ein Klingelzug ließ eine Glocke in der Küche erklingen, wenn ein Fisch angebissen hatte. Südlich von Cong liegt das 1870 von Lord Ardilaun erbaute **Ashford Castle** – nun eines der besten irischen Hotels *(siehe S. 292)*. Das Gelände ist per Schiff von Galway oder Oughterard aus erreichbar.

Verziertes Portal von Cong Abbey (12. Jh.)

Lough Corrib ⓮

Straßenkarte B3. Co Galway. *von Galway und Cong.* *von Oughterard, Cong und Wood Quay, Galway.* *Main St, Oughterard (091 552 808).*

Das Anglerparadies bietet die Gelegenheit, mit einheimischen Fischern Forellen, Hechte, Flussbarsche oder Lachse zu angeln. Trotz seiner Nähe zu Galway ist der See mit seinen kleinen Inseln und den umliegenden Weiden und Wäldern eine Oase der Ruhe, in der Blesshühner und Schwäne leben. Auf **Inchagoill**, der größten Insel, befinden sich die Ruinen einer frühchristlichen Klosteranlage und romanischen Kirche.

Man erreicht den See von Galway aus. Üblicherweise fährt man durch das Marschland, vorbei an verschiedenen Zeugnissen aus der Eisenzeit, an Kalksteinfelsen und an Menlo Castle. Nach Belieben kann man am See für ein Picknick rasten oder nach Cong weiterfahren.

Blick über den Lough Corrib vom Nordwestufer bei Oughterard

Umgebung: Der Ort **Oughterard** am Ufer des Lough Corrib ist als »Tor nach Connemara« bekannt. Er bietet einige Kunsthandwerksläden, Cottages und nette Pubs. In der Umgebung kann man Golf spielen, angeln, reiten, bergwandern und Rad fahren. Zudem gibt es Spazierwege am See oder zu einem Wasserfall westlich des Dorfs.

Vier Kilometer südöstlich von Oughterard (nahe der N59) liegt **Aughnanure Castle**. Das schön restaurierte Turmhaus direkt am Drimneen entstand auf dem Areal einer alten Burg, die die Familie O'Flaherty 1256 errichten ließ. Zwischen dem 13. und 16. Jahrhundert kontrollierte sie West Connaught vom Lough Corrib bis zur Küste bei Galway. Von der Burg aus verteidigte sie das Land im 16. Jahrhundert gegen die Engländer. 1545 heiratete Donal O'Flaherty die Piratenkönigin Grace O'Malley *(siehe S. 206)*. Das Turmhaus verfügt über eine ungewöhnliche doppelte Steinmauer *(siehe S. 20)* und ein *murderhole*, von dem aus man heißes Pech auf Angreifer schüttete.

Aughnanure Castle
Oughterard. *091 552 214.* *Apr–Okt: tägl.* *teilweise.* **www**.heritageireland.ie

Connemara-Ponys *sollen von Araberpferden abstammen, die von den Wracks der Spanischen Armada hierherkamen.*

Fuchsien *gedeihen und blühen üppig im milden Klima von Connemara.*

Galway ⓯

Muster eines Claddagh-Rings

Galway ist Zentrum der Irisch sprechenden Region im Westen sowie Universitätsstadt. 1396 erhielt es königliche Privilegien und wurde dann zwei Jahrhunderte lang von 14 Kaufmannsfamilien, den »tribes«, dominiert. Unter dem Einfluss Englands prosperierte die Stadt, doch Galway bezahlte seine Untertänigkeit gegenüber der englischen Krone teuer: 1652 zerstörten die Truppen Cromwells die Stadt. Nach der Schlacht am Boyne *(siehe S. 244)* verfiel Galway zusehends. Durch die Entwicklung zu einem Hightech-Zentrum ist die Stadt zu neuem Leben erwacht.

The Quays – Fischrestaurant und Pub zugleich

Häuser am Ufer des Corrib

Überblick: Galway

Das Zentrum liegt am Corrib, der vom Lough Corrib *(siehe S. 209)* herabfließt und von hier weiter zur Galway Bay. Die Stadterneuerung in den 1970er Jahren verhalf den engen Straßen dieser einst von einer Mauer umgebenen Stadt zu neuem Glanz. Galway mit seinen vielen Cafés, Pubs und historischen Sehenswürdigkeiten lässt sich sehr gut und entspannt zu Fuß erkunden.

Eyre Square

Der neu gestaltete Platz umfasst eine Plaza mit Park, umgeben von Häusern aus dem 19. Jahrhundert. An der Nordwestseite befindet sich der **Browne Doorway**, ein Hauszugang aus dem 17. Jahrhundert, der ursprünglich von einem Landhaus in der Abbeygate Street Lower stammt. Daneben steht ein Brunnen mit einem Galway Hooker.
Beim Bau des **Eyre Square Centre**, einem belebten Einkaufszentrum, hat man Teile der alten Stadtmauer integriert. Wege verbinden den Penrice Tower mit dem Shoemakers Tower. Beide Türme gehören zur Stadtbefestigung (17. Jh.).

Wappen der Lynchs auf Lynch's Castle

Latin Quarter

Vom Eyre Square führen William Street und Shop Street ins quirlige »Latin Quarter«. An der Ecke Abbeygate Street Upper und Shop Street befindet sich **Lynch's Castle**, die größte Stadtresidenz Galways (16. Jh.). Sie gehörte einst der Lynch-Familie, einer der 14 »tribes« von Galway.

Eine Seitenstraße führt zur **Collegiate Church of St Nicholas**, dem schönsten mittelalterlichen Gebäude der Stadt. Die 1320 gegründete Kirche wurde im 15. und 16. Jahrhundert erweitert, dann aber von Cromwells Armee zerstört, die sie als Pferdestall nutzte. Das Westportal stammt aus dem 15. Jahrhundert. Die Fassade zeigt einige schöne Wasserspeier.

Die Quay Street wird von Lokalen und Pubs gesäumt, z. B. **The Quays Pub** *(siehe S. 349)*. Das heutige Restaurant Tí Neachtain, *(siehe S. 349)*, gehörte einst »Humanity Dick«, einem Parlamentarier, der sich im 18. Jahrhundert gegen Gewalt an Tieren engagierte. In der Nähe liegen die Theater Taibhdhearc und Druid *(siehe S. 358)*.

Nord-Galway

Die aus örtlichem Kalkstein und Connemara-Marmor erbaute **Cathedral of St Nicholas** (1965) erhebt sich am Westufer des Flusses. Von hier aus sieht man Wood Quay, im Sommer Startpunkt der Schiffe zum Lough Corrib *(siehe*

Eines der vielen Straßencafés in der Shop Street

Hotels und Restaurants in Westirland *siehe Seiten 309–312 und 337–339*

Galway Hooker

Galways traditionelle Segelboote, auch im Wappen der Stadt verankert, sind als *pucans* oder *gleotogs* bekannt (englisch *hookers*). Sie haben einen schwarzen Rumpf und einen dikken Mast mit Haupt- und zwei Vorsegeln. Sie stammen wohl aus dem Claddagh-Distrikt. Man benutzte sie auch, um an der Küste Torf, Vieh oder Bier zu transportieren. Die Boote sind beim Cruinniú na mBád-Festival zu sehen *(siehe S. 212)*.

Kleiner Galway Hooker nahe den Old Quays und dem Spanish Arch

INFOBOX

Straßenkarte B4. Co Galway. 60 000. Carnmore, *11 km nordöstl. von Galway.* *Ceannt Station (091 561 444).* *Ceannt Station (091 562 000).* *The Fairgreen, Foster St (091 537 700).* *Sa, So.* *Galway Arts Festival (Mitte Juli), Galway Races (Ende Juli–Aug)*

S. 209). Die **National University of Ireland Galway** im Westen hat einen großen Campus, der 1849 im gotischen Stil angelegt wurde. Unter der Salmon Weir Bridge kann man Lachse beobachten.

Old Quays

Der **Spanish Arch**, einst Anlegeplatz der spanischen Kaufleute, wurde 1584 zum Schutz des Hafens errichtet, der damals außerhalb der Stadtbefestigung lag. Das **Galway City Museum** hinter dem Bogen erläutert die Stadtgeschichte.

Claddagh

Claddagh liegt jenseits des Spanish Arch am Westufer des Corrib. Der Name stammt von *An Cladach* (»flache, steinige Küste«). Seit dem Mittelalter wurde die unabhängige Gemeinde der Fischer außerhalb der Stadtmauern von einem »König« regiert. Der letzte dieser »Könige« starb 1954. Die einzige Erinnerung an jene Zeit sind die gemütlichen Pubs und die Claddagh-Ringe, Verlobungsringe, die der Tradition gemäß von Müttern an ihre Töchter weitergegeben werden *(siehe S. 356)*.

Umgebung: Westlich der Stadt liegt **Salthill**, Galways Hausstrand. Beliebt sind auch die Strände von Palmer's Rock und Grattan Road. Zum typischen Strandleben gehört ein Bummel auf der Strandpromenade.

Der Spanish Arch am alten Hafen von Galway

Zentrum von Galway

- Browne Doorway ④
- Cathedral of St Nicholas ①
- Collegiate Church of St Nicholas ②
- Galway City Museum ⑧
- Lynch's Castle ③
- Spanish Arch ⑥
- The Claddagh ⑦
- The Quays Pub ⑤

0 Meter 200

Zeichenerklärung
siehe hintere Umschlagklappe

Wandbild an einem Geschäftshaus im Zentrum von Kinvara

Aran Islands ⓰

Siehe Seiten 214f.

Kinvara ⓱

Straßenkarte B4. Co Galway. 550. *Galway (091 537 700).*

Kinvara ist eines der hübschesten Fischerdörfer an der Galway Bay. Es verfügt über einen geschützten, von Seetang überzogenen Hafen und über die typische Atmosphäre irischer Küstenorte. Seit dem Mittelalter ist sein Schicksal verknüpft mit Kilmacduagh, dem mächtigen Kloster und Bischofssitz.

Am Pier stehen die Häuser der Fischer. Im Hafen liegen einige Galway Hooker *(siehe S. 211)*. Im August findet hier das Cruinniú na mBád-Festival mit diesen Segelbooten statt. In der Umgebung führen Wanderwege zu historischen und landschaftlichen Sehenswürdigkeiten. Vogelfreunde können an der Küste u. a. Krickenten, Triele und Austernfischer sehen.

Umgebung: Nördlich von Kinvara liegt oberhalb der Bay of Galway, hinter einigen Häusern und einer Brücke, **Dunguaire Castle**. Die Burg ist nach Guaire of Connaught benannt, im 7. Jahrhundert König der Region. Sein Hof war einst Treffpunkt von Balladen- und Bänkelsängern. Die heutige Burg mit einem schönen Turmhaus *(siehe S. 20)* und mächtigen Festungsanlagen stammt aus dem 16. Jahrhundert. Im Bankettsaal finden auch heute noch »mittelalterliche Bankette« statt, bei denen die Gäste mit Harfenmusik und irischen Gedichten unterhalten werden.

Dunguaire Castle
061 360 788.
Mai–Sep: tägl.
www.shannonheritage.com

Kilmacduagh ⓲

Straßenkarte B4. Außerhalb von Gort an der Corofin Rd, Co Galway. *bis Gort.* *tägl.*

Die schöne Klosteranlage liegt im Gebiet zwischen den Countys Clare und Galway, fünf Kilometer südwestlich von Gort. Der Eindruck von Einsamkeit wird noch verstärkt durch die sich von hier nach Westen ziehende karge Landschaft des Burren *(siehe S. 186–188)*. Das Kloster soll vom hl. Colman MacDuagh im 7. Jahrhundert gegründet worden sein. Seit dem 11. Jahrhundert wurde es im Zug der Wiederbelebung der Klöster immer wieder erneuert. Im Zentrum befinden sich ein sehr großer Rundturm (11. oder 12. Jh.) und eine Kirche ohne Dach, auch bekannt als Cathedral oder Teampall. Sie stammt aus vornormannischer Zeit, wurde jedoch später im gotischen Flamboyant-Stil umgebaut. In der Umgebung liegen Ruinen anderer Kirchen, die alle zum Kloster gehörten. Nordwestlich der Kathedrale liegt das mittelalterliche Glebe oder Abbot's House im Stil eines Turmhauses aus dem 14. oder 15. Jahrhundert *(siehe S. 20)*.

Thoor Ballylee ⓳

Straßenkarte B4. Gort, Co Galway. **Ballylee Castle** *bis Gort.* *wegen Flutschäden, evtl. Öffnungszeiten bei Galway Tourist Office unter 091 537 700 erfragen.* *teilweise.*

Zwischen 1920 und 1930 verbrachte W. B. Yeats *(siehe S. 22f)* sehr oft den Sommer in diesem Turmhaus. Yeats reiste regelmäßig zum nahe gelegenen Coole Park, Wohnsitz seiner Freundin Lady Gregory (1852–1932), die zu den Begründern des Abbey Theatre *(siehe S. 88)* gehörte. Bei einem der Besuche kam Yeats nach Ballylee Castle, einem Turmhaus aus dem 14. Jahrhundert, das zu einem hübschen Cottage mit Park gehörte. 1902 gelangte das Anwesen in den Besitz der Gregorys, von denen

Rundturm und Kathedrale, die bedeutendsten Zeugnisse des Klosters von Kilmacduagh

Hotels und Restaurants in Westirland *siehe Seiten 309–312 und 337–339*

Yeats es 1916 erwarb. Ab 1919 lebte seine Familie dort oder in Dublin. Yeats gab den Namen Thoor Ballylee auch als seine Adresse an, bewusst den irischen Namen für Turm benutzend. Die Sammlung *The Tower* (1928) enthält Gedichte, die vom Turmhaus inspiriert sind. Heute finden hier Führungen mit Lesungen von Yeats-Gedichten statt. Der Charme eines Turmbesuchs liegt allerdings in dessen steinerner Wendeltreppe. Von oben überblickt man Wälder und Farmland.

Umgebung: Nördlich von Gort liegt **Coole Park**, einst Wohnsitz von Lady Gregory. Das Wohnhaus wurde 1941 zerstört, Farm und Gärten sind aber erhalten geblieben. Sehenswert ist der »autograph tree«, eine Rotbuche, in deren Stamm die Initialen von G. B. Shaw, W. B. Yeats, J. M. Synge *(siehe S. 22f)*, Jack Yeats *(siehe S. 70)* und anderen Gästen eingeritzt sind. Im Haus befinden sich Dokumentationen über diese Gäste. Das Besucherzentrum beschäftigt sich mit Lady Gregorys Leben. Es ist auch Ausgangspunkt von zwei ausgeschilderten Spazierwegen um die Gärten bzw. unter den Bäumen zum Coole Lake.

Coole Park
3 km nordöstl. von Gort.
091 631 804. Besucherzentrum
Ostern–Sep: tägl. Park ganzjährig. *teilweise.*
www.coolepark.ie

Turmhaus von Thoor Ballylee, Sommerwohnsitz von W. B. Yeats

Sanfte Hügel und Weideland am Coole Lake in Coole Park

Portumna ⓴

Straßenkarte C4. Co Galway.
1200. *Galway (091 537 700).* *Fr.*

Portumna ist eine Marktstadt mit einigen renovierten Sehenswürdigkeiten. Sie liegt am Lough Derg und hat einen modernen Hafen, was sie zu einem beliebten Ausgangspunkt für Ausflüge auf dem Shannon *(siehe S. 185)* macht. **Portumna Castle** aus dem frühen 17. Jahrhundert war Hauptsitz der Familie de Burgo. Es besitzt einige sehenswerte Steinmetzarbeiten. Nahe der Burg liegen die Ruinen der 1414 von Dominikanern gegründeten **Portumna Priory**. Man findet auch Spuren eines älteren Zisterzienserklosters. Das Land der de Burgos, heute der **Portumna Forest Park**, reicht bis zum Lough Derg hinunter.

Portumna Castle
090 974 1658.
Apr–Sep; Okt: Wochenende.

Clonfert Cathedral ㉑

Straßenkarte C4. Clonfert, Co Galway. *tägl.*

Dort, wo das Tal des Shannon an das Sumpfgebiet der Midlands grenzt, steht die Clonfert Cathedral, ein Juwel irisch-romanischer Baukunst. Sie gehört zu einem Kloster, das der hl. Brendan 563 gründete, und soll die Grabstätte des Heiligen sein.

Der hl. Brendan gilt als der »große Steuermann«, von dessen Reisen die *Navigatio Sancti Brendani* erzählt, ein Text von 1050, der in Handschriften verschiedener Sprachen, darunter Flämisch, Altnordisch und Französisch, überliefert ist. Dieser Text spricht von Reisen nach Wales, zu den Orkneys, nach Island sowie an die Ostküste Nordamerikas. Wissenschaftler versuchen heute, mittels Rekonstruktionen seines Schiffs *(siehe S. 190)* herauszufinden, ob er vielleicht schon 900 Jahre vor Kolumbus in Amerika angelandet ist.

Tympanon mit Menschenköpfen, Clonfert Cathedral

Besonders beachtenswert an Clonfert Cathedral ist das wunderschöne Portal, dessen Rundbogen mit geometrischen und symbolischen Figuren sowie mit Tier- und Menschenköpfen verziert ist. Letztere finden sich außerdem im dreieckigen Tympanon über dem Rundbogen. Die Ostfenster des Chorraums, dessen Bogen (15. Jh.) mit Engeln und einer Seejungfrau geschmückt ist, stammen aus dem 13. Jahrhundert und sind sehr schöne Beispiele später irisch-romanischer Kunst. Obwohl Clonfert über mehrere Jahrhunderte erbaut und im 17. Jahrhundert verändert wurde, vermittelt die Kirche ein harmonisches Gesamtbild.

Aran Islands ⓰

Ponywagen auf Inishmore

Die Aran Islands Inishmore (Inis Mōr), Inishmaan (Inis Meāin) und Inisheer (Inis Oírr), sind kahle Kalksteininseln. Inishmore ist mit 13 Kilometern Länge und Kilometern Breite die größte. Der Reiz der Inseln liegt in der kargen, von Steinwällen und prähistorischen Zeugnissen geprägten Landschaft. Als der hl. Enda im 5. Jahrhundert das Christentum hierherbrachte, begann eine lange klösterliche Tradition. Die Inseln, seit Jahrhunderten durch ihre isolierte Lage geschützt, sind Bastionen alter irischer Kultur. Landwirtschaft, Fischerei und Fremdenverkehr sind wichtige Einnahmequellen der Bewohner.

Blick über den Klippenrand bei Dún Aonghasa

Clochán na Carraige ist eine große, gut erhaltene Bienenstockhütte *(siehe S. 21)*. Sie wurde wohl von den ersten christlichen Siedlern errichtet.

Dún Eoghanachta ist ein Rundfort (1. Jh. v. Chr.) mit nur einer terrassenförmig angelegten Mauer.

Na Seacht Teampaill
Die sogenannten Sieben Kirchen waren einst ein dem hl. Brecan geweihtes Kloster. Sie wurden zwischen dem 9. und 15. Jahrhundert errichtet und dienten wohl zum Teil auch als Wohnhäuser.

★ Dún Aonghasa
Das Eisenzeit-Fort (siehe S. 20) *hat vier konzentrische Steinmauern und ist durch* chevaux de frise, *einen Ring messerscharf gespitzter Steinpfeiler, geschützt.*

Traditionen auf den Aran Islands

Tracht auf Aran Islands

Die Inseln sind bekannt für Strickwaren *(siehe S. 354)* und Trachten, die bis vor Kurzem noch von älteren Bewohnern getragen wurden: Frauen trugen einen roten Flanellrock und ein Häkeltuch, Männer eine ärmellose Tweed-Jacke mit buntem Wollgürtel. Das seit Jahrhunderten wichtigste Verkehrsmittel der Inseln ist das flache Boot *currach*. Landgewinnung – das bedeutet, dass die kahlen Felsen mit Sand und Seetang bedeckt werden – wird hier seit vielen Hundert Jahren betrieben.

***Currach*, traditionelles Boot aus geteertem Segeltuch**

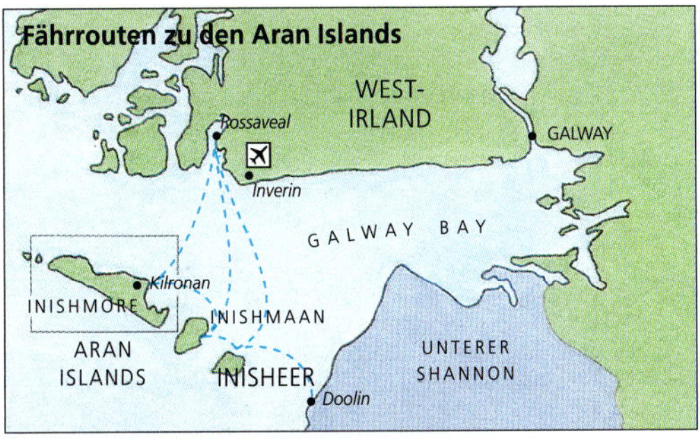

INFOBOX

Straßenkarte A4, B4.
Co Galway. 1200.
ab Connemara Airport, Inverin (**www**.aerarannislands.ie, *091 593 034).*
von Rossaveal: ***Island Ferries*** (**www**.aranislandferries.com, *091 568 903);*
von Doolin: ***Doolin Ferry Company*** (**www**.doolinferries.com, *Ostern–Okt; 065 707 4455). Die Fähren verkehren ganzjährig; einige zu allen drei Hauptinseln. Details per Telefonauskunft. Keine Autos; in Kilronan Fahrradverleih und Fahrten im Ponywagen oder mit dem Minibus (099 61109).*
Kilronan, Inishmore (099 61263). **www**.aranislands.ie

Kilmurvey Beach
Die Küste mit schönem Sandstrand östlich von Kilmurvey bietet gute Bademöglichkeiten, der Ort selbst ruhigen Aufenthalt unweit der bedeutendsten Sehenswürdigkeiten der Insel.

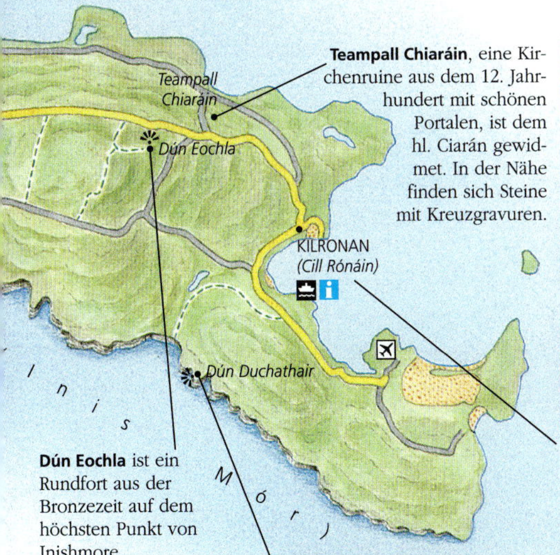

Teampall Chiaráin, eine Kirchenruine aus dem 12. Jahrhundert mit schönen Portalen, ist dem hl. Ciarán gewidmet. In der Nähe finden sich Steine mit Kreuzgravuren.

Dún Eochla ist ein Rundfort aus der Bronzezeit auf dem höchsten Punkt von Inishmore.

★ Kilronan
Der größte Hafen der Aran Islands ist ein geschäftiger Ort, in dem zweirädrige Ponywagen und Minibusse für Inselrundfahrten am Pier bereitstehen. Auch Fahrräder kann man mieten. Im nahen Aran Heritage Centre kann man den Aran way of life *entdecken.*

LEGENDE

- Hauptstraße
- Nebenstraße
- Wanderweg
- Strand
- Flughafen
- Fährhafen
- Information
- Aussichtspunkt

0 Kilometer 2

★ Dún Duchathair
Die Burg aus der Eisenzeit auf einer Landspitze ist allgemein als Black Fort bekannt.

NICHT VERSÄUMEN

★ Dún Aonghasa
★ Dún Duchathair
★ Kilronan

Bauer auf Inishmore, der größten Insel der Aran Islands ▷

Ostwall und Torhaus von Roscommon Castle

Turoe Stone ㉒

Straßenkarte B4. Turoe, Bullaun, Loughrea, Co Galway. *091 841 580. Mitte Mai–Aug: tägl.; Sep–Mitte Mai: Sa, So.* **www**.turoepetfarm.com

Der Turoe Stone steht im Zentrum des Turoe Pet Farm and Leisure Park nahe Bullaun (an der R350). Der über einen Meter hohe weiße Granitblock geht auf das 1. oder 2. Jahrhundert v. Chr. zurück. Die obere Hälfte ist mit keltischen Mustern aus der La-Tène-Zeit verziert. Im unteren Teil sind Bandornamente zu sehen. Der Stein wurde in einem nahen Ringfort aus der Eisenzeit gefunden und soll einst als Fruchtbarkeitssymbol gegolten haben. Restaurierungsarbeiten können die Sicht behindern.

Der Park selbst ist vor allem für Kinder gedacht. Auf dem Bauernhof gibt es Tiere und einen Teich. Ein Wanderweg führt am Fluss entlang (festes Schuhwerk ist ratsam). Außerdem gibt es einen Rast- und Imbissplatz sowie einen Spielplatz.

Der keltische Turoe Stone, mit schönen Ornamenten verziert

Umgebung: Zehn Kilometer südwestlich nahe Craughwell befindet sich das renovierte **Dunsandle Castle** (16. Jh.).

Roscommon ㉓

Straßenkarte C3. Co Roscommon. *3500. Juni–Sep: Harrison Hall (090 662 6342). Fr.* **www**.discoverireland.ie

Der Hauptort des gleichnamigen County ist ein Marktstädtchen, das früher ein Gefängnis besaß und wegen des letzten weiblichen Henkers bekannt ist. »Lady Betty« wurde 1780 wegen Mordes an ihrem Sohn zum Tod verurteilt, dann begnadigt, um das Amt des Henkers auszuüben.

Südlich des Zentrums, nahe der Abbey Street, liegt die **Dominican Friary**, 1253 von Felim O'Conor, Lord von Connaught, gegründet, dessen Bild aus dem späten 13. Jahrhundert in der Nordwand des Chors zu sehen ist.

Roscommon Castle wurde 1269 von Robert d'Ufford, Lord Justice of Ireland, auf Land errichtet, das er von den Dominikanern konfisziert hatte. Bereits elf Jahre später wurde die Burg, nachdem sie von Hugh O'Conor, König von Connaught, zerstört worden war, wieder aufgebaut.

Clonalis House ㉔

Straßenkarte B3. Castlerea, Co Roscommon. *094 962 0014. Juni–Ende Aug: Mo–Sa 11–17 Uhr. teilweise.* **www**.clonalis.com

Das Tudor-Landhaus außerhalb von Castlerea war einst Wohnsitz der O'Conors, der letzten Könige von Irland und Connaught. Die gälische Familie konnte ihre Linie über 1500 Jahre zurückverfolgen. Die Ruinen ihres Wohnsitzes (17. Jh.) sind noch zu sehen, ebenso der Familienstein von 90 v. Chr.

Die Anlage besteht aus einem venezianischen Hallengang, einer Bibliothek mit Dokumenten zur Geschichte Irlands, einer Privatkapelle und einer Galerie mit Familienporträts. Im Billardzimmer befindet sich die Harfe des letzten der gälischen Barden, des blinden Turlough O'Carolan (1670–1738; *siehe S. 24*).

Strokestown Park House ㉕

Straßenkarte C3. Strokestown, Co Roscommon. **Haus, Pleasure Garden und Museum** *071 963 3013. tägl.* **www**.strokestownpark.ie

Strokestown Park House, einer der größten Landsitze des County Roscommon, wurde 1730 für Thomas Mahon errichtet, dessen Familie von Charles II das umliegende Land erhalten hatte. Mahon bezog ein Turmhaus (*siehe S. 20*, frühes 17. Jh.) mit in den Bau ein, den der Baumeister Richard Castle (*siehe S. 132*) durchführte.

Das Haus war bis zum Beginn der Renovierung im Jahr 1979 in Familienbesitz. In seiner Blütezeit gehörten zu dem Landbesitz ein großer Park, ein Hirschgarten, ein Mausoleum sowie der Ort Strokestown. Seine ursprüngliche Größe von 12 000 Hektar ging bis 1979 auf 120 Hektar zurück. Der neu angelegte Pleasure Garden vermittelt jedoch noch immer den Eindruck von großzügiger Weite. Die alte Einrichtung des Hauses ist noch erhalten.

In den Stallungen ist heute das **Famine Museum** eingerichtet, das der Großen Hungersnot in den 1840er Jahren gewidmet ist. Während dieser Krisenzeit teilten sich die Landlords in zwei Lager: Die einen unterstützten die Bevölkerung, die anderen beachteten die allgemeine Not nicht. Zu Letzteren zählten auch die Mahons. Major Denis Mahon wurde, nachdem er zwei Drittel seiner hungernden Bauern von ihrem Land vertrieben bzw. in sogenannten *coffin ships* (Sargschiffen) nach Nordamerika verfrachtet hatte, ermordet. Das Museum stützt sich in seinen Dokumentationen auf die Archive von Strokestone. In einer speziellen Abteilung informiert es über die Geschichte des Hungers und über die weltweite Ernährungssituation.

Große Hungersnot

Der Ausfall der Kartoffelernte wegen Mehltaubefalls der Pflanzen in den Jahren 1845, 1846 und 1848 hatte für die irische Bevölkerung katastrophale Folgen. Mehr als eine Million Menschen starben und mehr als zweieinhalb Millionen verließen bis 1856 die Insel. Zudem zwangen viele Landlords die Bauern trotz allem zu den üblichen Abgaben. Die Konsequenzen: Die Emigration wurde zu einem normalen Bestandteil des Lebens *(siehe S. 42f)*. Viele Familien, vor allem im Westen Irlands, wurden stark dezimiert.

Hungernde Bauern warten auf einen Teller Suppe (1847)

Boyle ㉖

Straßenkarte C3. Co Roscommon. *2200.* *Juni–Sep: King House (071 966 2145).* *Fr.* **www**.discoverireland.ie

Boyle mit seiner mittelalterlichen Architektur ist der reizvollste Ort im County Roscommon. **Boyle Abbey**, eine gut erhaltene Zisterzienserabtei von 1161, einst Tochterhaus von Mellifont im County Louth *(siehe S. 245)*, überlebte alle Raubzüge der anglo-normannischen Truppen ebenso wie die Auflösung der Klöster 1539. Sie wurde 1659 in eine Burg umgebaut. Erhalten sind Kirche, Kreuzgang, Sakristei und Küche. Im Kirchenschiff finden sich romanische und gotische Gewölbebogen sowie gut erhaltene Kapitelle (12. Jh.). Die Sanierungsarbeiten am Gebäude waren 2011 beendet. Im Besucherzentrum gibt es Ausstellungen zur Abteigeschichte.

Das **King House** ist das palladianische Herrenhaus der anglo-irischen Königsfamilie, der späteren Earls of Kingstone. Es beherbergt eine Galerie mit zeitgenössischer Kunst, erklärt mit Schautafeln die Architektur und informiert über die Geschichte von Boyle und die Anführer in Connaught.

Kapitell im Kirchenschiff von Boyle Abbey

Boyle Abbey
071 966 2604. *Ostern–Mitte Sep: 10–18 Uhr.*

King House
Main St. *071 966 3242.*
Apr–Sep: Di–Sa, Feiertage.

Umgebung: Lough Key halten viele für den schönsten See Irlands. Er liegt mitten in einer Waldlandschaft, gehört mit seiner Insel zum 320 Hektar großen **Lough Key Forest Park** und war bis zum Jahr 1957 Teil der Rockingham-Ländereien. In jenem Jahr brannte Rockingham House des Architekten John Nash bis auf die Wirtschaftshäuser nieder. Die Waldgebiete wurden im 18. Jahrhundert von den damaligen Landlords erworben.

Lough Key Experience nimmt Besucher mit auf eine Fahrt durch unterirdische Tunnel zu einem Beobachtungsturm und zu Irlands erstem Baumklettergarten.

Darüber hinaus gibt es mehrere Ringforts *(siehe S. 20)*, einen Bootsanleger und einen Abenteuerspielplatz.

Lough Key Forest Park
N4 8 km östl. von Boyle. *071 967 3122.* *Ostern–Okt: tägl.; Nov–März: Fr–So.*

Torhaus und Ruine des Kirchenschiffs von Boyle Abbey

Nordwest-Irland

Donegal · Sligo · Leitrim

Turmhohe Klippen und einsame Strände prägen das Bild der Küste Donegals, die einige der wildesten Landschaften Irlands bietet. Sligo mit seinem Erbe aus prähistorischer und keltischer Zeit besticht durch seine natürliche Schönheit, die Assoziationen an den Dichter W.B. Yeats wachruft. Leitrim hingegen ist eine beschauliche Ecke mit vielen Seen und Wasserwegen.

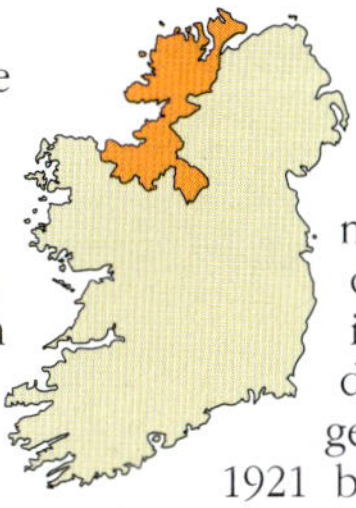

In der keltischen Mythologie ist Sligo das Stammland der Kriegerkönigin Maeve of Connaught *(siehe S. 26)* und reich an prähistorischen Zeugnissen. Es war bereits in keltischer Zeit dicht besiedelt. Wie das benachbarte County Leitrim scheint es von den späteren Ereignissen in Irland kaum berührt worden zu sein. Auch zur Zeit der Normannen regierten hier die gälischen Clans.

Donegal dagegen war bis 1921 Teil von Ulster und spielte stets eine aktive Rolle in der Geschichte dieser Provinz. Im Mittelalter herrschten hier die O'Donnells, doch 1607 flohen auch sie, ebenso wie die O'Neills, als eine der letzten katholischen Landlordfamilien vor den Engländern aufs europäische Festland *(siehe S. 255)*. In der Folge wurden Protestanten aus England angesiedelt, doch diese überließen den größten Teil Donegals mit seinem kargen Boden den Iren, die hier weitab von Ulster isoliert lebten. Diese Ecke der Provinz blieb so überwiegend katholisch und wurde 1921 bei der Teilung Irlands vom neu gegründeten protestantischen Nordirland ausgeschlossen.

Donegal ist eine der abgeschiedensten Regionen Irlands und hat landesweit den größten Anteil Gälisch sprechender Einwohner. Tradition und Kultur werden gepflegt, sowohl im County als auch auf Inseln wie Tory Island *(siehe S. 224)*.

Die schönsten Landstriche Donegals befinden sich an seinen Küsten, die schönsten Sligos rund um Lough Gill sowie in den spärlich besiedelten Bricklieve Mountains.

Bar in Sligo, deren Einrichtung noch aus dem 19. Jahrhundert stammt

◁ **Blick auf Falcarragh von Bloody Foreland im County Donegal**

Überblick: Nordwest-Irland

Der größte Reiz Donegals liegt in der Schönheit seiner Küsten mit ihren Landspitzen, Klippen und wunderschönen Stränden. Man findet dort einige hübsche Badeorte, von denen aus man schöne Ausflüge unternehmen kann. Donegal liegt zudem günstig, um von hier aus den Süden des County zu entdecken. Sligo ist das kulturelle Herzland und gleichzeitig die einzige größere Stadt des Nordwestens, von der aus man gut zu den prähistorischen Sehenswürdigkeiten der Gegend gelangt. Etwas weiter im Süden liegen der schöne Lough Gill und der weniger überlaufene Lough Arrow. Wichtigster Ort in Leitrim, dem Land der Seen und Flüsse, ist Carrick-on-Shannon.

Umzug beim Mary-of-Dungloe-Schönheitswettbewerb im Juli

SIEHE AUCH

- ***Hotels*** S. 312–314
- ***Restaurants*** S. 339–341 und S. 350

LEGENDE

- Schnellstraße
- Hauptstraße
- Nebenstraße
- Panoramastraße
- Eisenbahn (Hauptstrecke)
- Eisenbahn (Nebenstrecke)
- Staatsgrenze
- County-Grenze
- Gipfel

In Nordwest-Irland unterwegs

Die N56, die Letterkenny mit Donegal verbindet, führt zu den meisten Sehenswürdigkeiten im Nordwesten. Von ihr zweigen Straßen auch zur Küste ab. Einige Busse fahren hier ebenfalls – auch wenn es weiter im Süden einfacher ist, sich ohne Auto zu bewegen, da hier täglich Busse von Donegal via Ballyshannon nach Sligo verkehren. Mit dem Zug kommt man kaum in den Nordwesten, nur zwischen Sligo und Carrick-on-Shannon besteht eine Verbindung.

Reetgedecktes Haus in der Nähe von Malin Head auf der Halbinsel Inishowen

Sehenswürdigkeiten auf einen Blick

Ardara 11
Ballyshannon 18
Bloody Foreland 2
Carrick-on-Shannon 24
Derryveagh Mountains 3
Donegal 15
Fanad Peninsula 6
Glencolmcille 12
Grianán Ailigh 8
Horn Head 4
Killybegs 14
Letterkenny 9
Lissadell House 19
Lough Arrow 23
Lough Derg 16
Organic Centre 25
Parke's Castle 21
Rosguill Peninsula 5
Rossnowlagh 17
Slieve League 13
Sligo 22
The Rosses 10
Tory Island 1

Touren

Inishowen Peninsula 7
Yeats Country 20

Blick vom Carrowkeel, einem bronzezeitlichen Friedhof über Lough Arrow

Quarzkegel des Errigal, des höchsten Bergs der Derryveagh Mountains

Tory Island ❶

Straßenkarte C1. Co Donegal. *175. vom Magheraroarty Pier bei Gortahork und Bunbeg (im Sommer tägl.: 074 953 5061; im Winter wetterabhängig: 074 953 1340).*

Der wilde Tory Sound trennt die Insel vom Nordwesten Donegals. Da es passieren kann, dass die Insel bei schlechtem Wetter für Tage unerreichbar ist, verwundert es nicht, dass ihre Bewohner, die meist Gälisch sprechen, sich sehr unabhängig fühlen. Zudem hat die Insel ihren eigenen »Monarchen« – dessen Macht ist nicht erblich und auch nicht sehr groß, doch bemüht sich der derzeitige Amtsinhaber, die Interessen seiner »Untertanen« zu wahren und Besucher auf die Insel zu locken.

In den 1970er Jahren versuchte die irische Regierung vergeblich, die Inselbewohner auf dem Festland anzusiedeln. Ihr Widerstand dagegen wurde vor allem von der *Tory's school of Primitive artists* unterstützt, die 1968 von James Dixon gegründet wurde, der seine Kunst selbst höher bewertet als die des englischen Malerfürsten Derek Hill. Seine Schule zieht auch immer mehr Besucher an, und kürzlich wurde im Hauptort der Insel, West Town, die **Dixon Gallery** eröffnet. Darüber hinaus besitzt die Insel spektakuläre Felsküsten sowie Ruinen eines vom hl. Columba *(siehe S. 34)* gegründeten Klosters.

Dixon Gallery
West Town. *074 913 5011.*
Ostern–Sep: tägl.

Bloody Foreland ❷

Straßenkarte C1. Co Donegal.
nach Letterkenny.

Bloody Foreland, dessen Name vom blutroten Glanz der Felsen bei Sonnenuntergang herrührt, bietet einige landschaftliche Sehenswürdigkeiten. Die R257, die an der Küste entlangführt, eröffnet herrliche Ausblicke. Die schönste Aussicht hat man von der Nordküste über die Felsen der vorgelagerten Inseln. Weiter im Süden liegt **Bunbeg** mit einem schönen Hafen. Allerdings ist hier die Küste mit Ferienhäusern zugebaut.

Derryveagh Mountains ❸

Straßenkarte C1. Co Donegal.

Die wilde Schönheit dieser Berge gehört zu den Highlights, die Donegal an landschaftlichen Sehenswürdigkeiten zu bieten hat. Errigal Mountain, mit 752 Metern der höchste Berg, zieht viele Bergsteiger an. Am beeindruckendsten jedoch ist der **Glenveagh National Park**, der nahezu 16500 Hektar umfasst. Hier befinden sich der in einem Tal gelegene Lough Veagh sowie Poisened Glen, ein sumpfiges Tal, das von spektakulären Felsen überragt wird. Der Park ist auch Heimat der größten Rotwildherde des County.

Am südlichen Ufer des Lough Veagh, nahe dem Besucherzentrum, befindet sich Glenveagh Castle, 1870 von John Adair errichtet. Adair war einst bekannt dafür, dass er nach der Großen Hungersnot *(siehe S. 219)* viele Familien von ihrem Land vertrieb. 1970 übergab der letzte Besitzer, ein Kunsthändler aus Pennsylvania, die Burg an den irischen Staat.

Vom Besucherzentrum aus fahren Busse zur Burg, wo

Glenveagh Castle mit Blick über den Lough Veagh

Blick über Dunfanaghy, das Tor zur Halbinsel Horn Head

man an einer Besichtigung teilnehmen kann. Einer der Wege führt steil hinauf zu einem Aussichtspunkt. Von dort hat man einen herrlichen Blick über den Lough Veagh.

Glebe House and Gallery liegt sechs Kilometer südlich des Besucherzentrums mit Blick über Lough Gartan. In dem Regency-Anwesen wohnte der Maler und Kunstsammler Derek Hill. Das Haus spiegelt seinen breit gefächerten Stil wider, u.a. gibt es Tapeten von William Morris, Bilder der Tory-Island-Künstler, jedoch auch Werke von Picasso und Renoir.

Brunnen bei Glenveagh

Das weniger als einen Kilometer entfernte **Colmcille Heritage Centre** dokumentiert mit Bleiglasbildern und illuminierten Manuskripten das Leben des hl. Columba (gälisch: Colmcille), der 521 im nahen Church Hill geboren wurde. Den Geburtsort markiert eine Steinplatte.

Glenveagh National Park and Castle
Nahe R251, 16 km nördl. von Churchill. *074 913 7090.*
Park und Burg *tägl.* *teilweise.*
www.glenveaghnationalpark.ie

Glebe House and Gallery
074 913 7071. Ostern, Mai–Sep: Sa–Do. *teilweise.*

Colmcille Heritage Centre
074 913 7306.
Ostern, Mai–Sep: tägl.
www.colmcilleheritagecentre.ie

Horn Head ❹

Straßenkarte C1. Co Donegal.
von Letterkenny nach Dunfanaghy. *The Workhouse, Dunfanaghy (074 913 6540); Juli, Aug: tägl., Sep–Juni: Mo–Sa.*
www.dunfanaghyworkhouse.ie

Das mit Heidekraut bewachsene und an Vogelarten reiche Horn Head ist die markanteste Landspitze im Norden von Donegal. Von hier kann man schöne Ausblicke aufs Meer und auf die Berge genießen. Hier liegt der hübsche Ort **Dunfanaghy**, den ein für die Gegend eher ungewöhnlicher Hauch von Reichtum umgibt. Am nahen **Killahoey Strand** kann man gut baden.

Rosguill Peninsula ❺

Straßenkarte C1. Co Donegal.

Die Halbinsel Rosguill ragt zwischen Sheephaven und den Buchten von Mulroy ins Meer. Eine Fahrt auf dem elf Kilometer langen Atlantic Drive, der bis zu den Klippen am Ende der Landspitze führt, ist die beste Art, sie zu erkunden. **Doe Castle**, fünf Kilometer nördlich von Creeslough, empfiehlt sich vor allem wegen des wunderschönen Blicks über die Sheephaven Bay. Es wurde auf den Ruinen einer Burg erbaut, die im 16. Jahrhundert von den MacSweeneys, schottischen Söldnern, errichtet wurde.

Fanad Peninsula ❻

Straßenkarte C1. Co Donegal.
von Letterkenny nach Rathmelton und Portsalon.

Eine Panoramastraße windet sich zwischen dem hügeligen Landesinneren und der steilen Küste der Insel hindurch, deren östlicher Teil der schönste ist. Hier liegt **Rathmelton**, ein hübscher Ort aus dem 17. Jahrhundert mit eleganten Wohnhäusern und Läden. Weiter im Norden bietet **Portsalon** sichere Bademöglichkeiten sowie schöne Ausblicke vom nahe gelegenen Saldanha Head. Unweit von **Doaghbeg**, auf dem Weg nach Fanad Head hoch oben im Norden, trifft man auf eine spektakuläre Klippenlandschaft.

Das zinnenbewehrte Doe Castle auf der Halbinsel Rosguill

Tour über die Inishowen Peninsula ❼

Die größte der nördlichen Halbinseln Donegals ist reich an historischen Sehenswürdigkeiten – von Zeugnissen aus frühchristlicher Zeit bis hin zu Forts und Burgen an einst strategisch wichtigen Plätzen. Die wildesten Landschaften liegen im Westen und Norden, beim Gap of Mamore sowie bei Malin Head, dem nördlichsten Punkt. Die Nordküste bietet viele Bademöglichkeiten, so bei der schönen Isle of Doagh oder den Familienstränden von Buncrana. Von der Küste hat man einen schönen Blick nach Westen auf die Derryveagh Mountains von Donegal und nach Osten auf die nordirische Küste. Man kann die Halbinsel gut an einem Tag erkunden.

Turm auf Banba's Crown, Malin Head

Carndonagh Cross ④
Das christliche Kreuz aus dem 7. Jahrhundert zeigt menschliche Figuren und abstrakte Motive.

Gap of Mamore ③
Zwischen Mamore Hill und Urris Hills bietet eine 250 Meter über dem Meer gelegene Straße schöne Ausblicke über die Küste.

Dunree Head ②
Dunree Fort wurde 1798 an der Küste des Lough Swilly erbaut, um diese vor der drohenden Invasion durch die Franzosen zu schützen. Seit 1986 ist es militärhistorisches Museum.

Buncrana ①
Buncrana hat fünf Kilometer Sandstrand und zwei Burgen. Buncrana Castle wurde 1718 erneuert, während O'Doherty Castle noch unverändert aus normannischer Zeit stammt.

LEGENDE
- Routenempfehlung
- Andere Straße
- Aussichtspunkt

Die Küste von Lough Swilly

Grianán Ailigh ⑦
Das wunderschöne Ringfort liegt auf einem Hügel im Südwesten der Halbinsel Inishowen. Sein heutiges Aussehen verdankt es weitestgehend den umfangreichen Restaurierungsarbeiten von 1870.

ROUTENINFOS

Länge: *157 km.*
Rasten: *In Malin, Greencastle und Carndonagh gibt es Pubs und Esslokale; an der Küste finden sich mehrere Picknickplätze. Das Guns of Dunree Military Museum hat ein Café. Zwischen Moville und Greencastle verläuft ein drei Kilometer langer, sehr schöner Spazierweg* (siehe S. 385–387).

Malin Head ⑤
Dieser Teil der Insel bietet sich für einen weiten Blick über den Atlantik an. Der Turm auf Banba's Crown, dem höchsten Punkt von Malin Head, wurde 1805 zur Überwachung der Schifffahrt errichtet.

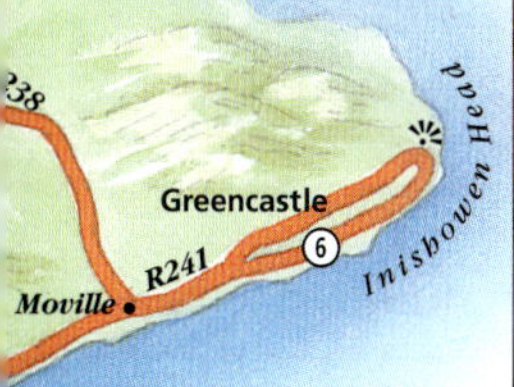

Greencastle ⑥
Der Ferienort und Fischereihafen Greencastle ist nach den Ruinen einer Burg benannt, die 1305 von Richard de Burgo, Earl of Ulster, errichtet wurde und einst die Einfahrt zum Lough Foyle bewachte.

0 Kilometer 5

Das Grianán Ailigh bietet wunderschöne Ausblicke über die Gegend

Grianán Ailigh ❽

Straßenkarte C1. Co Donegal.
🚌 *von Letterkenny oder Londonderry.* ◯ *tägl. 10–16 Uhr.*
ℹ *Letterkenny (074 912 1160).*

Das eindrucksvollste und wohl auch eigenartigste der historischen Bauwerke Donegals liegt zehn Kilometer westlich der Stadt Londonderry *(siehe S. 258f)* und bildet das Tor zur Halbinsel Inishowen. Man geht davon aus, dass dieses Ringfort, das den Lough Swilly und den Lough Foyle überblickt, ursprünglich im 5. Jahrhundert v. Chr. als heidnischer Tempel erbaut wurde, obgleich dieser Ort wohl auch schon früher Kultstätte war. Später wurde es christianisiert: Es heißt, der hl. Patrick habe hier im Jahr 450 den Begründer der O'Neill-Dynastie, Owen, getauft. Im 12. Jahrhundert zerstörte Murtagh O'Brien, König von Munster, die Anlage.

Erst in den 1870er Jahren wurde das Fort restauriert. Zwei Eingänge führen durch dicke Mauern in die Ringanlage, die von drei Terrassen umgeben ist. Der tiefste Eindruck jedoch, den das Fort hinterlässt, sind die herrlichen Ausblicke.

Zu Füßen des Hügels befindet sich eine schöne Kirche, 1967 errichtet und St. Aengus geweiht. Ihre kreisförmige Anlage spiegelt die Architektur von Grianán wider.

Letterkenny ❾

Straßenkarte C1. Co Donegal.
👥 *17 500.* 🚌 ℹ *Blaney Rd (074 912 1160).* **www**.discoverireland.ie

Malerisch zwischen den Sperrin Mountains im Osten und den Derryveagh Mountains *(siehe S. 224f)* im Westen am Fluss Swilly liegt Letterkenny, die größte Stadt Donegals und das größte Geschäftszentrum der Region – eine Rolle, die die Stadt nach der Teilung des Landes im Jahr 1921 von Londonderry übernahm. Das hübsche Letterkenny bietet sich an, um von hier aus die nördliche Küste Donegals zu erkunden oder die Fischgründe des Lough Swilly zu besuchen.

Letterkenny besitzt eine der längsten Hauptstraßen Irlands. Sie wird vom Kirchturm der **St Eunan's Cathedral** überragt. Die Ende des 19. Jahrhunderts im neogotischen Stil errichtete Kirche birgt Bildhauerarbeiten im keltischen Stil, einen Marmoraltar und Bleiglasfenster. Das **Donegal County Museum** in einem ehemaligen Armenhaus zeigt Dokumentationen zur Geschichte der Region von der Steinzeit bis zum 20. Jahrhundert.

Im August findet hier das International Folk Festival statt. In den Pubs der Stadt wird dann *traditional* und *folk music* gespielt. Dazu gibt es Tanzwettbewerbe.

🏛 Donegal County Museum
High Rd. ☎ *074 912 4613.*
◯ *Mo–Sa (außer Sa nur vormittags).* ● *Weihnachten, Feiertage.*
♿

St Eunan's Cathedral mit ihrem imposanten Kirchturm, Letterkenny

Cottage in den Rosses, nahe Burtonport

The Rosses ⓾

Straßenkarte C1. Co Donegal. *ab Letterkenny bis Dungloe oder Burtonport.* *Dungloe (074 952 1297).* *ab Burtonport bis Arranmore (074 952 0532).*

Die Rosses, eine felsige Küstenlandschaft mit über 100 Seen, sind eine der malerischsten und ursprünglichsten Gegenden Donegals. Hier sprechen noch sehr viele Menschen Gälisch.

Die geschäftige Marktstadt **Dungloe** am Südende der Landzunge ist der Hauptort der Rosses und Treffpunkt für Angler.

Umgebung: Von der **Maghery Bay** mit ihrem schönen Strand (westlich von Dungloe) kann man zum Küstenabschnitt **Crohy Head** gehen, der für Höhlen und bizarre Felsformationen bekannt ist. Vom kleinen Fischerdorf Burtonport, acht Kilometer nördlich von Dungloe, fahren Autofähren täglich nach **Arranmore**, der größten Insel Donegals mit schöner Steilküste. Von der Südküste aus hat man einen herrlichen Blick auf die Rosses. Die meisten der 500 Bewohner von Arranmore leben in dem kleinen Ort Leabgarrow, wo sich der Hafen befindet.

Ardara ⓫

Straßenkarte C2. Co Donegal. *700.* *ab Killybegs oder Donegal.* *Donegal (074 972 1148).* **www**.ardara.ie

Ardara ist Donegals Zentrum der Tuchherstellung. Deshalb gibt es hier auch eine Vielzahl von Läden, die Tweed und handgestrickte Pullover anbieten. Einige der größeren Läden haben auch handgewebte Waren im Angebot. Ardaras Pubs sind wegen ihrer *fiddle sessions* beliebt.

Umgebung: Zwischen Ardara und **Loughros Point**, zehn Kilometer westlich des Orts, ist die Küstenlandschaft spektakulär. Eine andere Straße führt südwestlich von Ardara durch malerische Gegenden nach Glencolmcille über den **Glengesh Pass**, dessen Serpentinen sich durch eine wilde, verlassene Landschaft winden.

Arbeiter an einem Handwebstuhl in Ardara

Alte Bügeleisen im Folk Village Museum von Glencolmcille

Glencolmcille ⓬

Straßenkarte B2. Co Donegal. *260.* *ab Killybegs.* *Donegal (074 972 1148).* **www**.glencolmcille.ie

In Glencolmcille, einem Tal mit vielen Cottages, scheint die Zeit trotz des großen Besucherzuspruchs stehen geblieben zu sein.

»Glen of St Colmcille« ist ein populärer Wallfahrtsort, der eng mit der Erinnerung an den hl. Columba (gälisch: Colmcille) verknüpft ist. Unmittelbar nördlich von Cashel auf dem Weg nach Glen Head steht zudem eine kleine Kapelle, die Columba geweiht ist: Eine Legende besagt, dass der Heilige hier auf den beiden Steinen schlief, die in einer Ecke des Kirchleins zu sehen sind.

Eine weitere Sehenswürdigkeit ist das **Folk Village Museum**, das das frühere ländliche Leben Donegals doku-

Hotels und Restaurants in Nordwest-Irland *siehe Seiten 312–314 und 339–341*

Slieve League, eine der höchsten Felsklippen Europas

mentiert. Es wurde 1950 von einem Priester, Father James MacDyer, gegründet, der vor dem Hintergrund der anhaltenden Emigration aus dieser Gegend die Menschen ermutigte, sich in Kooperativen zusammenzuschließen und Kunsthandwerk herzustellen. Im Museum wird regelmäßig Handwerk, z. B. Spinnen, demonstriert. Der Laden verkauft Waren aus der Region.

Im Tal selbst sind Dolmen, Steinsäulen und andere Monumente zu finden. Auch die Küste ist hier sehr schön. Ein Spazierweg führt nach Westen über **Malin Beg**. Bei Malin More führen Stufen hinunter zu einer idyllischen Felsbucht mit Sandstrand.

Folk Village Museum
Cashel. *074 973 0017.* *Ostern–Sep: tägl.*

Slieve League ⓭

Straßenkarte B2. Co Donegal.
bis Carrick ab Donegal oder Killybegs.

Slieve League, eine der höchsten Felsenklippen Europas, bietet vor allem am Abend, wenn die Sonne das Gestein in roten Farbtönen erstrahlen lässt, einen spektakulären Anblick. Die acht Kilometer lange Strecke von **Carrick** zur östlichen Spitze der Slieve League ist zwar holprig, jedoch lohnt sich die Fahrt. Hinter Teelin gibt es tiefe Schlaglöcher, doch dann erreicht die Straße **Bunglass Point** und Amharc Mor, die »gute Aussicht«. Von hier aus kann man die gesamte Slieve League überblicken.

Nur erfahrene Bergsteiger und Kletterer sollten versuchen, den gefährlichen **One Man's Pass** zu begehen. Dieser Pass ist Teil eines Wegs durch die Felswand, der von Teelin westwärts zum höchsten Punkt der Slieve League führt – mit Blick auf den glitzernden Ozean in 598 Metern Tiefe. Der Weg führt zum 16 Kilometer westlich gelegenen Malin Beg weiter. Im Sommer kann man einen Bootseigner in Teelin anheuern, um auf eine zwar weniger aufregende, dafür aber viel sicherere Art vom Meer aus die Klippen zu betrachten.

Killybegs ⓮

Straßenkarte C2. Co Donegal.
1700. *von Donegal.*
Donegal (074 972 1148).
www.killybegs.ie

Schmale Straßen winden sich durch Killybegs und geben dem Ort den Anschein von Zeitlosigkeit, doch die Kleinstadt ist ein wichtiges und prosperierendes Zentrum der Teppichherstellung. Teppiche aus Killybegs schmücken Dublin Castle *(siehe S. 76f)* sowie andere Paläste auf der ganzen Welt.

Killybegs ist zudem einer der lebendigsten Fischereihäfen Irlands. Es lohnt sich zuzusehen, wenn die Fischer mit ihren Schiffen dort ankommen und ihren Fang ausladen. Sie kommen von nah und fern hierher – man hört zunehmend auch osteuropäische Sprachen.

Besatzung eines Fischkutters im Hafen von Killybegs

Irische Gaeltachts

»Gaeltacht« bezeichnet eine irische Region, in der heute noch Gälisch gesprochen wird. Bis zum 16. Jahrhundert wurde in Irland überall Gälisch gesprochen, doch die britische Herrschaft und die Große Hungersnot *(siehe S. 219)* unterminierten die irische Kultur. Seit dieser Zeit wird die alte Sprache von immer weniger Leuten benutzt. In den Gaeltachts allerdings sprechen sie noch 75 Prozent der Bewohner. Auch die Straßenschilder sind hier gälisch.

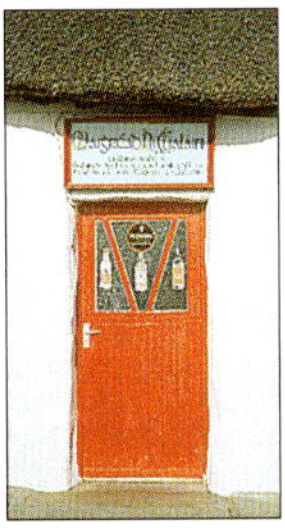

Gälisches Wirtshausschild

Donegals Gaeltacht erstreckt sich von Fanad Head die Küste entlang bis zur Slieve League und beheimatet die meisten Gälisch sprechenden Iren des Landes. Die beiden anderen bedeutenden Gaeltachts sind Galway und Kerry.

Donegal, überragt von den Ruinen seiner Burg aus dem 15. Jahrhundert

Donegal ⓯

Straßenkarte C2. Co Donegal. *2300. The Quay (074 972 1148).* **www**.donegaltown.ie

Donegal bedeutet »Burg der Fremden«. Der Name geht auf die Wikinger zurück, die hier einst ein Fort errichteten. Die Stadt selbst entstand erst unter den O'Donnells. Der Turm von **Donegal Castle** im Zentrum stammt noch aus dem 15. Jahrhundert. Die übrigen Gebäude wurden unter Sir Basil Brooke errichtet, der die Burg übernahm, nachdem die O'Donnells 1607 von den Engländern vertrieben worden waren *(siehe S. 38f)*.

Brooke ließ auch den Marktplatz anlegen, den **Diamond**. Ein Obelisk gedenkt der vier Franziskaner, die um 1630 die *Annals of the four Masters* schrieben. Das Manuskript erzählt die Geschichte des gälischen Volks seit dem 40. Tag vor der Sintflut bis ins 16. Jahrhundert hinein. Teile davon wurden in der **Donegal Abbey** geschrieben, die südlich des Marktplatzes am Fluss Eske liegt. Von der Abtei (1474) gibt es nur wenige Überreste, darunter einige gotische Fenster und Bogen des Kreuzgangs. Etwa 1,5 Kilometer weiter befindet sich **Donegal Craft Village**, wo Kunsthandwerk zu sehen ist.

Es gibt einige sehr hübsche Hotels *(siehe S. 313)* in Donegal. Die Stadt ist damit ein guter Ausgangspunkt für die Erkundung des südlichen Teils des County.

Donegal Castle
Tirchonaill St. *074 972 2405. Ostern–Mitte Sep: tägl.; Mitte Sep–Ostern: Do–Mo. teilweise.*

Donegal Craft Village
Ballyshannon Rd. *074 972 2225. Apr–Sep: Mo–Sa; Okt–März: Di–Sa. teilweise.*

Lough Derg ⓰

Straßenkarte C2. Co Donegal. *Juni–Mitte Aug (nur für Pilger). bis Pettigo ab Donegal.* **www**.loughderg.org

Seit der hl. Patrick auf einer der Inseln im Lough Derg 40 Tage im Gebet verbrachte, um Irland von bösen Geistern zu befreien, ist der Ort Ziel vieler Pilger. Die Pilgrimage of St Patrick's Purgatory fand erstmals um 1150 statt. Auch heute kommen noch Tausende von Pilgern zur kleinen **Station Island** am Südufer, das mit dem Schiff von einem Hafen acht Kilometer nördlich von Pettigo erreichbar ist. Die Insel ist religiöses Zentrum mit einer 1921 errichteten Basilika und Pilgerherbergen.

Die Wallfahrer kommen von April bis September und verbringen drei Tage auf der Insel, in denen sie nur eine Mahlzeit pro Tag (trockenes Brot und Tee) zu sich nehmen. Die Insel dürfen ausschließlich Pilger besuchen. Der Hafen, von dem sie losfahren, ist sehenswert. Hier hat man auch eine schöne Sicht auf die Basilika.

Rossnowlagh ⓱

Straßenkarte C2. Co Donegal. *55. ab Bundoran und Donegal. Mai–Sep: The Bridge, Bundoran (071 984 1350).*

Feriengäste am Sandstrand von Rossnowlagh

Bei Rossnowlagh brechen sich die Wellen des Ozeans an einem der schönsten Strände Irlands, der Badegäste wie Surfer anzieht. Dennoch ist der Ort sehr viel ruhiger als der Ferienort Bundoran 14 Kilometer südlich. Zudem bietet die Küste hier wunderschöne Spazierwege. Etwas abseits vom Meer befindet sich das **Donegal Historical Society Museum** in einem schönen Franziskanerkloster von 1950. Die kleine, aber

Blick vom Ufer des Lough Derg auf die Basilika von Station Island

Esszimmer im Lissadell House mit den Familienporträts der Gore-Booths

interessante Sammlung des Museums umfasst Funde aus der Steinzeit, irische Musikinstrumente sowie örtliches Kunsthandwerk.

In Rossnowlagh findet jedes Jahr im Juli die einzige Parade des protestantischen Oranier-Ordens (engl. *orange order*, *siehe S. 49*) in der Republik Irland statt.

Donegal Historical Society Museum
071 985 1726. tägl.

Ballyshannon 18

Straßenkarte C2. Co Donegal. *2600. ab Bundoran und Donegal.*

In Ballyshannon säumen gut erhaltene Häuser im georgianischen Stil die Straßen am Ufer des Erne, der nur unweit von hier in die Donegal Bay mündet. Die Stadt mit ihrem ganz eigenen Charakter ist voller Leben und liegt, obwohl hier im Juli eines der besten Festivals traditioneller Musik stattfindet, abseits der großen Besucherströme.

Über dieses Musikfestival hinaus ist Ballyshannon als Geburtsort des Dichters William Allingham (1824–1889) bekannt, der seine Heimatstadt so besang: »Adieu to Ballyshanny and the winding banks of the Erne.« Er ist auf dem Friedhof der St Anne's Church nahe der Hauptstraße begraben. Von hier aus hat man einen schönen Blick über den Fluss: Man sieht die Insel **Inis Saimer**, auf der einer Sage zufolge Griechen nach der Sintflut ihre erste Kolonie in Irland gründeten. Dahinter ist eine große Militärbasis der irischen Armee zu erkennen. Ballyshannons Lage auf einem steil abfallenden Hang hoch über den Ufern des Erne machte es schon immer strategisch bedeutend.

Hund der Gore-Booths, Wandbild in Lissadell

1,5 Kilometer nordwestlich von Ballyshannon stehen die Ruinen der **Assaroe Abbey**, die 1184 von Zisterziensern gegründet wurde. Nahebei wurden zwei Wasserräder restauriert. Diese **Water Wheels** bieten auch ein Informationszentrum mit Café.

Water Wheels
Assaroe Abbey. *071 985 1580.*
Ostern–Okt: So (im Aug tägl.).

Lissadell House 19

Straßenkarte B2. Carney, Co Sligo.
071 916 3150. oder bis Sligo. für die Öffentlichkeit.
www.lissadellhouse.com

Lissadell, ein um 1830 erbautes Wohnhaus im klassizistischen Stil, ist weniger aufgrund seiner Architektur, sondern eher wegen seiner einstigen Bewohner von Interesse. Hier lebten die Gore-Booths, die der Region im Lauf von vier Jahrhunderten viel Gutes angedeihen ließen. Während der Großen Hungersnot *(siehe S. 219)* verpfändete Sir Robert sein Haus, um sein Personal zu versorgen.

Berühmtestes Familienmitglied ist die Enkeltochter von Sir Robert: Constance Markievicz (1868–1927). Als Nationalistin war sie am Aufstand von 1916 *(siehe S. 44f)* beteiligt. Sie war die erste Frau, die ins British House of Commons gewählt wurde. Später war sie Arbeitsministerin im ersten Dáil. W. B. Yeats, der das Haus 1894 erstmals besuchte, verewigte Constance und ihre Schwester Eva in einem Gedicht, in dem er sie beschrieb als »zwei Mädchen in seidenen Kimonos, beide schön, eine von ihnen eine Gazelle«.

Das Lissadell House aus grauem Kalkstein erscheint von außen relativ bescheiden. Im Inneren jedoch herrscht eine Atmosphäre der Hochherrschaftlichkeit, unterstrichen von Gemälden und Andenken an die früheren Bewohner dieses Hauses. Die schönsten Räume sind die Galerie und der Speiseraum, der mit außergewöhnlichen Wandbildern geschmückt ist, die die Familie Gore-Booth und ihren Lieblingsbutler Thomas Kilgallon zeigen.

Lissadell House ist heute ein für Besucher nicht zugängliches Privathaus. Die meisten Hinweisschilder wurden entfernt, deshalb ist das Haus nicht leicht zu finden. Man kann am Ufer entlangspazieren oder den Strand besuchen. Von dort hat man einen schönen Blick über die Bucht.

Tour durch Yeats Country ⑳

Yeats-Tour-Beschilderung

Auch für jene, die mit der Dichtung von W. B. Yeats nicht vertraut sind, lohnt sich eine Fahrt durch die schöne Landschaft Sligos. Die Strecke führt an Sandküsten und spektakulären Kalkfelsen vorbei, durch Wälder und an Seen und Flüssen entlang. Im Herzen von Yeats Country, dem Land des Dichters, liegt der Lough Gill, umgeben von bewaldeten Hügeln mit Wanderwegen. Im Sommer kann man hier mit dem Boot fahren oder an den Stränden von Rosses Point verweilen.

Ben Bulben ⑤
Der Ben Bulben ragt unvermittelt aus der Ebene heraus. Seien Sie achtsam, wenn Sie zum Gipfel hochsteigen!

Lissadell House ④
Yeats war ein enger Freund der Schwestern Gore-Booth, die in Lissadell lebten. Das Haus ist für Besucher geschlossen *(siehe S. 231)*.

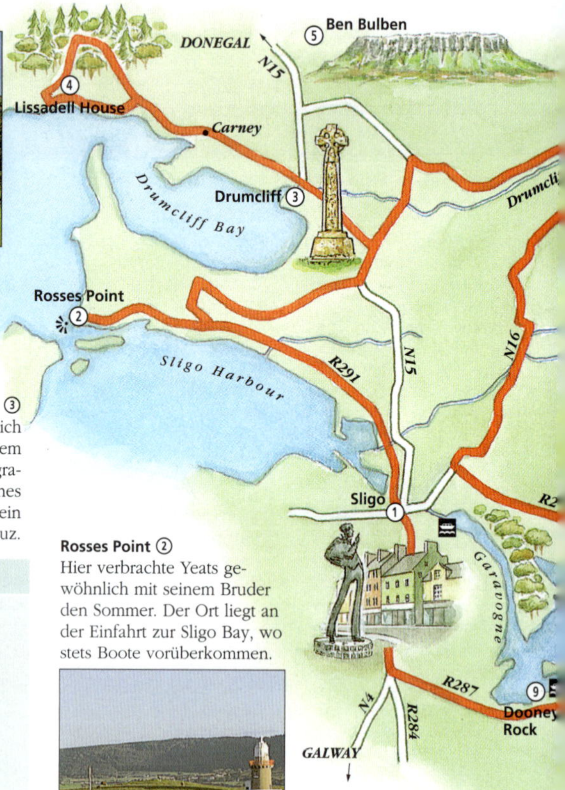

Drumcliff ③
Obwohl Yeats in Frankreich starb, liegt er auf dem Friedhof in Drumcliff begraben. Bei den Ruinen eines alten Klosters steht ein schönes Hochkreuz.

Rosses Point ②
Hier verbrachte Yeats gewöhnlich mit seinem Bruder den Sommer. Der Ort liegt an der Einfahrt zur Sligo Bay, wo stets Boote vorüberkommen.

Sligo ①
Sligo ist gut geeignet als Ausgangspunkt für eine Fahrt durch Yeats Country. Vieles hier erinnert an den Dichter und seine Familie, deren literarisches Erbe die Kunstszene Sligos inspirierte *(siehe S. 234)*.

ROUTENINFOS

Länge: *88 km.*
Rasten: *Nördlich von Sligo isst man am besten in Rosses Point, auch wenn es in Drumcliff und Dromahair gute Pubs gibt. Am Lough Gill findet man schöne Picknickplätze.*
Bootsfahrten: *Informationen unter* **www**.sligoboatcharters.com *oder* **www**.roseofinnisfree.com (siehe auch S. 385–387).

LEGENDE

- Routenempfehlung
- Andere Straße
- Bootsausflüge
- Aussichtspunkt

W. B. Yeats und Sligo

W. B. Yeats (1865–1939)

Als Schuljunge in London sehnte Yeats *(siehe S. 23)* sich zurück nach seinem Geburtsort Sligo – als Erwachsener kam er deshalb so oft wie möglich hierher. Er beschreibt das Land, das seine ganze Dichtung inspirierte, in seinen *Reveries over Childhood and Youth*. »In gewisser Hinsicht«, so Yeats, »war Sligo immer meine Heimat«, und hier wollte er auch beerdigt werden. Sein Grabstein in Drumcliff trägt die Inschrift: »Blicke kühl auf das Leben, auf den Tod. Reiter, zieh weiter.«

Glencar Lough ⑥
»Hier ist ein Wasserfall …, der mir als Kind sehr teuer war«, schrieb Yeats über jene Wasser, die sich in den Glencar Lough ergießen. Von der Straße führt ein Weg dorthin.

Parke's Castle ⑦
Der befestigte Landsitz aus dem 17. Jahrhundert liegt schön mit Blick über den Lough Gill. Von hier aus kann man Bootsfahrten unternehmen.

Isle of Innisfree ⑧
»Um Mitternacht ist alles hier in Glanz getaucht, am Mittag gibt es Purpurleuchten«, schrieb Yeats einst über Innisfree. Im Sommer kann man mit dem Boot zu der kleinen, romantischen Insel übersetzen.

Dooney Rock ⑨
Ein steiler Weg führt von der Straße zum Dooney Rock mit herrlichem Blick über den See und auf den Ben Bulben. In den umliegenden Wäldern und am See locken Spazierwege.

0 Kilometer 3

Blick über den Lough Gill auf Parke's Castle

Parke's Castle ㉑

Straßenkarte C2. 6 km nördl. von Dromahair, Co Leitrim. *071 916 4149.* *oder* *nach Sligo.* *Apr–Okt: tägl. 10–18 Uhr (letzter Einlass 17.15 Uhr).* *teilweise.* **www**.heritageireland.ie

Der Landsitz am Ostufer des Lough Gill wurde 1609 von Captain Robert Parke errichtet, der für Leitrim im Parlament saß. Er wurde schön mit irischer Eiche und gemäß alten Bautechniken aus dem 17. Jahrhundert renoviert. Parke's Castle wurde anstelle eines alten Turmhauses aus dem 16. Jahrhundert errichtet, das den O'Rourkes gehörte, einer mächtigen Familie dieser Region. Die Steine des Turmhauses wurden für den Bau des Landsitzes verwendet. Die Grundmauern und Teile des alten Grabens wurden in das neue Gebäude integriert. Das Anwesen wird von einer Mauer geschützt, zu der das Haus selbst, ein Torhaus und zwei Türme gehören.

Zu den architektonischen Eigenheiten der Anlage gehören die Kamine, die Fenster und die Fensterbrüstungen. Zudem gibt es eine merkwürdige Steinhütte, bekannt als »Schwitzhaus«, eine frühe irische Sauna. Eine Ausstellung und audiovisuelle Präsentationen erläutern die Geschichte des Hauses und prähistorische Sehenswürdigkeiten in der Nähe. Es gibt auch eine Schmiede.

Ab Parke's Castle kann man Bootsfahrten zu verschiedenen Plätzen am Lough Gill unternehmen, die an W. B. Yeats erinnern.

Hargadon's Bar, ein urgemütliches Pub in Sligo

Sligo ㉒

Straßenkarte C2. Co Sligo. *20 000.* *Sligo Airport (071 916 8280).* *Aras Reddan, Temple St (071 61201).* *Fr.*
www.sligotown.net

Sligo liegt an der Mündung des Garavogue zwischen Atlantik und Lough Gill. Die heute größte Stadt im Nordwesten erlangte bereits unter den Normannen als Verbindungstor zwischen Ulster und Connaught Berühmtheit. Die Blütezeit im späten 18. und im 19. Jahrhundert prägte Sligos Charakter.

Die Stadt liegt günstig für Touren in die Umgebung, zudem ist sie ein bedeutendes Zentrum traditioneller Musik. Sligo selbst mag etwas düster erscheinen, hat jedoch durchaus Atmosphäre und Charme, nicht zuletzt aufgrund seiner engen Verbindung zu W. B. Yeats *(siehe S. 232f)*, der hier geboren wurde. Vom Dachtürmchen des Kaufhauses Pollexfen am westlichen Ende der Wine Street beobachtete einst der Großvater des Dichters seine Handelsflotte, die hier im Hafen festmachte.

Das einzige Gebäude der Stadt aus dem Mittelalter ist **Sligo Abbey** aus dem Jahr 1253. Vom ursprünglichen Bau sind nur noch Fenster im Chor erhalten. Der größte Teil der ehemaligen Dominikanerabtei stammt aus dem 15. Jahrhundert. Schön sind ein geschnitzter Altar und der Kreuzgang.

Ein kleines Stück weiter im Westen gelegen befindet sich die O'Connell Street mit großen Läden und Hargadon's Bar – eine traditionsreiche Institution in Sligo. Sie ist in dunklem Holz gehalten, mit gemütlichen Ecken und einer Lebensmitteltheke. Nahe der Kreuzung Wine Street, mit Blick über die Hyde Bridge, steht das Yeats Memorial Building. Hier hat die Yeats Society, die die Erinnerung an den Dichter wachhält, ihren Sitz. Der Ruf Sligos als Kunstzentrum gründet sich auf die Yeats International Summer School, ein jährliches Festival mit Lesungen und Seminaren zu Leben und Werk des Dichters.

Statue des Dichters Yeats

Überquert man die Hyde Bridge, trifft man auf eine Statue von Yeats, die mit Versen aus seinen Dichtungen versehen ist. Ganz in der Nähe befindet sich das **Sligo County Museum**, das Erinnerungsstücke an Yeats sowie Bilder von Landschaften rund um Sligo zeigt. Die **Model Arts & Niland Gallery** umfasst die Niland-Sammlung, zu der auch Bilder von Yeats' Bruder gehören, sowie zeitgenössische irische Kunst.

Sligo Abbey
Abbey St. *071 914 6406.*
Mitte Apr–Mitte Okt: tägl.; Mitte Okt–Anfang Nov: Fr–So.

Sligo County Museum
Stephen St. *071 914 7190.*
Di–So (Okt–Apr: nachmittags).

Model Arts & Niland Gallery
The Mall. *071 914 1405.*
Mi–So.
www.themodel.ie

Umgebung: In einem Außenbezirk liegt der **Carrowmore Megalithic Cemetery**, eine große steinzeitliche Grabanlage. Da sie als Steinbruch genutzt wurde, sind heute nur noch 40 Ganggräber *(siehe S. 246f)* und Dolmen *(siehe S. 32)* zu sehen. Sie liegen verstreut, zum Teil in Privatgärten oder sind sogar im Mauerwerk der Bauernhäuser.

Knocknarea ist ein riesiger, über 5000 Jahre alter Steinhügel – und angeblich das Grab von Königin Maeve von Connaught *(siehe S. 26)*.

Tobernalt, fünf Kilometer südlich von Sligo, bedeutet »heilender Fels« und ist nach einer angeblich heilkräftigen Quelle benannt. In keltischer Zeit war dies ein heiliger Ort, später ein christliches Sanktuarium. Im 18. Jahrhundert, als der katholische Glaube verboten war, kamen Priester heimlich hierher. Der Altar auf einem Felsen ist auch heute noch Ziel von Pilgern.

Carrowmore Cemetery
071 916 1534.
Ostern–Okt.
www.heritageireland.ie

Altar beim Sanktuarium von Tobernalt

Lough Arrow ㉓

Straßenkarte C3. Co Sligo. *bis Ballinafad.* *Juni–Sep: Boyle (071 966 2145).* **www**.discoverireland.ie

Man kommt zum Lough Arrow, um zu segeln und Forellen zu angeln oder einfach um die schöne Landschaft zu genießen. Man kann den See mit dem Boot erkunden, doch ist der Blick vom Ufer aus das eigentlich Reizvolle. Ein Spaziergang rund um den See ist empfehlenswert, auf jeden Fall aber bis nach **Ballinafad** am Südufer, das herrliche Ausblicke bietet. Die kleine Stadt liegt schön umgeben von den Bricklieve und Curlew Mountains.

Der **Carrowkeel Passage Tomb Cemetery** befindet sich ebenfalls in herrlicher Lage in den Bricklieve Mountains, nördlich von Ballinafad. Man erreicht den Friedhof am besten vom fünf Kilometer entfernten Castlebaldwin.

Die 14 Ganggräber aus dem Neolithikum, die auf einem Hügel mit Blick über den Lough Arrow verstreut sind, weisen ausgearbeitete Kragsteinstrukturen auf. Ein Grab ist mit jenem von Newgrange *(siehe S. 246f)* vergleichbar, nur dass hier die Sonne am 21. Juni (und nicht zur Wintersonnenwende) in die Grabkammer fällt. In der Nähe befinden sich Überreste einer Steinzeitsiedlung, deren Bewohner früher vermutlich ihre Toten in den Ganggräbern von Carrowkeel beerdigten.

Ganggrab auf dem Carrowkeel-Friedhof oberhalb des Lough Arrow

Carrick-on-Shannon ㉔

Straßenkarte C3. Co Leitrim. *3000.* *Mai–Sep: The Old Barrel Store (071 962 0170).* **www**.leitrimtourism.com

Die kleine County-Hauptstadt von Leitrim, einem der zuletzt besiedelten Countys Irlands, liegt an einer scharfen Biegung des Shannon. Die Lage am Fluss und nahe dem Grand Canal war ausschlaggebend für die Entwicklung Carricks und ihrer Attraktivität für Besucher. Die Stadt hat einen modernen Hafen, wo im Sommer Privatboote ankern können und auch Boote ausgeliehen werden können.

Zusätzlich hat Carrick von der Wiedereröffnung der Shannon-Erne-Wasserstraße profitiert, die sechs Kilometer nördlich bei Leitrim ihren Anfang nimmt. Dieser Kanal wurde von Nordirland und der Republik Irland gemeinsam instand gesetzt – ein Unternehmen, das auch als Symbol friedlicher Kooperation zwischen den beiden Teilen der Insel wichtig ist.

Abgesehen von seinem modernen Hafen geht Carrick vornehmlich auf das 19. Jahrhundert zurück. Erhalten sind Kirchen und Klöster aus dieser Zeit sowie viele Häuser im etwas vornehmeren georgianischen Stil. Das merkwürdigste Gebäude der Stadt ist die **Costello Chapel** in der Bridge Street. Die kleine, durchaus sehenswerte Kapelle wurde 1877 von dem hier ansässigen Geschäftsmann Edward Costello als Begräbnisstätte für sich und seine Frau errichtet.

Shannon-Erne-Wasserstraße

Die Wasserstraße – ein labyrinthartiges System von Seen und Flüssen durch unberührtes Grenzland – verbindet Leitrim am Shannon mit dem Upper Lough Erne in Fermanagh. Die Wasserstraße folgt einem alten Kanal, der jedoch ab 1860 nicht mehr genutzt wurde. Erst 1993 wurde der Kanal wiedereröffnet. Seitdem ist es wieder möglich, hier sowohl die viktorianischen Bauten, darunter 34 Brücken, als auch die Technologie der 16 Schleusen zu bewundern.

Motorboot in einer Schleuse der Shannon-Erne-Wasserstraße

Organic Centre ㉕

Straßenkarte C3. Rossinver, Co Leitrim. *071 985 4338.* tägl. *10–17 Uhr.* *Nov–Feb: Wochenende.* **www**.theorganiccentre.ie

Das etwa drei Kilometer von Rossinver entfernte Organic Centre wurde eingerichtet, um ein Info- und Dokumentationszentrum rund um Gartenbau und Landnutzung zu schaffen. Es umfasst eine Fläche von rund acht Hektar in der noch relativ intakten Landschaft im dünn besiedelten Norden von Leitrim. In mehreren thematischen Gärten wird der Zauber des Gartenbaus vermittelt. Eine Abteilung wendet sich an Kinder. Der Shop verkauft Samen und Gemüse sowie Bücher und Küchengeräte.

Midlands

Cavan · Monaghan · Louth · Longford · Westmeath
Meath · Offaly · Laois

Die Midlands sind die Wiege der keltischen und irischen Kultur. Hier liegen die meisten der einst heiligen, immer noch symbolträchtigen Orte der Insel. In der verlassenen und verwilderten Landschaft mit ihren Weiden, Seen und Sumpfgebieten finden sich keltische Kreuze, normannische Abteien und alte Burgen.

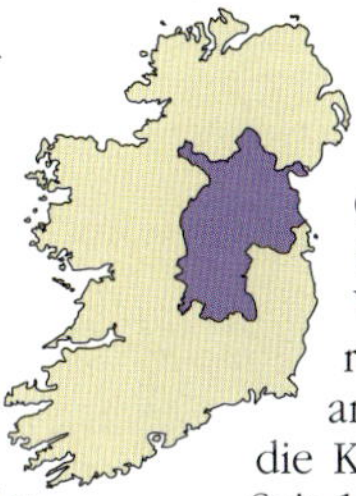

Schon in der Steinzeit siedelten im Boyne Valley im County Meath Menschen. Hier lag das Zentrum der Zivilisation in Irland. Zeugnisse der Siedlungsgeschichte sind überall zu finden, darunter Newgrange, die schönste Grabanlage der Region. In keltischer Zeit verlagerte sich der Siedlungsschwerpunkt nach Süden in Richtung Hill of Tara – Sitz der Oberkönige Irlands und geistig-politisches Zentrum der Kelten. Taras Blütezeit begann im 3. Jahrhundert n. Chr. Es behielt seine Bedeutung bis zur normannischen Invasion im 12. Jahrhundert.

Normannische Burgen, beispielsweise die riesige befestigte Anlage bei Trim im County Meath, zeugen von den sich verschiebenden Grenzen des englischen Einflussbereichs, der als *Pale* *(siehe S. 132)* bekannt ist und dem Ende des 16. Jahrhunderts nahezu alle Countys der Midlands angehörten. 1690 erlangte das Boyne Valley erneut historische Berühmtheit, als in der Schlacht am Boyne die Protestanten über die Katholiken siegten *(siehe S. 38f)*. Seit 1921 sind Monaghan und Cavan Teil der Republik. Sie gehören historisch jedoch zu Ulster – und Monaghan steht noch in enger Verbindung zu dieser Provinz. Typisch für die Region sind sanfte Hügel, sogenannte *drumlins*.

Weiden und Sumpfland charakterisieren die Midlands. Die Slieve Bloom Mountains und die Cooley Peninsula bieten jedoch auch gute Wandermöglichkeiten. Neben prähistorischen Stätten findet man in Meath Sehenswürdigkeiten wie die Klöster Fore Abbey und Clonmacnoise.

Carlingford mit seinem Hafen und den Hügeln der Cooley Peninsula im Hintergrund

◁ **Der Rundturm Temple Finghin beim Kloster Clonmacnoise *(siehe S. 250f)* am Ufer des Shannon**

Überblick: Midlands

Ausgangspunkt für die Erkundung des Boyne Valley und schöner Klosteranlagen wie Monasterboice ist die Stadt Drogheda. Trim und Mullingar, im Südwesten gelegen, sind weniger bekannt, bieten jedoch den angenehmeren Aufenthalt. Die nördlichen Countys Monaghan, Cavan und Longford ziehen mit ihren Seen vor allem Angler an. Im Süden hingegen bestimmen dunkle, weite Sümpfe die Landschaft von Offaly und Laois, doch rund um das georgianische Birr finden sich auch einige Sehenswürdigkeiten. Das malerische Carlingford auf der Cooley Peninsula eignet sich für einen Abstecher zum Meer.

Westportal der Nuns' Church bei Clonmacnoise

LEGENDE

- Autobahn
- Schnellstraße
- Hauptstraße
- Nebenstraße
- Panoramastraße
- Eisenbahn (Hauptstrecke)
- Eisenbahn (Nebenstrecke)
- Staatsgrenze
- County-Grenze
- Gipfel

In den Midlands unterwegs

Die Midlands besitzen ein gutes Straßen- und Eisenbahnnetz, das von Dublin aus das Land erschließt. Deshalb ist es hier einfacher als in anderen Gegenden, mit öffentlichen Verkehrsmitteln zu fahren. Dundalk und Drogheda liegen an der Strecke Dublin–Belfast, Mullingar und Longford an der Strecke Dublin–Sligo. Sowohl mit der Bahn als auch auf der N7 von Dublin nach Limerick erreicht man Laois und Offaly. Die Straßen der Midlands verlaufen eben und gerade, haben jedoch oft Schlaglöcher.

Weitere Zeichenerklärungen *siehe hintere Umschlagklappe*

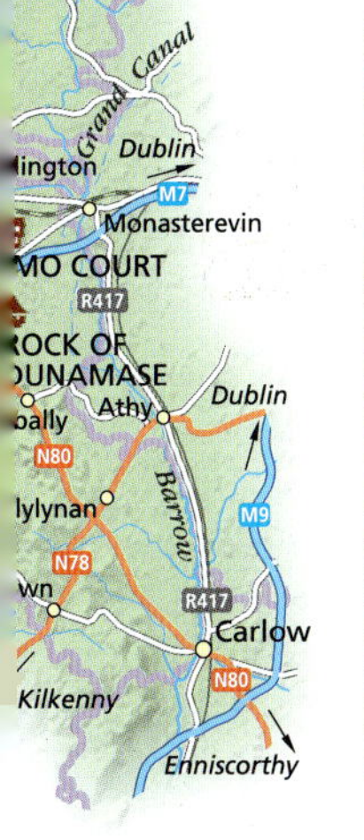

SIEHE AUCH

- ***Hotels*** S. 314–316
- ***Restaurants*** S. 341f und S. 350f

Statue in den Gärten von Birr Castle

Blick auf Trim über den Boyne

Sehenswürdigkeiten auf einen Blick

Athlone 18
Birr 21
Carlingford 8
Clonmacnoise S. 250f 19
Corlea Trackway 3
Drogheda 10
Drumlane 2
Dundalk 7
Emo Court 23
Fore Abbey 5
Hill of Tara 14
Kells 6
Kilbeggan 17
Monaghan 1
Monasterboice 9
Mullingar 16
Newgrange und Boyne Valley S. 244–247 11
Old Mellifont Abbey 12
Rock of Dunamase 24
Slane 13
Slieve Bloom Mountains 22
Trim 15
Tullamore Dew Heritage Centre 20
Tullynally Castle 4

0 Kilometer 20

Rossmore-Memorial-Brunnen in Monaghan

Monaghan ❶

Straßenkarte D2. Co Monaghan. *6000.* *Clones Rd (047 81 122).* **www**.monaghantourism.com

Das lebhafte Monaghan ist der urbane Mittelpunkt im Norden der Midlands. Es wurde 1613 von James I *(siehe S. 39)* gegründet und entwickelte sich dank der ansässigen Leinenherstellung zu einem blühenden Industriezentrum. Ein *Crannog (siehe S. 33)* bei der Glen Road ist das einzige Zeugnis des keltischen Ursprungs dieser Stadt.

Im Herzen von Monaghan liegen drei Plätze eng beieinander. Der schönste von ihnen ist der Market Square (18. Jh.). Hier steht das **Market House**, ein kleines, hübsches Haus mit Eichenbalken, in dem sich ein Kunstzentrum befindet. Östlich des Platzes liegt der Church Square, Mittelpunkt des modernen Monaghan. Er wird von Häusern aus dem 19. Jahrhundert gesäumt, etwa dem Gerichtshaus. Der dritte Platz, der sogenannte Diamond, war früher der Marktplatz. Hier steht das **Rossmore Memorial**, ein Brunnen im viktorianischen Stil mit Steinbaldachin.

Besuchen Sie das **County Museum**, das die Geschichte von Monaghan und seiner Leinenindustrie präsentiert. Stolz der historischen Abteilung ist das Cross of Clogher, ein Bronzealtar (um 1400).

Auf einem Hügel außerhalb der Stadt erhebt sich die im neogotischen Stil errichtete St Macartan Cathedral. Von hier aus hat man einen schönen Blick auf Monaghan.

County Museum
Hill St. *047 82928.* *Mo–Fr 11–17, Sa 12–17 Uhr.* *Feiertage.* *teilweise.*

Drumlane ❷

Straßenkarte C3. 1 km südl. von Milltown, Co Cavan. *nach Belturbet.*

Die mittelalterliche Kirche und der Rundturm lohnen einen Besuch allein aufgrund ihrer herrlichen Lage. Die Abteikirche (Anfang 13. Jh.) wurde um 1400 umgebaut. Sie zeigt schöne romanische Dekors. Dem nahen Rundturm fehlt das Dach, doch verfügt er über hübsches Mauerwerk, das an der Nordseite mit Vogeldarstellungen verziert ist.

Corlea Trackway ❸

Straßenkarte C3. Kenagh, Co Longford. *043 322 2386.* *nach Longford.* *Apr–Sep: tägl. 10–18 Uhr (letzter Einlass 17.15 Uhr).* *teilweise.*

Das Corlea Trackway Visitor Centre zeigt eine Moorstraße aus der Eisenzeit (148 v. Chr.). Die aus Mooreichen gebaute Straße ist die größte ihrer Art, die in Europa ausgegraben wurde. 18 konservierte Meter der Straße sind zu sehen. Dafür wurde eigens eine Halle gebaut, um das Holz vor Hitze zu schützen.

Corlea Trackway

Viktorianische Küche in Tullynally Castle

Umgebung: Etwa zehn Kilometer nördlich des Corlea Trackway liegt **Ardagh**, das schönste Dorf in Longford mit hübschen Cottages um den Dorfanger. Der Shannon, Lough Ree, der Inny und Lough Gowna machen die Gegend zu einem Paradies für Angler. Der Streifen mit »warmen Löchern« bei Lanesborough ist bekannt für seine Weißfische. Kanuten ziehen die Wasserläufe bei Ballymahon magisch an.

Tullynally Castle ❹

Straßenkarte C3. Castle Pollard, Co Westmeath. *044 966 1159.* *nach Mullingar.* **Schloss** *nur für Gruppen nach Voranmeldung.* *obligatorisch.* **Teesalons und Gärten** *Mai–Sep: Do–So 13–18 Uhr.* *teilweise.* **www**.tullynallycastle.com

Das riesige Gebäude mit seinen vielen Türmen und Zinnen ist eines der größten Schlösser Irlands. Es wurde im 17. Jahrhundert im georgianischen Stil errichtet. Später wurde das einstige Turmhaus im neogotischen Stil umgebaut. Seit 1655 lebt die Familie Pakenham auf Tullynally Castle.

Die große Eingangshalle führt zum getäfelten Speisezimmer. Ebenso interessant sind die viktorianische Küche und der Wäscheraum.

Die mit 8000 Büchern ausgestattete Bibliothek bietet einen wunderschönen Blick auf die bewaldete Parklandschaft des Anwesens, die im 18. Jahrhundert mit viktorianischen Terrassen, Blumen- und Nutzbeeten angelegt wurde. Hier befinden sich auch zwei kleine Seen.

Fore Abbey ❺

Straßenkarte C3. Fore, Castle Pollard, Co Westmeath. *044 966 1780.* *nach Castle Pollard.* *tägl.*

Die Ruinen von Fore Abbey liegen in einer Hügellandschaft, etwa acht Kilometer östlich von Tullynally Castle. Im Jahr 630 gründete hier der hl. Fechin ein Kloster. Die Ruinen stammen jedoch von einer Abtei von circa 1200. Fore Abbey liegt an der nördlichen Grenze des Pale *(siehe S. 132)* und wurde im 15. Jahrhundert zum Schutz gegen die irische Bevölkerung befestigt. Die heute zerfallene Kirche war Teil der alten normannischen Abtei. Kreuzgang und Refektorium hingegen stammen aus der Zeit um 1400. Auf einem Hügel gegenüber steht die normannische St Fechin Church mit einer Einsiedlerzelle aus dem 15. Jahrhundert.

Kells ❻

Straßenkarte D3. Co Meath. *5500.* *046 924 9336.* *Dez, Jan.* **www**.visitingkells.ie

Die mit ihrem irischen Namen Ceanannus Mór ausgeschilderte kleine Stadt ist so schön wie ihr berühmtes Kloster.

Kells Monastery wurde bereits im 6. Jahrhundert vom hl. Columba gegründet. Seine Blütezeit erlebte das Kloster jedoch ab 806, als Mönche aus Iona hierher flohen. Sie waren es wohl auch, die die prachtvolle Handschrift *Book of Kells* erstellten, die heute im Dubliner Trinity College *(siehe S. 64)* aufbewahrt wird.

Die Abtei liegt im Westen. Ihr Zentrum bildet eine Kirche (18. Jh.), neben der ein Rundturm ohne Spitze steht. Hier findet man auch mehrere Hochkreuze aus dem 9. Jahrhundert, von denen das Südkreuz am besten erhalten ist.

Nördlich des Kirchhofs liegt **St Columba's House**, ein Oratorium, das an St Kevin's Kitchen in Glendalough *(siehe S. 140)* erinnert.

In der Cross Street im Ortszentrum steht ein Hochkreuz, das vom Kloster hierher gebracht und während des Aufstands von 1798 *(siehe S. 41)* als Galgen benutzt wurde. Am Sockel ist eine Schlacht dargestellt.

Ruinen von Fore Abbey, einer mittelalterlichen Benediktinerabtei

Cottage eines Fischers auf der Cooley Peninsula

Dundalk 7

Straßenkarte D3. Co Louth.
32 000. Jocelyn St (042 933 5484). Fr.
www.dundalk.ie

Dundalk war einst nördlichster Punkt des Pale, des Gebiets, das im Mittelalter die Engländer kontrollierten *(siehe S. 132)*. Die Stadt liegt auf halbem Weg zwischen Dublin und Belfast und ist heute die letzte größere vor der Grenze zu Nordirland.

Dundalk bildet das Tor zur prächtigen Landschaft der Cooley Peninsula. Das in einer alten Destillerie (18. Jh.) eingerichtete **County Museum** gibt Einblicke in die Geschichte des County von der Steinzeit bis heute.

County Museum
Jocelyn St. *042 932 7056.*
Di–Sa 10–17 Uhr.
1. Jan, 25., 26. Dez.

Carlingford 8

Straßenkarte D3. Co Louth.
950. Old Railway Station (042 937 3033). **Carlingford Heritage Centre** *Dundalk St (042 937 3454). Mo–Fr 10–16.30 Uhr.*
Carlingford Adventure Centre
Tholsel St (042 937 3100).
Mo–Fr 10–12.30, 14–16.30 Uhr.
www.carlingfordheritagecentre.com

Das Fischerdorf liegt zwischen den Bergen der Halbinsel Cooley und dem Meeresarm Carlingford Lough. Die Grenze zu Nordirland verläuft mitten durchs Flusstal. Vom Dorf aus überblickt man die Mountains of Mourne *(siehe S. 284f)*. Der Ort mit hübschen weißen Cottages, alten Häusern und mittelalterlichen Gassen wird vom **King John's Castle** überragt, das die Normannen zum Schutz des Lough errichteten. In einer mittelalterlichen Kirche dokumentiert das **Carlingford Heritage Centre** die Geschichte des Hafens seit anglo-normannischen Zeiten.

Carlingford gilt als Zentrum der Austernzucht und veranstaltet im August das Austernfestival. Der See ist auch ein beliebtes Wassersportzentrum. Im Sommer kann man schöne Bootsfahrten entlang der Küste unternehmen. Es gibt nun eine neue Marina.

Das **Carlingford Adventure Centre** bietet zudem Wanderungen, Segeltörns und Kanuausflüge an.

Umgebung: Eine Panoramastrecke führt rund um die **Cooley Peninsula**, zunächst an der Küste entlang und dann quer durch die Berge. Der Abschnitt an der Nordküste ist spektakulär: Drei Kilometer nördlich von Carlingford windet sich eine Straße durch den **Slieve Foye Forest Park** und bietet atemberaubende Ausblicke.

Von Carlingford aus führt ein rund 30 Kilometer langer Rundweg durch einige der zerklüftetsten Gebiete der Insel. Im Moorland sind einige prähistorische Zeugnisse zu sehen. Rüstige Wanderer können die Strecke innerhalb eines Tages zu Fuß bewältigen.

Monasterboice 9

Straßenkarte D3. Co Louth.
nach Drogheda. tägl.

Das Kloster wurde im 5. Jahrhundert vom hl. Buite, einem Schüler des hl. Patrick, gegründet. Das Ruinenfeld ist eine von Irlands sakralen Hauptsehenswürdigkeiten. Es liegt malerisch abgeschieden, umgeben von einem Friedhof, nördlich von Drogheda. Zum Kloster gehören ein Rundturm und zwei Kirchen. Der bedeutendste Schatz sind allerdings die Hochkreuze (10. Jh.).

Muiredach's High Cross, das schönste seiner Art in ganz Irland, ist mit biblischen Darstellungen verziert, die bemerkenswert gut erhalten sind. Sie zeigen Szenen aus dem Leben Jesu und aus dem Alten Testament. Am Fuß des Kreuzes steht die Inschrift: »Ein Gebet für Muiredach, der dieses Kreuz fertigte« – möglicherweise ein Hinweis auf den Abt von Monasterboice. Das 6,50 Meter hohe Westkreuz, auch Tall Cross genannt, ist eines der höchsten in Irland. Die Ornamente hier sind nicht so gut erhalten wie jene des Muiredach's Cross, doch kann man einige Szenen von Christi Tod erkennen. Das Nordkreuz, das am wenigsten bemerkenswerte, zeigt eine Kreuzigung sowie Spiralmuster.

Grabstein auf dem Friedhof von Monasterboice

Rundturm und Westkreuz von Monasterboice

Irlands Hochkreuze

Hochkreuze gibt es überall in den keltischen Gebieten Irlands und Englands, doch Irlands Hochkreuze sind außergewöhnlich, was ihre Anzahl und ihre Gestaltung betrifft. Einst fester Bestandteil der mittelalterlichen Klöster, wurden sie vom 8. bis zum 12. Jahrhundert reich verziert. Erste Hochkreuze weisen bis ins 8. Jahrhundert eine einfache geometrische Ornamentik auf. Im 9. und 10. Jahrhundert zeigen sie ganze Szenen oder Bildgruppen aus der Bibel. Diese »Erzählungen in Stein« wurden wohl dazu benutzt, dem leseunkundigen Volk die Bibel nahezubringen. Die Hochkreuze waren auch Statussymbole der Klöster oder der örtlichen Landherren.

Steinsäulen *mit eingraviertem Kreuz wie diese Säule bei Riasc (6. Jh.;* siehe S. 158*) gelten als Vorläufer der Hochkreuze.*

Schlussstein, der die Heiligen Antonius und Paulus in der Wüste zeigt

Das Hochkreuz bei Ahenny (siehe S. 199) *zeigt die typischen Ornamente des 8. Jahrhunderts. Die Muster ähneln jenen, die man auf keltischen Schmuck- und Metallarbeiten findet.*

Muiredach's Cross

Jede Seite des Kreuzes (10. Jh.) im Kloster Monasterboice zeigt Szenen aus der Bibel, darunter auch die hier abgebildete östliche Seite. Das 5,50 Meter hohe Kreuz besteht aus drei Sandsteinblöcken, die ineinandergesetzt sind.

Das Jüngste Gericht zeigt Christus im Glorienschein, umgeben von erretteten Seelen. Zu seiner Rechten ist der Teufel, bereit, die Seelen der Verdammten in die Hölle zu stoßen.

Der Ring hatte sowohl dekorative wie funktionale Bedeutung. Er stützte die Quer- und Längsbalken ab.

Moses lässt Wasser aus dem Felsen entspringen.

Die Weisen aus dem Morgenland

Kampf Davids gegen Goliath

Das Dysert O'Dea Cross *(11. Jh.;* siehe S. 189*) ist ein typisches Hochkreuz der späteren Zeit. Es zeigt Christus und einen Bischof.*

Der Sündenfall *zeigt Adam und Eva neben dem Apfelbaum. Daneben erschlägt Kain seinen Bruder Abel. Beide Szenen findet man oft auf Hochkreuzen dargestellt.*

Drogheda ⑩

Straßenkarte D3. Co Louth. *30 000. Mayoralty St (041 983 7070). Sa.*
www.drogheda.ie

Im 12. Jahrhundert war die normannische Hafenstadt an der Mündung des Boyne eine der bedeutendsten Städte Irlands. Jedoch scheint sich der Ort niemals von der Attacke Cromwells 1649 *(siehe S. 39)* erholt zu haben, bei der 2000 Einwohner getötet wurden. Nichtsdestotrotz verfügt die Stadt über ein reiches mittelalterliches Erbe.

Von den Befestigungsanlagen ist noch das **St Lawrence Gate** (13. Jh.) erhalten. In der Nähe stehen zwei Kirchen, **St Peter's** genannt. Die schönere der beiden, 1753 erbaut, gehört der Church of Ireland an. Sehenswert in der katholischen Kirche ist das einbalsamierte Haupt von Oliver Plunkett, einem Erzbischof, der 1681 als Märtyrer starb.

Südlich des Flusses geht es zum Millmount hinauf, einer normannischen Anlage mit einem Martello-Turm. Hier bieten sich schöne Ausblicke über die Stadt. Das **Millmount Museum** präsentiert Sammlungen zu Geschichte, Kunst und Kunsthandwerk.

Blick über den Boyne auf Drogheda vom Millmount aus

Millmount Museum
Millmount Square. *041 983 3097. Mo–Sa 9.30–17, So 14–17 Uhr. 7 Tage an Weihnachten. teilweise.*

Newgrange und Boyne Valley ⑪

Straßenkarte D3. Co Meath. *bis Drogheda. nach Slane oder Drogheda. Brú na Bóinne Interpretative Centre (041 988 0300). tägl.*

Das als Brú na Bóinne, als »Palast des Boyne«, bekannte Flusstal war einst die Wiege der irischen Zivilisation. Der fruchtbare Boden bot in neolithischer Zeit einer hochstehenden Siedlergemeinschaft Lebensraum. Viele Zeugnisse aus dieser Zeit sind erhalten geblieben, etwa Ringforts, Gang- und Hügelgräber sowie sakrale Stätten. Die bedeutendsten neolithischen Funde im Boyne Valley sind drei Ganggräber: Das herausragendste der drei ist **Newgrange** *(siehe S. 246f)*, doch auch **Dowth** und **Knowth** sind bemerkenswert. Zum Boyne Valley gehören zudem der Hill of Slane und der Hill of Tara *(siehe*

Der Boyne, nahe dem Schauplatz der berühmten Schlacht am Boyne

Die Schlacht am Boyne am 1. Juli 1690

1688 wurde James II, der katholische König Englands, gestürzt. Seine protestantische Tochter Mary und ihr Gatte Wilhelm von Oranien kamen auf den Thron. Um die Macht zurückzuerlangen, sicherte sich James die Unterstützung der irischen Katholiken und forderte Wilhelm am Boyne zur Schlacht heraus. Die Schlacht fand am 1. Juli 1690 statt. Etwa 25 000 französische und irische Katholiken standen Wilhelms Armee von 36 000 französischen Hugenotten, Dänen, Engländern und Schotten gegenüber. Die Protestanten siegten, James floh nach Frankreich. Die Schlacht markiert den Beginn der protestantischen Macht über Irland. »Katholisches Land« wurde niedergebrannt, katholische Interessen unterdrückt – das Schicksal Irlands war für die nächsten 300 Jahre besiegelt.

Wilhelm von Oranien führt seine Truppen in die Schlacht am Boyne, 1. Juli 1690

S. 248), wichtige Stätten keltischer Mythologie. Die gesamte Region ist voller Bezüge zu Irlands Prähistorie, mit Monumenten, die älter als die ägyptischen Pyramiden sind. Aus diesem Grund wird Boyne Valley auch als irisches »Tal der Könige« bezeichnet. Knowth und Newgrange können nur mit einer Führung des **Brú na Bóinne Interpretative Centre** besucht werden. Dort werden auch Zeugnisse aus der Steinzeit und eine Rekonstruktion von Newgrange gezeigt.

Dowth

Nahe N51, 3 km östl. von Newgrange. *für die Öffentlichkeit.*

Das Ganggrab von Dowth ist nicht vollständig freigelegt und wurde zudem von viktorianischen Grabräubern geplündert. Es ist nur von der Straße aus zu sehen.

Knowth

An der N51, 1,5 km nordwestl. von Newgrange. *041 24824.* *wie Newgrange* (siehe S. 246f).

Knowth übertrifft Newgrange durch die hier gefundenen Schätze. Sie bilden den reichsten neolithischen Fund, der je in Europa gemacht wurde. Zudem war die Anlage von der Steinzeit bis etwa 1400 bewohnt. Ungewöhnlicherweise hat sie zwei Ganggräber statt nur eines. Die Gräber dürfen nur von außen besichtigt werden, um einen weiteren Verfall zu verhindern.

Ruine des Lavabo in Old Mellifont Abbey

Slane Castle Demesne mit den Gartenanlagen von Capability Brown

Old Mellifont Abbey ⓬

Straßenkarte D3. Tullyallen, Cullen, Co Louth. *041 982 6459.* *nach Drogheda.* *nach Drogheda.* *Mai–Sep: tägl. 10–18 Uhr (letzter Einlass 17.15 Uhr).*

An den Ufern des Mattock, zehn Kilometer westlich von Drogheda, liegt Old Mellifont Abbey, Irlands erste Zisterzienserabtei, die 1142 vom hl. Malachy, dem Erzbischof von Armagh, einem Anhänger des hl. Bernhard von Clairveaux, gegründet wurde. Der Erzbischof führte in Mellifont jedoch nicht nur die Ordensregeln der Zisterzienser ein, sondern auch den formalen Stil klösterlicher Architektur. Seine Klosteranlage wurde zum Modell für andere Zisterzienserklöster in Irland, über die sie doch stets ihre Vormachtstellung bewahrte, bis sie 1539 geschlossen und in eine befestigte Anlage umgewandelt wurde. Wilhelm von Oranien nutzte Mellifont während der Schlacht am Boyne im Jahr 1690 als Hauptquartier. Größe und Grundriss der Abtei, heute eine Ruine, sind noch gut erkennbar. Von der Kirche ist nur wenig erhalten, jedoch südlich davon, umgeben vom einstigen romanischen Kreuzgang, befindet sich das interessanteste Gebäude Mellifonts: ein achteckiges Lavabo (13. Jh.), wo sich die Mönche vor den Mahlzeiten die Hände wuschen. Vier der ursprünglich acht Seitenmauern des Gebäudes sind noch erhalten, alle versehen mit sehr schönen romanischen Torbogen.

Keramikfliese in Old Mellifont Abbey

An der Ostseite des Kreuzgangs befindet sich das Kapitelhaus (14. Jh.) mit eindrucksvollem Deckengewölbe und mittelalterlichen Bodenfliesen aus Keramik.

Slane ⓭

Straßenkarte D3. Co Meath. *950.*

Slane ist ein hübsches Dorf mit einigen georgianischen Häusern. Durch den Ort fließt der Boyne, vorbei auch am **Slane Castle Demesne** mit seinem schönen Garten, der im 18. Jahrhundert von Capability Brown angelegt wurde. Nördlich des Orts erhebt sich der **Hill of Slane**. Im Jahr 433 soll der hl. Patrick hier ein Osterfeuer entzündet haben, um den heidnischen Oberkönig von Tara *(siehe S. 248)* herauszufordern. Dieses Ereignis stand symbolhaft für den Sieg der Christenheit über das Heidentum.

Newgrange

Spiralmuster am Stein in der Kammer

Die Ursprünge von Newgrange, einem der bedeutendsten Ganggräber Europas, sind unklar. Nach keltischer Überlieferung wurden hier die legendären Könige von Tara *(siehe S. 248)* bestattet, doch Newgrange ist älter als diese Dynastie. Das Grab wurde um 3200 v. Chr. errichtet und von keinem der Invasoren je angerührt. Seit 1960 wird es freigelegt. Archäologen entdeckten, dass zur Wintersonnenwende (21. Dezember) Sonnenstrahlen die Grabkammer erhellen – damit ist sie das älteste Sonnenobservatorium der Welt. Newgrange zieht viele Besucher an. Im Sommer gibt es oft lange Warteschlangen. Besichtigungen starten am Besucherzentrum Brú na Bóinne und führen auch nach Knowth *(siehe S. 244f)*.

Steinbecken
In den behauenen Steinen, die man in allen Nischen fand, befanden sich wohl ursprünglich Grabbeigaben und die Asche Verstorbener.

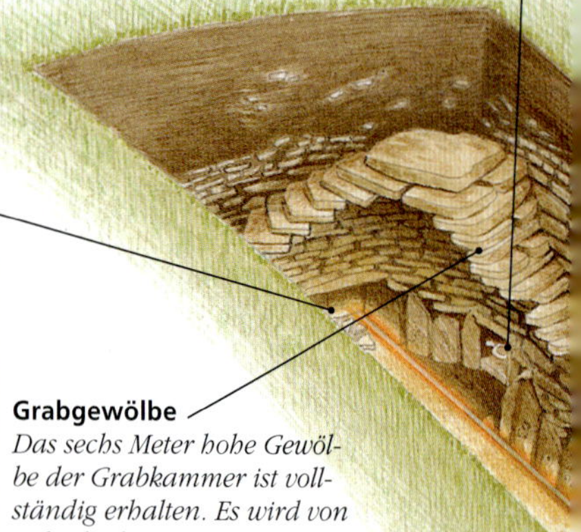

Die Grabkammer hat drei Seitenkammern. Die nördliche wird am Tag der Wintersonnenwende von Sonnenstrahlen erhellt.

Grabgewölbe
Das sechs Meter hohe Gewölbe der Grabkammer ist vollständig erhalten. Es wird von sich überlappenden Steinplatten geformt und bildet eine konisch zulaufende Kuppel, die von einem Schlussstein gekrönt wird.

Anlage von Newgrange

Das Grab von Newgrange wurde von Menschen errichtet, die über außergewöhnliche künstlerische und technische Fähigkeiten verfügten, aber weder Rad noch Metallwerkzeuge kannten. Über 200 000 Tonnen Felsgestein wurden transportiert, um den Grabhügel zu errichten, der wohl einst von einer Steinmauer umgeben war. Große Findlinge dienten für einen Steinkreis um die Anlage (zwölf von wahrscheinlich 35 Steinen sind noch erhalten). Viele der Steine und Säulen in Gang und Grabkammer sind mit geometrischen Mustern verziert. Das Grabgewölbe besteht aus kleineren, nicht verzierten Steinplatten und ist seit 5000 Jahren wasserdicht.

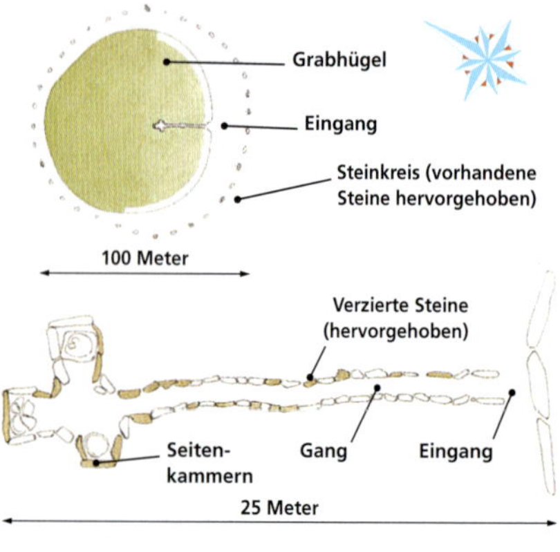

Schematische Darstellung von Gang und Grabkammer

INFOBOX

Straßenkarte D3. 8 km östl. von Slane, Co Meath. *041 988 0300. bis Drogheda. bis Drogheda und Brú-na-Bóinne-Besucherzentrum. Mai–Sep: tägl. 9–18.30 Uhr (Juni–Mitte Sep: bis 19 Uhr); Okt–Apr: tägl. 9.30–17.30 Uhr (Nov–Jan: 9–17 Uhr); letzte Tour 105 Min. vor Schließung. 24.–27. Dez. im Grab. nur Brú-na-Bóinne-Besucherzentrum.*

Wiederherstellung von Newgrange

Newgrange auf einem Hügel nördlich des Boyne wurde ca. 3200 v. Chr. errichtet. Zwischen 1962 und 1975 wurden Ganggrab und Mauerwall so originalgetreu wie möglich restauriert und rekonstruiert.

Trim Castle in der grünen Auenlandschaft des Boyne

Hill of Tara ⓮

Straßenkarte D3. Nähe Killmessan Village, Co Meath. *046 902 5903. bis Navan. Mitte Mai–Mitte Sep: tägl. 10–18 Uhr (letzter Einlass 17 Uhr). Besucherzentrum.* **www**.heritageireland.ie

Tara, das politische und spirituelle Zentrum des keltischen Irland, war bis ins 11. Jahrhundert Sitz der Hochkönige. Den Siegeszug des Christentums dokumentiert eine Statue des heiligen Patrick. Auch Daniel O'Connell *(siehe S. 42)* war sich Taras symbolträchtiger Bedeutung bewusst: 1843 hielt er hier eine Versammlung mit über einer Million Teilnehmern ab.

Das Dokumentationszentrum bietet Führungen zum steinzeitlichen Ganggrab und zu Hügelfestungen der Eisenzeit, die schlichten Gräben und Grashügeln gleichen. Deutlich erkennbar ist der Bezirk der Könige: Im Zentrum hütet Cormac's House den »Stein des Schicksals« *(Liath Fáil)*, Fruchtbarkeitssymbol und Krönungsstein. Am stärksten wirkt aber die Sicht über das Boyne Valley.

Trim ⓯

Straßenkarte D3. Co Meath. *6500. Castle St (046 943 7227). Fr.* **www**.meath.ie

Trim ist eines der schönsten Marktstädtchen in den Midlands. Es wurde in normannischer Zeit als Festung am Boyne gegründet und markierte einst die Grenze des Pale *(siehe S. 132)*. Im **Trim Visitor Centre** kann man sich eine Ausstellung über die Geschichte der Stadt ansehen. Hier beginnt auch ein Weg, der an allen acht Sehenswürdigkeiten vorbeiführt.

Das spektakuläre **Trim Castle** wurde 1173 von dem Normannen Hugh de Lacy gegründet und ist eine der größten mittelalterlichen Burgen Irlands. Mit ihrem aufsehenerregenden Ambiente ist sie auch als Filmkulisse beliebt.

Jenseits des Flusses liegt **Talbot Castle**, eine Augustinerabtei, die im 15. Jahrhundert in ein Wohnhaus umgebaut wurde. Nördlich der Abtei steht die **St Patrick's Cathedral** mit einem Turm aus dem 15. Jahrhundert. Von hier geht es östlich weiter zur Kathedrale St Peter and St Paul.

Ein schöner Spaziergang führt entlang dem Boyne vom Trim Castle zur Newton Abbey.

Trim Castle
046 943 8619.
Ostern–Sep: tägl. 10–18 Uhr; Okt–Nov: tägl. 10–17.30 Uhr; Dez–Ostern: tägl. 10–17 Uhr.
obligatorisch.
www.heritageireland.ie

Mullingar ⓰

Straßenkarte C3. Co Westmeath. *25 000. Market Square (044 934 8650).* **www**.discoverireland.ie

Das Landstädtchen in Westmeath ist ein blühender, jedoch wenig beachteter Marktflecken am Royal Canal, der mit seinen 46 Schleusen Dublin mit dem Shannon ver-

Luftaufnahme der eisenzeitlichen Festungen am Hill of Tara

bindet. Die Kosten für den Bau des Kanals ruinierten alle Geldgeber, auch war die Wasserstraße nie profitabel. Mullingar, das vor allem als Ausgangspunkt für Fahrten in die Umgebung dient, hat schöne Pubs, etwa das Con's oder das Canton Casey's.

Umgebung: Die Sanierung des Teilstücks Dublin–Mullingar des Royal Canal hat auch zu einer Verbesserung der Wanderwege und der Angelmöglichkeiten geführt.

An der Straße von Mullingar nach Kilbeggan befindet sich **Belvedere House**, eine romantische palladianische Villa mit Blick über den Lough Ennel. Das Haus mit Rokoko-Stuckaturen wurde 1740 von Richard Castle erbaut und liegt in einem schönen Gelände.

Kurz nach Fertigstellung beschuldigte der 1. Earl of Belvedere seine Ehefrau, ein Verhältnis mit seinem Bruder zu haben, und sperrte sie für die nächsten 31 Jahre in ein Nachbarhaus ein. 1760 ließ der Earl die *Jealous Wall* errichten, um die Sicht auf das Haus seines Bruders zu verstellen, das prachtvoller war als seines. Die Mauer und eine Aussichtsplattform sind noch erhalten. Es gibt zudem Terrassen zum See und einen Garten.

Belvedere House
6,5 km südl. von Mullingar.
044 934 9060. Mai–Aug: tägl. 9.30–17 Uhr (Villa), 9.30–20 Uhr (Garten); März, Apr, Sep, Okt: tägl. 9.30–17 Uhr (Villa), 9.30–18 Uhr (Garten); Nov–Feb: tägl. 10–16.30 Uhr (Villa und Garten). Besucherzentrum.
www.belvedere-house.ie

Die Jealous Wall bei Belvedere House nahe Mullingar

Athlone Castle im Schatten der Türme von St Peter and St Paul

Kilbeggan 17

Straßenkarte C4. Co Westmeath. *1000.*

Das Städtchen liegt zwischen Mullingar und Tullamore und verfügt über einen kleinen Hafen am Grand Canal. Hauptattraktion ist die **Locke's Distillery** von 1757. Sie soll die älteste lizenzierte Whiskey-Brennerei der Welt sein. Da sie mit den schottischen Whisky-Herstellern nicht mehr konkurrieren konnte, musste sie 1954 schließen – doch der Duft des Whiskeys hing noch jahrelang in den Räumen des Hauses und wurde als »the angel's share« (»Anteil der Engel«) bezeichnet. 1987 wurde die Brennerei als Museum wiedereröffnet. Gebäude und Ausstattung sind im Originalzustand erhalten – mit Wasserrad und Dampfmaschinen. Bei der Führung werden die einzelnen Schritte der Destillation irischen Whiskeys erläutert. Besucher können Whiskeys in der Bar probieren. 2007 startete hier wieder die Produktion. 2014 sollen die ersten Whiskeys in den Handel kommen.

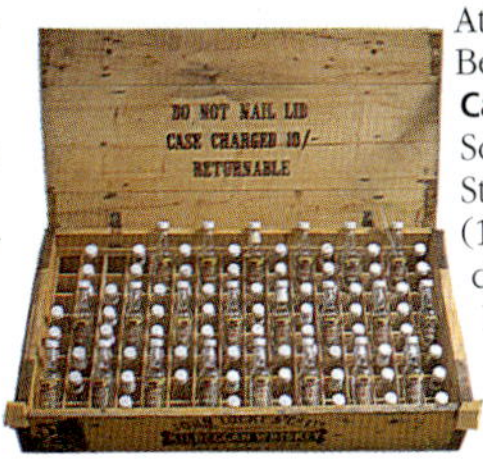

Miniatur-Whiskeyflaschen der Locke's Distillery in Kilbeggan

Locke's Distillery
Main St. *057 933 2134. Apr–Okt: tägl. 9–18 Uhr; Nov–März: tägl. 10–16 Uhr.*
www.lockesdistillerymuseum.ie

Athlone 18

Straßenkarte C3. Co Westmeath. *16 000. März–Mitte Okt: The Castle, Market Square (090 649 4630). Sa.*

Dank seiner Lage an einer Furt im Shannon erlangte Athlone historische Bedeutung. **Athlone Castle** (13. Jh.) im Schatten der Kirche St Peter and St Paul (19. Jh.) wurde in den Jakobinischen Kriegen *(siehe S. 38f)* stark beschädigt. Es gibt mehrere nette Pubs. Vom Hafen fahren Schiffe nach Clonmacnoise *(siehe S. 250f)* und zum Lough Ree.

Athlone Castle
Besucherzentrum *090 649 2912. Mai–Sep: tägl.; Okt–Apr: nach Vereinbarung. teilweise.*

Umgebung: Der **Lough Ree Trail** beginnt bei Glasson, acht Kilometer nordöstlich von Athlone. Er bietet tolle Ausblicke, unberührte Landschaften und eine schöne Radstrecke.

Clonmacnoise ⓳

Grabstein-
ornament

Das am Shannon gelegene Kloster wurde 545–48 vom hl. Ciarán gegründet. Es lag an einer Straßenkreuzung, die es mit ganz Irland verband. Berühmt für Gelehrsamkeit und Frömmigkeit, erlebte es vom 7. bis zum 12. Jahrhundert seine Blütezeit. Viele der Könige von Tara und Connaught wurden hier beigesetzt. Von Wikingern und Normannen geplündert, fiel es 1552 an die Engländer. Zu sehen sind Kapellen *(temples)*, die Kathedrale, zwei Rundtürme und drei Hochkreuze.

Der letzte Rundgang von Pilgern um Clonmacnoise
Das Bild (1838) von G. Petrie zeigt Pilger auf dem Pilgerweg (dreimal um die Anlage), der heute noch alljährlich am 9. September, dem St Ciarán's Day, gegangen wird.

Cross of the Scriptures
Kopie eines Kreuzes aus dem 9. Jahrhundert (heute im Museum). Es ist mit biblischen Szenen dekoriert, die jedoch kaum identifizierbar sind.

Pope's Shelter Hier zelebrierte Johannes Paul II. bei seinem Irland-Besuch 1979 eine Messe.

Besichtigung von Clonmacnoise

Das Besucherzentrum ist in drei bienenkorbartigen *(siehe S. 21)* Gebäuden eingerichtet. Das Museum zeigt die drei Hochkreuze des Klosters, deren Kopien an den Originalplätzen stehen. Die Kirche der Nonnen, nordöstlich der eigentlichen Anlage, weist ein romanisches Portal und einen Altarraum auf.

LEGENDE

1 South Cross
2 Temple Dowling
3 Temple Hurpan
4 Temple Melaghlin
5 Temple Ciarán
6 Temple Kelly
7 Kathedrale
8 North Cross
9 Cross of the Scriptures
10 Rundturm
11 Temple Connor
12 Temple Finghin

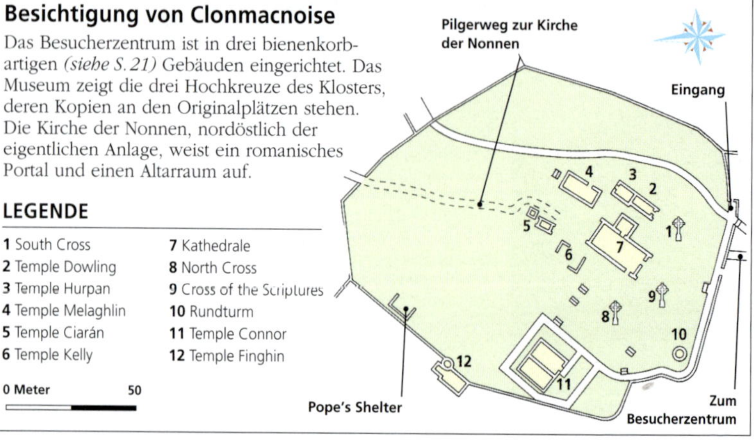

INFOBOX

Straßenkarte C4. 7 km nördl. von Shannonbridge, Co Offaly. *090 967 4195.* *bis Athlone, dann Minibus (090 647 4839, 087 240 7706).* *ab Athlone.* *tägl.; Gruppen nach Anmeldung.* *25., 26. Dez.* *Sommer.* **www**.heritageireland.ie

Whispering Door
Das Nordportal der Kathedrale zeigt Darstellungen der Heiligen Francis, Patrick und Dominik aus dem 15. Jahrhundert. Die Akustik lässt selbst ein Flüstern in der Kirche hören.

Der Rundturm *(siehe S. 20)* ist über 19 Meter hoch. Der Eingang liegt über dem Erdgeschossniveau.

Kapellen *(temples)*: Dowling, Hurpan und Melaghlin
Hurpan wurde im 17. Jahrhundert in Ergänzung zur romanischen Kapelle Dowling als Begräbnisstätte errichtet. Melaghlin (13. Jh.) weist schöne Rundbogenfenster auf.

Tullamore Dew Heritage Centre

Tullamore Dew Heritage Centre ⓴

Straßenkarte C4. Bury Quay, Tullamore, Co Offaly. Zufahrt von der N6 (Dublin–Galway) oder der N7 (Dublin–Cork). *057 932 5015.* *Mo–Sa 9–17 Uhr (Mai–Sep: bis 18 Uhr), So 12–17 Uhr.* **www**.tullamore-dew.org

Die Stadt Tullamore und ihr berühmtester Exportartikel, der Tullamore Dew Whiskey, sind untrennbar miteinander verbunden. Deshalb ist es sinnvoll, dass im Tullamore Dew Heritage Centre nicht nur die Geschichte der Marke Tullamore Dew beleuchtet wird, sondern auch die der Stadt.

Das renovierte Zentrum befindet sich in der alten Brennerei von 1897. Besucher können zwischen den nachgebauten Arbeitsbereichen umherwandern, etwa der Mälzerei, der Abfüllung und der Böttcherei, oder das Lagerhaus aufsuchen, in dem die mit Whiskey gefüllten alten Eichenfässer zum Reifen gelagert wurden.

Die Geschichte der Stadt begann vor etwa 9000 Jahren mit der Entstehung des Sumpfs. Im Zentrum wird erklärt, was Hochmoore ausmacht und welche unterschiedliche Arten von Torf es gibt. Besucher können sich auch an Pfähle binden lassen – früher eine übliche Bestrafung –, Whiskey per Hand abfüllen und Kunsthandwerk begutachten.

Die Tour endet in der Bar bei einem Whiskey, den man auch im Andenkenladen kaufen kann.

Hochmoore der Midlands

Torf- oder Moorland bedeckt etwa 15 Prozent der Fläche Irlands – im Westen überwiegend als Niedermoor, während das kuppelförmige Hochmoor vor allem für die Midlands charakteristisch ist (insbesondere im bekannten Bog of Allen). Obwohl das irische Moorland eines der ausgedehntesten in ganz Europa ist, hat die Nutzung von Torf als Brenn- und Düngemittel den Flächenbestand stark reduziert. Dies hat nicht nur das Aussehen der irischen Landschaft verändert, sondern gefährdet auch den Lebensraum für seltene Pflanzen und Tiere.

Libelle oder Wasserjungfer

Unberührtes Moorland Bog of Allen

Torfstecher *leisten in Teilen Irlands noch Handarbeit. Nach dem Stechen wird der Torf getrocknet und ist dann ein gutes Düngemittel, reich an Nährstoffen, die sich in Jahrtausenden gebildet haben.*

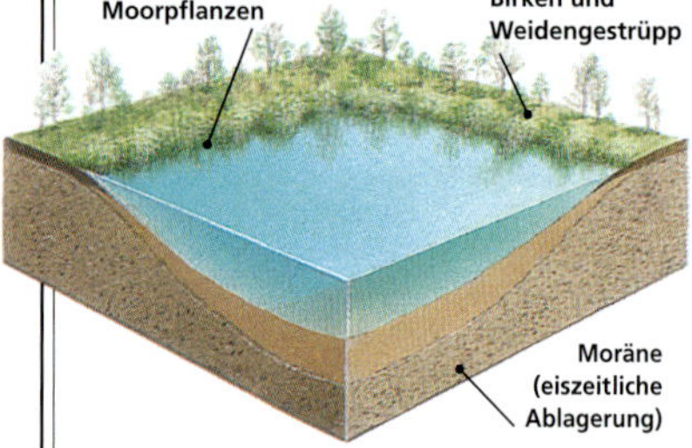

8000 v. Chr.: *Seichte Schmelzwasserseen, die sich nach der Eiszeit bilden, füllen sich langsam mit Schlamm. Riedgras, Schilf und andere Sumpfpflanzen beginnen, sich auszubreiten.*

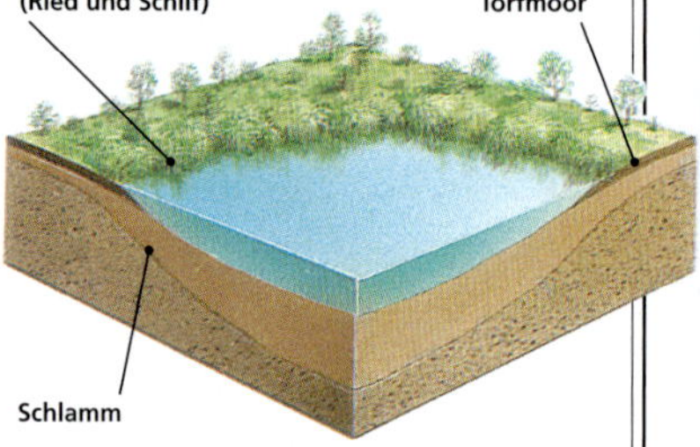

6000 v. Chr.: *Wenn die Vegetation abstirbt, sinkt sie auf den Grund des Sees und bildet hier eine Torfschicht. Diese wächst zunächst nach oben und breitet sich dann seitlich aus.*

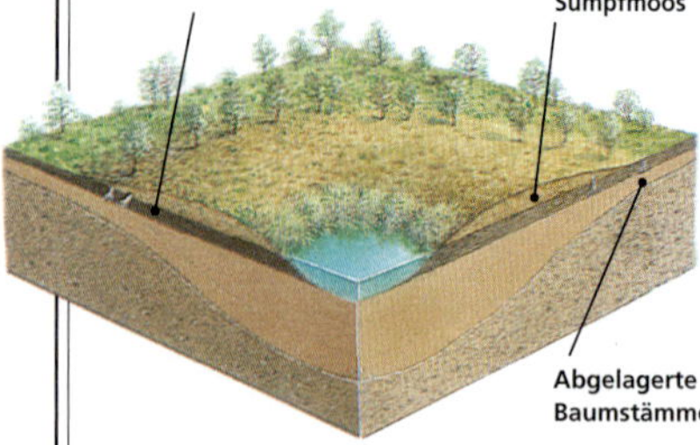

3000 v. Chr.: *Die Seen verlanden. Die Pflanzenwelt im entstehenden Moor ist auf Regenwasser angewiesen, das jedoch sauer ist. In dieser Atmosphäre können die alten Moorpflanzen nicht überleben und sterben zugunsten von Sumpfmoosen aus. Beim Absterben bilden diese Moose eine Torfschicht auf der Mooroberfläche, die so über Jahrhunderte ihre charakteristische Kuppelform erhält.*

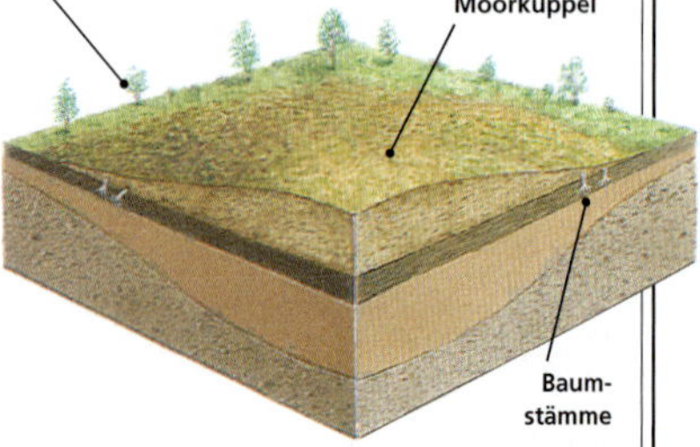

Heute: *Einige neue Moore entstehen heute noch. Die alten Moore geben einen Einblick in die Geschichte ihrer Landschaft. Alte Bäume dokumentieren die konservierende Wirkung des Moors.*

Sumpfmoos

Birr 21

Straßenkarte C4. Co Offaly. *4100.* *Mai–Sep: Rosse Row (05791 20110).*

Birr entwickelte sich im Schatten einer Burg, in der die Earls of Rosse vier Jahrhunderte lang residierten. Der Ort ist berühmt für sein geschlossenes Stadtbild im georgianischen Stil und für seine Häuser mit typischen Oberlichtern, Kassettentüren und schmiedeeisernen Geländern. Die elegantesten Straßen sind die Oxmantown Mall (angelegt vom 2. Earl of Rosse) und die John's Mall. Emmet Square wurde mittlerweile kommerzieller, doch die alte Poststation Dooley's Hotel ist sehr schön erhalten – ebenso die Forster's Bar in der nahen Connaught Street.

Birr Castle Demesne
Rosse Row. *05791 20336.*
Gärten *Mitte März–Okt: tägl. 9–18 Uhr; Nov–Mitte März: tägl. 10–16 Uhr.*
www.birrcastle.com

Birr Castle wurde 1620 von den Parsons, den späteren Earls of Rosse, gegründet und ist noch heute Sitz der Familie. Die Parsons waren bekannt für ihr Interesse an der Astronomie. Das Teleskop, das der 3. Earl of Rosse 1845 bauen ließ, war zu damaliger Zeit das größte der Welt. Das 17 Meter lange restaurierte Fernrohr ist auf dem Burggelände zu sehen.

Die Burg ist nicht zugänglich, die Gartenanlage aus dem 18. Jahrhundert darf man besichtigen. Sie ist berühmt für die neun Meter hohe, 200 Jahre alte Buchsbaumhecke sowie die exotischen Bäume und Sträucher, die von Expeditionen stammen, die der 6. Earl of Rosse finanzierte. Schön sind auch die Magnolien und Ahornbäume, eine Hängebrücke und der Blick auf die zwei Flüsse.

Nische in der vorderen Halle von Emo Court mit Trompe-l'œil-Decke

Slieve Bloom Mountains 22

Straßenkarte D4. Co Offaly und Co Laois. *bis Mountmellick.* *Mai– Sep: Rosse Row, Birr (05791 20110).*

Die niedrige Hügelkette erhebt sich aus dem flachen Moorland von Offaly und Laois und bietet in der sonst recht flachen Landschaft der Midlands Abwechslung. Der 30 Kilometer lange Rundweg **Slieve Bloom Way** führt durch unberührte Natur mit bewaldeten Schluchten und Bergbächen. Zudem gibt es Wanderwege, die man sehr gut von **Cadamstown** mit der alten Mühle oder von **Kinnitty** aus erreicht – beide liegen im Norden zu Füßen der Hügel.

Emo Court 23

Straßenkarte D4. 13 km nordöstl. von Portlaoise, Co Laois. *05786 26573.* *bis Monasterevin oder Portlaoise.* **Haus** *Ostern–Sep: tägl. 10–18 Uhr (letzter Einlass 17 Uhr).* **Gärten** *tägl.* *teilweise.*

Emo Court, das der Earl of Portarlington 1790 errichten ließ, ist das einzige Beispiel eines Wohnhauses, das der Architekt James Gandon, der das Dubliner Custom House *(siehe S. 88)* baute, entwarf. Das monumentale, neoklassizistische Haus hat einen Portikus mit ionischen Säulen, eine vergoldete Rotunde und Stuckdecken im Esszimmer und in der Bibliothek.

Der derzeitige Besitzer von Emo Court hat das Haus restauriert und widmet sich nun dem Anwesen mit seinen Statuen und einem schönen See.

Rock of Dunamase 24

Straßenkarte D4. 5 km östl. von Portlaoise, Co Laois. *bis Portlaoise.*

Der Rock of Dunamase, der sich imposant über die Ebenen östlich von Portlaoise erhebt, war lange Zeit gesperrte Militärzone. Das einstige Ringfort aus der Eisenzeit wurde im 13. Jahrhundert zur Burg – diese wurde von den Truppen Cromwells 1651 fast vollständig zerstört. Zu sehen sind noch Mauern und Gräben, zwei Tore und der befestigte Burghof.

Blick von der Küste auf den Rock of Dunamase

Nordirland

Londonderry · Antrim · Tyrone
Fermanagh · Armagh · Down

Nordirland ist ein Landesteil des Vereinigten Königreichs Großbritannien. Es besteht aus dem größten Teil der historischen irischen Provinz Ulster. Im Vergleich zur Republik Irland kamen früher nur wenige Besucher hierher. Seit den Friedensbestrebungen erhält der Norden jedoch mehr Aufmerksamkeit.

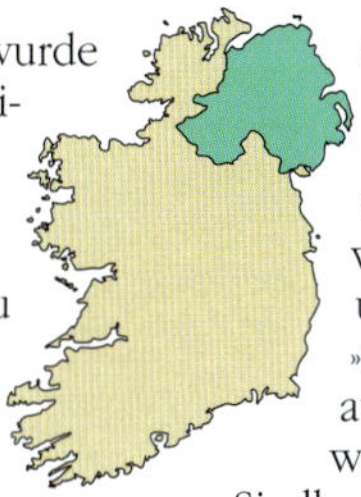

Die Provinz Nordirland wurde im Jahr 1921, nach der Teilung der Insel, gegründet. Ihre sechs Countys (plus Donegal, Monaghan und Cavan) gehörten einst zu Ulster, einem der vier alten Königreiche Irlands. Hier hat sich wahrscheinlich auch zuerst das Christentum in Irland etabliert. Im Jahr 432 landete der hl. Patrick in Saul im County Down und gründete später eine Kirche in Armagh, das auch heute noch das geistliche Zentrum Irlands ist.

In dieser Zeit lag die politische Macht in den Händen der Familie Uí Néill, deren Nachfahren, die O'Neills, im späten 16. Jahrhundert England hartnäckig Widerstand leisteten. Hugh O'Neill, Earl of Tyrone, wurde jedoch 1607 von der Armee Elizabeths I geschlagen und floh mit anderen irischen Landesherren von Ulster aufs europäische Festland, ein Ereignis, das als »Flight of the Earls« in die Geschichte einging. Später wurden hier englische und schottische Protestanten angesiedelt *(siehe S. 39)*. Viele der sogenannten Plantation Towns wie Londonderry – angelegt um einen zentralen Platz, den »diamond« – haben ihre Gestalt aus dem 17. Jahrhundert bewahrt. Die Ankunft der neuen Siedler marginalisierte die katholische Bevölkerung Irlands und legte den Samen für einen über 400 Jahre dauernden Konflikt.

Im 18. Jahrhundert ließ der angloirische Adel stattliche Häuser bauen, etwa Mount Stewart House auf Ards Peninsula oder Castle Coole bei Enniskillen. Auch Ulster hatte im 19. Jahrhundert eine Blütezeit, dank seiner Werft-, Leinen- und Seilindustrie.

Belfast ist stark industrialisiert und bevölkerungsreich, doch der Rest von Nordirland ist sehr agrarisch geprägt. Sehr schöne Landschaften bieten die Küste rund um Giant's Causeway, die Mountains of Mourne im County Down und die Seenlandschaft Fermanagh im Südwesten.

Rathaus von Belfast (1906), Symbol städtischen Bürgerstolzes

◁ **Carrick-a-rede Rope Bridge, eine ungewöhnliche Attraktion an der Causeway Coast *(siehe S. 261)***

Überblick: Nordirland

Ausgangspunkt für eine Fahrt durch die Provinz ist Belfast, die Hauptstadt mit ihren viktorianischen Häusern, guten Pubs und dem exzellenten Ulster Folk and Transport Museum. Doch die größten Attraktionen Nordirlands liegen an der Küste. Dazu gehören die außergewöhnliche Vulkanlandschaft von Giant's Causeway, Carrickfergus, Irlands am besten erhaltene normannische Burg, viktorianische Städtchen wie Portstewart, kleine Fischerdörfer und unberührte Sandstrände wie Benone Strand. Wanderer zieht es in die Mountains of Mourne, Angler und Wassersportler in die Seenlandschaft Fermanagh zum Lower Lough Erne.

Hafen und Küstenpromenade in Portstewart

LEGENDE

- Autobahn
- Autobahn (im Bau)
- Schnellstraße
- Hauptstraße
- Nebenstraße
- Panoramastraße
- Eisenbahn (Hauptstrecke)
- Eisenbahn (Nebenstrecke)
- Staatsgrenze
- County-Grenze
- Gipfel

In Nordirland unterwegs

Belfast ist das Zentrum Nordirlands. Von hier erstreckt sich das Bahnnetz nordwestlich nach Londonderry und südlich nach Dublin. Die meisten Orte der Provinz sind mit Bussen erreichbar, die oft verkehren und pünktlich sind. Wenn Sie die ausgetretenen Pfade für historische und landschaftliche Sehenswürdigkeiten verlassen oder die Küste aufsuchen wollen, brauchen Sie allerdings ein Auto.

Sehenswürdigkeiten auf einen Blick

Ards Peninsula 29
Armagh 23
Ballycastle 9
Beaghmore Stone Circles 13
Belfast S. 276–279 27
Belleek Pottery 16
Benone Strand 2
Carrickfergus 26
Castlewellan Forest Park 34
Causeway Coast 5
Cookstown 12
Cushendall 10
Devenish Island 18
Downpatrick 32
Dungannon 22
Enniskillen 19
Florence Court 21
Giant's Causeway S. 262f 6
Glenariff Forest Park 11
Hillsborough 31
Larne 25
Lecale Peninsula 33
Londonderry S. 258f 1
Lough Neagh 24
Marble Arch Caves 20
Mount Stewart House S. 282f 30
Mountains of Mourne 35
Mussenden Temple 3
Old Bushmills Distillery 7
Portstewart 4
Rathlin Island 8
The Wilson Ancestral Home 14
Ulster-American Folk Park 15
Ulster Folk and Transport Museum 28

Touren

Lower Lough Erne 17
Mourne Coast 36

Steinwälle an den Ausläufern der Mountains of Mourne

SIEHE AUCH

- ***Hotels*** S. 316–319
- ***Restaurants*** S. 342–345 und S. 351

Londonderry ❶

Ornament am Shipquay Gate

Der hl. Columba gründete am Fluss Foyle 546 ein Kloster. Er nannte den Ort Doire (»Eichengrab«), was später zu Derry anglisiert wurde. 1613 war die Stadt eines der Zentren der »Plantation« *(siehe S. 38f)*, hier vor allem von der Londoner Handelszunft betrieben. Deshalb erhielt sie den Beinamen London – doch meist wird sie nur Derry genannt. Derry litt während des Nordirlandkonflikts, dennoch versuchte man mit zahlreichen Projekten, das kulturelle Erbe zu bewahren. 2013 führt die Stadt den Titel »UK City of Culture«.

★ Tower Museum
Die Dokumentationen zur lokalen Geschichte bieten auch Landkarten aus der Zeit Elizabeths I.

The Diamond
Das Kriegerdenkmal (1927) auf dem Diamond war eigentlich für Sheffield in England bestimmt.

★ St Columb's Cathedral
Die Holzdecke stammt von 1862. An den Kragsteinen sind die Häupter von Bischöfen und Dekanen dargestellt.

LEGENDE

- P Parken
- Routenempfehlung

INFOBOX

Straßenkarte C1. Co Londonderry. *107 000.* *11 km östl.* *Waterside, Duke St (028 7134 2228).* *Foyle St (028 7126 2261).* *44 Foyle St (028 7126 7284).* *Sa.* *All the Wall's A Stage (Juli/Aug), Hallowe'en Festival (Okt).* **www**.derryvisitor.com

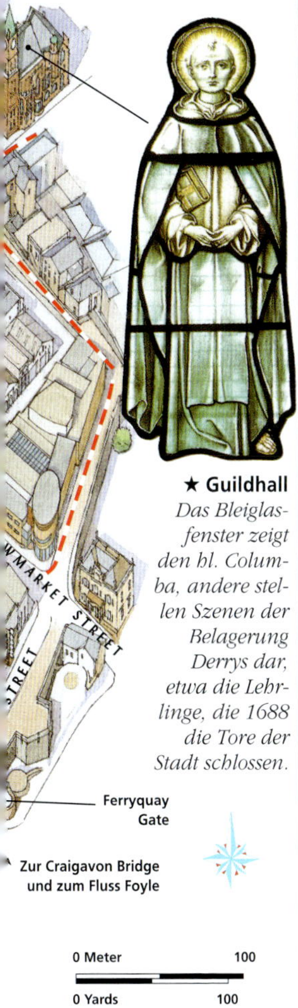

★ Guildhall
Das Bleiglasfenster zeigt den hl. Columba, andere stellen Szenen der Belagerung Derrys dar, etwa die Lehrlinge, die 1688 die Tore der Stadt schlossen.

NICHT VERSÄUMEN

★ Guildhall

★ St Columb's Cathedral

★ Tower Museum

St Columb's Cathedral

London St. *028 7126 2746.* *Mo–Sa.* *auf Anfrage.*
www.stcolumbscathedral.org
1628–33 im »Planters Gothic«-Stil gebaut und im 19. Jahrhundert im Inneren stark verändert, war St Columb's die erste katholische Kirche, die auf den Britischen Inseln nach der Reformation errichtet wurde. Im Kapitelsaal sind Dokumente aus der Zeit der Belagerung Derrys 1689 *(siehe S. 38f)* zu sehen sowie in der Vorhalle eine Kanonenkugel, die James II mit der Aufforderung zur Kapitulation in die Stadt feuerte. Doch die Protestanten antworteten mit »No surrender« (»Keine Kapitulation«).

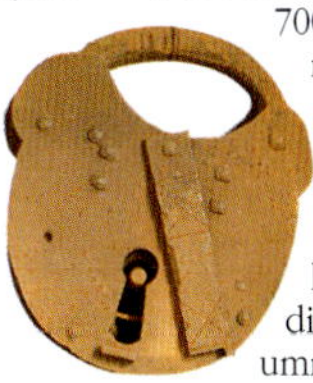

Schloss des Stadttors, St Columb's Cathedral

Tower Museum

Union Hall Place. *028 7137 2411.* *Di–Sa 10–17 Uhr.*
Im O'Doherty Tower (wiedererrichtet nach Plänen aus dem 16. Jh.) dokumentiert das Museum die Stadtgeschichte von der Gründung bis zum Nordirlandkonflikt. Das Obergeschoss ist der Spanischen Armada gewidmet und zeigt Fundstücke aus dem Wrack des 1588 in der Kinnagoe Bay gesunkenen Schiffes *Trinidad Valencera.*

City Walls of Derry

Zugang von der Magazine Street.
Die Stadtbefestigung von Derry ist als einzige in Irland noch komplett. Sie gehört zu den am besten erhaltenen in Europa. Die Mauern sind bis zu acht Meter hoch und zum Teil neun Meter breit. Im Jahr 1618 wurde die Befestigung zur Verteidigung der Handelsstadt gegen die gälischen Herren von Donegal fertiggestellt – und sie wurde nie eingenommen, auch nicht bei der Belagerung von 1689, als 7000 der 20 000 Einwohner durch Krankheit oder Hunger umkamen. Seit Abschluss der Restaurierungsarbeiten ist es möglich, die Stadt auf diesen Anlagen zu umrunden. Außerhalb der Mauern, vor Butcher's Gate, beginnt Bogside, ein katholisches Viertel, in dem Wandbilder Ereignisse der jüngeren nordirischen Geschichte zeigen.

Guildhall

Guildhall Square. *028 7137 7335.* *Mo–Fr 9–17 Uhr.*
Die Guildhall, zwischen Stadtbefestigung und dem Fluss Foyle gelegen, wurde im Jahr 1890 im neogotischen Stil errichtet. Ein Brand im Jahr 1908 und eine Bombe im Jahr 1972 machten Renovierungen notwendig. Bleiglasfenster erzählen die Geschichte Derrys. In der Nähe liegt Derry Quay, von wo aus irische Emigranten im 18. und 19. Jahrhundert nach Amerika aufbrachen.

Umgebung: Den Fluss Foyle kann man seit dem Jahr 2011 zu Fuß oder mit dem Fahrrad auf der Peace Bridge überqueren. Die Brücke verbindet die Stadtmauern von Derry mit dem Ebrington Centre. Dieses Zentrum für Kunst und Kultur bietet u. a. ein Kino sowie einen Aufführungsort unter freiem Himmel für bis zu 14 000 Zuschauer.

Blick über den Foyle auf die befestigte Altstadt

Häuserzeilen hinter der Küstenpromenade von Portrush

Benone Strand ❷

Straßenkarte D1. Co Londonderry. *Benone Tourist Complex, 53 Benone Ave, Magilligan (028 7775 0555).* *tägl.*

Der goldfarbene Sand von einem der längsten Strände Irlands, dem sogenannten Magilligan Strand, erstreckt sich über zehn Kilometer an der Küste von Londonderry. Er ist wegen seines sauberen Zustands mit dem blauen EU-Symbol ausgezeichnet. Am westlichen Ende liegt **Magilligan Point**, an dem ein Martello-Turm aus der Zeit der Napoleonischen Kriege die flaschenhalsförmige Einfahrt zum Lough Foyle überwacht. Die Gegend hier ist bekannt für ihre seltenen Muscheln und für Vogelarten. Der Weg dorthin führt an einem Truppenübungsplatz vorbei. Der Blick vom Strand in Richtung Donegal ist großartig.

Mussenden Temple ❸

Straßenkarte D1. Co Londonderry. *028 708 48728.* **Außenanlagen** *tägl. Sonnenaufgang bis -untergang (letzter Einlass 30 Min. vor Schließung).* **Tempel** *März–Okt: tägl. 10–17 Uhr.* *teilweise.* **www**.nationaltrust.org.uk

Eine skurrile Attraktion der Küste von Londonderry ist der Mussenden Temple, ein runder Kuppelbau, der auf einer vom Wind heimgesuchten Landzunge nahe dem Ferienort Castlerock steht. Der Tempel wurde 1785 vom protestantischen Bischof Frederick Augustus Hervey nach Plänen des Vesta-Tempels nahe Rom errichtet – als Gedenkstätte für seine Cousine Mrs Frideswide Mussenden.

Die mit Sandstein verkleideten Mauern sind, jeweils in unterschiedlicher Himmelsrichtung, von drei Fenstern und einer Tür durchbrochen. Ursprünglich sollte der Tempel eine Bibliothek aufnehmen (oder, wie manche behaupten, die Geliebte des Bischofs). Heute steht er unter Obhut des National Trust.

Der Bischof erlaubte dem örtlichen katholischen Priester, im Erdgeschoss Messen zu lesen. Heute gibt es hier Objekte aus der einstigen bischöflichen Residenz, dem nahen Downhill Castle, das einem Brand zum Opfer fiel.

In der Umgebung liegen einige schöne Wanderwege mit Ausblick auf die Küsten von Londonderry und Antrim. Unterhalb des Tempels liegt Downhill Strand, wo einst vom Bischof finanzierte Pferderennen unter Beteiligung des Klerus stattfanden.

Portstewart ❹

Straßenkarte D1. Co Londonderry. *8000.* *nach Coleraine oder Portrush.* *Juli–Aug: Portstewart (028 7083 6396); Sep–Juni: Coleraine (028 7034 4723).* **www**.northcoastni.com

Portstewart war ein beliebter Ferienort der viktorianischen Mittelschicht – dieses Flair spürt man noch. Die Küstenpromenade wird von Felsvorsprüngen geschützt. Westlich der Stadt führen eine Straße und ein Klippenweg zum Sandstrand **Portstewart Strand**.

Ostwärts, am Ramore Head, liegt der Ferienort **Portrush**. Der östliche landeinwärts gehende Strand wird von Dünen gesäumt und verläuft parallel zu den **Royal Portrush Golf Links**. Am Strand entlang geht es zu den von Wind und Wasser bizarr geformten Kalksteinklippen der White Rocks.

Südlich von Portstewart liegt **Coleraine**. Die North West 200 *(siehe S. 28)* zwischen Portstewart, Coleraine und Portrush wird jeden Mai mit 100 000 Zuschauern zur schnellsten Motorradrennstrecke der Welt.

Mussenden Temple an der Küste von Londonderry

Causeway Coast ❺

Straßenkarte D1. Co Antrim. *Giant's Causeway (028 2076 9839).* **Carrick-a-rede Rope Bridge** *028 2073 1582. Ende Feb–Nov: tägl. (wetterabhängig).* **www**.nationaltrust.org.uk

Ruinen von Dunluce Castle aus dem 13. Jahrhundert

Der **Giant's Causeway** *(siehe S. 262f)* stellt alle anderen Attraktionen in diesem Abschnitt der Nordküste von Antrim in den Schatten. Sie sollten die Besichtigung mit einer Fahrt zu den Sandbuchten, Felsklippen und Ruinen der Gegend verbinden.

Erreicht man den Causeway von Westen, so kommt man an den Ruinen von **Dunluce Castle** vorbei, die auf einer hohen Klippe liegen. Einst blies ein Sturm die Küche der Burg ins Meer. Die im 13. Jahrhundert erbaute Burg war Hauptsitz der MacDonnells, Herren von Antrim. Obwohl ohne Dach, sind Teile der Burg noch gut erhalten.

Dunseverick Castle erreicht man über die Straße oder einen Weg vom Causeway aus. Von der Burg ist nur noch eine Steinmauer zu sehen. Einst war sie Zentrum des Königreichs von Dalriada und durch eine Straße mit Tara *(siehe S. 248)* verbunden. Die Burg war Ausgangspunkt irischer Überfälle auf Schottland (5. Jh.).

Hinter der **White Park Bay** führt eine schmale, kurvenreiche Straße hinunter zum malerischen Hafen des Örtchens **Ballintoy**. Auf **Sheep Island**, einer Felsinsel vor der Küste, wohnt eine Kormorankolonie. Im Sommer kann man mit dem Boot um die Insel fahren. Unmittelbar östlich von Ballintoy befindet sich eine der abenteuerlichsten Attraktionen Irlands, die **Carrick-a-rede Rope Bridge**, die 25 Meter über der See hängt. Die aus Bohlen und Stahlseilen konstruierte Brücke führt über einen etwa 20 Meter tiefen Abgrund zu den Lachsgründen einer kleinen Insel. Obwohl die Brücke gut gesichert ist, ist sie nur etwas für Schwindelfreie. Etwas weiter im Osten befinden sich unmittelbar an der Küste die Ruinen von **Kinban Castle** (16. Jh.). Von hier hat man eine spektakuläre Aussicht.

Carrick-a-rede Rope Bridge

Dunluce Castle
028 2073 1938. tägl. im Sommer; sonst auf Anfrage. **www**.northantrim.com/dunlucecastle.htm

Fischerboote im Hafen von Ballintoy

Küste von North Antrim

LEGENDE

- Nebenstraße
- Hauptstraße
- Parken
- Information

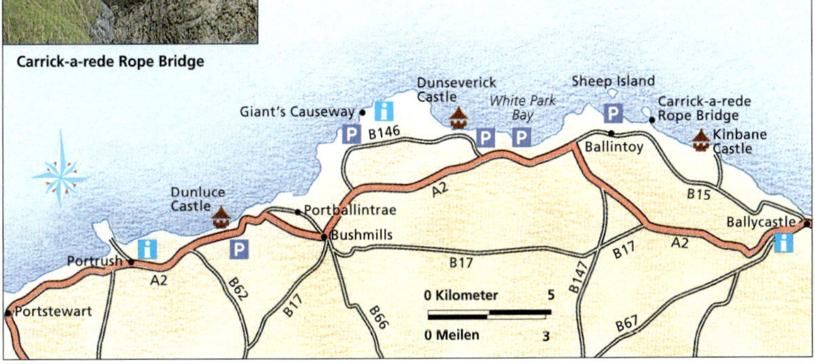

Giant's Causeway ❻

Kamintürme

Die Strenge dieser Felsformationen mit ihren bizarren Basaltsäulen ließ um Giant's Causeway viele Sagen entstehen. Die populärste berichtet, dass der Riese Finn McCool *(siehe S. 26f)* hier einen Damm über das Meer nach Schottland baute, um gegen einen Rivalen namens Benandonner kämpfen zu können. Unzählige Besucher kommen mit dem Bus hierher. Das Einzigartige, ja Magische des Orts mit seinen grauen Klippen und schreienden Möwen kann allerdings durch nichts gestört werden. Die Wege entlang der Küste ermöglichen es, den großen Besucherströmen zu entgehen.

Aird's Snout
Das Steinmassiv erhebt sich wie eine Felsnase über den 120 Meter hohen Basaltklippen von Giant's Causeway.

Geologische Formation des Causeway

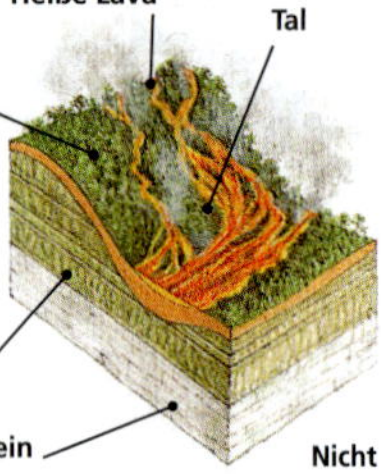

Vor 61 Millionen Jahren drang Lava nach mehreren vulkanischen Eruptionen aus schmalen Spalten im Untergrund, ergoss sich in die Täler und begrub die hier bestehende Vegetation.

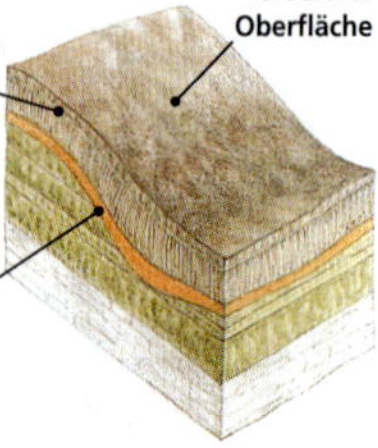

Vor 60 Millionen Jahren kühlte diese Ablagerung ab. Dabei schrumpfte ihre Masse und zerbrach in polygonal geformte Blöcke, die wie Säulen bis zur Oberfläche hinaufragten.

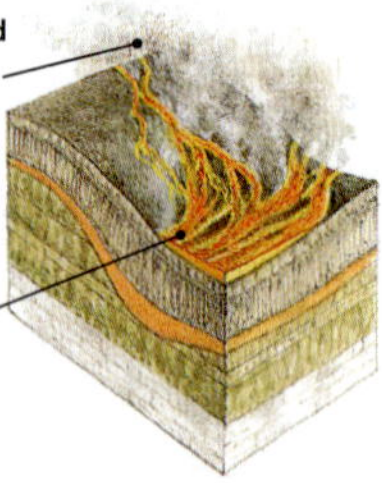

Vor 58 Millionen Jahren brachten neue Eruptionen wiederum Lava hervor, die eine etwas andere chemische Zusammensetzung aufwies und, einmal abgekühlt, keine säulenartigen Gebilde schuf.

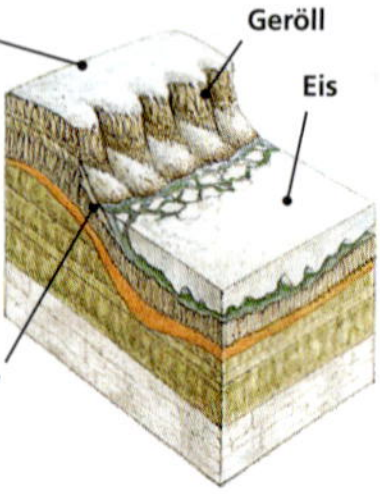

Vor 15 000 Jahren, am Ende der Eiszeit, als das Land noch gefroren war, zog sich das Meer langsam von den Basaltfelsen zurück, zerklüftete dabei die Vorküste und bildete allmählich den Giant's Causeway.

Säulenformen
Die meisten Säulen sind sechseckig. Es gibt auch welche mit vier, fünf, acht und zehn Seiten. Ihr Durchmesser beträgt rund 30 Zentimeter.

Giant's Causeway und North Antrim Coast
Mehrere Millionen Jahre geologischer Aktivität prägten die verwitterten Klippen am Causeway. Das sich wie ein rotes Band durch den Felsen ziehende Gestein ist eine Ablagerung von Zwischenbasalt, die während einer langen Wärmeperiode entstand. Ein hoher Eisengehalt bedingt die starke Ockerfärbung des Felsens.

INFOBOX

Straßenkarte D1. Co Antrim.
bis Portrush. ab Portrush, Bushmills oder Coleraine.
Visitors' Centre *Causeway Head (028 2073 1855). tägl. 24.–26. Dez. teilweise. nach Vereinbarung.*
Giant's Causeway Bushmills Railway *Dampfeisenbahn 028 2073 2844. tel. erfragen.*
www.nationaltrust.org.uk

Middle Causeway
Dieser Abschnitt des Middle Causeway, der sogenannte Honeycomb, erhielt wie viele andere Felsformationen seinen Namen in viktorianischer Zeit.

Giant's Causeway heute

Schätzungsweise erstrecken sich 40 000 Basaltsäulen von den Klippen bis ins Meer hinaus. Jene an der Küste bilden heute Grand, Middle und Little Causeway.

Pflanzliche Ablagerungen sind im Lavagestein eingeschlossen.

Wishing Chair
Der Sage nach wurde dieser Felsensessel für den Knaben Finn McCool errichtet; hier sollen Wünsche in Erfüllung gehen.

Besucher auf dem Giant's Causeway bei Ebbe ▷

Old Bushmills Distillery ❼

Straßenkarte D1. Bushmills, Co Antrim. *028 2073 3218.* *von Coleraine und Giant's Causeway.* *tägl.* *2 Wochen an Weihnachten; Nov–März: So vormittags.* *obligatorisch.* *teilweise.* **www**.bushmills.com

Die kleine Stadt Bushmills verfügt außer über einen Fluss, in dem man Lachse und Forellen angeln kann, über eine Whiskey-Destillerie. Die Old-Bushmills-Fabrik am Stadtrand rühmt sich, die älteste Brennerei der Welt zu sein. Sie erhielt 1608 das Brennrecht, obwohl hier bereits 200 Jahre früher Whiskey hergestellt wurde.

Seit 2005 gehört Bushmills zum Diageo-Konzern, doch die Whiskeys von Bushmills behielten ihren einzigartigen Charakter. Im Gegensatz zu anderen Herstellern verwendet Bushmills nur jeweils eine Sorte Malz und Korn.

Eine Besichtigung der Brennerei endet mit einem Umtrunk in der 1608 Bar in der alten Malzdarre. Dort gibt es auch ein kleines Museum, in dem alte Geräte zur Herstellung von Whiskey zu sehen sind.

Whiskey-Fass in Bushmills Distillery

Murlough Bay liegt gegenüber der schottischen Küste

Rathlin Island ❽

Straßenkarte D1. Co Antrim. *90.* *tägl. von Ballycastle (028 2076 9299).* *Giant's Causeway (028 2073 1855).*

Rathlin hat die Form eines Bumerangs – elf Kilometer lang, maximal 1,6 Kilometer breit – und ist per Boot in 50 Minuten von Ballycastle aus zu erreichen. Auf der Insel leben noch etwa 90 Personen, vor allem von Fischerei, Landwirtschaft und Fremdenverkehr. Besuchereinrichtungen gibt es nur wenige. Dazu gehören ein Café, ein Pub und ein Gästehaus. Wegen der starken Winde gibt es fast keine Bäume auf der Insel, die in weiten Teilen von hohen, weißen Klippen umgeben ist. Mit Kleinbussen gelangt man zur Westspitze, dem zerklüfteten **Bull Point**. Hier leben Zehntausende von Seevögeln, darunter Dreizehenmöwen, Papageitaucher und Tordalken. Am anderen Inselende liegt **Bruce's Cave**. Robert Bruce, entmachteter König Schottlands, wurde hier 1306 von der Beharrlichkeit einer Spinne dazu inspiriert, sein Königreich zurückzuerobern.

Ballycastle ❾

Straßenkarte D1. Co Antrim. *6000.* *nach Campbeltown (Schottland).* *Sheskburn House, 7 Mary St (028 2076 2024).* *Ould Lammas Fair (Ende Aug), Apple Fair (letzter Di im Okt).* **www**.moyle-council.org/tourism

Ballycastle, ein mittelgroßer Ferienort, bietet einen schönen Hafen und zentral gelegene Sandstrände. Nahe dem Ufer befindet sich ein Denkmal für Guglielmo Marconi, dessen Assistent im Jahr 1898 die erste drahtlos übermittelte Botschaft von hier nach Rathlin Island sandte.

Ballycastles jährlich Ende August stattfindende Ould Lammas Fair ist der traditionsreichste Viehmarkt Irlands, bei dem es aber auch *honeycomb toffees* und *dulce* (getrocknete Algen) gibt.

In der **Bonamargy Friary** (15. Jh.) am Stadtrand ist das Erbe von Sorley Boy MacDonnell zu sehen, der einst Herr dieses Teils von Antrim war.

Irischer Whiskey

Das Wort Whiskey stammt vom gälischen *uisce beatha*, »Wasser des Lebens«. Das Brennverfahren wurde wahrscheinlich im 10. Jahrhundert von Mönchen aus Asien eingeführt. Bald wurde überall auf der Insel Whiskey gebrannt. Erst die Engländer führten Lizenzen ein und legten viele private Brennereien still. Im 19. Jahrhundert ging die Whiskey-Nachfrage stark zurück, vor allem bedingt durch die Große Hungersnot sowie die Abstinenzler-Bewegung. Schottischer Whisky (ohne »e«) eroberte den irischen Markt. Dank geringerer Produktionskosten, besserem Marketing und der Beliebtheit von Irish Coffee nahmen die Verkaufszahlen jedoch wieder zu.

Plakat mit der Old Bushmills Distillery am Fluss Bush

Umgebung: Von der A2 zweigt fünf Kilometer östlich eine schmale Straße nach Cushendall ab, die die Küste entlangführt. Erster Haltepunkt ist **Fair Head**. Von hier führt ein (leider schlecht ausgeschilderter) Weg durch Heideland zu 200 Meter hohen, fast senkrecht aus dem Meer ragenden Klippen, die fantastische Ausblicke bieten.

Auf der windgeschützten Seite der Landspitze liegt **Murlough Bay**, die schönste Bucht der Küste und mit dem Auto gut erreichbar. Weiter im Südosten befindet sich Torr Head, eine Halbinsel, die der Schottland am nächsten gelegene geografische Punkt Irlands ist (Entfernung: 21 km).

Der Hafen von Carnlough, einem beliebten Ferienort südlich von Cushendall

Cushendall ⑩

Straßenkarte D1. Co Antrim. 2400. 24 Mill St (028 2177 1180). *Juni–Sep: Mo–Sa; Mai, Okt: Di–Fr.* **www**.moyle-council.org/tourism

Da drei der neun Glens of Antrim Richtung Cushendall verlaufen, wird die Stadt auch als »Capital of the Glens« bezeichnet. In dem hübschen Ort mit seinen in hellen Farben gestrichenen Häusern steht der Curfew Tower. Er diente einst als Gefängnis für Diebe und Landstreicher.

Umgebung: 1,5 Kilometer nördlich befindet sich **Layde Old Church**. Sie wurde von den Franziskanern gegründet und war 1306–1790 Pfarrkirche. Damit steht sie in Bezug zu den MacDonnells, den einstigen Herren der Region.

Etwa drei Kilometer westlich von Cushendall, am Hang des Tievebulliagh Mountain, befindet sich **Ossian's Grave**, benannt nach dem legendären Kämpferpoeten und Sohn des Riesen Finn McCool *(siehe S. 26f)*. Tatsächlich handelt es sich dabei um ein Grab aus der Steinzeit. Damals war diese Region ein wichtiges Zentrum der Herstellung von Werkzeugen (vor allem Äxten), die aus hartem Felsgestein gefertigt wurden und die man überall auf den Britischen Inseln fand.

An der Küstenstraße weiter südlich liegen die hübschen Orte **Carnlough** (mit Sandstränden) und **Ballygally**, dessen Burg von 1625 (in der es angeblich spukt) heute ein Hotel *(siehe S. 317)* ist.

Glenariff Forest Park mit Blick aufs Meer

Glenariff Forest Park ⑪

Straßenkarte D1. Co Antrim. *028 2955 6000. tägl. für Parkplatz. teilweise.* **www**.nidirect.gov.uk/forests

Neun Flüsse haben in den Antrim Mountains tiefe Täler zum Meer hin gegraben. Die Glens of Antrim gelten als wildester Teil von Ulster. Im 19. Jahrhundert gab es hier keine englischen und schottischen Siedlungen (Plantations). So bildeten sie die letzte Region Nordirlands, in der Gälisch gesprochen wurde. Die Berge sind durch die Küstenstraße von Antrim miteinander verbunden und leicht erreichbar. Der Glenariff Forest Park bietet eine herrliche Landschaft mit Wäldern und Blumenwiesen, durch die ein Weg vorbei an einer Schlucht und drei Wasserfällen führt. Über weitere Pfade gelangt man zu Aussichtspunkten in der Höhe. Der englische Schriftsteller William M. Thackeray bezeichnete die Landschaft im 19. Jahrhundert als »Schweiz en miniature«.

Steinkreise und Steinreihen von Beaghmore

Ardboe Cross
Nahe B73, 16 km östl. von Cookstown.

Wellbrook Beetling Mill
Nahe A505, 6,5 km westl. von Cookstown. 028 8675 1735.
Mitte März–Juni, Sep: Sa, So nachmittags; Juli–Aug: Do–Di nachmittags (einige Tage geschlossen).
www.nationaltrust.org.uk

Cookstown ⓬

Straßenkarte D2. Co Tyrone.
11 000. *Burnavon, Burn Rd.* *028 8867 9949.* *Sa.*
www.cookstown.gov.uk

Wer einmal in Cookstown gewesen ist, wird sich stets an die absolut gerade Hauptstraße erinnern. Sie ist über 40 Meter breit und bietet Ausblicke in Richtung Norden auf den massigen Umriss des Slieve Gallion, einem hohen Berg der Sperrin Mountains. Cookstown, eine »Plantation Town« *(siehe S. 38f)* aus dem 17. Jahrhundert, ist nach ihrem Gründer Alan Cook benannt.

Ardboe Cross

Umgebung: Die Umgebung von Cookstown ist reich an Zeugnissen aus neolithischer und frühchristlicher Zeit. Östlich der Stadt, am Ufer des Lough Neagh, befindet sich an der Stelle eines Klosters (6. Jh.) **Ardboe Cross**. Wenn auch nicht sehr gut erhalten, so ist dieses Hochkreuz (10. Jh.; *siehe S. 243*) doch eines der schönsten Beispiele seiner Art in Ulster: Auf seinen 22 Steinplatten sind an der nach Osten weisenden Seite Szenen aus dem Alten, auf der gegenüberliegenden Szenen aus dem Neuen Testament dargestellt. Die **Wellbrook Beetling Mill** westlich von Cookstown bietet einen Einblick in die örtliche Tuchherstellung. »Beetling« bedeutete, das Tuch derart zu »hämmern«, dass es einen ganz charakteristischen Glanz erhielt. Die Mühle, die 1768 am Ballinderry River errichtet wurde, ist eine beliebte Sehenswürdigkeit. Von hier führen einige Wege am Fluss entlang.

Beaghmore Stone Circles ⓭

Straßenkarte D2. Co Tyrone.
Nahe A505, 14 km nordwestl. von Cookstown.

Am Fuß der Sperrin Mountains liegt in einem Moorgebiet eine große Ansammlung von Steinmonumenten aus der Zeit zwischen 2000 und 1200 v. Chr. Insgesamt finden sich sieben Steinkreise, einige Steinreihen und andere Steinmale, eventuell Reste einer verfallenen Mauer. Ihre Bedeutung ist unbekannt, wenn ihre Anordnung auch zum Teil mit dem Verlauf von Sonne, Mond und Sternen in Verbindung zu bringen ist. Drei Steinreihen liegen z. B. exakt in Richtung der aufgehenden Sonne am Tag der Sommersonnenwende.

Die Steinkreise sind nicht sehr hoch – keiner misst über 1,20 Meter –, dennoch sind sie beeindruckend. Zudem finden sich noch ein Dutzend runder Grabhügel. Bis 1945 war der Komplex, einer der bedeutendsten archäologischen Funde in Ulster, unter einer Torfschicht begraben.

Ulsters einstige Tuchherstellung

Die Tuchherstellung in Ulster erlebte im 17. Jahrhundert mit der Ankunft französischer Hugenotten, darunter viele Weber, einen bedeutenden Aufschwung. Zwei Jahrhunderte lang blühte das Gewerbe, doch mittlerweile gibt es hier nur noch wenige Tuchfabriken. Hunderte ehemalige Fabriken liegen nun verlassen im sogenannten »Linen Triangle« zwischen Belfast, Armagh und Dungannon. Der Niedergang der Betriebe war auch begründet durch den aufwendigen und damit teuren Herstellungsprozess: Nach dem Schneiden musste der Flachs in großen, künstlich angelegten Weihern geröttet (eingeweicht) werden, damit sich die Fasern voneinander lösten. Nach dem Auskämmen wurde Flachs gesponnen, dann wurde das Leinen gewebt, das Tuch in der Sonne gebleicht und anschließend gehämmert, wodurch es seinen typischen Glanz erhielt.

Zeitgenössischer Druck: Flachs wird zum Spinnen aufbereitet

The Wilson Ancestral Home ⓮

Straßenkarte C2. 28 Spout Road, Dergalt, Strabane, Co Tyrone. *028 7138 4444.* *Juli–Aug: Di–So 14–17 Uhr (nur Führungen; ansonsten nach Absprache).*

Das Haus der Vorfahren von US-Präsident Thomas W. Wilson (1856–1924) liegt drei Kilometer südöstlich von Strabane an der Straße nach Plumbridge. Woodrows Großvater, der Richter James Wilson, verließ 1807 mit 20 Jahren seine Heimat, um nach Amerika zu gehen. Heute zeigt ein Besuch in dem strohgedeckten weißen Haus an den Ausläufern der Sperrin Mountains, warum es so innige Verbindungen zwischen Ulster und Amerika gibt. Die sorgsam restaurierten Räume haben noch die originale Möblierung, darunter Betten mit Vorhängen, Küchenutensilien und landwirtschaftliche Geräte.

Umgebung: Gleich außerhalb des Dorfs Newtownstewart, zwölf Kilometer südlich von Strabane, liegt die Ruine des mittelalterlichen Harry Avery's Castle. Die gälische Bastion (14. Jh.) bestand aus zwei Stockwerken mit Zwillingstürmen. Die Türme sind heute noch zu sehen.

Ulster-American Folk Park ⓯

Straßenkarte C2. Co Tyrone. *028 8224 3292.* *von Omagh.* *Mo, Feiertage.* **www**.nmni.com/uafp

Der Folk Park, eines der schönsten Open-Air-Museen seiner Art, entstand rund um das restaurierte Haus, in dem der Richter Thomas Mellon (Gründer der Pittsburgher Bankdynastie) seine Kindheit verbrachte. Die Ausstellung *Emigrants* dokumentiert, warum im 18. und 19. Jahrhundert zwei Millionen Menschen aus Ulster nach Amerika emigrierten, als Sklaven verkauft oder als Sträflinge deportiert wurden. Zudem wird dargestellt, was den Ausgewanderten in Amerika widerfuhr.

Der Park umfasst mehr als 30 originale oder rekonstruierte Gebäude, darunter auch Wohnhäuser (darunter das von John Joseph Hughes, dem ersten katholischen Erzbischof von New York), Kirchen, ein Schulhaus und eine Schmiede. Einige zeigen Ausstellungen zu Handwerk und Kunsthandwerk. Zudem bietet der Park einen typischen Ulster-Straßenzug, ein nachgebautes Emigrantenschiff sowie ein Farmhaus aus Pennsylvania mit Stall und Räucherhaus – eine Nachbildung jener Farm, die Thomas Mellon und sein Vater in Amerika errichteten.

Im Centre for Migration Studies können Besucher auch Familienforschung betreiben. Im Park werden populäre amerikanische Feiertage wie der Independence Day, Hallowe'en und Anfang September das Appalachian-Bluegrass-Musikfestival begangen.

Pennsylvania-Farmhaus im Ulster-American Folk Park

Belleek Pottery ⓰

Straßenkarte C2. Belleek, Co Fermanagh. *028 6865 9300.* *Jan, Feb: Mo–Fr; März–Okt: tägl.; Nov, Dez: Mo–Sa.* *Weihnachten.* **www**.belleek.ie

Arbeiter der Belleek Pottery mit einer *Parian-ware*-Figur

Die kleine Grenzstadt Belleek zöge außer Anglern wohl kaum Besucher an, gäbe es hier nicht seit 1857 die weltberühmte Belleek Pottery. Das bemalte Porzellan dieser Werkstatt ist als *Parian ware* bekannt. Es wurde im 19. Jahrhundert entwickelt und sollte an den Parian-Marmor aus dem alten Griechenland erinnern.

Heute bringt man Belleek auch mit den Schmuckgittern, die mit pastellfarbenen Blumen verziert sind, in Verbindung. Sie sind vor allem in den USA populär. Einige der schönsten Stücke sind im kleinen Museum des Besucherzentrums zu sehen, ebenso eine Audio-Video-Präsentation über die Geschichte der Werkstatt. Es gibt auch einen Geschenkeladen.

Tour am Lower Lough Erne ⓱

Eisvogel

Die Seenlandschaft Fermanagh um den Lower Lough Erne ist reich an Sehenswürdigkeiten. Seit vorchristlicher Zeit siedelten hier Menschen in den Wäldern und an den Buchten. Auf einigen der vielen Inseln wurden im Mittelalter Klöster gegründet. Ein Ring von Forts und Burgen erinnert an die Zeit der »Plantation« *(siehe S. 39)*. Der See ist ein Paradies für Wasservögel wie Enten, Seetaucher und Eisvögel. Die vielen Forellen ziehen Angler an. Lough Erne lässt sich gut zu Land wie zu Wasser erkunden. Im Sommer fahren Schiffe zu einigen Inseln. Zudem kann man Boote mieten.

Blick über den Lower Lough Erne

Boa Island ⑤
Auf dem Friedhof von Caldragh, einer christlichen Begräbnisstätte auf Boa Island, stehen zwei doppelgesichtige Figuren, die wohl aus vorchristlicher Zeit stammen.

Castle Caldwell Forest ⑥
Castle Caldwells bewaldete Halbinseln sind ein Vogelschutzgebiet. Von der Küste aus kann man Tiere aller Art beobachten, darunter Haubentaucher, Enten und manchmal auch Fischotter.

Belleek ⑦
Belleek, das westlichste Dorf Nordirlands, ist für seine Töpferwaren *(siehe S. 269)* berühmt.

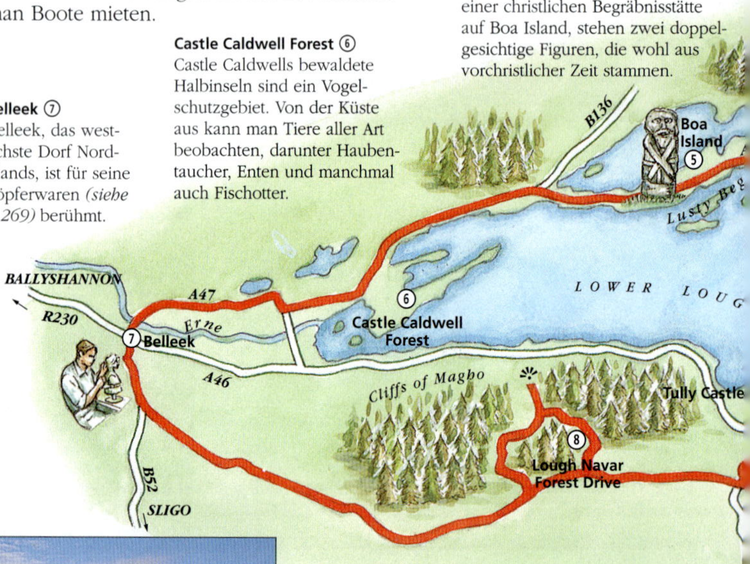

Lough Navar Forest Drive ⑧
Eine elf Kilometer lange Straße führt durch Nadelwälder zu einem Aussichtspunkt hoch über den Cliffs of Magho mit schönem Blick über den Lough Erne. Den Wald durchziehen Wanderwege.

Tully Castle ⑨
Das *Plantation house (siehe S. 39)* mit gut erhaltenem Schutzwall besitzt einen Kräutergarten, der im Stil des 17. Jahrhunderts angelegt wurde.

ROUTENINFOS

Länge: *110 km.*
Rasten: *Außerhalb Enniskillen kann man am besten in den Pubs von Kesh und Belleek essen. Im Sommer hat im Castle Archdale Country Park ein Café geöffnet. Überall gibt es schöne Picknickplätze, beispielsweise beim Aussichtspunkt der Cliffs of Magho* (siehe S. 385–387).

LEGENDE

- Routenempfehlung
- Andere Straße
- Bootsanlegestelle
- Aussichtspunkt

White Island ④
Eine der Mauern der romanischen Kirche von White Island weist bizarre, heidnisch aussehende Figuren auf, die wahrscheinlich von einem frühen Kloster an dieser Stelle stammen. Im Sommer fahren von Castle Archdale Marina aus Fähren zur Insel.

Boote in der Castle Archdale Marina

Castle Archdale Country Park ③
Mit seinem Hafen und Campingplatz ist dieser Park im Sommer sehr belebt. Bei Spaziergängen im Wald kann man aber den Massen entgehen und zudem Rotwild beobachten.

Devenish Island ②
Hier befindet sich das bedeutendste Kloster von Lower Lough Erne. Im Sommer fahren Fähren von Enniskillen aus hierher.

Enniskillen ①
Der Ort wird von der Burg *(siehe S. 272)* überragt und verfügt über den bedeutendsten Hafen am Erne. Dieser verbindet die oberen und unteren *loughs*.

Monea Castle ⑩
Das gut erhaltene *Plantation castle* von 1618 liegt in schöner Umgebung, etwas abseits vom See, auf einem Felsen in Fermanagh. Es beeindruckt vor allem durch seine Türme.

Rundturm auf Devenish Island

Devenish Island ⑱

Straßenkarte C2. Co Fermanagh. *028 6632 3110. Devenish Ferry (077 0205 2873) ab Trory Point, 5 km nördl. von Enniskillen: Ostern–Sep: tägl. für Museum und Rundturm.* **www**.doeni.gov.uk/niea

Im 6. Jahrhundert gründete der hl. Molaise III., der an die 1500 Schüler und Gelehrte um sich geschart hatte, auf dieser kleinen, Wind und Wetter ausgesetzten Insel ein Kloster. Es wurde von den Wikingern im 9. Jahrhundert geplündert und 1157 niedergebrannt, dennoch blieb es bis ins 17. Jahrhundert ein bedeutendes religiöses Zentrum.

Einige sehr schöne Gebäude des mittelalterlichen Klosters sind noch erhalten, etwa **Teampall Mor** (1225), ein sehr gutes Beispiel für die Architektur im Übergang von der Romanik zur Gotik. Am höchsten Punkt der Insel steht **St Mary's Priory**, eine Augustinerkirche (15. Jh.). Nicht weit entfernt findet man ein schön gearbeitetes Steinkreuz aus derselben Zeit.

Die faszinierendste Sehenswürdigkeit auf der Insel ist ein Rundturm aus dem 12. Jahrhundert, der über 25 Meter hoch ist. Er ist vollständig erhalten. Seine fünf Stockwerke sind über Leitern im Inneren erreichbar. Das schöne Dachgesims weist wunderbar gearbeitete menschliche Gesichter auf, die in alle vier Himmelsrichtungen schauen, eine für einen Rundturm in Irland einmalige Dekoration. Ein kleines Museum dokumentiert die Geschichte des Klosters.

Hotels und Restaurants in Nordirland *siehe Seiten 316–319 und 342–345*

Enniskillen ⓳

Straßenkarte C2. Co Fermanagh. *15 000.* *Wellington Rd (028 6632 3110).* *Do.*
www.fermanaghlakelands.com

Das geschäftige Ferienzentrum Enniskillen liegt auf einer Insel zwischen Upper und Lower Lough Erne. Die Stadt erlangte 1987 traurige Berühmtheit, als eine Bombe der IRA elf Menschen tötete.

Im Westen ragt **Enniskillen Castle** (15. Jh.) auf, das das **Fermanagh County Museum** sowie das Inniskilling Regimental Museum beherbergt. Schön ist das sogenannte Watergate, ein märchenhaft anmutender Turm, der seinerseits von zwei Türmchen gekrönt ist. Die 1618 gegründete **Portora Royal School** zählte einst Oscar Wilde und Samuel Beckett *(siehe S. 22f)* zu ihren Schülern.

In einem hübschen Park im viktorianischen Stil steht das **Cole Monument**, eine hohe, dorische Säule. Eine Wendeltreppe führt im Inneren zur Turmspitze, die herrliche Ausblicke über die Stadt bietet.

Blick über den Erne auf Enniskillen Castle

Enniskillen Castle
028 6632 5000. *Juli, Aug: Di–Fr 10–17, Sa–Mo 14–17 Uhr; Apr–Juni, Sep, Okt: Di–Fr 10–17, Mo, Sa 14–17 Uhr; Nov–März: Di–Fr 10–17, Mo 14–17 Uhr.* *23. Dez–2. Jan.* *teilweise.*
www.enniskillencastle.co.uk

Umgebung: Außerhalb der Stadt liegt, umgeben von einem Park und mit Blick über den See, **Castle Coole**, eines der schönsten Wohnhäuser Irlands im klassizistischen Stil. Die lange, aus Portland-Stein errichtete Fassade wird von einem Portikus aufgelockert und an beiden Seiten von je einem Pavillon abgeschlossen. Der Stein wurde von Dorset mit dem Schiff nach Ballyshannon im County Donegal gebracht. Für den 1. Earl of Belmore, der das Gebäude um 1790 errichten ließ, bedeutete dies fast den Bankrott. Ursprünglich wurde der Bau von dem Iren Richard Johnston entworfen, doch dann beauftragte der Earl den englischen Architekten James Wyatt. Der extravagante Earl verstarb 1802 hoch verschuldet. Es oblag seinem Sohn, das Haus bis 1825 fertigzustellen. Es ist heute noch fast im Originalzustand erhalten. Familienporträts aus dem 18. Jahrhundert schmücken das Esszimmer. Im sogenannten State Bedroom steht das Bett, das eigens für den Besuch von König George IV in Irland im Jahr 1821 gebaut wurde – der König schlief jedoch nie darin. Zu den schönsten Räumen von Castle Coole gehört der Salon (Ballsaal) im hinteren Teil des Hauses. Mit Eichenfußboden, schweren Vorhängen und reich dekorierten Regency-Möbeln vermittelt er dezenten Luxus.

Salon von Castle Coole mit originalem Regency-Mobiliar

Castle Coole
Nahe A4, 2,4 km südöstl. von Enniskillen. *028 6632 2690.*
Haus *Mitte März–Ende Mai, Sep: Sa, So 11–17 Uhr; Juni–Aug: tägl. 11–17 Uhr* *Juni: Do.* *obligatorisch.*
Park *März–Okt: tägl. 10–19 Uhr; Nov–Feb: tägl. 10–16 Uhr.*
www.nationaltrust.org.uk

Marble Arch Caves 20

Straßenkarte C2. Marlbank Scenic Loop, Florence Court, Co Fermanagh. *028 6634 8855.* *Mitte März–Juni, Sep: tägl. 10–16.30 Uhr; Juli, Aug: 10–17 Uhr (wetterbedingte Schließungen möglich).* *obligatorisch.* **www**.marblearchcaves.net

Die Höhlen wurden von Flüssen ausgewaschen, die vom Cuilcagh Mountain herunterfließen und sich unterirdisch zum Claddagh River vereinigen. Eine 75-minütige Fahrt mit dem Boot führt in die Tiefen der Höhlen, vorbei an Stalagmiten und Stalaktiten, an Kaskaden und den merkwürdigsten Kalksteinformationen. Der neun Meter hohe »Marble Arch« befindet sich außerhalb des Höhlensystems in einer Schlucht.

Da die Besichtigungen sehr gefragt sind, sollte man sie im Voraus buchen. Achten Sie auf die Wettervorhersagen – wenn es regnet, kann man die Höhlen bisweilen nicht besuchen. Sie sollten zudem festes Schuhwerk anziehen.

Bootsfahrt durch die Marble Arch Caves

Florence Court 21

Straßenkarte C2. Co Fermanagh. *028 6634 8249.* **Haus** *Zeiten variieren; bitte informieren Sie sich vorab auf der Website.* *obligatorisch.* **Park** *tägl.* *für Parkplatz.* **www**.nationaltrust.org.uk

Der Landsitz wurde von der Familie Cole Mitte des 18. Jahrhunderts errichtet. Die Arkaden und Pavillons wurden wahrscheinlich um 1770 von William Cole, dem 1. Earl of Enniskillen, angefügt. Die im Rokoko-Stil gehaltenen Stuckverzierungen des Baus werden dem aus Dublin stammenden Stuckateur Robert West zugeschrieben. Doch ist das wenigste hiervon original erhalten, da große Teile des Gebäudes bei einem Brand im Jahr 1955 schwer beschädigt wurden. Die Inneneinrichtung wurde nicht wieder ersetzt, jedoch rekonstruierte man die Mauerdekorationen nach alten Fotografien so originalgetreu wie möglich.

Faszinierender als das Haus ist wohl das Anwesen selbst, das in einem von Hügeln und Bergen geformten »Amphitheater« liegt. Es gibt eine Vielzahl schöner Spazierwege, darunter einen Waldweg, der zur berühmten Florence-Court-Eibe führt, deren Abkömmlinge man in ganz Irland findet. Im Garten beim Haus wachsen im Frühsommer wunderschöne hellrote und weiße Rosen.

Dungannon 22

Straßenkarte D2. Co Tyrone. *11 000.* *Killymaddy Tourist Centre, Ballygawley Rd, 8 km westl. der Stadt (028 8776 7259).* *Do.* **www**.flavouroftyrone.com

Dungannon liegt auf einem Hügel und war Herrschaftssitz der O'Neill-Dynastie, die vom 14. Jahrhundert bis zur Zeit der Plantation *(siehe S. 38f)* herrschte. Dann wurde ihre Burg zerstört. Die **Royal School** wurde 1608 von James I beschlossen und 1614 eröffnet. Sie ist somit eine der ältesten Schulen Nordirlands. Seit 1789 steht sie an ihrem jetzigen Platz.

Die geschäftige Marktstadt war einst ein Zentrum der Leinenherstellung und auch für Glas bekannt – die Glasbläserei Tyrone Crystal musste 2010 jedoch schließen.

Das Shopping-Center Linen Green im nahen Moygashel bietet Outletläden für Marken wie Paul Costelloe und Anne Storey.

Florence Court, die ehemalige Residenz der Earls of Enniskillen

Blick auf Armagh mit der katholischen St Patrick's Cathedral

Armagh 23

Straßenkarte D2. Co Armagh. 15 000. 40 English St (028 3752 1800). Di, Fr. **www**.armagh.co.uk

Als eine der ältesten Städte Irlands geht Armagh auf die Zeit des hl. Patrick *(siehe S. 281)* zurück, der hier 455 eine Kirche gründete. Auf zwei Hügeln erheben sich heute die beiden **St Patrick's Cathedrals**, deren beeindruckendere die riesige katholische Kathedrale im neogotischen Stil ist. Die ältere anglikanische Kathedrale stammt noch aus dem Mittelalter. Sie birgt ein Hochkreuz aus dem 11. Jahrhundert und die Gebeine von Brian Ború, jenem König von Irland, der 1014 die Wikinger besiegte *(siehe S. 34f)*.

Armaghs prächtige, baumbestandene Mall, auf der im Sommer Cricket gespielt wird, ist von schönen Häusern im georgianischen Stil umgeben. Darunter ist auch das kleine **Armagh County Museum** mit Dokumentationen zur Geschichte der Region. In der Nähe liegt **St Patrick's Trian**, ein *heritage centre*, das der Geschichte der Stadt und dem »Land of Lilliput« gewidmet ist, wie es in *Gullivers Reisen* von Jonathan Swift *(siehe S. 82)* beschrieben wird. Auf dem College Hill in den **Observatory Grounds** steht das Armagh Planetarium, von dem aus man auch Ausblicke über die Stadt hat.

Armagh County Museum
The Mall East. *028 3752 3070.* *Mo–Sa.* *einige Feiertage.* *nach Anmeldung.*
www.nmni.com/acm

St Patrick's Trian
40 English St. *028 3752 1801.* *tägl.* *25., 26. Dez.*
www.armagh.co.uk

Observatory Grounds
College Hill. *028 3752 2928.* *Mo–Fr nach Anmeldung.* *Feiertage.* **Planetarium** *028 3752 3689.* *Details auf der Website.* *für Shows.*
www.armaghplanet.com

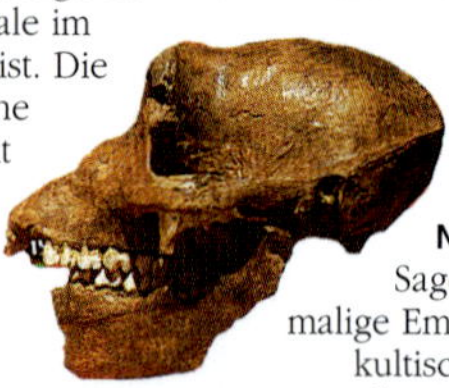

Navan Fort: Schädel eines Berberaffen

Umgebung: Im Westen von Armagh steht auf einem Hügel **Navan Fort**, der Sage nach das ehemalige Emain Macha, ein kultisches und spirituelles Zentrum Ulsters und eng verbunden mit den Erzählungen über den Krieger Cúchulainn *(siehe S. 26)*. Der Ort war vor 4000 Jahren bereits eine Kultstätte und erlangte seine größte Bedeutung um 100 v. Chr., als hier ein großes Holzgebäude auf einem gigantischen Grabhügel errichtet wurde. Der Komplex wurde niedergebrannt und danach mit Erde bedeckt. Forschungen ergaben, dass dies nicht während eines Krieges, sondern im Rahmen einer rituellen Handlung vollzogen wurde.

Unterhalb der Anlage bietet das **Navan Centre** Dokumente zu Geschichte und Mythologie des Orts (außerhalb der sommerlichen Hochsaison ist es für Gruppen geöffnet). Zu den Objekten zählt auch der Schädel eines Berberaffen, der in einem der Häuser aus der Bronzezeit gefunden wurde. Er muss aus Spanien oder Nordafrika stammen und zeigt, dass Emain Macha bereits 500 v. Chr. Handel trieb.

Navan Centre
An der A28 4 km westl. von Armagh. *028 3752 9644.* *tägl.*

Lough Neagh 24

Straßenkarte D2. Co Armagh, Co Tyrone, Co Londonderry, Co Antrim.

Der Sage nach entstand Lough Neagh, weil der Riese Finn McCool *(siehe S. 26f)* dem Land einen Klumpen Erde entriss. Diesen warf er ins Meer, sodass sich die Isle of Man formte. Lough Neagh ist der größte See der Britischen Inseln. Seine Ufer bestehen vorwiegend aus mit Schilf bewachsenem Marschland, deshalb führen auch nur wenige Straßen an der Küste entlang. Die schönsten Feriengebiete liegen im Süden: Oxford Island, heute eine Halbinsel, bietet Wanderwege und das **Lough Neagh Discovery Centre**. Am südwestlichen

Navan Fort, Stätte des ehemaligen Emain Macha, einst Hauptstadt von Ulster

Beobachtungsposten für Vogelfreunde auf Oxford Island am Südufer des Lough Neagh

Ufer des Lough Neagh fährt eine Bahn durch das Moorland von **Peatlands Park**. Eine der größten Aalfischereien der Welt befindet sich in **Toome**.

Lough Neagh Discovery Centre
Oxford Island. Ausfahrt 10 an der M1. *028 3832 2205. tägl. 24.–26. Dez.*
www.oxfordisland.com

Peatlands Park
Ausfahrt 13 an der M1. *028 3885 1102.* **Park** *tägl. 25. Dez.* **Besucherzentrum** *Ostern–Okt: tägl.; Nov–Ostern: So. (Öffnungszeiten tel. erfragen).*
www.doeni.gov.uk/niea

Larne 25

Straßenkarte D1. Co Antrim.
20 000. Narrow Gauge Rd (028 2826 0088). Apr–Sep: Mo–Sa; Okt–März: Mo–Fr.
www.larne.gov.uk

Die Industriestadt Larne, in der die schottischen Fähren *(siehe S. 382–384)* ankommen, ist das Tor zur Küste von Antrim *(siehe S. 267)*.

An der Küste von Lough Larne wird seit der mittleren Steinzeit Schifffahrt betrieben. Splitter von Feuersteinen zeugen von der frühesten menschlichen Präsenz vor etwa 9000 Jahren. Im 10. Jahrhundert nutzten die Norweger Lough Larne als Seestützpunkt, 1315 landete Edward Bruce hier, und 1914 unterhielt die Ulster Volunteer Force hier für ihren Kampf gegen die Home Rule *(siehe S. 44f)* ein Waffenlager.

Carrickfergus 26

Straßenkarte E2. Co Antrim.
42 000.
Antrim St (028 9335 8049).
Apr–Sep: tägl. 10–18 Uhr; Okt–März: tägl. 10–17 Uhr. Do.
www.carrickfergus.org

Carrickfergus entstand um eine gewaltige Burg, mit deren Bau John de Courcy 1180 begann, um die Zufahrt zum Belfast Lough zu kontrollieren. De Courcy führte das anglo-normannische Heer, das nach Strongbows Eroberung von Leinster in Ulster einfiel *(siehe S. 36f)*.

Carrickfergus Castle steht auf einem Felsen mit Blick über den Hafen und ist die schönste und besterhaltene normannische Burg in Irland *(siehe S. 36f)*. Sie wurde seit dem 12. Jahrhundert verändert, so wurden z. B. große Befestigungsmauern für die Kanonen der Burg hinzugefügt. An den Wehranlagen stehen lebensgroße Modellsoldaten. Die Burg hat bis 1928 öfter den Besitzer gewechselt. 1315 übernahmen die Schotten unter Edward Bruce für drei Jahre die Anlage. Von 1688 an wurde sie von der Armee James' II kontrolliert, bis General Schomberg sie 1690 für Wilhelm von Oranien eroberte, der sich hier kurz vor der Schlacht am Boyne *(siehe S. 244)* aufhielt.

Die von De Courcy gegründete **St Nicholas' Church** hat Bleiglasmosaiken und ein »Lepra-Fenster«, durch das Infizierte die Sakramente empfingen. Weitere Attraktionen sind **Flame**, ein Museum über die Gasversorgung in viktorianischer Zeit, und das **Andrew Jackson Centre**, wo die Vorfahren des 7. US-Präsidenten lebten.

Carrickfergus Castle
028 9335 1273.
Okt–März: tägl. So vormittags, 24.–26. Dez.
www.doeni.gov.uk/niea

Andrew Jackson Centre
2 Boneybefore. *028 9335 8049.*
nach Anmeldung.

Das wuchtige normannische Carrickfergus Castle

Belfast ㉗

Red Hand of Ulster, Linen Hall Library

Belfast war die einzige Stadt Irlands, die von der industriellen Revolution des 19. Jahrhunderts profitierte. Wegen der hier gebotenen Arbeitsplätze auf den Werften, in der Leinen-, Seil- und Tabakindustrie wuchs die Bevölkerung bis Ende des Ersten Weltkriegs auf 400 000 an. Der Nordirlandkonflikt und der Niedergang der Schwerindustrie trieben die Stadt an den Rand des Ruins, doch Projekte wie Laganside, Titanic Quarter, Victoria Square und Cathedral Quarter geben Belfast das frische Gesicht einer freundlichen und schönen Stadt.

Mosaik *Reise des hl. Patrick nach Irland* (*siehe S. 281*), St Anne's Cathedral

Grand Opera House

Belfast City Hall

Donegall Square. 028 9027 0456. *tel. erfragen.*

Die meisten Hauptstraßen Belfasts (und viele der wichtigsten Busse) beginnen am Donegall Square. Hier steht das rechteckige, im Jahr 1906 errichtete Rathaus mit den vier Türmen und der mit Kupfer gedeckten, 53 Meter hohen Kuppel. Höhepunkt der Führung ist der mit Eichenholz getäfelte Ratssaal. Die Statuen vor dem Gebäude zeigen u.a. beim Haupteingang Königin Victoria und an der Ostseite Sir Edward Harland, den Gründer der bekannten Schiffswerft Harland and Wolff, die die *Titanic* baute. In unmittelbarer Nähe des Rathauses befindet sich ein Denkmal für die Opfer, die der Untergang des Schiffs auf seiner Jungfernfahrt im Jahr 1912 forderte.

Grand Opera House

Great Victoria St. *028 9042 1919.* **www**.goh.co.uk

Das von Frank Matcham, dem bekannten Theaterarchitekten, im spätviktorianischen Stil errichtete und 1894 eröffnete opulent ausgestattete Theater wurde 1980 renoviert und erstrahlt seither in früherer Pracht. Zwar wurde es durch Bombenanschläge auf das benachbarte Europa Hotel in Mitleidenschaft gezogen, es blieb aber als bedeutender Theatersaal Belfasts erhalten.

St Anne's Cathedral

Donegall St. *028 9032 8332.* **www**.belfastcathedral.org

Der Bau der 1904 geweihten anglikanischen Kathedrale dauerte über 100 Jahre. Innen ist das Gotteshaus sehr beeindruckend, vor allem wegen der in den 1930er Jahren entstandenen Mosaiken. Das Mosaik an der Decke des Baptisteriums ist aus 150 000 Teilen zusammengesetzt. Der Fußboden des Mittelschiffs ist mit kanadischem Ahornholz, der der Seitenschiffe mit irischem Marmor ausgelegt. Im südlichen Seitenschiff befindet sich die Ruhestätte von Lord Carson (1854–1935), einem unerbittlichen Gegner der Home Rule *(siehe S. 44)*.

Detail des *Titanic*-Denkmals vor der Belfast City Hall

Zeichenerklärung
siehe hintere Umschlagklappe

Zentrum von Belfast

Albert Memorial Clock Tower ⑩
Belfast City Hall ③
Botanic Gardens ⑨
Crown Liquor Saloon ②
Grand Opera House ①
Linen Hall Library ④
Queen's University ⑦
St Anne's Cathedral ⑥
The Entries ⑤
Titanic Belfast ⑪
Ulster Museum ⑧
W5 ⑫

0 Meter 500
0 Yards 500

INFOBOX

Straßenkarte D2. Co Antrim. *500 000. George Best Belfast City Airport, 6,5 km östl.; Belfast International, 29 km nordwestl. Central Station, East Bridge St (028 9066 6630); Great Victoria St Station (028 9066 6630). Europa Bus Centre, Great Victoria St; Laganside Bus Centre, Oxford St (028 9066 6630). 47 Done-gal Pl (028 9024 6609). Balmoral Show (Mai), Belfast City Carnival (Juni).* **www**.gotobelfast.com

Linen Hall Library

17 Donegall Square North.
028 9032 1707. Mo–Sa.
www.linenhall.com

Die 1788 gegründete, älteste Bibliothek Belfasts besitzt Tausende alter und seltener Bücher. Die einmalige Sammlung zu irischen und regionalen Studien umfasst u.a. 250 000 Bücher zur Politik Nordirlands und ist damit das ultimative Archiv des zurückliegenden Konflikts. Die Bibliothek besitzt auch eine riesige Datenbank zur Ahnenforschung. In der Linen Hall Library können Ausstellungen besucht werden. Über dem Eingang hängt die Red Hand of Ulster. Um das Emblem der Provinz rankt sich die Sage zweier keltischer Helden, die miteinander wetteiferten, wer zuerst die Erde von Ulster berühren würde. Vom Wunsch getragen, den Wettbewerb zu gewinnen, hackte sich einer der beiden die Hand ab und warf sie an die Küste Ulsters.

The Entries

Die Entries, einige enge Gassen um die High Street, entstanden um 1630 und sind der älteste Teil der Stadt mit einigen der ältesten Pubs wie White's Tavern *(siehe S. 351)*. McCracken's im Joy's Entry und Morning Star im Pottinger's Entry bieten gute Mittagsgerichte. In einem der Pubs im Crown Entry wurde 1791 die radikale Gruppe *United Irishmen* gegründet, die sich an den Ideen der Französischen Revolution orientierte. Ihr bekanntestes Mitglied war Wolfe Tone *(siehe S. 40f)*.

Crown Liquor Saloon

Great Victoria St. *028 9024 3187.*
tägl. **www**.crownbar.com

Selbst Antialkoholiker sollten dieses Pub aufsuchen. Das Crown, das 1885 eröffnet wurde, ist das berühmteste Pub in Belfast. Das Haus steht unter Denkmalschutz. Das Innere ist mit Bleiglas- und Marmordekorationen gestaltet. Gaslampen schaffen eine gemütliche Atmosphäre: der Ort schlechthin, wo Sie ein *pint* of Guinness trinken und ein paar Strangford-Lough-Muscheln essen sollten.

Der im viktorianischen Stil gestaltete Crown Liquor Saloon

Überblick: Belfast

Außerhalb des Belfaster Stadtzentrums liegen hübsche Stadtteile. Das Queen's Quarter um die Queen's University im Süden bietet zwei bedeutende Sehenswürdigkeiten: das Ulster Museum und den Botanischen Garten. Vom Cave Hill hat man einen grandiosen Blick über den Norden der Stadt. Wer sich für das industrielle Erbe Belfasts interessiert, sollte das Titanic Quarter, die alten Docks und die Werft von Harland and Wolff aufsuchen.

Viktorianisches Palmenhaus im Botanischen Garten

Ulster Museum

Botanic Gardens. *0845 608 0000.*
Di–Sa 10–17 Uhr.
www.nmni.com/um

Das Ulster Museum, das im Jahr 1929 als Belfast Municipal Museum and Art Gallery gegründet wurde, feierte 2009 nach einer 17 Millionen Pfund teuren Renovierung Wiedereröffnung. Auf 8000 Quadratmetern Ausstellungsfläche werden die Kunstsammlungen, Geschichtliches sowie archäologische Exponate und solche zur Naturgeschichte gezeigt. Besonders zahlreich ist die irische Kunst vertreten. Ein Highlight ist das sechs Meter lange Skelett des Edmontosaurus-Dinosauriers in der Ausstellung »Window On Our World«.

Neben den ständigen Ausstellungen gibt es Wechselausstellungen und Veranstaltungen, einige Lernzonen und viele interaktive Bereiche, wo Besucher etwa viktorianische Kleider anprobieren oder den Schädel eines Kalbs mit zwei Köpfen anfassen können.

Botanic Gardens

Botanic Ave. *028 9032 4902.*
tägl. **www**.belfastcity.gov.uk

Der Botanische Garten hinter der Universität ist eine Oase der Ruhe. Die 1839 errichtete, beeindruckend schöne Glas-Stahl-Konstruktion des Palmenhaus sowie das Tropical Ravine, eine mit tropischen Farnen bewachsene Bergschlucht, sind herrliche Beispiele typisch viktorianischer Gartenarchitektur.

Große Metallskulptur vor dem Ulster Museum

Queen's University

University Rd. *028 9097 5252.*
www.qub.ac.uk

Vom Donegall Square geht man etwa 15 Minuten zu Fuß durch das Vergnügungsviertel der Stadt, die sogenannte Golden Mile, zur Queen's University, Nordirlands angesehenster Universität. Das 1849 von Charles Lanyon errichtete Hauptgebäude ähnelt stark dem Magdalene College in Oxford. Ein turmbewehrtes Tor führt in den Innenhof mit Kolonnaden.

W5

Odyssey, 2 Queen's Quay. *028 9046 7700.* *tägl. (So nur nachmittags).* **www**.w5online.co.uk

W5 steht für »whowhatwherewhenwhy«. Das preisgekrönte interaktive Museum präsentiert Wissenschaft und Technik mit mehr als 200 Expo-

Politische Wandbilder in West-Belfast

Republikanisches Wandbild (Falls Rd)

Während der »Troubles« (1968–98), der Unruhen in Nordirland, spielte Straßenkunst eine auffallende Rolle dabei, die Zugehörigkeit zu den beiden unversöhnlichsten Arbeitervierteln Belfasts zu dokumentieren. Dutzende von Häusern in der protestantischen Shankill Road und der katholischen Falls Road wurden mit Wandbildern bemalt, die die Politik der beiden Gruppierungen und die Zugehörigkeit zu diesen deutlich machen. Beispielsweise wurden die Bordsteine in einigen Straßen entweder in den britischen Farben Rot, Weiß und Blau oder den irischen Farben Grün, Weiß und Gold bemalt. Trotz der Erfolge des derzeitigen Friedensprozesses werden viele dieser Bemalungen erhalten bleiben. Zu besichtigen sind die Wandbilder bei einer »Black Cab Tour« des Belfast Welcome Centre (Infos unter: 028 9024 6609).

Protestantisches Wandbild

naten und Experimenten. Besucher können z. B. die Nachbildung eines Krans aus dem Hafen von Belfast bedienen, sich an einen Schmetterling heranschleichen, sich selbst mit einem Flaschenzug anheben, einen Animationsfilm drehen oder an einer Laserharfe Musik komponieren.

Titanic Quarter

Queen's Road, Queen's Island. 028 9076 6300.
Titanic Belfast 028 9076 6386. *Apr–Sep: Mo–Sa 9–19, So 10–17 Uhr; Okt–März: tägl. 10–17 Uhr.* *24.–26. Dez.* www.titanicbelfast.com

Die RMS *Titanic*, die 1912 bei ihrer Jungfernfahrt mit einem Eisberg kollidierte, wurde in Belfast gebaut. Das Werftviertel heißt heute Titanic Quarter. Die Uferlinie wurde umgestaltet, und es entstand Platz für Läden, Restaurants, Hotels und Büros.

2012, 100 Jahre nach dem Untergang, wurde die Attraktion Titanic Belfast dort eröffnet, wo die *Titanic* einst zu Wasser gelassen wurde. Der Nachkomme eines Besatzungsmitglieds führt Touren per Boot, Bus oder zu Fuß.

In den neun Galerien des Centers können sich die Besucher auf eine Tour durch die *Titanic* begeben. Es gibt auch ein Unterwassertheater. Die restaurierte SS *Nomadic*, das letzte verbliebene Schiff der White Star Line, ist ebenfalls sehenswert.

Das Besucherzentrum im edwardianischen Pumpenhaus neben dem Trockendock bietet einen Einblick in die Geschichte der Seefahrt seit Anfang des 17. Jahrhunderts. Für eine Pause stehen ein Restaurant und ein Café zur Verfügung. Im Titanic Quarter befindet sich auch das Record Office of Northern Ireland. Dort können Besucher die Geschichte der eigenen Familie erforschen.

Albert Memorial Clock Tower

Queen's Square.

Der Uhrturm, eines der bekanntesten Wahrzeichen von Belfast, ist vor allem deshalb berühmt, weil er sich zur Seite neigt. In seiner Nähe befindet sich das Custom House. Es wurde 1854 von Charles Lanyon, dem Baumeister der Universität, errichtet.

Das charakteristische Profil des Cave Hill über den Dächern von Belfast

Cave Hill

Antrim Rd, 6,5 km nördl. des Zentrums. **Belfast Castle** *028 9077 6925.* *tägl.* *25. Dez.* www.belfastcastle.co.uk
Belfast Zoo *028 9077 6277.* *tägl.* *25., 26. Dez.* www.belfastzoo.co.uk

Hier, auf dem Cave Hill nahe den Ruinen von MacArt's Fort (nach einem Stammesältesten aus der Eisenzeit benannt), trafen sich 1795 Wolfe Tone und die nordirischen Anführer der Gruppe United Irishmen *(siehe S. 41)*, um sich zur Rebellion gegen England zu verbünden. Die fünf Höhlen nahe dem Fort stammen aus neolithischer Zeit.

Am bewaldeten Abhang des Hügels steht Belfast Castle (1870). Einst war es Wohnsitz des Earl of Shaftesbury. Heute gehört es der Stadt und beherbergt zwei Restaurants sowie ein kleines Museum zur Geschichte der Umgebung. Von hier aus gelangt man zum Belfast Zoo mit mehr als 1200 Tieren aus 140 Arten, darunter Afrikanische Wildhunde und Berberlöwen.

Giant's Ring

Nahe B23, 5 km südl. des Zentrums.

Über die prähistorische Anlage, eine kreisförmige Kultstätte mit einem Durchmesser von etwa 200 Metern, ist nur wenig bekannt. Sie ist von einem hohen Erdwall umgeben. In ihrer Mitte befindet sich ein Dolmengrab. Im 18. Jahrhundert war die Ringanlage ein beliebter Ort für Pferderennen.

Stormont Castle

Newtownards Rd, 8 km südöstl. des Zentrums. *für die Öffentlichkeit.* *nur nach Vereinbarung.*

Stormont Castle, das in den Jahren 1928 bis 1932 für 1 250 000 Pfund errichtet wurde, war einst der Sitz des nordirischen Parlaments. Das Gebäude aus Portland-Stein und Mourne-Granit liegt am Ende einer langen Straße, die durch einen Park führt. Nahe dem Eingang steht eine Statue Lord Carsons *(siehe S. 44)*.

Seit der Auflösung des Parlaments im Jahr 1972 wird das Gebäude von der Regierung als Amtssitz genutzt. Obwohl das Parlament auch danach mehrmals aufgelöst wurde, tagt die dezentrale Northern Ireland Assembly hier seit der Übereinkunft von 1998.

Stormont Castle liegt in einem Park außerhalb Belfasts

Ulster Folk and Transport Museum ㉘

Straßenkarte E2. Cultra, nahe Holywood, Co Down. *028 9042 8428.* *Di–So.* *Weihnachten.* *(für Behinderte frei.)* **www**.nmni.com/uftm

Das Museum verdankt seine Gründung einem Parlamentsbeschluss von 1958, wonach es das Leben und die Traditionen der Menschen in Nordirland veranschaulichen sollte. Ganzjährig werden hier traditionelles Handwerk und alte Methoden des Landbaus demonstriert.

Die A2 trennt das Volksmuseum vom Transportmuseum. Dort ist in einer großen Halle die Irish Railway Collection zu sehen. Die kleinere Transport Gallery zeigt in Ulster hergestellte Maschinen, u.a. einen Salonwagen der Eisenbahnlinie Portrush–Giant's Causeway *(siehe S. 262f)*. Interessant sind das Testmodell des erfolglosen De-Lorean-Autos, das Anfang der 1980er Jahre mit Unterstützung der Regierung gebaut wurde, und eine Dokumentation zur *Titanic*. Für das Museum benötigt man einen halben Tag.

Straßenbahnwaggon von 1883 im Ulster Folk and Transport Museum

Ards Peninsula ㉙

Straßenkarte E2. Co Down. *nach Bangor.* *Newtownards (028 9182 6846).* **www**.ards-council.gov.uk

Die Halbinsel liegt östlich von Belfast bei **Bangor**. Dieser Ferienort verfügt über einen modernen Hafen sowie einige Yachtclubs. Etwas weiter im Süden liegt **Donaghadee**. Von hier legen Schiffe zu den drei **Copeland Islands** ab, wo seit den 1940er Jahren nur noch Seevögel leben. Nahe Millisle steht die **Ballycopeland Windmill** (1784), die einzige Windmühle Nordirlands, die noch in Betrieb ist.

Scrabo Tower, eine der Sehenswürdigkeiten der Ards Peninsula

Auf der anderen Seite der Halbinsel, beim Strangford Lough, liegt **Newtownards**. Oberhalb des Orts erhebt sich der **Scrabo Country Park** mit dem **Scrabo Tower**, der im Jahr 1857 zum Gedenken an den 3. Marquess of Londonderry erbaut wurde. 122 Stufen führen zur Turmspitze mit einem schönen Ausblick über den Strangford Lough.

Am Landsitz **Mount Stewart House** *(siehe S. 282f)* vorbei kommt man zum Dorf Greyabbey mit den Ruinen einer Zisterzienserabtei. Die 1193 gegründete **Grey Abbey** war bis ins 17. Jahrhundert hinein Pfarrkirche. Sehr schön ist das noch erhaltene Westportal der Kirche.

Die Stadt **Portaferry** an der Spitze der Ards Peninsula bietet einen herrlichen Blick über die Strangford Narrows und die Lecale Peninsula *(siehe S. 284)*. Portaferrys großes Aquarium **Exploris** zeigt das vielfältige Leben in den Gewässern der Irischen See und im Strangford Lough.

Ballycopeland Windmill
An der B172 1,6 km westl. von Millisle. *028 9181 1491.* *Juli, Aug: tägl.*

Scrabo Country Park
Bei Newtownards. *028 918 1491.* *tägl.* **Turm** *Ostern–Mai, Sep: Wochenende; Juni–Aug: tägl.; Okt–Ostern: So.*

Grey Abbey
Greyabbey. *028 9054 6552.* *tel. erfragen.*

Exploris
Castle St, Portaferry. *028 4272 8062.* *tägl.* *24.–26. Dez.* **www**.exploris.org.uk

Ballycopeland Windmill aus dem Jahr 1784

Mount Stewart House ㉚

Siehe Seiten 282f.

Hillsborough ㉛

Straßenkarte D2.
Co Down. 4000.
The Square (028 9268 9717).
www.discovernorthernireland.com

Das georgianische Städtchen ist 16 Kilometer von Belfast entfernt. Im beeindruckendsten Gebäude **Hillsborough Castle** steigen Staatsgäste ab. Es ist nicht öffentlich zugänglich, doch man kann schöne Tore und Wappen ansehen. Nahe dem Market House (18. Jh.) am Stadtplatz liegt **Hillsborough Fort**, eine Burg aus dem Jahr 1650, die im 18. Jahrhundert von den Nachfahren des Stadtgründers Arthur Hills umgebaut wurde.

Hillsborough Castle
028 9268 1309. Mai, Juni & Aug: Sa (Zeiten tel. erfragen).

Hillsborough Fort
Zugang vom Stadtplatz und Parkplatz beim Forest Park. *028 9268 3285. Mo. nach Vereinbarung.* **www**.visitlisburn.com

Downpatrick ㉜

Straßenkarte E2. Co Down.
19 000. 53a Market St (028 4461 2233). Juli, Aug: tägl. (So nur nachmittags); Sep–Juni: Mo–Sa. Sa.

Gäbe es nicht die enge Verbindung zum hl. Patrick, kämen nur wenige Besucher nach Downpatrick. Die anglikanische **Down Cathedral** auf dem Hill of Down stammt aus dem frühen 19. Jahrhundert. Auf dem Kirchhof steht ein Kreuz aus dem 10. Jahrhundert. Hier soll auch die Grabstätte des hl. Patrick sein. Sie ist durch einen Granitblock mit der Aufschrift »Patric« markiert.

Das **Down County Museum** im Old County Gaol (Gefängnis) ist vor allem dem Andenken des hl. Patrick gewidmet. In der Nähe des Museums befindet sich die normannische Burg **Mound of Down**.

Häuserzeile in Hillsborough

Down County Museum
English St, The Mall.
028 4461 5218.
tägl. Weihnachten; Sa, So vormittags.
www.downcountymuseum.com

Umgebung: Um Downpatrick erinnern Sehenswürdigkeiten an den hl. Patrick. **Struell Wells**, einst wohl eine heidnische Opferstätte, an der der Heilige wirkte, umfasst eine Kirchenruine und ein Badehaus aus dem 17. Jahrhundert. Etwas weiter im Norden bei **Saul**, wo der Heilige einst landete und mit der Missionierung Irlands begann, befindet sich eine kleine Gedenkkirche. Der nahe gelegene Hügel **Slieve Patrick** ist eine bedeutende Pilgerstätte. Auf seinem Gipfel erhebt sich eine Granitstatue des Heiligen.

Nahe dem Fluss Quoile steht **Inch Abbey**, eine ehemalige Zisterzienserabtei, die 1180 von John de Courcy gegründet wurde. Sie liegt mitten in Moor- und Torfland und lohnt einen Besuch.

Inch Abbey
5 km nordwestl. von Downpatrick. *tägl.*
www.doeni.gov.uk/niea

Das Leben des hl. Patrick

Vom Leben des hl. Patrick, des Schutzheiligen Irlands, ist wenig bekannt, doch war er wohl nicht der erste Missionar der Insel – bereits 431 war ein gewisser Palladius von Papst Celestin entsandt worden. Die meisten Legenden berichten, dass Patrick als Junge zum Schafehüten nach Irland gebracht wurde, jedoch nach Frankreich floh, wo er die christliche Lehre studierte. 432 segelte er nach Irland zurück. In Saul im County Down missionierte er den Landesherrn. Dann reiste er durchs Land und bekehrte viele keltische Stämme zum Christentum. Die Tatsache, dass es in Irland keine Schlangen gibt, schreibt man ebenfalls dem hl. Patrick zu, der diese angeblich alle ins Meer trieb.

Der hl. Patrick treibt die Schlangen ins Meer (Lithografie aus dem 19. Jahrhundert)

Mount Stewart House ㉚

Lord Castlereagh (1769–1822)

Der Landsitz aus dem 19. Jahrhundert ist im Inneren prachtvoll gestaltet. Die eigentliche Attraktion sind jedoch die wunderschönen Gärten mit Pflanzen und Bäumen, die im subtropischen Klima hervorragend gedeihen. Mount Stewart, heute im Besitz des National Trust, gehörte einst der Familie Londonderry, deren berühmtestes Mitglied Lord Castlereagh von 1812 bis zu seinem Tod 1822 britischer Außenminister war.

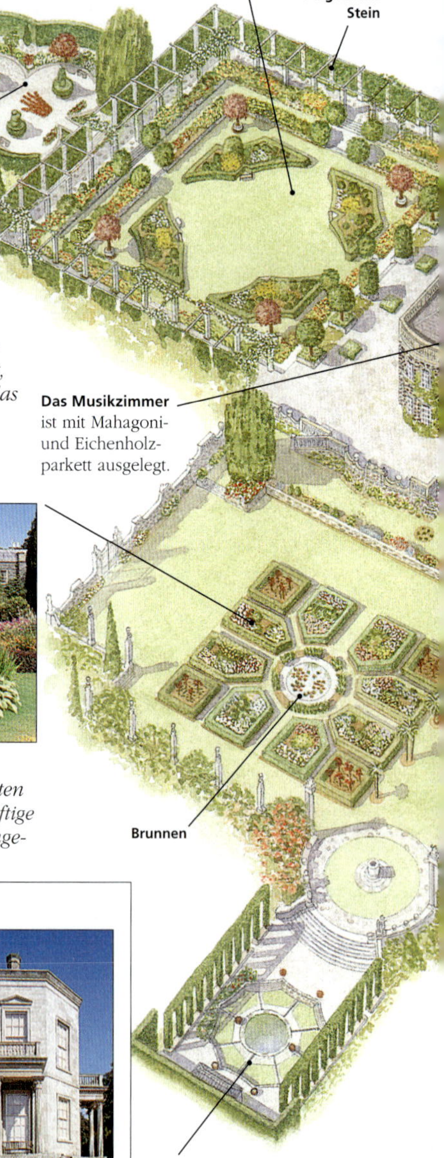

The Sunk Garden besteht aus symmetrisch angelegten Pflanzenterrassen. Im Sommer sind sie ein Meer von blauen, gelben und violetten Blumen.

Pergola aus Stein

★ Shamrock Garden
Eine Eibenhecke in Form eines Kleeblatts umgibt die Skulptur einer irischen Harfe und ein Blumenbeet, das die Rote Hand, das Emblem von Ulster, darstellt.

Das Musikzimmer ist mit Mahagoni- und Eichenholzparkett ausgelegt.

Italienischer Garten
Im größten der streng geometrisch angelegten Gärten weisen die Blumen der Ostseite kräftige Rot- und Orangetöne, die der Westseite hingegen zarte Rosa-, Weiß- und Blautöne auf.

Brunnen

Der Spanische Garten ist von einem Arkadengang aus Zypressen gesäumt.

Tempel der Winde

Von diesem Pavillon aus hat man einen fantastischen Blick über den Strangford Lough und die Moune Mountains. Er wurde 1785 von James »Athenian« Stuart, einem Pionier der klassizistischen Architektur, errichtet, der sich vom Turm der Winde in Athen inspirieren ließ. Das in den 1960er Jahren restaurierte Haus besitzt eine wunderschöne Wendeltreppe und im oberen Stockwerk beeindruckende Stuckdecken und Fußböden.

★ *Hambletonian* von George Stubbs
Das 1799 gemalte Bild von Hambletonian, einem berühmten Rennpferd aus Newmarket, hängt im Treppenhaus.

INFOBOX

Straßenkarte E2. 3 km nördl. von Greyabbey, Co Down.
028 4278 8387. *von Belfast.*
Haus *März–Okt: tägl.*
Tempel *Apr–Okt: So, Feiertage 14–17 Uhr.*
Gärten *März–Okt: tägl.*
See *ganzjährig.* *im Haus.*
www.nationaltrust.org

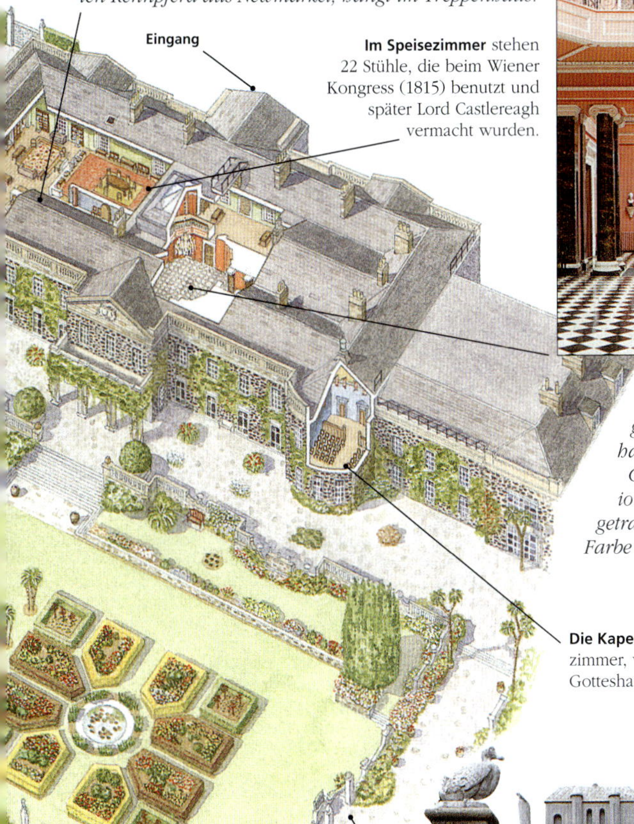

Eingang

Im Speisezimmer stehen 22 Stühle, die beim Wiener Kongress (1815) benutzt und später Lord Castlereagh vermacht wurden.

Eingangshalle
Die sehr streng gehaltene Eingangshalle mit ihrer lichten Glaskuppel wird von ionischen Steinsäulen getragen, die mit grüner Farbe als »Marmorsäulen« gestaltet sind.

Die Kapelle, einst Wohnzimmer, wurde 1884 zum Gotteshaus umgestaltet.

★ Dodo Terrace
Die Dodos (ausgestorbene Vögel) und die Arche (ark) *erinnern an den im Ersten Weltkrieg von Lady Londonderry gegründeten Ark Club, dessen Mitglieder Tiernamen erhielten.*

NICHT VERSÄUMEN

- ★ Dodo Terrace
- ★ *Hambletonian* von George Stubbs
- ★ Shamrock Garden

Lady Bangors »gotisches« Boudoir in Castle Ward

Lecale Peninsula ㉝

Straßenkarte E2. Co Down.
🚌 *nach Ardglass.*
ℹ *Downpatrick (028 4461 2233).*
www.discovernorthernireland.com

Man erreicht diesen Teil des County Down mit der Autofähre von Ards Peninsula nach Strangford. Nahe dem Hafen liegt **Castle Ward**, der Sommersitz von Lord und Lady Bangor, die sich offensichtlich über den Stil ihres um 1760 erbauten Hauses nicht einig waren. Die Vorliebe des Hausherrn für Klassizismus erkennt man an der Frontseite des Gebäudes. Die Präferenz von Lady Bangor für Gotik kommt an der Gartenseite zum Tragen. Innen ist das Haus fantasiereich in einer Mischung aus klassizistischem und gotischem Stil gestaltet. Sehenswert ist das Boudoir von Lady Bangor, dessen Deckengewölbe dem der Kapelle von Henry VIII in Westminster Abbey nachempfunden ist. Um das Anwesen liegen Gärten, Spielareale und ein Bauernhof mit einer noch betriebenen Kornmühle.

Vier Kilometer südlich von Strangford führt die A2 an **Kilclief Castle** (15. Jh.), einem der ältesten Turmhäuser *(siehe S. 20)* Irlands, vorbei und weiter nach **Ardglass**. Das Fischerdorf war einst einer der geschäftigsten Häfen Ulsters. Zu seinem Schutz wurden vom 14. bis 16. Jahrhundert einige Burgen errichtet, von denen noch sechs zu sehen sind. Den schönsten Blick über die Dundrum Bay hat man von **St John's Point**, sechs Kilometer südwestlich von Ardglass.

Castle Ward
An der A25, 2,5 km westl. von Strangford. ☎ *028 4488 1204.*
Haus 🕐 *Mitte März–Sep: tägl. 13–18 Uhr.*
Gelände 🕐 *Okt–März: tägl. 10–16 Uhr; Apr–Sep: tägl. 10–20 Uhr.*
www.nationaltrust.org.uk

Castlewellan Forest Park ㉞

Straßenkarte D2. Main St, Castlewellan, Co Down. ☎ *028 4377 8664.* 🕐 *tägl. 10 Uhr–Sonnenuntergang.* *für Parkplatz.*

Der Castlewellan Forest Park liegt in den Ausläufern der Mourne Mountains. Bedeutendste Attraktion ist ein weit außerhalb des 1740 gestalteten Parks angelegtes Arboretum, das heute Gewächshäuser, Zwergkoniferen und einen Rhododendronwald umfasst.

Der Park bietet zudem ein Schlösschen (19. Jh.) im Stil eines schottischen Herrenhauses, heute eine Tagungsstätte, sowie einen See und Wälder.

Mountains of Mourne ㉟

Straßenkarte D2. Co Down.
🚌 *nach Newry.* 🚌 *nach Newcastle.*
ℹ *10–14 Central Promenade, Newcastle (028 4372 2222).*
www.downdc.gov.uk

Die Berge von Mourne mit einem Dutzend Gipfeln, die etwa 600 Meter Höhe erreichen, ziehen Jahr für Jahr Tausende von Besuchern an.

Nur eine Straße, die B27 von Kilkeel nach Hilltown, durchquert die Mournes. Ein beliebter, aber schwieriger Wanderpfad führt von **Newcastle** zum 848 Meter hohen Gipfel des **Slieve Donard**, des höchsten Bergs. Der Weg passiert zum Teil die **Mourne Wall**, die zwischen 1904 und 1922 zum Schutz der beiden Wasserreservoirs im **Silent Valley** errichtet wurde.

In der Region gibt es über 20 kurze Wanderrouten, etwa leichte Spazierwege im Rostrevor Forest oder schwierige Routen zum Slieve Muck und anderen Gipfeln (Infos gibt es im Informationszentrum).

35 Kilometer nördlich von Newcastle in den Mountains of Mourne befindet sich der **Legananny Dolmen** *(siehe S. 32)*, eine der meistfotografierten historischen Sehenswürdigkeiten des Landes.

Die sanften Gipfel der Mountains of Mourne

Tour an der Mourne Coast ㊱

Newcastle – dort, wo sich nach den Worten des Dichters Percy French aus dem 19. Jahrhundert »die Mountains of Mourne zum Meer hin verlieren« – ist ein guter Ausgangspunkt für die Erkundung dieser Region. Durch die Mournes zu fahren, ist einer der Höhepunkte einer Reise durch Nordirland. An der Küste bietet die Mourne Coastal Route zwischen den Ausläufern der Berge und der Irischen See Ausblicke auf Fischerdörfer und Burgen. Fährt man ins Landesinnere, so kommt man durch weite Moorgebiete. Das Silent Valley mit seinen vielen Wanderwegen gehört zu den Teilen der Region, die auf touristische Belange ausgerichtet sind.

Dundrum ②
Das Stadtbild prägen die Ruinen einer normannischen Burg. Von einer nahen Bucht sieht man die Berge.

Tollymore Forest Park ③
Den Park zieren Bauten wie das gotische Tor (18. Jh.), das einst zum Landsitz gehörte.

Spelga Dam ④
Nördlich des Spelga Dam bieten sich schöne Ausblicke über die Ausläufer der Hügel.

Newcastle ①
Seit dem 19. Jahrhundert ist Newcastle Ferienort und bietet schöne Strände und Promenaden.

Rostrevor mit dem Slieve Martin

Silent Valley ⑦
Das Tal ist für Autos gesperrt. Im Sommer fahren Busse zum Gipfel des Ben Crom Mountain.

Rostrevor ⑤
Der ruhige viktorianische Ferienort schmiegt sich unterhalb des Slieve Martin an die Küste des Carlingford Lough.

Green Castle ⑥
Green Castle wurde im 13. Jahrhundert errichtet und liegt auf einem Felsvorsprung hoch über der Einfahrt zum Carlingford Lough.

ROUTENINFOS

Länge: *85 km.*
Rasten: *Newcastle bietet die größte Auswahl an Pubs und Restaurants. In Dundrum, Annalong, Kilkeel und Rostrevor gibt es ebenfalls Pubs, im Silent Valley im Sommer ein Café. Spelga Dam und Tollymore Forest Park haben gute Picknickplätze* *(siehe S. 385–387).*

0 Kilometer 5
0 Meilen 3

LEGENDE

- Routenempfehlung
- Andere Straße
- Aussichtspunkt

MURPH
VISA

Zu Gast in Irland

Hotels

Ob Sie im exklusiven Luxushotel absteigen oder in einer sehr bescheidenen Unterkunft mit Selbstverpflegung, man wird Ihnen in Irland einen herzlichen Empfang bereiten – die Iren sind bekannt für ihr freundliches Wesen. Auch in den großen Hotelketten wird man Ihnen stets gastfreundlich begegnen. Die Auswahl an Hotels ist enorm: Sie können sich in einem eleganten Landhaus aus dem 18. Jahrhundert, einem luxuriösen (oder etwas heruntergekommenen) Schloss, einem viktorianischen Stadthaus, einem altehrwürdig ausgestatteten Hotel, einem gemütlichen Landgasthaus oder auf einem Bauernhof einmieten. Darüber hinaus gibt es viele gute Wirtshäuser, Herbergen und Campingplätze oder auch die Möglichkeit, ein von Pferden gezogenes Wohnmobil zu mieten. Im Folgenden finden Sie Informationen zu den verschiedenen Unterkünften. Auf den Seiten 294–319 sind über 300 Hotels und Pensionen aufgeführt, von B&B-Standard bis zur Luxuskategorie. Fáilte Ireland (das irische Fremdenverkehrsbüro) sowie Northern Ireland Tourist Board veröffentlichen zudem sehr umfangreiche Hotelführer.

Portier von Waterford Castle

Eingangshalle der Delphi Lodge *(siehe S. 311)* in Leenane

Hotels

An der Spitze der Preisskala rangieren teure Luxushotels, die in einstigen Schlössern, Burgen oder Landhäusern eingerichtet sind. Sie bieten ein Maximum an Komfort, sehr gutes Essen und viele Sportmöglichkeiten. Angeln, Fuchsjagden oder Schießen werden hier ebenso arrangiert wie Reiten, Golfen, Segeln oder Radfahren.

Sollten Sie Indoor-Aktivitäten wie Gymnastik, Sauna und Schwimmen bevorzugen, so sind Sie in einem der modernen Hotels, die zu einer Kette gehören, bestens untergebracht. In der Republik Irland sind dies **The Doyle Collection** und **FBD Hotels**, in Nordirland **Hastings Hotels**. Man muss allerdings damit rechnen, dass sie manchmal nicht so charmant sind wie privat geführte Hotels.

Die Hotels an der Küste bieten normalerweise eine Vielzahl sportlicher Möglichkeiten oder empfehlen Sportstätten. In kleineren Städten ist das größte Hotel am Platz meist auch das Zentrum des sozialen Lebens. Einige Hotels bieten Ermäßigungen ab zwei Übernachtungen.

Das Kleeblatt-Symbol des nordirischen und irischen Fremdenverkehrsverbands an Hotels zeigt an, dass diese von den entsprechenden Verbänden empfohlen werden.

Country Houses – Landhäuser

Besucher, die in einem Landhaus übernachten und dabei irisches Landleben kennenlernen möchten, können sich an die ganz speziell darauf ausgerichtete Organisation **Hidden Ireland** wenden. Deren Häuser sind weder Gästehäuser noch Hotels oder Bed-and-Breakfast-Pensionen, sondern etwas ganz anderes. Erwarten Sie hier also nicht all jene Annehmlichkeiten wie Fernseher, Schwimmbad oder Gepäckträger. Die Gäste essen hier zusammen mit ihren Gastgebern, so als wären sie zu einem privaten Essen eingeladen. Viele der Häuser werden seit Jahrhunderten von denselben Familien geführt. Dieser Ausflug in die Geschichte kann durchaus etwas Faszinierendes haben. Die Preise richten sich nach dem Komfort des Hauses, doch bieten alle Unterkünfte ein hervorragendes Preis-Leistungs-Verhältnis und dazu

Der Eingang des Shelbourne Hotel in Dublin *(siehe S. 295)*

◁ Typisches irisches Pub: Murphy's Pub in Dingle *(siehe S. 157)*

Bar im Hunter's Hotel *(siehe S. 301)* in Rathnew, County Wicklow

die Möglichkeit, irische Lebensart aus erster Hand kennenzulernen.

Zwei nützliche Broschüren, *Friendly Homes of Ireland* und *Ireland's Blue Book*, veröffentlichen entsprechende Listen und Informationen. Sie sind in Buchläden und Fremdenverkehrsbüros erhältlich. Die lokalen Informationszentren verfügen ebenfalls über Verzeichnisse und nehmen Reservierungen vor.

Gästehäuser

Die meisten Gästehäuser findet man in den größeren Städten. Sie haben alle ihre ganz eigene Atmosphäre. Sie bieten ein reichhaltiges Irish Breakfast *(siehe S. 320)* und zum Teil auch ein preiswertes Abendessen an. Einige unter den sehr guten Gästehäusern sind besser als manches Hotel. Zudem bekommen Sie hier einen sehr viel persönlicheren Einblick in das Leben einer Stadt. Wenn Sie eher die Anonymität vorziehen, ist ein Gästehaus natürlich nicht der richtige Ort.

Vor allem in der Gegend um Dublin findet man eine große Auswahl an Gästehäusern. Die Preise sind hier normalerweise angemessen. Die **Irish Hotels Federation** gibt ein nützliches Handbuch mit den Adressen aller Gästehäuser in ganz Irland, einschließlich Dublin, heraus. Northern Ireland Tourist Board veröffentlicht eine ähnliche Broschüre mit dem Titel *Where to Stay in Northern Ireland*. Sie werden alljährlich aktualisiert, und man findet hier eine umfassende Liste der vom Fremdenverkehrsverband empfohlenen Gästehäuser. Doch es schadet nicht, auch stets auf Empfehlungen anderer Gäste zu achten.

Schlafzimmer in Enniscoe House *(siehe S. 310)*, Crossmolina

Preise

Ausgewiesene Zimmerpreise verstehen sich in ganz Irland inklusive Steuer und Trinkgeld. Generell kosten Hotels in der Republik Irland etwa genauso viel wie in Nordirland. Hotelpreise können, je nach Saison, um bis zu 40 Prozent variieren, während Festivals können die Preise auf mehr als das Doppelte steigen. Viele Hotels bieten oft hohe Preisnachlässe an. Das Gleiche gilt für einen Aufenthalt in einem Landhaus. Preise für Gästehäuser hängen meist von der Attraktivität der Gegend sowie deren Anbindung an öffentliche Verkehrsmittel ab.

Allen, die wenig Geld ausgeben wollen, sind Ferien auf dem Bauernhof zu empfehlen. Nur die Selbstverpflegung in einem gemieteten Cottage *(siehe S. 290)* ist billiger.

Trinkgeld

Trinkgeld ist in Irland, auch in den größeren Hotels, nicht üblich. Verschiedene Serviceleistungen sind im Preis inbegriffen, niemand erwartet Trinkgeld, wenn er Gepäck aufs Zimmer bringt oder einen Drink serviert. In Restaurants jedoch gibt man dem Kellner normalerweise zehn Prozent Trinkgeld.

Reservierung

Während der Hochsaison und an Feiertagen *(siehe S. 51)* empfiehlt es sich, eine Unterkunft zu reservieren, vor allem, wenn Ihr Besuch mit einer Feier oder einem sportlichen Ereignis *(siehe S. 28f)* zusammenfällt. Fáilte Ireland bietet einen entsprechenden Service für ganz Irland, ebenso das Northern Ireland Tourist Board. Hotels, die einer Kette angehören, bieten die Möglichkeit zentral durchzuführender Reservierungen.

Fassade des Londonderry Arms Hotel *(siehe S. 318)* in Carnlough

Bed-and-Breakfast-Pension am Fluss Corrib in Galway

Bed and Breakfast

Irland steht in dem Ruf, die besten B&Bs in Europa zu bieten. Man findet sie überall. Unterkunft und Verpflegung sind hervorragend, die Aufnahme ist immer herzlich. Auch wenn ein Haus vielleicht von außen nicht hübsch ist, so stellen Komfort und Atmosphäre im Inneren mehr als zufrieden. Zimmer gibt es mit und ohne Bad. Für Erstere muss man etwas mehr zahlen. Da B&Bs jedoch generell sehr preisgünstig sind, schlägt dieser Aufpreis kaum zu Buche.

Die Iren selbst schwören auf B&Bs. Viele ziehen es vor, sich hier einzumieten statt in großen Hotels. Auch Gäste, die häufiger nach Irland fahren, ziehen B&Bs nahezu jedem Hotel vor. Das **Ireland Bed and Breakfast Network** informiert über alles Wissenswerte zu B&Bs in ganz Irland. Für die Republik Irland ist die **Town and Country Homes Association** zuständig.

Ferien auf dem Bauernhof

Ferien auf dem Bauernhof sind in Irland beliebt und haben eine lange Tradition. **Irish Farmhouse Holidays Ltd** informiert über alle Bauernhöfe der Republik, die zahlende Gäste aufnehmen. Man kann hier eine Nacht oder auch länger bleiben, um z. B. Ausflüge in die Umgebung zu unternehmen. Wie so oft in Irland ist es vor allem die Gastfreundschaft der Einheimischen, die den Aufenthalt überaus angenehm macht. Zudem bekommen Sie einen guten Einblick in das ländliche Leben Irlands.

Ferienwohnungen

Ferienwohnungen erfreuen sich in Irland zunehmender Beliebtheit. Im Süden und Westen Irlands findet man ein größeres Angebot, da diese Regionen traditionell mehr Fremdenverkehr haben. Informationen hierzu erhält man bei Fáilte Ireland, doch verfügen die örtlichen Fremdenverkehrsbüros meist über sehr viel mehr Auswahl. Auch findet man oft in irischen wie internationalen Zeitungen entsprechende Angebote, die von umgebauten Ställen über Cottages bis zu modernen Wohnhäusern reichen. Die Häuser sind in der Regel mit bequemen Möbeln, einer modernen Küche und einem Fernsehgerät ausgestattet.

Die Organisation **Rent an Irish Cottage** bietet eine Vielzahl an Mietobjekten, meist traditionelle Cottages mit weiß gekalkten Wänden innen und außen sowie den typischen bemalten Dächern und Fenstern. Auch im Inneren sind sie im alten Stil – einfach, aber komfortabel – eingerichtet. Meist liegen sie auch sehr schön, doch, und dies ist vielleicht der einzige Nachteil, stets in kleinen »Kolonien«, sodass sie etwa zehn Nachbarhäuser haben.

Sehr viel teurer ist es, eine Burg oder ein altes Landhaus zu mieten, die oft sehr gediegen, zum Teil auch mit Antiquitäten ausgestattet sind. Derartige Objekte vermittelt das Unternehmen **Elegant Ireland**. **Irish Landmark Trust Ltd** bietet eine riesige Auswahl an Unterkünften in Burgen, Torhäusern und Leuchttürmen an.

Camping

Eine Liste aller Campingplätze, die vom Fremdenverkehrsamt empfohlen werden, gibt Fáilte Ireland heraus. Die meisten Campingplätze bieten eine Vielzahl an praktischen Einrichtungen und Möglichkeiten der Freizeitgestaltung – u. a. Läden, Restaurants, Cafés oder Bars, Wäschereien, Spielhallen und Tennisplätze. Die jeweiligen Angebote variieren. Der Campingführer des irischen Frem-

Bauernhof in Clonakilty, County Cork

Pferdewagen – zu mieten bei Slattery's in Tralee

denverkehrsamts bietet hier eine gute Orientierung: Vier-Sterne-Campingplätze haben eine große Auswahl an Einrichtungen und werden exzellent geführt. Zwei-Sterne-Plätze warten mit weniger Einrichtungen auf, haben jedoch ebenfalls ein sehr gutes Management. Plätze mit nur einem Stern bieten normalerweise nicht mehr, als Fáilte Ireland verlangt, um einen Campingplatz zu empfehlen. Eine Liste von Campingplätzen in Nordirland wird vom Northern Ireland Tourist Board herausgegeben.

Wollen Sie Irland auf eine traditionellere Art und Weise kennenlernen, so können Sie auch einen Pferdewagen mieten. Eine der besten Organisationen, die sich auf diese Form des Reisens spezialisiert hat, ist **Kilvahan Caravans** in Portlaoise in den Midlands.

Von Fáilte Ireland empfohlene Unterkunft

Jugendherbergen

Der irische Jugendherbergsverband **An Óige** verfügt über 26 Jugendherbergen, oft in sehr schönen Gegenden gelegen und zum Teil in alten Burgen eingerichtet. Diese Herbergen bieten einfache Schlafräume sowie die Möglichkeit, sich selbst mit Essen zu versorgen. Als Mitglied von An Óige oder einer anderen Organisation, die dem internationalen Jugendherbergsverband angeschlossen ist, können Sie dort übernachten. Die Preise variieren nach Lage, Ausstattung und Saison. Zuständig für Nordirland ist die **Youth Hostel Association of Northern Ireland**, die über acht Herbergen verfügt.

Die **Independent Holiday Hotels of Ireland** geben einen Herbergsführer heraus. Zudem gibt es Wohnmöglichkeiten in Studentenwohnheimen. Entsprechende Informationen erteilen die Fremdenverkehrsbüros oder Websites wie www.hostelworld.com.

Behinderte Reisende

Eine Infobroschüre mit Tipps für behinderte Reisende gibt es bei Touristeninformationen, Dublin Tourism und Fáilte Ireland. Diese haben auch Unterkunftslisten mit Hinweisen auf Rollstuhltauglichkeit. Auch die Hotelauswahl in diesem Buch *(siehe S. 294–319)* kennzeichnet Häuser mit behindertengerechten Räumen mit dem entsprechenden Symbol. Die Behindertenorganisation Citizens Information Board *(siehe S. 372f)* erteilt weitere Informationen. Das jährlich erscheinende *Holidays in the British Isles* bietet Informationen für behinderte Reisende, die Nordirland besuchen. Das Northern Ireland Tourist Board publiziert die Broschüre *Accessible Accomodation*.

Bed-and-Breakfast-Schild in Pettigo, County Donegal

AUF EINEN BLICK

An Óige (Irish YHA)
61 Mountjoy St, Dublin 7.
☎ *01 830 4555.*
www.anoige.ie

The Doyle Collection
Pembroke Rd, Dublin 4.
☎ *01 607 0000.*
www.doylecollection.com

Elegant Ireland
Box No 10871, Dublin 8.
☎ *01 473 225 055.*
www.elegant.ie

FBD Hotels
FBD House, Naas Rd, Dublin 12.
☎ *01 428 2400.*
www.fbdhotels.com

Hastings Hotels
1066 House, Upper Newtownards Rd, Belfast. ☎ *028 9047 1066.*
www.hastingshotels.com

Hidden Ireland
P.O. Box 31, Westport, Co Mayo.
☎ *01 662 7166, 098 66650.*
www.hiddenireland.com

Independent Holiday Hostels of Ireland
P.O. Box 11772, Fairview, Dublin 3. ☎ *01 836 4700.*
www.hostels-ireland.com

Ireland Bed and Breakfast Network
www.bnb.ie

Irish Farmhouse Holidays Ltd
Belleek Rd, Ballyshannon, Co Donegal. ☎ *071 982 2222.*
www.irishfarmholidays.com

Irish Hotels Federation
13 Northbrook Rd, Dublin 6.
☎ *01 497 6459.* **www**.ihf.ie

Irish Landmark Trust Ltd
25 Eustace St, Dublin 2.
☎ *01 670 4733.*
www.irishlandmark.com

Kilvahan Caravans
Coolrain, Co Laois.
☎ *05787 35178.* **www**.horsedrawncaravans.com

Rent an Irish Cottage
51 O'Connell St, Limerick.
☎ *061 411 109.*
www.rentacottage.ie

Town and Country Homes Association
Belleek Rd, Ballyshannon, Co Donegal. ☎ *071 982 2222.*
www.townandcountry.ie

YHA Northern Ireland
22–32 Donegall Rd, Belfast.
☎ *028 9032 4733.*
www.hini.org.uk

Highlights: Hotels

Die hier vorgestellten Häuser sind eine Auswahl der auf den Seiten 294–319 aufgeführten Hotels. Sie geben eine Vorstellung davon, was privat vermietete Häuser, die dem Verband Hidden Ireland angehören *(siehe S. 288)*, luxuriöse Fünf-Sterne-Hotels oder romantische Burgen und Schlösser zu bieten haben. Sie wurden alle aufgrund ihrer beeindruckenden Lage bzw. Ausstattung ausgewählt.

Harvey's Point
Das einzigartige Landhotel liegt wunderschön am Ufer des Lough Eske (siehe S. 313).

Delphi Lodge
Das komfortable Landhaus strahlt eine ruhige Atmosphäre aus. Der Fluss Delphi und die nahe gelegenen Seen bieten zahlreiche Sportmöglichkeiten (siehe S. 311).

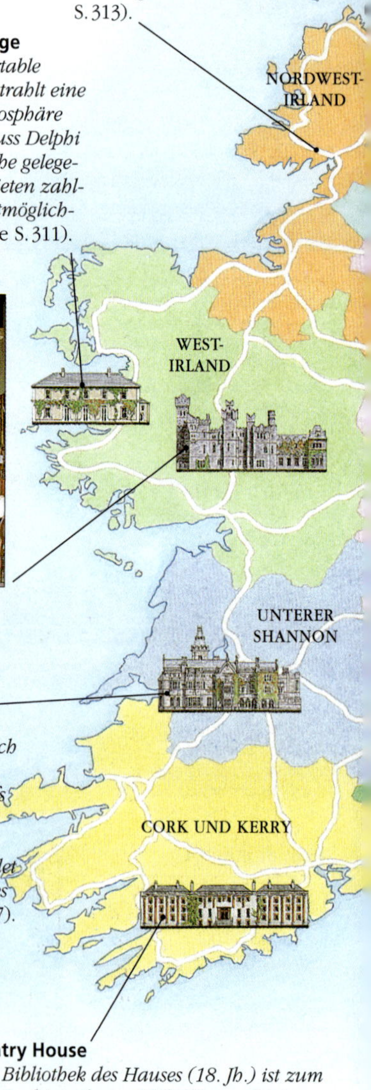

Ashford Castle
Das große, im gotischen Stil errichtete Haus liegt am Ufer des Lough Corrib. Service und Küche sind ganz hervorragend (siehe S. 310).

Adare Manor
Der großzügige Landsitz findet sich in der Nähe des hübschesten Dorfs des Landes. Im viktorianischen Wohnhaus befindet sich ein luxuriöses Hotel (siehe S. 307).

Bantry House
Die Bibliothek des Hauses (18. Jh.) ist zum Garten hin gelegen. Viele Zimmer bieten schöne Ausblicke auf die Bantry Bay (siehe S. 168f und S. 302).

Everglades Hotel
Das imposante Hotel steht am Fluss Foyle und nur eine kurze Autofahrt von den unberührten Stränden des County Donegal und den wunderbaren Sperrin Mountains entfernt (siehe S. 319).

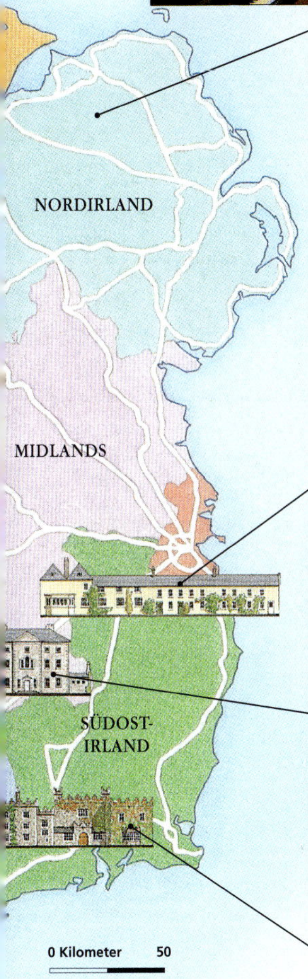

Hunter's Hotel
Kopfsteingepflasterte Innenhöfe, Pferdekoppeln und ein schöner Garten sind nur einige der Attraktionen dieses komfortablen Hotels. Das Haus stammt aus dem Jahr 1720 und wird seit vier Generationen von der Familie Hunter geführt (siehe S. 301).

Roundwood House
Das kleine palladianische Haus liegt inmitten von Kastanien- und Buchenwäldern. Die Slieve Bloom Mountains sind nicht weit. Zudem kann man hier angeln und golfen. Die Zimmer sind mit alten Möbeln ausgestattet. Die Atmosphäre ist entspannt und gemütlich (siehe S. 316).

Waterford Castle
Wirklich »alles hinter sich lassen« können Sie in dieser auf einer Insel im Fluss Suir gelegenen, ehemaligen Burg (15. Jh.). Das Hotel ist nur mit der hauseigenen Fähre zu erreichen (siehe S. 302).

Hotelauswahl

Die Hotels wurden wegen ihres Preis-Leistungs-Verhältnisses, ihrer Lage und Ausstattung ausgewählt. Sie sind nach Regionen und Preisen gelistet, beginnend mit Dublin. Die Kartenverweise für Dublin beziehen sich auf den Stadtplan *(siehe Seiten 116–119)*, die anderen auf die Straßenkarte der hinteren Umschlaginnenseiten.

PREISKATEGORIEN

Preise für eine Nacht im Doppelzimmer, inkl. Steuer, Service und Frühstück. Die Kategorien gelten für die Republik Irland, wo der Euro offizielle Währung ist.

- € unter 65 Euro
- €€ 65–130 Euro
- €€€ 130–190 Euro
- €€€€ 190–260 Euro
- €€€€€ über 260 Euro

Dublin

SÜDOST-DUBLIN Baggot Court Townhouse €€
92 Lower Baggot St, Dublin 2 01 661 0246 FAX 01 661 0253 **Zimmer** 17 **Stadtplan** F5

Das historische georgianische Haus ist gemütlich und komfortabel und bekannt für freundliches, hilfsbereites Personal und exzellentes Frühstück. Baggot Court ist zu Fuß nicht weit von der Grafton Street entfernt. WLAN und Parken sind kostenlos. **www.baggotcourt.com**

SÜDOST-DUBLIN Buswells €€
25 Molesworth St, Dublin 2 01 614 6500 FAX 01 676 2090 **Zimmer** 67 **Stadtplan** E4

Das etwas altmodische Hotel in fünf georgianischen Häusern gibt es bereits seit 1882. Es liegt zentral bei Regierungsgebäuden in einer Straße mit bekannten Kunstgalerien. Das kultivierte Interieur besticht durch warme Farbgebung. Hier steigen häufig Politiker ab. **www.quinnhotels.com**

SÜDOST-DUBLIN Harcourt Hotel €€
60 Harcourt St, Dublin 2 01 478 3677 FAX 01 475 2013 **Zimmer** 104 **Stadtplan** D5

Das Harcourt Hotel gleich bei St Stephen's Green liegt absolut zentral. Die Zimmer sind modern und u. a. mit Bad und Fernsehern ausgestattet. Der beliebte Nachtclub D-Two im Untergeschoss zieht die Nachtschwärmer Dublins an. **www.harcourthotel.ie**

SÜDOST-DUBLIN Kilronan House €€
70 Adelaide Rd, Dublin 2 01 475 5266 FAX 01 478 2841 **Zimmer** 15

Das denkmalgeschützte Haus von 1834 steht in einer von Bäumen gesäumten Straße nahe St Stephen's Green, um die Ecke von der National Concert Hall. Es hat noch georgianisches Flair, bietet aber modernen Komfort, etwa orthopädische Betten. Köstliches Frühstück mit selbst gebackenem Brot. **www.kilronanhouse.com**

SÜDOST-DUBLIN Leeson Hotel €€
27 Leeson St Lower, Dublin 2 01 676 3380 FAX 01 661 8273 **Zimmer** 20 **Stadtplan** E5

Nahe St Stephen's Green liegt das hübsch dekorierte Hotel in zwei georgianischen Gebäuden. Es geht entspannt und informell zu. Der Service ist erstklassig. Die Bar Kobra (freitag- und samstagabends geöffnet) ist mit Holzmöbeln eingerichtet. Die Gästezimmer sind sauber und komfortabel, wenn auch eher klein. **www.theleesonhotel.com**

SÜDOST-DUBLIN Russell Court €€
21–25 Harcourt St, Dublin 2 01 478 4066 FAX 01 478 1576 **Zimmer** 42 **Stadtplan** D5

Das fröhliche Russell Court ist ideal für junge Reisende. Die Zimmer sind sauber, der Service eher bescheiden. Die Hauptattraktion sind der exklusive Krystle Night Club und Bojangles für Leute ab 30, Ruby's für jene darunter. Hinter dem Haus liegt der Biergarten Dicey's Garden. Luas-Trams halten vor dem Hotel. **www.russellcourthotel.ie**

SÜDOST-DUBLIN Stauntons on the Green €€
83 St Stephen's Green, Dublin 2 01 478 2300 FAX 01 478 2263 **Zimmer** 54 **Stadtplan** D5

Das Gästehaus neben dem Außenministerium bietet gemütliche, schlichte Zimmer in drei georgianischen Stadthäusern. Alle Zimmer haben Bad. Zimmer, die nach hinten liegen, sind ruhiger und blicken auf die Gärten. Parkplätze vorhanden. **www.thecastlehotelgroup.com**

SÜDOST-DUBLIN The Alexander Hotel €€€
Merrion Square, Dublin 2 01 607 3700 FAX 01 661 5663 **Zimmer** 102 **Stadtplan** F4

Das Alexander ist ein komfortables, modernes Hotel in der Nähe der Museen und des Merrion Square, nur eine kurze Wegstrecke von der Grafton Street entfernt. Dank eines schönen Steinturms haben die Suiten halbrunde Wohnzimmer. Die Zimmer sind verhältnismäßig groß. **www.ocallaghanhotels.com**

SÜDOST-DUBLIN The Cliff Townhouse €€€
22 St Stephen's Green, Dublin 2 01 638 3939 FAX 01 638 3900 **Zimmer** 9 **Stadtplan** D4

Das zauberhafte Boutique-Hotel in einem georgianischen Haus mit Blick auf St Stephen's Green ist mit echten und nachgebauten Antiquitäten stilvoll möbliert. Jedes Zimmer ist anders gestaltet, alle sind komfortabel. Das gehobene Restaurant serviert moderne irische Küche. **www.thecliffthownhouse.com**

Zeichenerklärung *siehe hintere Umschlagklappe*

SÜDOST-DUBLIN Davenport €€€

Merrion Square, Dublin 2 01 607 3500 FAX 01 661 5663 **Zimmer** 115 **Stadtplan** F4

Das Davenport liegt im Herzen des georgianischen Dublin. Die neoklassizistische Fassade stammt von 1863. Mahagoni, Messing und Marmor verleihen dem Haus das Flair eines Gentlemen-Clubs. Die großen Zimmer sind gut ausgestattet und in warmen Tönen dekoriert. Es gibt ein Fitness-Center. **www.ocallaghanhotels.com**

SÜDOST-DUBLIN Molesworth Court Suites €€€

Molesworth Court, Schoolhouse Lane, Dublin 2 01 676 4799 FAX 01 676 4982 **Zimmer** 12 **Stadtplan** E4

In einer ruhigen Seitengasse der angesagten Molesworth Street liegt das Vier-Sterne-Hotel mit zwölf Apartments und Penthouses. Die modern eingerichteten Zimmer sind sauber und gemütlich. Der Service ist zuvorkommend. Garage vorhanden. Ideal für Familien. **www.molesworthcourt.ie**

SÜDOST-DUBLIN Mont Clare €€€

Merrion Square, Dublin 2 01 607 3800 FAX 01 661 5663 **Zimmer** 74 **Stadtplan** F4

Das Mont Clare ist zwar nicht so nobel wie sein Schwesterhaus, das Davenport (gegenüber), hat aber eine gute Lage und traditionelle Einrichtung mit Mahagoni und Messing. Geschmackvoll ausgestattete, klimatisierte Zimmer. In der Bar kann man zu Mittag essen. Gäste dürfen das Fitness-Center gegenüber nutzen. **www.ocallaghanhotels.com**

SÜDOST-DUBLIN The Stephen's Green Hotel €€€

2 St Stephen's Green, Dublin 2 01 607 3600 FAX 01 661 5663 **Zimmer** 99 **Stadtplan** D5

Das Hotel in St Stephen's Green integriert zwei restaurierte georgianische Häuser. An der Front befindet sich ein Glasatrium. Das Hotel ist modern und komfortabel und verfügt u. a. über eine restaurierte georgianische Bibliothek. Das Hotel ist nur einen kurzen Fußweg von der Grafton Street entfernt. **www.ocallaghanhotels.com**

SÜDOST-DUBLIN Stephen's Hall Premier Hotel €€€

14–17 Leeson St Lower, Dublin 2 01 638 1111 FAX 01 638 1122 **Zimmer** 30 **Stadtplan** E5

Das Hotel in der Nähe von St Stephen's Green hat Suiten mit Küchen im Angebot. Die Nähe zum Stadtzentrum macht Stephen's Hall ideal für Familien und als Ausgangspunkt zur Erkundung der Hauptsehenswürdigkeiten von Dublin. In der Tiefgarage gibt es Parkplätze. **www.premiersuitesdublin.com**

SÜDOST-DUBLIN Trinity Lodge €€€

12 South Frederick St, Dublin 2 01 617 0900 FAX 01 617 0999 **Zimmer** 23 **Stadtplan** E4

Das georgianische Haus nahe Grafton Street und Trinity College hat eine Top-Lage zu bieten. Es ist zwar recht traditionell, besitzt aber alle modernen Annehmlichkeiten. Die gepflegten Zimmer in warmen Farben haben eigene Bäder. **www.trinitylodge.com**

SÜDOST-DUBLIN The Fitzwilliam Hotel €€€€

St Stephen's Green, Dublin 2 01 478 7000 FAX 01 478 7878 **Zimmer** 138 **Stadtplan** D5

Das von Conran designte Hotel liegt günstig am oberen Ende der Grafton Street gegenüber dem Park Stephen's Green in der Nähe von vielen Läden, Bars und Restaurants. Die Zimmer sind mit CD-Playern ausgestattet. Ein Hotelrestaurant ist das mit Michelin-Sternen ausgezeichnete Thornton's Restaurant. **www.fitzwilliamhoteldublin.com**

SÜDOST-DUBLIN The Merrion €€€€

Merrion St Upper, Dublin 2 01 603 0600 FAX 01 603 0700 **Zimmer** 142 **Stadtplan** E4

Mitten im georgianischen Dublin steht das Merrion, eine elegante Oase mit offenen Kaminen, opulentem Interieur, irischer Kunst und Stilmöbeln. Das Hotel umfasst vier denkmalgeschützte Häuser aus den 1760er Jahren, die feinfühlig restauriert wurden. Gäste können das exzellente Tethra Spa nutzen. **www.merrionhotel.com**

SÜDOST-DUBLIN Number 31 €€€€

31 Leeson Close, Leeson St Lower, Dublin 2 01 676 5011 FAX 01 676 2929 **Zimmer** 20 **Stadtplan** E5

Die angeblich stilvollste Pension der Stadt in einem eleganten georgianischen Haus ist eher Boutique-Hotel als B & B. Individuell dekorierte Zimmer. Im Kutschenhaus wird Originalkunst präsentiert. Das Frühstück wird im üppig bepflanzten Wintergarten serviert. **www.number31.ie**

SÜDOST-DUBLIN The Shelbourne Hotel €€€€

27 St Stephen's Green, Dublin 2 01 663 4500 FAX 01 661 6006 **Zimmer** 265 **Stadtplan** E4/5

Das elegante und stylishe Hotel wurde 1824 gebaut und ist ein Wahrzeichen von Dublin. Von dem Fünf-Sterne-Hotel, das sich in der Nähe der Museen, des Merrion Square und des georgianischen Viertels befindet, überblickt man St Stephen's Green. Die Bar ist populär bei der besseren Gesellschaft Dublins. **www.theshelbourne.ie**

SÜDOST-DUBLIN Westbury Hotel €€€€

Grafton St, Dublin 2 01 679 1122 FAX 01 679 7078 **Zimmer** 205 **Stadtplan** D4

Das Westbury genießt die vielleicht beste Lage in der Stadt: nur Sekunden von der größten Shopping-Meile entfernt. Die Lobby im ersten Stock des nobel, wenn auch traditionell gestylten Hotels ist für den Nachmittagstee beliebt. Parkplätze gibt es in der Tiefgarage. Kleines Fitness-Center. **www.doylecollection.com**

SÜDOST-DUBLIN Westin Hotel €€€€

College Green, Dublin 2 01 645 1000 FAX 01 645 1234 **Zimmer** 163 **Stadtplan** D3

Zwei Gebäude aus dem 19. Jahrhundert, die zur früheren Allied Irish Bank gehörten, wurden wieder aufgebaut und bilden nun das Hotel gegenüber dem Trinity College. Gut ausgestattete Zimmer mit sehr komfortablen Betten. Im ehemaligen Gewölbe der Bank befindet sich jetzt die Bar Mint. **www.thewestindublin.com**

Stadtplan Dublin *siehe Seiten 116–119*

SÜDOST-DUBLIN Conrad Hotel €€€€€

Earlsfort Terrace, Dublin 2 01 602 8900 FAX 01 676 5424 **Zimmer** 191 **Stadtplan** D5

Das Hotel gegenüber der National Concert Hall ist auf Geschäftsreisende ausgerichtet. Das Dekor ist geschmackvoll, die Atmosphäre luftig-leicht. Die Zimmer sind modern eingerichtet, mit hellen Holzmöbeln und komfortablen Betten. In den höheren Stockwerken hat man eine tolle Aussicht. Professioneller Service. **www.conradhotels.com**

SÜDWEST-DUBLIN Avalon House €

55 Aungier St, Dublin 2 01 475 0001 FAX 01 475 0303 **Zimmer** 70 **Stadtplan** C4

Das zentral gelegene Avalon House, eine der renommiertesten Herbergen der Stadt, bietet günstige Unterkünfte in einem restaurierten viktorianischen Ziegelgebäude. Die Schlafsäle sind sauber, haben Holz- und Fliesenböden, hohe Decken und offene Kamine. Beliebt bei jungen Reisenden. Café vorhanden. **www.avalon-house.ie**

SÜDWEST-DUBLIN Grafton Capital Hotel €€

Lower Stephen's St, Dublin 2 01 648 1221 FAX 01 648 1122 **Zimmer** 75 **Stadtplan** D4

Das moderne Hotel im Zentrum hat eine georgianische Fassade und bietet gut ausgestattete Zimmer zu vernünftigen Preisen. Die Zimmer haben alle modernen Annehmlichkeiten. In der Bar, die bisweilen auch Speiselokal und Nachtclub ist, gibt es Live-Musik. Parkmöglichkeiten. Business-Einrichtungen. **www.graftoncapitalhotel.com**

SÜDWEST-DUBLIN Temple Bar Hotel €€

Fleet St, Dublin 2 01 612 9200 FAX 01 677 3088 **Zimmer** 129 **Stadtplan** D3

Wegen seiner Lage im Herzen von Temple Bar – einer lebhaften Gegend mit vielen Pubs und Restaurants – ist das moderne Hotel für Junggesellen-Abschiede sehr beliebt. Die Zimmer sind sauber, wenn auch klein und charakterlos. Ganz in der Nähe gibt es ein Parkhaus. **www.templebarhotel.com**

SÜDWEST-DUBLIN Blooms Hotel €€€

Anglesea St, Dublin 2 01 671 5622 FAX 01 671 5997 **Zimmer** 100 **Stadtplan** D3

Hauptanreiz des Blooms ist seine Lage am Rand des lebhaften Temple Bar und unweit des Trinity College. Innen ist es unspektakulär, aber außen auffällig modern. Die nach vorn gelegenen der kompakten Gästezimmer sind die besseren. Die beliebte Vat House Bar bietet Live-Musik, der Club M ist ein populärer Nachtclub. **www.blooms.ie**

SÜDWEST-DUBLIN Brooks €€€

59–62 Drury St, Dublin 2 01 670 4000 FAX 01 670 4455 **Zimmer** 98 **Stadtplan** D4

Das makellos gepflegte, hoch angesehene Boutique-Hotel in Gehnähe zur Grafton Street hat das Flair eines Clubs und ein einladendes Ambiente. Es wurde 1997 gebaut und 2003 mit zeitgemäßer Ausstattung und warmen Farben versehen, das Dekor ist jedoch geschmackvoll traditionell. **www.brookshotel.ie**

SÜDWEST-DUBLIN Central Hotel €€€

1–5 Exchequer St, Dublin 2 01 679 7302 FAX 01 679 7303 **Zimmer** 70 **Stadtplan** D5

Das 1887 gegründete Drei-Sterne-Hotel hat den passenden Namen: Es steht nahe der Grafton Street. Das renovierte Haus bietet moderne Annehmlichkeiten in etwas altmodischem Ambiente mit traditionellem Dekor. Die Zimmer sind sauber, funktional und recht günstig. **www.centralhoteldublin.com**

SÜDWEST-DUBLIN Clarence Hotel €€€

6–8 Wellington Quay, Dublin 2 01 407 0800 FAX 01 407 0820 **Zimmer** 49 **Stadtplan** C3

Das Dubliner Wahrzeichen von 1852 mit Blick auf den Liffey kaufte 1992 die Rockband U2. Es wurde umfassend renoviert und genießt inzwischen Kultstatus. Das alte Etablissement mit originaler Holztäfelung und luxuriös eingerichteten Gästezimmern kombiniert moderne Kühle mit Komfort. **www.theclarence.ie**

SÜDWEST-DUBLIN Jury's Inn Christchurch €€€

Christchurch Place, Dublin 8 01 454 0000 FAX 01 454 0012 **Zimmer** 182 **Stadtplan** B4

Gegenüber der Christ Church Cathedral, im alten Wikinger-Zentrum Dublins, liegt das moderne Hotel in Gehweite zu Temple Bar und Stadtzentrum. Die Zimmer sind sauber und gut ausgestattet, ebenso die – etwas kleinen – Badezimmer. Man bezahlt pro Zimmer, weshalb hier gern Familien nächtigen. **www.jurysinn.com**

SÜDWEST-DUBLIN Radisson Blu Royal Hotel €€€

Golden Lane, Dublin 8 01 898 2900 FAX 01 898 2909 **Zimmer** 150 **Stadtplan** C4

Das moderne Luxushotel liegt in einer ruhigen Straße im Herzen von Dublin in Gehdistanz zum Stadtzentrum, Dublin Castle und Trinity College. Die Zimmer sind geräumig, es gibt ein Fitness-Center und einen Swimmingpool in der Nähe. Ein Business-Center steht ebenfalls zur Verfügung. **www.radissonblu.ie/royalhotel-dublin**

SÜDWEST-DUBLIN Morgan Hotel €€€€

10 Fleet St, Dublin 2 01 643 7000 FAX 01 643 7060 **Zimmer** 120 **Stadtplan** D3

Das moderne Boutique-Hotel mit großzügigen öffentlichen Bereichen liegt im Herzen von Temple Bar. Die minimalistischen Zimmer haben Buchenholzmöbel, Baumwollbettwäsche und CD-Player. Entspannte Atmosphäre. Zimmer zur Straße hin können laut sein. Die Bar Morgan ist angesagt. **www.themorgan.com**

NÖRDLICH DES LIFFEY The Belvedere Hotel €€

Parnell Square, Great Denmark St, Dublin 1 01 873 7700 FAX 01 873 7777 **Zimmer** 92 **Stadtplan** D1

Das komfortable Hotel liegt 100 Meter entfernt vom oberen Ende der O'Connell Street. Die Zimmer wurden kürzlich renoviert und haben Duschen. Freier Highspeed-Internet-Zugang. Es gibt auch eine Bar und ein Bistro. Abends sollte man nicht allein spazieren gehen. **www.belvederehoteldublin.com**

Preiskategorien *siehe Seite 294* **Zeichenerklärung** *siehe hintere Umschlagklappe*

NÖRDLICH DES LIFFEY Cassidy's Hotel €€

Cavendish Row, Upper O'Connell St, Dublin 1 ☎ *01 878 0555* FAX *01 878 0687* **Zimmer** *113* **Stadtplan** *D2*

Das Hotel in drei georgianischen Ziegelhäusern liegt ideal an der O'Connell Street, gegenüber dem Gate Theatre. Die großen Zimmer sind alle gut ausgestattet und haben noch einige Stilmöbel. Alle Zimmer haben eigene Bäder mit moderner Ausstattung. **www.cassidyshotel.com**

NÖRDLICH DES LIFFEY Wynn's Hotel €€

35–39 Lwr. Abbey St, Dublin 1 ☎ *01 874 5131* FAX *01 874 1556* **Zimmer** *65* **Stadtplan** *D1*

Das elegante Hotel liegt zentral und bietet geräumige Zimmer sowie modern ausgestattete Bäder. Am Look des Hotels kann man erkennen, dass das Haus im 19. Jahrhundert errichtet wurde. Das Ristorante Tomasso kocht edle irische Gerichte mit Bio-Zutaten. In der Lounge wird ein Büfett angeboten. **www.wynnshotel.ie**

NÖRDLICH DES LIFFEY Clarion IFSC €€€

Int. Financial Service Centre, North Wall Quay, Dublin 1 ☎ *01 433 8800* FAX *01 433 8801* **Zimmer** *180* **Stadtplan** *F2*

Das Hotel mit Blick über den Liffey, mitten im Finanzviertel und unweit des Zentrums, besteht seit 2001 und ist bei Besuchern wie Geschäftsreisenden beliebt. Die öffentlichen Bereiche sind hell, luftig und minimalistisch eingerichtet. Schön designte, ordentliche Zimmer. **www.clariondublincity.com**

NÖRDLICH DES LIFFEY Jury's Inn Parnell Street €€€

Moore Street Plaza, Parnell St, Dublin 1 ☎ *01 878 4900* FAX *01 878 4999* **Zimmer** *253* **Stadtplan** *D2*

Das moderne Jury's Inn Parnell Street bietet ein gutes Preis-Leistungs-Verhältnis und ist ein idealer Ausgangspunkt, um den Norden Dublins zu erkunden. Die Zimmer sind modern und sauber. Das Restaurant Innfusion serviert täglich günstiges Frühstück und Abendessen. **www.jurysinns.com**

NÖRDLICH DES LIFFEY The Morrison €€€

Ormond Quay, Dublin 1 ☎ *01 887 2400* FAX *01 874 4039* **Zimmer** *138* **Stadtplan** *C3*

Das moderne Luxushotel am Kai wurde 1999 erbaut; verantwortlich fürs Design war John Rocha. Das Interieur ist eine Mischung aus hohen Decken, dunklem Holz, weißen Wänden, gedämpftem Licht, handgewebten Teppichen und Originalkunst. Die Zimmer sind modern. Das Restaurant Halo ist sehr stilvoll. **www.morrisonhotel.ie**

NÖRDLICH DES LIFFEY Gresham Hotel €€€€

23 Upper O'Connell St, Dublin 1 ☎ *01 874 6881* FAX *01 878 7175* **Zimmer** *288* **Stadtplan** *D1*

Das Gresham, eines der ältesten und bekanntesten Dubliner Hotels mit stets belebten öffentlichen Bereichen, ist für Rendezvous beliebt. Es ist frisch renoviert. Die Einrichtung kombiniert klassischen und modernen Stil. Gut ausgestattete, schön dekorierte Zimmer. Gutes Business-Hotel. **www.gresham-hotels.com**

ABSTECHER Bewley's Hotel €€

Merrion Rd, Ballsbridge, Dublin 4 ☎ *01 668 1111* FAX *01 668 1999* **Zimmer** *304*

Ein wunderbares rotes Ziegelgebäude, ehemals eine Schule, gehört nun zur Bewley's-Hotelkette. Es ist komfortabel, modern ausgestattet und hat große Zimmer. Das Hotel hat das beste Preis-Leistungs-Verhältnis in Dublin. Das Restaurant Brasserie ist sehr beliebt. **www.bewleyshotels.com**

ABSTECHER Butlers Town House €€

44 Lansdowne Rd, Ballsbridge, Dublin 4 ☎ *01 667 4022* FAX *01 667 3960* **Zimmer** *20*

Das georgianische Butlers Town House ist im Stil eines Landhauses eingerichtet und bietet Vier-Sterne-Unterkunft. Individuell gestaltete Zimmer mit ägyptischen Baumwolllaken. Im Conservatory Restaurant wird gutes Frühstück und den ganzen Tag über warmes Essen serviert. **www.butlers-hotel.com**

ABSTECHER Deer Park Hotel €€

Howth, Co Dublin ☎ *01 832 2624* FAX *01 839 2405* **Zimmer** *69* **Straßenkarte** *D3*

Das Hotel befindet sich auf dem Gelände von Howth Castle auf Howth Head und ist umgeben von Golfplätzen und Parklandschaft. Nach einem kurzen Spaziergang gelangt man ins Fischerdorf Howth mit seinem Hafen und großartigen Fischlokalen. **www.deerpark-hotel.ie**

ABSTECHER Fitzpatrick Castle Hotel €€

Killiney, Co Dublin ☎ *01 230 5400* FAX *01 230 5430* **Zimmer** *113* **Straßenkarte** *D4*

Das familiengeführte Hotel befindet sich bei Dalkey und Killiney in einem Schloss aus dem 18. Jahrhundert direkt am Meer. Die Zimmer sind geräumig, zu den Annehmlichkeiten zählen Pool, Fitnessraum, Sauna und Jacuzzi. Das Hotel grenzt an den Park Killiney Hill mit schönen Wanderwegen und Blick aufs Meer. **www.fitzpatrickcastle.com**

ABSTECHER Glenogra Guesthouse €€

64 Merrion Rd, Ballsbridge, Dublin 4 ☎ *01 668 3661* FAX *01 668 3698* **Zimmer** *12*

Das preisgekrönte Bed and Breakfast bietet günstige Unterkünfte in einer grünen, noblen Umgebung. Die Besitzer des Glenogra Guesthouse sorgen für eine einladende Atmosphäre. Die Zimmer sind recht gut ausgestattet. Gutes und reichhaltiges Frühstück. **www.glenogra.com**

ABSTECHER Grand Canal Hotel €€

Grand Canal St, Ballsbridge, Dublin 4 ☎ *01 646 1000* FAX *01 646 1001* **Zimmer** *142*

Das große und moderne Hotel hat komfortable Zimmer und freundliches Personal. Sein Pub Gasworks verbindet Alt mit Neu. Es gibt auch ein Restaurant namens Ulysses. Das Grand Canal Hotel liegt sehr günstig zwischen Trinity College und Lansdowne Road. **www.grandcanalhotel.com**

Stadtplan Dublin *siehe Seiten 116–119* **Straßenkarte** *siehe hintere Umschlaginnenseiten*

ABSTECHER Herbert Park Hotel €€

Ballsbridge, Dublin 4 📞 *01 667 2200* FAX *01 667 2595* ***Zimmer*** *153*

Das große moderne Hotel, das den Park, nach dem es benannt ist, überblickt, ist hell und luftig. Für die Einrichtung wurden polierter Granit, irische abstrakte Kunst, irische Möbel und Glaswände verwendet. Die Gästezimmer sind gut ausgestattet und stilvoll dekoriert. **www.herbertparkhotel.ie**

ABSTECHER Portmarnock Hotel & Golf Links €€

Portmarnock, Co Dublin 📞 *01 846 0611* FAX *01 846 2442* ***Zimmer*** *138* ***Straßenkarte*** *D3*

Die für ihren irischen Whiskey berühmte Familie Jameson besaß einst das Haus in herrlicher Strandlage. Es ist geschmackvoll dekoriert. Die Zimmer sind hervorragend eingerichtet und haben Blick aufs Meer oder auf den 18-Loch-Golfplatz. Es gibt auch einen Schönheitssalon. Nahe dem Flughafen Dublin. **www.portmarnock.com**

ABSTECHER The Red Bank €€

6–7 Church St, Skerries, Co Dublin 📞 *01 849 1005* FAX *01 849 1598* ***Zimmer*** *18* ***Straßenkarte*** *D3*

Die Pension in einer ehemaligen Bank im Dorf Skerries bietet komfortabel eingerichtete Zimmer mit guter Ausstattung. Das preisgekrönte Restaurant Red Bank hat viel Charakter und ist auf Seafood spezialisiert. Zum Flughafen fährt man nur ein paar Minuten. **www.redbank.ie**

ABSTECHER Royal Marine Hotel €€

Marine Rd, Dun Laoghaire, Co Dublin 📞 *01 230 0030* FAX *01 230 0029* ***Zimmer*** *228* ***Straßenkarte*** *D4*

Das Hotel ist ein Wahrzeichen der Hafenstadt Dun Laoghaire in der Dublin Bay und liegt sowohl günstig zu den Fähren als auch zu den Sehenswürdigkeiten in South Dublin und Wicklow. In dem Hotel sind schon viele Staatsoberhäupter, Royals und Berühmtheiten abgestiegen. **www.royalmarine.ie**

ABSTECHER Sandymount Hotel €€

7 Herbert Rd, Ballsbridge, Dublin 4 📞 *01 614 2000* FAX *01 660 7077* ***Zimmer*** *168*

Das frühere Mount Herbert befindet sich in einem Wohngebiet nahe dem Rugby- und Fußballstadion Aviva Stadium. Es setzt sich aus mehreren Wohnhäusern zusammen und ist modern eingerichtet. Die Zimmer, alle mit Bad, sind gut ausgestattet. Das Hotel besitzt einen eigenen Parkplatz und einen Privatgarten. **www.sandymounthotel.ie**

ABSTECHER Tara Towers Hotel €€

Merrion Rd, Booterstown, Dublin 4 📞 *01 269 4666* FAX *01 269 1027* ***Zimmer*** *111*

Das Drei-Sterne-Hotel steht an der Küstenstraße südlich des Zentrums. Dun Laoghaire liegt 15 Autominuten entfernt. Entspanntes Ambiete, einfacher Service. Die Zimmer sind komfortabel und geräumig. Es gibt ein traditionelles Restaurant. Busse und DART-Station liegen in der Nähe. **www.taratowers.com**

ABSTECHER Waterloo Lodge €€

23 Waterloo Lodge, Ballsbridge, Dublin 4 📞 *01 668 5380* FAX *01 668 5786* ***Zimmer*** *17*

Das sanierte georgianische Haus steht unweit vom Stadtzentrum entfernt in einer begrünten Straße im Vorort Ballsbridge. Die Zimmer sind gemütlich und komfortabel (in manchen können vier Personen übernachten), das Frühstück ist reichhaltig. Neben freundlichem Personal bietet die Lodge auch Gratis-Parkplätze. **www.waterloolodge.com**

ABSTECHER Aberdeen Lodge €€€

53–55 Park St, Ballsbridge, Dublin 4 📞 *01 283 8155* FAX *01 283 7877* ***Zimmer*** *17*

Der wohlhabende Vorort Ballsbridge ist Heimat der Lodge mit riesigen Zimmern. Einige haben Betten mit vier Pfosten und einen Whirlpool. Parkmöglichkeit und freier Internet-Zugang. Der große und gepflegte Garten ist eine Oase in der schnelllebigen Stadt. **www.aberdeen-lodge.com**

ABSTECHER Clontarf Castle €€€

Castle Ave, Clontarf, Dublin 3 📞 *01 833 2321* FAX *01 833 0418* ***Zimmer*** *111* ***Straßenkarte*** *D3*

Die Anfänge der Burg reichen bis ins Jahr 1172 zurück. Das Hotel, das nicht weit vom Stadtzentrum und dem Flughafen Dublin entfernt liegt, bietet seinen Gästen eine warme und gemütliche Atmosphäre. Ideal für die Erkundung von North County Dublin und nicht weit entfernt vom Fischerdorf Howth. **www.clontarfcastle.ie**

ABSTECHER Grand Hotel €€€

Malahide, Co Dublin 📞 *01 845 0000* FAX *01 816 8225* ***Zimmer*** *203*

Das Grand Hotel gibt es bereits seit 1835. Das Hotel hat die Jahre als Vier-Sterne-Destination überlebt. Palm Court Carvery, Coast Restaurant und Ryan's Bar lassen keine kulinarischen Wünsche offen. Zum Entspannen gibt es einen Pool, ein Dampfbad, Sauna und Jacuzzi. **www.thegrand.ie**

ABSTECHER Dylan €€€€

Eastmoreland Place, Dublin 4 📞 *01 660 3000* FAX *01 660 3005* ***Zimmer*** *44*

Das Boutique-Hotel in der Nähe des Aviva Stadium besitzt ein prachtvolles Inneres mit üppig ausgestatteten Zimmern, die alle individuell eingerichtet sind. Das Hotelrestaurant ist elegant. Im luxuriösen Barbereich kann man Cocktails einnehmen. **www.dylan.ie**

ABSTECHER Four Seasons €€€€

Simmonscourt Rd, Ballsbridge, Dublin 4 📞 *01 665 4000* FAX *01 665 4099* ***Zimmer*** *197*

Luxushotel mit stilvoller Eleganz und zeitgemäßem Komfort. Die geräumigen öffentlichen Bereiche sind mit flauschigen Teppichen und wunderbaren Möbeln opulent dekoriert. Die Gästezimmer sind groß und luxuriös. Der Service ist herausragend. Die Ice Bar ist ein Magnet für die Modeszene. **www.fourseasons.com**

Südost-Irland

ARTHURSTOWN Dunbrody Country House Hotel & Cookery School €€€€

Arthurstown, Co Wexford 051 389 600 FAX 051 389 601 **Zimmer** 22 **Straßenkarte** C5

Das georgianische Herrenhaus liegt inmitten eines riesigen Parks in der Nähe der Fähre in Ballyhack, die Wexford und Waterford verbindet. Kevin Dundon ist einer der bekanntesten Chefköche von Irland. Ein Aufenthalt in diesem eleganten Landhaus hinterlässt bleibende Erinnerungen. **www.dunbrodyhouse.com**

ASHFORD Ballyknocken House €€

Ashford, Glenealy, Co Wicklow 0404 44627 FAX 0404 44696 **Zimmer** 7 **Straßenkarte** D4

In einem romantischen viktorianischen Bauernhaus auf einem Biobauernhof befindet sich heute ein Hotel mit einer Kochschule der berühmten Küchenchefin Catherine Fulvio. Im Restaurant bekommt man gesunde irische Küche. Das Frühstück ist sehr gut. Die Lage ist ideal für Wanderungen in den Wicklow Mountains. **www.ballyknocken.com**

ATHY Coursetown House €€

Stradbally Rd, Athy, Co Kildare 059 863 1101 FAX 059 863 2740 **Zimmer** 4 **Straßenkarte** D4

Das 200 Jahre alte Bauernhaus steht auf einem großen Hof. Zu den Attraktionen gehören eine sehr gut sortierte Bibliothek mit Büchern über Naturgeschichte sowie schöne Gärten. Die Zimmer sind unterschiedlich groß. Köstliches Frühstück mit Pfannkuchen und Früchten. Haustiere sind willkommen. ● *Nov–März.* **www.coursetown.com**

AUGHRIM Meath Arms Country Inn €€

Aughrim, Co Wicklow 0402 36460 **Zimmer** 10 **Straßenkarte** D4

Der charmante Landgasthof liegt im Ortszentrum und wird seit 1728 von der Familie Phelan geführt. Die Unterbringung bietet gemütliche Zimmer und einen schönen Ausblick. Das Meath Arms ist ein guter Ausgangspunkt für die Erkundung des Garden County. Das Grainstore serviert gute Gerichte. **www.themeatharms.com**

BALLYMACARBRY Clonanav Farm Guesthouse €€

Ballymacarbry, Co Waterford 052 613 6141 FAX 052 613 6294 **Zimmer** 10 **Straßenkarte** C5

Der traditionell eingerichtete Drei-Sterne-Bungalow, gleichzeitig ein Zentrum der Fliegenfischerei, steht auf einem Bauernhof im Nire-Tal. Alle Zimmer haben Bad. Es gibt offene Kamine. Das irische Frühstück ist exzellent. Außerdem im Angebot: ein Tennisplatz und Forellenangeln im Fluss. **www.flyfishingireland.com**

CAPPOQUIN Richmond House €€

Cappoquin, Co Waterford 058 54278 FAX 058 54988 **Zimmer** 10 **Straßenkarte** C5

Das georgianische Haus wird von den gastfreundlichen Deevys geführt und ist von einem schönen Garten umgeben. Es ist ganz zauberhaft mit Antiquitäten dekoriert. Die Zimmer sind eine Mischung aus georgianischer Pracht und modernem Komfort. Die exzellente Landhauskost wurde mit Preisen ausgezeichnet. **www.richmondhouse.net**

CARLOW Barrowville Town House €€

Kilkenny Rd, Carlow 059 914 3324 FAX 059 914 1953 **Zimmer** 7 **Straßenkarte** D4

Das denkmalgeschützte Drei-Sterne-Regency-Haus ist nur wenige Gehminuten vom Zentrum entfernt. Es ist sehr gepflegt und mit Antiquitäten ausgestattet. Der Salon hat einen offenen Kamin. Die unterschiedlich großen Zimmer haben alle Bäder. Superbes Frühstück. **www.barrowville.com**

CASTLEDERMOT Kilkea Lodge Farm €€

Castledermot, Co Kildare 059 914 5112 FAX 059 914 5112 **Zimmer** 4 **Straßenkarte** D4

Das attraktive Bauernhaus ist seit 1740 in Familienbesitz. Hier nächtigen viele, die Pferderennen sehen wollen, da Curragh, Punchestown und Naas nicht weit weg sind. Es gibt auch ein Reitzentrum, in dem man Unterricht nehmen kann. Große Gastfreundlichkeit, offene Kamine und ein naher Golfplatz. **www.kilkealodgefarm.com**

THE CURRAGH Martinstown House €€€

The Curragh, Co Kildare 045 441 269 FAX 045 441 208 **Zimmer** 4 **Straßenkarte** D4

Das zauberhafte Cottage im gotischen Stil steht idyllisch inmitten von Wäldern und Gärten und bietet altmodische Gastfreundlichkeit in unaufdringlicher Eleganz. Jedes Zimmer besitzt einen eigenen Charakter und hat frische Blumen. Hühner, Gänse, Schafe und Pferde verstärken den malerischen Eindruck. **www.martinstownhouse.com**

DUNGARVAN Cairbre House €€

Abbeyside, Dungarvan, Co Waterford 058 42338 **Zimmer** 4 **Straßenkarte** C5

1819 ließ der Duke of Devonshire dieses schöne georgianische Gästehaus erbauen. Von hier hat man schönen Blick auf Colligan River und Comeragh Mountains. Der hauseigene Rosengarten ist bei den Gästen sehr beliebt. Der Ort Dungarvan ist zu Fuß keine zehn Minuten entfernt. **www.cairbrehouse.com**

DUNGARVAN Clonea Strand Hotel €€

Dungarvan, Co Waterford 058 45555 FAX 058 42880 **Zimmer** 59 **Straßenkarte** C5

Hauptattraktion der großen, modernen Drei-Sterne-Ferienanlage ist die Lage an einem drei Kilometer langen Sandstrand. Alle Zimmer sind mit Bad, die meisten haben Meerblick. Beheiztes Hallenbad, Bowlingbahn und gute Angebote für Kinder – ideal für Familien. In der Bar hört man irische Live-Musik. **www.clonea.com**

Straßenkarte *siehe hintere Umschlaginnenseiten*

DUNGARVAN Powersfield House €€

Ballinamuck, Dungarvan, Co Waterford Tel. *058 45594* FAX *058 45550* ***Zimmer*** *6* ***Straßenkarte*** *C5*

Das pseudo-georgianische Haus ist mit Antiquitäten und wunderbaren Stoffen stilvoll dekoriert. Die Powers sind überschwängliche Gastgeber mit Sinn für entspannte Atmosphäre und wunderbare Küche. Köstliches Frühstück und Abendessen. Eine Kochschule gehört dazu. **www.powersfield.com**

DUNLAVIN Rathsallagh House €€€€

Dunlavin, Co Wicklow Tel. *045 403 112* FAX *045 403 343* ***Zimmer*** *31* ***Straßenkarte*** *D4*

Das efeubewachsene Landhaus ist eine Autostunde von Dublin entfernt und steht in einem wunderbaren Park. Es ist komfortabel eingerichtet, besitzt offene Kamine und strahlt eine entspannte Atmosphäre aus. Professioneller Service, erstklassiges Frühstücksbüfett, exzellentes Restaurant und schöne Gärten. **www.rathsallagh.com**

DUNMORE EAST Strand Inn €€

Dunmore East, Co Waterford Tel. *051 383 174* FAX *051 383 756* ***Zimmer*** *16* ***Straßenkarte*** *D5*

Das Strand Inn liegt direkt am Strand Blue Flag in Dunmore East, und die meisten Balkone führen aufs Meer hinaus. Die Zimmer sind hell, luftig und modern. Das Restaurant ist eines der besten Seafood-Restaurants von South East, in der Bar wird im Sommer Live-Musik gespielt. **www.thestrandinn.com**

ENNISCORTHY Salville House €€

Enniscorthy, Co Wexford Tel. *& FAX 053 923 5252* ***Zimmer*** *5* ***Straßenkarte*** *D5*

Das Haus aus dem 19. Jahrhundert steht auf einem Hügel mit Blick auf den Fluss Slaney. Geboten werden Komfort und freundliche Atmosphäre sowie große Zimmer mit riesigen Fenstern. Nach Vereinbarung kann man im eleganten Speiseraum dinieren. Die ländliche Küche wurde mit Preisen ausgezeichnet. **www.salvillehouse.com**

ENNISCORTHY Ballinkeele House €€€

Enniscorthy, Co Wexford Tel. *053 913 8105* FAX *053 913 8468* ***Zimmer*** *5* ***Straßenkarte*** *D5*

Das elegante Herrenhaus ist seit den 1840er Jahren Wohnsitz der Familie Maher. Es ist von einem riesigen Park, Wäldern, Teichen und Seen umgeben. Die Zimmer sind gut proportioniert, die Originalmöbel sehr gepflegt. Die Hausmannsküche und die Malkurse genießen einen guten Ruf. **www.ballinkeele.ie**

ENNISKERRY Summerhill House Hotel €€

Enniskerry, Co Wicklow Tel. *01 286 7928* FAX *01 286 7929* ***Zimmer*** *88* ***Straßenkarte*** *D4*

Das Hotel mit Spa direkt gegenüber von Powerscourt Estate in den Hügeln von County Wicklow steht inmitten eines schönen Geländes mit vielen Bäumen. Die Zimmer sind geräumig und komfortabel. Von vielen hat man einen schönen Blick auf Bray Head. Das Hotel ist beliebt für Hochzeitsfeiern. **www.summerhillhousehotel.com**

FERRYCARRIG Ferrycarrig Hotel €€€

Ferrycarrig, Co Wexford Tel. *053 912 0999* FAX *053 912 0982* ***Zimmer*** *102* ***Straßenkarte*** *D5*

Das moderne Hotel bietet einen Blick über den Fluss Slaney. Es ist in elegantem Stil eingerichtet und verströmt eine ruhige Atmosphäre. Das Personal ist sehr freundlich und kompetent. Exzellenter Wellness-Bereich und ein Fitness-Center mit 20-Meter-Schwimmbecken. **www.ferrycarrighotel.ie**

GOREY Marlfield House €€€

Gorey, Co Wexford Tel. *053 942 1124* FAX *053 942 1572* ***Zimmer*** *19* ***Straßenkarte*** *D5*

Das Herrenhaus im Regency-Stil gehört zu Irlands führenden Landhäusern. Es ist luxuriös ausgestattet mit Antiquitäten, Kunst, Kristallleuchtern und marmornen Kaminsimsen – zudem eine Oase der Ruhe, umgeben von Wäldern und Gärten. In den opulenten Zimmern mit Marmorbädern stehen immer frische Blumen. **www.marlfieldhouse.com**

INISTIOGE Cullintra House €€

The Rower, Instioge, Co Kilkenny Tel. *051 423 614* ***Zimmer*** *6* ***Straßenkarte*** *D5*

Inmitten von Wäldern und Ackerland steht das schöne 200 Jahre alte Bauernhaus, ein Paradies für Katzenliebhaber. Der Besitzer ist leidenschaftlicher Koch und bietet Frühstück bis mittags an. Ansonsten kocht er köstliche Kreationen aus heimischen Produkten für ein Candle-Light-Dinner. **www.cullintrahouse.com**

KILKENNY Butler House €€€

16 Patrick St, Kilkenny Tel. *056 772 2828* FAX *056 776 5626* ***Zimmer*** *13* ***Straßenkarte*** *C4*

Das elegante georgianische Haus steht auf dem Anwesen des Kilkenny Castle. Modernes Dekor mit Originalelementen wie Marmorkaminen und Stuckdecken. Die Zimmer sind groß und recht gemütlich. In den umgebauten Ställen – heute das Kilkenny Design Centre – wird exzellentes Frühstück serviert. **www.butler.ie**

KILKENNY Langton House Hotel €€€

69 John St, Kilkenny Tel. *056 776 5133* FAX *056 776 3693* ***Zimmer*** *34* ***Straßenkarte*** *C4*

Das Langton House ist ein freundliches Hotel im Boutique-Stil im Zentrum des mittelalterlichen Kilkenny. Essen und Service sind exzellent, die Hotelbar hat schon mehrere Preise gewonnen. Kilkenny Castle und der Fluss Nore sind nur einen kurzen Spaziergang entfernt. **www.langtons.ie**

MACREDDIN The BrookLodge Hotel & Wells Spa €€€

Macreddin Village, Co Wicklow Tel. *0402 36444* FAX *0402 36580* ***Zimmer*** *90* ***Straßenkarte*** *D4*

Der Hotelkomplex an der Stelle eines verlassenen Dorfs im Wicklow-Tal ist als modernes, elegantes Landhaus konzipiert, mit offenen Kaminen und großen, luftigen Räumen. Im Actons Country Pub bekommt man hervorragendes Bier aus der eigenen Brauerei. Zur Anlage gehören mehrere Läden. **www.brooklodge.com**

Preiskategorien *siehe Seite 294* **Zeichenerklärung** *siehe hintere Umschlagklappe*

MAYNOOTH Carton House €€€

Maynooth, Co Kildare 01 505 2000 FAX 01 651 7703 **Zimmer** 165 **Straßenkarte** D4

Die frühere Residenz des Herzogs von Leinster bietet jeglichen modernen Luxus, behält aber ihren Charakter und die Würde der Burg aus dem Jahr 1740. Die Unterbringung ist vornehm und elegant, auf dem großen Gelände gibt es Sportmöglichkeiten und einen Golfplatz. Das Restaurant Linden Tree ist exzellent. **www.cartonhouse.com**

RATHNEW Hunter's Hotel €€

Rathnew, Co Wicklow 0404 40106 FAX 0404 40338 **Zimmer** 16 **Straßenkarte** D4

Das Hotel, ehemals eine Kutschenstation, befindet sich seit fünf Generationen in der Hand der Hunters und bietet altmodischen Komfort und Charme. Das Haus in einem schönen Garten am Fluss verströmt eine traditionelle, entspannte Atmosphäre. Einfache Landküche. **www.hunters.ie**

RATHNEW Tinakilly Country House & Restaurant €€

Rathnew, Co Wicklow 0404 69274 FAX 0404 67806 **Zimmer** 47 **Straßenkarte** D4

Das klassische viktorianisch-italienische Herrenhaus, 48 Kilometer südlich von Dublin, ließ Kapitän Halpin erbauen, der das erste Telegrafenkabel zwischen Europa und Amerika verlegte. Das Haus ist mit eleganten Antiquitäten ausgestattet. Die traditionell dekorierten Zimmer bieten modernen Komfort. Gute Küche. **www.tinakilly.ie**

ROSSLARE Kelly's Resort Hotel & Spa €€€

Rosslare, Co Wexford 053 913 2114 FAX 053 913 2222 **Zimmer** 118 **Straßenkarte** D5

Das Hotel mit Blick auf einen großen Sandstrand ist behaglich, wenn auch etwas charakterlos, und rühmt sich einer umfangreichen Kunstsammlung. Viele Zimmer, einige mit Balkon, bieten eine schöne Aussicht aufs Meer. Viele Freizeitangebote, zwei gute Restaurants und ein Kinderhort machen das Haus für Familien ideal. **www.kellys.ie**

STRAFFAN Kildare Hotel & Country Club €€€€€

Straffan, Co Kildare 01 601 7200 FAX 01 601 7297 **Zimmer** 92 **Straßenkarte** D4

Das Haus aus dem 17. Jahrhundert wurde zum Fünf-Sterne-Hotel mit französischem Flair umgebaut. Die gut ausgestatteten Gästezimmer sind unterschiedlich dekoriert. Die Restaurants sind hervorragend. Zum Angebot gehören zwei 18-Loch-Golfplätze, ein Spa, Tennisplätze und Angelmöglichkeiten. **www.kclub.ie**

THOMASTOWN Ballyduff House €€

Thomastown, Co Kilkenny 056 775 8488 **Zimmer** 4 **Straßenkarte** D5

Das zauberhafte Herrenhaus (18. Jh.) mit Blick über den Fluss Nore ist eine Oase der Ruhe und präsentiert sich im Landhausstil. Die großen Zimmer bieten schöne Aussicht über Fluss oder Garten. Man kann wandern sowie Lachse und Forellen angeln. In der Nähe liegen die Woodstock Gardens. *März–Okt.* **www.ballyduffhouse.com**

THOMASTOWN Mount Juliet Estate €€€

Thomastown, Co Kilkenny 056 777 3000 FAX 056 777 3019 **Zimmer** 57 **Straßenkarte** D5

Mount Juliet liegt auf einem großen Anwesen und bietet opulente Zimmer und Suiten. Das Anwesen ist ein Paradies für Natur- und Golfliebhaber. Es gibt einen 18-Loch-Championship-Golfplatz, einen Reitstall, man kann fischen und bogenschießen. In einem Health Club mit Spa kann man entspannen. **www.mountjuliet.ie**

TULLOW Mount Wolseley Hotel €€€

Tullow, Co Carlow 059 918 0100 FAX 059 915 2123 **Zimmer** 143 **Straßenkarte** D4

Das Mount Wolseley ist ein schönes Golf- und Spa-Resort mit einem 18-Loch-Championship-Golfplatz, einem Spa und einem Swimmingpool. Die Zimmer sind hell und angenehm. In der Nähe gibt es viele Wanderwege. Auch Kanufahren und Drachenfliegen sind möglich. **www.mountwolseley.ie**

WATERFORD Athenaeum House Hotel €€

Christendom, Ferrybank, Waterford 051 833 999 FAX 051 833 977 **Zimmer** 29 **Straßenkarte** D5

Von dem schicken und komfortablen georgianischen Haus hat man einen schönen Blick über die Stadt und den Fluss. Das Restaurant hat schon Preise für seine hervorragende Küche erhalten. Das Hotel liegt günstig zum Bahnhof Waterford. **www.athenaeumhousehotel.com**

WATERFORD The Fitzwilton Hotel €€

Bridge St, Waterford City, Waterford 051 846 900 FAX 051 878 650 **Zimmer** 88 **Straßenkarte** D5

Viele Zimmer in dem modernen Vier-Sterne-Hotel im Zentrum von Waterford haben deckenhohe Fenster mit schönem Stadtblick. Im Restaurant Chez K kann man exzellent speisen. Die Lage des Hotels ist ideal für Stadtbesichtigungen und Shopping. **www.fitzwiltonhotel.ie**

WATERFORD Foxmount Country House €€

Passage East Rd, ab Dunmore Rd, Waterford 051 874 308 FAX 051 854 906 **Zimmer** 4 **Straßenkarte** D5

15 Autominuten von Waterfords Zentrum steht das eindrucksvolle und dennoch ruhige Foxmount, ein Landhaus (18. Jh.), dessen Molkerei noch in Betrieb ist. Die ansprechenden Zimmer überblicken das Tal oder den Hof. Die Kents sind freundliche Gastgeber und bieten köstliches Selbstgebackenes. **www.foxmountcountryhouse.com**

WATERFORD Sion Hill House & Gardens Castle €€

Ferrybank, Waterford City 051 851 558 FAX 051 851 678 **Zimmer** 4 **Straßenkarte** D5

George und Antoinette Kavangh sind freundliche Gastgeber in einem Haus am Hang, das von einem Garten mit über 2000 Narzissen und mehr als 400 Rosensorten umgeben ist. Die Zimmer sind gut geschnitten und mit wunderschönen Antiquitäten eingerichtet. **www.sionhillhouse.ie**

Straßenkarte *siehe hintere Umschlaginnenseiten*

WATERFORD Waterford Castle €€€€

The Island, Ballinakill, Waterford Tel. *051 878 203* FAX *051 879 316* **Zimmer** *19* **Straßenkarte** *D5*

Das Luxushotel aus dem 15. Jahrhundert steht auf einer privaten Insel fünf Kilometer außerhalb von Waterford, zu erreichen mit einer eigenen Autofähre. Es kombiniert Alte-Welt-Eleganz mit modernem Komfort. Im Angebot: edle Restaurants, ein 18-Loch-Golfplatz und Tennisplätze. **www.waterfordcastle.com**

WEXFORD Maple Lodge €€

Castlebridge, Wexford Tel. *053 915 9195* **Zimmer** *4* **Straßenkarte** *D5*

Die Inhaber der Maple Lodge sind für ihre Gastfreundlichkeit bekannt. Das Gästehaus ist ein moderner Bau, die hellen, geräumigen Zimmer sind jedoch mit traditionellen Möbeln versehen. Im Ort Castlebridge gibt es einige vernünftige Pubs und Restaurants. **www.maplelodgewexford.com**

WEXFORD McMenamin's Townhouse €€

6 Glena Terrace, Spawell Rd, Wexford Tel. *053 914 6442* FAX *053 46442* **Zimmer** *4* **Straßenkarte** *D5*

Das spätviktorianische B&B in Ziegelbauweise liegt in Gehnähe zum Zentrum und 25 Autominuten von der Rosslare-Fähre entfernt. Es genießt einen guten Ruf. Hübsch dekorierte Zimmer mit moderner Ausstattung, einige mit Himmelbetten. Seamus und Kay McMenamin sind hilfsbereite Gastgeber. **www.wexford-bedandbreakfast.com**

Cork und Kerry

BALTIMORE Casey's €€

Baltimore, Co Cork Tel. *028 20197* FAX *028 20509* **Zimmer** *14* **Straßenkarte** *B6*

Die Ruhe des Orts, von dem man den natürlichen Hafen und das Ilen River Estuary überblickt, passt zur stillen Eleganz der Zimmer. Seafood wird frisch aus dem Meer serviert, landwirtschaftliche Produkte kommen von den Bauernhöfen West-Corks. Hummer und Muscheln gehören zu den Spezialitäten. **www.caseysofbaltimore.com**

BALTIMORE The Waterfront €€€

The Waterfront, Baltimore, Co Cork Tel. *028 20600* FAX *028 20495* **Zimmer** *13* **Straßenkarte** *B6*

Das Gästehaus mit Hafenblick wird von Youen Jacob, dem jüngsten Sohn des berühmten Gastronomen Youen, geführt. Luftige Zimmer mit moderner Ausstattung, einige mit Blick aufs Meer und Sherkin Island. Ausgesuchte Antiquitäten verleihen dem modernen Haus Charakter. Zwei exzellente Restaurants. **www.waterfronthotel.ie**

BANTRY Ballylickey Manor House €€€

Bantry Bay, Co Cork Tel. *027 50071* FAX *027 50124* **Zimmer** *14* **Straßenkarte** *B6*

Das Herrenhaus in preisgekrönten Gärten ist über 300 Jahren alt. Es liegt sehr idyllisch zwischen Bergen und Mooren. Die Einrichtung ist luxuriös, die Zimmer sind gemütlich. Sehr gute Küche. Beheiztes Schwimmbecken im Freien. ● *Jan–Ostern.* **www.ballylickeymanorhouse.com**

BANTRY Bantry House €€€

Bantry, Co Cork Tel. *027 50047* FAX *027 50795* **Zimmer** *7* **Straßenkarte** *B6*

Bantry House aus dem 18. Jahrhundert besitzt eine wunderbare Sammlung von Stilmöbeln. Seit neun Generationen befindet es sich im Besitz der gleichen Familie. Die Gästezimmer blicken auf die hübschen Gärten. Erklimmen Sie die monumentale »Stairway to the Sky«, um die tolle Aussicht zu genießen. ○ *März–Okt.* **www.bantryhouse.com**

CARAGH LAKE Ard na Sidhe €€€

Caragh Lake, Co Kerry Tel. *066 976 9105* FAX *066 976 9282* **Zimmer** *19* **Straßenkarte** *A5*

Das Haus (1913) im viktorianischen Stil offeriert Luxusunterkünfte am Caragh Lake. Die Zimmer sind mit Antikmöbeln eingerichtet und blicken entweder auf den See oder die umgebende Landschaft. Preisgekrönte Gartenanlagen erstrecken sich bis zum Seeufer. Boote vorhanden. ○ *Mai–Okt.* **www.ardnasidhe.com**

CARAGH LAKE Carrig Country House €€€€

Caragh Lake, Co Kerry Tel. *066 976 9100* FAX *066 976 9166* **Zimmer** *17* **Straßenkarte** *A5*

In Wäldern und Gärten voller seltener Pflanzen verströmt das viktorianische Haus absolut entspannte Atmosphäre. Es gibt offene Kamine und Antiquitäten. Die Zimmer sind groß und behaglich. Im Restaurant am See serviert man Forelle und Kerry-Lamm. Boote für Angelausflüge sind vorhanden. **www.carrighouse.com**

CASTLELYONS Ballyvolane House €€€€

Castlelyons, Co Cork Tel. *025 36349* FAX *025 36781* **Zimmer** *6* **Straßenkarte** *C5*

Um 1800 baute man das Haus von 1728, das von Parkland umgeben ist, nach italienischem Vorbild um. Dies ist an der klassischen Säulenhalle erkennbar, in der ein Flügel steht. Offene Kamine, elegante Einrichtung und große Zimmer mit Stilmöbeln. Forellen- und Lachsangeln möglich. **www.ballyvolanehouse.ie**

CASTLETOWNSHEND The Castle €€

Castletownshend, Co Cork Tel. *028 36100* **Zimmer** *7* **Straßenkarte** *B6*

Mitten im malerischen Ort Castletownshend steht The Castle – Teile davon stammen aus dem 17. Jahrhundert. Die Zimmer wurde sorgfältig erneuert, manche haben einen Balkon mit Blick auf das Wasser. Für Touren können Kajaks und Boote gemietet werden. **www.castle-townshend.com**

Preiskategorien *siehe Seite 294* **Zeichenerklärung** *siehe hintere Umschlagklappe*

CLONAKILTY O'Donovan's Hotel €€

Clonakilty, Co Cork Tel. *023 883 3250* FAX *023 883 3883* ***Zimmer*** *21* ***Straßenkarte*** *B6*

Das traditionelle Hotel im Zentrum der lebhaften Marktstadt gehört den O'Donovans seit fünf Generationen. Es ist zwar altmodisch und schlicht dekoriert, hat aber eine nette Atmosphäre. Das Restaurant hat Schanklizenz, in der Bar gibt es Live-Musik. Geschützte Buchten und Sandstrände liegen in der Nähe. **www.odonovanshotel.com**

CLONAKILTY Inchydoney Island Lodge & Spa €€€

Clonakilty, West Cork Tel. *023 883 3143* FAX *023 883 5229* ***Zimmer*** *67* ***Straßenkarte*** *B6*

Das moderne Hotel mit Spa ganz in der Nähe des pittoresken Dorfs Clonakilty liegt auf einer ruhigen Insel, die mit dem Festland über einen Damm verbunden ist. Vom Hotel aus hat man einen schönen Blick auf den Strand. In dem Luxusresort kann man gut entspannen. **www.inchydoneyisland.com**

CORK Garnish House €€

Western Rd, Cork Tel. *021 427 5111* FAX *021 427 3872* ***Zimmer*** *30* ***Straßenkarte*** *C5*

Das komfortable, in warmen Farben gehaltene Gästehaus liegt fünf Gehminuten vom Stadtzentrum entfernt. Bei der Ankunft reicht die überaus gastfreundliche Familie Lucey warme selbst gebackene Brötchen mit Tee und Kaffee. Die Zimmer (alle mit Bad, einige mit Jacuzzi) haben moderne Annehmlichkeiten. Nur B&B. **www.garnish.ie**

CORK Jury's Cork Inn €€

Anderson's Quay, Cork Tel. *021 494 3000* FAX *021 427 6144* ***Zimmer*** *133* ***Straßenkarte*** *C5*

Das Drei-Sterne-Hotel steht im Zentrum von Cork mit Blick auf den Fluss Lee. In den Zimmern mit Bad und moderner Einrichtung können zwei Erwachsene und zwei Kinder schlafen. Es gibt keinen Zimmerservice. Frühstück wird extra berechnet. **www.jurysinn.com**

CORK Lancaster Lodge €€

Lancaster Quay, Western Rd, Cork Tel. *021 425 1125* FAX *021 425 1126* ***Zimmer*** *48* ***Straßenkarte*** *C5*

Das moderne vierstöckige Gästehaus erreicht man von der Innenstadt aus in fünf Minuten zu Fuß. Das Interieur des Hauses ist zeitgenössisch, mit hellem Holzmobiliar. Die geräumigen Zimmer sind gut ausgestattet, die Bäder clever gestaltet. Exzellentes Frühstück. **www.lancasterlodge.com**

CORK Maryborough House Hotel €€

Maryborough Hill, Douglas, Cork Tel. *021 436 5555* FAX *021 436 5662* ***Zimmer*** *93* ***Straßenkarte*** *C5*

Das Originalgebäude (18. Jh.) wurde bei Um- und Ausbaumaßnahmen in das große Hotel integriert. Schöne Gärten. Die Zimmer sind groß und modern und haben designte Bäder. Man braucht nur zehn Minuten mit dem Auto zum Flughafen und zum Stadtzentrum. Sehr gute Freizeitangebote. **www.maryborough.com**

CORK Hayfield Manor Hotel €€€

Perrott Ave, College Rd, Cork Tel. *021 484 5900* FAX *021 431 6839* ***Zimmer*** *88* ***Straßenkarte*** *C5*

Das Mitglied der Kette »Small Luxury Hotels of the World« hat einen wunderschönen Garten. Es wurde 1996 eröffnet, besitzt aber das Flair eines alten Hauses. Elegante, hochwertige Einrichtung, großzügige, durchdachte Zimmer mit Bädern. Exzellente Freizeiteinrichtungen. **www.hayfieldmanor.ie**

COURTMACSHERRY Travara Lodge €€

Courtmacsherry, Co Cork Tel. *023 8846493* ***Zimmer*** *6* ***Straßenkarte*** *C5*

Das frühviktorianische Haus in dem hübschen Küstendorf überblickt die Courtmacsherry Bay. Ursprünglich war es das Wohnhaus eines Kapitäns, dann die Residenz eines Gentlemans, heute ist es ein Gästehaus mit schönem, gemütlichem Mobiliar. Einfache, gute Gerichte aus frischen Produkten. Freundliches Personal. **www.travaralodge.com**

DINGLE The Captain's House €€

The Mall, Dingle, Co Kerry Tel. *066 915 1531* FAX *066 915 1079* ***Zimmer*** *8* ***Straßenkarte*** *A5*

Das Hotel, dessen früherer Besitzer tatsächlich Kapitän der Handelsmarine war, erreicht man über eine Fußgängerbrücke über den Fluss Mall. Innen findet man Antiquitäten und nautische Objekte, die Kapitän Jim Milhench auf seinen Fahrten zusammentrug. Offene Kamine und gemütliche Zimmer. **www.captainsdingle.com**

DINGLE Dingle Skellig Hotel & Peninsula Spa €€

Dingle, Co Kerry Tel. *066 915 0200* FAX *066 915 1501* ***Zimmer*** *113* ***Straßenkarte*** *A5*

Das Vier-Sterne-Hotel mit schlichter Fassade genießt eine schöne Lage am Meer, am Stadtrand von Dingle. Es eignet sich vor allem für Familien. Das luftige Interieur lässt die Blicke aufs Meer besonders gut zur Geltung kommen. Hervorragende Freizeitangebote und Peninsula Spa. **www.dingleskellig.com**

DINGLE Greenmount House €€

Upper John St, Dingle, Co Kerry Tel. *066 915 1414* FAX *066 915 1974* ***Zimmer*** *14* ***Straßenkarte*** *A5*

Das moderne B&B nahe dem Stadtzentrum bietet hübsche Gästezimmer und eine wunderbare Aussicht auf die Stadt und den Hafen. Viele der gut ausgestatteten Zimmer sind Junior-Suiten mit Wohnbereich und Balkon. Es herrschen florale Muster und Holzböden vor. Preisgekröntes Frühstück. **www.greenmount-house.com**

DINGLE Emlagh House €€€

Dingle, Co Kerry Tel. *066 915 2345* FAX *066 915 2369* ***Zimmer*** *10* ***Straßenkarte*** *A5*

Nur ein paar Gehminuten von Dingles Innenstadt entfernt steht das luxuriöse Gästehaus in schön gestalteten Gärten. Es ist geschmackvoll im Landhausstil eingerichtet und wirkt durch und durch gemütlich. Die Zimmer sind behaglich, groß und floral geschmückt. Die meisten blicken auf den Hafen. **www.emlaghhouse.com**

Straßenkarte *siehe hintere Umschlaginnenseiten*

DINGLE PENINSULA Gorman's Clifftop House & Restaurant €€

Glaise Bheag, Ballydavid, Co Kerry ☎ & FAX *066 915 5162* ***Zimmer*** *9* ***Straßenkarte*** *A5*

Das Gästehaus liegt schön in einer Gaeltacht-Region und bietet Blick auf den Atlantik. Offene Kamine, Keramikleuchten und selbst gemachte Backwaren sorgen für entspanntes Flair. Die Zimmer sind mit handgezimmerten gewachsten Kiefernmöbeln eingerichtet. Das Frühstück ist hervorragend. **www.gormans-clifftophouse.com**

FOTA ISLAND Fota Island Resort €€

Fota Island, Co Cork ☎ *021 467 3000* FAX *021 488 3713* ***Zimmer*** *131* ***Straßenkarte*** *C6*

Das fantastische Resort liegt auf einer ruhigen Insel in East Cork und ist nur 15 Minuten von Cork entfernt. Zu dem Resort gehören ein Hotel, ein Championship-Golfplatz und ein luxuriöses Spa. Auf der Insel befinden sich auch der Fota Wildlife Park sowie Fota House mit den Gärten. **www.fotaisland.ie**

GOLEEN Fortview House €€

Gurtyowen, Toormore, Goleen, Co Cork ☎ & FAX *028 35324* ***Zimmer*** *3* ***Straßenkarte*** *B6*

Das Haus auf einem bewirtschafteten Bauernhof ist elegant mit Kiefernmöbeln eingerichtet. Die Zimmer haben Antiquitäten und Messingbetten. Man kann beim Melken helfen oder einfach spazieren gehen. Großzügiges Frühstück. Abendessen auf Anfrage. Cottages für Selbstversorger. ◯ *März–Nov.* **www.fortviewhousegoleen.com**

KENMARE Hawthorn House €€

Shelbourne St, Kenmore, Co Kerry ☎ *064 6641035* FAX *064 6641932* ***Zimmer*** *8* ***Straßenkarte*** *B5*

Das von einer überaus gastfreundlichen Familie geführte B&B ist zwar einfach dekoriert, aber einladend und ruhig. Die Zimmer – alle mit Bad – sind hübsch bemalt und mit Kiefernmöbeln eingerichtet. Mary O'Brien, die quirlige, großherzige Chefin, bereitet ein herrliches Frühstück zu. **www.hawthornhousekenmare.com**

KENMARE O'Donnabhain's Bar & Guesthouse €€

Kenmare, Co Kerry ☎ *064 664 2106* FAX *064 664 2321* ***Zimmer*** *10* ***Straßenkarte*** *B5*

Das familiengeführte Gästehaus und die Bar offerieren ihren Gästen warme Gastlichkeit sowie feine Gerichte und Getränke. Gäste wie Einwohner kommen gern hierher. Die Zimmer sind hell, geräumig und modern ausgestattet. Es gibt eine Gäste-Lounge, Gratis-WLAN-Zugang und Parkplätze. **www.odonnabhain-kenmare.com**

KENMARE Sea Shore Farm Guesthouse €€

Tubrid, Kenmare, Co Kerry ☎ & FAX *064 664 1270* ***Zimmer*** *6* ***Straßenkarte*** *B5*

Das Gästehaus blickt auf die Beara Pensinsula und liegt nur einen Kilometer vom Zentrum von Kenmare entfernt. Die geräumigen Zimmer sind komfortabel eingerichtet. Der Ausblick ist grandios. Der nahe Glen Inchaquin Park bietet mehrere Wege an Seen, Gebirgsbächen und durch Wälder. **www.seashorekenmare.com**

KENMARE Park Hotel Kenmare €€€€€

Kenmare, Co Kerry ☎ *064 664 1200* FAX *064 664 1402* ***Zimmer*** *46* ***Straßenkarte*** *B5*

Das Haus von 1897 in toller Lage mit Blick auf die Kenmare Bay gehört zu Irlands edelsten Hotels. Die opulente Ausstattung und antike Möbel tragen zum luxuriösen Flair bei. Die Zimmer sind individuell dekoriert. Das neue Spa ist Weltklasse. Es gibt zudem einen 18-Loch-Golfplatz. Der Service ist herausragend. **www.parkkenmare.com**

KENMARE Sheen Falls Lodge €€€€€

Kenmare, Co Kerry ☎ *064 664 1600* FAX *064 664 1386* ***Zimmer*** *66* ***Straßenkarte*** *B5*

Das Fünf-Sterne-Hotel mit großem Anwesen hat sich seit seiner Eröffnung 1991 den Ruf als eines der besten Hotels des Landes erarbeitet. Das klassische, moderne Mobiliar schafft eine elegante, aber geruhsame Atmosphäre. Zur Anlage gehört ein Reitzentrum. Lachsangeln möglich. **www.sheenfallslodge.ie**

KILLARNEY Earls Court House €€

Woodlawn Junction, Muckross Rd, Killarney, Co Kerry ☎ *064 663 4009* FAX *064 663 4366* ***Zimmer*** *30* ***Straßenkarte*** *B5*

Fünf Gehminuten trennen das luxuriöse Vier-Sterne-Hotel von Killarneys Zentrum. Offene Kamine, Antiquitäten und frische Blumen sorgen für ein entspannendes Ambiente. Die Zimmer sind sauber und geräumig, das Frühstück ist exzellent. **www.killarney-earlscourt.ie**

KILLARNEY Aghadoe Heights Hotel and Spa €€€

Lakes of Killarney, Co Kerry ☎ *064 663 1766* FAX *064 663 1345* ***Zimmer*** *74* ***Straßenkarte*** *B5*

Das preisgekrönte Fünf-Sterne-Resort bietet einen wundervollen Panoramablick über die Lakes of Killarney. Der Service ist erstklassig, die Zimmer sind luxuriös und komfortabel ausgestattet, das Restaurant ist schon mit vielen Preisen ausgezeichnet worden. **www.aghadoeheights.com**

KILLARNEY Hotel Dunloe Castle €€€€

Killarney, Co Kerry ☎ *064 664 4111* FAX *064 664 4583* ***Zimmer*** *102* ***Straßenkarte*** *B5*

Das moderne Hotel steht in schönen subtropischen Gärten, die wegen der seltenen Pflanzen mit Preisen ausgezeichnet wurden. Nahebei sind Ruinen einer Burg aus dem 13. Jahrhundert. Die großen Zimmer sind gut ausgestattet. Es gibt ein Reitzentrum, eine Tennishalle und im Fluss Luane kann man angeln. ◯ *Apr–Okt.* **www.thedunloe.com**

KILLARNEY Hotel Europe €€€€

Killarney, Co Kerry ☎ *064 667 1300* FAX *064 663 2118* ***Zimmer*** *187* ***Straßenkarte*** *B5*

Das Hotel Europe, eine riesige Fünf-Sterne-Anlage mit toller Sicht auf die Seen von Killarney und die Berge, wird makellos geführt. Es bietet große öffentliche Bereiche, elegante Einrichtung sowie großzügig bemessene Zimmer – teilweise mit wunderbarer Aussicht. In der Nähe liegen mehrere Golfplätze. ● *Jan.* **www.theeurope.com**

KILLARNEY Killarney Park Hotel €€€€

Killarney, Co Kerry 064 663 5555 FAX 064 663 5266 **Zimmer** 68 — **Straßenkarte** B5

Das elegante Hotel im Zentrum von Killarney vereint das Beste von Land und Stadt. Das Killarney Park Hotel bietet warme Gastlichkeit, einen Swimmingpool und einen Jacuzzi. Von den Zimmern blickt man entweder auf den Hotelgarten, die Berge hinter der Stadt oder auf die Stadt. **www.killarneyparkhotel.ie**

KINSALE Carlton Hotel Kinsale €

Rathmore Rd, Kinsale, Co Cork 021 470 6000 FAX 021 470 6001 **Zimmer** 90 — **Straßenkarte** B6

Das Hotel liegt inmitten einer 36 Hektar großen Parklandschaft und bietet wunderschöne Ausblicke über die Oysterhaven Bay. Das Carlton ist ein ruhiger Platz gleich außerhalb von Kinsale. Zu den Annehmlichkeiten gehören ein Pool, ein Kinderclub und ein luxuriöses Spa. **www.carltonkinsalehotel.com**

KINSALE Acton's Hotel €€

Pier Rd, Kinsale, Co Cork 021 477 99 00 FAX 021 4772231 **Zimmer** 73 — **Straßenkarte** B6

Das komfortable, freundliche Hotel in Kinsale steht direkt am Ufer mit schönem Blick über den Hafen. Das Hotel ist eine ideale Ausgangsposition, um das Dorf und die Gegend zu erkunden. Die Zimmer sind geschmackvoll eingerichtet, von den Superior Rooms hat man eine schöne Aussicht auf den Hafen. **www.actonshotelkinsale.com**

KINSALE Blindgate House €€

Blindgate, Co Cork 021 477 7858 FAX 021 477 7868 **Zimmer** 11 — **Straßenkarte** B6

Das moderne Haus mit eigenem Garten bietet wunderbares Interieur und eine luftige Atmosphäre. Zum hervorragenden Frühstück gehören frisch gepresste Säfte, Joghurt, Käse und frischer Fisch. Die schnörkellosen, gut ausgestatteten Zimmer haben alle Bäder. **www.blindgatehouse.com**

KINSALE Old Bank House €€

11 Pearse St, Kinsale, Co Cork 021 477 4075 FAX 021 477 4296 **Zimmer** 17 — **Straßenkarte** B6

Das Gästehaus im Zentrum war einst eine Filiale der Munster and Leinster Bank. Es bietet geräumige Zimmer, die im Landhausstil ausgestattet sind und schöne Bäder haben. Von manchen Zimmern aus genießt man eine tolle Aussicht auf die Stadt. **www.oldbankhousekinsale.com**

KINSALE Old Presbytery €€

43 Cork St, Kinsale, Co Cork 021 477 2027 **Zimmer** 6 — **Straßenkarte** B6

Das bezaubernde georgianische Gästehaus mit viel Charakter bietet erstklassige Unterkunft. Die schönen Zimmer haben antike Messingbetten und Kiefernmöbel im Landhausstil, einige auch Jacuzzi oder Balkon. Sehr gutes Frühstück. In der Penthouse-Suite können fünf Personen schlafen. *März–Nov.* **www.oldpres.com**

KINSALE Trident Hotel €€

World's End, Kinsale, Co Cork 021 477 9300 FAX 021 477 4173 **Zimmer** 75 — **Straßenkarte** B6

Das Trident Hotel liegt direkt an der Bucht und gewährt direkten Blick auf den Hafen. Das vor Kurzem eingerichtete Restaurant Pier One serviert Bistro-Gerichte und À-la-carte-Menüs; in erster Linie gibt es jedoch frisches Seafood. **www.tridenthotel.com**

KINSALE The White House €€€

Pearse St, Kinsale, Co Cork 021 477 2125 FAX 021 477 2045 **Zimmer** 15 — **Straßenkarte** B6

Das restaurierte georgianische Gebäude im Zentrum von Kinsale beherbergt ein Boutique-Gästehaus in Familienbesitz mit beliebter Bar und exzellentem Restaurant. Die Zimmer mit Bad sind gut ausgestattet und geschmackvoll eingerichtet. Die Bar bietet häufig Live-Musik. Der Biergarten ist bei Gästen sehr beliebt. **www.whitehouse-kinsale.ie**

LISTOWEL Allo's Town House and Restaurant €€

41–43 Church St, Listowel, Co Kerry 068 22880 FAX 068 22803 **Zimmer** 3 — **Straßenkarte** B5

Gleich beim Hauptplatz der Marktstadt kombiniert das Hotel modernen Komfort mit Alte-Welt-Charme. Die stilvoll dekorierten Zimmer sind mit Stilmöbeln eingerichtet. Die Bäder zeigen Connemara-Marmor. Die Gastgeber sind überaus freundlich. Es gibt kein Frühstück, aber eine nette Bar mit Bistro.

LISTOWEL Listowel Arms Hotel €€

Listowel, Co Kerry 068 21500 FAX 068 22524 **Zimmer** 42 — **Straßenkarte** B5

In einer ruhigen Ecke des Hauptplatzes steht das historische Drei-Sterne-Hotel, in dem alljährlich im Juni die Listowel Writers' Week stattfindet. Bei der Renovierung wurde moderner Komfort hinzugefügt, ohne den Charakter zu beeinträchtigen. Das Restaurant serviert traditionelle Küche. **www.listowelarms.com**

LITTLE ISLAND Radisson Blu Hotel & Spa Cork €€

Ditchley House, Little Island, Cork 021 429 7000 FAX 021 429 7101 **Zimmer** 126 — **Straßenkarte** C6

Das schicke, elegante Hotel in einem vier Hektar großen Park liegt nur zehn Minuten außerhalb von Cork. Geboten wird eine Mischung aus altem Charme und modernem Design. Zu den Annehmlichkeiten gehören ein luxuriöses Spa, ein Pool und ein Fitness-Center sowie eine Bar und ein Restaurant. **www.radissonblu.ie/hotel-cork**

MACROOM Gougane Barra Hotel €€

Gougane Barra, Ballingeary, Macroom, West Cork 026 47069 FAX 026 47226 **Zimmer** 26 — **Straßenkarte** B6

Das familiengeführte Hotel liegt versteckt im Gougane Barra National Forest Park in der Nähe der Quelle des Flusses Lee und des ruhigen Sees Barra Lake und ist ein Hafen der Ruhe. Es gibt viele Outdoor-Aktivitäten, etwa Wanderungen und Tierbeobachtungsmöglichkeiten im Nationalpark. **www.gouganebarrahotel.com**

Straßenkarte *siehe hintere Umschlaginnenseiten*

MALLOW Longueville House €€€
Mallow, Co Cork 022 47156 FAX 022 47459 **Zimmer** 20 **Straßenkarte** B5

In einem riesigen bewaldeten Anwesen im Blackwater Valley bietet das georgianische Herrenhaus großzügig bemessene Zimmer mit Stuckdecken und luxuriösen Antiquitäten. Das Restaurant President's ist preisgekrönt. Weitere Pluspunkte: der georgianische Wintergarten und wunderschöne Spazierwege. **www.longuevillehouse.ie**

MIDLETON Barnabrow House €€
Barnabrow, Cloyne, Midleton, Co Cork & FAX 021 465 2534 **Zimmer** 22 **Straßenkarte** C6

Das Barnabrow liegt romantisch inmitten hügeligen Parklands mit schöner Sicht auf die Ballycotton Bay. Das ruhige Haus ist stilvoll dekoriert und hat afrikanisches Mobiliar. Die Zimmer – einige davon in restaurierten Gebäuden hinter dem Haupthaus – sind geräumig. **www.barnabrowhouse.ie**

SCHULL Corthna Lodge Guesthouse €€
Airhill, Schull, Co Cork 028 28517 **Zimmer** 6 **Straßenkarte** B6

Das reizende Gästehaus steht in Gehweite zum Ort Schull und zum Hafen. Die Zimmer sind komfortabel und gut ausgestattet. Frühstück ist inklusive. In der Gartenanlage dürfen Gäste die Sonnenterrasse, den Whirlpool und den Grillplatz nutzen. *Mai–Sep.* **www.corthna-lodge.net**

SHANAGARRY Ballymaloe House €€€
Shanagarry, Co Cork 021 465 2531 FAX 021 465 2021 **Zimmer** 34 **Straßenkarte** C6

Das elegante Ballymaloe House, vielleicht Irlands bekanntestes Landhaus mit Restaurant und Kochschule, steht inmitten von Feldern und Gärten. Die Zimmer sind geschmackvoll dekoriert, das Restaurant genießt landesweites Renommee. Hilfsbereites Personal. Zum Hotel gehört auch ein Handwerksladen. **www.ballymaloe.ie**

SKIBBEREEN West Cork Hotel €€
Ilen St, Shibbereen, Co Cork 028 21277 FAX 028 22333 **Zimmer** 34 **Straßenkarte** B6

Das 1900 erbaute West Cork Hotel liegt wunderschön am Flussufer. Kürzlich möbelte man das Haus zeitgemäß auf. Die Gästezimmer haben moderne Einrichtungen. Die Zimmer auf der Rückseite des Hauses blicken auf den Fluss. Zum Hotel gehören ein Restaurant und eine Bar. **www.westcorkhotel.com**

SNEEM Tahilla Cove Country House €€
Sneem, Co Kerry 064 664 5204 FAX 064 664 5104 **Zimmer** 9 **Straßenkarte** A6

Die freundliche Pension in zwei Häusern, umgeben von Eichenwald und Gärten, bietet hübsch eingerichtete Zimmer, alle mit Bad. Von den meisten Zimmern blickt man auf die Berge oder aufs Meer. Die Familie Waterhouse kümmert sich rührend um ihre Gäste. Gute ländliche Küche. **www.tahillacove.com**

SNEEM Parknasilla Hotel €€€€
Parknasilla, Sneem, Co Kerry 064 667 5600 FAX 064 664 5323 **Zimmer** 83 **Straßenkarte** A6

Das von subtropischen Gärten umgebene viktorianische Hotel genießt eine schöne Lage mit Blick auf die Kenmare Bay. Antiquitäten, Kunst und frische Blumen schaffen die richtige Atmosphäre. Schöne Ergänzungen sind das Spa und der Zwölf-Loch-Golfplatz. Empfehlenswert: das elegante Restaurant Pygmalion. **www.parknasillahotel.ie**

WATERVILLE The Old Cable House €€
Waterville, Co Kerry 066 947 4233 **Zimmer** 6 **Straßenkarte** A6

Von dem Haus im viktorianischen Stil hat man einen wunderbaren Blick über den Atlantik. Alan und Margaret Brown sorgen für einen behaglichen Aufenthalt. Das Hotel liegt in einem der schönsten Gebiete Irlands, in der Nähe befinden sich der Ring of Kerry sowie der Golfclub Waterville. **www.oldcablehouse.com**

WATERVILLE The Smugglers Inn €€
Cliff Rd, Waterville, Co Kerry 066 947 4330 **Zimmer** 14 **Straßenkarte** A6

Das Inn liegt auf den Klippen und bietet einen beeindruckenden Blick. Entspannen Sie sich im großen Wohnzimmer im ersten Stock, und genießen Sie den wunderbaren Meerblick. Das Hotel liegt ganz in der Nähe des berühmten Waterville Golf Links Club. Die Zimmer sind schön und gemütlich. *Apr–Okt.* **www.the-smugglers-in.com**

Unterer Shannon

ABBEYFEALE Fitzgerald's Farmhouse & Equestrian Centre €€
Mount Marian, Abbeyfeale, Co Limerick 068 31217 FAX 068 31558 **Zimmer** 6 **Straßenkarte** B4

Das Haus an der Grenze zwischen Kerry und Limerick ist für Kinder perfekt. Es gibt ein Tiergehege mit Bauernhoftieren und über 30 Pferden. Auf den Pferden kann man am Strand ausreiten. Es gibt auch einen hervorragenden Naturpfad. Freundliches Personal. **www.fitzgeraldsfarmhouse.com**

ADARE Dunraven Arms €€€
Adare, Co Limerick 061 605 900 FAX 061 396 541 **Zimmer** 89 **Straßenkarte** B5

1792 wurde in einem der malerischsten Dörfer des Landes die Pension gegründet, die sich ihren Charakter erhalten hat, obwohl sie sich zum luxuriösen Landhotel entwickelte. Das Haus mit offenen Kaminen und Antiquitäten ist für beispielhafte irische Gastfreundlichkeit bekannt. Schön eingerichtete Zimmer. **www.dunravenhotel.com**

ADARE Adare Manor Hotel & Golf Resort €€€€€

Adare, Co Limerick Tel. *061 605 200* FAX *061 605 248* ***Zimmer*** *62* ***Straßenkarte*** *B5*

Das neugotische Herrenhaus von 1720, ehemals Residenz der Earls of Dunraven, steht in einem großen Garten am Fluss Maigue. Die Zimmer mit hohen Decken und Originalelementen sind luxuriös eingerichtet und bieten Ausblick auf den Garten und einen Golfplatz. Elegante Gästezimmer. Spa. **www.adaremanor.com**

ARDFINNAN Kilmaneen Farmhouse €€

Newcastle, Ardfinnan, Co Tipperary Tel. *&* FAX *052 613 6231* ***Zimmer*** *3* ***Straßenkarte*** *C5*

Das 200 Jahre alte, preisgekrönte Bauernhaus steht auf dem Anwesen einer Molkerei. Die Gastgeber sind freundlich, das Ambiente ist entspannend. Gute Hausmannskost. Die Unterkunft, die von Bergen umgeben ist und nahe am Fluss Suir liegt, ist ideal für einen Wander- oder Angelurlaub. **www.kilmaneen.com**

BALLINDERRY Kylenoe House €€

Ballinderry, Nenagh, Co Tipperary Tel. *067 22015* FAX *067 22275* ***Zimmer*** *3* ***Straßenkarte*** *C4*

Nahe Lough Derg, inmitten von Ackerland und Wäldern, steht das 200-jährige Steinhaus. Es ist mit Antiquitäten und offenen Kaminen im Landhausstil gestaltet und verströmt ein einladendes, ruhiges Ambiente. Das Frühstück ist mit Preisen ausgezeichnet worden. Abendessen gibt es auf Anfrage.

BALLYVAUGHAN Hylands Burren Hotel €€

Ballyvaughan, Co Clare Tel. *065 707 7037* FAX *065 707 7131* ***Zimmer*** *30* ***Straßenkarte*** *B4*

Im Herzen des Dorfs Ballyvaughan liegt das familiengeführte, traditionelle Hotel (18. Jh.). Die Zimmer sind sauber und schlicht, die Atmosphäre ist – auch dank offener Kamine und irischer Live-Musik in der Bar – einladend und vergnüglich. Essen gibt es den ganzen Tag über. Populär wegen der Lage am Burren. **www.hylandsburren.com**

BANSHA Lismacue House €€€

Bansha, Co Tipperary Tel. *062 54106* FAX *062 54026* ***Zimmer*** *5* ***Straßenkarte*** *C5*

Das irische Landhaus, Mitglied der Hotelgruppe »Hidden Ireland«, geht auf das Jahr 1813 zurück. Man erreicht es über eine mit Linden gesäumte Allee. Elegantes Interieur mit Stilmöbeln und ruhige Lage mit Blick auf die Galtee Mountains. Auf dem Anwesen kann man Forellen angeln. **www.lismacue.com**

BORRISOKANE Coolbawn Quay House €€

Coolbawn, Nenagh, Borrisokane, Co Tipperary Tel. *067 28158* FAX *067 28162* ***Zimmer*** *48* ***Straßenkarte*** *C4*

Auf dem Areal am See kann man Apartments, Zimmer und Cottages mieten. Für Segler stehen auch Ankerplätze bereit. Darüber hinaus gibt es ein Spa mit wunderschönem Blick über Lough Derg, eine kleine Bar und einen Speisesaal. Gutes Frühstück, vor allem das hausgemachte Müsli. **www.coolbawnquay.com**

BUNRATTY Bunratty Castle Hotel €€

Bunratty, Co Clare Tel. *061 478 700* FAX *061 364 891* ***Zimmer*** *144* ***Straßenkarte*** *B4*

Das georgianische Hotel mit eigenem Garten liegt nur acht Kilometer vom Flughafen Shannon entfernt, gegenüber dem historischen Bunratty Castle. Geräumige, moderne Zimmer. Kathleen's Bar bietet Mittag- und Abendessen, es gibt aber auch ein italienisches Restaurant. **www.bunrattycastlehotel.com**

CASHEL Cashel Palace Hotel €€

Main St, Cashel, Co Tipperary Tel. *062 62707* FAX *062 61521* ***Zimmer*** *20* ***Straßenkarte*** *C5*

Das schöne Queen-Anne-Haus von 1730, ursprünglich ein Bischofspalais, steht in einem ruhigen Garten im Zentrum der Stadt. Die großen, eleganten Zimmer blicken auf den Garten und den berühmten Rock of Cashel. Das Restaurant Bishop's Buttery bewirtet den ganzen Tag lang Gäste. **www.cashel-palace.ie**

CASHEL Hill House €€

Palmer Hill, Cashel, Co Tipperary Tel. *062 61277* ***Zimmer*** *5* ***Straßenkarte*** *C5*

Das schöne georgianische Haus aus dem Jahr 1710 hat viel Charakter. Darüber hinaus gewährt es einen fantastischen Blick auf den Rock of Cashel. Das Frühstück ist sehr gut mit frisch gebackenem Brot und Scones, frischen Früchten, Müsli und irischem *fry*. **www.hillhousecashel.com**

CLONMEL Minella Hotel €€

Clonmel, Co Tipperary Tel. *052 612 2388* FAX *052 612 4381* ***Zimmer*** *90* ***Straßenkarte*** *C5*

Das Vier-Sterne-Hotel Minella am Fluss Suir entstand Schritt für Schritt aus einem Gebäude von 1863. Das Hotel der pferdenärrischen Nallens hat nur ein Thema: Pferde. In der Nähe gibt es auch Reitställe. Serviert wird traditionelle irische Küche. Es gibt einen Freizeitbereich mit Schwimmbad und Warmbadebecken. **www.hotelminella.ie**

COROFIN Fergus View €€

Kilnaboy, Corofin, Co Clare Tel. *&* FAX *065 683 7606* ***Zimmer*** *6* ***Straßenkarte*** *B4*

Das preisgünstige Gästehaus hat kleine, aber nette Zimmer mit vielen Broschüren über die umliegenden Sehenswürdigkeiten. Für die Zubereitung des Frühstücks werden nur Zutaten aus eigenem Anbau verwendet. Der gepflegte Garten reicht bis hinunter zum Fluss Fergus. *März–Okt.* **www.fergusview.com**

DOOLIN Ballinalacken Castle Country House €€€

Doolin, Co Clare Tel. *&* FAX *065 707 4025* ***Zimmer*** *12* ***Straßenkarte*** *B4*

Eine Burg aus dem 15. Jahrhundert steht neben dem Landhaus, das mit antiken Möbeln eingerichtet ist. Die Zimmer sind gemütlich. Fragen Sie nach einem Zimmer, das zum Meer hinausgeht. Im großen Speisezimmer werden frisches Seafood und Fleischgerichte serviert. *Apr–Okt.* **www.ballinalackencastle.com**

Straßenkarte *siehe hintere Umschlaginnenseiten*

ENNIS Newpark House €€

Ennis, Co Clare & FAX 065 682 1233 ***Zimmer*** *6* ***Straßenkarte*** *B4*

Das historische Haus in Nähe des Zentrums ist von alten Linden, Buchen und Eichen umgeben. Die geruhsamen, nett ausstaffierten Zimmer sind unterschiedlich groß, haben aber alle ein Bad. Die Familie Barron ist Gästen bei der Verfolgung ihres Stammbaums behilflich. **www.newparkhouse.com**

ENNIS The Old Ground €€€€€

Ennis, Co Clare 065 682 8127 FAX 065 682 8112 ***Zimmer*** *105* ***Straßenkarte*** *B4*

Das efeuberankte Hotel aus dem 18. Jahrhundert steht mitten in einer der lebhaftesten irischen Städte. The Poet's Corner ist eine traditionelle Bar mit irischer Musik von Donnerstag bis Sonntag. Das Town Hall Bistro ist ein erstklassiges Restaurant, in dem sich Besucher und Einheimische mischen. **www.flynnhotels.com**

GLEN OF AHERLOW Aherlow House €€

Glen of Aherlow, Co Tipperary 062 56153 FAX 062 56212 ***Zimmer*** *29* ***Straßenkarte*** *C5*

Mitten in einem Kiefernwald im Glen of Aherlow Nature Park bietet das Hotel gute Unterkunft mit Blick auf die Galtee Mountains. Beliebte Beschäftigungen sind Waldspaziergänge und Angeln. In der Nähe kann man auch Rad fahren und reiten. Es gibt zudem gut ausgestattete Lodges für Selbstversorger. **www.aherlowhouse.ie**

GLIN Old Castle House €€

Glin, Co Limerick 068 34963 ***Zimmer*** *4* ***Straßenkarte*** *B5*

Das charmante Bed and Breakfast im pittoresken Dorf Glin liegt neben den Ruinen des Old Castle. Von den Zimmern aus blickt man auf den Fluss oder die Burg. Im Sommer wird das Essen auf der Terrasse am Fluss serviert. Hier ist ein angenehmer und komfortabler Aufenthalt gewiss. **www.oldcastlehouse.com**

KILKEE Stella Maris Hotel €

Kilkee, Co Clare 065 905 6455 FAX 065 906 0006 ***Zimmer*** *20* ***Straßenkarte*** *B4*

Das familiengeführte Hotel im Zentrum von Kilkee wirkt freundlich-entspannt. Im Winter prasselt ein Feuer im Kamin, im Sommer lockt die Lage am Meer die Gäste an. Die Zimmer sind hell und luftig. Das Hotelrestaurant serviert traditionelle irische Gerichte. **www.stellamarishotel.com**

KILMALLOCK Flemingstown House €€

Kilmallock, Co Limerick 063 98093 FAX 063 98546 ***Zimmer*** *5* ***Straßenkarte*** *B5*

Das 250 Jahre alte Bauernhaus auf einem bewirtschafteten Bauernhof wurde ausgebaut und bietet nun gepflegte Zimmer, Gastlichkeit und legere Atmosphäre. Das Frühstück mit selbst gebackenem Brot und Crêpes ist ein Genuss. Dinner können arrangiert werden. *März–Okt.* **www.flemingstown.com**

LAHINCH Moy House €€€

Lahinch, Co Clare 065 708 2800 FAX 065 708 2500 ***Zimmer*** *9* ***Straßenkarte*** *B4*

Das Haus aus den 1820er Jahren mit tollem Blick über die Liscannor Bay aufs Meer, Richtung Cliffs of Moher, ist das luxuriöseste Hotel der Gegend – mit Teppichen, Antiquitäten und eleganten Stoffen. Die gut ausgestatteten Zimmer haben Meerblick. Zum Anwesen gehören ein Obst- und ein ökologischer Gemüsegarten. **www.moyhouse.com**

LIMERICK The Clarion Hotel €€

Steamboat Quay, Dock Rd, Limerick & FAX 061 444 117 ***Zimmer*** *158* ***Straßenkarte*** *B4*

Das moderne, 17-stöckige Hotel mit Blick auf den Shannon ist angeblich das höchste des Landes. Klare Linien, moderne Farbgebung und Walnusstäfelungen geben den Ton an. Die Zimmer sind gut ausgestattet. Das Restaurant Sinergie genießt eine wunderbare Uferlage. Wellness- und Fitness-Center. **www.clarionhotellimerick.com**

LIMERICK No 1 Pery Square €€

1 Pery Square, Limerick 061 402 402 FAX 061 313 060 ***Zimmer*** *20* ***Straßenkarte*** *B4*

Das stylishe und moderne Boutique-Hotel liegt inmitten des georgianischen Viertels von Limerick. Das Gebäude wurde liebevoll restauriert, wobei viele historische Merkmale erhalten blieben. Es gibt ein exzellentes Restaurant und ein ganzheitliches Spa im Untergeschoss. **www.oneperrysquare.com**

LIMERICK Woodfield House €€

Ennis Rd, Co Limerick 061 453 022 FAX 061 326 755 ***Zimmer*** *26* ***Straßenkarte*** *B4*

Das angenehme Drei-Sterne-Hotel gleich außerhalb Limericks, Richtung Ennis, ist recht traditionell. Die Zimmer sind elegant eingerichtet und haben modernen Komfort. Das Stadtzentrum und die Sehenswürdigkeiten sind leicht zu erreichen. Woodies Steakhouse ist empfehlenswert. **www.woodfieldhousehotel.com**

LOOP HEAD Anvil Farm Guesthouse €€

Kilbaha, Loop Head, Co Clare 065 905 8018 FAX 065 905 8331 ***Zimmer*** *5* ***Straßenkarte*** *B4*

Das geschmackvoll dekorierte Bauernhaus steht auf dem wunderbar unberührten Loop Head. Die Zimmer (alle mit Bad) sind behaglich. Ideale Basis zur Erkundung der Gegend: Man kann Delfine und Vögel beobachten, wandern, angeln, tauchen und Pony-Ausflüge unternehmen. Gute Hausmannskost. *März–Okt.* **www.westclare.com**

NENAGH Ashley Park House €€

Ardcroney, Nenagh, Co Tipperary & FAX 067 38223 ***Zimmer*** *5* ***Straßenkarte*** *C4*

Das attraktive Landhaus (18. Jh.) steht inmitten von Buchenwäldern und Gärten am Ufer des Lough Ourna. Das elegant eingerichtete Haus verströmt altmodischen Charme und Komfort. Die Zimmer mit Stilmöbeln und Messingbetten blicken auf den See und die Slieve Bloom Mountains dahinter. **www.ashleypark.com**

Preiskategorien *siehe Seite 294* **Zeichenerklärung** *siehe hintere Umschlagklappe*

NEWMARKET-ON-FERGUS Carrygerry House €€

Newmarket-on-Fergus, Co Clare 061 360 500 FAX 061 360 700 **Zimmer** 11 **Straßenkarte** B4

Nur zehn Minuten vom Flughafen Shannon entfernt steht das Carrygerry House (spätes 18. Jh.) in beschaulicher ländlicher Umgebung mit Blick auf die Mündungen von Shannon und Fergus. Das Interieur ist ländlich-rustikal mit offenen Kaminen. Herzhaftes Frühstück. Im Restaurant gibt es Hausmannskost. **www.carrygerryhouse.com**

NEWMARKET-ON-FERGUS Dromoland Castle €€€€€

Newmarket-on-Fergus, Co Clare 061 368 144 FAX 061 363 355 **Zimmer** 99 **Straßenkarte** B4

Dromoland Castle ist eines der besten Hotels des Landes. Dromolands Eleganz mit opulentem Mobiliar, Antiquitäten und Kristalllüstern wird durch die Postkarten-Szenerie des Anwesens unterstrichen. Die Zimmer sind luxuriös. Nur 13 Kilometer vom Flughafen Shannon entfernt. **www.dromoland.ie**

THURLES Inch House €€

Bouladuff, Thurles, Co Tipperary 0504 51261 FAX 0504 51754 **Zimmer** 5 **Straßenkarte** C4

Das stattliche georgianische Haus inmitten von Farmland hat große, nett eingerichtete Zimmer mit hohen Decken. Der Salon im William-Morris-Stil besitzt eine schöne Stuckdecke und ein Bleiglasfenster. Zum Haus gehört auch ein preisgekröntes Restaurant, das dienstags bis samstags jeweils abends geöffnet ist. **www.inchhouse.ie**

Westirland

ACHILL ISLAND Bervie €€

Keel, Achill Island, Co Mayo 098 43114 FAX 098 43407 **Zimmer** 14 **Straßenkarte** A3

Früher war das Haus am Strand eine Station der Küstenwache, heute erwarten den Gast nettes Personal und offenes Feuer. Die Zimmer mit Bad sind relativ kompakt. Der Nachmittagstee mit frischem Gebäck ist ein Genuss. Dinner muss vorbestellt werden. *Apr–Mitte Nov.* **www.bervie-guesthouse-achill.com**

ACHILL ISLAND Gray's Guest House €€

Dugort, Achill Island, Co Mayo 098 43244 **Zimmer** 15 **Straßenkarte** A3

Im kleinen Dorf Dugort besetzt die renommierte Pension mehrere Häuser. Sie ist seit 1970 für ihre große Gastfreundlichkeit bekannt. Es gibt mehrere Bereiche, die unterschiedlich dekoriert sind. Die Zimmer bieten altmodischen Komfort. Mittagessen, Nachmittagstee und Abendessen. *Ostern–Okt.*

ARAN ISLANDS Kilmurvey House €€

Kilronan, Aran Islands, Co Galway 099 61218 FAX 099 61397 **Zimmer** 12 **Straßenkarte** B4

Auf der Westseite der Insel, unterhalb von Dún Aonghasa und nahe Kilmurvey Bay, steht das 150 Jahre alte Steinhaus. Von den Zimmern (alle mit Bad) hat man großartige Aussicht. Das Kilmurvey House ist eine ideale Basis für Rad- und Wanderausflüge. **www.kilmurveyhouse.com**

ARAN ISLANDS Man of Aran Cottage €€

Kilmurvey, Inishmore, Aran Islands, Co Galway 099 61301 **Zimmer** 3 **Straßenkarte** B4

Das hübsche Cottage, das durch den Film gleichen Namens berühmt wurde, bietet drei gute Zimmer (allerdings hat nur eines ein eigenes Bad). Das Haus steht neben dem Kilmurvey-Strand und ist umgeben von Wildblumen und einem Gemüsegarten. Gäste können abends hier essen. *März–Okt.* **www.manofarancottage.com**

ARAN ISLANDS An Dún Guest House €€€

Inis Meain, Aran Islands, Co Galway & FAX 099 73047 **Zimmer** 5 **Straßenkarte** B4

Das einladende Gästehaus steht am Fuß von Connor's Fort auf Inishmaan (Inis Meáin), der traditionellsten der drei Aran Islands. Die Familie Faherty betreibt das Etablissement. Alle Zimmer verfügen über Bad und prächtige Aussicht. Es gibt auch eine Mini-Sauna. **www.inismeainaccommodation.com**

BALLINA The Ice House Hotel €€

The Quay, Ballina, Co Mayo 096 23500 FAX 096 23598 **Zimmer** 32 **Straßenkarte** B2

Das Designhotel in einem restaurierten Landhaus liegt neben dem Fluss Moy Estuary am Hafen von Ballina. Von den geräumigen Zimmern aus hat man dank der deckenhohen Fenster einen schönen Ausblick. Es gibt auch ein Spa und Hot Tubs. Das Frühstück ist sehr reichhaltig und köstlich. **www.icehousehotel.ie**

BALLYCONNEELY Emlaghmore Lodge €€€

Ballyconneely, Co Galway 095 23529 FAX 095 23860 **Zimmer** 4 **Straßenkarte** A3

Das kleine, abgeschiedene alte Fischerhaus zwischen Roundstone und Ballyconneely ist mit Antiquitäten und Familienporträts dekoriert. Von den schnörkellosen Zimmern hat man eine herrliche Aussicht. In der Nähe ist ein Fluss zum Fliegenfischen gehen. Gäste können abends hier essen. *Ostern–Okt.* **www.emlaghmore.com**

CARRICK-ON-SHANNON Hollywell Country House €€€

Carrick-on-Shannon, Co Leitrim & FAX 071 962 1124 **Zimmer** 4 **Straßenkarte** C3

Ronan und Gráinne Maher sind die Gastgeber in dem Gästehaus direkt am Shannon. Hier herrscht eine gemütliche und ruhige Atmosphäre. Das Frühstück ist sehr gut, dazu gibt es frisch gebackenes Brot und irische Pancakes mit Ahornsirup. *Ostern–Okt.*

CASHEL BAY Cashel House €€
Cashel Bay, Co Galway 095 31001 FAX 095 31077 ***Zimmer*** *30* ***Straßenkarte*** *A3*

Das bekannte Landhaus in einem großen Garten bietet tolle Sicht auf Cashel Bay. Hier nächtigten schon Charles de Gaulle und Gattin. Der beschauliche Komfort der mit Antiquitäten ausgestatteten Zimmer – alle mit offenen Kaminen und frischen Blumen – ist angenehm. Hervorragende Küche. **www.cashel-house-hotel.com**

CASHEL BAY Zetland House €€
Cashel Bay, Co Galway 095 31111 FAX 095 31117 ***Zimmer*** *22* ***Straßenkarte*** *A3*

Ursprünglich ein Jagdhaus (19. Jh.), ist das stilvolle Landhaus heute eine Oase der Ruhe in beneidenswerter Lage oberhalb der Cashel Bay, umgeben von Gärten mit Bäumen und blühenden Sträuchern. Die schönen Zimmer sind mit Antiquitäten eingerichtet. Die Küche des Hauses ist erstklassig. **www.zetland.com**

CASTLEBAR Breaffy House Hotel & Spa €€
Castlebar, Co Mayo 094 902 2033 FAX 094 902 2276 ***Zimmer*** *106* ***Straßenkarte*** *B3*

Am Stadtrand von Castlebar steht das Hotel von 1890, das in den letzten Jahren umfassend renoviert und modernisiert wurde, dabei jedoch das Flair eines alten Landhauses erhalten konnte. Die sauberen Gästezimmer sind gut ausgestattet. Sehr gute Freizeitangebote, darunter ein Spa. **www.breaffyhouseresort.com**

CASTLECOOTE Castlecoote House €€€€€
Castlecoote, Co Roscommon 0906 663 794 ***Zimmer*** *5* ***Straßenkarte*** *C3*

Das georgianische Haus auf dem Grund einer mittelalterlichen Burg ist von schöner Landschaft umgeben und bietet einen exzellenten Blick auf den Fluss Suck. Luxuriöses Interieur mit Stuckdecken, Marmorkaminen und Porträts von Sir Joshua Reynolds. Schöne Zimmer, ein Spielezimmer, Tennisplätze, Krocketrasen. **www.castlecootehouse.com**

CASTLEREA Clonalis House €€€
Castlerea, Co Roscommon & FAX 094 962 0014 ***Zimmer*** *4* ***Straßenkarte*** *C3*

Das imposante viktorianisch-italienische Herrenhaus in einem bewaldeten Anwesen ist die Heimat der O'Conors of Connacht, Nachkommen von Irlands letzten Oberkönigen. Zu den Erbstücken gehören eine wunderbare Bibliothek und die berühmte Carolan-Harfe. Große, gut eingerichtete Zimmer. Landküche. **www.clonalis.com**

CLIFDEN Dolphin Beach Country House €€
Lower Sky Rd, Clifden, Co Galway 095 21204 FAX 095 22935 ***Zimmer*** *9* ***Straßenkarte*** *A3*

Das zauberhafte Haus am Strand mit eigener Bucht ist hell, freundlich und stilvoll. Die geräumigen Gästezimmer sind mit antiken Möbeln und steifen Bettlaken ausgestattet. Im Speiseraum mit Blick auf die Bucht wird den Hotelgästen wohlschmeckende Hausmannskost serviert. **www.dolphinbeachhouse.com**

CLIFDEN The Quay House €€
Beach Rd, Clifden, Co Galway 095 21369 FAX 095 21608 ***Zimmer*** *14* ***Straßenkarte*** *A3*

1820 wurde das Haus, das wohl älteste Gebäude Clifdens, für den Hafenmeister gebaut. Die in die Jahre gekommenen Gastgeber, Paddy und Julia Foyle, haben einen angeborenen Sinn für großen Stil, zu erkennen in den üppig ausgestatteten, schrulligen Zimmern. Das köstliche Frühstück gibt es im Wintergarten. **www.thequayhouse.com**

CLIFDEN Abbeyglen Castle Hotel €€€€
Sky Road, Clifden, Connemara, Co Galway 095 21201 FAX 095 21797 ***Zimmer*** *49* ***Straßenkarte*** *A3*

Die historische Burg in Connemara reicht bis 1832 zurück. Das Hotel bietet wunderschöne Blicke auf die Twelve Ben Mountains und das Meer, das Dorf Clifden ist nur einen kurzen Spaziergang entfernt. Das Restaurant ist erstklassig, die Zimmer haben viel Charakter. Zur Anlage gehören auch ein Jacuzzi und eine Sauna. **www.abbeyglen.ie**

CONG Ashford Castle €€€€
Cong, Co Mayo 094 954 6003 FAX 094 954 6260 ***Zimmer*** *83* ***Straßenkarte*** *B3*

Irlands luxuriösestes großes Burghotel liegt romantisch in einem schönen Parkgelände mit Seen und Gärten. Die Burg aus dem 13. Jahrhundert besitzt eine opulente Ausstattung mit dunkler Holztäfelung, eine Rüstkammer, viel Kunst und schöne Kamine. Formelle, aber beschauliche Atmosphäre. **www.ashford.ie**

CROSSMOLINA Enniscoe House €€€
Castlehill, nahe Crossmolina, Co Mayo 096 31112 FAX 096 31773 ***Zimmer*** *6* ***Straßenkarte*** *B2*

Das schöne georgianische Haus auf einem wunderbaren Grundstück am Lough Conn ist voller Antiquitäten und Kunstwerke. Relaxtes Flair. Susan Kellet, die charmante Besitzerin, ist eine direkte Nachfahrin der Familie, die hier seit den 1660er Jahren residiert. Sie bietet einfache, aber gute Hausmannskost. **www.enniscoe.com**

GALWAY Devondell €€
47 Devon Park, Lower Salthill, Galway 091 528 306 ***Zimmer*** *4* ***Straßenkarte*** *B4*

Das kleine, moderne Gästehaus in einem Wohngebiet wirkt von außen unscheinbar, bietet innen aber echte Gastfreundlichkeit und gute Unterkunft. Berna Kelly ist eine nette und professionelle Gastgeberin. Hübsche, mit Bedacht eingerichtete Zimmer mit Gusseisenbetten. Superbes Frühstück. *März–Nov.* **www.devondell.com**

GALWAY Hotel Meyrick €€
Eyre Square, Galway 091 564 041 FAX 091 566 704 ***Zimmer*** *97* ***Straßenkarte*** *B4*

Das 1845 errichtete Eisenbahnhotel im Herzen Galways wurde sensibel modernisiert, ohne an Flair einzubüßen. Das Interieur besteht aus viel Mahagoni und Messing, die Zimmer sind elegant. Es gibt ein neues Wellness-Spa mit schöner Aussicht auf die Stadt. **www.hotelmeyrick.ie**

GALWAY Connemara Coast Hotel €€€
Furbo, Co Galway Tel. *091 592 108* Fax *091 592 065* ***Zimmer*** *141* ***Straßenkarte*** *B4*

Von dem Hotel hat man einen fantastischen Blick auf die Bucht von Galway. In zehn Minuten ist man mit dem Auto mitten in der Stadt. Das Coast Club Leisure Centre ist exzellent ausgestattet. Das Hotel hat zwei Restaurants, The Gallery und Daly's, sowie zwei Bars, Sin Sceal Eile und Player's. **www.connemaracoast.ie**

GALWAY The G Hotel €€€
Wellpark, Dublin Rd, Galway Tel. *091 865 200* Fax *091 865 203* ***Zimmer*** *101* ***Straßenkarte*** *B4*

Das Design des Fünf-Sterne-Hotels von Philip Treacy, der aus Galway stammt, ist dunkel und luxuriös. Die Zimmer sind geräumig, von vielen hat man einen schönen Blick aufs Meer. Das Restaurant ist erstklassig. Es gibt auch ein Luxus-Spa und ein Thermalbad. **www.theghotel.ie**

GALWAY Jurys Inn Galway €€€
Quay St, Galway Tel. *091 566 444* Fax *091 568 415* ***Zimmer*** *130* ***Straßenkarte*** *B4*

Das zentral gelegene Hotel – neben dem historischen Spanish Arch – ist ideal, um von hier aus die Innenstadt Galways zu erkunden. Die Zimmer bieten ein gutes Preis-Leistungs-Verhältnis, sind schlicht dekoriert und mit funktionalen Möbeln eingerichtet. Frühstück kostet extra. **www.jurysinns.com**

GALWAY Radisson Blu Hotel & Spa Galway €€€
Lough Atalia Rd, Galway Tel. *091 538 300* Fax *091 538 380* ***Zimmer*** *282* ***Straßenkarte*** *B4*

Modernes Hotel mit Blick auf Lough Atalia, rund fünf Gehminuten vom Zentrum entfernt. Geruhsames Ambiente. Gästezimmer gibt es in den Stilen skandinavisch, maritim und klassisch. Alle sind gut ausgestattet. Es gibt auch ein exzellentes Spa. Im Restaurant Marinas kocht man international. **www.radissonhotelgalway.com**

INISHBOFIN ISLAND Murray's Doonmore Hotel €€
Inishbofin Island, Co Galway Tel. *095 45804* Fax *095 45814* ***Zimmer*** *19* ***Straßenkarte*** *A3*

Das traditionelle Hotel mit Blick auf die Einfahrt des beschaulichen Inselhafens ist eine gute Ausgangsbasis zur Erkundung von Inishbofin Island. Im Restaurant gibt es Frühstück, Mittag- und Abendessen, es ist auf frisch gefangenen Fisch spezialisiert. Die einladende Bar mit Kamin ist bei Musikern beliebt. **www.doonmorehotel.com**

LEENANE Delphi Lodge €€€€
Leenane, Co Galway Tel. *095 42222* Fax *095 42296* ***Zimmer*** *12* ***Straßenkarte*** *B3*

Die Delphi Lodge, eines der berühmtesten Jagdhäuser der Landes, baute der Marquis of Sligo in den 1830er Jahren. Das Grundstück liegt in einem Tal zwischen majestätischen Bergen. Innen gibt es eine wunderbare Bibliothek, Antiquitäten und Anglerzeug. Gegessen wird gemeinsam. Man kann fischen und wandern. **www.delphilodge.ie**

LETTERFRACK Renvyle House Hotel €€
Renvyle, Letterfrack, Co Galway Tel. *095 43511* Fax *095 43515* ***Zimmer*** *72* ***Straßenkarte*** *A3*

Das historische, romantische Haus am Atlantik ist beliebt. Holzbalken, polierte Böden und offene Kamine schaffen eine entspannte Atmosphäre. Hier schliefen schon W. B. Yeats und Winston Churchill. Gutes Essen. Ideal für Familien. Tennis, Golf, Krocket und Forellenangeln. Von Mai bis September gibt es einen Pool im Freien. **www.renvyle.com**

LETTERFRACK Rosleague Manor House Hotel €€€
Letterfrack, Co Galway Tel. *095 41101* Fax *095 41168* ***Zimmer*** *20* ***Straßenkarte*** *A3*

Das wundervolle, 200 Jahre alte Regency-Herrenhaus ist eine Oase, die alle Sinne anspricht. Die Gärten mit exotischen Pflanzen erstrecken sich bis zur Ballinakill Bay. Das elegant eingerichtete Haus hat Charme und Charakter und bietet Luxus, Panoramablicke sowie hervorragende ländliche Küche. **www.rosleague.com**

MULRANY Rosturk Woods €€
Mulrany, Co Mayo Tel. *&* Fax *098 36264* ***Zimmer*** *6* ***Straßenkarte*** *B3*

Die beiden Häuser für Selbstversorger stehen etwas versteckt im Wald mit Blick auf Clew Bay. Gäste können Mahlzeiten bestellen oder in einem der Pubs in der Nähe essen. Der Gastgeber ist ein erfahrener Segellehrer und organisiert Boots- und Angelausflüge. Es gibt auch einen Tennisplatz und ein Spielezimmer. **www.rosturk-woods.com**

NEWPORT Newport House €€
Newport, Co Mayo Tel. *098 41222****Zimmer*** *16* ***Straßenkarte*** *B3*

Das prächtige, von wildem Wein umwucherte georgianische Herrenhaus liegt inmitten von Gärten, die sich zum Fluss Newport erstrecken. Ideal für alle, die echten Komfort und wahre Gastlichkeit suchen. Das Restaurant ist berühmt für frisches Seafood und die herausragende Weinkarte. In der Nähe kann man angeln. **www.newporthouse.ie**

OUGHTERARD Currarevagh House €€€
Oughterard, Co Galway Tel. *091 552 312* Fax *091 552 731* ***Zimmer*** *12* ***Straßenkarte*** *B3*

An einem ruhigen Ort am Lough Corrib, umgeben von Wald, Parkland und Gärten, steht das romantische viktorianische Landhaus. Gute Hausmannskost aus frischesten Produkten. In der Gegend ist Angeln beliebt – es gibt Lachse, Forellen, Hechte und Barsche. Großartige Wanderwege. **www.currarevagh.com**

OUGHTERARD Ross Lake House €€€
Rosscahill, Oughterard, Co Galway Tel. *091 550 109* Fax *091 550 184* ***Zimmer*** *13* ***Straßenkarte*** *B3*

In dem Landhaus von 1850 mit schönen Gärten bieten charmante Gastgeber komfortable, geräumige Gästezimmer mit Antiquitäten und Himmelbetten an. In den nahe gelegenen Seen kann man fischen. Auf dem Anwesen gibt es auch Tennisplätze. **www.rosslakehotel.com**

Straßenkarte *siehe hintere Umschlaginnenseiten*

PONTOON Foxford Lodge & Railway Cottages €

Pontoon Rd, Foxford, Co Mayo 094 925 7777 **Zimmer** 8 **Straßenkarte** B3

Die Foxford Lodge im netten Städtchen Foxford besitzt sechs große Zimmer mit Bad und zwei luxuriöse, komplett ausgestattete Eisenbahnhäuschen für Selbstversorger. Die Lodge veranstaltet Aquarellmalkurse und an den Wochenenden Krimispiele. Geführte Angelausflüge können arrangiert werden. **www.thefoxfordlodge.ie**

RECESS Ballynahinch Castle Hotel €€€

Recess, Co Galway 095 31006 FAX 095 31085 **Zimmer** 40 **Straßenkarte** A3

Die viktorianische Burg, einst Residenz des indischen Maharadschas Ranjit Singh, ist bei Anglern beliebt. Sie steht in einem schönen Parkgelände am Ufer des Flusses Ballynahinch. Das elegante Restaurant Owenmore mit Blick auf den Fluss serviert Connemara-Lamm und frischen Fisch. **www.ballynahinch-castle.com**

RECESS Lough Inagh Lodge Hotel €€€

Recess, Co Galway 095 34706 **Zimmer** 13 **Straßenkarte** A3

Der charmante, ländliche Rückzugsort liegt am Ufer von Lough Inagh, in der schönen Landschaft Connemaras. Die einfach-eleganten Zimmer des Hotels sind ideal als Basis für Angelfreunde und Radfahrer. In der Nähe gibt es einen 18-Loch-Golfplatz. *März–Dez.* **www.loughinaghlodgehotel.ie**

ROSCOMMON Abbey Hotel Conference & Leisure €€

Galway Rd, Roscommon 090 662 6240 FAX 090 662 6021 **Zimmer** 50 **Straßenkarte** C3

Das Vier-Sterne-Hotel mit eigenem Garten ist nach der Dominikanerabtei aus dem 13. Jahrhundert benannt, von der man noch Ruinen sieht. Das frisch renovierte Hotel bietet nette Zimmer und ebensolche Atmosphäre. Die Zimmer (alle mit Bad) sind gut eingerichtet und haben moderne Annehmlichkeiten. **www.abbeyhotel.ie**

ROUNDSTONE The Anglers Return €€

Toombeola, Roundstone, Co Galway 095 31091 **Zimmer** 5 **Straßenkarte** A3

Das einstige Jagdhaus (18. Jh.) ist heute ein charmantes Gästehaus mit schnörkellosem Interieur, ein paar Antiquitäten, weiß getünchten Wänden, Holzböden, offenen Kaminen und frischen Blumen. Die Zimmer sind geschmackvoll eingerichtet. Vom schönen Garten aus blickt man auf den Fluss. **www.anglersreturn.com**

WESTPORT Ardmore Country House Hotel €€

The Quay, Westport, Co Mayo 098 25994 FAX 098 27795 **Zimmer** 13 **Straßenkarte** B3

Das kleine familiengeführte Haus bietet einen Grad an Gastfreundlichkeit, dem man sich nur schwer entziehen kann. Die Unterkunft ist luxuriös. Einige Zimmer blicken auf die Clew Bay. Fantastisches Frühstück mit frischem Obst und selbst gebackenem Brot. *März–Okt.* **www.ardmorecountryhouse.com**

WESTPORT Westport Plaza Hotel €€

Castlebar St, Westport, Co Mayo 098 51166 FAX 098 51133 **Zimmer** 87 **Straßenkarte** B3

Das moderne Hotel bietet ein Freizeitzentrum und ein Spa. Das Westport Plaza ist ideal für Familien, die nicht direkt in der Stadt wohnen möchten. Das Personal ist freundlich und aufmerksam, der Swimmingpool ist bei Kindern sehr beliebt. Eine wunderbare Ausgangsbasis zur Erkundung des County Mayo. **www.westportplazahotel.ie**

WESTPORT Carlton Atlantic Coast Hotel €€€

The Quay, Co Mayo 098 29000 FAX 098 29111 **Zimmer** 85 **Straßenkarte** B3

Hinter der traditionellen Steinfassade einer alten Mühle verbirgt sich das moderne Hotel. Das Spa hat neun Behandlungsräume, ein Hydrotherapie-Bad und ein Basenbad im Float Tank. Blue Wave Restaurant und Fishworks Café & Bar bieten leckere Gerichte, gutes Bier und eine feine Weinauswahl. **www.atlanticcoasthotel.com**

WESTPORT Knockranny House Hotel €€€

Westport, Co Mayo 098 28600 FAX 098 28611 **Zimmer** 97 **Straßenkarte** B3

Das Vier-Sterne-Hotel bietet helle Zimmer mit gemütlichen Betten. Es ist in viktorianischem Stil gehalten und überblickt die Stadt Westport. Offene Kamine, warme Farben und Antiquitäten tragen zum einladenden Flair bei. Zu essen gibt es moderne irische Küche. Zum Hotel gehört auch ein Spa. **www.khh.ie**

Nordwest-Irland

ARDARA The Green Gate €€

Ardvally, Ardara, Co Donegal 074 954 1546 **Zimmer** 4 **Straßenkarte** C2

Der Franzose Paul Chatenoud, ein Gesinnungstäter, führt das B&B, das auch wegen seiner schönen Lage eines der besten in der Region ist. Die Zimmer verteilen sich auf zwei Cottages. Sie sind sehr einfach, aber angenehm, mit Tweed-Überwürfen auf den schlichten Betten. **www.thegreengate.com**

ARDARA Woodhill House €€

Wood Hill, Ardara, Co Donegal 074 954 1112 FAX 074 954 1516 **Zimmer** 13 **Straßenkarte** C2

Die Besitzer arbeiten seit 1987 mit viel Liebe an der Restaurierung des Woodhill House. Es gibt unterschiedlich eingerichtete Zimmer (alle mit Bad) – entweder im Haupthaus oder im umgebauten Kutschenhaus. Das Restaurant serviert Gerichte aus Zutaten der Region. **www.woodhillhouse.com**

BUNDORAN Great Northern Hotel €€€

Bundoran, Co Donegal 071 984 1204 FAX 071 984 1114 **Zimmer** 108 **Straßenkarte** C2

Das Hotel liegt in einem 50 Hektar großen Park und bietet einen schönen Blick auf den Atlantischen Ozean. Das Great Northern, das auch über einen Swimmingpool verfügt, ist ideal zum Entspannen und für Familienurlaube. Im Hotel wird oft Live-Musik gespielt. **www.greatnorthernhotel.com**

DONEGAL Atlantic Guest House €

Main St, Donegal, Co Donegal 074 972 1187 **Zimmer** 16 **Straßenkarte** C2

Das familiengeführte Gästehaus bietet eine freundliche Unterkunft im Herzen der Stadt. Zum Bus geht man eine Minute. Die preisgünstigen Zimmer sind geräumig, wenn auch etwas spärlich eingerichtet, jedes hat Fernseher und Kaffeemaschine, einige teilen sich ein Bad. Das Personal ist zuvorkommend. **www.atlanticguesthouse.ie**

DONEGAL Ard na Breatha €€

Drumrooske, Donegal, Co Donegal 074 972 2288 **Zimmer** 6 **Straßenkarte** C2

Das Farmgästehaus von Theresa und Albert Morrow befindet sich einen Kilometer vor Donegal in ruhiger Lage. Von der EU erhielt es eine Auszeichnung für Ökotourismus. Aus der Lounge kann man den weiten Blick auf die Bluestack Mountains, im Restaurant die Gerichte mit Zutaten vom Bauernhof genießen. **www.ardnabreatha.com**

DOWNINGS Rosapenna Hotel €€€

Downings, Co Donegal 074 915 5301 FAX 074 915 5128 **Zimmer** 60 **Straßenkarte** C1

Das Hotel- und Golfresort liegt neben den Golfplätzen Old Tom Morris und Sandy Hills an der rauen Küste von Donegal. Die Zimmer sind funktional eingerichtet, die Suiten mit Meerblick sind hübsch und bieten einen eigenen Balkon. Das Restaurant serviert hauptsächlich Seafood. Es gibt auch ein Dampfbad und eine Sauna. **www.rosapenna.ie**

DUNFANAGHY The Mill €€

Figart, Dunfanaghy, Co Donegal & FAX 074 913 6985 **Zimmer** 6 **Straßenkarte** C1

The Mill liegt wunderbar am New Lake und war ursprünglich das Wohnhaus vom Großvater des jetzigen Besitzers. Die Zimmer haben nette Details, neue Betten und antike Möbel. Im Wintergarten mit Seeblick kann man herrlich entspannen. *Mitte Dez–Mitte März.* **www.themillrestaurant.com**

DUNKINEELY Castle Murray House €€

St John's Point, Dunkineely, Co Donegal 074 973 7022 FAX 074 973 7330 **Zimmer** 10 **Straßenkarte** C2

Ein wundervoller Ort mit herrlichem Blick auf die McSweeney Bay. Das Dekor ist schlicht, aber jedes Zimmer hat ein eigenes Thema. Im Restaurant serviert man Kreationen des Küchenchefs Remy Dupuy: Seafood mit französischem Einschlag. In der Nebensaison ist das Haus nur an den Wochenenden geöffnet. **www.castlemurray.com**

LETTERKENNY Radisson Blu Hotel Letterkenny €€

Loop Rd, Letterkenny, Co Donegal 074 919 4444 FAX 074 919 4455 **Zimmer** 114 **Straßenkarte** C1

Das Vier-Sterne-Hotel, ein relativ neues Mitglied der angesehenen Radisson-Gruppe, liegt fünf Gehminuten vom Zentrum entfernt. Die Lobby im Stil eines Atriums schlägt den modernen Ton des ganzen Hauses an. Es gibt Zimmer für Rollstuhlfahrer und zahlreiche Parkplätze. **www.radissonblu.ie/hotel-letterkenny**

LOUGH ESKE Harvey's Point €€€€€

Donegal Town, Lough Eske, Co Donegal 074 972 2208 FAX 074 972 2352 **Zimmer** 71 **Straßenkarte** C2

Das Hotel im Schweizer Stil am Ufer des Lough Eske ist etwas für Romantiker, bietet ein exzellentes Restaurant und viele Sportmöglichkeiten. Die meisten der luftigen, komfortablen Zimmer blicken auf den See. In den Superior Rooms, etwas abseits vom Haupthaus gelegen, stehen Himmelbetten. **www.harveyspoint.com**

MOHILL Glebe House €

Ballinamore Rd, Mohill, Co Leitrim 071 963 1086 FAX 071 963 1886 **Zimmer** 10 **Straßenkarte** C3

B&B-Unterkunft auf hohem Niveau bietet das ehemalige Pfarrhaus aus dem frühen 19. Jahrhundert, das von Parkland, Wald und Äckern umgeben ist. In den Gärten kann man wunderbar spazieren gehen. Senioren und Kinder bekommen hier Preisnachlässe. **www.glebehouse.com**

MOHILL Lough Rynn Castle €€

Mohill, Co Leitrim 071 963 2700 FAX 071 963 2710 **Zimmer** 42 **Straßenkarte** C3

Das Burghotel verströmt alten Charme und Eleganz. Von den Zimmern aus blickt man über das 120 Hektar große Anwesen mit zwei Seen und ruhigen Gärten. Das Restaurant serviert traditionelle irische Küche für Feinschmecker, vor allem die Gerichte mit Rind aus der Region sind zu empfehlen. **www.loughrynn.ie**

RATHMULLAN Rathmullan House €€€

Rathmullan, Co Donegal 074 915 8188 FAX 074 915 8641 **Zimmer** 32 **Straßenkarte** C1

Das Rathmullan House, das für seine exzellente Küche bekannt ist, ist ein preisgekröntes Landhaus am Ufer des Lough Swilly mit vielen Bäumen, schönen Wanderwegen und vielen Gärten. Es gibt schöne Wohnzimmer mit offenen Kaminen. Zum Entspannen laden ein Spa und ein Swimmingpool ein. **www.rathmullanhouse.com**

RIVERSTOWN Coopershill House €€€€

Riverstown, Co Sligo 071 916 5108 FAX 071 916 5466 **Zimmer** 8 **Straßenkarte** C2

Sehr kultiviertes, elegantes Haus (17. Jh.) mit einem riesigen Anwesen. Die großen Zimmer sind geschmackvoll mit Antiquitäten und Himmelbetten eingerichtet. Offene Kamine, das historische Flair und der aufmerksame Service sorgen für Behaglichkeit. Exzellente Küche. **www.coopershill.com**

Straßenkarte *siehe hintere Umschlaginnenseiten*

ROSSES POINT Yeats Country Hotel €€€

Rosses Point, Co Sligo ☎ *071 917 7211* FAX *071 917 7203* ***Zimmer** 98* ***Straßenkarte** B2*

Das Hotel am Fuß des Ben Bulben mit Blick auf den Atlantik ist eine gute Basis für die Erkundung der Gegend. Die einfachen Zimmer haben Bad, Fernseher, Telefon, Fön und Kaffeemaschine. Im Haus finden auch viele Veranstaltungen statt. **www.yeatscountryhotel.com**

ROSSNOWLAGH Heron's Cove €€

Rossnowlagh, Co Donegal ☎ *071 982 2070* FAX *071 982 2075* ***Zimmer** 10* ***Straßenkarte** C2*

Das reizende Gästehaus in der Nähe des Creevy-Piers ist ein beliebter Ort, um nach einem Abendessen im Steak- und Seafood-Restaurant zu übernachten. Alle Zimmer sind mit Bad und Nichtrauchern vorbehalten. Das Frühstück ist beinahe allein eine Übernachtung wert. *Ostern–Okt.* **www.heronscove.ie**

ROSSNOWLAGH Sand House Hotel €€€

Rossnowlagh, Donegal Bay, Co Donegal ☎ *071 985 1777* FAX *071 985 2100* ***Zimmer** 55* ***Straßenkarte** C2*

Das imposante weiße Gebäude mit Zinnen direkt an einem Sandstrand in der Donegal Bay ist ein renommiertes, überaus komfortables und schön dekoriertes Hotel mit relaxter Atmosphäre. Ursprünglich war es ein Fischerhaus. Heute nächtigen die Gäste in schönen Zimmern, einige davon haben Himmelbetten. **www.sandhouse.ie**

SLIGO Clarion Hotel Sligo €€

Clarion Rd, Sligo ☎ *071 911 9000* FAX *071 911 9001* ***Zimmer** 162* ***Straßenkarte** C2*

Das Clarion ist ein eindrucksvolles Hotel am Rand von Sligo mit einem großartigen Ausblick auf den Ben Bulben. Für Familien werden spezielle Suiten angeboten. Es gibt mehrere Restaurants, einen Kinderclub, ein Fitness-Center und einen Swimmingpool. Die Kreditkarten von Diners Club werden nicht akzeptiert. **www.clarionhotelsligo.com**

Midlands

ATHLONE Hodson Bay Hotel €€

Hodson Bay, Athlone, Co Westmeath ☎ *090 644 2000* FAX *090 644 2020* ***Zimmer** 182* ***Straßenkarte** C3*

Im Zentrum Irlands, am Ufer des Lough Ree, liegt neben dem Athlone Golf Club dieses schön eingerichtete Hotel. Die großen Zimmer sind frisch renoviert, viele bieten tolle Sicht auf den See. Das Haus ist 90 Minuten von Dublin und Galway entfernt. Man kann auf dem Shannon Boot fahren. Es gibt auch ein Spa. **www.hodsonbayhotel.com**

ATHLONE Wineport Lodge €€€

Glasson, Athlone, Co Westmeath ☎ *090 643 9010* ***Zimmer** 29* ***Straßenkarte** C3*

Die romantische Lodge am Ufer des Lough Ree hat helle und geräumige Zimmer, wovon jedes den Namen eines anderen Weins trägt. Viele Zimmer haben Terrassen, die zum See hinausführen. Essen und Weine sind vorzüglich. Auf dem Dach gibt es einen Hot Tub aus Zedernholz. **www.wineport.ie**

BALLYCONNELL Slieve Russell Hotel, Golf & Country Club €€€

Ballyconnell, Co Cavan ☎ *049 952 6444* FAX *049 952 6046* ***Zimmer** 222* ***Straßenkarte** C3*

Seinen Namen hat das Hotel mit schön gestalteten Gärten und Seen von dem Berg in der Nähe. Es ist so etwas wie ein Business- und Gesellschaftszentrum der Gegend. Die Zimmer sind geräumig und haben gute Bäder. Zu den exzellenten Freizeitangeboten gehören Golfplatz, Spa und Therapie-Center. **www.slieverussell.com**

BELTURBET International Fishing Centre €€

Loughdooley, Belturbet, Co Cavan ☎ *&* FAX *049 952 2616* ***Zimmer** 18* ***Straßenkarte** C3*

Der Franzose Michael Neuville bietet in seiner wunderbar ruhigen Anlage direkt am Wasser Anglerurlaub an. In den Holz-Chalets am Fluss Erne kommen bis zu fünf Personen unter – ideal also für Familien, ob sie nun angeln oder nicht. **www.angling-holidays.com**

BIRR The Stables Town House & Restaurant €€

66 Oxmantown Mall, Birr, Co Offaly ☎ *057 912 0263* FAX *057 912 1677* ***Zimmer** 6* ***Straßenkarte** C4*

Das georgianische Haus im Stadtzentrum ist ein renommiertes B & B mit einem beliebten Restaurant. Die komfortablen Zimmer mit Alte-Welt-Charme haben eigene Bäder und blicken entweder auf die Mall oder den Hof. Haustiere sind hier erlaubt. Die zentrale Lage ist perfekt für die Erkundung der Stadt. **www.thestablesbirr.com**

CARLINGFORD Beaufort House €€

Ghan Rd, Carlingford, Co Louth ☎ *042 937 3879* ***Zimmer** 6* ***Straßenkarte** D3*

Das Beaufort ist eines von 14 irischen Gästehäusern, die für den hohen Standard einen Michelin-Bib-Hotelpreis erhielten. Die Zimmer sind sehr schön eingerichtet. Das Haus liegt an der Küste der Bucht mit Blick aufs Meer und auf die Berge. Die Besitzer haben eine Segelschule und betreiben einen Yacht-Service. **www.beauforthouse.net**

CARLINGFORD McKevitt's Village Hotel €€

Market Square, Carlingford, Co Louth ☎ *042 937 3116* FAX *042 937 3144* ***Zimmer** 17* ***Straßenkarte** D3*

Der beliebte Landgasthof in Familienhand steht mitten im Stadtzentrum. Die Zimmer sind hell, sauber und hübsch eingerichtet, ebenso die Badezimmer. Bar, Lounge und Speiseraum des Restaurants Schooner's kombinieren Alte-Welt-Charme mit modernem Komfort. Gelegentlich gibt es Sonderangebote. **www.mckevittshotel.com**

Preiskategorien *siehe Seite 294* **Zeichenerklärung** *siehe hintere Umschlagklappe*

CLONES Hilton Park €€€€

Clones, Co Monaghan 047 56007 FAX 047 56033 **Zimmer** 6 **Straßenkarte** C2

Das prächtige Herrenhaus, eines der schönsten in Irland, blickt auf riesige Flächen von Wald, Seen und Wiesen – ein romantisches Fleckchen samt »Lover's Walk« und barocken Gärten. Seit 1734 ist das Haus im Besitz der Familie Madden. Hier gibt entspannte Eleganz den Ton an. **www.hiltonpark.ie**

CLOVERHILL Olde Post Inn €€

Cloverhill, Co Cavan 047 55555 FAX 047 55111 **Zimmer** 6 **Straßenkarte** C3

Das schöne Steinhaus, einst ein Postamt, ist seit 1974 eine beliebte Pension. Das Ambiente ist rustikal, die Zimmer (alle mit Bad) sind schlicht, aber gemütlich. Das hervorragende Restaurant serviert Gerichte aus regionalen Produkten. Der Service ist effizient. Man kann reiten, wandern und angeln. **www.theoldepostinn.com**

COLLINSTOWN Lough Bishop House €€

Derrynagara, Collinstown, Co Westmeath 044 966 1313 **Zimmer** 3 **Straßenkarte** C3

An einem Südhang mit Blick auf Bishop's Lough steht das attraktive georgianische Haus, das gründlich renoviert wurde und nun ansprechende Zimmer mit schöner Aussicht bietet. Gute Landküche aus den jeweils frischesten Produkten der Region. Dinner nur nach vorheriger Absprache. **www.loughbishophouse.com**

CROSSDONEY Lisnamandra Country House €€

Lisnamandra, Crossdoney, Co Cavan 049 433 7196 **Zimmer** 6 **Straßenkarte** C3

Das restaurierte und modernisierte Bauernhaus aus dem 17. Jahrhundert eignet sich für all jene, die eine einfache, aber gute Unterkunft zu vernünftigen Preisen suchen. Die Zimmer haben alle eigene Bäder. Die Besitzer, die Familie Neill, sind überaus gastfreundlich. *Mai–Okt.* **www.lisnamandra.com**

DROGHEDA Boyne Valley Hotel & Country Club €€

Drogheda, Co Louth 041 983 7737 FAX 041 983 9188 **Zimmer** 71 **Straßenkarte** D3

Das von Gärten und Wäldern umgebene Herrenhaus (18. Jh.) hat sich trotz umfassender Erweiterungen und moderner Ausstattung sein traditionelles Flair erhalten. Gute Freizeitangebote, tüchtiges Personal. Die Zimmer im alten Haus haben mehr Charakter, die neueren eine bessere Ausstattung. **www.boyne-valley-hotel.ie**

DUNBOYNE Dunboyne Castle Hotel & Spa €€€

Dunboyne, Co Meath 01 801 3500 FAX 01 436 6801 **Zimmer** 145 **Straßenkarte** D3

Das Dunboyne ist das Schwesterhotel des Dylan in Dublin. Es liegt 16 Kilometer von Dublin entfernt in einem Anwesen mit Gärten und Wäldern. Die modernen Zimmer blicken auf die Gärten. Das Seoid Spa besitzt 18 Behandlungsräume und einen Hydrotherapie-Pool. Eleganter Ort, um perfekt zu relaxen. **www.dunboynecastlehotel.com**

KILMESSAN Station House Hotel & Restaurant €€

Kilmessan, Co Meath 046 902 5239 FAX 046 902 5588 **Zimmer** 20 **Straßenkarte** D3

Der letzte Passagierzug hielt in Kilmessan im Jahr 1947. Das viktorianische Bahnhofsgebäude erinnert an die gute alte Zeit, doch heute ist es ein behagliches Hotel mit gehobener, moderner Ausstattung. Von der Bar blickt man in schöne Gärten, deren Blumen man im ganzen Hotel findet. **www.thestationhousehotel.com**

KINNITTY Ardmore House €€

The Walk, Kinnity, Co Offaly 05791 37009, 086 278 9147 (mobil) **Zimmer** 4 **Straßenkarte** C4

Das gewissenhaft restaurierte viktorianische Haus mit Garten liegt im malerischen Dorf Kinnitty am Fuß der Slieve Bloom Mountains. Offenes Feuer, Hausmannskost und relaxte Atmosphäre tragen zum altmodischen Flair des Hauses bei. Die Zimmer sind geschmackvoll dekoriert, wenn auch nicht sehr gut ausgestattet. **www.kinnitty.net**

LONGFORD The Longford Arms Hotel €€

Main St, Longford 043 334 6296 FAX 043 334 6244 **Zimmer** 66 **Straßenkarte** C3

Im Herzen der Stadt steht das populäre, traditionell ausgestattete Hotel in Familienhand. Alle der komfortablen Zimmer haben ihr eigenes Bad. Im Coffee Shop kann man bis 20 Uhr essen, abends speist man im Restaurant. Zum Hotel gehören Wellness- und Freizeiteinrichtungen. **www.longfordarms.ie**

LONGFORD Viewmount House €€

Dublin Rd, Longford 043 334 1919 FAX 043 334 2906 **Zimmer** 12 **Straßenkarte** C3

Das georgianische Haus aus den 1750er Jahren am Stadtrand von Longford, einst im Besitz des Earl of Longford, wurde mit Flair und Liebe zum Detail restauriert. Die Gärten sorgen für einladende Stimmung. Die ehemaligen Stallungen beherbergen heute das Restaurant VM. **www.viewmounthouse.com**

MOATE Temple Country House & Spa €€€€

Horseleap, Moate, Co Westmeath 05793 35118 FAX 05793 35008 **Zimmer** 23 **Straßenkarte** C4

Das schöne, 250 Jahre alte Landhaus ist ein Relax- und Wohlfühl-Paradies. Die makellos gepflegten Zimmer sind hell, luftig und stilvoll dekoriert. Köstliche Hausmannskost. Es werden verschiedene Wellness-Anwendungen angeboten. Die Gäste können auch wandern, reiten und Fahrrad fahren. **www.templespa.ie**

MOUNTNUGENT Ross House Equestrian Centre €

Mountnugent, Co Cavan & FAX 049 854 0218 **Zimmer** 6 **Straßenkarte** C3

Das alte Herrenhaus liegt am Lough Sheelin idyllisch inmitten von Gärten und bietet erschwingliche Zimmerpreise sowie viele Freizeitangebote. Die Zimmer sind komfortabel, einige haben sogar einen Kamin oder Wintergarten. Bei allen Mahlzeiten gibt es gute Hausmannskost. Es gibt auch Lunch-Pakete für unterwegs. **www.ross-house.com**

Straßenkarte *siehe hintere Umschlaginnenseiten*

MOUNTRATH Roundwood House €€

Mountrath, Co Laois Tel. *05787 32120* Fax *05787 32711* **Zimmer** *10* **Straßenkarte** *C4*

Das imposante palladianische Haus (18. Jh.) steht mitten in einer Parklandschaft. Die Zimmer sind komfortabel und recht geräumig. Die Familie Kennan schreibt Gastfreundschaft groß. Gute Hausmannskost und köstliches Frühstück. Man isst gemeinsam. Es gibt auch zwei Häuschen für Selbstversorger. **www.roundwoodhouse.com**

MULLINGAR Bloomfield House €€

Mullingar, Co Westmeath Tel. *044 934 0894* Fax *044 934 3767* **Zimmer** *111* **Straßenkarte** *C3*

Fünf Kilometer außerhalb Mullingars blickt das renovierte Hotel auf den beschaulichen Lough Ennell. Eine hübsche Parklandschaft umgibt das ehemalige Witwenhaus, das komfortabel eingerichtete Zimmer bietet. Das Personal ist sehr um die Gäste bemüht. Zum Hotel gehört ein Freizeitzentrum. **www.bloomfieldhouse.com**

MULLINGAR Greville Arms €€

Pearse St, Mullingar, Co Westmeath Tel. *044 934 8563* Fax *044934 8052* **Zimmer** *39* **Straßenkarte** *C3*

Mitten in Mullingar richtet sich das Drei-Sterne-Hotel an Einheimische wie Besucher. Die Zimmer sind sauber und behaglich. Es gibt eine große Bar, Ulysses, und einen Nachtclub, Le Louvre. Hier nächtigte schon James Joyce, der die Bar in seinem Buch *Stephen Hero* verewigte. Essen gibt es den ganzen Tag über. **www.grevillearmshotel.ie**

MULTYFARNHAM Mornington House €€€

Mornington, Multyfarnham, Co Westmeath Tel. *044 72191* Fax *044 72338* **Zimmer** *5* **Straßenkarte** *C3*

Seit 1858 gehört das zauberhafte viktorianische Haus nahe dem Lough Derravarragh der Familie O'Hara. Warme Farbgebung, offene Kamine, Stilmöbel und Gemälde schaffen das Ambiente eines typisch irischen Landhauses. Kanus, Boote und Räder kann man leihen. Auch Ausritte mit Pferden sind möglich. **www.mornington.ie**

OLDCASTLE Lough Crew House €€

Oldcastle, Co Meath Tel. *049 854 1356* Fax *049 854 1921* **Zimmer** *10* **Straßenkarte** *D3*

Mitten in dem archäologisch interessanten Gebiet steht das B&B, umgeben von Wäldern und Seen. Schönes Mobiliar, Gemälde und offene Kamine verströmen unaufdringliche Eleganz. Die kreative Familie Naper organisiert im Sommer Opernaufführungen im Garten und gibt Unterricht im Vergolden. **www.loughcrew.com**

PORTLAOISE Ivyleigh House €€

Bank Place, Church St, Portlaoise, Co Laois Tel. *05786 22081* Fax *05786 63346* **Zimmer** *5* **Straßenkarte** *C4*

Das hübsch restaurierte Haus von 1850 ist wohl das beste B&B der Stadt. Es ist sorgfältig, komfortabel und anmutig eingerichtet und kombiniert Alt mit Neu. Die Zimmer sind groß und sehr behaglich. Das Frühstück aus den besten saisonalen Produkten der Gegend ist exzellent. **www.ivyleigh.com**

SLANE The Mill House €€€

Slane, Co Meath Tel. *083 364 1612* **Zimmer** *11* **Straßenkarte** *D3*

Die Zimmer in diesem georgianischen Herrenhaus (18. Jh.) an einem Flussufer im Boyne Valley sind elegant mt Himmelbetten, frei stehenden Badewannen und edlen Stoffen ausgestattet. Massagen und weitere Anwendungen erhält man im Spa. Für Gäste stehen in der Nähe ein Pool und ein Fitnessraum zur Verfügung. **www.themillhouse.ie**

TULLAMORE Annaharvey Farm €€

Tullamore, Co Offaly Tel. *05793 43544* Fax *05793 43766* **Zimmer** *7* **Straßenkarte** *C4*

Aktivitäten mit Pferden sind die Hauptattraktion der restaurierten Getreidescheune mit Pechkieferböden, Balken und offenen Kaminen. Die Zimmer haben eigene Bäder. Reitunterricht gibt es in der Halle oder im Freien. Ausritte und Reitausflüge werden organisiert. Radfahren, Wandern und Golf. **www.annaharveyfarm.ie**

Nordirland

ANNALONG Glassdrumman Lodge ££

Mill Rd, Annalong, Co Down, BT34 4RH Tel. *028 4376 8451* Fax *028 437 67041* **Zimmer** *10* **Straßenkarte** *D2*

Das Hotel im »Kingdom of Mourne« eröffnet den Blick auf die berühmten Steinmauern der Region. Es gibt eine Bibliothek, einen Zeichenraum und einen Garten. Ein offener Kamin sorgt für Behaglichkeit. Das Restaurant ist auf Seafood aus dem Kilkeel-Hafen spezialisiert. **www.glassdrummanlodge.com**

ARMAGH Armagh City Hotel £££

2 Friary Rd, Armagh, BT60 4FR Tel. *028 375 18888* Fax *028 375 12777* **Zimmer** *82* **Straßenkarte** *D2*

Dem Armagh City Hotel fehlt es vielleicht ein bisschen an Charakter, aber die Zimmer sind mit allen modernen Annehmlichkeiten ausgestattet. Es gibt auch Konferenz-, Business- und Freizeiteinrichtungen und das Restaurant Friary. Freitag- und samstagabends wird Live-Musik geboten. **www.armaghcityhotel.co.uk**

BALLYCASTLE Whitepark House £££

Ballintoy, Ballycastle, Co Antrim, BT54 6NH Tel. *028 2073 1482* **Zimmer** *3* **Straßenkarte** *D1*

Die gastfreundlichen Besitzer Bob und Siobhan wurden für ihr altes Haus mit wunderschön angelegtem Garten bereits ausgezeichnet. Die Zimmer sind groß und verfügen über ein eigenes Bad. Das Frühstück wird in einem großen, gemütlichen Wintergarten serviert. **www.whiteparkhouse.com**

Zeichenerklärung *siehe hintere Umschlagklappe* **Straßenkarte** *siehe hintere Umschlaginnenseiten*

BALLYGALLY Hastings Ballygally Castle ££££

274 Coast Rd, Ballygally, Co Antrim, BT40 2QZ 028 2858 1066 FAX 028 2858 3681 **Zimmer** 44 **Straßenkarte** D1

Angeblich spukt es in der Burg. Mittelpunkt des Interesses in dem Vier-Sterne-Hotel ist denn auch der Ghost Room, ein kleines Turmzimmer mit einer makabren Sage. Balkendecken und antike Kiefernmöbel machen die ansonsten modern ausgestatteten Zimmer sehr behaglich. **www.hastingshotels.com**

BALLYMENA Galgorm Resort & Spa £££

136 Fenaghy Rd, Ballymena, Co Antrim, BT42 1EA 028 2588 1001 FAX 028 2588 0080 **Zimmer** 75 **Straßenkarte** D1

Der Fluss Maine fließt an der umgebauten Gentleman-Residenz vorbei. Die luxuriös ausgestatteten Zimmer haben eigene Bäder. Es gibt auch sechs Cottages für Selbstversorger und sechs Holzhütten. Auf dem herrlichen Grundstück kann man u. a. angeln. Der Service ist exzellent. **www.galgorm.com**

BANGOR Cairn Bay Lodge ££

278 Seacliff Rd, Bangor, Co Down, BT20 5HS 028 91 467636 **Zimmer** 5 **Straßenkarte** E2

Das alte B&B am Ufer der Ballyholme Bay ist ein seltenes Juwel mit eigenem Garten. Innen findet man elegante, viktorianisch gestaltete Lounges. Die Mahlzeiten werden in einer eichengetäfelten Lounge mit Gartenblick serviert. Im Angebot sind auch Beauty- und Wellness-Behandlungen. **www.cairnbaylodge.com**

BELFAST An Old Rectory ££

148 Malone Rd, Belfast, Co Antrim, BT9 5LH 028 9066 7882 **Zimmer** 6 **Straßenkarte** D2

Das ehemalige Pfarrhaus der Church of Ireland ist Teil des Naturschutzgebiets Malone. Das Haus besitzt noch viele Stilelemente aus der viktorianischen Zeit, etwa Buntglasfenster. Die Zimmer tragen alle eigene Namen und sind unterschiedlich eingerichtet. Zum Frühstück gibt es hauptsächlich Bionahrungsmittel. **www.anoldrectory.co.uk**

BELFAST Avenue House Guesthouse ££

23 Eglantine Ave, Belfast, Co Antrim, BT9 6DW 028 9066 5904 FAX 028 9099 2736 **Zimmer** 4 **Straßenkarte** D2

Im ruhigen Vorort der Universitätsgegend steht das renovierte viktorianische Haus, das Alt und Neu erfolgreich mischt. Originalelemente wurden erhalten. Neu sind kabellose Internet-Anschlüsse und Computer in der Lounge. Die Zimmer sind groß und elegant. Brot und Hörnchen gibt es täglich frisch. **www.avenueguesthouse.com**

BELFAST Europa Hotel ££

Great Victoria St, Belfast, Co Antrim, BT2 7AP 028 9027 1066 FAX 028 9032 7800 **Zimmer** 292 **Straßenkarte** D2

Das imposante Europa an der Golden Mile ist eines der besten Hotels der Stadt und ideal für Geschäfsleute wie für Besucher. Bill Clinton wohnte hier bei Belfast-Aufenthalten. Gäste können in der Nähe Fitness-Einrichtungen nutzen. Grand Opera House und Waterfront Hall sind in Gehweite. **www.hastingshotels.com**

BELFAST Maranatha House ££

254 Ravenhill Rd, Belfast, BT6 028 9046 0200 FAX 028 9059 8740 **Zimmer** 10 **Straßenkarte** D2

Das Boutique-Gästehaus oberhalb des Ormeau Park bietet große, luxuriöse Zimmer mit LCD-TV und DVD-Player. Maranatha House ist für sein Ulster-Frühstück bekannt, für das ausschließlich Zutaten aus der Region verwendet werden. Busse fahren ins Stadtzentrum. **www.maranathahouse.com**

BELFAST Malmaison Belfast £££

34–38 Victoria St, Belfast, Co Antrim, BT1 3GH 028 9022 0200 FAX 028 9022 0220 **Zimmer** 64 **Straßenkarte** D2

Das schicke Designhotel residiert in einem restaurierten Warenhaus für Saatgut und hat ein paar interessante Merkmale. Das Hotel liegt ideal, um in der Stadt zum Shoppen und zum Sightseeing zu gehen. Die Zimmer sind luxuriös. Es gibt eine schöne Bar und ein Brasserie-Restaurant. **www.malmaison.com**

BELFAST Belfast Hilton ££££

4 Lanyon Place, Belfast, Co Antrim, BT1 3LP 028 9027 7000 **Zimmer** 198 **Straßenkarte** D2

Das gigantische, opulente Hotel im Hafenviertel fällt in Belfasts Skyline auf. Luxus und Preise entsprechen dem Standard der Hilton-Hotels. Die Executive Rooms in den oberen vier Etagen bieten spektakuläre Sicht auf die Stadt. Das Restaurant Sonoma ist superb. **www.hilton.co.uk/Belfast**

BELFAST Merchant Hotel ££££

35–39 Waring St, Belfast, Co Antrim, BT1 2DY 028 9023 4888 FAX 028 9024 7775 **Zimmer** 62 **Straßenkarte** D2

Das Merchant ist ein elegantes Fünf-Sterne-Hotel im historischen Cathedral Quarter von Belfast. Das Gebäude stammt von 1857 und ist geschmackvoll renoviert worden. Die Zimmer sind luxuriös. Es gibt preisgekrönte Bars, exzellente Essensmöglichkeiten und ein luxuriöses Spa. **www.themerchanthotel.com**

BUSHMILLS Bushmills Inn ££££

9 Dunluce Rd, Bushmills, Co Antrim, BT57 8QG 028 2073 3000 FAX 028 2073 2048 **Zimmer** 41 **Straßenkarte** D1

Das Bushmills Inn ist eine gemütliche ehemalige Poststation mit offenen Kaminen und vielen gemütlichen Nischen zum Entspannen. Man kann hervorragend essen, die meisten Gerichte werden aus lokalen Produkten zubereitet. In der Gas Bar wird samstags Live-Musik gespielt. Das Inn bietet einen Gratis-WLAN-Zugang. **www.bushmillsinn.com**

BELFAST Hastings Stormont Hotel £££££

587 Upper Newtonards Rd, Belfast, Co Antrim, BT4 3LP 028 9065 1066 **Zimmer** 110 **Straßenkarte** D2

Nahe dem Flughafen, mit Blick auf die Gärten von Stormont Castle, ist das moderne, funktionelle Hotel ideal für Geschäftsreisende. Die Zimmer sind luxuriös und in warmen Farben geschmackvoll dekoriert, sie haben große Schreibtische und eigene Bäder. **www.hastingshotels.com**

CARNLOUGH Londonderry Arms Hotel ££

20 Harbour Rd, Carnlough, Co Antrim, BT44 0EU Tel. *028 2888 5255* ***Zimmer*** *35* ***Straßenkarte*** *D1*

Einst gehörte der efeubewachsene Gasthof in Hafennähe am Fuß des Glencloy Winston Churchill. Heute besitzen und betreiben die O'Neills, eine der renommiertesten Hotelier-Familien des Landes, das Hotel und verleihen der Residenz das Flair echter Gastlichkeit. **www.glensofantrim.com**

COLERAINE Camus House ££

27 Curragh Rd, Castleroe, Coleraine, Co Londonderry, BT51 3RY Tel. *028 7034 2982* ***Zimmer*** *3* ***Straßenkarte*** *D1*

Das denkmalgeschützte Landhaus von 1685 blickt auf den Fluss Bann. Eine elegante Kiesauffahrt führt zu einer efeuberankten Fassade. Dahinter liegen geschmackvoll dekorierte Nichtraucherzimmer mit TV und Kaffeemaschine. Das Bad muss man sich mit anderen Gästen teilen. Das Haus ist Träger des Regional Galtee Irish Breakfast Award.

CRAWFORDSBURN The Old Inn at Crawfordsburn £££

Crawfordsburn, Co Down, BT19 1JH Tel. *028 9185 3255* FAX *028 9185 2775* ***Zimmer*** *30* ***Straßenkarte*** *E2*

Die strohgedeckte Pension aus dem 16. Jahrhundert, einer der ältesten Gasthöfe des Landes, bietet Qualität und Komfort mit offenen Kaminen und Himmelbetten in einigen Zimmern. Jedes Zimmer (mit Bad) ist individuell ausgeschmückt und nach hiesigen Wahrzeichen, Gebäuden oder Wildblumen benannt. **www.theoldinn.com**

CUSHENDALL Glendale ££

46 Coast Rd, Cushendall, Co Antrim, BT44 0RX Tel. *028 2177 1495* ***Zimmer*** *6* ***Straßenkarte*** *D1*

Großzügig bemessene Zimmer und ein herzlicher Empfang machen das Glendale das entscheidende bisschen besser als Cushendalls restliche B&Bs. Alle farbenfroh gestalteten Zimmer haben Bad, Kaffeemaschine, Kekse und TV. Es gibt auch eine separate Fernseh-Lounge. Vernünftige Preise. **mary.glendale@btinternet.com**

DOWNHILL Downhill Hostel £

12 Mussenden Rd, Downhill, Co Londonderry, BT51 4RP Tel. *028 7084 9077* ***Zimmer*** *9* ***Straßenkarte*** *D1*

Vor der schönen Herberge für Rucksackreisende liegt ein Strand, dahinter ragen Klippen auf, und ein Bach fließt seitlich vorbei. Es gibt eine Waschmaschine, eine Gästeküche, ein Grillareal sowie ein Töpferei-Atelier. Schlafen kann man in Einzelzimmern oder Schlafsälen mit Hochbetten und handgenähten Quilts. **www.downhillhostel.com**

DOWNPATRICK Denvir's Hotel ££

14–16 English St, Downpatrick, Co Down, BT30 6AB Tel. *028 4461 2012* FAX *028 4461 7002* ***Zimmer*** *6* ***Straßenkarte*** *E2*

1642 baute Thomas McGreevy das nun unter Denkmalschutz stehende Gebäude. Die Restaurierung und Modernisierung brachte interessante Elemente zutage. Die Zimmer (alle mit Bad) sind geräumig. Das stimmungsvolle Restaurant serviert lokale Spezialitäten. **www.denvirshotel.com**

DOWNPATRICK The River Mill B&B ££

43 Ballyclander Rd, Ardglass, Downpatrick, BT30 Tel. & FAX *028 4484 1988* ***Zimmer*** *3* ***Straßenkarte*** *E2*

Die Mühle aus dem 18. Jahrhundert wurde mit Liebe zum Detail restauriert und bietet hohe, geräumige Zimmer. In der Lounge wird ein köstliches Frühstück serviert. Zum Haus gehört ein Parkplatz. Die Mühle ist ein guter Ausgangspunkt für Wanderungen in die Mountains of Mourne und zum Strangford Lough. **www.river-mill.com**

DUNGANNON Grange Lodge ££

7 Grange Rd, Dungannon, Co Tyrone, BT71 7EJ Tel. *028 8778 4212* FAX *028 8778 4313* ***Zimmer*** *5* ***Straßenkarte*** *D2*

Das hübsche georgianische Haus in schöner Umgebung ist für seine Ulster-Küche und seine Gastlichkeit bekannt. Die Wirtin Norah Brown kreiert seit über 25 Jahren preisgekrönte kulinarische Freuden. Es gibt ein großes Wohnzimmer und eine TV-Lounge. **www.grangelodgecountryhouse.com**

ENNISKILLEN Killyhevlin Hotel ££

Killyhevlin, Enniskillen, Co Fermanagh, BT74 6RW Tel. *028 6632 3481* ***Zimmer*** *70* ***Straßenkarte*** *C2*

Das Anwesen des Hotels zieht sich bis zum Lower Lough Erne hinunter. Viele Zimmer haben Blick auf den See – dafür kosten sie allerdings auch mehr. Die tolle Lage in wunderbarer Landschaft und die Gastfreundschaft sorgen für einen unvergesslichen Aufenthalt. Spa und Fitness-Club. **www.killyhevlin.com**

ENNISKILLEN Railway Hotel ££

32–34 Forthill St, Enniskillen, Co Fermanagh, BT74 6AJ Tel. *028 6632 2084* ***Zimmer*** *20* ***Straßenkarte*** *C2*

Das Hotel in Familienhand zieht nicht nur Bahnliebhaber an. Das gelbe Haus gegenüber der alten Great Northern Railway Station bietet schön dekorierte Gästezimmer. Alle verfügen über ein eigenes Bad, Fernseher und Kaffeemaschine. **www.railwayhotelenniskillen.com**

ENNISKILLEN Manor House Country Hotel £££

Killadeas, Enniskillen, Co Fermanagh, BT94 1NY Tel. *028 6862 2200* ***Zimmer*** *81* ***Straßenkarte*** *C2*

Das Landhotel mit opulentem Interieur am Ufer des Lough Erne ist voller Antiquitäten und Gemälde. Freundliches Personal. Die Zimmer sind geschmackvoll dekoriert. Es gibt eine große Auswahl von De-luxe-Doppelzimmern bis zu Familien-Suiten. Manche Zimmer haben Himmelbetten. **www.manorhousecountryhotel.com**

HOLYWOOD Hastings Culloden Hotel £££££

Bangor Rd, Holywood, Co Antrim, BT18 0EX Tel. *028 9042 1066* FAX *028 9042 6777* ***Zimmer*** *105* ***Straßenkarte*** *E2*

Das erstklassige Hotel inmitten von Gärten und Wäldern am Belfast Lough, ursprünglich das Palais des Bischofs von Down, hat die Opulenz von damals erhalten. Es gibt hier z. B. wertvolle Antiquitäten und Gemälde. Viele Zimmer blicken auf den See und den Garten, alle sind hübsch gestaltet. **www.hastingshotels.com**

KILKEEL The Kilmorey Arms Hotel ££££

41–43 Greencastle St, Kilkeel, Co Down, BT34 4BH Tel. *028 4176 2220* **Zimmer** *24* **Straßenkarte** *D3*

Das Hotel, eine ideale Basis für die Region Mourne, bietet hübsch eingerichtete, einfache Zimmer mit Bad, Kaffeemaschine und Telefon. Der Service ist freundlich und effizient. In der Nähe gibt es u. a. die Möglichkeit, Golf oder Tennis zu spielen oder an Pony-Ausflügen teilzunehmen. **www.kilmoreyarmshotel.co.uk**

LONDONDERRY City Hotel Derry ££

Queens Quay, Londonderry, BT48 7AS Tel. *028 7136 5800* FAX *028 7136 5801* **Zimmer** *146* **Straßenkarte** *C1*

Das große Hotel am Fluss Foyle bietet komfortable, gut ausgestattete Zimmer mit vielen Annehmlichkeiten und liegt ideal zur Erkundung der historischen Stadtmauern. Der Health- und Fitness-Club hat einen Pool, ein Dampfbad und einen Jacuzzi. Man kann in einem Restaurant und in einer Lounge-Bar essen. **www.cityhotelderry.com**

LONDONDERRY Everglades Hotel ££

Prehen Rd, Londonderry Tel. *028 7132 1066* FAX *028 7134 9200* **Zimmer** *64* **Straßenkarte** *C1*

Von dem Vier-Sterne-Hotel am Foyle aus kann man das Derry des 17. Jahrhunderts erkunden. Die Zimmer sind schön gestaltet, luxuriös und geräumig. Das Restaurant Grill Room konzentriert sich auf lokale Zutaten, die Library Bar bietet sich für einen legeren Drink am Abend oder einen Snack an. **www.hastingshotels.com**

LONDONDERRY Saddlers House ££

36 Great James St, Londonderry, BT48 7DB Tel. *028 7126 9691* FAX *028 7126 6913* **Zimmer** *7* **Straßenkarte** *C1*

Das anheimelnde Haus, das ein fantastisches Frühstück serviert, liegt nur zehn Minuten zu Fuß von der Innenstadt entfernt. Das viktorianische Stadthaus hat einen ummauerten Garten – und eine friedliche Bulldogge. Gleich um die Ecke liegt das Merchant's House mit luftigen Zimmern mit Antikmöbeln. **www.thesaddlershouse.com**

LONDONDERRY Beech Hill Country House ££££

32 Ardmore Rd, Londonderry, BT47 3QP Tel. *028 7134 9279* FAX *028 7134 5366* **Zimmer** *27* **Straßenkarte** *C1*

Guter Service, ebensolches Essen und heimelige Atmosphäre. In einigen Zimmern findet man schöne viktorianische Möbelstücke. Die Gäste können über das große bewaldete Anwesen wandern oder sich Massagen, Reflexzonen- und Reiki-Behandlungen hingeben. **www.beech-hill.com**

NEWCASTLE Burrendale Hotel and Country House £££

51 Castlewellan Rd, Newcastle, Co Down, BT33 0JY Tel. *028 4372 2599* **Zimmer** *68* **Straßenkarte** *E2*

Das Hotel ist eine gute Basis für Aktivitäten wie Klettern, Reiten und Golf. Alle Zimmer sind gut ausgestattet. Einige bieten einen spektakulären Blick auf die Mourne Mountains. Ein paar Ambassador-Zimmer haben Jacuzzi. Nette Bar. Das Restaurant Vine ist exzellent. Zur Anlage gehören auch ein Country-Club und ein Spa. **www.burrendale.com**

NEWCASTLE Hastings Slieve Donard £££

Downs Rd, Newcastle, Co Down, BT33 0AH Tel. *028 4372 1066* FAX *028 4372 4830* **Zimmer** *178* **Straßenkarte** *E2*

Das auffällige viktorianische Ziegelgebäude blickt auf den Strand und den Royal County Down Golf Course. In der Mitte des Hotels erhebt sich ein Turm, passend zum namengebenden Berg dahinter. Die meisten Zimmer bieten eine atemberaubende Aussicht. 24-Stunden-Zimmerservice. **www.hastingshotels.com**

NEWTOWNARDS Strangford Arms Hotel £££

92 Church St, Newtownards, Co Down, BT23 4AL Tel. *028 9181 4141* **Zimmer** *39* **Straßenkarte** *E2*

Newtownards' einziges Hotel, ein viktorianisches Drei-Sterne-Haus, war einst die Residenz der berühmten Rosenzüchter Dicksons of Hawlmark und Zentrale der North Down Militia. Freundliche Atmosphäre, vor allem in der Le Winter's Bar. Alle Zimmer verfügen über ein Bad. **www.strangfordhotel.com**

PORTADOWN Grey Gables ££

17 Corbracky Lane, Portadown, Co Armagh, BT6Q IPQ Tel. *028 3833 5268* **Zimmer** *6* **Straßenkarte** *D2*

Auf dem Land bieten Grey Gables und das daran angeschlossene Redbrick Guesthouse schöne Zimmer mit großen Bädern. Eigentümerin Moreen sorgt für ein ausgezeichnetes irisches Frühstück und damit für einen guten Start in den Tag. Parkplätze sind verfügbar.

PORTADOWN Seagoe Hotel ££

Upper Church Lane, Portadown, Co Armagh, BT78 1RB Tel. *028 3833 3076* **Zimmer** *34* **Straßenkarte** *D2*

Das Hotel liegt im Obstgebiet Armagh. Das Dekor ist einfach und modern. Das Restaurant Avanti serviert gute Gerichte, vom Café aus blickt man auf eine japanische Gartenterrasse. Die beiden Zimmer im Erdgeschoss eignen sich für behinderte Reisende. **www.seagoe.com**

PORTAFERRY Portaferry Hotel ££

The Strand, Portaferry, Co Down, BT22 1PE Tel. *028 4272 8231* FAX *028 4272 8999* **Zimmer** *14* **Straßenkarte** *E2*

Die Pension in einer naturgeschützten Ecke auf der Ards Peninsula blickt auf den Strangford Lough. Viele Gästezimmer bieten einen schönen Ausblick aufs Wasser. Alle sind behaglich und ansprechend dekoriert. In der Umgebung gibt es viele Freizeitangebote. **www.portaferryhotel.com**

PORTRUSH Adelphi Hotel £££

67–71 Main St, Portrush, Co Antrim Tel. *028 7082 5544* **Zimmer** *28* **Straßenkarte** *D1*

Das reizende, überwiegend in Weiß gehaltene Boutique-Hotel bietet fantastischen Blick aufs Meer und modern ausgestattete Zimmer mit Flachbildfernsehern und Gratis-WLAN. Auf der Anlage befinden sich eine Sauna und ein Wellnessraum für Gäste. Das Frühstück ist üppig. **www.adelphiportrush.com**

Restaurants

Obwohl die meisten Spitzenrestaurants in Irland in den großen Städten zu finden sind, gibt es doch auch in abgelegenen Orten Hotels und Lokale mit sehr guter Küche. Gutes und preiswertes Essen wird nahezu überall angeboten. Die auf den Seiten 324–345 aufgeführten Restaurants haben alle einen hervorragenden Ruf, was Service, Qualität und Preis-Leistungs-Verhältnis betrifft. Weitere Informationen über Essen und Trinken in Irland finden Sie in der Broschüre *Dining in Ireland*, herausgegeben von Fáilte Ireland, dem irischen Fremdenverkehrsamt. Ansonsten ist Essen im Pub eine hervorragende Möglichkeit, in Irland gute, reichhaltige Gerichte, frisches Gemüse und bestes Fleisch preiswert zu bekommen. Leichte Gerichte, Snacks und Essen zum Mitnehmen erhalten Sie ebenfalls überall.

Restaurantschild in Kinsale

Essgewohnheiten

Traditionellerweise beginnen die Iren ihren Tag mit einem reichhaltigen Frühstück: Speck, Würste, Blutwurst, Eier, Tomaten und braunes Brot. In Nordirland nennt man ein solches Frühstück – plus Kartoffelkuchen und *soda farls* – »Ulster Fry« *(siehe S. 322)*.

Obwohl Sie inzwischen fast überall auch ein *continental breakfast* erhalten, entkommen Sie dem traditionellen Frühstück, das in fast allen Hotels und Bed-and-Breakfast-Pensionen im Preis inbegriffen ist, kaum. Vielerorts ist es heute üblich, nur ein leichtes Mittagessen zu sich zu nehmen und abends ausgiebig zu essen. Jedoch bekommen Sie in den meisten Pubs ein reichhaltiges Gericht auch schon mittags.

Frühstück im Adare Manor Hotel *(siehe S. 307)*

Ankunft an einem Café in Kinvara *(siehe S. 212)*

Auswärts essen

Sehr schön und gut essen zu gehen, ist mittags meist günstiger als abends. In vielen der Spitzenrestaurants erhalten Sie zwar mittags wie abends die gleichen Menüs, jedoch mittags oft zum halben Preis. Die in den Restaurants angebotenen Hausweine sind meist durchaus akzeptabel und sehr preisgünstig, Sie können damit die Kosten für ein Essen leicht reduzieren. Wenn Sie mit Kindern unterwegs sind, achten Sie darauf, eines der vielen Restaurants aufzusuchen, die Kindermenüs anbieten.

Das Mittagessen wird üblicherweise zwischen 12 und 14.30 Uhr serviert, das Abendessen zwischen 18.30 und 22 Uhr. Viele nichtirische Restaurants haben jedoch auch länger geöffnet, vor allem in Temple Bar. B&B-Gäste erhalten meist ein reichhaltiges Abendessen und oft am Nachmittag Tee und etwas Gebäck, Letzteres ist im Pensionspreis inbegriffen.

In Edelrestaurants wird erwartet, dass Herren ein Jackett, jedoch nicht unbedingt eine Krawatte tragen und dass auch Damen entsprechend gekleidet sind. Ansonsten können Sie überall in normaler Straßenkleidung essen gehen.

Gourmet-Restaurants und internationale Küche

Anders als früher gibt es heute in Irland eine Vielzahl hervorragender Gourmet-Restaurants, die mit zu den besten in Europa zählen. Darüber hinaus findet man eine große Auswahl an französischen, italienischen, chinesischen, indonesischen sowie auch russischen und kubanischen Restaurants, deren Angebote von traditioneller Küche bis zur *nouvelle cuisine* reichen. Man stößt überall auf solche Spitzenlokale – in Hotels, Landgasthöfen, alten Burgen und Schlössern, in kleinen Dörfern wie in großen Städten. Beispielsweise hat sich die Kleinstadt Kinsale im County York den Ruf als Irlands »Hauptstadt der Gourmets« erworben. In der Broschüre *Ireland's Blue Book of Country Houses and Restaurants* des Fremdenverkehrsamts stehen die Adressen entsprechender Restaurants.

Preiswert essen

In Irland können Sie überall preiswert und gut essen. Sowohl in den Städten wie auch auf dem Land findet man kleine Cafés, »tea rooms« und gemütliche Restaurants, in denen man für wenig Geld ein wohlschmeckendes Essen bekommt. Selbst Lokale in ausgesprochenen Feriengegenden, etwa das Bantry House Café, bieten gute einheimische Küche sowie stets frisch gebackenes Brot und leckere Kuchen. Sandwiches werden extra zubereitet, mit sehr dicken Scheiben Schinken oder Käse. Salatplatten gibt es mit geräuchertem Lachs, gebratenem Hähnchen, Speck, Schweine- oder Rindfleisch, heiße Gerichte mit Gemüsebeilage und natürlich Kartoffeln – gekocht, geröstet oder zu Kartoffelbrei verarbeitet, wie Sie es wünschen.

Pub-Gerichte

Irlands Pubs haben sich in der Restaurantszene deutlich Gehör verschafft. Außer den üblichen Snacks (Suppen, Sandwiches etc.), von mittags bis spätabends erhältlich, bieten sie von 12 bis 14.30 Uhr auch Salate und warme Gerichte mit frischen Zutaten, darunter Gemüse und Kartoffeln in verschiedenen Variationen sowie Fleisch oder Fisch. Mittlerweile haben auch Gerichte der internationalen Küche die Speisekarten irischer Pubs erobert, darunter Spaghetti, Lasagne oder Quiche. Eine Liste mit empfehlenswerten Pubs finden Sie auf den Seiten 346–351.

Eine bunte Gebäckauswahl serviert das Bantry House Café ***(siehe S. 168f)***

Fish and Chips und anderes Fast Food

Die Iren, angefangen beim Bauern bis hin zum Parlamentarier, lieben ihre »chippers«, verewigt in Roddy Doyles Roman *The Van* – ein schöner Abend im Pub klingt unweigerlich im nächstgelegenen Fish-and-Chips-Laden aus. Praktisch zu jeder Tageszeit trifft man bei der international renommierten Institution Leo Burdock's in Dublin *(siehe S. 326)* auf eine lange Schlange Wartender. Wo immer Sie Fisch essen: Irlands lange Küste garantiert fangfrischen Fisch. Frischer geht's nicht – egal ob Scholle, Kabeljau, Schellfisch, Weißfisch oder auch Rochen (eine Spezialität). Natürlich gibt es in Irland auch die bekannten Fast-Food-Lokale wie McDonald's oder Kentucky Fried Chicken, zudem eine große Auswahl an Kebab- und Burger-Läden. Relativ neu ist italienisches Essen von Pizza Express oder Milano (Nordirland).

Caféschild in Baltimore

Picknicks

Irland eignet sich hervorragend für Picknicks. Käse und frische Tomaten vom Bauernhof sind die Hauptbestandteile, oder Sie versorgen sich in einem der vielen kleinen Läden auf dem Land mit frischen Sandwiches. Sei es an der Küste oder in den Wäldern, man findet viele Rastplätze mit Tischen. Dazu gibt es kostenlos oft herrliche Aussichten auf das Meer oder die Berge. Wenn Sie die Hauptstraße verlassen und in irgendeine Landstraße einbiegen, finden Sie meist sofort ein schönes Plätzchen an einem See oder Fluss oder irgendwo zwischen den Feldern.

Das 1601 Pub in Kinsale

Irische Küche

Die irischen Standardgerichte haben fantasievolle Namen – z. B. *boxty, barm brack, champ, coddle, cruibins* oder *colcannon*. Das Geheimnis ihres Erfolgs liegt in den Zutaten, die im warmen, feuchten Klima auf üppig grünen Hügeln wachsen. Rinder sind das ganze Jahr über draußen – die Kühe liefern Milch für köstliche Butter, Käse und Sahne. Schweinefleisch, Schinken und Speck sind Grundnahrungsmittel, aber auch Lammfleisch hat hier Tradition. Kartoffeln werden zu Suppen, Aufläufen, Brot und Gebäck verarbeitet. Flüsse, Seen und Meer liefern eine Vielfalt an Fischen und Meeresfrüchten.

Austern

Ein Küchenchef in Connemara präsentiert traditionelle Gerichte

Standardgerichte

Die schmackhaften irischen Eintöpfe bestehen meist aus Lamm- oder Hammelfleisch, Zwiebeln und Kartoffeln. Dunklere Eintöpfe werden mit Rindfleisch und Guinness zubereitet, manchmal kommen Austern dazu. Die meistverwendeten Gemüsesorten sind Karotten und Rüben. Schweinefleisch ist die Basis vieler Gerichte. Schweinsfüße, *cruibins* oder *crubeens* genannt, werden oft eingelegt. *Dublin coddle*, ein sättigendes Gericht nach einem Abend im Pub, besteht aus Wurst, Kartoffeln und Speck. Schinken wird häufig über Torf geräuchert. Zu besonderen Anlässen wird er mit Gewürznelken und braunem Zucker gebacken und mit gedünstetem Kohl serviert. Kohl ist die Grundzutat von *colcannon*, zu dem auch Kartoffelbrei und Zwiebeln und zuweilen Butter und Milch gehören. *Boxty* besteht aus rohen und gekochten Kartoffeln, die mit Butter, Buttermilch und Mehl zerstampft werden. *Champ* ist Kartoffelbrei mit Milch, Butter und Zwiebeln.

Fisch und Seafood

Atlantik und Irische See sind voller Schaltiere wie Hummer, Garnelen,

Auswahl irischer Brotsorten

Traditionelles irisches Essen

Gubbeen-Käse

Wer es herzhaft mag, beginnt den Tag mit »Ulster Fry« aus Speck, Blutwurst, Sodabrot und Kartoffelkuchen. Zum »Lady's Breakfast« gehört ein Spiegelei, der »Gentleman« bekommt zwei. Gooseberry-Marmelade auf getoastetem Brot schmeckt ebenfalls – dazu gibt es viel Tee. Für irische Eintöpfe wird traditionell Hammelfleisch verwendet, heute eher Lamm. Für *spiced beef* wird Rinderbrust mit Gewürzen bedeckt und eine Woche liegen gelassen, ehe sie mit Guinness und Gemüse langsam gekocht wird. Mancherorts ist der *high tea*, der Nachmittagstee am frühen Abend, die Hauptmahlzeit. Nach dem Hauptgang gibt es Brot und Kuchen.

Irish Stew *ist Halsfleisch vom Hammel, Kartoffeln, Karotten und Zwiebeln, die stundenlang geschmort werden.*

Warenanlieferung auf alte Art, Moore Street Market, Dublin

Austern und Muscheln. Das Meer bietet auch Heringe, Makrelen, Schollen und Rochen. Flüsse und Seen liefern Lachse, Forellen und Aale, die häufig geräuchert werden. Galway-Lachs hat den besten Ruf. Galways Austern-Fest ist berühmt. Lachs wird meist über Eichenholz geräuchert. An der Küste werden Rotalgen *(dulse)* gesammelt. Vermischt mit zerstampften ungeschälten Kartoffeln ergeben sie *dulse champ*.

Backwaren

Brot und Kuchen sind irische Grundnahrungsmittel. Ungesäuertes Sodabrot schmeckt mit Käse sensationell. In Nordirland heißt braunes Sodabrot *wheaten bread*. Kartoffelbrot wird oft gebraten oder kalt als Kuchen gegessen. *Farls* (oder *quarters*) bestehen aus Weizenmehl oder Hafer, doppeltkohlensaurem Natron (Soda) und Buttermilch. Das Rosinenbrot *barm brack*, ein Hefegebäck, isst man traditionell an Hallowe'en und Allerheiligen, *porter cake* enthält Guinness oder anderes Starkbier. Weiße und braune Brötchen sowie *fruit scones* gibt es zum Frühstück und zum Tee.

Meerforellen (»Lachsforellen«) frisch aus dem Atlantik

Milchprodukte

Butter, meist gesalzen, wird für Gemüse, Saucen, Pudding verwendet – und großzügig aufs Brot gestrichen. Sahne wird in Suppen gerührt und geschlagen zu Pudding gereicht. Die Vielfalt an hochwertigen irischen Käsesorten von kleinen Produzenten ist imposant. »Bester irischer Käse« wurde bei den World Cheese Awards 2005 jedoch ein mittelalter Cheddar einer großen Käserei.

Irischer Käse

Carrigaline: nussig, dem Gouda ähnlich; aus Cork.

Cashel Blue: Irlands einziger Schimmelkäse aus Tipperary; weich, sahnig, unpasteurisiert.

Cooleeny: kleiner, unpasteurisierter Käse im Camembert-Stil aus Tipperary.

Durrus: cremiger, unpasteurisierter Käse mit Naturrinde, oft geräuchert, aus West-Cork.

Gubbeen: halbweich, milchig mit eingeriebener Rinde.

Milleens: weich, eingeriebene Rinde, unpasteurisiert, von der Halbinsel Beara, Cork.

St Killian: sechseckig, Brie-ähnlich, sahnig, aus Wexford.

Dublin Coddle *ist eine Mischung aus Würsten, Speck, Kartoffeln und Zwiebeln, gekocht in Schinkensud.*

Galway-Lachs *wird oft nur mit Buttersauce, Brunnenkresse und* colcannon *(gedünstetem Kohl) serviert.*

Irish Coffee Pudding *ist ein eisgekühltes Soufflé aus Kaffee, Sahne und Whiskey, bedeckt mit gehackten Walnüssen.*

Restaurantauswahl

Die Restaurants wurden aufgrund ihres Preis-Leistungs-Verhältnisses, der Gerichte und Lage ausgewählt. Sie sind nach Regionen und Preisen gelistet, beginnend mit Dublin. Die Kartenverweise für Dublin beziehen sich auf den Stadtplan *(siehe Seiten 116–119)*, die anderen auf die Straßenkarte der hinteren Umschlaginnenseiten.

PREISKATEGORIEN

Preise für ein Drei-Gänge-Menü, eine halbe Flasche Wein, Service und Steuer. Die Kategorien gelten für die Republik Irland, wo der Euro offizielle Währung ist.

€ unter 25 Euro
€€ 25–35 Euro
€€€ 35–50 Euro
€€€€ 50–70 Euro
€€€€€ über 70 Euro

Dublin

SÜDOST-DUBLIN Steps of Rome €

1 Chatham St, Dublin 2 *01 670 5630* **Stadtplan** *D4*

In dem kleinen italienischen Café mit großartigem Kaffee herrscht immer ein Kommen und Gehen von Leuten, die hier leckere Pizzastücke mitnehmen. Auf der Karte stehen auch Pasta und Bruschetta. Der Service ist flink, zuweilen etwas brüsk. Bei Studenten und für die Pause beim Einkaufsbummel beliebt. *tagsüber bis spätabends.*

SÜDOST-DUBLIN Avoca Café €€

11–13 Suffolk St, Dublin 2 *01 672 6019* **Stadtplan** *D3*

Im obersten Stock des bekannten Handwerksladens Avoca werden in einem hellen, luftigen Raum kreative, bekömmliche und farbenfrohe Gerichte serviert. Mittags bilden sich Warteschlangen – kein Wunder angesichts der köstlichen Salate, Panini, warmen Gerichte und wunderbaren Desserts. *nur tagsüber.*

SÜDOST-DUBLIN Cornucopia €€

19 Wicklow St, Dublin 2 *01 677 7583* **Stadtplan** *D3*

Das kleine, oft sehr volle Cornucopia ist eines der wenigen vegetarischen Restaurants in Dublin. Es wird Frühstück, Mittag- und Abendessen serviert. Der Treffpunkt junger Bücherwürmer und Studenten bietet gutes, preiswertes, gesundes Essen wie Salate, Suppen, Pasta-Gerichte, Eintöpfe und Quiches.

SÜDOST-DUBLIN Dunne & Crescenzi €€

14 South Frederick St, Dublin 2 *01 677 3815* **Stadtplan** *E4*

Die schöne italienische Weinbar oder *enoteca* bietet echt italienische Küche und Weine in stilvoll-rustikalem Ambiente. Genießen Sie exzellente Minestrone, Antipasti, Bruschetta, Panini, Pasta-Gerichte, köstliche Obstkuchen und hervorragenden Kaffee. *ganztags.*

SÜDOST-DUBLIN Gotham Café €€

8 South Anne St, Dublin 2 *01 679 5266* **Stadtplan** *D4*

Das quirlige, bunte Café ist immer voll. Serviert wird Bistro-Kost zu erschwinglichen Preisen. An den Wänden hängen Cover der Musikzeitschrift *Rolling Stone* – hier treffen sich Junge und Junggebliebene. Das Gotham Café ist für schmackhafte und raffinierte Pizzas bekannt, es gibt aber auch Nudelgerichte und Salate.

SÜDOST-DUBLIN Balzac €€€

35 Dawson St, Dublin 2 *01 677 8611* **Stadtplan** *D4*

Das Balzac (früher La Stampa) ist eines der besten Restaurants der Stadt und glamourös eingerichtet mit deckenhohen Spiegeln und einer verzierten Decke. Das Restaurant erinnert, sowohl was Einrichtung wie auch Gerichte anbelangt, an eine französische Brasserie. Das *Table-d'hote*-Menü kostet 25 Euro.

SÜDOST-DUBLIN Coppinger Row €€€

Von der South William St, Dublin 2 *01 672 9884* **Stadtplan** *D4*

In dem lässigen und populären Restaurant wird frische, einfache mediterrane Kost zu vernünftigen Preisen serviert. Als Vorspeise gibt es etwa Pilze auf Toast mit Trüffel-Aioli, als Hauptgericht könnte Fasan mit Bohnen und Bacon folgen. Viele Gerichte sind so großzügig bemessen, dass man sie auch teilen kann – ideal für kleine Gruppen.

SÜDOST-DUBLIN Ely Winebar & Café €€€

22 Ely Place, Dublin 2 *01 676 8986* **Stadtplan** *E5*

Erik und Michelle Robsons ungewöhnliche Weinbar mit Café, gleich beim St Stephen's Green, wurde stilvoll umgebaut. Wählen Sie einen Tropfen aus der erstklassigen Weinkarte. Zu essen gibt es Käse, Kilkee-Austern, Lammeintopf und selbst gemachte Würste. Das Biofleisch kommt vom familieneigenen Bauernhof. Lebhafte Atmosphäre.

SÜDOST-DUBLIN Fallon & Byrne €€€

11–17 Exchequer St, Dublin 2 *01 472 1000* **Stadtplan** *D3*

Das exzellente Restaurant, zu dem auch eine »Food Hall« und eine Weinbar im Keller gehören, liegt in einem eindrucksvollen Gebäude. Auf der Speisekarte stehen köstliche, französisch beeinflusste Gerichte, etwa geräucherte Forelle als Vorspeise und danach in Milch pochierter Schweinebauch als Hauptgericht.

Zeichenerklärung *siehe hintere Umschlagklappe*

SÜDOST-DUBLIN Dobbins Wine Bistro €€€€

15 Stephen's Lane, Dublin 2 01 661 9536 **Stadtplan** F5

Das fröhliche Bistro mit rot-weiß karierten Tischdecken und Sägemehl auf dem Boden besteht seit 1978. Mit seiner sehr guten Weinkarte ist es für eine eher »flüssige« Mittagspause beliebt. Auf der Speisekarte stehen z. B. Fischkuchen (mit geräuchertem Fisch) und Rinderlende.

SÜDOST-DUBLIN La Maison €€€€

15 Castle Market, Dublin 2 01 672 7258 **Stadtplan** D4

Die edle *boulangerie* hat oben einen stilvollen, ruhigen Raum, in dem hochwertige Snacks serviert werden, z. B. Zwiebelsuppe, selbst gebackenes Brot, *tartines* (Gourmet-Sandwiches), Salate und köstliche Backwaren. Im Laden unten kann man Gerichte zum Mitnehmen kaufen. Bei gutem Wetter kann man draußen sitzen.

SÜDOST-DUBLIN L'Gueleton €€€€

1 Fade St, Dublin 2 01 675 3708 **Stadtplan** C4

Das charmante französische Restaurant ist voller Atmosphäre und wie ein echtes Bistro dekoriert. Es werden exzellente französische Spezialitäten serviert von Schnecken und Roquefort Pithivier bis zu Ente mit Chicorée. Auf der Weinkarte stehen nur französische Positionen. Da man nicht reservieren kann, sollte man mit einer Wartezeit rechnen.

SÜDOST-DUBLIN Pearl Brasserie €€€€

20 Merrion St Upper, Dublin 2 01 661 3572 **Stadtplan** D4

Die Keller-Brasserie hat ein kühl-modernes französisches Ambiente. Sie kombiniert charmanten Service mit guter Küche, vor allem Seafood, zu erschwinglichen Preisen. Mittags isst man besonders günstig. In der Oyster Bar bekommt man leichte Gerichte wie Fischplatten. Auf der Weinkarte stehen überwiegend französische Tropfen.

SÜDOST-DUBLIN Peploe's Wine Bistro €€€€

16 St Stephen's Green, Dublin 2 01 676 3144 **Stadtplan** D4

Das glamouröse, behagliche und immens populäre Restaurant im Keller eines georgianischen Hauses ist immer voll – weil das Essen hochwertig und köstlich ist. Es gibt eine sehr umfangreiche Weinkarte – über 30 Sorten werden glasweise ausgeschenkt. Reservieren Sie auf jeden Fall einen Tisch im Voraus.

SÜDOST-DUBLIN Trocadero €€€€

3–4 Andrew St, Dublin 2 01 677 5545 **Stadtplan** D3

Schon seit 1956 gibt es das beliebte Restaurant, Treffpunkt von Schauspielern und Literaten. An den dunkelroten Wänden hängen Schwarz-Weiß-Bilder prominenter Gäste. Zu den Klassikern gehören Lammrücken, Steaks, Garnelen aus der Dublin Bay und verlockende Desserts. Sehr zuvorkommender, diskreter Service.

SÜDOST-DUBLIN Unicorn €€€€

12b Merrion Court, Dublin 2 01 662 4757 **Stadtplan** E4

Um die Ecke von St Stephen's Green bietet das Unicorn seit 1938 erstklassige Bewirtung. Die legere Atmosphäre ist einzigartig: Die freundlichen Bedienungen tragen nicht unwesentlich dazu bei. Die italienisch-mediterranen Speisen, die sie servieren, sind köstlich – insbesondere die Kalbfleischgerichte. Kinder sind bis 21 Uhr willkommen.

SÜDOST-DUBLIN L'Ecrivain €€€€€

109a Lower Baggot St, Dublin 2 01 661 1919 **Stadtplan** F5

Im Sternerestaurant L'Ecrivain kombiniert man klassische Förmlichkeit mit moderner Coolness. Es wird französische Küche mit irischem Einschlag serviert, z. B. Galway-Austern und Kaviar, außerdem Wild und je nach Jahreszeit Seafood sowie leckere Desserts und Käse.

SÜDOST-DUBLIN Shanahan's on the Green €€€€€

119 St Stephen's Green, Dublin 2 01 407 0939 **Stadtplan** D5

In dem bekannten Steakhaus, das in einem georgianischen Gebäude liegt, bekommt man die großzügigsten Steaks. Die Preise sind stolz, aber das Essen ist durchweg hochwertig, und die Portionen sind riesig. Verzichten Sie auf die Vorspeise, sonst schaffen Sie das Hauptgericht nicht. Auch Seafood steht auf der Karte.

SÜDWEST-DUBLIN Café Fresh €

Powerscourt Townhouse Centre, South William St, Dublin 2 01 671 9669 **Stadtplan** C4

Im obersten Stockwerk des historischen Powerscourt Centre bietet das vegetarische Café eine reiche Auswahl an Salaten, Sandwiches, Säften und warmen Gerichten. Die Bedienungen sind freundlich und die Zutaten stammen möglichst aus Bio-Anbau. Suppen kosten rund fünf Euro, Hauptgerichte etwa acht Euro. *So.*

SÜDWEST-DUBLIN Leo Burdock's €

2 Werburgh St, Dublin 8 01 454 0306 **Stadtplan** B4

Die Kundschaft von Leo Burdock's, dem ältesten Fish-and-Chips-Take-away in Dublin, besteht aus Normalbürgern wie Berühmtheiten. Verwendet werden frischester Fisch und erstklassige Kartoffeln. Es gibt ein breites Angebot, z. B. Scampi, geräucherten Kabeljau und Schellfisch. Der Service ist effizient. In der Liffey Street gibt es eine Filiale.

SÜDWEST-DUBLIN Queen of Tarts €

4 Cork Hill, Dame St, Dublin 2 01 670 7499 **Stadtplan** C3

Gegenüber Dublin Castle und Dublin City Hall lädt das kleine Café zur Pause ein. Neben frisch zubereiteten Suppen, Sandwiches und warmen Tartes gibt es zahlreiche verlockende Desserts, etwa Schokotoffee-Kuchen, Obstkuchen und selbst gebackene Kekse. Ideal für einen schnellen, preisgünstigen Snack.

Stadtplan Dublin *siehe Seiten 116–119*

SÜDWEST-DUBLIN Port House €€

64a South William St, Dublin 2 01 677 0298 **Stadtplan** D4

Port House ist eine Tapas-Bar in einem mit Kerzen beleuchteten Backsteinweinkeller. Unter den baskischen Gerichten sind u. a. Paella, marinierte Garnelen und Fleischbällchen zu finden. Dazu wird Wein, Sherry und Port serviert. Das Restaurant ist meist voll, deshalb ist eine Reservierung zu empfehlen.

SÜDWEST-DUBLIN Chez Max €€€

1 Palace St, Dublin 1 01 633 7215 **Stadtplan** C3

Gleich vor den Toren von Dublin Castle serviert dieses Restaurant im Pariser Stil exzellente frittierte Muscheln, Steaks, Enten- und Fischspezialitäten. Für Vegetarier gibt es Risottos. Im Freien stehen ein paar wenige Tische mit Blick auf den Eingang von Dublin Castle.

SÜDWEST-DUBLIN Eden €€€

Meeting House Square, Temple Bar, Dublin 2 01 670 5372 **Stadtplan** C3

Das Restaurant auf mehreren Ebenen und einer Terrasse am Platz ist hell und modern gestaltet, mit blau gefliesten Wänden und einer offenen Küche. Es ist für sein Lendensteak, seine clever zubereiteten Fischgerichte und einfallsreiche Gemüsekreationen bekannt. Das Angebot für den frühen Abend ist preiswert.

SÜDWEST-DUBLIN Elephant & Castle €€

18 Temple Bar, Dublin 2 01 679 3121 **Stadtplan** D3

Die laute Brasserie im US-Stil im Herzen von Temple Bar ist sehr beliebt. Bestellen Sie sich als Vorspeise die verführerischen Hähnchenflügel, danach Omelett, Steak, Hamburger oder Salat – alles zu vernünftigen Preisen. Der Brunch am Wochenende ist gut besucht. Telefonische Reservierung ist nicht möglich.

SÜDWEST-DUBLIN Good World Chinese Restaurant €€€

18 South Great George's St, Dublin 2 01 677 5373 **Stadtplan** C4

Die Tatsache, dass das Restaurant bei Dublins chinesischer Gemeinde so beliebt ist, bestätigt die hohe Qualität der Küche. Die Dim-Sum-Auswahl ist besonders gefragt. Zudem gibt es Rindfleisch-, Huhn- und Fischgerichte sowie die an den westlichen Gaumen angepassten Standards. Freundliche, schnelle Bedienung.

SÜDWEST-DUBLIN Jaipur €€€

41 South Great George's St, Dublin 2 01 677 0999 **Stadtplan** C4

Das Jaipur gilt als bestes indisches Restaurant der Stadt und bietet hochwertige, innovative Gerichte. Das Dekor in warmen Farbtönen ist stilvoll. Die Bedienungen sind kundig und hilfsbereit. Auch für Vegetarier ist gut gesorgt. Inzwischen gibt es Filialen in Malahide, Dalkey Ongar und Greystones.

SÜDWEST-DUBLIN Lord Edward €€€

23 Christchurch Place, Dublin 8 01 454 2420 **Stadtplan** B4

Das älteste Fischrestaurant der Stadt befindet sich über einem gemütlichen Pub, in dem man zu Mittag essen kann. Das Lord Edward mit seinem altmodischen Flair hat sich im Lauf der Jahre kaum verändert. Die Bedienungen, die hier schon seit Langem arbeiten, sind für charmanten Service bekannt.

SÜDWEST-DUBLIN Monty's of Kathmandu €€€

28 Eustace St, Dublin 2 01 670 4911 **Stadtplan** C3

Das freundliche Nepal-Restaurant bietet schmackhafte und interessante Gerichte aus Fisch, Huhn und Lamm zu erschwinglichen Preisen. Auch Vegetarier werden hier fündig. Probieren Sie die Klößchen oder das Tandoori-Butterhühnchen. Der obere Raum ist noch legerer als jener im Basement. Guter Service.

SÜDWEST-DUBLIN Odessa €€€

13–14 Dame House Court, Dublin 2 01 670 7 **Stadtplan** D3

Das stylishe Odessa mit seinem Retro-Look ist für seine großartigen Wochenend-Brunches bekannt. Am Abend gibt es preisgünstige Tapas-Platten und ein umfangreiches »Early bird«-Menü. À la carte werden alle Geschmäcker bedient – von Mezze-Platten und Tagines bis Filetsteak und Fischgerichte.

SÜDWEST-DUBLIN Rustic Stone €€€

South Great George's St, Dublin 2 01 707 9596 **Stadtplan** C4

Küchenchef Dylan McGrath wurde für seine Kochkunst bereits ausgezeichnet. Er legt Wert auf Geschmack, gesunde Ernährung und innovative Küche mit saisonalen Zutaten der Region. Auf der Speisekarte wird für jedes Gericht der Nährwert angegeben. Fleisch und Fisch werden auf heißem Vulkanstein serviert.

SÜDWEST-DUBLIN The Tea Room €€€

The Clarence Hotel, 6–8 Wellington Quay, Dublin 2 01 407 0800 **Stadtplan** C3

Das Clarence Hotel gehört der Rockband U2. Treten Sie durch den Eingang an der Essex Street, gegenüber dem Project Arts Centre, ein, und genießen Sie in dem stilvollen Etablissement exzellente saisonale Küche. Hohe Decken und große Fenster schaffen ein helles, luftiges Ambiente. Das Mittagsangebot ist recht preiswert.

SÜDWEST-DUBLIN Les Frères Jacques €€€€

74 Dame St, Dublin 2 01 679 4555 **Stadtplan** C3

Ambiente, Küche, Atmosphäre und Service: Hier ist alles französisch geprägt. Das saisonale Angebot besteht aus Seafood und Wildgerichten. Lecker: gegrillter Hummer frisch aus dem Bassin oder gebratene Ente *magret* mit Schokoladensauce. Klassische Desserts, gute Auswahl vor allem französischer Weine.

Preiskategorien *siehe Seite 324* **Zeichenerklärung** *siehe hintere Umschlagklappe*

NÖRDLICH DES LIFFEY Panem €

Ha'penny Bridge House, 21 Lower Ormond Quay, Dublin 1 *01 872 8510* **Stadtplan** *C3*

Das kleine Café mit Bäckerei bietet frisch zubereitete italienische und französische Gerichte aus erstklassigen Zutaten. Es gibt z. B. Croissants und *focaccia* mit pikanter Füllung, süße Brioches mit Schokolade, selbst gebackene Kekse und guten Kaffee. Die verführerische heiße Schokolade wird aus dunkler belgischer Schokolade hergestellt.

NÖRDLICH DES LIFFEY The Cobalt Café €

16 North Great George's St, Dublin 1 *01 873 0313* **Stadtplan** *D3*

Das Tagescafé serviert Suppen, Sandwiches und Kuchen sowie sein »chicken cobalt«. Da das Café zugleich als Kunstgalerie fungiert – ausgestellt werden die Werke junger, aufstrebender irischer Künstler –, wird es gern von Kunstliebhabern aufgesucht.

NÖRDLICH DES LIFFEY The 3rd Still €€

Old Jameson Distillery, Bow St, Dublin 1 *01 807 2248* **Stadtplan** *A2*

Das Restaurant gehört zur Old Jameson Distillery, die auf dem Grundstück der Original-Brennerei aus dem 18. Jahrhundert steht. Mittags essen hier die Angestellten des nahen Gerichtshofs. Zu den traditionellen Gerichten auf der Karte gehören Braten, Sandwiches und Suppen. Lunch gibt es bereits für neun bis zwölf Euro.

NÖRDLICH DES LIFFEY 101 Talbot €€€

100–102 Talbot St, Dublin 1 *01 874 5011* **Stadtplan** *E2*

Das Mittelmeer bestimmt sowohl das Ambiente als auch das Speisenangebot im 101 Talbot, das die ansonsten eher langweilige Straße belebt. Die »Early bird«-Angebote für jene, die früh zu Abend essen, ziehen das Theaterpublikum an. Auch Vegetarier haben hier die Qual der Wahl. Man erfüllt auch gern Sonderwünsche.

NÖRDLICH DES LIFFEY Bar Italia €€€

Quartier Bloom, 26 Lower Ormond Quay, Dublin 1 *01 874 1000* **Stadtplan** *C3*

Die beliebte Bar Italia, spezialisiert auf italienische Küche, ist zur Mittagszeit immer voll. Die Gäste verspeisen frisch zubereitete Antipasti, Risotto, gegrilltes Gemüse oder Pasta-Spezialitäten. Auch die Desserts und der hervorragende Espresso sind zu empfehlen.

NÖRDLICH DES LIFFEY The Winding Stair €€€€

40 Lower Ormond, Dublin 1 *01 872 7320* **Stadtplan** *C3*

Die Kombination aus charmantem altem Café, Galerie und Buchladen wurde 2008 von Michelin mit dem Bib Gourmand Award für ein exzellentes Preis-Leistungs-Verhältnis ausgezeichnet. Die Gerichte – etwa Bacon und Kraut mit Petersiliensauce – sind einfach, aber mit Zutaten aus der Region gut zubereitet.

NÖRDLICH DES LIFFEY Chapter One €€€€€

18–19 Parnell Sq, Dublin 1 *01 873 2266* **Stadtplan** *C1*

Das Restaurant, das bei Kritikern als bestes nördlich des Liffey gilt, liegt im Keller des Dublin Writers Museum. In dem charaktervollen, komfortablen Speiseraum wird einfallsreiche europäische Küche mit irischem Einschlag serviert. Das Vor-der-Vorstellung-Angebot für Besucher des nahen Gate Theatre ist der Favorit bei Stammgästen.

ABSTECHER Green 19 €€

19 Camden St, Dublin 2 *01 478 9626*

Die Café-Bar serviert u. a. Corned Beef mit Weißkohl, Hühncheneintopf, Würstchen mit Kartoffelbrei und saftigen Schweinebauch mit Chorizo und weißen Bohnen – jeweils für zehn Euro. Desserts kosten fünf Euro. Mittags und abends ist eine Reservierung zu empfehlen.

ABSTECHER Johnnie Fox's €€

Glencullen, Co Dublin *01 295 5647*

Richtung Dublin Mountains, 30 Autominuten südlich der Stadt, gibt es in dem Pub irische Küche, Kamine, traditionelle Musik und Tanz. Kammmuscheln aus der Pfanne, Krabbensalat, Räucherlachs und Lendensteak stehen auf der Karte. Die »Hooley Night« mit Dinner und Folklore-Show zieht viele Besucher an. Reservierung erforderlich.

ABSTECHER Olive €€

86a Strans St, Skerries, Co Dublin *01 849 0310*

In Peter und Deirdre Dorritys Café werden frisch zubereitete Suppen, Panini und selbst gebackene Cookies angeboten. Darüber hinaus gibt es auch Pesto, Hummus, Dips und Salate. Ein idealer Ort, um haltzumachen und an einem der Tische im Freien für fünf bis zehn Euro zu Mittag zu essen.

ABSTECHER Abbey Tavern €€€

Abbey St, Howth, Co Dublin *01 839 0307*

In dem Restaurant über einem typischen Pub dominieren offene Kamine, Leinentischdecken, frische Blumen und eine etwas altmodische Atmosphäre. Hier bekommen Sie gute, unkomplizierte Fisch- und Fleischgerichte. Bei Besuchern sind die Cabaret-Abende mit Menü im Erdgeschoss beliebt.

ABSTECHER Expresso Bar Café €€€

1 St Mary's Rd, Ballsbridge, Dublin 4 *01 660 0585*

Das kleine Restaurant ist modern-minimalistisch gestaltet. Es werden Frühstück und Mittagessen serviert. Am Wochenende gibt es Brunch. Die kalifornisch-italienischen Gerichte wie Hühnchen, Fisch, Salate und Pasta bestehen aus hochwertigsten Zutaten. Perfekt als Nachtisch: Brot-Butter-Pudding. Kinder sind bis 17 Uhr willkommen.

ABSTECHER Hartley's €€€
1 Harbour Rd, Dun Laoghaire, Co Dublin 01 280 6767 **Straßenkarte** D4

Das elegante Restaurant befindet sich im alten Bahnhof Kingstown, einem kleinen Steinhaus neben dem Hafen Dun Laoghaire. Alles, von den Speisen bis zur Einrichtung, ist sehr einfach, aber erstklassig. Als Hauptgerichte werden Biofleisch und Fischgerichte serviert. Eine Spezialität sind die Steaks. Umfangreiche Weinkarte.

ABSTECHER Ivans Oyster Bar and Grill €€€
17–18 West Pier, Howth, Co Dublin 01 839 0285 **Straßenkarte** D3

Ivans Oyster Bar and Grill liegt am West Pier vom Hafen von Howth in einem pittoresken Fischerdorf und ist bekannt für die erstklassige Qualität der Meeresfrüchte. Austern sind eine Spezialität – etwa aus Carlingford Lough und Clarenbridge. Auf der Abendkarte stehen aber auch Biofleisch und Geflügel.

ABSTECHER Nosh €€€
111 Coliemore Rd, Dalkey, Co Dublin 01 284 0666

Im Herzen des Dorfs Dalkey liegt das moderne Nosh mit heller Holzeinrichtung. Hier werden gute Fisch- und vegetarische Gerichte sowie großzügige Steaks serviert, außerdem Kabeljau mit Kartoffelecken oder Erbsen-Spargel-Risotto. Die selbst gemachten Desserts sind ebenfalls eine gute Wahl. Der Brunch am Wochenende ist sehr beliebt.

ABSTECHER Rasam €€€
18–19 Glasthule Rd, Dun Laoghaire, Co Dublin 01 230 0600 **Straßenkarte** D4

Rasam ist ein modernes indisches Restaurant südlich von Dublin und serviert eine Auswahl von Gerichten von dem Subkontinent. Als Vorspeisen gibt es etwa *papri chaat* (Blätterteiggebäck) oder *kachori* (Erbsenplätzchen) aus Rajasthan. Als Hauptgericht wird u. a. *manshahari thali*, ein Gericht mit Lamm, Garnelen und Hühnchen, serviert.

ABSTECHER Aqua Restaurant €€€€
1 West Pier, Howth, Co Dublin 01 832 0690

Das Etablissement im ersten Stock mit Blick auf Meer und Hafen war früher ein Yachtclub. Auf der Speisekarte stehen Steaks sowie Gerichte aus Fisch und Hühnchen. Ein kalifornisch-italienischer Einfluss ist nicht zu leugnen. Die Menüs sind recht preiswert. Zum Sonntagsbrunch gibt es Live-Jazz.

ABSTECHER Bon Appetit €€€€
9 St James Terrace, Malahide, Co Dublin 01 845 0314

In einem renovierten georgianischen Wohnhaus in der Nähe der Marina liegt das beliebte Lokal in warmen Farben und mit viel Kunst, das exzellentes Seafood serviert. Probieren Sie Garnelensuppe mit Cognac, Seezunge »McGuirk« oder knusprige Ente in Grand-Marnier-Sauce. Die Desserts sind ähnlich verlockend. Reservierung erforderlich.

ABSTECHER Caviston's Seafood Restaurant €€€€
59 Glasthule Rd, Dun Laoghaire, Sandycove, Co Dublin 01 280 9245

Das kulinarische Kultlokal bietet hervorragendes, einfach zubereitetes Seafood. Reservieren Sie rechtzeitig. Wenn Sie zu den letzten Mittagsgästen gehören, dürfen Sie den Nachmittag über sitzen bleiben und geruhsam Kaffee und Desserts genießen. Der Feinkostladen bietet alles fürs Picknick. *Di–Do mittags, Fr & Sa mittags & abends.*

ABSTECHER King Sitric Fish Restaurant & Accommodation €€€€
East Pier, Howth, Co Dublin 01 832 5235

Seinen Namen hat das Restaurant, bekannt für gutes Seafood und Wild, von einem norwegischen König, der im Mittelalter Dublin regierte. Vom modernen Speiseraum hat man eine schöne Aussicht. Zu den Spezialitäten gehören Krabbensuppe, Balscadden-Bay-Hummer und Filetsteak mit Waldpilzen. Exzellenter Weinkeller.

ABSTECHER The Lobster Pot €€€€
9 Ballsbridge Terrace, Ballsbridge, Dublin 4 01 660 9170

Das renommierte Restaurant im Obergeschoss hat zu Recht eine große Fangemeinde. Professionelle Bedienungen servieren erstklassige Gerichte wie Kilmore-Krabben, Dublin-Bay-Garnelen in provenzalischer Sauce, Seezunge, köstliche Steaks sowie Hühnchen- und Wildgerichte.

ABSTECHER Roly's Bistro €€€€
7 Ballsbridge Terrace, Ballsbridge, Dublin 4 01 668 2611

Das Bistro mitten in Ballsbridge bietet leckere Gerichte wie Fleisch, Wild und große Steaks. Probieren Sie Kerry-Lamm-Pie oder Dublin-Bay-Garnelen auf provenzalische Art. Der obere Raum ist angenehmer. Hier können Sie auch selbst gebackenes Brot kaufen. Reservierung erforderlich.

Südost-Irland

BALLYMACARBRY Hanora's Cottage €€
Nire Valley, Ballymacarbry, Co Waterford 052 613 6134 **Straßenkarte** C5

Hanora's Cottage, ein berühmtes Restaurant am Fluss, wird von der netten Familie Wall betrieben. Gäste kommen für die exzellente Küche von weit her. Das gemütliche Lokal mit viel Kunsthandwerk sowie Gartenblick wurde mit Preisen ausgezeichnet. Probieren Sie den Lammrücken. Reservierung erforderlich.

BALLYMORE EUSTACE The Ballymore Inn €€€

Ballymore Eustace, Ballymore, Co Kildare 045 864 585 **Straßenkarte** D4

Die O'Sullivans führen das Restaurant, das dank des ausgezeichneten Essens sehr beliebt ist. Die großteils biologisch angebauten Zutaten sind sorgfältig ausgesucht. Zu köstlichen Suppen gibt es selbst gebackenes Brot. Auf der Karte stehen außerdem Lendensteak mit Paprika, Nudel- und Fischgerichte.

BLESSINGTON Grangecon Café €

The Old Schoolhouse, Kilbride Rd, Blessington, Co Wicklow 045 857 892 **Straßenkarte** D4

In einem liebevoll restaurierten Gebäude im Zentrum Blessingtons befindet sich das geschmackvoll dekorierte Café. Es gibt gute, bekömmliche Gerichte wie Salate, Quiches, pikante Tartes, Sandwiches mit selbst gebackenem Brot, Bauernkäse und Chutneys. Man bekommt auch biologische Säfte und leckere Desserts.

CAMPILE The Georgian Tea Rooms €€€

Great Island, Campile, Co Wexford 051 388 109 **Straßenkarte** D5

In Kilmokea Country Manor & Gardens steht das zauberhafte georgianische Haus mit eigenem, wunderschönem Garten. In dem hellen, geräumigen Wintergarten mit Blick über den ummauerten Garten bis zum Fluss Barrow werden leichte Mittagsgerichte serviert. *März–Nov: tägl. (Fr & Sa abends).*

CARLOW Lennon's Café Bar €€

Visual Centre for Contemporary Arts, Old Dublin Rd, Carlow 059 917 9245 **Straßenkarte** D4

In dem modernen Tagescafé bieten die Byrnes wirklich günstiges, gesundes Essen. Im Angebot stehen köstliche frische Suppen, darunter eine mit Cashel-Blue-Käse, Speck und Zucchini, Sandwiches aus selbst gebackenem Brot, großzügige Salatportionen und eine Auswahl warmer Gerichte. Die Desserts sind eine Versuchung.

CARLOW Reddy's €€

67 Tullow St, Carlow 059 914 2224 **Straßenkarte** D4

Das Restaurant mit Bar gehört schon seit 1768 der Familie Reddy. Die freundlichen Betreiber servieren traditionelle Gerichte mit internationalem Flair, zubereitet aus frischesten Produkten. Auf der Speisekarte stehen vielfältige Steak- und Fischgerichte. Sehr zuvorkommender Service.

CARNE The Lobster Pot Seafood Bar €€€

Carne, nahe Rosslare, Co Wexford 053 913 1110 **Straßenkarte** D5

The Lobster Pot, eine preisgekrönte Seafood-Bar, befindet sich in einem sehr gepflegten Gebäude aus dem 19. Jahrhundert. Hausmannskost und ländliche Gastlichkeit schaffen eine entspannte Atmosphäre. Das Restaurant ist berühmt für frischestes Seafood, darunter Muschelsuppe, Krabbensalat und Räucherlachs.

CELBRIDGE La Serre €€€€

The Village Lyons Demesne, Celbridge, Co Kildare 01 630 3500 **Straßenkarte** D3

Das La Serre liegt im Village at Lyons Demesne, einem innovativen Architektur-Restaurierungsprojekt am georgianischen Grand Canal. Essen Sie in einem schönen Wintergarten oder im hübschen Hof. Zu empfehlen sind u. a. der knusprige Schweinebauch, der frittierte Steinbutt und der geschmorte Heilbutt.

DUNGARVAN The Tannery Restaurant €€€€

10 Quay St, Dungarvan, Co Waterford 058 45420 **Straßenkarte** C5

Das hervorragend gestaltete, preisgekrönte Tannery befindet sich in einem einstigen Lagerhaus für Leder, das mit Flair und Fantasie umgewandelt wurde. Hochwertiges Mobiliar, Kunstwerke und frische Blumen bilden den Rahmen für die überaus innovative moderne Küche – ein unvergessliches Erlebnis.

ENNISKERRY Poppies Restaurant €

The Square, Enniskerry, Co Wicklow 01 282 8869 **Straßenkarte** D4

Das kleine, anheimelnde Café-Restaurant bietet gute Landküche zu guten Preisen. Lecker ist die Lauch-Schimmelkäse-Tarte oder der Rindfleisch-Guinness-Pie. Außerdem gibt es Suppen, Sandwiches, Salate, Ofenkartoffeln – vieles davon ist für Vegetarier geeignet. Ein Dessert sollte noch Platz im Magen haben. *tägl. bis 18 Uhr.*

GOREY Marlfield House €€€€

Courtown Rd, Gorey, Co Wexford 05394 21124 **Straßenkarte** D4

Das vielleicht beste Restaurant der Region hat einen wundervoll romantischen, eleganten Speisesaal, der in einen herrlichen Wintergarten übergeht. Genießen Sie in einladender Atmosphäre exzellente Küche. Das Gemüse kommt aus dem eigenen Garten. Umfangreiches Weinangebot, kundiger Service. Reservierung empfohlen.

GREYSTONES The Hungry Monk €€€

Church Rd, Greystones, Co Wicklow 01 287 5759 **Straßenkarte** D4

Das Lokal im Obergeschoss ist ein Garant für gutes Essen, ebensolche Weine (vielleicht mit der besten Weinkarte des Landes) und Unterhaltung. Überall sieht man lustig gewandete Mönche. Zu den Spezialitäten des Hauses gehören Wild mit Toulouse-Wurst und Wildbratensaft sowie Seafood-Gerichte.

KILDARE The Silken Thomas €€€

The Square, Kildare 045 522 232 **Straßenkarte** D4

Das nach einem extravagant gekleideten Lord of Kildare, der einen Aufstand gegen Henry VIII anzettelte, benannte Etablissement hat drei Bars, ein Restaurant und einen Nachtclub. In der größten der Bars bekommt man von 11 bis 21 Uhr etwas zu essen, im Restaurant serviert man Mittag- und Abendessen.

Straßenkarte *siehe hintere Umschlaginnenseiten*

KILKENNY Marble City Bar €€

66 High St, Kilkenny 056 776 1143 **Straßenkarte** *C4*

Die aufgemöbelte historische Bar hat viel Charakter und eine lebhafte Atmosphäre. Europäische Bistro-Kost, auch Frühstück, wird ab 10 Uhr den ganzen Tag über serviert. Auf der Karte stehen z. B. Kabeljau in Bierteig, Thai-Fischkuchen und selbst gemachte Burger mit Käse, Speck und Relish.

KILKENNY Campagne € €€

The Arches, 5 Gashouse Lane, Kilkenny 056 777 2858 **Straßenkarte** *C4*

Das Campagne serviert moderne französische Gerichte aus lokalen Zutaten und ist in Kilkenny sehr beliebt. Auf der Karte stehen leckere Gerichte aus Biolachs, Kalbfleisch, Wildbret, Hühnchen und Schweinefleisch. Sowohl das Restaurant wie auch der Chefkoch wurden schon ausgezeichnet. *Mo, Di.*

KILKENNY Zuni €€€

26 Patrick St, Kilkenny 056 772 3999 **Straßenkarte** *C4*

Das Zuni, das auch Gästezimmer anbietet, hat sich zum Synonym für zeitgemäßen Chic und superbes Essen in der schönen mittelalterlichen Stadt entwickelt. Die Küche zeigt Einflüsse von Marokko bis Südostasien. Probieren Sie ein Risotto, einen Salat oder ein Nudelgericht. Das Lokal hat eine tolle Atmosphäre und geschmackvolles Mobiliar.

KILKENNY Ristorante Rinuccini €€€€

The Parade, Kilkenny 056 776 1575 **Straßenkarte** *C4*

Das italienische Restaurant, das gleich gegenüber von Kilkenny Castle liegt, ist seit Jahren sehr populär. Es werden traditionelle Gerichte wie Minestrone, Antipasti und Spaghetti mit Hummer serviert. Die Weinkarte mit italienischen Positionen ist sehr umfangreich. Kinder sind bis 20 Uhr willkommen.

KILMACANOGUE The Sugar Tree Café €€

Kilmacanogue, Co Wicklow 01 286 7466 **Straßenkarte** *D4*

Das Café im Mühlenkomplex von Avoca ist schon lange Zeit beliebt wegen seiner rustikalen, gesunden Speisen. Es gibt eine sehr umfangreiche Frühstücksauswahl. Mittags ist es hier immer voll. Eine Alternative ist das Fern House Restaurant, in dem man mittags und abends speisen kann. Besuchen Sie unbedingt den Kunsthandwerksladen.

KILMACOW The Thatch €€€

Grannagh Castle, Kilmacow, Co Waterford 051 872 876 **Straßenkarte** *D5*

In dem gemütlichen, strohgedeckten Pub gegenüber dem Grannagh Castle bietet Besitzer David Ryan gute, frisch zubereitete Pub-Küche wie Suppen, Sandwiches, Salate, Panini, Steaks und Fischgerichte. An warmen Gerichten ist besonders empfehlenswert der hausgemachte *fish pie*.

LEIGHLINBRIDGE Lord Bagenal Inn €€

Leighlinbridge, Co Carlow 059 972 1668 **Straßenkarte** *D4*

Das helle Restaurant in einem renommierten Hotel am Ufer des Barrow hat klassische und traditionelle Gerichte mit modernem Touch auf der Karte. Die Weinkarte wurde schon preisgekrönt. In der beliebten Bar werden zu Mittag Fleischgerichte serviert.

LISMORE The Glencairn Inn & Pastis Bistro €€€

Glencairn, Lismore, Co Waterford 058 56232 **Straßenkarte** *C5*

Das Glencairn Inn & Pastis Bistro ist eine Hommage an eine längst vergangene Zeit. Stéphane und Fiona Tricot lassen hier die alte französische Bistro-Kultur wiederaufleben. Zu essen gibt es köstliche Hauptgerichte aus lokalen Zutaten wie etwa *cassoulet* aus Seeteufel und langsam gebratene Lammkeule.

ROUNDWOOD The Roundwood Inn €€€

Roundwood, Co Wicklow 01 281 8107 **Straßenkarte** *D4*

In Roundwood, Irlands höchstgelegenem Dorf, bietet sich der Gasthof aus dem 17. Jahrhundert als idealer Rastplatz nach einer Wanderung in den Wicklow Hills an. Das etwas formelle Lokal mit knisterndem Feuer und traditioneller Einrichtung bietet den ganzen Tag über exzellente Pub-Kost wie Krabbensuppe, Räucherlachs und Irish Stew.

THOMASTOWN The Lady Helen €€€€

Mount Juliet Conrad Hotel, Thomastown, Co Kilkenny 056 777 3000 **Straßenkarte** *D5*

Genießen Sie klassische Küche in einem edlen Raum mit hoher Decke und schöner Sicht auf die Gärten, in denen Gemüse und Kräuter angebaut werden. Zu empfehlen: Wildlachs aus dem Nore und Hähnchenbrust mit Fenchelfüllung in Paprikasauce. Reservierung erforderlich. Das Kendal's nebenan ist weniger förmlich.

TRAMORE The Copper Hen €€€

Fenor, Tramore, Co Waterford 051 330 300 **Straßenkarte** *D5*

Über dem Pub Mother McHugh's serviert das helle und freundliche Lokal vor einem behaglichen offenen Kamin Gerichte mit hochwertigen Zutaten, z. B. Bio-Schweinebauch mit Salbeisauce oder Entenschlegel mit Marsala-Thymian-Sauce. *Do–So.*

WATERFORD Fitzpatrick's Restaurant €€

Manor Court Lodge, Cork Rd, Waterford 0591 378 851 **Straßenkarte** *D5*

Ein denkmalgeschütztes Gebäude am Stadtrand von Waterford beherbergt das helle, farbenfrohe Restaurant, das für klassische Küche mit französischem Einfluss bekannt ist. Leinentischdecken, Blumen und Kerzen schaffen eine einladende Atmosphäre. Probieren Sie den gebratenen Wolfsbarsch. Aufmerksames Personal. Reservierung erforderlich.

WATERFORD The Gingerman €€

6–7 Arundel Lane, Waterford 051 879 522 **Straßenkarte** *D5*

Das Pub steht in einer Fußgängerstraße abseits der Broad Street im normannischen Teil der Stadt. Kaminfeuer und freundliches Personal machen das Tageslokal sehr einladend. Zu den preisgünstigen Angeboten gehören Suppen, Sandwiches, Panini, Ofenkartoffeln und spezielle Tagesgerichte.

WATERFORD Bodega! €€€

54 John St, Waterford 051 844 177 **Straßenkarte** *D5*

Das Ausrufezeichen im Namen verweist schon auf die lebhafte Atmosphäre des populären Lokals, das in warmen Tönen gehalten und mit Holztischen und wechselnden Kunstwerken ausgestattet ist. Es gibt Sonntagsbrunch und eine Abendkarte mit frischem *foie gras*, Steaks und Seebarsch.

WATERFORD La Bohème €€€

2 George St, Waterford 051 875 645 **Straßenkarte** *D5*

Das schöne Gebäude von Waterfords Handelskammer ist ein ungewöhnlicher Ort für ein Restaurant, das im Erdgeschoss untergebracht ist. Weiße Tischtücher, Silberbesteck und mit Blumen geschmückte Tische laden zu gutem französischem Essen ein. Vor allem *crabe brûlée* ist zu empfehlen.

WEXFORD La Dolce Vita €€€

6/7 Trimmers Lane, Wexford 053 917 0806 **Straßenkarte** *D5*

Roberto Pons behauptet von seinem italienischen Restaurant, es sei das beste in Irland. Das hausgemachte Brot, das Risotto und die Salate sind üppig und günstig. Der gegrillte Wolfsbarsch und die italienische Wurst mit Linsen sind hervorragend. Kommen Sie früh, wenn Sie zu Mittag essen wollen. *tägl. Lunch (März–Nov: auch Dinner).*

Cork und Kerry

BALLYCOTTON Nautilus Restaurant €€€

Pier Rd, Ballycotton, Co Cork 021 464 6768 **Straßenkarte** *C6*

Im Nautilus gibt es einfache französische Gerichte am Hafen eines abgelegenen kleinen Fischerdorfs in Cork. Fish and Chips sind eine Spezialität hier. Nehmen Sie sich Zeit, und machen Sie einen kleinen Spaziergang den Pier entlang. Das Restaurant gehört zum Inn by the Harbour, das ideal ist für einen Aperitif vor dem Abendessen. *Jan–März.*

BALLYCOTTON Bayview €€€€

Ballycotton, Co Cork 021 464 6746 **Straßenkarte** *C6*

Das feine Restaurant befindet sich in einem Vier-Sterne-Haus. Der Chefkoch legt größten Wert auf die Ausgewogenheit von Aroma und Maserung ebenso wie auf die Präsentation der Gerichte auf den Tellern. Als Hauptgerichte werden z. B. gebratene Ente, Lachsfilets und Schweinelende serviert. Große Weinauswahl.

BALLYDEHOB The Pothouse €€€

Main St, Ballydehob, Co Cork 028 37292 **Straßenkarte** *B6*

The Pothouse steht für gutes gesundes Essen. Seafood ist die Spezialität, etwa gegrilltes Seeteufelfilet mit Ratatouille und Pesto, Jakobsmuscheln mit Blutwurst und knusprigem Speck oder Entenbrust mit Weißkohl. Die Tagesgerichte sind zu empfehlen, auch der Apfelstreuselkuchen mit Eis.

BALTIMORE The Lookout €€€€

The Square, Baltimore, Co Cork 028 20600 **Straßenkarte** *B6*

Die berühmten Seafood-Platten erinnern noch an das ehemalige Chez Youen (heute eine Kunstgalerie). The Lookout setzt die Seafood-Tradition fort und serviert zusätzlich Fleisch- und Wildgerichte. Die Auswahl an französischen Weinen ist exzellent. *Hauptsaison.*

BANDON Blue Geranium Café €

Hosfords Garden Centre, Enniskeane, Bandon, Co Cork 023 883 9159 **Straßenkarte** *B6*

Das tagsüber geöffnete Café in einem wunderschönen Gartencenter serviert in erster Linie saisonale Gerichte aus Biozutaten. Neben Quiches, Sandwiches und Salaten gibt es auch Gerichte für den großen Hunger. Das Innere, eine Kombination aus Glas und hellem Holz, ist großzügig mit Blumen dekoriert. *Mo.*

BANTRY O'Connor's Seafood Restaurant €€€

The Square, Bantry, Co Cork 027 55664 **Straßenkarte** *B6*

Das renommierte Restaurant im Herzen der Stadt serviert Mittag- und Abendessen. Die Spezialität ist zwar Seafood – Hummer und Austern frisch aus dem Bassin, besonders gute Muscheln –, es gibt aber auch Filetsteaks, Berglamm, Hähnchen und Wild.

BANTRY Blair's Cove House & Restaurant €€€€

Durrus, nahe Bantry, Co Cork 027 61127 **Straßenkarte** *B6*

Das Restaurant liegt romantisch mit Blick auf die Dunmanus Bay. Das Lokal wird hauptsächlich von Kerzen beleuchtet und verströmt mit seinen Steinwänden, den Deckenbalken, dem Lüster und einem Flügel ein großartiges Flair. Attraktion des Hauses ist das hervorragende Horsd'œuvre-Büfett.

Straßenkarte *siehe hintere Umschlaginnenseiten*

BLARNEY Blair's Inn €€€
Cloghroe, Blarney, Co Cork 021 438 1470 **Straßenkarte** *B5*

Vor dem sehr gepflegten, einladenden weiß getünchten Pub am Fluss hängen Blumenampeln. Innen gibt es offene Kamine, zauberhaftes Interieur und gute traditionelle Gerichte wie Steak, Corned Beef, Seeteufel und Lachs in einer modernen Variation. Im Sommer wird montags Live-Musik geboten.

CASTLETOWNSHEND Mary Ann's Bar €€
Castletownshend, Skibbereen, Co Cork 028 36146 **Straßenkarte** *B6*

Die Bar, ein Wahrzeichen des malerischen Dorfs, wurde 1846 eröffnet und hat einen gemütlichen, einzigartigen Charakter. Vor allem kommt man aber wegen des guten Essens hierher. Zu den Spezialitäten gehören Muschelsuppe, sautierte Jakobsmuscheln und Seezunge. Auch das Käseangebot ist hervorragend.

CORK Crawford Gallery Café €€
Emmet Place, Cork 021 427 4415 **Straßenkarte** *C5*

Zur Crawford Municipal Art Gallery im alten Zollhaus gehört eines der besten Tageslokale der Stadt. In dem hellen, angenehmen Crawford Gallery Café serviert man den Gästen frisch zubereitete Landhausküche und exzellente hausgemachte Desserts.

CORK Farmgate Café €€
The English Market, Princess St, Cork 021 427 8134 **Straßenkarte** *C5*

Das Farmgate Café auf der Galerie oberhalb des quirligen English Market, in dem viele der Zutaten gekauft werden, ist ein lebhaftes Restaurant mit Selbstbedienungs- und Service-Bereich. Holztische und schwarz-weiße Fliesen schaffen ein bodenständiges Ambiente. Hauptanziehungspunkt ist aber die gute Hausmannskost.

CORK Café Paradiso €€€
16 Lancaster Quay, Western Rd, Cork 021 427 7939 **Straßenkarte** *C5*

Das Café Paradiso, zweifellos Irlands bestes vegetarisches Restaurant, lockt auch Leute an, die eigentlich nicht auf Fleisch verzichten mögen. Das saisonale Angebot ist fantasievoll und immer gut. Die Desserts sind exquisit. Das heiter dekorierte moderne Interieur ist sehr behaglich.

CORK Isaacs Restaurant €€€
48 MacCurtain St, Cork 021 450 3805 **Straßenkarte** *C5*

Das legere und doch stilvolle Restaurant in einem Lagerhaus aus dem 18. Jahrhundert bietet verlässlich gute Küche im Bistro-Stil zu angemessenen Preisen. Auf der Speisekarte stehen z. B. Fischfrikadellen, gebratene Garnelen und Kartoffelkuchen mit Blutwurst. Die Weinkarte ist umfangreich, der Service freundlich.

CORK Jacobs on the Mall €€€
30a South Mall, Cork 021 425 1530 **Straßenkarte** *C5*

Das angesehene Restaurant wurde in einem ehemaligen türkischen Bad eingerichtet – eine einzigartige Kulisse für die kreativen, farbenfrohen Kreationen, darunter frittierten Kürbis mit Parmaschinken und grüner Salsa. Das hausgemachte Eis ist unwiderstehlich.

CORK The Ivory Tower €€€€
The Exchange Buildings, 35 Prince's St, Cork 021 427 4665 **Straßenkarte** *C5*

Einer von Irlands kreativsten Küchenchefs, Seamus O'Connell, sucht die besten Zutaten aus, um daraus ungewöhnliche und köstliche Kombinationen zu schaffen. Der Schwertfisch mit Bananenketchup und Mango-Salsa ist ein Favorit, ebenso das Kaninchen in Beamish-Stout.

DINGLE The Chart House €€€
The Mall, Dingle, Co Kerry 066 915 2255 **Straßenkarte** *A5*

Das preisgekrönte legere Restaurant ist in warmen Farben gehalten und besitzt Holzfußböden. Überschwängliche, aufmerksame Wirte sorgen für eine einladende Atmosphäre. Hochwertige Zutaten werden z. B. zu gebratenem Seeteufel mit geschmortem Weißkohl oder Kerry-Lamm mit Herzoginkartoffeln verarbeitet.

DINGLE The Half Door €€€
John St, Dingle, Co Kerry 066 915 1600 **Straßenkarte** *A5*

Charmantes kleines Restaurant im Cottage-Stil, das für gutes saisonales Seafood bekannt ist. Probieren Sie die warme oder kalte Seafood-Platte mit Krebsscheren, Hummer, Austern, Muscheln und Garnelen. Es gibt leckere Desserts und eine gute Auswahl an Bauernkäse. Die Portionen sind großzügig.

DINGLE Lord Baker's Restaurant & Bar €€€
Main St, Dingle, Co Kerry 066 915 1277 **Straßenkarte** *A5*

Das einladende Etablissement mit offenem Kamin ist angeblich Dingles älteste Bar. Serviert wird Bar-Küche wie Suppen, Krebsscheren in Knoblauchbutter und Räucherlachs. Im Restaurant geht es etwas förmlicher zu. Hier gibt es frischen Hummer und pochierten Atlantiklachs.

DINGLE Out of the Blue €€€
Waterside, Dingle, Co Kerry 066 915 0811 **Straßenkarte** *A5*

Das Seafood-Restaurant und Feinkostgeschäft bietet fangfrischen Fisch. Das Dekor ist schnörkellos, das Essen hervorragend. Versuchen Sie Petersfisch mit Käsepolenta, gegrillte Rotzunge oder Jakobsmuscheln. Der Hummer ist recht preiswert. Das Weinangebot ist gut zusammengestellt.

Preiskategorien *siehe Seite 324* **Zeichenerklärung** *siehe hintere Umschlagklappe*

DURRUS Good Things Café €€€

Ahakista Rd, Durrus, Co Cork 027 61426 **Straßenkarte** *B6*

Das behagliche Café-Restaurant sorgt bei irischen Gourmets für Aufregung. Die Speisekarte liest sich wie eine Straßenkarte zu den angesagtesten Produzenten der Region. Zu den Spezialitäten gehören West-Cork-Fischsuppe und geräucherter Schellfisch mit Desmond-Käse. *Apr–Sep; vorher anrufen.*

GOLEEN Heron's Cove €€€

The Harbour, Goleen, West Cork 028 35225 **Straßenkarte** *B6*

In der Nähe des schönen kleinen Hafens auf der Mizen Peninsula in West Cork werden hier frischer Fisch und exzellente Weine serviert. Zum Auftakt gibt es u. a. Bantry-Bay-Muscheln oder Heron's-Cove-Krabbenküchlein. Als Hauptgerichte werden Fisch- und Fleischgerichte serviert. Der Service ist sehr freundlich. Es gibt auch Gästezimmer.

KENMARE The Purple Heather €€

Henry St, Kenmare, Co Kerry 064 664 1016 **Straßenkarte** *B5*

The Purple Heather, eine traditionelle Bar mit Restaurant, ist mit dafür verantwortlich, dass sich Kenmare als kulinarische Stadt etablierte. Auf der Speisekarte stehen Suppen, Pasteten, Brote, Desserts sowie Seafood-Salate, Räucherlachs und Sandwiches mit Krabbenfleisch. Serviert wird bis 17.30 Uhr.

KENMARE The Lime Tree Restaurant €€€

Shelbourne St Kenmare, Co Kerry 064 664 1225 **Straßenkarte** *B5*

Das zauberhafte Steingebäude aus den 1830er Jahren hat einen einzigartigen Charakter und ein spezielles Flair, nicht zuletzt wegen des offenen Kamins und der Galerie für moderne Kunst im Obergeschoss. Kompetente Kellner servieren exzellentes Seafood, Kerry-Lamm und leckere Desserts. *Ostern–Okt: tägl.; Nov–März: Sa.*

KENMARE Mulcahy's €€€

36 Henry St, Kenmare, Co Kerry 064 664 2383 **Straßenkarte** *B5*

Bruce Mulcahy gehört zu Irlands führender Riege junger Küchenchefs. Seine Experimentierfreude lockt nicht nur Anwohner und Besucher, sondern auch andere Köche und Gastronomen in das freundliche Lokal mit geschmackvoll-modernem Dekor. Die Pasta-, Fisch- und Fleischgerichte bestehen aus hochwertigen Zutaten.

KENMARE Packie's €€€

Henry St, Kenmare, Co Kerry 064 664 1508 **Straßenkarte** *B5*

Das renommierte Restaurant mit einladendem Ambiente hat eine treue Fangemeinde. Der Schwerpunkt liegt auf Seafood und biologisch angebauten Produkten, aber auch mediterrane und moderne Aromen finden ihren Weg in die fantasievollen Kreationen.

KILLARNEY Jam €

Old Market Lane, Killarney, Co Kerry 064 663 7716 **Straßenkarte** *B5*

James Mulchrones Kombination aus Bäckerei, Delikatessenladen und Café sorgt für gute und günstige Snacks. Das Essen ist hausgemacht, die Zutaten stammen von Bauernhöfen aus der Nähe. Wenn Sie vor Ort essen möchten, können Sie zwischen drei Bereichen wählen. Sehr freundlicher Service.

KILLARNEY Gaby's Seafood Restaurant €€€

27 High St, Killarney, Co Kerry 064 663 2519 **Straßenkarte** *B5*

Gaby's, Mitglied der World Master Chefs Society und eines der etabliertesten Seafood-Restaurants des Landes, soll das beste Seafood der Stadt servieren. Die Küche ist einfallsreich und auf hohem Niveau, die Weine sind sorgfältig ausgesucht. Ein Genuss ist der Hummer »Gaby« mit Cognac und Sahne. Exquisite Desserts.

KILLARNEY Treyvaud's €€€

62 High St, Killarney, Co Kerry 064 663 3062 **Straßenkarte** *B5*

Die Brüder Paul und Mark Treyvaud haben eine Mittagskarte entworfen, auf der sich sowohl etwas für den schnellen Lunch als auch für ausgiebigere Pausen findet. Sehr empfehlenswert sind der Seafood-Chowder, die Fish Cakes sowie die Fleisch- und Guinness-Pasteten. Am Abend werden u. a. Kerry-Lamm, Straußenfilet und Seafood serviert.

KILLARNEY The Garden Room Restaurant €€€€

Malton Hotel, East Avenue Road, Killarney, Co Kerry 064 663 8000 **Straßenkarte** *B5*

Der viktorianische Speiseraum liegt im Malton Hotel. Man blickt von hier auf die wunderschön gestalteten Gärten des Hotels. Chefkoch John O'Leary bereitet traditionelle Rezepte mit moderner Abwandlung zu. Gebratenes Kerry-Lamm ist die Spezialität des Hauses.

KILLORGLIN Nick's Seafood Restaurant & Piano Bar €€€€

Lower Bridge St, Killorglin, Co Kerry 066 976 1219 **Straßenkarte** *A5*

Nick's Seafood Restaurant ist eines der beliebtesten Lokale in Irland und für seine üppigen Fleischgerichte und feines Seafood bekannt. Das Ambiente ist behaglich, mit offenen Kaminen und Klaviermusik. Probieren Sie den Hummer Thermidor oder die Kammmuscheln in Sauce Mornay.

KINSALE Crackpots €€€

3 Cork St, Kinsale, Co Cork 021 477 2847 **Straßenkarte** *B6*

Das ungewöhnliche Restaurant mit Weinbar verkauft sowohl selbst gemachte Keramik als auch fantasievolle Gerichte. Das Seafood – Hummer, Jakobsmuscheln und Garnelen – ist exzellent. Es stehen aber auch Ente und Steaks auf der umfangreichen Speisekarte, die auch viele Gerichte für Vegetarier enthält.

Straßenkarte *siehe hintere Umschlaginnenseiten*

KINSALE Fishy Fishy Café €€€
Crowley's Quay, Kinsale, Co Cork 021 470 0415 **Straßenkarte** *B6*

Feinkost- und Fischladen sowie Café in einem: Fishy Fishy ist für die Frische der Nahrungsmittel und deren raffiniert einfache Zubereitung bekannt. Das legere Café ist sehr beliebt. Oft bilden sich Warteschlangen, da man nicht reservieren kann. Ein besonderer Genuss sind Scampi mit Kartoffelecken, Sauce tartare und Pesto.

KINSALE Man Friday €€€
Scilly, Kinsale, Co Cork 021 477 2260 **Straßenkarte** *B6*

Man Friday, Kinsales ältestes Restaurant, ist landesweit für seine exzellente Küche, die einzigartige Atmosphäre und den freundlichen Service bekannt und wurde schon mit zahlreichen Preisen ausgezeichnet. Es hat mehrere Räume und eine schöne Terrasse. Zur großen Speisenauswahl gehört eine superbe Seafood-Platte.

KINSALE Max's Wine Bar €€€
48 Main St, Kinsale, Co Cork 021 477 2443 **Straßenkarte** *B6*

Seit 30 Jahren ist die charmante Weinbar mit Restaurant der Vorreiter von Kinsales Gourmet-Szenerie. Zur Auswahl stehen leichte Mittagsgerichte und eine umfangreiche Abendkarte. Holztische und ein kleiner Wintergarten tragen zum speziellen Charme bei.

KINSALE The Spaniard Inn €€€
Scilly, Kinsale, Co Cork 021 477 2436 **Straßenkarte** *B6*

Das Spaniard Inn ist eines der idyllischen, rustikalen irischen Pubs, die man wegen der Musik und dem freundlichen Ambiente aufsucht. Dazu gibt es leckeres Bar-Essen (Seafood-Chowder und Muscheln). Das Abendrestaurant serviert kulinarisch etwas ausgefeiltere Gerichte.

LISTOWEL Allo's Restaurant, Bar & Bistro €€€€
42 Church St, Listowel, Co Kerry 068 22880 **Straßenkarte** *B5*

Die bezaubernde Bar kombiniert klassische und moderne Küche. Das Lokal von 1959 ist traditionell eingerichtet und hat einen wunderbar einladenden Charakter. Probieren Sie Dover-Seezunge mit Kapern und Kräuterbutter oder die Lende vom irischen Rind in Blätterteig.

MALLOW Presidents' Restaurant €€€€€
Longueville House, Mallow, Co Cork 022 47156 **Straßenkarte** *B5*

Porträts irischer Präsidenten hängen an den Wänden des eleganten Restaurants, das sich zu einem viktorianischen Wintergarten hin öffnet – eines der romantischsten Lokale im Land. Viele der frischen Produkte, die professionell verarbeitet und präsentiert werden, kommen vom eigenen Bauernhof oder aus dem Gemüsegarten.

MITCHELSTOWN O'Callaghan's Café & Delicatessen €
19–20 Lower Cork St, Mitchelstown, Co Cork 025 24657 **Straßenkarte** *C5*

Im Herzen der quirligen Marktstadt bietet das Café köstliche Quiches, Panini, Sandwiches, Suppen, delikate *focaccia* mit Schmelzkäse und gegrilltes Gemüse. Die Fisch-Kebabs und Knoblauch-Muscheln sind sehr gut. Selbst gebackenes Brot, Eingelegtes und Chutney gibt es ebenfalls. Man kann auch alles mitnehmen.

MOLL'S GAP Avoca Handweavers €€
Moll's Gap, Co Kerry 064 663 4720 **Straßenkarte** *B5*

Das Restaurant in dem bekannten Kunsthandwerksladen liegt hoch auf einem Felsgrat mit Blick über die Bergseen Killarneys. Es serviert gesunde Kost, von Suppen und frisch zubereiteten Salaten bis zu warmen Hauptgerichten und verführerischen hausgemachten Desserts. *März–Mitte Jan tagsüber.*

MONKSTOWN The Bosun €€€
The Pier, Monkstown, Co Cork 021 484 2172 **Straßenkarte** *B5*

Am Ufer des Flusses Lee gibt es sehr gutes Seafood. Zu den Spezialitäten des Lokals gehören Surf & Turf, gefülltes Forellenfilet, Mönchsfisch-Medaillons und geräucherter Wildlachs. Für Fleischliebhaber gibt es Filetsteak, Lammkotelett und Würste aus Wildbret. Die Desserts sind ebenfalls eine Versuchung.

SHANAGARRY Ballymaloe House €€€€€
Shanagarry, Midleton, Co Cork 021 465 2531 **Straßenkarte** *C6*

Die kulinarische Institution ist landesweit für ihre exzellente Landküche bekannt, die in eleganten Speiseräumen serviert wird. Viele Zutaten werden im eigenen Garten angebaut. Das abendliche Fünf-Gänge-Menü ist fantasievoll zusammengestellt. In der Nähe befindet sich eine renommierte Kochschule. Samstags gibt es meist Live-Musik.

TRALEE The Oyster Tavern €€
The Spa, Tralee, Co Kerry 066 713 6102 **Straßenkarte** *B5*

In dem netten Restaurant mit Bar, sechs Kilometer außerhalb von Tralee, sind wenig überraschend Fisch und Meeresfrüchte die Spezialitäten. Außerdem gibt es eine große Auswahl an Fleisch- und Geflügelgerichten. Die Atmosphäre ist freundlich und ruhig, Kinder sind willkommen. Samstagabends gibt es Live-Musik, am Sonntag Brunch.

YOUGHAL Ahernes Seafood Restaurant & Townhouse €€€
163 North Main St, Youghal, Co Cork 024 92424 **Straßenkarte** *C5*

Das preisgekrönte Seafood-Restaurant, in der dritten Generation im Besitz der Familie Fitzgibbon, bietet Gastfreundlichkeit, eine relaxte Atmosphäre sowie fangfrischen Fisch, Rind- und Lammfleisch aus der Region, Gemüse der Saison, selbst gebackene Brote und köstliche Desserts.

Preiskategorien *siehe Seite 324* **Zeichenerklärung** *siehe hintere Umschlagklappe*

Unterer Shannon

ADARE The Wild Geese Restaurant — €€€

Rose Cottage, Main St, Adare, Co Limerick *061 396 451* — ***Straßenkarte** B5*

Das Seafood-Restaurant in einem hübschen Cottage im Bilderbuch-Dorf Adare hat sich mit seiner noblen Küche, der umfangreichen Weinkarte und dem freundlichen Service einen guten Ruf erarbeitet. Alle Zutaten werden vor Ort erzeugt, meist ökologisch. Die Desserts sind ein Gedicht.

BALLINDERRY Brocka-on-the-Water Restaurant — €€€€

Kilgarvan Quay, Ballinderry, Co Tipperary *067 22038* — ***Straßenkarte** C4*

Der etablierte und renommierte Familienbetrieb ist vor allem bei schönem Wetter einfach herrlich. Offene Kamine, geschmackvolle Einrichtung, fantasievolle Küche und einladendes Ambiente sorgen dafür, dass das Restaurant sehr beliebt ist. Reservieren Sie also auf jeden Fall einen Tisch.

BALLINGARRY The Mustard Seed at Echo Lodge — €€€€

Ballingarry, Co Limerick *069 68508* — ***Straßenkarte** B5*

The Mustard Seed in einem viktorianischen Gebäude gehört zu den schönsten Restaurants des Landes. Es ist für hervorragenden Service und exzellente Küche bekannt. Auf der Karte, einer Mischung aus klassischen und modernen irischen Gerichten, stehen z. B. Perlhuhn und Seebarsch aus dem Ofen. Einladendes Flair.

BALLYVAUGHAN Monks — €€

Ballyvaughan, Co Clare *065 707 7059* — ***Straßenkarte** B4*

Das beliebte Pub-Restaurant bietet eine exquisite Seafood-Suppe. Die mit Knoblauch gedämpften Muscheln, die Krebsscheren und die Meeresfrüchte-Platte sind ebenfalls ein Genuss. Im Sommer kann man die Gerichte mit nach draußen nehmen und in der Sonne verspeisen. An Sommerwochenenden und Wintersamstagen gibt es Live-Musik.

BIRDHILL Matt the Thresher Pub & Restaurant — €€

Birdhill, Co Tipperary *061 379 227* — ***Straßenkarte** C4*

Das traditionelle Pub auf dem Land, an der Straße zwischen Dublin und Limerick, ist eine beliebte Raststätte. Den ganzen Tag bis in den Abend bekommt man hier etwas zu essen, u. a. frische Scampi, Hühnchen-Pilz-Pastete und Filetsteak – alles weit über dem Standard des normalen Pub-Essens.

BUNRATTY Gallagher's Restaurant & JP Clarke's Pub — €€

Bunratty, Co Clare *061 363 363* — ***Straßenkarte** B4*

Großartiges Seafood-Restaurant und rustikales Pub in einem – ebenso verhält es sich bei den Gerichten. Beide Lokalitäten mitten in Bunratty sind sehr gemütlich. Im Gallagher's gibt es eine ausgezeichnete Auswahl an Fisch- und Meeresfrüchte-Gerichten, im JP typische Pub-Gerichte.

CAHIR Cahir House Hotel — €€€

Cahir House Hotel, Cahir, The Square, Co Tipperary *052 744 3000* — ***Straßenkarte** C5*

Das Cahir House Hotel ist das Zentrum des Gesellschafts- und Wirtschaftslebens der Gegend. Das fröhlich dekorierte Hotelrestaurant (nur abends geöffnet) ist auf traditionelle Küche spezialisiert. Das Lendensteak und das Lachsfilet von lokalen Anbietern sind ganz besonders zu empfehlen.

CARRON Burren Perfumery Tea Rooms — €

Carron, Co Clare *065 708 9102* — ***Straßenkarte** B4*

Irlands erste Parfümerie, vor über 30 Jahren gegründet, ist ein Familienbetrieb mit biologischem Kräutergarten, Destillierraum und Laden. Die einfachen, hübschen Tea Rooms bieten exzellente Suppen, Quiches und Sandwiches sowie frisch gepresste Fruchtsäfte und selbst gebackene Kuchen. *Ostern – Sep.*

CASHEL Café Hans — €€

Moore Lane, Cashel, Co Tipperary *062 63660* — ***Straßenkarte** C5*

Das kleine moderne Café, Ableger des berühmten Restaurants Chez Hans, ist eines der besten Irlands. Wer von Dublin nach Cork unterwegs ist, findet hier einen idealen Rastplatz. Wählen Sie unter delikaten Salaten, Sandwiches und den selbst gemachten Pommes frites, die man im ganzen Land kennt.

CASHEL Chez Hans Restaurant — €€€€

Moore Lane, Cashel, Co Tipperary *062 61177* — ***Straßenkarte** C5*

Seit 1968 kommen Gäste aus dem ganzen County hierher, um die exzellente Küche zu genießen. Das Restaurant in einer umgebauten Kirche hat sich zum Gourmet-Tempel entwickelt. Es gibt viele Gerichte mit Tipperary-Rind und -Lamm. Die Seezunge ist besonders gut. Das »Early bird«-Dinner ist preiswert. Reservierung empfohlen.

CLOGHEEN The Old Convent Gourmet Hideaway — €€€€€

Mount Anglesby, Clogheen, Co Tipperary *052 746 5565* — ***Straßenkarte** C5*

Der ursprünglich aus Connemara stammende Chefkoch Dermot Gannon nutzt regionale Bio-Produkte und irisches Fleisch, um eine wahre Geschmacksexplosion zu kreieren. Das Degustationsmenü variiert jeden Tag. Es sind auch Unterkünfte verfügbar. *Do – Sa (auch So an Bank-Holiday-Wochenenden): abends.*

Straßenkarte *siehe hintere Umschlaginnenseiten*

CLONMEL Befani's €€
6 Sarsfield, Co Tipperary 052 617 7893 **Straßenkarte** *C5*

Das Befani's ist ein großartiges Restaurant mit mediterranen Gerichten und Tapas in einem restaurierten, denkmalgeschützten Gebäude in der Nähe des Kais. Die Abendkarte ist sehr abwechslungsreich und bietet in erster Linie Gerichte aus lokalen Biozutaten. Es gibt auch ein kleines Gästehaus.

DOONBEG Morrisseys Seafood Bar & Grill €€€
Doonbeg, Co Clare 065 905 5304 **Straßenkarte** *B4*

Das Bar-Restaurant in einem ansehnlichen grauen Gebäude mitten in dem hübschen Dorf ist schon seit vier Generationen in Familienhand. Das unprätentiöse Lokal serviert hauptsächlich Seafood. Auch gegrillte Fleischgerichte, Krebssuppe und grünes Thai-Curry finden sich auf der Karte.

DOOLIN Cullinan's Seafood Restaurant and Guest House €€€
Doolin, Co Clare 065 707 4183 **Straßenkarte** *B4*

Mit Blick auf den Fluss Aille speist man in dem fröhlich eingerichteten, beliebten Restaurant frisches Seafood zu vernünftigen Preisen. Hauptgerichte sind etwa gebratene Jakobsmuscheln und gebackener Heilbutt mit Muscheln. Ein leckeres Dessert ist die Grand-Marnier-Torte. Das Team ist zuvorkommend und effizient. *Ostern–Okt.*

ENNIS Town Hall Bistro €€€
O'Connell St, Ennis, Co Clare 065 689 2333 **Straßenkarte** *B4*

Im restaurierten Rathaus, gegenüber dem Old Ground Hotel, liegt das elegante Restaurant mit Bistro-Küche. Mittags und abends gibt es hier z. B. Rinderfilet mit Zwiebel-Chutney, Seebarsch mit Couscous und Lammrücken. Probieren Sie danach Panna cotta mit Kahlua oder Käsekuchen mit Himbeeren. Schneller Service. Reservierung empfohlen.

KILLALOE Cherry Tree Restaurant €€€
Lakeside, Ballina, Killaloe, Co Clare 061 375 688 **Straßenkarte** *C4*

Das nette Restaurant am Wasser hat ein farbenfrohes Interieur und einen guten Ruf für seine herausragende moderne Küche aus sorgfältig ausgewählten Zutaten. Es gehört sicher zu den besten der Region. Lecker: Seafood und in Butter gebratenes Rinderfilet. Verlockende Desserts.

LAHINCH Barrtra Seafood Restaurant €€€
Lahinch, Co Clare 065 708 1280 **Straßenkarte** *B4*

In einem weiß getünchten Haus ein paar Kilometer südlich von Lahinch, mit Blick über die Liscannor Bay, befindet sich ein erstklassiges, preisgekröntes Restaurant. Es ist im schlichten Cottage-Stil dekoriert. Von den Fenstertischen hat man Meerblick. Das Essen ist immer sehr gut. Probieren Sie den köstlichen Hummer. *Jan, Feb.*

LIMERICK Copper and Spice €€
2 Cornmarket Row, Limerick 061 313 620 **Straßenkarte** *B4*

Das stilvolle Copper and Spice ist hell und modern eingerichtet und bietet eine interessante, umfangreiche Speisenauswahl, eine Mischung aus indischer und thailändischer Küche. Beliebt sind vor allem gemischte Platten aus Fleisch-Samosa, Dim Sum und Hühnchen-Satay. Es gibt auch gute vegetarische Gerichte.

LIMERICK Hampton Grill €€
Henry St, Co Limerick 061 609325 **Straßenkarte** *B4*

Hampton Grill in der Altstadt von Limerick liegt ideal für ein Mittagessen nach dem Besuch von King John's Castle oder des Limerick Museum in der nahen Nicholas Street. Die Speisekarte bietet überwiegend Steaks, Lamm und Kalb vom Grill, es gibt aber auch Pasta und Salate.

LIMERICK Cornstore €€€€
19 Thomas St, Limerick 061 609000 **Straßenkarte** *B4*

Steaks sind die Attraktion schlechthin, doch auch die Cocktails sind superb – kein Wunder, steht das Cornstore doch in Kontakt mit der alteingesessenen Aubars Bar. Auf der Speisekarte stehen Gerichte mit Seafood und Wild, es gibt aber auch eine vernünftige Auswahl für Vegetarier.

NENAGH The Pepper Mill €€€
27 Kenyon St, Nenagh, Co Tipperary 067 34598 **Straßenkarte** *C4*

Mairead und Robert Gill zogen in das größere Gebäude um, um alle ihrer Gäste bewirten zu können, die ein typisches irisches Menü zu sich nehmen wollen. Besonders zu empfehlen sind Hühnchen mit Cointreau, Schweinebauch in Ahornsirup und Lamm im Kräutermantel. Große Portionen.

NEWMARKET-ON-FERGUS Earl of Thomond Restaurant €€€€€
Dromoland Castle, Newmarket-on-Fergus, Co Clare 061 368 144 **Straßenkarte** *B4*

Opulent dekoriertes Etablissement samt Lüstern und Blick auf den See. Am Abend spielt ein Harfenist traditionelle Musik, während die Gäste ihre Fünf-Gänge-Menüs genießen. Probieren Sie die Seezunge mit Muscheln und Champagnersauce. Sonntags gibt es zudem Mittagsmenüs.

TERRYGLASS The Derg Inn €€
Terryglass, Nenagh, Co Tipperary 067 22037 **Straßenkarte** *C4*

Das erstklassige Gastro-Pub ist einen kurzen Spaziergang vom Hafen entfernt und bei Bootsbesitzern beliebt. Es gibt ausgezeichnete Steaks und Brathähnchen mit würzigen Dips. Probieren Sie den fangfrischen Fisch aus dem nahen Lough Derg. Sonntagabends finden Sessions mit traditioneller Musik statt.

Preiskategorien *siehe Seite 324* **Zeichenerklärung** *siehe hintere Umschlagklappe*

Westirland

ACHILL ISLAND The Beehive €

Keel, Achill Island, Co Mayo 098 43134 — **Straßenkarte** *A3*

Das legere Selbstbedienungsrestaurant (nur tagsüber) mit Handwerksladen blickt auf den Keel Beach. Zu essen gibt es hochwertige Hausmannskost, Suppen, etwa Seafood-Suppe, und selbst gebackene Brötchen. Aus eigener Herstellung sind auch die Sandwiches, Kuchen, Kekse und anderes Gebäck.

ACHILL ISLAND Ferndale Restaurant & Guest Accommodation €€

Crumpaun, Keel, Achill Island, Co Mayo 098 43908 — **Straßenkarte** *A3*

Ferndale Restaurant & Guest Accommodation liegt oberhalb des Dorfs. Vom Restaurant aus hat man eine weite Sicht aufs Meer und die Insel. Die Küche zeigt Einflüsse aus aller Welt, von mongolischem Barbecue bis zu traditionelleren Gerichten.

BALLINA Gaughan's €

O'Rahilly St, Ballina, Co Mayo 096 70096 — **Straßenkarte** *B2*

Seit 1936 betreibt die gleiche Familie das Restaurant mit seinem charmanten Charakter und Alte-Welt-Flair. Auch die Küche ist altmodisch. Es gibt z. B. Backschinken und gebratenes Hähnchen, Fisch-Pies, Hackbraten, Lachs und Krabbenfleisch, daneben wird aber auch Leichteres wie Sandwiches und Suppen serviert.

BALLYCASTLE Mary's Bakery & Tea Room €

Main St, Ballycastle, Co Mayo 096 43361 — **Straßenkarte** *B2*

Das nette Restaurant in der Dorfmitte bietet heimeliges Flair (mit offenem Kamin) und ebensolche Kost wie hausgemachte Suppen, Sandwiches und frische Salate sowie eine Auswahl an warmen Hauptgerichten. Probieren Sie die köstlichen Quiches oder Räucherlachs und Krabbenfleisch. Gutes Brot und Desserts aus eigener Herstellung.

BARNA O'Grady's on the Pier €€€

Seapoint, Barna, Co Galway 091 592223 — **Straßenkarte** *B4*

Bei O'Grady's genießt man wunderbare Sicht auf Meer und Berge sowie einfach zubereitetes, hochwertiges Seafood. Besonders beliebt ist die superbe Seafood-Platte. Durch die Kombination von modernen und alten Elementen entsteht eine sehr behagliche Atmosphäre.

CLEGGAN Oliver's Bar €€€

Cleggan, Co Galway 095 44640 — **Straßenkarte** *A3*

Oliver's Bar mit Blick auf den arbeitsamen Pier und den Hafen, wo Boote Richtung Inishbofin ablegen, wird von Einheimischen und Tagesausflüglern frequentiert, die hier bis in den Abend ultrafrische Meeresfrüchte verspeisen. Auf der Karte: Räucherlachs, Connemara-Lamm, Austern und Steaks.

CLIFDEN Ardagh Hotel & Restaurant €€€

Ballyconneely Rd, Clifden, Co Galway 095 21384 — **Straßenkarte** *A3*

Vom preisgekrönten Restaurant im ersten Stock des Hotels hat man einen schönen Meerblick, vor allem bei Sonnenuntergang. Das moderne Lokal mit Leinentischdecken, Kerzen, Blumen und offenem Kamin wirkt sehr einladend. Zu essen gibt es Hummer frisch aus dem Bassin, fangfrischen Fisch und gute Fleischgerichte.

CLIFDEN Mitchell's Restaurant €€€

Market St, Clifden, Co Galway 095 21867 — **Straßenkarte** *A3*

Im hübschen familiengeführten Mitchell's bekommt man in freundlichem Ambiente mit unverputzten Wänden und einem offenen Kamin gutes Essen. Auf der Karte: Seafood-Suppe, exzellenter Krabbensalat, selbst gebackenes Brot und Irish Stew.

CONG The George V Dining Room €€€€€

Ashford Castle, Cong, Co Mayo 094 954 6003 — **Straßenkarte** *B3*

Holzvertäfelung und Kronleuchter aus Waterford-Kristall sorgen für das edle Ambiente, in dem Küchenchef Stefan Matz seine Gerichte aus Bio-Zutaten serviert, etwa Ente mit einer Vinaigrette aus Orangen, Spargel und Erdbeeren oder Lamm mit einer Kruste aus mediterranem Gemüse. Abends gibt es auch ein Fünf-Gänge-Menü.

GALWAY Goya's Coffee Shop €

2–3 Kirwan's Lane, Cong, Galway 091 567010 — **Straßenkarte** *B4*

Das moderne, tagsüber geöffnete Eckcafé mit Bäckerei ist ein beliebter Treffpunkt. Geboten werden Suppen, Pasteten, Salate, getoastete Sandwiches sowie Spezialitäten wie Rind und Guinness-Stew. Die wunderbaren Backwaren aus eigener Herstellung sind berühmt.

GALWAY Gourmet Tart Company €€

Jameson Court, Salthill 091 861667 — **Straßenkarte** *B4*

Die Einheimischen lieben hier mittags die Sandwiches und Salate sowie abends die herzhafteren Gerichte. Das betriebsame Café lebt auch von dem Ruf, den sich die angegliederte Bäckerei erworben hat. Die hausgemachten Kuchen und anderen Backwaren sind ein Renner.

Straßenkarte *siehe hintere Umschlaginnenseiten*

GALWAY McDonagh's Seafood Bar €€

22 Quay St, Galway 091 565 001 **Straßenkarte** B4

Die Galwayer Institution ist ein Muss für jeden, der erstklassige Fish and Chips und wirklich frisches Seafood sucht. Das Lokal in der lebhaftesten Straße der Stadt hat eine Take-away-Abteilung mit Holzbänken und -tischen sowie ein gemütliches, farbenfrohes Restaurant.

GALWAY Ard Bia at Nimmos €€€

Spanish Arch, Long Walk, Galway 091 561114 **Straßenkarte** B4

Untertags ist das Ard Bia ein Café, am Abend ein Restaurant. Es wird eine Auswahl an gesunden Gerichten serviert. Das Café ist ideal für ein herzhaftes Frühstück oder Mittagessen, am Abend gibt es köstliche Fleisch-, Fisch- und Geflügelgerichte. Die Schweinsbäckchen sind sehr zu empfehlen.

GALWAY Kirwan's Lane Restaurant €€€

Kirwan's Lane, Galway 091 568 266 **Straßenkarte** B4

Das Restaurant mit modernem Dekor und ebensolcher Küche befindet sich in einem hübschen Steinhaus. Die geschmackvolle Einrichtung wirkt sehr einladend. Die Bistro-Gerichte lassen asiatische Einflüsse erkennen. Im Erdgeschoss ist das etwas lockerere Restaurant Seafood Bar @ Kirwans untergebracht.

GALWAY Owenmore Restaurant €€€€€

Ballynahinch Castle Hotel, Connemara, Galway 095 31006 **Straßenkarte** B3

Das Owenmore im Ballynahinch Castle Hotel bietet schönen Blick auf den Ballynahinch River. Die Speisekarte richtet sich nach der Jahreszeit und bietet etwa Connemara-Lachs oder Cleggan-Hummer sowie Fleisch, Wild, Fisch und Austern aus der Region. Wer kein Hotelgast ist, muss reservieren. *abends.* *Feb.*

INISHMORE Pier House €€€

Kilronan, Inishmore, Co Galway 099 61811 **Straßenkarte** B4

Der wundervolle Blick auf Kilronan Harbour inspiriert sicher die Brüder Damien und Rohan O'Malley, die ursprünglich aus Clifden stammen. Sie sind auf moderne irische Gerichte spezialisiert, es gibt viel frisches Seafood und Lammkeule aus Connemara. *Mitte März–Okt: tägl.*

INIS MEÁIN Inis Meáin Restaurant €€€

Inis Meáin, Aran Islands, Co Galway 086 826 6026 **Straßenkarte** B4

Das Inis Meáin liegt auf einer von Galways Aran Islands und serviert großartige Gerichte aus Zutaten, die entweder auf der Insel gezogen oder gefischt werden. Von dem modernen Gebäude aus, in dem sich auch Unterkunftsmöglichkeiten befinden, hat man einen fantastischen Blick aufs Meer. Reservierung empfohlen.

KILCOLGAN Moran's On The Weir €€€

The Weir, Kilcolgan, nahe Clarinbridge, Co Galway 091 796 113 **Straßenkarte** B4

Bereits in der siebten Generation führt die Familie Moran das Seafood-Restaurant, dessen Spezialität Austern sind. Das strohgedeckte Cottage mit einfachem Dekor wurde erweitert, um mehr Gäste aufnehmen zu können. Auf der Speisekarte stehen auch Krebse, Hummer, Garnelen, Bio-Lachs, Krebsscheren und Muscheln.

KINVARA The Pier Head Bar & Restaurant €€

The Quay, Kinvara, Co Galway 091 638 188 **Straßenkarte** B4

Vom Lokal im Hafen des malerischen Fischerdorfs sieht man hinüber zur Kinvara Bay und zum Dunguaire Castle. Es ist eines der besten Restaurants der Gegend, mit warmer Farbgebung und freundlicher Atmosphäre. Hummer und Filetsteak sind hier hervorragend. Oft gibt es Live-Musik.

LEENANE Blackberry Café €€

Leenane, Co Galway 095 42240 **Straßenkarte** B3

Charmantes kleines Café und Restaurant am Killary Harbour. Auf der Speisekarte stehen hausgemachte Suppen, Sandwiches, Panini, frische Austern, Räucherlachs, Irish Stew und Salate mit Meeresfrüchten. Als Nachspeise gibt es z. B. köstlichen Rhabarberkuchen. *Sommermonate: tägl. 12–21 Uhr.*

LETTERFRACK Kylemore Abbey Restaurant €€

Kylemore, Letterfrack, Co Galway 095 41448 **Straßenkarte** A3

Das Selbstbedienungsrestaurant auf dem Grundstück der Kylemore Abbey in herrlicher Lage auf einem Hügel blickt auf einen malerischen See. Die fleißigen Benediktinerinnen betreiben einen Handwerksladen, ein Töpferstudio und das beliebte Lokal mit guter, gesunder Küche: u. a. Salate, Sandwiches, Eintöpfe und Quiches.

LOUGHREA Taste Matters €€

Millenium House, Westbridge, Loughrea, Co Galway 091 880010 **Straßenkarte** B4

Das gemütliche Bistro serviert französische und irische Gerichte in entspannter Atmosphäre. Es gibt u. a. Seafood-Chowder, Fischfrikadellen, gebratene Entenbrust, Schweinebauch und Lammkeule. Das Preis-Leistungs-Verhältnis stimmt. Versuchen Sie unbedingt die hausgemachte Panna cotta.

MOYCULLEN White Gables €€€

Moycullen, Co Galway 091 555 744 **Straßenkarte** B4

Das anheimelnde Restaurant in einem Cottage aus den 1920er Jahren serviert traditionelle Küche mit Schwerpunkt Seafood. Zu den Klassikern gehören pochierter Heilbutt »Veronique« und Kammmuscheln in Sauce Mornay. An Fleischgerichten gibt es etwa Entenbrust mit Orangensauce und Connemara-Lamm.

PORTUMNA Modena €€

The Square, Portumna, Co Galway 090 759568 **Straßenkarte** C4

Der Familienbetrieb mit umfangreicher Speisekarte serviert u. a. East-Galway-Sirloin-Steak sowie diverse Braten, Currys und Biryanis. Seafood-Chowder ist besonders zu empfehlen. Die häufigen Angebote sorgen für ein sehr gutes Preis-Leistungs-Verhältnis. Zu trinken gibt es Bier und Wein.

ROSCOMMON Gleeson's Restaurant & Townhouse €€€

Market Sq, Co Roscommon 090 662 6954 **Straßenkarte** C3

Das restaurierte Restaurant mit Café in einem Gebäude (19. Jh.) am historischen Marktplatz serviert köstliche Hausmannskost in einladender Atmosphäre. Hier kocht man traditionell irisch mit Zutaten aus der Region. Versuchen Sie die Spezialität des Hauses: Lammeintopf nach Roscommon-Art.

ROUNDSTONE O'Dowd's Seafood Bar & Restaurant €€€

Roundstone, Co Galway 095 35809 **Straßenkarte** A3

Schon seit 1906 bietet das freundliche O'Dowd's in der Bar mit holzgetäfelten Wänden und offenen Kaminen bis 21.30 Uhr typische Bistro-Kost. Das formellere Restaurant serviert gutes Seafood, z. B. Muschelsuppe, frische Austern, Hummer und Muscheln. Die Desserts sind verführerisch. Reservierung empfohlen.

WESTPORT McCormack's at The Andrew Stone Gallery €

Bridge St, Westport, Co Mayo 098 25619 **Straßenkarte** B3

Die Metzgerei McCormack's gibt es bereits seit 1847, heute ist sie in der sechsten Generation im Besitz derselben Familie. Darüber liegt das schlicht dekorierte Tageslokal. Die Gerichte wie Seafood-Chowder, pikante Tartes und Fleischeintöpfe werden nach Familienrezepten zubereitet. Die hausgemachten Desserts sind verführerisch.

WESTPORT An Port Mór €€€

Brewery Place, Abzweigung Bridge St, Westport 098 26730 **Straßenkarte** B3

Der preisgekrönte Küchenchef Frankie Mallon verwendet nach eigener Aussage nur beste Zutaten für seine klassischen Seafood-Spezialitäten und Fleischgerichte. Die Forelle mit Muscheln ist besonders zu empfehlen. Auch den hausgemachten Limoncello sollte man unbedingt probiert haben.

Nordwest-Irland

ANNAGRY Danny Minnie's Restaurant €€€

Teach Killindarragh, Annagry, Co Donegal 074 954 8201 **Straßenkarte** C1

Für ein romantisches Candle-Light-Dinner ist das elegante Restaurant in einem luxuriösen B&B im Herzen des gälischsprachigen Gaeltacht ideal. Das Danny Minnie's mit Drucken, Gobelins und Originalgemälden an den Wänden und zwei offenen Kaminen serviert hauptsächlich Seafood und Fleischgerichte. Reservierung empfohlen.

ARDARA Nancy's €

Ardara, Co Donegal 074 954 1187 **Straßenkarte** C1

Das Nancy's, in der siebten Generation in Familienbesitz, ist für günstige Bar-Kost und Snacks bekannt, die zwar schlicht, aber sehr lecker zubereitet werden. Zu den Spezialitäten gehören Muschelsuppe und Charlie's Supper – Garnelen und Räucherlachs in Knoblauch-Chili-Sauce. Die Stimmung hier ist sehr fröhlich.

BALLYSHANNON Nirvana €€€

The Mall, Ballyshannon, Co Donegal 071 982 2369 **Straßenkarte** C2

Der Küchenchef des hübschen, modernen Restaurants mit Weinbar und Café im tiefsten Donegal nutzt hervorragende Zutaten für seine klassischen europäischen Gerichte. Alles schmeckt genauso gut, wie es aussieht. Zum Lunch gibt es Pizza, Salate, Suppen und Sandwiches. ● *März.*

CARRICK-ON-SHANNON Oarsman Bar & Boathouse Restaurant €€€

Bridge St, Carrick-on-Shannon, Co Leitrim 071 962 1733 **Straßenkarte** C3

Die Brüder Conon und Ronan Maher stellen bereits die siebte Generation einer Gastronomen-Familie. Sie führen die schöne Bar mit legerer Atmosphäre. Ein gut eingespieltes Team unter Küchenchef Shaun Hanna bereitet superbe Kreationen zu.

CASTLEBALDWIN Cromleach Lodge Country House €€€€

Castlebaldwin, Co Sligo 071 916 5155 **Straßenkarte** C3

Der Lough Arrow und die Bricklieve Mountains bilden die Kulisse des Landhauses auf einem Hügel. Unter der Leitung von Moira Tighe entstehen in der Küche aus besten Produkten der Region fantasievolle, innovative irische Gourmetgerichte, etwa Krebsscheren mit Lauch und getrockneten Tomaten.

DONEGAL The Olde Castle Bar and Restaurant €€€€

Tirconnell St, Donegal, Co Donegal 074 972 1262 **Straßenkarte** C1

Von außen wirkt dieses Lokal vielleicht etwas altmodisch, die Küche wurde jedoch für ihre irischen Gerichte mit modernem Touch ausgezeichnet. Der Fokus liegt auf Zutaten aus der Region, die Spezialität ist Seafood. Zu empfehlen sind Muscheln in Weißwein-Sahne-Sauce, Donegal-Bay-Austern und Connemara-Lachs.

Straßenkarte *siehe hintere Umschlaginnenseiten*

DUNKINEELY Castle Murray House €€€€

St John's Point, Dunkineely, Co Donegal 074 973 7022 **Straßenkarte** *C2*

Das legere Restaurant mit wunderbarem Blick auf die Bucht und die spektakuläre Umgebung ist der perfekte Ort, um klassische französische Küche zu genießen. Spezialität des Hauses sind Gambas und Mönchsfisch in Knoblauchbutter. Das Speisenangebot wechselt saisonal, im Winter liegt der Schwerpunkt auf Fleisch.

GLENTIES Highlands Hotel €€€

Main St, Glenties, Co Donegal 074 955 1111 **Straßenkarte** *C1*

Das Restaurant mit Bar, für viele der Mittelpunkt des Lebens in Glenties, bietet tolle Steaks, aber auch vegetarisches Curry, Pfannengerichte und Seafood. Die großen Portionen am Mittag sind sehr günstig. Freundliches, sehr zuvorkommendes Personal. Im Haus gibt es auch eine kleine Kunstgalerie.

GREENCASTLE Kealy's Seafood Bar €€€

The Harbour, Greencastle, Co Donegal 074 938 1010 **Straßenkarte** *C1*

Das Kealy's am Hafen verarbeitet frische Meeresfrüchte und biologisch angebautes Gemüse zu preisgekrönten Kreationen wie Atlantik-Lachs in Senfkruste oder Seehechtfilet auf gedünstetem Fenchel mit Tomaten-Safran-Sauce. Alle Gerichte sind köstlich-herzhaft.

KINCASSLAGH Iggy's Bar €

Kincasslagh, Co Donegal 074 954 3112 **Straßenkarte** *C2*

Das großartige kleine Pub ist bei Einheimischen wie Besuchern beliebt. Ann und Iggy Murray servieren einfache Pub-Kost mit Schwerpunkt auf Seafood. Die Sandwiches und Suppen sind besonders verlockend. Zum Krabben-Sandwich passt hervorragend ein Pint Guinness.

LETTERKENNY Castle Grove Country House Hotel €€€

Ballymaleel, Letterkenny, Co Donegal 074 915 1118 **Straßenkarte** *C1*

Das neue Mitglied der Castle-Grove-Gruppe passt im Stil zum Rest des Hauses. Die Küche kombiniert Produkte aus dem Hotelgarten mit gälischem Flair – das Ergebnis sind wunderbare Gerichte. Lecker: Rinderfilet mit gegrillter Meerrettich-Polenta und karamellisiertem Chicorée.

LETTERKENNY The Lemon Tree €€€

39 Lower Main St, Letterkenny, Co Donegal 074 912 5788 **Straßenkarte** *C1*

Der Familienbetrieb ist bei Einheimischen und Urlaubern gleichermaßen beliebt. Hier legt man viel Wert auf Zubereitung und Präsentation der Gerichte mit irischen und französischen Einflüssen. Die Zutaten kommen aus der Region. Alles ist hausgemacht, sogar die Pasta. Reservierung wird empfohlen.

RATHMULLAN Weeping Elm €€€€

Rathmullan Country House, Co Donegal 074 915 8188 **Straßenkarte** *C1*

Liam McCormick, bekannt für seine einfallsreichen Donegal-Kirchen, entwarf das Zeltdach des hübschen Feinschmecker-Restaurants. Probieren Sie das ungewöhnliche Dessert aus Carrageen-Algen mit Rhabarber und Ingwer. Auf dem exzellenten Frühstücksbüfett stehen auch Joghurt und Carrageen-Pudding.

ROSSES POINT Waterfront Bar and Restaurant €€€

Rosses Point, Co Sligo 071 917 7122 **Straßenkarte** *B2*

Hinter der typischen Pub-Fassade verbirgt sich ein Restaurant mit exzellenter Küche. Der Küchenchef bereitet einfache, köstliche Bistro-Gerichte sowie aufwendigere Speisen zu. Seafood ist die Spezialität, auf der Karte stehen Mies- und Jakobsmuscheln sowie Seebrasse und Kabeljau. Der Sonntagslunch ist sehr beliebt.

SLIGO Davi's Restaurant @ Yeats Tavern €€

Drumcliff Bridge, Sligo 071 916 3117 **Straßenkarte** *C2*

Mit der Renovierung hat sich Davi's Restaurant @ Yeats Tavern zum preisgekrönten Lokal gemausert. Hier treffen Einheimische und Besucher aufeinander, um traditionelle und internationale Gerichte zu genießen, etwa die unwiderstehlichen Muscheln in Knoblauchsauce oder süße Chili-Garnelen.

SLIGO Montmartre €€€

1 Market Yard, Sligo 071 916 9901 **Straßenkarte** *C2*

Das Montmartre ist bei Einheimischen sehr beliebt und gilt als bestes Restaurant von Sligo. Wie der Name andeutet, ist die Speisekarte französisch angehaucht. Stéphane Magaud serviert einfallsreiche Gerichte aus den besten lokalen Zutaten, darunter je nach Saison Wild und Seafood. Reservierung wird empfohlen.

SLIGO Coach Lane Restaurant €€€€

1–2 Lord Edward St, Sligo 071 916 2417 **Straßenkarte** *C2*

Das Coach Lane ist eines der beliebtesten Restaurants von Sligo. Es werden viele Gerichte mit frischem Fisch wie Seeteufel, Venusmuscheln und Biolachs serviert, es gibt aber auch Fleisch, Geflügel sowie Pasta und Vegetarisches. Im Erdgeschoss ist eine freundliche Bar untergebracht, in der sonntagabends traditionelle Live-Musik gespielt wird.

STRANDHILL Bella Vista €€

Shore Rd, Co Sligo 071 912 2222 **Straßenkarte** *C2*

Hier ist es schwer zu entscheiden, was besser ist: der Ausblick auf die Küste von Strandhill oder das Essen. Die einfachen, aber sehr guten Sandwiches, Nudelgerichte, Suppen und Pizzas schmecken sehr gut. Die Abendkarte ist umfangreicher und enthält in erster Linie Seafood- und Steak-Gerichte.

TUBBERCURRY Killoran's Traditional Restaurant €

Teeling St, Tubbercurry, Co Sligo 071 918 5679 **Straßenkarte** *B3*

Wie der Name schon sagt: Hier bekommt man echt irische Küche. An Abenden mit irischer Musik (Juni und August) stehen *boxty* (Kartoffelpfannkuchen), *crubeens* (Schweinefüße) und Irish Stew auf der Karte. Es gibt auch Lachs aus dem Fluss Moy. Snacks und Hauptmahlzeiten werden den ganzen Tag über serviert.

Midlands

ATHLONE The Left Bank Bistro €€€

Fry Place, Athlone, Co Westmeath 090 649 4446 **Straßenkarte** *C3*

Das stilvoll-minimalistische Restaurant liegt im Herzen von Old Athlone. In relaxter, informeller Atmosphäre wird hier kreative, köstliche Küche serviert. Mittags gibt es Suppe, Hühnchen-Fajitas und belegte *focaccia*. Auf der umfangreichen Abendkarte stehen auch Steaks und Meeresfrüchte.

ATHLONE Wineport Lodge €€€

Glasson, Athlone, Co Westmeath 090 643 9010 **Straßenkarte** *C3*

Die hübsche Lodge am See ist ein preisgekröntes Restaurant, das heimische Produkte und internationale Zutaten kombiniert. Probieren Sie einmal Krebse mit Hoi-Sin-Pfannkuchen oder Kaninchen mit Minzsauce und Chorizo-Risotto. Über Torf geräuchertes Lamm ist ein guter Appetizer. Es gibt auch Kindergerichte.

BIRR The Thatch Bar & Restaurant €€€

Crinkill, Birr, Co Offaly 057 912 0682 **Straßenkarte** *C4*

Das schöne traditionelle Pub mit Strohdach, weiß getünchten Wänden, Pflastersteinen und Blumenschmuck liegt vor den Toren der Stadt. Geboten werden echte Gastfreundlichkeit und gute, einfallsreiche Küche. Versuchen Sie den wunderbaren gebratenen Fasan mit frischen Kräutern und Obstfüllung.

BLACKLION MacNean House & Bistro €€€€€

Main St, Blacklion, Co Cavan 071 985 3022 **Straßenkarte** *D2*

Neven Maguire, einer der führenden Köche des Landes, genießt wegen seiner exzellenten Küche einen hervorragenden Ruf. Das Restaurant seines Gästehauses hat ihm viele Preise eingetragen. Auf der Speisekarte stehen Kreationen aus lokalen Produkten. Zu empfehlen: Kammmuscheln mit Krabben-Safran-Risotto. ● *Mo, Di.*

CARLINGFORD Kingfisher Bistro €€€

Darcy McGee Court, Dundalk St, Carlingford, Co Louth 042 937 3716 **Straßenkarte** *D3*

Das gemütliche kleine Restaurant im Heritage Centre ist wahrscheinlich das beste in der Gegend. Es bietet gute Kontinentalküche mit südostasiatischen Einflüssen sowie Steaks und Fischgerichte zu vernünftigen Preisen. Auch Vegetarier kommen hier auf ihre Kosten.

CARLINGFORD Ghan House €€€€

Carlingford, Co Louth 042 937 3682 **Straßenkarte** *D3*

Das Landhaus aus dem 18. Jahrhundert befindet sich am Rand des Dörfchens Carlingford, das in der Mitte der Strecke Dublin–Belfast liegt. Es werden lokale Produkte mit frischen Austern, Muscheln und Hummer serviert. Für Fleischesser empfiehlt sich das Cooley-Lamm.

CARRICKMACROSS Nuremore Hotel & Country Club €€€€

Carrickmacross, Co Monaghan 042 966 1438 **Straßenkarte** *D3*

Das edle Restaurant im schön gelegenen Nuremore Hotel gilt als eines der besten in der Region. Der hochtalentierte Küchenchef zieht Gäste aus dem ganzen Land an. Probieren Sie als Vorspeise *tian* aus Annagassan-Krebsen und anschließend das Sirloin-Steak mit Kürbis und Trüffel-Terrine. Sie werden den Umweg nicht bereuen.

CLOVERHILL The Olde Post Inn €€€€

Cloverhill, Co Cavan 047 55555 **Straßenkarte** *C3*

Das Restaurant befindet sich in einer schönen alten Poststation. Die hier gebotenen Kochkünste wurden schon mehrmals ausgezeichnet. Das fünfgängige Abendmenü umfasst etwa Spanferkel, Kaninchenlende oder Kalbslende mit Kräutern. Die Vorspeisen und Desserts sind ebenfalls köstlich. Es gibt auch Gästezimmer.

COLLON Forge Gallery Restaurant €€€€

Collon, Co Louth 041 982 6272 **Straßenkarte** *D3*

Das Forge Gallery Restaurant ist seit 20 Jahren das führende in der Gegend: ein makellos geleitetes Lokal mit viel Charakter. Die Köche kombinieren – mit großem Erfolg – französische und irische Küche. Die saisonale Speisekarte dominieren Seafood und Wild, beides aus der Region.

DUNDALK Quaglino's €€

The Century Bar, 19 Roden Place, Dundalk, Co Louth 042 933 8567 **Straßenkarte** *D3*

Das preisgekrönte Quaglino's im ersten Stock eines schönen, denkmalgeschützten Gebäudes von 1902 bietet hochwertige Küche. Carlingford-Austern in Kräuter-Knoblauch-Butter sind die Spezialität des Hauses. Die Century Bar hat noch viele Originalelemente. Gutes Angebot für »Early birds«. ● *Mo, Di.*

Straßenkarte *siehe hintere Umschlaginnenseiten*

KELLS Earls Kitchen €

Old Corn Market, Navan, Co Meath 046 905 9678 **Straßenkarte** *D3*

Wer mittags etwas Handfestes im Magen braucht, sollte die hausgemachte Lasagne oder das grüne Thai-Curry bestellen, für den kleineren Hunger gibt es auch Salate. Die Desserts sind eine Sünde wert, sei es der Karottenkuchen, die Apfeltorte oder der Zitronenkuchen. *abends.*

KELLS The Vanilla Pod €€€

Headfort Arms Hotel, Kells, Co Meath 046 924 0084 **Straßenkarte** *D3*

Das angesagte Restaurant im Bistro-Stil hat Eichentische, gedämpftes Licht und stilvolle Tischdekorationen. Die Küche gibt sich modern mit internationalen Einflüssen. Zu empfehlen sind die gegrillten Ziegenkäse-*crostini* mit Pflaumen-Chutney. Das Schoko-Fondue ist eine süße Verführung. Kinder speisen zwischen 17.30 und 18.45 Uhr gratis.

LONGFORD Aubergine Gallery Café €€

The White House, 17 Ballymahon St, Longford 043 334 8633 **Straßenkarte** *C3*

Das helle, stilvolle Restaurant im ersten Stock bietet internationale Küche mit mediterranem Touch. Es werden großzügige Steaks, gutes Seafood, Geflügel und schmackhafte vegetarische Gerichte zu vernünftigen Preisen serviert. Ein Gedicht ist das Lendensteak mit Whiskey-Pfeffer-Sahnesauce.

MONAGHAN Andy's Restaurant €€

12 Market St, Monaghan 047 82277 **Straßenkarte** *D2*

Andy's Restaurant, ein Familienbetrieb im Herzen der Stadt, hat schon mehrere Preise eingestrichen. Die schöne altmodische Stimmung hier lockt viele Stammgäste an. Die Küche verwendet nur hochwertige Zutaten. Unten in der traditionellen Bar geht es lockerer zu.

MULLINGAR Ilia Tapas Restaurant €€

37 Dominick St, Mullingar, Co Westmeath 044 934 5947 **Straßenkarte** *C3*

In der netten Tapas-Bar wird eine feine Auswahl von köstlichen Fleisch- und Seafood-Gerichten serviert. Als Tapas gibt es etwa Rote-Bete-Carpaccio, Schellfisch und Schalottenkroketten sowie mit Garnelen-Mousse gefüllter Tintenfisch. Die Weinauswahl ist gut. Es gibt auch ein »Early bird«-Menü. Alle Gerichte sind auch zum Mitnehmen.

MULLINGAR The Belfry Restaurant €€€

Ballinegall, Mullingar, Co Westmeath 044 934 2488 **Straßenkarte** *C3*

Das wunderbare Belfry in einer ehemaligen Kirche ist geschmackvoll eingerichtet, sehr schön beleuchtet und strahlt eine einladende Atmosphäre aus. Die perfekt zubereiteten und ansprechend präsentierten Gerichte kombinieren moderne irische mit traditionell französischer Küche. *Mi–So.*

PORTLAOISE Seasons Bistro €€

24A Market Square, Portlaoise 057 868 0809 **Straßenkarte** *C4*

Das beliebte, freundliche Familienbistro bereitet aus Zutaten der Region moderne europäische Gerichte zu. Die meistbestellte Vorspeise sind Jakobsmuscheln und Garnelen in Weißwein-Sahne-Sauce. Als Hauptgericht ist Ente mit Selleriepüree und Beerensauce zu empfehlen.

TRIM Franzini O'Brien's €€

French's Lane, Trim, Co Meath 046 943 1002 **Straßenkarte** *D3*

Elegantes, großes Lokal in herrlicher Lage mit Blick über Trim Castle. Die kundigen, freundlichen Bedienungen servieren internationale Küche, z. B. Fajitas und Suppen, zu erschwinglichen Preisen. Die Atmosphäre ist leger und lebhaft. Gute Weinkarte. Nur abends geöffnet.

Nordirland

ARDGLASS Aldo's £££

7 Castle Pl, Ardglass, Downpatrick, Co Down BT30 7TP 028 4484 1315 **Straßenkarte** *E2*

Seit 1973 betreiben die Vinaccias das italienische Restaurant in Ardglass. Der Service ist sehr zuvorkommend und freundlich. Zu essen gibt es Antipasti sowie verschiedene Pasta-, Fisch- und Fleischgerichte. Auch Vegetarier haben eine große Auswahl. *Do–So.*

ARMAGH Manor Park Restaurant ££

2 College Hill, The Mall, Armagh BT61 9DF 028 3715 353 **Straßenkarte** *D2*

Das Restaurant in einem schönen georgianischen Haus neben dem Planetarium setzt auf moderne Gerichte aus Irland und Großbritannien. Besonders zu empfehlen sind die gebratenen Seeteufelfilets mit gewürzter Mandelbutter, die Zitronen-Seezunge mit Herzmuscheln und das Rind für zwei Personen.

BALLYCASTLE The Cellar Restaurant ££

11B The Diamond, Ballycastle, Co Antrim, BT54 6AW 028 2076 3037 **Straßenkarte** *D1*

Im Cellar Restaurant im Stadtzentrum werden große Portionen von köstlichen Seafood-Gerichten zu günstigen Preisen serviert. Surf'n'Turf mit Rathlin-Hummer und Filetsteaks ist nur ein Beispiel. Die Steaks sind auf den Punkt gebraten, der Service ist exzellent, und die Bedienungen sind sehr freundlich.

BELFAST Archana Balti House
££

53 Dublin Rd, Belfast, Co Antrim, BT2 7HE ☎ *028 9032 3713* — ***Straßenkarte** D2*

Eines der besten indischen Restaurants in Belfast und eines der ersten auf der Insel überhaupt serviert eine verlockende Auswahl von Currys und Balti-Gerichten. Besonders lecker sind die vegetarischen Kreationen, die meist auch für Veganer geeignet sind. Günstig ist der Thali-Lunch. Volle Alkohol-Ausschanklizenz.

BELFAST Castle Cellar Restaurant
££

Antrim Rd, Belfast, Co Antrim BT15 5GR ☎ *028 9077 6925* — ***Straßenkarte** D2*

Das Restaurant in wunderbar romantischer Lage bietet eine der besten Aussichten in ganz Belfast. Das Design des Lokals passt zur prächtigen Architektur der Burg. Zu den Spezialitäten des Hauses gehören Wildbretfilet und Lachs. *tägl. mittags; Mi–So abends.*

BELFAST Crown Liquor Saloon
££

46 Great Victoria St, Belfast, Co Antrim BT2 7BA ☎ *028 9027 9901* — ***Straßenkarte** D2*

Der Crown Liquor Saloon stammt aus dem Jahr 1849 und ist ein Belfaster Wahrzeichen. In den gemütlichen Sitzecken verspeist man Schüsseln voll Irish Stew oder *champ* (eine regionale Spezialität aus Kartoffeln, Frühlingszwiebeln und Butter). Oder betrachten Sie bei einem Pint einfach das faszinierende Interieur.

BELFAST Mourne Seafood Bar
££

34–36 Bank St, Belfast, Co Antrim, BT1 1HL ☎ *028 9024 8544* — ***Straßenkarte** D2*

Das Mourne ist eine Mischung aus Restaurant und Fischladen. Kunden gehen durch den Laden und gelangen in die Bar mit Restaurant. Die Karte variiert je nach Tagesfang. Die Austern, Mies- und Herzmuscheln kommen von Mournes eigenen Meeresfrüchte-Bänken in der Nähe.

BELFAST Shu
££

253 Lisburn Rd, Belfast, BT9 7EN ☎ *028 9038 1655* — ***Straßenkarte** D2*

Das Shu liegt zwar in einem alten viktorianischen Gebäude, ist jedoch modern eingerichtet. Es werden saisonale Gerichte mit französischem Einschlag serviert. Oft gibt es Wildbret und Seafood, etwa Wild-Consommé, Lasagne mit geräuchertem Schellfisch und gebratene Taube.

BELFAST Alden's
£££

229 Upper Newtownards Rd, Belfast, Co Antrim, BT4 3JF ☎ *028 9065 0079* — ***Straßenkarte** D2*

Das in der ganzen Stadt beliebte Lokal bietet eine leckere Auswahl an Gerichten mit Fleisch, Seafood, Geflügel und weitere hochwertige Zutaten. Montags bis donnerstags wird mittags und abends ein festes Menü mit sehr gutem Preis-Leistungs-Verhältnis angeboten. Auch die Weinkarte bietet das ein oder andere Schnäppchen.

BELFAST The Barnett Room
£££

Malone House, Barnett Demesne, Belfast, Co Antrim, BT9 5LH ☎ *028 9068 1246* — ***Straßenkarte** D2*

Der Barnett Room in einem eleganten spätgeorgianischen Herrenhaus ist bekannt für seine hervorragende Küche und ein Favorit bei den Einheimischen. Nur die besten Produkte aus Ulster werden zu Gerichten im Brasserie-Stil verarbeitet. Oft bilden vegetarische Spezialitäten die Tagesgerichte. *mittags.*

BELFAST Restaurant Victoria
£££

60 Great Victoria St, Belfast BT2 7BB ☎ *028 9033 2121* — ***Straßenkarte** D2*

Das in Creme- und Minttönen gehaltene Restaurant steht unter der Leitung des renommierten Küchenchefs Raymond McArdle. Hirschkeule und Dorset-Lamm sind die Highlights auf der Speisekarte, aber hier findet wohl jeder etwas für seinen Gaumen. Es gibt auch ein Pre-Theatre-Menü sowie ein vegetarisches Menü.

BELFAST Metro Brasserie
£££

13 Lower Crescent, Belfast, Co Antrim, BT7 1NR ☎ *028 9032 3349* — ***Straßenkarte** D2*

Die moderne Version der traditionellen Brasserie befindet sich im wunderschönen Crescent Townhouse. Das ungewöhnliche Interieur verleiht dem Lokal eine gehobene und dennoch entspannte Atmosphäre. Neben Standardgerichten gibt es eine große Cocktail-Auswahl. Freitags ist Steakabend.

BELFAST Zen
£££

55–59 Adelaide St, Belfast, Co Antrim, BT2 8FE ☎ *028 9023 2244* — ***Straßenkarte** D2*

Wie der Name andeutet, ist das Zen ein Restaurant mit der Ruhe und Beschaulichkeit eines buddhistischen Steingartens. In schönem, elegantem Interieur werden wunderbare Kreationen präsentiert. Auf der Karte stehen Sashimi, Sushi, Tempura, Maki-Röllchen und andere japanische Spezialitäten. Probieren Sie das Abendmenü.

BELFAST Cayenne
££££

7 Ascot House, Shaftesbury Sq, Belfast, Co Antrim, BT2 7DB ☎ *028 9033 1532* — ***Straßenkarte** D2*

Das berühmte Küchenchef-Paar Paul und Jeanne Rankin bietet hier seit 1999 eine wunderbare Mischung aus thailändischen, japanischen und anderen exotisch-asiatischen Gerichten wie Pilgermuscheln und Hummer-Ceviche mit Gurken, Yuzu, Soja und Äpfeln.

BELFAST Deane's Restaurant
££££

36–40 Howard St, Belfast, Co Antrim, BT1 6PF ☎ *028 9033 1134* — ***Straßenkarte** D2*

Hier kann man zwischen einer Seafood-Bar im ersten Stock und einer entspannteren französischen Brasserie im Erdgeschoss wählen. Küchenchef Michael Deane hat einen sehr guten Ruf. So überrascht es kaum, dass man hier hervorragend speist – egal ob oben oder unten.

BELFAST James Street South ££££

21 James St South, Belfast, BT2 7GA 028 9043 4310 **Straßenkarte** D2

Das James Street South ist eines der besten Restaurants der Stadt und befindet sich in einer alten Leinenweberei. Die Küche bietet klassische französische Gerichte aus den besten nordirischen Zutaten. Die Weinkarte ist sehr umfangreich. Der Service ist erstklassig.

BELFAST Nick's Warehouse ££££

35–39 Hill St, Co Antrim, Belfast, BT1 2LB 028 9043 9690 **Straßenkarte** D2

Das umgebaute Lagerhaus von Nick und Kathy Price versteckt sich in einer kleinen Gasse in Belfasts Zentrum. Es bekommt Höchstnoten für sein Ambiente. Auf der Speisekarte stehen Nicks neueste kulinarische Kreationen aus den biologischen Produkten der besten Lieferanten der Gegend.

BUSHMILLS Bushmills Inn £££

9 Dunluce Rd, Bushmills, Co Antrim, BT57 8QG 028 2073 3000 **Straßenkarte** D1

Der beliebte Gasthof, ursprünglich eine Kutschenstation, liegt ein paar Kilometer vom Giant's Causeway entfernt in der Nähe der Bushmills Distillery. Wundervolle Atmosphäre, Blick in den hübschen Hof sowie klassische und moderne irische Küche. Freundlicher Service.

DUNDRUM The Buck's Head £££

77 Main St, Dundrum, Co Down, BT33 OLU 028 4375 1868 **Straßenkarte** E2

Offene Kamine und sehr freundlicher Service machen das Lokal zum beliebten Treffpunkt für Mittagessen, Teestunde oder Abendessen. Serviert wird eine traditionell-moderne Mischung aus frischesten Zutaten, etwa Seafood wie Austern aus der Dundrum Bay. Vom schönen Speiseraum aus blickt man in einen Garten.

DUNGANNON Viscount's Restaurant £££

10 Northland Row, Dungannon, Co Tyrone, BT71 6AP 028 8775 3800 **Straßenkarte** D2

Ehemals viktorianische Kirche, nun ein mittelalterlich anmutender Bankettsaal, in dem das Vergnügen so wichtig ist wie das Essen. Braune Tücher, Wappenbanner und schöne Bleiglasfenster schaffen ein einzigartiges Ambiente. Auf der langen Speisekarte findet jeder etwas. Das Büfett ist auch zu empfehlen.

ENNISKILLEN Franco's ££

Queen Elizabeth Rd, Enniskillen, Co Fermanagh, BT74 7DY 028 6632 4424 **Straßenkarte** C2

Das quirlige italienische Restaurant ist voller Leben. Neben einer großen Auswahl an Pizza und Nudelgerichten gibt es Lachs und Hummer sowie andere mediterran beeinflusste Speisen. Das Personal ist sehr freundlich und schnell. Sehr preisgünstig.

ENNISKILLEN The Sheelin Tea Shop ££

Bellanaleck, Enniskillen, Co Fermanagh, BT92 2BA 028 6634 8232 **Straßenkarte** C2

In diesem reetgedeckten Häuschen am Ufer des Lower Lough Erne steht Hausmacherkost aus Irland auf der Speisekarte. Die Highlights sind das T-Bone-Steak und der Auflauf mit Rindfleisch und Guinness. Brötchen und Hörnchen sind hausgemacht. Alkoholische Getränke werden nicht ausgeschenkt.

ENNISKILLEN Belleek Restaurant £££

Manor House Country Hotel, Killadeas, Enniskillen, Co Fermanagh, BT94 1NY 028 6862 2200 **Straßenkarte** C2

Rund elf Kilometer außerhalb von Enniskillen bietet das freundliche Belleek Restaurant im Manor House Country Hotel *(siehe S. 318)* den wunderschönen Blick auf den Lough Erne – fragen Sie nach einem Tisch im Wintergarten. Aus frischen Zutaten der Region entstehen leckere traditionelle Gerichte. Das Festpreismenü ist zu empfehlen.

FLORENCE COURT Arch House ££

59 Marble Arch Rd, Florence Court, Co Fermanagh, BT92 1DE 028 6634 8452 **Straßenkarte** C2

Bei den Marble-Arch-Höhlen bietet der Landgasthof großartige Küche mit Produkten vom eigenen Hof sowie Lachs oder Forellen aus dem Lough Erne. Exzellenter Service. Köstliche Desserts wie Zitronensoufflé und Pavlova mit frischen Früchten. Um Reservierung wird gebeten. Man kann hier auch übernachten. *Okt–Ostern.*

HILLSBOROUGH Hillside Bar & Bistro ££

21 Main St, Hillsborough, Co Down, BT26 6AE 028 9268 9233 **Straßenkarte** D2

Das schöne ländliche Restaurant mit Bar hat eine exzellente saisonale Speisenauswahl. Es gibt ein zwangloses Bistro sowie ein zu besonderen Gelegenheiten geöffnetes gehobenes Restaurant. An den Wochenenden wird Live-Musik geboten. In der Bar wird eine Auswahl an Real Ales und – im Winter – Glühwein serviert.

HOLYWOOD Bay Tree Coffee House £££

118 High St, Holywood, Co Down, BT18 9HW 028 9042 1419 **Straßenkarte** E2

Das Café mit Bäckerei ist sehr beliebt – die Zimthörnchen sind legendär. Täglich gibt es Frühstück und Mittagessen mit hausgemachtem Brot, frischem Fisch, vegetarischen Gerichten und Salaten aus Bio-Anbau. Dinner gibt es nur freitags. Probieren Sie den Schinken-Bananen-Toast mit Ahornsirup zum Frühstück. Um Reservierung wird gebeten.

LIMAVADY The Lime Tree £££

60 Catherine St, Limavady, Londonderry, BT49 9DB 028 7776 4300 **Straßenkarte** D1

Das Lime Tree an der Hauptstraße des schönen Orts ist klein und recht einfach gestaltet. Das Speisenangebot ist dafür imposant. Es gibt auch Probierportionen der ungewöhnlicheren Kreationen. Fleischliebhaber kommen bei Hirschmedaillons oder Entenconfit mit Kartoffelbrot auf ihre Kosten.

LONDONDERRY Badger's Bar & Restaurant ££

16–18 Orchard St, Londonderry, BT48 6EG 028 7136 0763 **Straßenkarte** C1

Das charmante Badger's wird vor allem von älteren Gästen frequentiert, die hier beim Pint einen Plausch abhalten. Auf der Karte stehen Steaks und Salate. Nachmittags wird Tee serviert. Besonders empfehlenswert ist der Guinness-Eintopf, auch wenn seine flüssige Konsistenz vielleicht nicht jedermanns Geschmack ist.

LONDONDERRY Brown's Restaurant and Champagne Lounge ££

1 Bonds Hill, Londonderry, BT 47 6DW 028 7134 5180 **Straßenkarte** C1

Hinter einer unscheinbaren Fassade entdeckt man eines der besten Speiselokale der Stadt mit minimalistischem, aber einladendem Interieur (Lunch dienstags bis freitags und sonntags, Dinner von dienstags bis samstags). Die modern-europäische Küche verarbeitet frische, großteils biologisch angebaute Produkte. Freitagabends gibt es Live-Musik.

LONDONDERRY The Metro Bar ££

3–4 Bank Pl, Londonderry, BT48 6EA 028 7126 7401 **Straßenkarte** C1

Das von der Stadtmauer überschattete Metro ist seit den 1980er Jahren ein Lieblingslokal der Einheimischen. Das Essen, von Suppen und Sandwiches bis Rindfleisch-Guinness-Eintopf, ist erstklassig, der Service sehr freundlich. Die schöne Aussicht kann man bei einem Pint genießen. Nur mittags geöffnet.

LONDONDERRY Quaywest Wine Bar & Restaurant £££

Boating Club Lane, Londonderry, BT48 7QB 028 7137 0977 **Straßenkarte** C1

Das Quaywest bietet eine großartige Speisekarte mit vielen pikanten Spezialitäten aus Fisch, Fleisch und Geflügel. Auch Vegetarier werden immer fündig. Es gibt eine umfangreiche Weinauswahl. Der Service ist sehr freundlich. Die Preise sind für die gebotene Qualität günstig.

NEWCASTLE Seasalt ££

51 Central Promenade, Newcastle, Co Down, BT33 0AA 028 4372 5027 **Straßenkarte** D2

Das Seasalt auf einer Terrasse am Meer bietet eine erstaunliche Auswahl, von Seafood-Chowder über Pasta zu Fleisch- und Fischgerichten. Die Aussicht ist wundervoll, die Atmosphäre freundlich-leger. Das Restaurant hat keine Ausschanklizenz für Alkohol, man darf aber selbst Wein oder Bier mitbringen.

OMAGH Grant's Restaurant £££

29 George's St, Ormagh, Co Tyrone, BT78 2EY 028 8225 0900 **Straßenkarte** C2

Das nach Ulysses S. Grant benannte Restaurant bietet eine gute Auswahl an Gerichten. Auf der Speisekarte stehen Seafood, Pasta, Burger und Steaks sowie ein paar vegetarische Optionen. Sonntagmittags ist das Lokal meist voll, deshalb sollte man zu dieser Zeit unbedingt reservieren.

PORTBALLINTRAE Porthole Bar & Restaurant £££

Bay View Hotel, 2 Bayhead Rd, Portballintrae, Co Antrim, BT57 8RZ 028 2073 4100 **Straßenkarte** D1

Das Restaurant im Bay View Hotel bietet Blick auf den Atlantik und eine entspannte, freundliche Atmosphäre. Hier legt man Wert auf regionale Zutaten, es gibt u. a. Seafood, frischen Fisch und saftige Steaks. An den Wochenenden gibt es Live-Musik. In der Lounge kann man nach dem Essen einen Kaffee trinken.

PORTRUSH The Harbour Bistro £££

The Harbour, Portrush, Co Antrim, BT56 8DF 028 7082 2430 **Straßenkarte** D1

The Harbour ist wahrscheinlich das hübscheste Lokal am Ort. Das traditionelle Pub im Erdgeschoss bietet offenes Feuer und eine großartige Atmosphäre. Auch das Restaurant ist recht informell, hier wird eine gute Auswahl an Speisen serviert, hauptsächlich irische Gerichte mit einem Hauch Raffinesse. Gute Weinkarte.

PORTSTEWART Morellis £

53 The Promenade, Portstewart, Co Londonderry, BT55 7AF 028 7083 2150 **Straßenkarte** D1

Das 1911 als Eisdiele eröffnete Morellis ist auch ein italienisches Café, in dem warme Gerichte, z. B. Pasta, sowie Sandwiches, Panini und viele Kaffeesorten serviert werden. Das Gebäck aus eigener Herstellung und die Desserts – vor allem das Eis – sind eine Augen- und Gaumenfreude. Gute Lage an der Promenade mit Blick auf die Bucht.

RICHHILL Stonebridge Restaurant ££

74 Legacorry Road, Richhill, Armagh, BT61 9LF 028 3887 0024 **Straßenkarte** D2

Das Stonebridge vereint ein À-la-carte-Restaurant, eine sogenannte *carvery* (das Fleisch kommt frisch auf den Tisch) und eine Brasserie. Die Gerichte aus lokalen Zutaten sind exzellent. Das familiengeführte Restaurant befindet sich in einem ehemals denkmalgeschützten Gebäude. Ein großartiges Restaurant für Frühstück, Mittag- und Abendessen.

STRANGFORD The Cuan ££

4 The Square, Strangford, Downpatrick, BT30 7ND 028 4488 1222 **Straßenkarte** E2

Das Cuan ist ein familiengeführtes Restaurant-Pub mit neun Gästezimmern in Strangford am Ufer des Strangford Lough. Auf der Speisekarte stehen viele Fischgerichte und eine gute Auswahl an Fleischgerichten. Das Cuan ist vor allem zu Mittag sehr beliebt. Der Service ist freundlich.

WARRENPOINT Restaurant 23 £££

23 Church Street, Warrenpoint, Co Down, BT34 3HN 028 4175 3222 **Straßenkarte** D2

Raymond McArdle, der Chefkoch in diesem stylishen, modernen Restaurant, ist in Nordirland sehr bekannt und hat mit seinen einfachen, klassischen Gerichten schon viele Preise gewonnen. Auf der Karte stehen vor allem Seafood- und Wildgerichte, etwa glazierter Fischauflauf mit Erbsen, Brokkoli und Hummer.

£ unter 15 £ ££ 15–25 £ £££ 25–35 £ ££££ 35–50 £ £££££ über 50 £

Pubs in Irland

Das typisch irische Pub wird für seine offene Atmosphäre gerühmt. Das Personal ist herzlich, und es gibt *crack*, wie die Iren sagen: Spaß. Man trinkt Guinness oder Whiskey – die Nationalgetränke der Iren. Die Pubs gehen auf mittelalterliche Tavernen zurück bzw. auf *shebeens*, Lokale, in denen zur Zeit der Kolonialherrschaft illegal Alkohol ausgeschenkt wurde. In viktorianischer Zeit waren Brauen und Destillieren wichtige Industriezweige, die Inneneinrichtung mancher Pubs zeugt noch von dieser Zeit. Die *snugs*, gemütliche, abgeteilte Sitzecken, sind typisch für die Pubs, von denen manche wild bemalt und strohgedeckt sind oder sich in Fachwerkhäusern befinden. In einigen ländlichen Pubs ist gleichzeitig der Dorfladen untergebracht. In allen Pubs darf inzwischen nicht mehr geraucht werden.

Kilkenny im Südosten ist ein Paradies für Pub-Fans, während Cork und Kerry weniger, doch dafür einige der malerischsten Pubs aufweisen. Der untere Shannon ist bekannt für seine lauten Lokale, vor allem im County Clare, wo spontane Musikdarbietungen ganz normal sind. Im Westen gibt es Pubs in Hülle und Fülle, und in Galway garantieren die vielen Studenten und die Besucher, dass man überall gute Pubs findet. Nachstehende Auflistung bietet eine landesweite Auswahl. Dubliner Pubs finden Sie auf den Seiten 110f.

Südost-Irland

Brittas Bay: *Jack White's Inn*
Jack White's Cross, Co Wicklow. **Straßenkarte** D4. *0404 47106.*
Das typisch irische Pub liegt perfekt unweit der N11 zwischen Dublin und dem Südosten. Einfache, aber gute Pub-Kost gibt es bis 21 Uhr. Leider hat das Lokal eine unschöne Geschichte: 1996 wurde hier ein Mord begangen.

Carlow: *Teach Dolmain*
Tullow St, Co Carlow. **Straßenkarte** D4. *059 913 0911.*
In dem mit vielen Preisen ausgezeichneten Pub in Carlows Stadtzentrum sind ungewöhnliche Töpferwaren und alte Artefakte aus der Stadt- und Landesgeschichte ausgestellt. Exzellente Speisekarte, sehr gut für große Gruppen geeignet.

Dungarvan: *Quealy's*
82 O'Connell St, Co Waterford. **Straßenkarte** D5. *058 24555.*
Das freundliche und populäre Pub liegt ganz in der Nähe des Hauptplatzes von Dungarvan. Das Quealy's sticht vor allem aufgrund seiner modernen Speisekarte mit überraschend gutem Bar-Essen hervor. Die Preise sind angemessen, der Service ist freundlich, und die Atmosphäre ist sehr lebendig.

Enniscorthy: *The Antique Tavern*
14 Slaney St, Co Wexford. **Straßenkarte** D5. *053 923 3428.*
Im dunklen, gemütlichen Interieur des traditionellen Fachwerk-Pubs gibt es Andenken an den Kampf von Vinegar Hill, der entscheidenden Schlacht beim Aufstand von 1798. Es gibt Pub-Küche, und man redet mit den Einheimischen. Bei gutem Wetter kann man auf dem Balkon mit Blick auf den Fluss Slaney sitzen.

Enniscorthy: *Holohan*
Slaney Place, Co Wexford. **Straßenkarte** D5. *053 923 5743.*
Das schlichte, unprätentiöse Pub hinter dem Castle Museum sollte man schon wegen seiner ungewöhnlichen Lage auf ein Pint aufsuchen. Es ist in einen Steinbruch hineingebaut. Eine vertikale Klippe bildet einen Teil der Rückwand der Bar.

Kilkenny: *The Left Bank*
High St, Co Kilkenny. **Straßenkarte** C4. *056 775 0016.*
Das Left Bank mitten im Stadtzentrum, zu dem auch eine Sportsbar, eine Bar im Freien und eine Cocktailbar gehören, ist riesig, aber doch sehr gastlich. Es gibt viele gemütliche Nischen, man kann sich aber auch unter die Menge mischen und tanzen.

Kilkenny: *Hibernian*
1 Ormonde St, Co Kilkenny. **Straßenkarte** C4. *056 777 1888.*
In dem recht förmlichen Pub in einer alten Bank, heute Teil des Hotels Hibernian, treffen sich Leute jeden Alters. Moderne irische Küche. Jeden Dienstag irische Live-Musik.

Kilkenny: *Kyteler's Inn*
27 St Kieran's St, Co Kilkenny. **Straßenkarte** C4. *056 772 1064.*
Bei gutem Wetter kann man im Hof der alten Kutschenstation und Kellerbar sitzen. Essen gibt es den ganzen Tag über bis 21 Uhr (letzte Bestellung). Im Fenster sitzt eine Hexe und erinnert an die ehemalige Besitzerin: Alice Kyteler, die 1324 mit ihrer Magd der Hexerei beschuldigt wurde, da vier ihrer Ehemänner auf mysteriöse Art starben. Nach einem Freispruch erneut angeklagt, floh sie, während ihre Magd Petronella auf den Scheiterhaufen kam.

Kilkenny: *Langton's*
69 John St, Co Kilkenny. **Straßenkarte** C4. *056 776 5133.*
Das gemütliche Pub mit einer Bar mit niedriger Decke befindet sich in einem schönen Fachwerkhaus im edwardianischen Stil. Im Angebot sind kleine Pub-Gerichte. Im Sommer gibt es mindestens einmal pro Woche Musik und Tanz, dienstags, donnerstags und samstags abends Club-Musik.

Kilkenny: *Marble City Bar*
66 High St, Co Kilkenny. **Straßenkarte** C4. *056 776 1143.*
Marble City ist die berühmteste Bar der Stadt, ihr Name rührt vom Kalkstein der Umgebung her, der beim Polieren schwarz wird. Das vierstöckige Gebäude hat eine Art-déco-Fassade. Leider kann man in der sehr beliebten, quirligen Bar keinen Tisch reservieren lassen. Küche bis 21 Uhr.

Kilkenny: *Tynan's Bridge House Bar*
2 John's Bridge, Co Kilkenny. **Straßenkarte** C4. *056 772 1291.*
Das ursprünglichste Pub der Stadt ist gemütlich mit bezaubernden Lampen und alten Erinnerungsstücken aus einem ehemaligen Laden und einer Apotheke ausgestattet. Es gibt keine Musik und keinen Fernseher. Das Pub ist, wie sein Besitzer Michael betont, »a chat bar« – ausschließlich ein Ort der Kommunikation. Draußen vor der Bar gibt es einen neuen Raucherbereich.

Zeichenerklärung *siehe hintere Umschlagklappe*

Kilmore Quay: *The Strand Inn*
Dunmore East, Co Wexford. **Straßenkarte** D5. *051 383 161.*
Das einst bei Schmugglern beliebte Lokal ist heute ein Hotel-Pub mit gemütlichen Nischen. Gäste schätzen im Winter den offenen Kamin, im Sommer die Sonnenterrasse mit Blick auf das Hook Head Lighthouse.

Leighlinbridge: *The Lord Bagenal Inn*
Co Carlow. **Straßenkarte** D5. *059 972 1668.*
Das Lord Bagenal ist beliebt für eine Rast auf dem Weg von Dublin gen Süden. In einem kleinen beschaulichen Dorf im County Carlow blickt es auf einen malerischen Yachthafen am Fluss Barrow. Die Küche wurde mit Preisen ausgezeichnet. Im Haus gibt es einen Kinderhort. Man kommt auch im Hotel unter.

New Ross: *Corcoran's Pub*
Irishtown, Co Wexford. **Straßenkarte** D5. *051 425 920.*
Wenn Ihnen der Sinn nach frischer Hausmannskost steht, sind Sie hier richtig. Seit fünf Generationen betreibt die gleiche Familie das freundliche Corcoran's, eines der ältesten Pubs der Stadt. Jeden Montag finden hier Kartenspiele statt. Am Wochenende gibt es Sessions irischer Musik mit fröhlichem Singen und Tanzen.

Waterford: *Henry Downes*
8–10 Thomas St, Co Waterford. **Straßenkarte** D5. *051 874 118.*
Das ungewöhnliche Pub aus dem Jahr 1759 im County Waterford füllt seinen eigenen Whiskey ab. Es ist dunkel und voller Ecken mit einer bunten Geschichte. Es eignet sich für einen kurzen Stopp, ein Pint Bier und einen Schwatz mit Einheimischen.

Waterford: *Jack Meade's Pub*
Cheekpoint Rd, Co Waterford. **Straßenkarte** D5. *051 850 950.*
In dem Pub unter einer Brücke sieben Kilometer südlich der Stadt herrscht eine entspannte Atmosphäre. Im Sommer spielen Musiker im Freien, Kinder vergnügen sich auf dem Spielplatz. Kommen Sie, um die Lage zu genießen und zu Mittag zu essen.

Waterford: *T and H Doolan*
George's St, Co Waterford. **Straßenkarte** D5. *051 841 504.*
Das traditionsreiche Fachwerk-Pub aus dem 18. Jahrhundert liegt in der reizvollsten Straße der Fußgängerzone und verbreitet gemütliche, familiäre Stimmung. Jeden Abend gibt es traditionelle Musik.

Wexford: *Centenary Stores*
Charlotte St, Co Wexford. **Straßenkarte** D5. *053 912 4424.*
Das gemütliche und beliebte Pub befindet sich in einem umgebauten Lagerhaus. Freundliches Personal versorgt die Gäste, darunter die Bohemiens der Stadt, mit Bier. Jeden Sonntagmorgen werden sie mit traditioneller Musik unterhalten. Freitags und samstags ist das Pub länger geöffnet.

Wexford: *Macken's*
Bull Ring, Co Wexford. **Straßenkarte** D5. *053 912 2949.*
Das Pub hat eine erstklassige Lage direkt an den Ecken des historischen Bull Ring – ein exzellenter Platz, um ein oder zwei Pint zu trinken und die Seele baumeln zu lassen. Mit etwas Glück gibt es sogar Live-Musik.

Cork und Kerry

Baltimore: *Bushe's*
Co Cork. **Straßenkarte** B6. *028 20125.*
Das im ganzen County Cork berühmte Pub serviert Baltimores beste Ales und Pints. Im Sommer kann man draußen sitzen, zu den Inseln blicken und bei einem guten Pint den Sonnenuntergang beobachten.

Caherciveen: *The Point Bar*
Valentia Harbour, Co Kerry. **Straßenkarte** A5. *066 947 2165.*
Hier kommt man am besten im Sommer her. Aufgrund der großen Auswahl an frischem Seafood, der spontanen Musik-Sessions und des einmalig schönen Blicks auf Valentia Island gilt die Point Bar als eine der schönsten in ganz Kerry.

Castletownshend: *Mary Ann's*
Co Cork. **Straßenkarte** B6. *028 36146.*
Seit der Eröffnung 1846 bietet das Mary Ann's exzellenten Service und hochwertige Küche. Das Lokal voller interessanter Antiquitäten ist eines der besten Beispiele für ein traditionelles irisches Pub.

Clonakilty: *De Barra's*
Co Cork. **Straßenkarte** B6. *023 33381.*
De Barra's ist eines der bekanntesten Pubs in West-Cork mit einem Club für irische Musik. Viele Musiker kommen aus dem Gaeltacht *(siehe S. 229)*. Die Bar ist mit handgemalten Schildern und alten Whiskeygläsern geschmückt. Einfache Imbisse und auch volle Mahlzeiten werden von 12 bis 16 Uhr serviert.

Cork: *Bodega*
46–47 Cornmarket St, Co Cork. **Straßenkarte** C5. *021 427 2878.*
Das helle moderne Pub mit hohen Decken und Kunst an den Wänden (zu kaufen) befindet sich in einem alten Lagerhaus. Nachmittags gibt es Sandwiches und Suppen, abends internationale Küche. Am Samstag, dem Markttag, ist hier besonders viel los.

Cork: *Chateau Bar*
St Patrick's St, Co Cork. **Straßenkarte** C5. *021 427 0370.*
Die Bar befindet sich in einem auffälligen Gebäude im Herzen der Stadt. Das 1793 gegründete elegante Pub hat stilvolles viktorianisches Interieur und bietet gute Bar-Kost.

Cork: *Clancy's*
15–16 Princes St, Co Cork. **Straßenkarte** C5. *021 427 6097.*
Das Clancy's ist eines der ältesten Pubs von Cork, es wurde 1824 eröffnet. Es gehört zu den am längsten bestehenden Lokalen Irlands mit Live-Musik (von Mai bis September). Mittagsgerichte mit Schwerpunkt auf Fleisch im Steak-Restaurant.

Cork: *Henchy's*
40 St Luke's Cross, Co Cork. **Straßenkarte** C5. *021 450 7833.*
Das traditionelle Pub von 1884 hat sich sein viktorianisches Ambiente großteils erhalten, samt Mahagonitresen und Bleiglasscheiben. Seit langer Zeit wird das Lokal mit Kunst assoziiert: Junge, hoffnungsvolle Künstler präsentieren hier einem großen gleich gesinnten Publikum ihre Werke.

Cork: *The Long Valley*
10 Winthrop St, Co Cork. **Straßenkarte** C5. *021 427 2144.*
Gleich bei der Patrick Street steht das Pub, das alle möglichen Leute anzieht, von Lebenskünstlern über Büroangestellte bis zu Besuchern. The Long Valley ist für sein Murphy's bekannt – ein Bier, das jeder Einheimische mit etwas Selbstbewusstsein über Guinness stellt.

Cork: *Sin É*
8 Coburg St, Co Cork. **Straßenkarte** C5. *021 450 2266.*
Eines der gemütlichsten und beliebtesten Pubs in Cork ist für seine Sessions mit traditioneller Musik und den vielen Schnickschnack an den Wänden bekannt.

Dingle: *Ashes*
Main St, Co Kerry. **Straßenkarte** A5. *066 915 0989.*
Das Pub stammt aus dem Jahr 1849. Die charmante traditionelle Fassade setzt sich in der gemütlichen und einladenden Atmosphäre innen fort. Kommen Sie untertags auf einen Drink oder einen leichten Imbiss vorbei oder am Abend für ein günstiges Seafood-Gericht.

Dingle: *Dick Mack's*
Green St, Co Kerry. **Straßenkarte** A5.
Das individualistische Etablissement ist teils Schuhladen, teils Pub. Hier treffen sich hiesige Künstler, Exzentriker und Extrovertierte. Abends versammeln sich die Stammgäste oft ums Klavier.

Dunquin: *Krugers*
Ballyferriter, Co Kerry. **Straßenkarte** A5. *066 915 6127.*
Nahe den Kais, von denen Boote zu den Blasket Islands ablegen, steht das Krugers, das von April bis August auch Unterkunft bietet. Das Etablissement schmücken Familienandenken und Standfotos aus berühmten Filmen, die in der Gegend gedreht wurden, z. B. *Ryans Tochter* und *In einem fernen Land.*

Glencar: *The Climber's Inn*
Co Kerry. **Straßenkarte** B5. *066 976 0101.*
Das von einer Familie betriebene Pub mit einem schönen offenen Kamin an der Straße Richtung Kerry Highlands ist berühmt. Es wird großartige Küche mit interessanten vegetarischen Angeboten serviert. Unterhalten Sie sich mit anderen Wanderern über die Erlebnisse Ihres Tages.

Killarney: *Buckley's Bar*
College St, Co Kerry. **Straßenkarte** B5. *064 643 1037.*
Die eichengetäfelte Bar ist für ihre regelmäßigen Musik-Sessions und ihre sättigende Küche bekannt. Tom Buckley eröffnete das Lokal 1926, nachdem er aus New York in die Heimat zurückgekehrt war. Essen kann man bis 16 Uhr.

Killarney: *The Laurels*
Main St, Co Kerry. **Straßenkarte** B5. *064 643 1149.*
Killarneys lebhaftestes Pub ist bei jungen Einheimischen und Besuchern populär. Die Familie O'Leary führt das Pub nun schon seit fast einem Jahrhundert. Es bietet exzellente Bar-Snacks und in einem separaten Bereich auch Mahlzeiten (Steaks, Muscheln, Austern und Fisch).

Killorglin: *The Village Inn*
2 Upper Bridge St, Co Kerry. **Straßenkarte** A5. *066 976 2337.*
Wenn Sie Gastfreundlichkeit suchen, sind Sie hier genau richtig. Das Village Inn liegt in der kleinsten Gasse im Zentrum von Killorglin. Im Sommer wird jeden Donnerstag- und Samstagabend irische Musik gespielt.

Kinsale: *Kieran's Folk House Inn*
Guardwell, Co Cork. **Straßenkarte** B6. *021 477 2382.*
Das gesellige Lokal im alten Kinsale lockt Einheimische wie Besucher an. Es ist gemütlich und einladend. In der Hauptsaison gibt es jeden Abend Live-Musik. Zu Kieran's gehören auch eine hübsche Pension und ein gutes Restaurant, das Shrimps Seafood Bistro.

Kinsale: *The Lord Kingsale*
4 Main St, Co Cork. **Straßenkarte** B6. *021 477 2371.*
Das altmodische Pub hat zumeist ruhige, gesetzte Gäste. Das Haus selbst ist zwar sehr alt, aber das Interieur ist zum Teil nur auf alt gemacht. Im Sommer werden jeden Abend Konzerte gegeben. Essen gibt es von 12 bis 15 Uhr.

Scilly: *The Spaniard Inn*
Kinsale, Co Cork. **Straßenkarte** B6. *021 477 2436.*
Das bei Fischern sehr beliebte Pub an einer Haarnadelkurve im Dorf Scilly hat das Flair einer alten Schmugglerkneipe. Im Sommer gibt es oft Live-Musik. Besonders voll wird es am Wochenende. Das Restaurant und die Bar bieten einfache, aber sehr schmackhafte Küche.

Sherkin Island: *The Jolly Roger*
Co Cork. **Straßenkarte** B6. *028 20379.*
Insel-Flair durchdringt das behagliche Pub, in dem man ein hervorragendes Mittagessen zu einem guten Preis bekommt. Im Sommer kann man auch draußen sitzen und den Blick auf den Baltimore Harbour und die Bucht genießen.

Unterer Shannon

Annacotty: *Finnegan's*
Co Limerick. **Straßenkarte** B5. *061 337 338.*
Das Etablissement, einst eine Kutschenstation, umweht der Hauch der Vergangenheit. Spezialitäten sind Steaks und fangfrisches Seafood. Gemütliches, überaus freundliches Lokal.

Ballyvaughan: *Monk's Pub*
The Pier, Co Clare. **Straßenkarte** B4. *065 707 7059.*
Das anheimelnde Pub liegt am Kai mit schönem Blick auf die Bucht von Galway. Im ländlichen Mobiliar wird Seafood, z. B. Muschelsuppe, serviert. Es gibt auch Vorstellungen traditioneller irischer Musik.

Bunratty: *Durty Nelly's*
Co Clare. **Straßenkarte** B4. *061 364 864.*
Das sehr kommerzielle Pub neben dem Bunratty Castle zieht sowohl Einheimische als auch Besucher an. Das Flair des 17. Jahrhunderts wird durch das Gewirr von Räumen, offene Kamine und historische Porträts noch verstärkt. Abends gibt es meist traditionelle Musik. Die Bar und zwei Restaurants bieten gesunde Gerichte an.

Doolin: *McDermott's*
Roadford, Co Clare. **Straßenkarte** B4. *065 707 4328 oder 707 4700.*
Kein Pub in Clare kommt ohne traditionelle Live-Musik aus. McDermott's macht da keine Ausnahme: Von St Patrick's Day bis Ende Oktober wird jeden Abend musiziert. Freundliches Personal serviert kühles Bier. Noch immer steht man auf dem Original-Fliesenboden von 1867.

Doolin: *Gus O'Connor's*
Co Clare. **Straßenkarte** B4. *065 707 4168.*
Das berühmte Pub ist bei Fans traditioneller Musik auf der ganzen Welt bekannt. Die O'Connors führen das lebhafte Pub mit dem authentischen Lebensmittelladen schon seit über 150 Jahren. Das O'Connor's ist *der* Ort für spontane Musikeinlagen, einfache Bar-Küche und viel Spaß.

Ennis: *The Cloister*
Abbey St, Co Clare. **Straßenkarte** B4. *065 682 9521.*
Das historische Pub befindet sich bei der berühmten Ennis Friary *(siehe S. 189)*. Das Interieur ist behaglich und stimmungsvoll. Außerdem gibt es einen Innenhof für den Sommer. An einigen Abenden wird Live-Musik gespielt.

Ennis: *Queen's Front Bar*
Abbey St, Co Clare. **Straßenkarte** B4. *065 682 8963.*
Auch dieses Pub steht bei den imposanten Ruinen der Ennis Friary *(siehe S. 189)*. Das Queen's bietet superbe traditionelle Küche und ist ideal für Familien, da hier alle Altersgruppen willkommen sind.

Killaloe: *Goosers*
Ballina, Co Clare. **Straßenkarte** C4.
061 376 791.
Das pittoreske Pub auf der Ballina-Seite des Flusses hat ein Strohdach, traditionelles Interieur und einladende Atmosphäre. Im Restaurant wird recht preisgünstiges Seafood serviert. In der rustikalen Bar bekommt man gute Pub-Gerichte.

Kilrush: *Crotty's Pub*
Market Square, Co Clare.
Straßenkarte B4.
065 905 2470.
Einst führte die berühmte Ziehharmonika-Spielerin Lizzie Crotty (1885–1960) das nach ihr benannte, preisgekrönte Pub. Heute finden hier im Sommer dreimal die Woche Konzerte traditioneller Musik statt. Von Montag bis Samstag wird den ganzen Tag über hervorragende Pub-Küche serviert.

Limerick: *The Locke*
3 George's Quay, Co Limerick.
Straßenkarte B4. *061 413 733.*
Das typische Fachwerk-Pub an einem Kai am Shannon ist im Sommer ein beliebter Treffpunkt nach einem Spaziergang am Fluss. Im Winter wirkt das Lokal mit gemütlichen Sitzecken und offenen Kaminen besonders behaglich. Donnerstag- bis sonntagabends gibt es traditionelle Live-Musik. Das Lokal ist ganztags geöffnet.

Limerick: *Nancy Blake's*
19 Upper Denmark St, Co Limerick.
Straßenkarte B4. *061 416 443.*
Limericks bekannteste Bar bietet gute Unterhaltung und traditionelle Musik. Wenn Sie jedoch Rhythm and Blues bevorzugen, gehen Sie in die Outback Bar nebenan. Im gemütlichen Nancy Blake's serviert man zu Mittag Suppen und Sandwiches. Konzerte gibt es am Montag, Dienstag, Mittwoch und Samstag.

Westirland

Aran Islands: *Ti Joe Mac's*
Kilronan, Inishmore, Co Galway.
Straßenkarte B2. *099 61248.*
Das Pub steht direkt vor einem, wenn man von Bord geht. Serviert werden Suppen und Sandwiches.

Clarinbridge: *Moran's Oyster Cottage*
The Weir, Kilcolgan, Co Galway.
Straßenkarte B4. *091 796 113.*
Die Bar in einem strohgedeckten Cottage war früher regelmäßig die Anlaufstelle der Besatzungen von »Hookers« (traditionellen Schiffen). Heute kann man hier alle Arten von Meeresfrüchten probieren. Am bekanntesten ist das Moran's *(siehe S. 338)* jedoch als berühmteste Austernbar Irlands – der Besitzer hält den hiesigen Geschwindigkeitsrekord im Austern-Öffnen. Von der Terrasse aus kann man Fischern bei der Arbeit zusehen.

Clarinbridge: *Paddy Burke's Oyster Inn*
Co Galway. **Straßenkarte** B4.
091 796 226.
Das authentische strohgedeckte Pub von 1835 besitzt Bleiglasfenster und charmantes Interieur. Außer den bekannten Clarinbridge-Austern und dem Mittagsbüfett gibt es mittags und abends auch Gourmet-Mahlzeiten.

Clifden: *EJ Kings*
The Square, Co Galway.
Straßenkarte A3.
095 21330.
Das große, quirlige Pub verteilt sich über mehrere Etagen, am schönsten ist jedoch das Erdgeschoss. Es gibt Seafood-Platten und Pub-Gerichte. Im Sommer wird oft Live-Musik geboten, vor allem Balladen und Folklore. Das Personal ist ausgesprochen freundlich.

Galway: *Busker Brownes*
Cross St Upper, Co Galway.
Straßenkarte B4. *091 563 377.*
Das mehrstöckige, scheunenähnliche Stadt-Pub besitzt ganz oben das »Gerippe« eines Konvents aus dem 16. Jahrhundert. Das Slate House, das Pub nebenan, hat dasselbe Management. Beide Lokale sind bei den hiesigen Studenten beliebt. Sonntags gibt es Jazz-Sessions.

Galway: *Cooke's Thatch Bar*
Cooke's Corner, 2 Newcastle Rd, Co Galway. **Straßenkarte** B4.
091 582959.
Am Stadtrand Galways steht der traditionelle, strohgedeckte Gasthof, der nach sieben Generationen den Besitzer wechselte, aber noch immer sehr freundlich wirkt. Ausgeschenkt werden über 20 Weine sowie Bier und Spirituosen.

Galway: *The Cottage*
79 Salthill Lower, Co Galway.
Straßenkarte B4. *091 526754.*
Das Pub in County Galway ist kürzlich renoviert worden. Dank der ruhigen und intimen Atmosphäre ist es ein idealer Platz für einen Drink und einen kurzen Schwatz. Leider liegt das Pub in einem urbanen Niemandsland zwischen Salthill und dem Stadtzentrum.

Galway: *Dew Drop Inn*
Mainguard St, Co Galway.
Straßenkarte B4. *091 561 070.*
Die Einheimischen kennen das Pub besser unter dem Namen Myles Lee. Der gemütliche Gasthof mit schummriger Beleuchtung verkörpert Galways Boheme-Tradition. Vor allem an kalten Abenden, wenn ein Feuer im Kamin knistert, ist es hier sehr behaglich. Das Dew Drop serviert mit das beste Guinness der ganzen Stadt.

Galway: *The King's Head*
15 High St, Co Galway.
Straßenkarte B4. *091 566 630.*
Das 1649 gegründete Pub mit geschwungener Fassade hat ein heimeliges Interieur mit Kaminen aus dem 17. Jahrhundert. In der Hauptbar gibt es Lunch-Snacks, in der hinteren Bar spielen abends Live-Bands vor zumeist jungen Gästen.

Galway: *McSwiggan's*
Eyre St, Wood Quay, Co Galway.
Straßenkarte B4. *091 568 917.*
Die gemütliche, legere Bar im Stadtzentrum besitzt Terrakottaböden und behagliche Sitzgelegenheiten. Donnerstags und freitags wird hier Live-Musik geboten.

Galway: *The Quays Pub*
Quay St, Co Galway.
Straßenkarte B4. *091 568 347.*
The Quays war ursprünglich ein kleines Cottage mit Strohdach. Nach dem Abriss wurde es durch ein dreistöckiges Gebäude ersetzt. Die oberste Etage ist eine runde Mansarde, von der man in die Bar hinunterschauen kann. Traditionelle Live-Musik gibt es am Freitag- und Sonntagabend. Jeden Mittag wird herzhafte Kost serviert. Im Sommer kann man auch draußen sitzen.

Galway: *Tigh Neachtain*
Quay St, Co Galway.
Straßenkarte B4. *091 568820.*
Das alte Gebäude im »Latin Quarter« hat ein schönes Erkerfenster, Holzinterieur, gemütliche Sitzecken sowie freundliche Bedienungen. Hier kommt man oft in den Genuss von traditioneller irischer Musik. Im ersten Stock befindet sich das Restaurant Ard Bia.

Killala: *Golden Acres*
Co Mayo. **Straßenkarte** B2.
096 32183.
Von dem komfortablen, heimeligen Land-Pub aus erreicht man zu Fuß leicht die Bootsanlegestellen und die Unternehmen, die Ausflüge zum Hochseefischen anbieten. Zu essen gibt es herzhafte Pub-Gerichte.

Oughterard: *The Boat Inn*
Connemara, Co Galway.
Straßenkarte B3.
091 552 196.
Das Hotel mit Bar und Restaurant liegt beim Lough Corrib am Rand der Connemara-Region. Die Bar im Bootsdesign serviert Bar-Gerichte und Snacks. Im Sommer gibt es unter der Woche und am Wochenende Live-Musik von hiesigen Musikern.

Westport: *The Asgard Tavern*
The Quay, Co Mayo.
Straßenkarte B3. *098 25319.*
Der alte Gasthof mit Blick auf den Pier und die Clew Bay ist nautisch dekoriert. Sowohl die Hauptbar unten als auch das Restaurant oben bieten exzellente Meeresfrüchte und Salate. Die kleinere Bar unten ist jedoch am stimmungsvollsten.

Westport: *Matt Molloy's*
Bridge St, Co Mayo.
Straßenkarte B3. *098 26655.*
Der Flötist der traditionellen irischen Folkloreband The Chieftains gründete das geräumige Pub, das traditionell gestaltet ist. Im hinteren Raum spielt jeden Abend eine Musikgruppe.

Nordwest-Irland

Burtonport: *The Lobster Pot*
Co Donegal. **Straßenkarte** C1.
074 954 2012.
Das gemütliche Pub steht in der Nähe des Piers. Das alte Holzinterieur bildet die Kulisse einer schier unglaublichen Sammlung von gälischen Sportandenken. Seafood ist besonders zu empfehlen, aber auch die anderen Gerichte sind gut.

Crolly: *Leo's Tavern*
Menaleck, Co Donegal.
Straßenkarte C1.
074 954 8143.
Der Vater der modernen Folkloremusiker Clannad und der Sängerin Enya betreibt das freundliche Pub, das sowohl Einheimische als auch Besucher anlockt. Es gibt Gesangsrunden mit Akkordeonbegleitung und Abende mit Vorführungen traditioneller irischer Musik.

Culdaff: *McGrory's*
Co Donegal. **Straßenkarte** C1.
074 937 9104.
Auf der idyllischen Inishowen Peninsula *(siehe S. 226f)* findet man den Gasthof mit erstklassiger Küche. Im komfortablen Restaurant McGrory's können bis zu 60 Gäste bewirtet werden. In der Backroom Bar finden Live-Konzerte statt.

Donegal: *O'Donnell's*
The Diamond, Co Donegal.
Straßenkarte C2.
074 972 1049.
Das mitten am Platz stehende Etablissement besitzt eine kleine Bar. Im hinteren, größeren Bereich gibt es oft Live-Musik und Karaoke-Nächte. Hiesige Musiker unterhalten fast jeden Abend die Gäste mit traditioneller Musik.

Dromahair: *Stanford Village Inn*
Main St, Co Leitrim. **Straßenkarte** C2. *071 916 4140.*
Das traditionelle Pub in einem malerischen Dorf ist seit Generationen in der Hand derselben Familie. Die winzige, anheimelnde Biddy's Bar mit Familienporträts und alten Krügen aus einem Lebensmittelladen ist noch original erhalten. Die Hauptbar hat Ziegelwände in zarten Tönen und Fliesen aus einer Burgruine. In den Sommermonaten bekommt man sehr gutes Essen, und es gibt häufig spontan improvisierte Musik-Sessions.

Sligo: *Hargadon's Bar*
4 O'Connell St, Co Sligo.
Straßenkarte C2.
071 915 3709.
Hargadon's Bar ist ein Alte-Welt-Pub mit entsprechendem authentischem Interieur. In warmer Atmosphäre wird schmackhaftes Pub-Essen serviert. Im Sommer kann man auch im schönen Biergarten sitzen.

Sligo: *Osta*
Stephen St, Sligo. **Straßenkarte** C2.
071 914 4639.
In der Weinbar am Ufer des Flusses Garavogue geht es immer lebhaft zu. Die Weine des Osta sind von wahren Kennern handverlesen. Außerdem kann man hier gut essen.

Sligo: *Shoot the Crows*
Grattan St, Co Sligo.
Straßenkarte C2.
Das Pub mit einem authentischen Alte-Welt-Flair zieht die unterschiedlichsten Gäste an. Eine grandiose Atmosphäre ist deshalb garantiert. Die Musik pendelt zwischen Jazz und traditionellem Folk.

Strandhill: *Strand House Bar*
Strandhill, Co Sligo. **Straßenkarte** C2. *071 916 8140.*
Das Torffeuer in der Strand House Bar wärmt die Surfer vom nahe gelegenen Strand. Die kleinen Nischen des Pubs eignen sich perfekt für einen Schwatz unter vier Augen bei einem Pint und etwas zu essen.

Midlands

Abbeyleix: *Morrissey's*
Main St, Co Laois. **Straßenkarte** C4. *05787 31233.*
Wenn man durchs County Laois fährt, lohnt sich ein Zwischenstopp in dem authentischen Pub. Der Gasthof aus dem 18. Jahrhundert wurde in viktorianischer Zeit umgebaut und seither nicht mehr verändert. Es gibt auch einen Lebensmittelladen und eine unprätentiöse Bar, in der einfache, aber schmackhafte Gerichte serviert werden.

Carlingford: *PJ O'Hare's Anchor Bar*
Tholsel St, Co Louth.
Straßenkarte D3.
042 937 3106.
Das schlicht PJ's genannte, stimmungsvolle Pub mit Lebensmittelgeschäft ist bei Seeleuten und Anwohnern beliebt. Die Gäste werden herzlich begrüßt und bekommen gutes Pub-Essen, etwa frische Austern oder gute Sandwiches. Im Sommer werden die Gäste mit irischer Live-Musik unterhalten.

Crinkill: *The Thatch*
Birr, Co Offaly. **Straßenkarte** C4.
05791 20682.
The Thatch gilt vielen als das traditionelle Pub schlechthin, jedenfalls ist es eines der ältesten Pubs in Süd-Offaly und hatte, wie sein Name vermuten lässt, schon immer ein Strohdach. Fünfmal war es schon All Ireland Pub of the Year – und es wird seinem Ruf vollkommen gerecht. Kinder sind hier ebenfalls willkommen.

Dundalk: *The Jockeys*
47 Anne St, Co Louth.
Straßenkarte D3.
042 933 4621.
Das freundliche Pub bietet tägliches Mittagessen zu vernünftigen Preisen. Die Wände zieren Andenken der Gaelic Athletic Association *(siehe S. 29)*. Das bereits seit 1799 bestehende Lokal ist ein idealer Zwischenstopp auf dem Weg nach Norden. Jeden Freitag- und Samstagabend wird hier Live-Musik gespielt.

Kilbeggan: *Locke's Distillery Museum*
Mullingar, Co Westmeath.
Straßenkarte C3.
05793 32307.
Die älteste lizenzierte Whiskey-Brennerei der Welt (1757) verfügt über eine Bar – ideal, um vor dem Kauf ein paar der Whiskeys zu probieren *(siehe S. 249)*. Nebenan befindet sich auch ein Restaurant.

Kilnaleck: *The Copper Kettle*
Co Cavan. **Straßenkarte** C3.
0494 336 223.
Das lebhafte familiengeführte Pub hat eine wundervolle Atmosphäre. Es ist für seine gesunde und bekömmliche Küche bekannt, die den ganzen Tag über serviert wird. Samstagabends oft Unterhaltung.

Kinnitty: *The Dungeon Bar*
Birr, Co Offaly. **Straßenkarte** C4.
05791 37318.
Die »Verlies«-Bar im Keller des mittelalterlichen Kinnitty Castle ist nicht so unheimlich, wie ihr Name klingt. Bilder zur Geschichte Irlands bedecken die Wände. Speisen und Getränke werden hübsch präsentiert. Jeden Freitag- und Samstagabend unterstreicht traditionelle Musik das historische Flair.

Longford: *Edward Valentine's*
Main St, Co Longford. **Straßenkarte** C3. *043 45509.*
Entspannen Sie sich in der wunderbaren, warmen Alte-Welt-Atmosphäre. An den Wochenenden geht es in dem Pub, das für viele ein »zweites Wohnzimmer« ist, lebhafter zu.

Portlaoise: *O'Donoghues*
Market Square, Co Laois. **Straßenkarte** C4. *057 862 1199.*
Lassen Sie die moderne Welt hinter sich und tauchen Sie ein in die traditionelle Atmosphäre des preisgekrönten Pubs alten Stils. Dies ist der perfekte Ort, um ein Pint zu genießen. Das Restaurant Seasons befindet sich darüber.

Portlaoise: *Tracey's Bar and Restaurant*
The Heath, Co Laois. **Straßenkarte** C4. *05786 46539.*
Das malerische strohgedeckte Restaurant mit Pub sechs Kilometer außerhalb der Stadt lohnt die Anfahrt. Es ist das älteste familiengeführte Lokal in der Gegend und bietet eine gute Auswahl an Pub-Essen und auch Steaks zu vernünftigen Preisen.

Nordirland

Ardglass: *Curran's Bar & Seafood Steakhouse*
83 Strangford Rd, Chapeltown, Co Down. **Straßenkarte** E2.
028 4484 1332.
Das charmante Pub und Restaurant ist das Stammhaus der Currans aus dem Jahr 1791. Hier gibt es guten Service und den neuesten Klatsch. Dank eines Spielplatzes und eines Biergartens eine gute Wahl für Familien.

Bangor: *Jenny Watt's*
41 High St, Co Down. **Straßenkarte** E2. *028 9127 0401.*
Die Wände der sehr beliebten, viktorianisch dekorierten Bar mit Biergarten im Stadtzentrum zieren Fotos und Erinnerungsstücke. Am Sonntagmittag gibt es Live-Jazz, am Dienstag-, Mittwoch- und Donnerstagabend gibt es ebenfalls Musik. Kleine Gerichte werden bis 19 Uhr serviert. Biergarten.

Belfast: *Crown Liquor Saloon*
46 Great Victoria St, Co Antrim. **Straßenkarte** D2.
028 9027 9901.
Der viktorianische Gin-Palast gehört zu den prächtigsten Bars in ganz Irland *(siehe S. 277).* Mittags gibt es Spezialitäten wie Irish Stew und *champ*. Besonders zu empfehlen sind die Strangford-Lough-Austern. Robinson's, das Pub nebenan, ist vor allem abends sehr voll.

Belfast: *Irene and Nans*
12 Brunswick St, Co Antrim. **Straßenkarte** D2. *028 9023 9123.*
Die stilvolle Bar gleich neben dem Grand Opera House strahlt das Flair der 1950er Jahre aus – der richtige Ort, um zu sehen und gesehen zu werden. Das zuvorkommende Personal serviert superbe Cocktails und leckere Speisen. Freitags und samstags gibt es Abendunterhaltung.

Belfast: *Lavery's*
12–14 Bradbury Place, Co Antrim. **Straßenkarte** D2.
028 9087 1106.
Ein weiteres Mitglied aus Belfasts Gin-Palast-Familie bietet Bar-Gerichte am Mittag und Disco am Abend. Lavery's Gin Palace ist vor allem bei Studenten der Queen's University beliebt.

Belfast: *White's Tavern*
Winecellar Entry, Co Antrim. **Straßenkarte** D2. *028 9024 3080.*
Das White's Tavern ist eines von mehreren Pubs ohne Tageslicht in den Entries *(siehe S. 277)*, die mittags gute Pub-Küche zu vernünftigen Preisen bieten. Es behauptet, die älteste Taverne (1630) der Stadt zu sein. Ein anderes Pub in dem Gassengewirr, das ebenfalls einen Besuch lohnt, ist das Morning Star.

Broughshane: *The Thatch Inn*
57 Main St, Co Antrim. **Straßenkarte** D2. *028 2586 2727.*
Das alte strohgedeckte Pub im Dorf Broughshane besitzt Charme und Charakter. The Thatch Inn ist für hervorragendes Essen, Herzlichkeit und Live-Musik bekannt.

Bushmills: *Bushmills Inn*
9 Dunluce Rd, Co Antrim. **Straßenkarte** D1.
028 2073 2339.
Die gemütliche Bar in einer ehemaligen Kutschenstation wird von Gaslaternen beleuchtet. Ein exzellentes Restaurant befindet sich ebenfalls in dem Anwesen.

Enniskillen: *Blake's of the Hollow*
6 Church St, Co Fermanagh. **Straßenkarte** C2.
028 6632 0918.
Das Blake's, eines von mehreren beliebten Pubs im Zentrum von Enniskillen, stammt aus viktorianischer Zeit und besitzt noch originale Einrichtungsgegenstände.

Hillsborough: *Plough Inn*
The Square, Co Down. **Straßenkarte** D2. *028 9268 2985.*
Das typische Dorf-Pub aus den 1750er Jahren hat Deckenbalken und an den Wänden Keramik, Porzellan und anderes Dekor. Oben befindet sich ein Tages-Bistro. Außerdem gibt es einen hübschen Biergarten. Einen Besuch lohnt auch The Hillside ein paar Häuser weiter.

Killylea: *Digby's Bar & Restaurant*
53 Main St, Co Armagh. **Straßenkarte** D2. *028 3756 8330.*
Das freundliche, traditionelle Dorf-Gasthaus ist mit alten Fotos aus der Gegend dekoriert und familiengeführt. Die Speisekarte ist sehr umfangreich. Es gibt auch einige gute Weine. Perfekt für Familien.

Londonderry: *The Park Bar*
35 Francis St, Co Londonderry. **Straßenkarte** C1.
028 7126 4674.
Freundliche, familiengeführte Bar nahe dem Zentrum von Londonderry, gleich neben der St Eugene's Cathedral. Es werden europäische Lagerbiere und Guinness ausgeschenkt.

Omagh: *The Mellon Country Hotel*
134 Beltany Rd, Co Tyrone. **Straßenkarte** C2.
028 8166 1224.
Der Landgasthof, nur eine Meile vom Ulster-American Folk Park entfernt, ist ein idealer Ort, um eine Pause einzulegen. Von dem Inn aus hat man einen schönen Blick auf den Fluss Strule. Die rustikale Einrichtung erinnert an die Vergangenheit des Gebäudes als Getreidemühle. Gemütlicher Ort mit freundlichem Service.

Shopping

Das Land bietet eine große Auswahl an handgearbeiteten Produkten – je nach Region unterschiedlicher Art, doch alle stets von hoher Qualität. Am bekanntesten sind die Aran-Pullover, Waterford-Kristall, irisches Leinen, Donegal-Tweed und Käse vom Bauernhof. Das blühende Kunsthandwerk basiert auf alten Traditionen, verbunden mit manch innovativer Idee. Typisch für das heutige (Kunst-)Handwerk sind schönes Design, gute Qualität sowie eine reichhaltige Auswahl – die Bandbreite reicht von keltischen Broschen über edles Porzellan und modische Kleidungsstücke bis hin zu Büchern irischer Dichter. Natürlich gibt es auch Kitsch wie nationale Embleme, religiöse Souvenirs oder auch Guinness-Krüge. Auf Seite 355 finden Sie eine Auflistung entsprechender Läden. Die Kartenverweise beziehen sich auf die Straßenkarte der hinteren Umschlaginnenseiten.

Leinenhemd und Tweed-Weste

Obst- und Gemüsemarkt in der Moore Street, Dublin

Shopping-Möglichkeiten

In Irland kann man sowohl in kleinen Geschäften als auch in den großen Verkaufsräumen von Fabriken, in eleganten Boutiquen oder Kaufhäusern einkaufen gehen. Oftmals bekommt man auch günstig etwas in Trödelläden oder auf Märkten. In diesem Reiseführer sind die Markttage aller Orte aufgeführt. Die besten Produkte bekommt man häufig abseits der ausgetretenen Pfade – fragen Sie die Einheimischen.

Öffnungszeiten

Läden haben meist montags bis samstags von 10 bis 17.30 oder 18 Uhr geöffnet, in Einkaufszentren und größeren Städten mindestens einmal die Woche, donnerstags oder freitags (Dublin: donnerstags), länger. In Urlaubszentren haben Läden für Kunsthandwerk auch sonntags offen. An Ostern, Weihnachten und am St Patrick's Day bleiben alle Geschäfte zu, an anderen Feiertagen oft nicht. In Killarney schließen viele Läden im Sommer nicht vor 22 Uhr.

Bezahlung

Die gängigen Kreditkarten werden in Kaufhäusern und größeren Geschäften generell akzeptiert, in kleineren Läden ist dies jedoch weitaus seltener der Fall. Dies gilt auch für die bekannten Reiseschecks. Beim Einlösen ist die Vorlage des Personalausweises oder des Reisepasses erforderlich.

Mehrwertsteuer und Rückerstattung

Die meisten Waren sind mit 23 Prozent Mehrwertsteuer (VAT) belegt. Die Rückerstattung der Steuer kann bei der Ausreise nur von Besuchern aus Nicht-EU-Staaten geltend gemacht werden. In allen Läden mit dem Cash-Back-Logo erhalten Sie Formulare, die Sie dann ausgefüllt bei der Ausreise am Flughafen Dublin oder am Shannon Airport im Cash-Back-Büro vorlegen.

Bücher

Lesen ist in Irland eine nationale Leidenschaft, deshalb sind die Buchhandlungen gut sortiert. In großen Läden gibt es Abteilungen für irische Archäologie und Architektur, Geschichte, Politik und Küche. Eine der größten Buchhandelsketten ist **Eason and Son** mit einer großen Auswahl an irischer Literatur und Zeitungen. In Galway bietet **Kennys Bookshop**, versteckt in einem Gewerbegebiet, neue Bücher und ein Antiquariat.

Musik

Traditionelle Musikinstrumente *(siehe S. 24f)* werden in vielen Regionen hergestellt, z. B. im County Clare, das als »singing county« bekannt ist. Handgefertigte

Geigenbauer in seiner Werkstatt in Dingle

Trödelladen in Kilkenny

Harfen kommen aus Mayo und Dublin, Instrumente wie *bodhráns* und *uillean pipes* (Dudelsäcke) sowie Geigen findet man in ganz Irland. Es gibt auf Aufnahmen traditioneller Musik spezialisierte Läden. Die Kette **Golden Discs** hat eine gute Auswahl irischer Folkloremusik.

Delikatessen

Märkte sind in irischen Städten sehr beliebt. Die meisten der angebotenen Nahrungsmittel werden biologisch-dynamisch angebaut. Räucherlachs, Speck, Käse, Sodabrot, Konserven und Schokolade sind perfekte Mitbringsel.

Guinness eignet sich nicht gut zum Transport und sollte lieber in Irland getrunken werden. Irischer Whiskey hingegen ist ein beliebtes Souvenir, ob nun die billigeren Marken Power's und Paddy oder die berühmten Bushmills *(siehe S. 266)* und Jameson *(siehe S. 179)*. Gute irische Liköre sind z. B. Irish Mist und Baileys Irish Cream.

Teekanne, Kylemore Abbey

Kunsthandwerk

Kunsthandwerk ist ein florierendes Gewerbe im ländlichen Binnenland. Die Produkte kann man in Kaufhäusern oder Fachgeschäften kaufen. Der **Crafts Council of Ireland** mit Niederlassungen in Dublin und Kilkenny empfiehlt gute Läden im ganzen Land. Die Fremdenverkehrsämter haben Listen der örtlichen Werkstätten, in denen man den Künstlern bei der Arbeit zusehen kann. Läden wie **Kilkenny Design Centre** und **Bricín** bieten eine gute Auswahl an Kunsthandwerk. In Cork und Kerry gibt es unzählige Werkstätten, vor allem in Kinsale und Dingle.

Den *Guide to Craft Outlets* bekommt man in Informationsbüros vor Ort. Typisch für diese Gegend sind Fliesen mit Dekorationen, die Mustern aus der Kilkenny Cathedral und anderen Kirchen folgen. Weiter westlich wird grüner Connemara-Marmor zu kleinen »worry stones« verarbeitet, die Familien als Zeichen der Freundschaft austauschen. Bei **Roundstone Music** in Connemara werden seit fast 30 Jahren vor Publikum *bodhráns* hergestellt.

Weitere Kunsthandwerksobjekte werden aus Metall, Leder und Holz angefertigt. Aus Holz werden beispielsweise Möbelstücke, Spazierstöcke und Skulpturen (Letztere aus 1000 Jahre altem Holz aus den irischen Mooren) hergestellt.

Kristall und Glas

Außer Waterford Crystal *(siehe S. 147)*, dem Branchenführer, gibt es unzählige Hersteller von Glas- und Kristallartikeln. Der Preis hängt vom Ruf der Fabrik, der Bleimenge im Glas und dem Zeitaufwand ab. **Tipperary Crystal** und **Galway Irish Crystal** verkaufen elegante Stücke.

In Kilkenny inspiriert die Jerpoint Abbey die Designs von **Jerpoint Glass**. Die kleinen Vasen, Kerzenständer, Krüge und Schalen sind schöne Geschenke. Viele Läden verschicken bei ihnen gekaufte Waren auch ins Ausland.

Kristall aus Irland ist in vielen Handwerks- und Designläden erhältlich. Wer jedoch etwas über die Herstellung erfahren möchte, sollte eine Fabrik besuchen.

Keramik und Porzellan

In Irland gibt es viele renommierte Hersteller von Keramik- und Porzellanobjekten. Die im 19. Jahrhundert gegründete Belleek Pottery *(siehe S. 269)* in Ulster produziert Porzellanwaren mit sehr schönem Dekor, z. B. mit Klee- und Blumenmotiven. **Royal Tara China** in Galway ist Irlands führender Hersteller von sehr fein gearbeiteten Porzellanwaren, die mit alten keltischen Mustern verziert sind. Kylemore Abbey *(siehe S. 208)* ist auf handbemalte Keramik spezialisiert. Die **Louis Mulcahy's Pottery** in Ballyferriter ist für dekorativ lasierte Objekte bekannt, die **Nicholas Mosse Pottery** in Bennettsbridge für handgemalte Designs. Enniscorthy in Wexford ist ein weiteres Keramikzentrum.

Keramik im Kilkenny Design Centre

Altes Ladenschild am früheren Kaufhaus Brown Thomas in Dublin

Leinen

Damastleinen kam mit den Hugenotten aus Frankreich nach Armagh, mit dem Ergebnis, dass Belfast sich zur Welthauptstadt der Leinenherstellung entwickelte. Heute ist Ulster immer noch führend in diesem Gewerbe. In Belfast kann man überall Leinen und Damast kaufen – z. B. bei **Smyth's Irish Linen**. Handbesticktes Leinen wird in Donegal hergestellt. Die Produktion von Leinen kann man in der Wellbrook Beetling Mill *(siehe S. 268)* verfolgen.

Strickwaren und Tweed

Überall in Irland, jedoch vor allem in Galway und auf den Aran Islands, werden Aran-Pullover verkauft, die von so hervorragender Qualität sind, dass sie in irischen Fischerfamilien von Generation zu Generation weitergereicht werden. Der Sage nach hatte einst jede Familie ihre eigenen Motive, sodass ein Fischer, der auf hoher See ertrunken war, von seiner Familie mittels des Pullovers identifiziert werden konnte – wenn er denn wiedergefunden wurde.

Die auf das unbeständige Inselwetter abgestellte Kleidung der Iren ist generell sehr robust, seien es Dufflecoats, Schaffell- oder Wachstuchjacken. Strickwaren kann man in Irland überall kaufen, die bekanntesten Hersteller sind **Avoca Handweavers** und **Blarney Woollen Mills**. Empfehlenswert sind mit Stickereien verzierte Pullover sowie handgewebte Schals und Tücher.

Der Name *Donegal tweed* steht für Qualität, was Material, Farben (nach traditioneller Art aus Flechten und Mineralien hergestellt) und Muster anbelangt. Tweed-Mäntel, -Hüte, -Jacken, -Schals sowie -Anzüge findet man bei **Magee of Donegal**.

Strickwaren gibt es bei Avoca Handweavers in Kilmacanogue

Schmuck

Im Goldenen Zeitalter Irlands war keltischer Metallschmuck der ganze Stolz des Landes *(siehe S. 32–35)*. Viele Kunsthandwerker lassen sich heute von den alten Ornamenten inspirieren. Unter dem industriell oder von Hand gearbeiteten Schmuck aus Gold, Silber, Emaille oder Keramik ist das berühmteste Stück der Claddagh-Ring aus Galway, zwei Hände, die ein gekröntes Herz umfassen – Symbol der Liebenden. Zu den bekanntesten Juwelieren gehört **Cahalan Jewellers** im County Galway. Dort führt man eine große Auswahl neuer und alter Schmuckstücke. Heraldischen Schmuck gibt es bei **James Murtagh Jewellers** in Mayo.

Mode

Angeregt von einer vorwiegend jungen Bevölkerung macht sich Irland im Bereich der Mode mehr und mehr einen Namen. Traditionelle Tweed-Anzüge und Klassiker bilden den konservativen Sektor, während junge Designer fantasievoll mit Stoffen, Farben und Formen arbeiten.

A-Wear, eine günstige Ladenkette für schicke, junge Damenmode, hat Niederlassungen in vielen Städten. Bei **Brown Thomas** in der Grafton Street wie in anderen Boutiquen und Kaufhäusern findet man schöne Kleidung der besten irischen Designer, darunter Quin and Donnelly, Paul Costelloe, John Rocha, Louise Kennedy und Mariad Whisker. **Kilkenny** verkauft in seinen Läden in ganz Irland Damenmode von irischen Designern.

Ein paar Mode-Designer wie Pauric Sweene, Eilish Kennedy und Heidi Higgins peppen traditionelle irische Textilien mit neuen Materialien auf.

Damenmode und die allerneuesten Trends findet man bei **O'Donnell's** in Limerick. Weiter im Norden gibt es viele Fabrikläden von **Clockwork Orange** und **Fosters Clothing**.

Günstige Kleidung führen Dunnes Stores und Penneys mit Filialen in der Republik und in Nordirland.

Handgestrickte Pullover in einem Geschäft in Dingle

AUF EINEN BLICK

Bücher

Eason and Son
113 Patrick's St, Cork, Co Cork. **Straßenkarte** C5. ☎ *021 427 0477.* **www**.easons.ie

Kenmare Bookshop
Shelburne St, Kenmare, Co Kerry. **Straßenkarte** B6. ☎ *064 41578.*

Kennys Bookshop
Liosbán Retail Park, Tuam Rd, Galway, Co Galway. **Straßenkarte** B4. ☎ *091 709 350.* **www**.kennys.ie

McLoughlin's Books
Shop Street, Westport, Co Mayo. **Straßenkarte** B3. ☎ *098 27777.*

Musik

The Dingle Record Shop
Green St, Dingle, Co Kerry. **Straßenkarte** A5. ☎ *087 298 4550.* **www**. dinglerecordshop.com

Golden Discs
Eglinton St, Galway, Co Galway. **Straßenkarte** B4. ☎ *091 565 688.*

Plugd Records
Triskel Arts Centre, Tobin St, Cork, Co Cork. **Straßenkarte** C5. ☎ *021 427 6300.*

Delikatessen

McCambridges
38–39 Shop St, Galway, Co Galway. **Straßenkarte** B4. ☎ *091 562 259.*

Spillane Seafoods
Lackabane, Killarney, Co Kerry. **Straßenkarte** B5. ☎ *064 31320.*

Kunsthandwerk

Bricín
26 High St, Killarney, Co Kerry. **Straßenkarte** B5. ☎ *064 663 4902.*

Crafts Council of Ireland
Castle Yard, Kilkenny, Co Kilkenny. **Straßenkarte** C4. ☎ *056 776 1804.*

Doolin Crafts Gallery
Ballyvoe, Doolin, Co Clare. **Straßenkarte** B4. ☎ *065 707 4309.* **www**.doolincrafts.com

Geoffrey Healy Pottery
Rocky Valley, Kilmacanogue, Co Wicklow. **Straßenkarte** D4. ☎ *01 282 9270.* **www**.healy-pottery.com

Kilkenny Design Centre
Castle Yard, Kilkenny, Co Kilkenny. **Straßenkarte** C4. ☎ *056 772 2118.* **www**.kilkennydesign.com

Roundstone Music
Roundstone, Connemara. **Straßenkarte** B4. ☎ *095 35875.* **www**.bodhran.com

West Cork Craft
Rossnagoose, Skibbereen, Co Cork. **Straßenkarte** B6. ☎ *028 21890.* **www**.westcorkcraft.org

The Wicker Man
44–46 High St, Belfast, Co Antrim. **Straßenkarte** D2. ☎ *028 9024 3550.*

Kristall und Glas

Connemara Marble Factory
Moycullen, Co Galway. **Straßenkarte** B4. ☎ *091 555 102.*

Galway Irish Crystal
Merlin Park, Galway, Co Galway. **Straßenkarte** B4. ☎ *091 757 311.* **www**.galwaycrystal.ie

Jerpoint Glass
Stoneyford, Co Kilkenny. **Straßenkarte** D5. ☎ *056 772 4350.* **www**.jerpointglass.com

Sligo Crystal
2 Hyde Bridge, Sligo, Co Sligo. **Straßenkarte** C2. ☎ *071 914 3440.*

Tipperary Crystal
Ballynoran, Carrick-on-Suir, Co Tipperary. **Straßenkarte** C5. ☎ *051 640 543.*

Keramik und Porzellan

Louis Mulcahy's Pottery
Clother, Ballyferriter, Dingle, Co Kerry. **Straßenkarte** A5. ☎ *066 915 6229.* **www**.louismulcahy.com

Michael Kennedy Ceramics
Bolands Lane, Gort, Co Galway. **Straßenkarte** B4. ☎ *091 632 245.* **www**.michaelkennedy ceramics.com

Nicholas Mosse Pottery
Bennettsbridge, Co Kilkenny. **Straßenkarte** D5. ☎ *056 772 7505.* **www**.nicholasmosse.com

Royal Tara China
Tara Hall, Mervue, Co Galway. **Straßenkarte** B4. ☎ *091 705 602.* **www**.royal-tara.com

Treasure Chest
31–33 William St, Galway, Co Galway. **Straßenkarte** B4. ☎ *091 567 237.*

Leinen

Forgotten Cotton
Savoy Centre, St Patrick's St, Cork, Co Cork. **Straßenkarte** C5. ☎ *021 427 6098.*

Smyth's Irish Linen
65 Royal Ave, Belfast, Co Antrim. **Straßenkarte** D2. ☎ *028 9024 2232.*

Strickwaren und Tweed

Avoca Handweavers
Kilmacanogue, Bray, Co Wicklow. **Straßenkarte** D4. ☎ *01 286 7466.*

Blarney Woollen Mills
Blarney, Co Cork. **Straßenkarte** B5. ☎ *021 438 5280.*

Magee of Donegal
The Diamond, Donegal, Co Donegal. **Straßenkarte** C2. ☎ *074 972 2660.*

Quills Woollen Market
1 High St, Killarney, Co Kerry. **Straßenkarte** B5. ☎ *064 663 2277.*

Studio Donegal
The Glebe Mill, Kilcar, Co Donegal. **Straßenkarte** B2. ☎ *074 973 8194.*

Schmuck

Cahalan Jewellers
Main St, Ballinasloe, Co Galway. **Straßenkarte** B2. ☎ *09096 42513.*

Hilser Brothers
Grand Parade, Cork, Co Cork. **Straßenkarte** C5. ☎ *021 427 0382.*

James Murtagh Jewellers
14 Bridge St, Westport, Co Mayo. **Straßenkarte** B3. ☎ *098 25322.*

O'Shea's Jewellers
24 Main St, Killarney, Co Kerry. **Straßenkarte** B5. ☎ *064 663 2720.*

Mode

A-Wear
Grafton St, Dublin 2. **Straßenkarte** D3. ☎ *01 472 4960.* **www**.awear.com

Brown Thomas
2 Grafton St, Dublin 2. **Straßenkarte** D3. ☎ *01 605 6666.* **www**.brownthomas.com

Clockwork Orange
Victoria Square, Belfast, Co Antrim. **Straßenkarte** D2. ☎ *028 9032 0298.*

Fosters Clothing
5 Strand Rd, Londonderry, Co Londonderry. **Straßenkarte** C1. ☎ *028 7136 6902.*

Kilkenny
6–15 Nassau St, Dublin 2. **Straßenkarte** D3. ☎ *01 677 7066.* **www**.kilkennyshop.com

O'Donnell's
11 Catherine St, Limerick, Co Limerick. **Straßenkarte** B4. ☎ *061 415 932.*

Straßenkarte *siehe hintere Umschlaginnenseiten*

Souvenirs

St Brigid's Cross

Hunderte von Geschenk- und Kunsthandwerksläden in ganz Irland bieten irische Waren in allen Preiskategorien. Besonders zu empfehlen sind Tweed, Leinen und Kristall, die man am besten in den Fabrikläden der Produktionsstätten kauft. Irisches Kunsthandwerk eignet sich hervorragend für Souvenirs. Auch religiöse Andenken sind überall zu haben. Typisch irische Speisen und Getränke lassen ebenfalls schöne Erinnerungen an Ihren Urlaub aufkommen.

Handtrommel *(bodhrán)* mit Schlagstock

»Sorgenstein« aus Connemara-Marmor

Traditioneller Claddagh-Ring

Schmuck und Metallarbeiten *haben eine lange Tradition. Kunsthandwerker benutzen oft Motive und Ornamente aus alten Quellen wie dem* Book of Kells (siehe S. 64) *oder lassen sich von der irischen Flora und Fauna inspirieren. In Galway gibt es die Claddagh-Ringe, traditionelle Liebessymbole aus Gold, Silber oder Stein.*

Ohrring in Fuchsienform aus Dingle

Emaille-Brosche

Brosche mit keltischem Motiv

Keltische Figur aus Bronze

Jacke und Weste aus Donegal-Tweed

Tweed-Kostüm

Kleidung *»made in Ireland« ist in der Regel von hervorragender Qualität. Die Tweed-Herstellung ist noch immer eine Domäne Donegals, wo man Tweedstoffe in allen möglichen Variationen verarbeitet. Strickwaren erhält man überall im Land in Fabrikläden und in lokalen Handwerksgeschäften. Viele Strickwaren, darunter Aran-Pullover, sind zwar nicht billig, doch halten sie ein halbes Leben.*

Tweed-Kappe

Fischerhut aus Tweed

Aran-Pullover

Irisches Leinen *ist weltberühmt. Bett- und Tischwäsche finden Sie in riesiger Auswahl, in traditionellen wie auch modischen Designs. Weniger groß ist die Auswahl bei besticktem Leinen wie Taschentüchern. Tischsets oder Servietten in vielen Mustern und Farben bekommen Sie ebenfalls überall. Darüber hinaus können Sie auch, vor allem in Limerick und Kenmare, schönes Leinen mit nach wie vor handgearbeiteten irischen Spitzen kaufen.*

Tischset aus Leinen

Schöne Leinentaschentücher

Schale von Nicholas Mosse

Belleek-Teekanne

Teetasse von Nicholas Mosse

Irische Keramik *findet man in traditionellem wie modernem Design. Sie können bei Royal Tara China oder bei Belleek Pottery ein ganzes Service kaufen oder in einem kleinen Töpferladen ein einzelnes Stück.*

Irisches Kristall, *mundgeblasen und traditionell verarbeitet, kann man in vielen irischen Läden kaufen. Besuchen Sie die Läden der bedeutenden Hersteller, darunter Waterford Crystal und Jerpoint Glass, die eine große Auswahl an Glaswaren anbieten.*

Irische Sprichwörter

Bücher und Papierwaren *sind oft schön gestaltet. Museen und Buchläden bieten eine große Auswahl.*

Karten mit keltischen Mustern

Glas und Dekantierkaraffe von Waterford Crystal

Lebensmittel *lassen noch lange nach Ihrer Rückkehr Erinnerungen an Irland wach werden. Whiskeykenner sollten die Old Bushmills Distillery* (siehe S. 266) *oder das Jameson Heritage Centre* (siehe S. 179) *aufsuchen, um dort verschiedene Whiskeys zu probieren. Spezialitäten finden Sie überall. Probieren Sie einmal die getrockneten Algen, roh oder als Beilage zu Gerichten.*

Jameson Whiskey

Bushmills Whiskey

Früchtekuchen mit Guinness

Irische Marmelade

Getrocknete Algen

Unterhaltung

Unterhaltung wird in Irland großgeschrieben. (Detaillierte Infos zur Unterhaltung in Dublin finden Sie auf den Seiten 108–115.) Die meisten großen Konzerte internationaler Künstler ebenso wie die meisten Nachtclubs findet man in den großen Städten, jedoch gibt es überall in Irland regionale Theater- und Jazzfestivals, Festivals traditioneller und moderner Musik, ebenso Kunstausstellungen oder auch mittelalterliche Bankette. In den meisten Städten gibt es ein bis zwei Kinos, die die neuesten internationalen Filme zeigen. Nicht vergessen sollte man die zahlreichen spontanen Musikdarbietungen, die in vielen irischen Pubs stattfinden. Die vielfältigen Möglichkeiten für sportliche und Outdoor-Aktivitäten sind auf den Seiten 362–367 aufgeführt. Besucher, die einer typisch irischen Sportveranstaltung beiwohnen wollen, können zu einem der berühmten Pferderennen gehen oder sich ein Gaelic-Football-, ein Hurling-, ein Fußball- oder ein Rugby-Spiel ansehen.

Transporter mit Werbung für den Clonakilty Folk Club

Das Ulster Symphony Orchestra in der Ulster Hall in Belfast

Information

Das Fremdenverkehrsamt der Republik Irland, **Fáilte Ireland**, und das **Northern Ireland Tourist Board** *(siehe S. 371)* geben jährlich den *Calendar of Events* heraus. Alle regionalen Fremdenverkehrsbüros informieren über lokale kulturelle und sportliche Ereignisse. Informationen finden Sie auch in allen regionalen und überregionalen Tageszeitungen.

Tickets

Eintrittskarten für die meisten Veranstaltungen bekommt man problemlos an der Abendkasse. Für größere Veranstaltungen muss man jedoch Karten im Voraus kaufen. Bei vielen Festivals gibt es Karten im Vorverkauf nur für bedeutendere Veranstaltungen. Bei international bekannten Ereignissen wie dem Wexford Festival sollte man sich für alle Vorstellungen Karten im Vorverkauf sichern.

Karten für alle größeren Veranstaltungen können Sie bei **Keith Prowse Travel (IRL) Ltd** und bei **Ticketmaster** in Dublin telefonisch bestellen und mit Kreditkarte bezahlen.

Veranstaltungsorte

In den meisten irischen Städten bieten die großen Theater eine Auswahl an unterschiedlichen Veranstaltungen. In Cork zeigt das **Opera House** im Sommer vor allem Werke irischer Autoren, den Rest des Jahres über Musicals, Opern und Ballett. Im **Everyman Palace Theatre** treten irische Theatergruppen auf. Zudem finden Konzerte statt. Theaterstücke und Konzerte werden auch in Sligos **Hawk's Well Theatre**, Limericks **Belltable Arts Centre** und Carlows **George Bernard Shaw Theatre** aufgeführt. Im **Grand Opera House**, in der **Waterfront Hall** und im **Lyric Theatre** in Belfast werden Theaterstücke, Pantomime, experimentelles Theater und Opern aufgeführt.

Theater

Nahezu überall in Irland wird hervorragendes Theater geboten. In Galway ist das **Druid Theatre** auf Avantgarde-Theater, auf moderne irische Stücke und auf anglo-irische Klassiker spezialisiert. Aufführungen finden hier oft auch mittags oder spätabends statt. Gälische Theaterstücke sowie irische Musik und Tanz werden schon seit 1928 im **Taibhdhearc Theatre** angeboten. In Waterford ist die Red Kettle Theatre Company zu Hause, die im **Garter Lane Theatre** auftritt, während das **Theatre Royal** Laientheater und Musicals bietet.

Achten Sie auch auf kleinere Theatergruppen, die überall im Land auftreten. Viele sind hervorragend und haben manche der besten irischen Schauspieler hervorgebracht.

Haus der Druid Theatre Company in Galway ***(siehe S. 210)***

Moskauer Staatsballett im Grand Opera House von Belfast *(siehe S. 276)*

Klassische Musik, Oper und Tanz

Aufführungen klassischer Musik bieten die **Crawford Art Gallery**, das Opera House und der Everyman Palace in Cork, das Theatre Royal in Waterford, das Hawk's Well Theatre in Sligo und das Belltable Arts Centre in Limerick. In Belfasts **Ulster Hall** finden Rock- und Klassikkonzerte statt.

Zum **Wexford Festival of Opera** im Oktober und November kommen jährlich Tausende von Opernfans aus aller Welt, ebenso zum **Waterford Festival of Light Opera** (Ende Sep/Anfang Okt). In Wexford werden vor allem weniger bekannte Opern aufgeführt, während Waterford eher gängiges Repertoire bietet. Opern kann man zudem auch in Corks Opera House und in Belfasts Grand Opera House sehen.

Irland hat keine eigenen Ballettensembles. In größeren Theater- und Opernhäusern treten jedoch internationale Tanzgruppen auf.

Rock, Jazz und Country

Falls internationale Musikstars in Irland auftreten, dann tun sie dies meist (außer in Dublin) unter freiem Himmel. Das **Semple Stadium** im County Tipperary und Slane Castle *(siehe S. 245)* im County Meath sind dafür beliebte Veranstaltungsorte. Informationen und Karten erhält man bei Ticketmaster.

In Pubs *(siehe S. 346–351)* kann man den besten Rock und Jazz irischer Gruppen hören. Fremdenverkehrsbüros und Tageszeitungen informieren über Rock- und Jazz-Nächte, die normalerweise unter der Woche stattfinden, während am Wochenende oft Country und Folk geboten werden. Jazz-Liebhabern seien die Auftritte der Big Band Waterford's Brass and Co empfohlen. Beim **Cork Jazz Festival** Ende Oktober spielen in den Pubs und auf allen Bühnen von Cork irische und internationale Jazzmusiker.

Musik im Pub beim Feakle Traditional Music Weekend

Traditionelle Musik und Tanz

Insbesondere in den ländlichen Gegenden Irlands haben in den 1960er Jahren die Pubs dazu beigetragen, die traditionelle irische Musik zu bewahren und neu zu beleben. Heute finden überall in den Pubs spontane Musiksessions mit Darbietungen alter Balladen, Rebellenlieder und der noch älteren *sean nós* statt. Letztere werden in der Art von Bänkelliedern ohne Musikbegleitung – und meist auf Irisch – vorgetragen. Derartige Darbietungen kann man in vielen Pubs miterleben, etwa in The Laurels und im Danny Man in Killarney, in der Yeats Tavern in Drumcliff nahe Sligo sowie im An Brog in Cork. In Derry sind die besten Pubs dieser Art die Gweedore Bar, die Castle Bar und die Dungloe Bar, alle in der Waterloo Street gelegen.

In Tralee bietet das **Siamsa Tíre** (National Folk Theatre) sehr schöne Volksstücke mit traditioneller Musik, Liedern und Tanz. The Barn im Bunratty Folk Park veranstaltet in den Sommermonaten Musiknächte.

Comhaltas Ceoltóirí Éireann in Monkstown nahe Dublin *(siehe S. 103)* organisiert das ganze Jahr über in verschiedenen irischen Orten traditionelle Musik- und Tanzveranstaltungen, bei denen oft auch die Zuschauer aufgefordert werden, sich aktiv am Tanzvergnügen zu beteiligen.

Das sehr beliebte **Fleadh Cheoil**, ein traditionelles Musikfestival, das jedes Jahr Ende August in einer anderen Stadt durchgeführt wird, bietet ein ganzes Wochenende lang auf den Bühnen wie auf offener Straße Musik, Tanz, Lieder und Theateraufführungen. Etwas früher im August findet im County Clare das **Feakle Traditional Music Weekend** statt, eine etwas kleinere, weniger spektakuläre Veranstaltung mit Musik, Gesang und Tanz.

Publikum eines Open-Air-Konzerts beim Cork Jazz Festival

Knappogue-Bankett im Knappogue Castle, County Clare

Festivals

Die Iren sind Experten bei der Organisation von Festivals und beim Aufbau von Open-Air-Bühnen für Theater, Musik und Tanz, um so viel wie möglich unter freiem Himmel feiern zu können *(siehe S. 48–50)*.

Mitte Juli findet in Galway das **Galway Arts Festival** statt, eines der größten Festivals in Irland, das Theateraufführungen sowie Musik, Straßenfeste und Veranstaltungen für Kinder bietet. Ende Juli steigt dann eine Woche lang das **Boyle Arts Festival** – mit Ausstellungen, Dichterlesungen und Theateraufführungen, mit klassischem Jazz- und traditionellen Folk-Konzerten sowie Workshops für Erwachsene und Kinder.

Das **Kilkenny Arts Festival** im August, ein weiteres bedeutendes Festival, bietet Dichtkunst, klassische Musik und Filme sowie eine große Auswahl an Kunsthandwerk. Am ersten Wochenende im Oktober findet das **Cork Film Festival** statt. Im Oktober/November lädt Belfast für zwei Wochen zum **Belfast Festival at Queen's** mit gemischtem Programm, das Theater, Ballett, Comedy, Cabaret, Musik und Filme umfasst, ein. Die Darbietungen finden auf dem Campus der Queen's University statt sowie auf den Bühnen und in Veranstaltungsräumen überall in der Stadt.

Im Mai, Juni und Juli zieht das **County Wicklow Gardens Festival** viele Besucher an, die sich in den schönsten Gärten und Parks im County aufhalten wollen. Während des **Music in Great Irish Houses Festival** hingegen hat man die Möglichkeit, klassische Musik hervorragender Künstler in einer Reihe historischer Gebäude zu hören, die sonst kaum zugänglich sind. Dazu gehören beispielsweise das Mount Stewart House *(siehe S. 282f)* und das University College in Cork.

Beim Kilkenny Arts Festival

Traditionelle Bankette

Bei diesen Banketten – die sehr vergnüglich und inzwischen weltberühmt sind – servieren Ihnen Kellner in historischen Trachten traditionelle Speisen und Getränke. Am bekanntesten sind die mittelalterlichen Bankette – jenes auf Bunratty Castle *(siehe S. 192f)* war das erste dieser Art und ist immer noch das lebhafteste, mit Darbietungen während des ganzen Jahres. Von April bis Oktober finden im Knappogue Castle *(siehe S. 189)* Bankette statt. Im Dunguaire Castle *(siehe S. 212)* gibt es ein kleineres Programm mit Musik und Dichterlesungen. Von März bis November vermitteln die Killarney Manor Banquets in einem Herrenhaus in der Loreto Road, südlich von Killarney, die Atmosphäre des frühen 19. Jahrhunderts.

Bildungsurlaub

Sich im Urlaub mit Irlands reicher Kultur zu befassen, ist gewinnbringend und vergnüglich. Sie können aus einem breiten Angebot wählen: z. B. Musik, Literatur, Architektur, Gartenanlagen, Sprache, Folklore, Kunsthandwerk und Küche.

Besonders faszinierend ist die 5000-jährige Geschichte Irlands. Im County Mayo bietet die **Achill Archaeological Summer School** Ferienkurse, bei denen man an Ausgrabungen teilnehmen kann.

Wollen Sie die Geheimnisse der irischen Küche ergründen, so ist die **Ballymaloe School of Cookery** im County Cork genau das Richtige. Sie wird von Darina Allen geleitet, einer der bekanntesten Köchinnen Irlands.

Literaturfreunde können in der **Yeats International Summer School** die Werke von Yeats und seinen Zeitgenossen studieren. Die **Listowel Writers' Week** bietet Lesungen und Workshops mit bekannten Schriftstellern.

Mitglieder einer irischen Volkstanzgruppe in traditioneller Tracht

AUF EINEN BLICK

Tickets

Keith Prowse Travel (IRL) Ltd
Irish Life Mall, Dublin 1.
01 878 3500.
www.keithprowse.com

Ticketmaster
Grafton House,
70 Grafton St, Dublin 2.
01 648 6060.
www.ticketmaster.ie

Veranstaltungsorte

Belltable Arts Centre
69 O'Connell St, Limerick. 061 319 866.
www.belltable.ie

Everyman Palace Theatre
MacCurtain St, Cork.
021 450 1673. www.everymanpalace.com

George Bernard Shaw Theatre
Old Dublin Rd, Carlow,
Co Carlow.
059 917 2400.
www.visualcarlow.ie

Grand Opera House
Great Victoria St, Belfast.
028 9024 1919.
www.goh.co.uk

Hawk's Well Theatre
Johnston Court, Sligo.
071 916 1518.
www.hawkswell.com

Lyric Theatre
55 Ridgeway St, Belfast.
028 9038 5685.
www.lyrictheatre.co.uk

Opera House
Emmet Place, Cork.
021 427 0022.
www.corkoperahouse.ie

Waterfront Hall
2 Lanyon Place, Belfast.
028 9033 4400.
www.waterfront.co.uk

Theater

Druid Theatre
Chapel Lane, Galway.
091 568 660.
www.druidtheatre.com

Garter Lane Theatre
22a O'Connell St,
Waterford.
051 855 038.

Taibhdhearc Theatre
Middle St, Galway.
091 562 024. www.antaibhdhearc.com

Theatre Royal
The Mall, Waterford.
051 874 402.
www.theatreroyal.ie

Klassische Musik, Oper und Tanz

Crawford Art Gallery
Emmet Place, Cork.
021 490 7855. www.crawfordartgallery.ie

Ulster Hall
Bedford St, Belfast.
028 9032 3900.
www.ulsterhall.co.uk

Waterford Festival of Light Opera
Theatre Royal, Waterford.
051 874 402.
www.waterfordintlmusicfestival.com

Wexford Festival of Opera
Theatre Royal, High St,
Wexford.
053 912 2144. www.wexfordopera.com

Rock, Jazz und Country

Cork Jazz Festival
20 South Mall, Cork.
021 427 0463. www.corkjazzfestival.com

Semple Stadium
Thurles, Co Tipperary.
0504 22702.

Traditionelle Musik und Tanz

Comhaltas Ceoltóirí Éireann
32 Belgrave Sq,
Monkstown, Co Dublin.
01 280 0295.
www.comhaltas.com

Feakle Traditional Music Weekend
Maghera, Caher,
Co Clare.
061 924 3885.
www.feaklefestival.ie

Fleadh Cheoil
www.comhaltas.ie

Siamsa Tíre
National Folk Theatre,
Town Park, Tralee, Co
Kerry. 066 712 3055.

The Traditional Irish Night
Bunratty Castle and Folk
Park, Bunratty, Co Clare.
061 360 788. www.shannonheritage.com.

Festivals

Belfast Festival at Queen's
25 College Gardens, Belfast. 028 9097 2626.
www.belfastfestival.com

Boyle Arts Festival
King House, Main St,
Boyle, Co Roscommon.
071 966 3085.
www.boylearts.com

Cork Film Festival
Emmet House, Emmet
Place, Cork.
021 427 1711.
www.corkfilmfest.org

County Wicklow Gardens Festival
St Manntan's House,
Kilmantin Hill, Wicklow.
0404 20070.

Galway Arts Festival
Black Box Theatre, Dyke
Rd, Terryland, Galway.
091 509 700. www.galwayartsfestival.com

Kilkenny Arts Festival
9/10 Abbey Business
Centre, Kilkenny.
056 775 2175.
www.kilkennyarts.ie

Music in Great Irish Houses
29 Rose Pk, Dun
Laoghaire, Co Dublin.
01 664 2822.
www.musicgreatirishhouses.com

Bildungsurlaub

Archäologie:
Achill Archaeological Summer School
Folk Life Centre, Dooagh,
Achill Island, Co Mayo.
098 43564.

Gerard Manley-Hopkins Summer School
Great Connell,
Newsbridge, Co Kildare.
045 433 613. www.gerardmanleyhopkins.org

Häuser, Burgen und Gärten Irlands:
Houses, Castles & Gardens of Ireland
16a Woodlands Pk,
Blackrock, Co Dublin.
01 288 9114.
www.hcgi.ie

National Trust
Rowallane House,
Saintfield, Ballynahinch,
Co Down.
028 9751 0721.
www.ntni.org.uk

Irische Sprache:
Conversation Classes
Oidhreacht Chorca
Dhuibhne, Ballyferriter,
Co Kerry.
043 71448.

Goldsmith Summer School
Rathmore, Ballymahon,
Co Longford.
043 667 1448.
www.goldsmithfestival.ie

James Joyce Summer School
University College Dublin,
Belfield, Dublin 4.
01 716 8159.

Listowel Writers' Week
24 The Square, Listowel,
Co Kerry.
068 21074.
www.writersweek.ie

William Carleton Summer School
Dungannon District
Council, Circular Rd,
Dungannon, Co Tyrone.
028 8772 5311.

Yeats International Summer School
Yeats Society, Yeats
Memorial Building,
Douglas Hyde Bridge,
Sligo. 071 914 2693.
www.yeats-sligo.com

Kochen:
Ballymaloe School of Cookery
Shanagarry, Midleton, Co
Cork. 021 464 6785.
www.cookingisfun.ie

Musik:
Willie Clancy Summer School
Miltown Malbay, Co
Clare. 065 708 4148.

Sport und Aktivurlaub

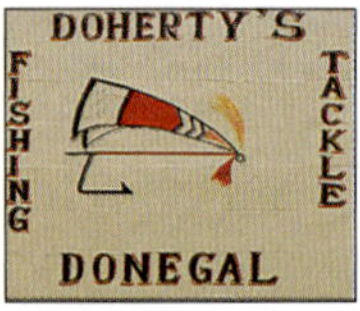

Schild an einem Anglergeschäft in Donegal

Selbst wenn man sich in den großen Städten aufhält, ist man in Irland doch nie allzu weit weg vom Land und vom Landleben. Die beliebtesten Sportveranstaltungen sind Irlands berühmte Pferderennen, doch auch Gaelic Football, Fußball und Hurling bieten viel Spaß. Alle, die nicht nur zuschauen, sondern selbst aktiv werden wollen, können zwischen Angeln, Golf, Reiten, Fahrradfahren, Wandern und Wassersport wählen. Nützliche Adressen finden Sie auf Seite 366f. Weitere Informationen bieten Fáilte Ireland und für Nordirland das Northern Ireland Tourist Board sowie alle örtlichen Fremdenverkehrsbüros. Die bedeutendsten Sportereignisse sind auf Seite 28f dieses Reiseführers zusammengestellt.

Pferderennen auf dem Fairyhouse Racecourse

Rennbahnen und Sportstadien

Die Leidenschaft der Iren für Pferderennen ist legendär. **The Curragh** *(siehe S. 129)*, wo das Irish Derby stattfindet, ist eine führende Rennbahn. **Fairyhouse**, Austragungsort des Irish Grand National, ist das ganze Jahr über gut besucht, vor allem aber um Weihnachten, wenn die Dubliner hier auf die alljährlichen Rennen wetten. **Punchestown** in Kildare ist seit 1824 eine feste Größe in der Rennszene und kann 80000 Zuschauer aufnehmen. **Leopardstown** in Dublin veranstaltet das ganze Jahr über Rennen.

Daneben gibt es viele kleinere Rennbahnen mit ungezwungener Atmosphäre. Die Galway Race Week Ende Juli ist ein gesellschaftliches Großereignis. Ein Veranstaltungskalender mit Rennen in ganz Irland ist bei **Horse Racing Ireland** erhältlich.

In der Republik Irland gibt es acht bedeutende Stadien für Windhundrennen. Die bekanntesten sind Dublins **Shelbourne Park** und **Harold's Cross Stadium**, die beide gute Restaurants haben.

Im **Croke Park** kann man Gaelic-Football- und Hurling-Spiele sehen. Internationale Rugby- und Fußballspiele werden im **Aviva Stadium**, dem beeindruckendsten Stadion Irlands ausgetragen. Karten für Fußballspiele erhält man bei der **Football Association of Ireland**. Rugby-Fans wenden sich an die **Irish Rugby Football Union**.

Das alljährliche Highlight für Golfer ist die Irish Open Golf Championship im Juli. Der Austragungsort wechselt. Karten und Infos gibt es bei **European Tour**.

Angeln

Irlands Anspruch, ein Paradies für Angler zu sein, ist nicht übertrieben. In den Flüssen und Seen des Landes findet man Brasse, Flussbarsch, Plötze und Hecht, in Flüssen am Meer auch den berühmten irischen Lachs und die Meerforelle (»Lachsforelle«).

Flunder, Weißfisch, Meeräsche und Barsch bevölkern die Irische See. Hochseeanglern eröffnet sich zudem die ganze Welt von Hundshai, Hai und Rochen. Von vielen Orten aus kann man Hochsee-Angelfahrten organisieren. Besonders beliebt und bekannt hierfür sind die Küsten von Cork und Kerry.

Das **Clonanav Fly Fishing Centre** bei Clonmel im County Waterford ist bei unerfahrenen Anglern wie bei Profis beliebt und bietet sehr gute Unterkünfte sowie kundiges, verlässliches Personal. Als bester Fluss für Angler im Osten Irlands gilt der Slaney mit seinen zahlreichen Fischereien am Ufer. Die **Ballintemple Fishery** ist eine gute Wahl: Hier kann man Anglerausrüstung leihen und bekommt Instruktionen.

Rory's Fishing Tackle im Zentrum von Dublin verkauft Ausrüstung. Lebende Köder kann man vielerorts kaufen.

Informationen über erforderliche Genehmigungen bekommt man in der Republik Irland beim **Central Fisheries**

Angeln im Kanal bei Robertstown, County Kildare *(siehe S. 128)*

Wanderer im Gap of Dunloe, Killarney ***(siehe S. 163)***

Board und in Nordirland bei **Inland Fisheries**, Department of Culture, Arts and Leisure. Die **Irish Federation of Sea Anglers** erteilt nützliche Tipps und organisiert Angelausflüge und -kurse.

Landkarten und weitere Informationen gibt es bei Fáilte Ireland in der Republik und beim Northern Ireland Tourist Board *(siehe S. 370f)*. Hilfreich ist auch die Website von **Irish Angling Update** mit Berichten über Angel-Bedingungen, die regelmäßig auf den neuesten Stand gebracht werden.

Wandern und Bergsteigen

Wanderferien eröffnen Ihnen die herrliche Landschaft am intensivsten. Ein Netz von Wanderwegen quer durch ganz Irland führt zu einigen der schönsten Orte, die das Land zu bieten hat. Bei Fáilte Ireland und beim Northern Ireland Tourist Board erhalten Sie Informationen über die großen Wanderwege. Dazu zählen Wicklow Way *(siehe S. 139)*, Dingle Way, Munster Way, Kerry Way und Barrow Towpath. Diese Routen können in kleinere Abschnitte unterteilt werden, je nachdem, wie viel Zeit man hat oder wie leistungsfähig man ist. Der 800 Kilometer lange Ulster Way führt durch Nordirland, vorbei an spektakulären Küstenabschnitten beim Giant's Causeway *(siehe S. 262f)* und bis hinauf zu den Gipfeln der Mountains of Mourne *(siehe S. 284f)*. **Irish Ways** bietet Routenvorschläge. Über Wanderungen in Nordirland informiert **Ulster Federation of Rambling Clubs**.

Markierung am Ulster Way, der Route durch Nordirland

An Óige Hill Walkers Club organisiert jeden Sonntag eine Tour in die Wicklow und Dublin Mountains für erfahrene Wanderer. Einmal im Monat beinhaltet das Programm dieses Clubs eine anstrengende Bergtour, bei der Neulinge das Bergsteigen ausprobieren können.

Das preisgekrönte **Michael Gibbons' Walking Ireland Centre** bietet im Sommer halb- und ganztägige Wanderungen durch die schöne Landschaft Connemaras.

Bei **Skibbereen Historical Walks** erfahren die Teilnehmer am Beispiel von Skibbereen, einer Stadt, deren Name mit der Großen Hungersnot verbunden ist, viel über Irlands Vergangenheit.

Informationen über Bergwandern und Klettern gibt es bei **Mountaineering Council of Ireland**. Achten Sie auf die richtige Ausrüstung für das häufig wechselhafte irische Wetter.

Radfahren

Mit seiner vielfältigen Landschaft und den häufig völlig verkehrsfreien Straßen ist Irland ein geradezu ideales Land für Radtouren. Organisationen wie **Celtic Cycling** bieten geführte Ausflüge und Unterkünfte. Auch das Unternehmen **Premier Cycling Holidays** hat mehrere schöne Radtouren im Angebot.

Cycling Ireland, die Dachorganisation der irischen Freizeitradfahrer und Radsportler bietet auf seiner Website viele Informationen über Radwanderwege und landesweite Angebote.

Sie können Ihr Rad für eine geringe Gebühr im Bus oder im Zug mitnehmen. Wenn Sie ein Fahrrad mieten möchten, empfehlen sich die Anbieter **Neill's Wheels** oder **Cycleways**. Sie befinden sich im Stadtzentrum von Dublin.

Fahrradfahren in der Gegend von Muckross House nahe Killarney ***(siehe S. 159)***

Golfspieler in Portstewart, Nordirland ***(siehe S. 260)***

Golf

Von den über 300 Golfplätzen in ganz Irland, viele davon an herrlichen Küstenabschnitten gelegen, fallen über 50 in die Kategorie »championship class«.

Den Weltklasseplatz **Mount Juliet** im County Kilkenny legte die Golf-Legende Jack Nicklaus an. Der **K Club** in Kildare besitzt zwei 18-Loch-Championship-Plätze. Beide gestaltete Arnold Palmer sehr individuell. Der berühmte Golfspieler Christy O'Connor Junior entwarf den Platz des **Galway Bay Golf Club**. Auf diesem schwierigen Platz, ein Muss für jeden ernsthaften Spieler, liegen Ruinen verstreut, die zum Teil auf das 16. Jahrhundert zurückgehen.

Einen der bekanntesten Plätze kann der **Portmarnock Golf Club** sein Eigen nennen. Er liegt knapp 20 Kilometer nördlich der Innenstadt Dublins. Aufgrund seiner erstklassigen Qualität und seiner Lage finden hier hochrangige Turniere statt. An der Atlantikküste, im County Clare, befindet sich der **Lahinch Golf Club**, ein anerkannter Mackenzie-Platz, auf dem jeder ambitionierte Golfer einmal gespielt haben sollte.

Nordirlands bekannteste Plätze sind jene des **Royal Portrush Golf Club** und des **Royal County Down Golf Club**. Die **Golfing Union of Ireland**, die **Irish Ladies Golfing Union** und die lokalen Fremdenverkehrsbüros erteilen Informationen über Golfplätze, Bedingungen und Gebühren. Die meisten Golfer spielen mit eigenem Equipment, wenngleich man Schläger etc. in den meisten Clubs auch ausleihen kann.

Reiten und Pony-Trekking

Die Iren sind zu Recht stolz auf ihre schönen Pferde. Viele Reiterhöfe, mit oder ohne Unterkünfte, bieten Reitausflüge durch Wälder, an verlassenen Stränden, auf Landstraßen und quer durch die Berge an. Dingle, Donegal, Connemara und Killarney sind bekannte Regionen für wunderbare Reiterferien. Es gibt zwei Möglichkeiten, diese zu gestalten: *post-to-post* oder *based*. Bei Ersterem sind Sie dauernd unterwegs und übernachten jeden Tag auf einem anderen Hof. Bei *Based*-Ausflügen haben Sie einen festen Stützpunkt, von dem aus Sie jeden Tag einen Ausflug unternehmen und abends wieder zurückkommen.

Reiterin in Killarney

Das **Aille Cross Equestrian Centre** in Connemara bietet Reitausflüge sowohl für erfahrene Reiter als auch für Neulinge an. Sie sitzen dabei sechs Stunden täglich auf einem Connemara-Pony oder auf einem Jagdpferd. Weiter südlich liegen die **Killarney Riding Stables**, zwei Kilometer von Killarneys Innenstadt entfernt. Unternehmungslustige Reiter können von hier aus den fünf- oder sechstägigen Killarney Reeks Trail in Angriff nehmen.

Das **Mount Pleasant Pony Trekking and Horse Riding Centre** liegt in einem riesigen bewaldeten Gebiet bei Castlewellan im County Down. Das Zentrum ist für unerfahrene wie erfahrene Reiter geeignet.

Five Counties Holidays organisiert Reiterferien in den Regionen Nordwest-Irlands. Viele andere Reitzentren, z. B. **Equestrian Holidays Ireland**, bieten geführte Ausritte und Reitunterricht für Anfänger und Fortgeschrittene.

Wassersport

Kein Wunder, dass in Irland mit seiner über 4800 Kilometer langen Küste der Wassersport eine herausragende Rolle spielt. Surfen, Windsurfen, Tauchen und Kanufahren gehören zu den beliebtesten Wassersportarten, die man fast an allen Küsten betreiben kann.

Sligo bietet die besten Bedingungen fürs Surfen, doch auch andere Küstenabschnitte sind hierfür gut geeignet. Die **Irish Surfing Association**, die staatliche Organisation fürs Surfen und ähnliche Sportarten, z. B. Body-Surfen, informiert über die Bedingungen in allen 32 Countys. Windsurf-Zentren findet man vor allem in der Nähe von Dublin, Cork und Westport.

Surfer bei Bundoran in der Donegal Bay ***(siehe S. 230)***

Die Bedingungen für Taucher sind unterschiedlich. An der Westküste kann man unter Wasser besonders viel sehen. Der **Irish Underwater Council** empfiehlt Tauchschulen. **DV Diving** organisiert Kurse und Unterkünfte in der Nähe des Belfast Lough und der Irischen See, wo man eine Reihe alter Schiffswracks erkunden kann.

Im Landesinneren sind Lower Lough Erne *(siehe S. 270f)* und Killaloe am Lough Derg *(siehe S. 190)* beliebte Ferienzentren. Das **Lakeland Canoe Centre** zwischen Upper und Lower Lough Erne gibt Kanu-Unterricht und organisiert Kanuten-Ferien (mit Camping), z. B. entlang der malerischen Shannon-Erne-Wasserstraße *(siehe S. 235)*. Ab März bietet **Atlantic Sea Kayaking** eintägige Ausflüge und Zwei- bis Dreitagestouren bei Castlehaven und Baltimore.

Viele Küstenabschnitte sind für erfahrene Schwimmer sicher. Fragen Sie am besten Einheimische nach den Bedingungen. In Dublin ist der 40 Foot in Sandycove beliebt zum Schwimmen. Kinder sind im seichten Wasser in Hafennähe sicher. Erwachsene können auch auf der Meerseite der Hafenmauer im tieferen Wasser schwimmen. Detailliertere Informationen erhalten Sie im **Dublin Tourist Office**.

Segeln und Bootsfahrten

Ruhige Ferien auf einem Segelschiff oder einem Boot sind eine ideale Alternative zum Alltagsstress. Irlands Flüsse, insgesamt 14 500 Kilometer lang, und die über 800 Seen bieten eine riesige Auswahl an Möglichkeiten für alle, die Ferien auf dem Wasser verbringen möchten. In den Ortschaften an der Küste, an Flüssen und Seen lernen Sie die Iren in ihrem ureigensten Element kennen. Egal, ob man auf dem Lough Derg, auf dem Shannon oder auf dem Grand Canal unterwegs ist – überall eröffnet sich einem die Einzigartigkeit der Landschaft.

Segler bei Rosslare im County Wexford *(siehe S. 151)*

Zwischen Carrick-on-Shannon im County Leitrim und Upper Lough Erne in Fermanagh verläuft die **Shannon-Erne-Wasserstraße** *(siehe S. 235)*, ein Kanal, der 1993 wiedereröffnet wurde. Ihm folgend, gelangt man zum Upper und Lower Lough Erne *(siehe S. 270f)* und nach Belleek. **Emerald Star** vermietet hier Boote und Schiffe.

Die **Shannon Castle Line** betreibt eine moderne Flotte aus Kreuzfahrtschiffen auf dem Shannon. Die **Silver Line Cruisers**, die ebenfalls auf dem Shannon unterwegs sind, liegen nur zwei Kilometer vom Grand Canal entfernt und versprechen entspannte Bootsfahrten ohne Gedränge.

Bei Seglern ist die Region zwischen Cork und der Dingle Peninsula beliebt. Kurse bieten das **International Sailing Centre** bei Cork und die **Irish National Sailing School** im County Dublin an. Bei der letzteren Schule können erfahrene Segler Yachten mieten und dann zur Westküste Schottlands segeln.

Jagdsport

Die Jagdsaison dauert in Irland von Oktober bis März, vorwiegend kann man in dieser Zeit an Fuchsjagden teilnehmen. Es werden aber auch Hasen und Rehe gejagt. Kontaktieren Sie bei Interesse **The Irish Master of Foxhounds Association** in der Republik Irland und die **Countryside Alliance** in Nordirland.

Von September bis Ende Januar werden Enten geschossen. Das ganze Jahr zielt man auf Tontauben, von November bis Januar auf Fasane. Das **Mount Juliet Estate** verleiht Waffen und verkauft die geeignete Munition. Der **Colebrooke Park** im County Fermanagh bietet Hirschjagden mit Übernachtung. Nordirlands **National Countrysports Fair**, meist im Mai abgehalten, ist eine wichtige Messe für Jäger.

Die **National Association of Regional Game Councils** informiert über die erforderlichen Genehmigungen.

Behindertensport

Behinderte erhalten von der **Irish Wheelchair Association** Informationen über Möglichkeiten sportlicher Aktivität. Überregionale wie lokale Fremdenverkehrsbüros und viele der auf Seite 366f aufgeführten Organisationen verfügen ebenfalls über entsprechende Informationen. Das **Share Village** bietet Möglichkeiten im Bereich Aktivurlaub für Behinderte wie Nicht-Behinderte.

Boote im Carnlough Harbour an der Antrim-Küste *(siehe S. 267)*

AUF EINEN BLICK

Rennbahnen und Sportstadien

Aviva Stadium
62 Lansdowne Rd, Dublin 4. 📞 *01 238 2300.* **www**.avivastadium.ie

Croke Park
Dublin 3. 📞 *01 819 2300.* **www**.crokepark.ie

Curragh Racecourse
The Curragh, Co Kildaire. **Straßenkarte** D4. 📞 *045 441 205.* **www**.curragh.ie

European Tour
www.europeantour.com

Fairyhouse
Rataoth, Co Meath. **Straßenkarte** D3. 📞 *01 825 6167.* **www**.fairyhouse.ie

Football Association of Ireland
80 Merrion Sq, Dublin 2. **Stadtplan** F4. 📞 *01 703 7500.* **www**.fai.ie

Harold's Cross Stadium
Harold's Cross Rd, Dublin 6. 📞 *01 497 1081.* **www**.igb.ie

Horse Racing Ireland
Ballymany, The Curragh, Co Kildaire. **Straßenkarte** D4. 📞 *045 455 455.* **www**.goracing.ie

Irish Rugby Football Union
62 Lansdowne Road, Dublin 4. 📞 *01 647 3800.* **www**.irishrugby.ie

Leopardstown
Foxrock, Dublin 18. 📞 *01 289 0500.* **www**.leopardstown.com

Punchestown
Naas, Co Kildaire. **Straßenkarte** D4. 📞 *045 897 704.* **www**.punchestown.com

Shelbourne Park
Pearse Street, Dublin 2. 📞 *01 202 6621.* **www**.igb.ie

Angeln

Ballintemple Fishery
Ardattin, Co Carlow. **Straßenkarte** D4. 📞 *059 915 5037.* **www**.ballintemple.com

Central Fisheries Board
Swords. 📞 *01 884 2600.* **www**.cfb.ie

Clonanav Fly Fishing Centre
Ballymacarbry, Co Waterford. **Straßenkarte** C5. 📞 *052 36765.* **www**.flyfishingireland.com

Inland Fisheries
Interpoint, 20–24 York St, Belfast. **Straßenkarte** D2. 📞 *028 9025 8825.* **www**.dcalni.gov.uk

Irish Angling Update
📞 *01 884 2600.* **www**.cfb.ie

Irish Federation of Sea Anglers
Mr Hugh O'Rourke, 67 Windsor Dr, Monkstown, Co Dublin. 📞 *01 280 6873.* **www**.ifsa.ie

Rory's Fishing Tackle
17a Temple Bar, Dublin 2. **Straßenkarte** D3. 📞 *01 6777 2351.* **www**.rorys.ie

Wandern und Bergsteigen

An Óige Hill Walkers Club
61 Mountjoy St, Dublin 7. **Stadtplan** C1. 📞 *01 830 4555.* **www**.hillwalkersclub.com

Irish Ways
Belfield Bike Shop, University College Dublin, Dublin 4. 📞 *01 260 0749.* **www**.irishways.com

Michael Gibbons' Walking Ireland Centre
Market Street, Clifden, Co Galway. **Straßenkarte** A3. 📞 *095 21379.* **www**.walkingireland.com

Mountaineering Council of Ireland
13 Joyce Way, Parkwest Business Park, Dublin 12. 📞 *01 625 1115.* **www**.mountaineering.ie

Skibbereen Historical Walks
Skibbereen Heritage Ctr, Skibbereen, Co Cork. **Straßenkarte** B6. 📞 *028 40900.* **www**.skibbheritage.com

Ulster Federation of Rambling Clubs
12B Breda Hse, Drumart Dr, Belfast. **Straßenkarte** D2. 📞 *028 9064 8041.* **www**.ufrc-online.co.uk

Radfahren

Ardclinis Activity Centre
High St, Cushendall, Co Antrim. **Straßenkarte** D1. 📞 *028 2177 1340.* **www**.ardclinis.com

Celtic Cycling
22 Ballybricken, Waterford. **Straßenkarte** D4. 📞 *051 850 228.* **www**.celticcycling.com

Cycleways
185–6 Parnell St, Dublin 1. **Stadtplan** C3. 📞 *01 873 4748.* **www**.cycleways.com

Cycling Ireland
619 North Circular Rd, Dublin 1. 📞 *01 855 1522.* **www**.cyclingireland.ie

Neill's Wheels
Cow's Lane, Temple Bar, Dublin 2. **Straßenkarte** C3. 📞 *085 153 0648.* **www**.rentabikedublin.com

Premier Cycling Holidays
Portland, Nenagh, Co Tipperary. **Straßenkarte** C4. 📞 *090 974 7134.*

Golf

Galway Bay Golf Club
Renville, Oranmore, Co Galway. **Straßenkarte** B4. 📞 *091 790 711.* **www**.galwaybaygolfresort.com

Golfing Union of Ireland
Carton Demesne, Maynooth, Co Kildare. **Straßenkarte** D3. 📞 *01 505 4000.* **www**.gui.ie

Irish Ladies Golfing Union
1 Clonskeagh Sq, Dublin 14. 📞 *01 269 6244.* **www**.ilgu.ie

The K Club
Straffan, Co Kildare. **Straßenkarte** D4. 📞 *01 601 7200.* **www**.kclub.com

Lahinch Golf Club
Lahinch, Co Clare. **Straßenkarte** B4. 📞 *065 708 1100.* **www**.lahinchgolf.com

Mount Juliet
Thomastown, Co Kilkenny. **Straßenkarte** D5. 📞 *056 777 3064.* **www**.mountjuliet.ie

Portmarnock Golf Club
Portmarnock, Co Dublin. **Straßenkarte** D3. 📞 *01 846 2968.* **www**.portmarnockgolfclub.ie

Professional Golf Association
Dundalk Golf Club, Blackrock, Dundalk, Co Louth. **Straßenkarte** D3. 📞 *042 932 1193.* **www**.pga.info

Royal County Down Golf Club
36 Golf Links Rd, Newcastle, Co Down. **Straßenkarte** E2. 📞 *028 4372 3314.* **www**.royalcountydown.org

Royal Portrush Golf Club
Dunluce Rd, Portrush, Co Antrim. **Straßenkarte** D1. 📞 *028 7082 2311.* **www**.royalportrushgolfclub.com

AUF EINEN BLICK

Reiten und Pony-Trekking

Aille Cross Equestrian Centre
Loughrea,
Co Galway.
Straßenkarte B4.
091 841216.
www.aille-cross.com

Association of Irish Riding Establishments
Beech House, Naas,
Co Kildare.
Straßenkarte D4.
045 854 518.
www.aire.ie

British Horse Society
House of Sport,
Upper Malone Rd,
Belfast.
Straßenkarte D2.
028 9268 3801.
www.bhsireland.com

Equestrian Holidays Ireland
Whispering Pines,
Crosshaven, Co Cork.
Straßenkarte C6.
021 483 1950.
www.ehi.ie

Five Counties Holidays
Ardmourne House,
Castlederg, Co Tyrone.
Straßenkarte C2.
028 8167 0291.
www.five-counties holidays.com

Killarney Riding Stables
Ballydowney,
Killarney, Co Kerry.
Straßenkarte B5.
064 66 31686. **www**.
killarney-ridingstables.com

Mountpleasant Trekking and Horse Riding Centre
Bannonstown Rd,
Castlewellan, Co Down.
Straßenkarte D2.
028 4377 8651.
www.mountpleasant centre.com

Wassersport

Atlantic Sea Kayaking
The Abbey,
Skibbereen, Co Cork.
Straßenkarte B6.
028 21058. **www**.
atlanticseakayaking.com

Baltimore Diving and Watersports Centre
Baltimore, Co Cork.
Straßenkarte B6.
028 20300. **www**.
baltimorediving.com

Dublin Tourist Office
www.visitdublin.com

DV Diving
138 Mountstewart Rd,
Newtownards, Co Down.
Straßenkarte E2.
028 9186 1686.
www.dvdiving.co.uk

Irish Surfing Association
Easkey Surf and
Information Centre,
Easkey, Co Sligo.
Straßenkarte B2.
096 49428.
www.isasurf.ie

Irish Underwater Council
78a Patrick St,
Dun Laoghaire, Co Dublin.
Straßenkarte D4.
01 284 4601.
www.cft.ie

Lakeland Canoe Centre
Castle Island, Enniskillen,
Co Fermanagh.
Straßenkarte C2.
084 4770 5477.
www.fermanaghlake lands.com

Segeln und Bootfahren

Athlone Cruisers
Jolly Mariner, Athlone,
Co Westmeath.
Straßenkarte C3.
090 647 2892.
www.iwai.ie

Carrick Craft
Kinnigo Marina,
Oxford Island, Lurgan,
Co Armagh.
01 278 1666.
www.cruise-ireland.com

Charter Ireland
Galway City Marina.
Straßenkarte B4.
087 244 7775.
www.charterireland.ie

Emerald Star
The Marina,
Carrick-on-Shannon,
Co Leitrim.
Straßenkarte C3.
071 962 7633.
www.leboat.ie

International Sailing Centre
East Beach,
Cobh, Co Cork.
Straßenkarte C6.
021 481 1237.
www.sailcork.com

Irish National Sailing School
Dun Laoghaire,
Co Dublin.
01 284 4195.
www.inss.ie

Lough Melvin Holiday Centre
Garrison, Co Fermanagh.
Straßenkarte C2.
028 6865 8142.
www.melvinholiday centre.com

Shannon Castle Line
Williamstown Harbour,
Whitegate, Co Clare.
Straßenkarte C4.
061 927 042. **www**.
shannoncruisers.com

Silver Line Cruisers
The Marina,
Banagher, Co Offaly.
Straßenkarte C4.
05791 51112. **www**.
silverlinecruisers.com

Jagdsport

Colebrooke Park
Brookeborough,
Co Fermanagh.
Straßenkarte C2.
028 8953 1402.
www.colebrooke.info

Countryside Alliance
Larchfield Estate,
Bailliesmills Road,
Lisburn, Co Antrim.
Straßenkarte D2.
028 9263 9911.
www.caireland.org

The Irish Master of Foxhounds Association
www.imfha.com

Mount Juliet Estate
Thomastown,
Co Kilkenny.
Straßenkarte D5.
056 777 3000.
www.mountjuliet.ie

National Association of Regional Game Councils
Castle Street, Cloghan,
Co Offaly.
090 645 7757.
www.nargc.ie

National Countrysports Fair
Moira Demesne,
Lisburn, Co Antrim.
Straßenkarte D2.
028 9266 2306.
www.gamefairireland.com

Behindertensport

Irish Wheelchair Association
Blackheath Dr,
Clontarf, Dublin 3.
01 818 6400.
www.iwa.ie

Share Village
Smith's Strand, Lisnaskea,
Co Fermanagh.
Straßenkarte C2.
028 6772 2122.
www.sharevillage.org

ryan energy
BATHROOM

Grund-informationen

Praktische Hinweise

Obwohl Irland eine relativ kleine Insel ist, darf man nicht davon ausgehen, dass man für ihre Erkundung deshalb auch nur wenig Zeit braucht. Im Gegenteil, denn viele Sehenswürdigkeiten befinden sich in ländlichen Gegenden. In den abgelegenen Teilen der Insel sind die Straßen eng, das Leben verläuft eher langsam, und öffentliche Verkehrsmittel fahren relativ selten. Die Republik Irland gehört noch zu den am wenigsten von Umweltschäden belasteten Staaten in Europa, die Wirtschaft ist jedoch sehr gut entwickelt. Auch in abgelegenen Ortschaften gibt es in der Zwischenzeit Fremdenverkehrsbüros und touristische Einrichtungen, die Besuchern u.a. mit Hinweisen, Landkarten sowie Broschüren weiterhelfen. Der Standard aller Einrichtungen für Besucher ist im ganzen Land hervorragend.

Ireland

Logo von Fáilte Ireland

Duty-free-Shop am Shannon Airport

Einreise

Besucher aus Staaten der Europäischen Union und der Schweiz brauchen für die Einreise nach Irland nur einen gültigen Reisepass oder Personalausweis. Das entsprechende Dokument muss lediglich für die Dauer des Aufenthalts in Irland gültig sein. Kinder, egal welchen Alters, benötigen ein eigenes Reisedokument mit einem biometrischen Foto. Ein Eintrag im Pass der Eltern ist nicht mehr ausreichend. Wer in Irland studieren oder arbeiten möchte, sollte sich rechtzeitig vor der Abreise mit der irischen bzw. der britischen Botschaft (für Nordirland) in Verbindung setzen.

Für die Mitnahme von Haustieren braucht man den EU-Heimtierausweis. Bitte beachten Sie, dass Irland und Großbritannien schärfere Anforderungen in Bezug auf Tollwutimpfung und Bandwurm- und Zeckenbefall haben.

Zoll

Bürger aus Mitgliedsstaaten der Europäischen Union können Waren zum nachweislich eigenen Gebrauch zollfrei ein- und ausführen. Schweizer Staatsangehörige können sich im Bedarfsfall bei ihrer Botschaft erkundigen.

Ankommende Bürger aus Mitgliedsstaaten der Europäischen Union können direkt den blauen Ausgang nutzen. Schweizer müssen den Zoll passieren. Sie nehmen den grünen Ausgang, wenn sie nichts zu verzollen haben, und den roten, wenn sie etwas zu verzollen haben.

Information

Sowohl Nordirland als auch die Republik Irland verfügen über ein dichtes Netz von Fremdenverkehrsbüros, die regional relevante Informationen bieten. Büros in größeren Städten verkaufen auch Karten und Reiseführer und re-

Sprache

Die Republik Irland ist offiziell zweisprachig – fast alle Straßenschilder sind englisch und irisch beschriftet. Außer in einigen Gegenden im Westen, den sogenannten Gaeltachts *(siehe S. 229)*, wird überall Englisch gesprochen. Doch findet man bisweilen immer noch Schilder etc. mit nur gälischen Namen. Nachstehend finden Sie einige irische Wörter, auf die Sie am häufigsten treffen.

Schild in altem Gälisch

Nützliche Wörter

an banc – **Bank**
an lár – **Stadtzentrum**
an trá – **Strand**
ar aghaidh – **gehen**
bád – **Boot**
bealach amach – **Ausgang**
bealach isteach – **Eingang**
dúnta – **geschlossen**
fáilte – **willkommen**
fir – **Herren**
gardaí – **Polizei**
leithreas – **Toilette**
mná – **Damen**
oifig an phoist – **Postamt**
oscailte – **geöffnet**
óstán – **Hotel**
siopa – **Laden**
stop/stad – **Stopp**
ticéad – **Ticket**
traein – **Zug**

◁ **Blick auf Waterford über den Suir** ***(siehe S. 146f)***

Landsitz Parke's Castle im County Leitrim *(siehe S. 233)*

servieren gegen eine kleine Gebühr Unterkünfte. In den kleineren Städten und Ortschaften gibt es ebenfalls Informationsbüros, die zum Teil jedoch nur im Sommer geöffnet sind. Museen und Büchereien bieten oft nützliche Informationen sowie eine gute Auswahl an Reiseliteratur.

Bereits vor Ihrem Urlaub können Sie von **Tourism Ireland** Informationsmaterial anfordern – sowohl über Nordirland als auch über die Republik. Büros dieser Organisation findet man in größeren Städten auf der ganzen Welt. Auch **Fáilte Ireland** und **Northern Ireland Tourist Board** (NITB) statten Sie gern mit Karten und Infoblättern aus.

Darüber hinaus lohnt es sich, die regionalen Fremdenverkehrsbüros in Dublin, Cork, Limerick und Galway zu kontaktieren, da diese meist spezifische Informationen u. a. zu Reisezielen, Unterkünften und Autovermietungen in der jeweiligen Region bieten. Die Hotellisten sind jedoch keineswegs flächendeckend, da Fáilte Ireland nur solche Etablissements in Broschüren aufnimmt, die vom Fremdenverkehrsamt selbst getestet wurden.

Eintrittspreise

Der Besuch der meisten Sehenswürdigkeiten in Irland, etwa historische Monumente, Museen und Nationalparks, kostet Eintritt. In diesem Buch sind die kostenpflichtigen Attraktionen durch ein entsprechendes Zeichen (€) markiert. Die Eintrittspreise in der Republik liegen etwa zwischen drei und acht Euro. Für Studenten und Rentner gibt es Ermäßigungen.

Der **Heritage Service** unterhält Parks, Museen und Denkmäler und bietet eine sogenannte Heritage Card an. Sie gewährt für ein Jahr freien Eintritt in alle vom Heritage Service verwalteten Projekte und ist mit 21 Euro für Erwachsene, 16 Euro für Rentner, acht Euro für Kinder und Studenten sowie 55 Euro für ein Familienticket eine lohnende Investition. Bekannte Sehenswürdigkeiten, die zum Heritage Service gehören, sind Céide Fields *(siehe S. 204)*, Cahir Castle *(siehe S. 198)* und das Blaskett Centre *(siehe S. 158)*.

Die Heritage Card gilt vielfach als Eintrittskarte

Die Eintrittspreise in Nordirland sind in etwa mit denen in der Republik vergleichbar. In Nordirland bietet der **National Trust** ebenfalls eine Mitgliedschaft an, diese kostet allerdings im Jahr pro Person 53 £, pro Familie mit zwei Erwachsenen 93,50 £. Der Kauf lohnt sich nur, wenn Sie auch in anderen Teilen von Großbritannien die Sehenswürdigkeiten des National Trust besuchen.

AUF EINEN BLICK

Irische Fremdenverkehrsämter

Fáilte Ireland
Amiens St, Dublin 1.
☎ *1890 525 525, 01 884 7700.*
www.failteireland.ie

Northern Ireland Tourist Board
59 North St, Belfast BT1 1NB.
☎ *028 9023 1221.*
Belfast Welcome Centre:
47 Donegall Place.
☎ *028 9024 6609.* **www.**discovernorthernireland.com

Weitere Adressen

National Trust
Rowallane Garden, Saintfield, Ballynahinch, Co Down BT24 7LH.
☎ *028 9751 0721.*
www.nationaltrust.org.uk

The Heritage Service
Ely Place, Dublin 2.
☎ *01 647 6000.*
www.heritageireland.ie

Deutschland
Tourism Ireland: Gutleutstr. 32, 60329 Frankfurt am Main.
☎ *069 923 1850.*
www.discoverireland.com

Österreich
Tourism Ireland:
Argentinierstr. 2/4, 1040 Wien.
☎ *01 5818 922 70.*

Schweiz
Tourism Ireland: Badenerstr. 15, 8004 Zürich. ☎ *044 286 9914.*

Öffnungszeiten

In diesem Reiseführer sind stets die Öffnungszeiten von Attraktionen ausgewiesen. Nur wenige sind sonntagvormittags geöffnet. Die meisten Museen haben montags geschlossen. Die Öffnungszeiten liegen generell zwischen 10 und 17 Uhr.

Von Juni bis September sind alle Sehenswürdigkeiten geöffnet. Im Winter sind manche an einigen Wochentagen oder ganz geschlossen. Manche sind an Ostern zugänglich, schließen dann jedoch wieder bis zum Sommer.

In Belfast und Derry sind viele Läden und Restaurants während der Marschsaison (Juli) geschlossen.

Interpretative centre **im Connemara National Park** ***(siehe S. 208)***

Besucherzentren

Viele bekannte Sehenswürdigkeiten Irlands sind Ruinen oder archäologisch interessante Plätze aus der Steinzeit, deren Bedeutung sich nicht leicht erschließt. In den letzten Jahren hat man deshalb Besucherzentren *(interpretative centres)* eingerichtet, die diese Zeugnisse aus lang vergangenen Zeiten erklären. Hier muss man, anders als für die Sehenswürdigkeiten selbst, Eintritt zahlen.

Auch für landschaftliche Sehenswürdigkeiten wie etwa den Connemara National Park *(siehe S. 208)* haben sich *interpretative centres* als nützlich erwiesen, die Informationsmaterial bieten und Sehenswertes ausstellen. Das Besucherzentrum von Connemara dokumentiert z. B. die Geschichte der Region über die letzten 10 000 Jahre auch mit 3-D-Modellen. Zudem erhalten Sie hier auch Bücher und Poster.

Gottesdienste

Irland ist tief religiös, für viele Iren ist der Kirchgang Teil des Alltags. Da etwa 87 Prozent der Bevölkerung der Republik Irland römisch-katholisch sind, ist es schwierig, eine Kirche anderer Konfession zu finden. Sowohl in der Republik als auch in Nordirland informieren die Fremdenverkehrsbüros und Hotels über Gottesdienste.

Studenten

Studenten mit einem gültigen ISIC-Ausweis (International Student Identity Card) bekommen in Museen und Konzerten Vergünstigungen, außerdem sind Fahrten mit Bus Éireann um 15 Prozent billiger. Den ISIC-Ausweis erhalten Sie bei Ihrer Universität sowie bei **USIT** in Dublin, Belfast und anderen Universitätsstädten (www.isic.de).

European Youth Card

USIT vergibt außerdem an Personen bis 26 Jahre, die keine Studenten sind, den EYC-Ausweis (European Youth Card), mit dem man Ermäßigungen auf Flugpreise, in Restaurants, Museen, Läden und Theatern bekommt. Den Ausweis gibt es (teilweise unter anderem Namen) auch in vielen anderen europäischen Staaten.

Leider gibt es mit der ISIC-Karte keine Ermäßigung mehr bei Bahnfahrten. Irish Rail bietet jedoch die Student TravelCard an, mit der es einen Preisnachlass bei Irish Rail, DART, Dublin Bus und Luas gibt. Die Karte kostet zwölf Euro. Man kann sie schriftlich beantragen oder persönlich in einem der Card Centres (Standorte siehe unter www.studenttravelcard.ie) abholen. Man braucht eine Beglaubigung der Universität.

Ermäßigungen für NIR, Ulsterbus und Metro (Bus in Belfast) gibt es mit der Translink Student Discount Card (www.translink.co.uk).

Behinderte Reisende

Die meisten Sehenswürdigkeiten Irlands sind für Rollstuhlfahrer zugänglich. Sie finden in diesem Reiseführer bei den Sehenswürdigkeiten entsprechende Vermerke (♿), doch empfiehlt es sich, Details telefonisch zu erfragen. Das **Citizens Information Board** erteilt entsprechende Informationen für die Republik Irland und gibt für jedes County Reiseführer mit Auflistungen von Unterkünften etc. heraus. In Nordirland hilft **Disability Action** weiter. **ADAPT** informiert über kulturelle Events, die mit Rollstuhl zugänglich sind. Auch beide Fremdenverkehrsämter informieren.

Mit Kindern reisen

Kinder sind in Irland in Hotels und Restaurants immer willkommen. Denken Sie jedoch daran, dass Jugendliche unter 18 Jahren Pubs nur in Begleitung eines Erziehungsberechtigten besuchen dürfen, und auch dann nur bis 21 Uhr. Für Familien gibt es oft Ermäßigungen. Bei vielen Sehenswürdigkeiten zahlen Kinder weniger Eintritt, Kinder unter fünf Jahren haben normalerweise sogar freien Eintritt. Während der Schulferien, wenn die meisten Familien unterwegs sind, gibt es viele speziell auf Familien abgestimmte Angebote. Einige Hotels bieten zu dieser Zeit z. B. Reitmöglichkeiten oder Angelausflüge für die ganze Familie an.

Familien in Kinsale Harbour, County Cork

Die Black Abbey in Kilkenny verfügt über einen Zugang für Rollstuhlfahrer

Strom

Die Netzspannung in Irland beträgt – wie in Deutschland – 230 Volt. Die irischen Stecker gleichen denen in Großbritannien, dreieckige mit eckigen Polen. Adapter gibt es auf Flughäfen und in Elektrogeschäften zu kaufen. Bevor man ein Gerät in Gebrauch nimmt, sollte man immer sicherstellen, dass es mit dem irischen System kompatibel ist. Möglicherweise braucht man einen Spannungsumformer.

Zeit

In ganz Irland gilt – wie auch in Großbritannien – die Greenwich Mean Time (GMT), die eine Stunde hinter der Mitteleuropäischen Zeit (MEZ) liegt. In beiden Teilen Irlands gilt auch die Sommerzeit – wie in allen Ländern Europas.

Umrechnungstabelle

Britisch in Metrisch
1 inch = 2,5 Zentimeter
1 foot = 30 Zentimeter
1 mile = 1,6 Kilometer
1 ounce = 28 Gramm
1 pound = 454 Gramm
1 pint = 0,6 Liter
1 gallon = 4,6 Liter

Metrisch in Britisch
1 Millimeter = 0,04 inches
1 Zentimeter = 0,4 inches
1 Meter = 3 feet 3 inches
1 Kilometer = 0,6 miles
1 Gramm = 0,04 ounces
1 Kilogramm = 2,2 pounds
1 Liter = 1,8 pints

Grünes Irland

Irland ist auch als »Grüne Insel« bekannt. Das rührt aber eher von der geringen Bevölkerungsdichte und der fehlenden Industrialisierung her denn von offiziellen Umweltinitiativen. Die Grüne Partei war von 2007 bis 2011 Mitglied der Regierungskoalition der Republik Irland. Seitdem wurden Bauvorschriften verschärft, die Kfz-Steuer wurde zugunsten von Autos mit niedrigeren Emissionen geändert. Im Jahr 2010 wurde in Irland eine CO2-Steuer eingeführt.

Irland ist nach wie vor landwirtschaftlich geprägt. Der Anbau von Naturkost wird immer populärer, in den meisten größeren Städten finden Bauernmärkte statt. Es gibt riesige Gebiete unberührter Küsten, Seen, Berge und Wälder. Es gibt zwar Umweltverschmutzung durch Landwirtschaft und Abwässer, aber die Situation bessert sich, und die Wasserqualität in den Badegebieten an der Küste ist gut.

Ökotourismus gewinnt immer mehr an Bedeutung. Organisationen wie **The Organic Centre** und das **Centre for Environmental Living and Training (CELT)** bieten Kurse an über Themen wie nachhaltiges Bauen und biologische Gartenarbeit. Über **Irish Farmhouse Holidays** kann man eine Unterkunft auf einem Bauernhof buchen.

Mehr Informationen zu diesem Thema gibt es auf der Website von Sustainable Ireland (www.sustainable.ie).

AUF EINEN BLICK

Botschaften

Deutschland
31 Trimleston Ave, Booterstown, Co Dublin.
☎ *01 269 3011.*
www.dublin.diplo.de

Österreich
93 Ailesbury Rd, Dublin 4.
☎ *01 269 4577.*
www.bmeia.gv.at/dublin

Schweiz
6 Ailesbury Rd, Dublin 4.
☎ *01 218 6382.*
www.eda.admin.ch/dublin

Nützliche Adressen

ADAPT
109–113 Royal Avenue, Belfast.
☎ *028 9023 1211.*
www.adaptni.org

Centre for Environmental Living and Training (CELT)
East Clare Community Co-op, Main Street, Scariff, County Clare. ☎ *061 640 765.*
www.celtnet.org

Citizens Information Board
43 Townsend St, Dublin 2.
☎ *01 605 9000.*
www.citizensinformation.ie

Comhairle
Hume House, Ballsbridge, Dublin 4. ☎ *01 605 9000.*
www.comhairle.ie

Disability Action
189 Airport Rd West, Belfast.
☎ *028 9029 7880.*
www.disabilityaction.org

Irish Farmhouse Holidays
☎ *071 982 2222.*
www.irishfarmholidays.com

The Organic Centre
☎ *071 985 4338.*
www.theorganiccentre.ie

USIT
19/21 Aston Quay, Dublin 2.
☎ *01 602 1906.*
Fountain Centre, College St, Belfast BT1 6ET.
☎ *028 9032 7111.*
www.usit.ie

Sicherheit und Gesundheit

Irland gehört zu den ziemlich sicheren Reiseländern. Außer in bestimmten Stadtteilen Dublins und einigen anderen Städten sind Diebstähle, auch Taschendiebstähle, äußerst selten. Fremdenverkehrsbüros und Hotels machen auf Gegenden aufmerksam, die man besser meiden sollte. Die Sicherheitslage in Nordirland hat sich kontinuierlich entspannt. In der Republik Irland nimmt die Kriminalität zwar zu, aber die Lage ist immer noch sicherer als in vielen anderen Teilen Europas.

Garda-Polizeiwache in Dublin

Polizei

Die Polizei in der Republik Irland heißt Garda Síochána (kurz: Garda). Für Nordirland ist der Police Service of Northern Ireland (PSNI) zuständig. Der PSNI ist die einzige territoriale Polizei in Großbritannien, die routinemäßig bewaffnet ist.

Beide Polizeikräfte arbeiten bei grenzüberschreitenden organisierten Verbrechen zusammen.

Polizist der Garda

Polizist der PSNI

Persönliche Sicherheit in der Republik Irland

Straßenüberfälle und andere kriminelle Übergriffe sind selten. Dennoch ist es immer ratsam, einige Grundregeln zu beachten. Dazu gehört etwa, in größeren Städten nicht durch schlecht beleuchtete Straßen zu gehen. In Dublins Innenstadt kann es nachts möglicherweise zu Problemen kommen: Hier gibt es eine Drogenszene. Einige Straßenzüge in Limerick sollte man bei Dunkelheit ebenfalls meiden, tagsüber ist man jedoch selbst in Nebenstraßen sicher.

In einigen der größeren Städte werden Besucher auf der Straße gelegentlich um Geld angebettelt. Daraus entstehen zwar nur selten problematische Situationen, aber man sollte am besten höflich ablehnen und sich entfernen.

Garda-Polizeistation

Persönliche Sicherheit in Nordirland

Selbst auf dem Höhepunkt des Bürgerkriegs in Nordirland ist es nie vorgekommen, dass Reisende ernsthaft verletzt oder beeinträchtigt wurden. Seitdem der Friedensprozess auf den Weg gebracht wurde (Karfreitagsabkommen 1998), sind für Nordirland keine besonderen Sicherheitsmaßnahmen erforderlich. Allerdings ist ein Aufflammen der Gewalt nicht vollständig auszuschließen – vor allem während der »Marching Season« von Mitte Juni bis Mitte August. Dann kann es auch zu Verkehrsbehinderungen kommen. Die Polizei in Belfast erteilt Auskunft zur aktuellen Situation (Tel. (0044) 2890 650 222, von Irland aus ist die Auslandsvorwahl 048). Stoßen Sie als Autofahrer auf ein Schild, das eine Straßensperre anzeigt, so verlangsamen Sie die Fahrt, blenden die Scheinwerfer ab und halten den Ausweis bereit. In Städten wie Belfast oder Londonderry gibt es eine starke Polizei- bzw. Militärpräsenz.

Diebstahl und Verlust

Da Taschendiebstahl in den größeren Städten nicht auszuschließen ist, sollten Sie Pass und größere Geldbeträge im Hotel lassen. Falls Sie größere Summen mitführen wollen, sind Reiseschecks *(siehe S. 376)* eine gute Lösung. Wenn Sie unterwegs sind, tragen Sie Wertsachen immer so nah wie möglich bei sich, vor allem an belebten Orten.

Achten Sie darauf, dass Sie keine Wertsachen in Ihrem Auto zurücklassen, vor allem nicht sichtbar im Innenraum. In Nordirland sollten Sie nie Taschen oder Pakete im Innenraum eines abgestellten Autos liegen lassen – Sie könnten damit einen Sicherheitsalarm auslösen.

PSNI-Abzeichen

Melden Sie verlorene oder gestohlene Gegenstände sofort der Polizei. Für Ihre Versicherung benötigen Sie eine polizeiliche Bestätigung des Verlusts. Die meisten Bahn- und Busbahnhöfe haben ein Fundbüro – eine Institution, die es in Nordirland allerdings nicht gibt.

Wenn Sie einen Ausflug unternehmen wollen, ohne dauernd Ihr Gepäck herumzutragen: Die meisten Hotels und die Informationsstellen in den größeren Städten bieten eine Gepäckaufbewahrung an (auch in Nordirland).

Notfälle

In der Republik Irland und in Nordirland lautet die Rufnummer für Polizei, Notarzt und Feuerwehr 999 oder 112. Man sollte die Nummer jedoch nur anrufen, wenn es unbedingt notwendig ist.

In einem medizinischen Notfall, bei dem kein Krankenwagen benötigt wird, sollte man einen Allgemeinarzt (General Practitioner, GP) aufsuchen oder die Ambulanz des nächstgelegenen Krankenhauses. Wenn man in der Republik Irland in der Notaufnahme keine Krankenhausüberweisung von einem Allgemeinmediziner vorweisen kann, kann es vorkommen, dass das Krankenhaus eine Gebühr in Höhe von 100 Euro verlangt.

Gerät man in Schwierigkeiten, fühlt sich krank, hat kein Geld oder Probleme mit der Sprache, kann man sich an jede örtliche Polizeistation wenden. Auch Fremdenverkehrsämter helfen gern weiter. Krankenhäuser sorgen dafür, dass ein Übersetzer bereitsteht. Der Irish Tourist Assistance Service (ITAS) unterstützt Verbrechensopfer beim Umgang mit Botschaften, bei Überweisungen oder der Sperrung von Kreditkarten.

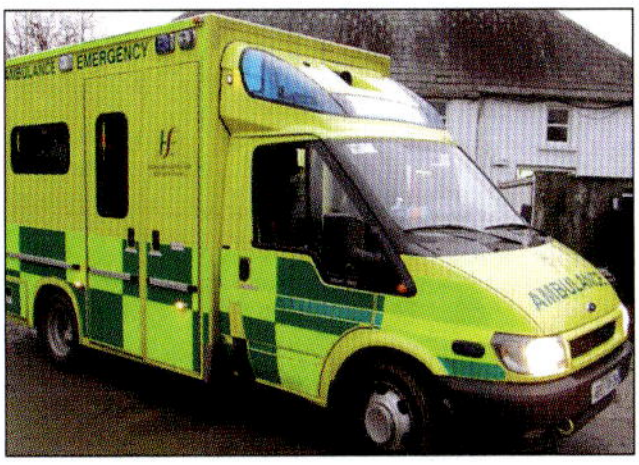

Krankenwagen, Dublin

Feuerwehrauto, Dublin

Streifenwagen der Garda

Medizinische Versorgung und Krankenversicherung

Reisende aus Ländern der Europäischen Union und der Schweiz erhalten in der Republik Irland unter Vorlage der Europäischen Krankenversicherungskarte (EHIC) kostenlose medizinische Versorgung, wenn diese dringlich ist. Die Europäische Krankenversicherungskarte wird Ihnen von Ihrer gesetzlichen Krankenversicherung kostenlos zugesendet.

Es wird Reisenden dringend empfohlen, eine Auslandsreise-Krankenversicherung abzuschließen, die die Risiken abdeckt, die nicht von den gesetzlichen Krankenkassen ihres Landes übernommen werden. Eine private Krankenversicherung kann bis zu einem bestimmten Grad auch Schutz im Ausland beinhalten. Informieren Sie sich vor Reiseantritt bei Ihrer Versicherung.

In Nordirland gelten die kostenlosen medizinischen Leistungen des britischen Gesundheitswesens (National Health Service) im Notfall auch für Besucher. Bürger eines EU-Lands bzw. der Schweiz müssen hierfür nur Ihren Ausweis vorlegen. Dennoch ist für Nordirland die Mitnahme der EHIC-Karte anzuraten.

Apotheken gibt es in Irland in großer Anzahl. Viele Medikamente sind nur gegen Vorlage eines entsprechenden Rezepts erhältlich, das von einem Arzt aus der Gegend ausgestellt sein muss. Wenn Sie regelmäßig ein bestimmtes Medikament benötigen, sollten Sie dies entweder in ausreichender Menge mitnehmen oder aber ein Schreiben Ihres Arztes bei sich haben, damit ein hiesiger Arzt ein entsprechendes Rezept ausstellen kann.

Kleines *health centre* im County Donegal

Reiseversicherung

Vor Reiseantritt sollten Sie sicherstellen, dass alle Ihre Besitztümer versichert sind. Es könnte sich als teuer und schwierig erweisen, sich erst in Irland zu versichern. Reiseversicherungen für Großbritannien gelten nicht zwangsläufig für Nordirland.

AUF EINEN BLICK

Nützliche Adressen

Polizei, Feuerwehr, Notarzt, Küstenwache
☎ *999 oder 112 (in der Republik Irland und in Nordirland).*

Polizeiwache
Nordirland (nicht in Notfällen).
☎ *028 9065 0222.*

Beaumont Hospital
Beaumont Rd, Dublin 9.
☎ *01 809 3000.*

City Hospital
Lisburn Rd, Belfast BT9 7AB.
(auch zahnärztlicher Notdienst)
☎ *028 9032 9241.*

Dublin Dental Hospital
Lincoln Place, Dublin 2.
☎ *01 612 7200.*

Hickey's Pharmacy
55 Lr O'Connell St, Dublin 1.
☎ *01 873 0427.*

Irish Tourist Assistance Service
6–7 Hanover St East, Dublin 2.
☎ *1890 365 700.*

New Royal Victoria Hospital
Grosvenor Rd, Belfast BT12 6BA. ☎ *028 9024 0503.*

Banken und Währung

Logo First Trust Bank

Die Republik Irland und Nordirland haben unterschiedliche Währungen. Der Euro gilt in der Republik Irland, in Nordirland bezahlt man mit Pfund Sterling. Sowohl in Irland als auch in Nordirland gibt es viele Möglichkeiten, Geld zu wechseln bzw. abzuheben. Informieren Sie sich online oder in einer Tageszeitung über den aktuellen Wechselkurs, damit Sie einen Richtwert haben. Die besten Wechselkurse erhalten Sie bei Banken und Wechselstuben. Auch bei vielen Sehenswürdigkeiten kann Geld gewechselt werden.

Banken

Banken in ganz Irland bieten einen sehr guten Service, auch wenn die Öffnungszeiten stark differieren können. Im Norden und Süden der Grenze gibt es in den kleinen Städten weniger Filialen als früher, aus diesem Grund ist es ratsam, Banken in den größeren Städten aufzusuchen.

Zu den großen Banken in der Republik Irland gehören die Bank of Ireland, die Allied Irish Bank (AIB), die Ulster Bank, die National Irish Bank, die Bank of Scotland (Ireland) und die Permanent tsb. In der Republik Irland haben Banken gewöhnlich von montags bis freitags von 10 bis 12.30 Uhr und von 13.30 bis 16 Uhr geöffnet. An einem Tag in der Woche haben Banken bis 17 Uhr offen. In Dublin, Cork und den meisten anderen Städten ist dies der Donnerstag. Die Niederlassungen der Permanent tsb haben durchgehend bis 17 Uhr geöffnet. Einige ländliche Regionen werden ein- oder zweimal in der Woche von einer mobilen Bank besucht.

In Nordirland gibt es vier große Banken: die Ulster Bank, die Bank of Ireland, die Northern Bank und die First Trust Bank. Die meisten Banken haben von 10 bis 16 Uhr offen, einige über Mittag geschlossen.

Geld kann man nicht nur in Banken tauschen, sondern auch in *bureaux de change*. Bevor man hier jedoch eine Transaktion tätigt, sollte man sich über mögliche Kosten informieren.

Geldautomaten

In den meisten Städten Irlands gibt es an Banken, in großen Läden und in Shopping-Center Geldautomaten. Auf diese Weise Geld abzuheben, ist vor allem im Urlaub eine komfortable Variante, auch sind die Wechselkurse gut. Geldautomaten sind sowohl mit Kreditkarten als auch mit der Girocard (früher EC-Karte) zu bedienen. Achten Sie immer darauf, dass niemand Ihre PIN sieht.

Logo der Northern Bank

Überweisungen

Die günstigste Methode, Geld von zu Hause nach Irland zu erhalten, ist eine EU-Standardüberweisung (bis zu 50 000 Euro). Dafür dürfen nur Gebühren in Höhe von Inlandsüberweisungen in Rechnung gestellt werden – oder gar keine, da bei vielen Banken mittlerweile die Inlandsüberweisungen gebührenfrei sind.

Kredit- und Debitkarten

Da die Akzeptanz von Kreditkarten sehr hoch ist, muss man auf Reisen keine größeren Geldbeträge bei sich haben. In Irland können Sie in den meisten Hotels, an Tankstellen und in Supermärkten mit Kreditkarte zahlen. **MasterCard** oder **Visa** sind die gängigsten Kreditkarten. Einige Läden akzeptieren auch **American Express** und **Diners Club**. Sehr häufig kann man auch mit Debitkarten wie der **Girocard** (früher **EC-Karte**) bezahlen, die mit Maestro- oder VPay-Logo ausgegeben werden.

Reiseschecks sind ebenfalls ein sicheres Zahlungsmittel. Ihre Akzeptanz nimmt jedoch ständig ab, vor allem seit auch MasterCard und Visa mit international einsetzbaren Debitkarten auf den Markt gekommen sind.

Kartenverlust

Allg. Notrufnummer
0049 116 116.
www.116116.eu

American Express
1850 882 028 (Irland)
01273 696 933 (UK).

Diners Club
0818 300 026 (Irland).
0870 1900 011 (UK).

MasterCard
1800 55 7378 (Irland).
0800 96 4767 (UK).

Visa
1800 55 8002 (Irland).
0800 89 1725 (UK).

Girocard
0049 69 740 987.

Postamt und *bureau de change* in Ventry, County Kerry

Britisches Pfund in Nordirland

In Nordirland gilt die Währung des Vereinigten Königreichs: Ein *pound sterling* sind 100 *pence*. Besucher können beliebig hohe Geldsummen nach Nordirland ein- und ausführen. Zusätzlich zur britischen Währung geben vier Banken in Nordirland eigene Banknoten heraus, die sich im Design, aber nicht im Wert von den englischen unterscheiden. Am besten zahlt man mit den nordirischen Banknoten nur in Nordirland. Viele große Geschäfte in Nordirland akzeptieren mittlerweile auch den Euro (das Wechselgeld erhält man allerdings in Pfund Sterling).

Banknoten

Britische Banknoten gibt es im Wert von 50 £, 20 £, 10 £ und 5 £. Farbe und Größe variieren.

50-£-Note (Sir John Houblon)

20-£-Note (Michael Faraday)

10-£-Note (Charles Darwin)

5-£-Note (George Stephenson)

Münzen

Die folgenden Münzen sind im Umlauf: 2 £, 1 £, 50 p, 20 p, 10 p, 5 p, 2 p und 1 p. Sie zeigen jeweils auf einer Seite das Bild der Queen und gleichen so den britischen – mit Ausnahme der 1-£-Münze, die stattdessen eine Flachspflanze ziert.

2 £ **1 £** **50 p** **20 p** **10 p**

Euro in der Republik Irland

Die europäische Gemeinschaftswährung Euro (€) gilt in 17 EU-Mitgliedsstaaten: Belgien, Deutschland, Estland, Finnland, Frankreich, Griechenland, Irland, Italien, Luxemburg, Malta, Niederlande, Österreich, Portugal, Slowakei, Slowenien, Spanien, Republik Zypern. Alte irische Scheine können bei der Irischen Zentralbank umgetauscht werden (www.centralbank.ie). Die Euroscheine sind einheitlich gestaltet, bei den Münzen prägt jedes Land unterschiedliche Rückseiten.

50-Euro-Schein (Baustil: Renaissance)

20-Euro-Schein (Baustil: Gotik)

10-Euro-Schein (Baustil: Romanik)

5-Euro-Schein (Baustil: Klassik)

Euro-Banknoten

Euro-Banknoten gibt es in sieben Werten (5, 10, 20, 50, 100, 200 und 500 €). Die unterschiedlich großen Scheine wurden von dem Österreicher Robert Kalina entworfen und zeigen Architekturelemente und Baustile verschiedener Epochen, eine Europakarte und die EU-Flagge mit den zwölf Sternen.

2 Euro **1 Euro** **50 Cent** **20 Cent** **10 Cent**

Euromünzen

Euromünzen gibt es in acht Werten (2 €, 1 € sowie 50, 20, 10, 5, 2 und 1 Cent). Die einheitlichen Vorderseiten entwarf der Belgier Luc Luycx. Die Rückseiten sind in jedem Land anders gestaltet. Irische Münzen zeigen auf der Rückseite die keltische Harfe.

Kommunikation

EIRCOM-Telefon

In beiden Teilen Irlands gibt es viele Tages- und Sonntagszeitungen sowie Zeitschriften. Fernsehen und Radio werden von den staatlichen Rundfunkanstalten RTE und BBC dominiert, es gibt aber auch überall unabhängige lokale Sender.

Das Postsystem ist verlässlich. In jeder kleinen Stadt gibt es ein Postamt. Mit dem zunehmenden Gebrauch des Mobiltelefons verschwinden öffentliche Telefonzellen. Nichtsdestotrotz sind Telefonkarten sinnvoll. In den meisten großen Städten gibt es Internet-Cafés, auch setzen sich immer mehr WiFi Points durch.

Telefonzellen

Neben dem nationalen Telekommunikationsunternehmen EIRCOM bieten in der Republik Irland auch andere Anbieter öffentliche Fernsprecher an. Der Service von EIRCOM umfasst Münz- und (Kredit-)Kartentelefone. Telefoniert man häufiger, lohnt sich der Kauf einer Telefonkarte, mit der das Telefonieren preiswerter ist als mit Münzen.

Nordirland hat, wie Großbritannien insgesamt, Münz- und Kartentelefone der British Telecom. Telefonkarten bekommt man in Nordirland und in der Republik Irland in Zeitungskiosken, Postämtern, Supermärkten und einigen Läden.

Telefonieren von der Republik Irland

Für Telefonate innerhalb der Republik Irland und nach Großbritannien gilt unter der Woche von 18 bis 8 Uhr ein Billigtarif, am Wochenende auch tagsüber. Dies gilt im Prinzip auch bei Auslandsgesprächen.

- Wollen Sie von Irland aus in Nordirland anrufen, wählen Sie 048, dann die achtstellige Rufnummer.
- Für Telefonate ins Ausland wählen Sie 00, danach die internationale Vorwahlnummer des betreffenden Landes (Deutschland 49, Österreich 43, Schweiz 41), die Ortsnetzvorwahl (ohne 0) und dann die Rufnummer.
- Deutschland Direkt: 1800 55 0049.

Telefonieren von Nordirland

Die Billigtarife für Telefonate innerhalb Nordirlands und von dort ins Ausland entsprechen denen in der Republik Irland.

- Für Gespräche innerhalb Nordirlands und nach Großbritannien: Wählen Sie die Ortsvorwahl und danach die Rufnummer.
- Für Gespräche in die Republik Irland: 00 353, dann die Ortsnetzkennzahl ohne die 0, dann die Rufnummer.
- Für Telefonate ins Ausland wählen Sie erst 00, dann die Vorwahlnummer des Landes, dann die Vorwahl ohne die 0 und die Rufnummer.
- Für alle Telefonnummern in Nordirland gilt die Ortsvorwahl 028, der eine achtstellige Rufnummer folgt.
- Deutschland Direkt: 0800 89 0049.

Mobiltelefone und Roaming

Wie überall im Ausland bezahlt man auch in Irland für Auslandstelefonate. Es gibt vier große Netzanbieter (Vodafone, O_2, 3 Mobile, Meteor). Nach den Richtlinien der EU-Kommission für die Handynutzung im Ausland beträgt seit Juli 2013 der Minutenpreis für abgehende Handytelefonate 0,24 Euro, für ankommende Gespräche 0,07 Euro. Für jede SMS wird maximal 0,08 Euro berechnet. Beim mobilen Surfen fallen Kosten in Höhe von 0,45 Euro pro MB an (alle Preise zzgl. Mehrwertsteuer).

Fernsehen und Radio

In Irland gibt es drei öffentlich-rechtliche Fernsehprogramme (RTE 1, RTE 2 und das irischsprachige Teilifís na Gaeilge, TG 4) sowie die beiden Privatsender TV3 und 3e. Die fünf britischen Fernsehprogramme empfängt man fast überall im Land, außerdem eine große Auswahl von Kabelsendern. Zu hören sind sechs landesweite und viele lokale Radiosender.

Tageszeitungen in der Republik

Zeitungen und Zeitschriften

In der Republik Irland erscheinen acht Tages- und sieben Sonntagszeitungen. Die renommierten Tageszeitungen *Irish Independent*, *Examiner* und *Irish Times* sind für gründlichen Journalismus bekannt. Die nordirische Tageszeitung *Belfast Telegraph* erscheint morgens, nachmittags und abends. *News Letter* und *Irish News*, die morgens erscheinen, sind weniger angesehen. Irlands Boulevardzeitungen sind der *Star*, *Irish Sun*, *Irish Daily Mirror*, *Irish Daily Mail* und *The Evening Herald*.

Die angesehenen Zeitungen sind eine nützliche Quelle für aktuelle Informationen zu Veranstaltungen. In den meisten Städten gibt es eine lokale oder regionale Zeitung mit Veranstaltungstipps.

In größeren Städten bekommt man auch britische Zeitungen, etwa *The Times*.

Kaffee und Computer im Central Cyber Café in Dublin

Internet und Fax

In größeren Städten gibt es etliche Möglichkeiten, Zugang ins Internet zu bekommen. Kostenlos geht das in den öffentlichen Bibliotheken. Der einfachste Weg ins Web führt über eines der Internet-Cafés in Dublin und in anderen Städten und Orten. Dort wird die Internet-Nutzung oft pro halbe Stunde berechnet, was vor allem teuer werden kann, wenn man auch noch Seiten ausdruckt. Zu Zeiten mit geringerer Auslastung sind die Gebühren oft niedriger.

Faxgeräte sind nicht weit verbreitet, finden sich aber in Schreibwarenläden, Copy-Shops und Internet-Cafés.

Post

Die großen Postämter in der Republik Irland und in Nordirland haben montags bis freitags von 9 bis 17.30 Uhr geöffnet, samstags von 9 bis 13 Uhr. Kleinere Postämter haben mittags und samstags geschlossen. Briefmarken für Briefe und Postkarten kann man auch in Zeitungsläden kaufen.

In der Republik Irland kosten Briefe und Postkarten (bis 50 g) in ein anderes europäisches Land 0,82 Euro. Die Beförderung dauert etwas länger – rechnen Sie für einen Brief innerhalb Europas mit bis zu fünf Tagen.

In Nordirland gibt es die Möglichkeit, Briefe innerhalb von Großbritannien »first« oder »second class« zu verschicken. First class werden die Briefe schneller befördert, innerhalb des United Kingdom von einem Tag auf den anderen. Airmail-Briefe und Postkarten (bis 20 g) von Nordirland in ein anderes europäisches Land kosten 87 Pence (Infos unter www.anpost.ie bzw. www.royalmail.com).

POST OFFICE

Zeichen der Post von Nordirland

post

Postlogo der Republik Irland

Beide Postunternehmen bieten auch Kurierdienste an. Sendungen werden dann innerhalb Europas am nächsten Tag zugestellt.

Briefkästen

Briefkästen gibt es in Irland in zwei unterschiedlichen Farben – grün in der Republik, rot in Nordirland. Viele der Postkästen sind alt. Einige in der Republik Irland sind noch mit dem Monogramm von Queen Victoria versehen, einem Relikt aus der Zeit der britischen Herrschaft. Selbst das kleinste Dorf in Irland hat einen Briefkasten, der regelmäßig geleert wird.

Briefkasten in der Republik Irland **Briefkasten in Nordirland**

AUF EINEN BLICK

Republik Irland

Notruf
999 oder 112.

Auskunft
11811 (Republik Irland und Nordirland).
11818 (alle anderen Länder).

Vermittlung
10 (Irland und UK).
114 (alle anderen Länder).

Nordirland

Notruf
999 oder 112.

Auskunft
118 118 (UK, Republik Irland, alle anderen Länder).
153 (alle anderen Länder).

Vermittlung
100 (UK).
114 (alle anderen Länder).

Internet-Cafés

Claude's Café
4 Shipquay St, Derry.
028 7127 9379.

Global Internet Café
8 Lower O'Connell Street, Dublin.
01 878 0295.
www.globalcafe.ie

Revelations Internet Café
27 Shaftesbury Square, Belfast.
028 9032 0337.
www.revelations.co.uk

Postämter

General Post Office (Dublin)
O'Connell Street, Dublin 1.
01 7057600.

Bloomfield Post Office (Belfast)
346 Beersbridge Road.
028 9045 0501.

Reiseinformationen

Die drei größten Flughäfen Irlands – Dublin, Shannon und Belfast – werden von nationalen und auch vielen internationalen Fluggesellschaften angeflogen. Wenn Sie erst nach England und dann mit dem Schiff weiter nach Irland reisen wollen, können Sie zwischen vielen Fährverbindungen zu den Häfen der Republik Irland und denjenigen Nordirlands wählen. An Bahnhöfen in England kann man nahezu überall kombinierte Tickets für Bus und Fähre oder Zug und Fähre erwerben. Die recht günstigen öffentlichen Verkehrsmittel in ganz Irland sind ein Indiz für die ländliche Struktur der »Grünen Insel«. Halten Sie sich dies vor Augen, nehmen Sie sich genügend Zeit – genießen Sie die Insel.

Airbus der Aer Lingus

Umweltbewusst reisen

Das Bahnsystem in Irland ist sehr gut ausgebaut. Bahnreisen werden immer beliebter, vor allem für die Strecken Dublin–Cork und Dublin–Belfast. Das Eisenbahnnetz wurde in den vergangenen Jahren zwar nicht weiter ausgebaut, aber der Fuhrpark wurde erneuert und der Service in den Zügen verbessert. Das Busnetz ist ebenfalls gut und bietet komfortable Routen in alle Teile Irlands *(siehe S. 390f)*.

Der Northern Ireland Roads Service bietet Carsharing an (Informationen unter www.carshareni.com).

Das öffentliche Verkehrssystem in den Städten ist sehr gut, doch kann es aufgrund des erhöhten Verkehrsaufkommens manchmal etwas länger dauern. Es gibt deshalb Überlegungen, in Dublin und Belfast eine City-Maut einzuführen. In ganz Irland gibt es für Wanderer gut markierte Wege. Die kleineren Straßen eignen sich auch hervorragend für Fahrradtouren.

Mit dem Flugzeug in die Republik Irland

Die meisten Flugzeuge, die von europäischen Städten aus Irland anfliegen, landen auf dem **Dublin International Airport**, dem geschäftigsten Flughafen des Landes. Von Londons fünf Flughäfen aus (Heathrow, City, Gatwick, Luton und Stansted) gibt es ebenfalls regelmäßige Verbindungen in die Republik Irland. Dies gilt auch für viele andere Städte Großbritanniens sowie für die Isle of Man und die Channel Islands.

Dublin International Airport

Die bedeutendste Fluggesellschaft für Linienflüge zwischen dem europäischen Festland bzw. Großbritannien und Irland ist die irische Airline **Aer Lingus**. Sie bietet mehrmals in der Woche Direktflüge von Berlin, Frankfurt, Düsseldorf, München und Hamburg nach Dublin. **Ryanair** ist ein starker Wettbewerber mit günstigen Ticketpreisen von etlichen Flughäfen in Großbritannien und ganz Europa. **Aer Arann** bietet Flüge innerhalb Irlands und nach Großbritannien an.

Lufthansa und **Swiss** fliegen direkt nach Dublin Airport und **Shannon Airport**, zehn Kilometer außerhalb Limericks.

Hinweisschild in Gälisch und Englisch

Cork Airport wird auch von vielen britischen Flughäfen aus angeflogen, u.a. von London (Heathrow und Stansted), Birmingham, Manchester, Bristol, Plymouth, Cardiff, Leeds und Glasgow.

Die anderen Flughäfen der Republik Irland sind wesentlich kleiner und bieten keine regelmäßigen Flugverbindungen. Für Pilger gibt es Charterflüge zu **Ireland West Airport Knock**, der auch von London (Stansted) und Manchester aus angeflogen wird. Flugverbindungen von Düsseldorf und München bestehen zum Kerry Airport.

Flughafentransfer in der Republik Irland

Die drei großen Flughäfen verfügen über regelmäßige Busverbindungen. Dublin Airport wird täglich von über 700 Bussen angefahren. Darunter gibt es auch direkte Linien in die Stadt, die vom frühen Morgen bis Mitternacht im 20-Minuten-Takt fahren. Die Fahrt dauert zwischen 30 Minuten und einer Stunde. In Cork unterhält Bus Éireann eine Busverbindung zwischen Stadt und Flughafen (Fahrzeit etwa 25 Minuten). Die Busse fahren an Wochentagen alle 45 Minuten, am Wochenende stündlich. Bus Éireann betreibt auch eine Buslinie von

Shannon Airport nach Limerick. Die Fahrt dauert zwischen 30 und 45 Minuten. Mehrmals am Tag gibt es eine Busverbindung nach Ennis, etwa 20 Kilometer vom Shannon Airport entfernt. Die kleineren Flughäfen werden vorwiegend von Taxis bedient. Bei allen Flughäfen der Republik gibt es Parkplätze.

Mit dem Flugzeug nach Nordirland

Von London Heathrow aus fliegen **British Airways** und **British Midland** stündlich zum **Belfast International Airport** (BIA), der 30 Kilometer nordwestlich des Stadtzentrums von Belfast liegt. Aer Lingus fliegt London Heathrow und viele andere britische Flughäfen an.

George Best Belfast City Airport wird von kleineren Maschinen bedient. Viele Fluggäste favorisieren ihn wegen der Lage (6,5 Kilometer vom Stadtzentrum). Hier landen auch mehr Flugzeuge aus Großbritannien – von etwa 15 Städten plus Gatwick, Stansted und Luton – als auf dem BIA. Der City of Derry Airport ist der kleinste Flughafen Nordirlands. Er wird einmal täglich von Manchester und Glasgow aus angeflogen.

Flughafentransfer in Nordirland

Die Verkehrsverbindungen zu und von den Flughäfen in Nordirland sind sehr gut. Der BIA-Airbus-Service bringt Sie vom Flughafen zum Europa Bus Centre (via Oxford Street Bus Station und Central Railway Station). Die Busse fahren jede halbe Stunde und brauchen etwa 40 Minuten für die Strecke. Der Airport Express 300 fährt alle zehn Minuten vom BIA ins Zentrum. Vom und zum Belfast City Airport fahren alle 20 Minuten der Airport Express 600 sowie Züge zum Hauptbahnhof. Derrys Flughafen liegt direkt an einer Buslinie: Der Bus Nr. 143 fährt einmal pro Stunde ins Stadtzentrum (weniger häufig am Wochenende). An allen Flughäfen gibt es außerdem Taxistände sowie Langzeit- und Kurzzeit-Parkplätze.

Anzeigetafeln im Hauptterminal des Shannon Airport

Flugpreise

Die verschiedenen Fluggesellschaften bieten für einen Flug von deutschen Flughäfen nach Irland unterschiedliche Tickets an. Normalerweise richten sich die Preise danach, wie flexibel Sie sind und wie lange im Voraus Sie buchen. Die billigsten Flüge sind meist jene, die zeitlich strikt festgelegt sind. Wesentlich günstiger ist natürlich ein Flug von England aus. Grundsätzlich ist es nicht schwierig, einen Hin- und Rückflug von England nach Irland für unter 100 £ zu bekommen. Am billigsten sind Flüge von London aus.

Die Flugpreise sind relativ stabil, mit Ausnahme von Weihnachten, während der Sommerferien oder der *bank holidays*. Zu diesen Zeiten gibt es kaum Billigflüge. Auch normale Flüge sind meist schon lange im Voraus ausgebucht. Viele Fluggesellschaften bieten jungen Leuten unter 25 Jahren Ermäßigungen. USIT *(siehe S. 372)*, Campus Travel und andere Agenturen bieten Billigflüge für Jugendliche unter 26 Jahren an.

Einer der Flughafenbusse, die Reisende vom Dublin International Airport in die Innenstadt bringen

AUF EINEN BLICK

Flughäfen

Belfast International Airport
028 9448 4848.
www.belfastairport.com

Cork Airport
021 431 3131.
www.corkairport.com

Dublin International Airport
01 814 1111.
www.dublinairport.com

George Best Belfast City Airport
028 9093 9093.
www.belfastcityairport.com

Ireland West Airport Knock
094 936 8100.
www.irelandwestairport.com

Shannon Airport
061 712 000.
www.shannonairport.com

Fluglinien

Aer Arann
081 821 0210 (Rep. Irland).
0870 876 7676 (Nordirland).
www.aerarann.com

Aer Lingus
081 836 5000 (Rep. Irland).
0870 876 5000 (Nordirland).
www.aerlingus.com

Austrian Airlines
05 1766 1061 (Österreich).
www.aua.com

British Airways
1890 626 747 (Rep. Irland).
0870 850 9850 (Nordirland).
www.ba.com

British Midland (bmi)
01 407 3036 (Rep. Irland).
0870 607 0555 (Nordirland).
www.flybmi.com

Cityjet
01 870 0100 (Rep. Irland).
0345 445 588 (Nordirland).
www.cityjet.com

easyJet
0870 600 0000 (Nordirland).
www.easyjet.com

Lufthansa
0180 580 580 5 (Deutschland).
www.lufthansa.com

Ryanair
01 812 1212 (Rep. Irland).
www.ryanair.com

Swiss
0848 700 700 (Schweiz).
www.swiss.com

Fähren

Mit der Fähre nach Irland zu fahren, ist vor allem bei Besuchern beliebt, die mit dem eigenen Auto quer durch Irland reisen wollen. Neun Häfen in England und zwei in Frankreich bieten Fährverbindungen zu insgesamt sechs Häfen in Irland. Heutzutage verfügen alle Fähren über Aufenthaltsräume, Restaurants und Shops. Es sind auch viele weitere Überfahrten und kürzere Reisen verfügbar. Die Preise variieren je nach Jahreszeit erheblich.

Eine Stena-HSS-Fähre verlässt den Hafen von Dun Laoghaire

Fähren nach Dublin und Dun Laoghaire

Zwischen Wales und Irland besteht eine große Anzahl an Fährverbindungen. Von Holyhead nach Dublin bietet ausschließlich **Irish Ferries**, die größte Schifffahrtsgesellschaft des Landes, fünfmal täglich Überfahrten an. Highspeed-Services benötigen eine Stunde 49 Minuten, während die herkömmlichen Fähren dreieinviertel Stunden brauchen. **Stena Line** verkehrt mit vier normalen Fähren auf dieser Route.

Die Strecke von Holyhead nach Dun Laoghaire nahe Dublin wird von Stena Line befahren. Hier verkehrt die Hochgeschwindigkeitsfähre Stena HSS. Sie benötigt eine Stunde und 49 Minuten für die Strecke. Als größtes Beförderungsmittel auf der Irischen See bietet die HSS-Fähre die gleichen Platzkapazitäten wie einfache Fährschiffe, ist dabei jedoch doppelt so schnell.

P&O Irish Sea bewältigt die Überfahrt von Liverpool nach Dublin in acht Stunden. **Norfolkline**, die täglich morgens und abends fährt, braucht für dieselbe Route etwa sieben Stunden. Sonntags und montags gibt es nur die Nachtüberfahrt.

Die Be- und Entladezeiten der HSS-Fähren sind wesentlich kürzer als bei anderen Fähren. Passagiere, die besondere Hilfestellung brauchen, sollten sich mindestens 24 Stunden vor Reiseantritt an die Schifffahrtsgesellschaft wenden. Passagiere, die mit Rädern unterwegs sind, sollten das bei Buchung angeben. Die meisten Fährgesellschaften nehmen Räder kostenlos mit. Die meisten Gesellschaften fahren weder an Heiligabend noch am ersten Weihnachtsfeiertag.

Fähren nach Rosslare

Fähren von Südwales nach Irland fahren zumeist Rosslare im County Wexford an.

Beladung einer Fähre von Irish Ferries im Hafen von Rosslare

Logo der Irish Ferries

Stena Line fährt von Fishguard in Südwales ab und bietet sowohl herkömmliche wie auch die schnelleren, katamaranähnlichen Sea-Lynx-Fähren. Wer auf Letztere sein Auto mitnehmen will, sollte sich vor der Abfahrt genau über dessen Maße und Gewicht informieren, da Stena Line für diese Schiffe genaue Höchstmaße für Autos vorschreibt (Höhe 3 m, Länge 6 m, Gewicht 3 t).

Irish Ferries bietet das ganze Jahr hindurch jede Woche 14 Überfahrten von Pembroke in Südwales nach Rosslare (Fahrzeit drei Stunden und 45 Minuten). Im Angebot ist auch eine Überfahrt (17 Stunden und 30 Minuten) von Roscoff (Frankreich) aus. Die Route wird dreimal die Woche befahren. Irish Ferries bedient regelmäßig auch die Strecke Cherbourg–Rosslare (18 Stunden). Kabinen und Betten kann man auf allen Überfahrten buchen (allerdings nur im Voraus).

Fähren nach Cork

Von Frankreich aus gibt es nur eine Fährverbindung direkt nach Cork. Von April bis Oktober fahren **Britanny Ferries** wöchentlich von Cork nach Roscoff (samstags) und zurück (freitags). Die Fahrzeit beträgt 14 Stunden. Für alle Überfahrten nach Cork sind Kabinen oder Schlafplätze erhältlich. In der Hochsaison sollten diese sicherheitshalber im Voraus gebucht werden.

Fastnet Line fährt zwischen Swansea in England und Cork (11 Stunden und 30 Minuten). Die sechs Überfahrten pro Woche starten abwechselnd in Swansea und Cork. Die Abfahrtszeiten hängen von Ebbe und Flut ab (Informationen auf der Website).

Hafenterminal von Dun Laoghaire

Hafentransfer

Alle Häfen Irlands verfügen über gute Zug- und Busverbindungen. In jedem Hafen sind zudem Taxis zu finden. Von Dublin Port bringen Éireann-Busse die Reisenden direkt ins Stadtzentrum.

Von Dun Laoghaire aus fahren DART-Züge alle zehn bis 15 Minuten nach Dublin (zu den Stationen Pearse Street, Tara Street und Connolly). Sie fahren vom Bahnhof nahe dem großen Wartesaal ab. Von Dun Laoghaire verkehren darüber hinaus alle zehn bis 15 Minuten Busse zum Eden Square und in die Fleet Street im Zentrum.

Wer ein Auto mieten will, findet einen Schalter der Firma Hertz in Dun Laoghaire. Wer in Dublin Port ankommt, muss dagegen ins Stadtzentrum fahren, bevor er einen Wagen mieten kann. Es gibt ein Büro von Avis in Old Kilmainham und von Hertz auf der South Circular Road.

Anreise via Großbritannien

Wenn Sie über England nach Irland reisen wollen, haben Sie die Möglichkeit, von jedem Bahnhof in Großbritannien zu einem beliebigen Reiseziel in Irland mit einem kombinierten *sea/rail ticket* zu fahren. Mit dieser Kombi-Karte ist auch die zwischen den beiden Inseln notwendige Fährverbindung bezahlt. Das Ticket können Sie in den meisten Bahnhöfen des Landes kaufen. **Eurolines** bietet Busverbindungen von über 35 Städten in Großbritannien aus zu über 100 Zielen in der Republik Irland an.

Hinweisschild für Fährpassagiere

Einen vergleichbaren Service bietet auch **Ulsterlink / Translink** zwischen englischen Städten und Zielen in Nordirland. Die entsprechenden Kombi-Fahrkarten von beiden Unternehmen erhalten Sie bei **National Express** in einer der über 2000 Niederlassungen in Großbritannien.

AUF EINEN BLICK

Fähren

Brittany Ferries
021 427 7801 (Cork).
0871 244 0744 (UK).
www.brittanyferries.com

Fastnet Line
021 4378892 (Rep. Irland).
0844 576 8831 (UK).
www.fastnetline.com

Irish Ferries
0818 300 400 (Rep. Irland).
0870 517 1717 (UK).
www.irishferries.com

Norfolkline Ferries
01 819 2999 (Rep. Irland).
0844 499 0007 (UK).
www.norfolkline.com

P&O Irish Sea
01 407 3434 (Rep. Irland).
0871 664 4999 (UK).
www.poferries.com

Stena Line
01 204 7777 (Dublin).
0844 770 7070 (UK).
www.stenaline.co.uk

Busse

Eurolines
01 836 6111(Dublin).
0870 514 3219 (UK).
www.eurolines.ie

National Express
0871 781 8181 (UK).
www.nationalexpress.com

Ulsterbus / Translink
028 9066 6630 (Belfast).
www.translink.co.uk

Fährrouten in die Republik Irland	Betreiber	Reisedauer
Roscoff – Rosslare	Irish Ferries	17 Std. (Oscar Wilde)
Fishguard – Rosslare	Stena Line Stena Line	3:30 Std. (Stena Europe) 1:50 Std. (Fastcraft)
Holyhead – Dublin	Irish Ferries Stena Line	1:49 Std. (Jonathan Swift) 3:15 Std. (Stena Adventurer)
Holyhead – Dun Laoghaire	Stena Line	1:49 Std. (Stena HSS)
Liverpool – Dublin	Norfolkline P&O Irish Sea	8 Std. 8 Std. (Norbay)
Cherbourg – Rosslare	Irish Ferries	18 Std. (Normandy)
Pembroke – Rosslare	Irish Ferries	3:45 Std. (Isle of Inishmore)

Fähren nach Belfast und Larne

Die Reederei **Stena Line** befährt die Strecke von Stranraer im Südwesten Schottlands nach Belfast mit zwei ihrer HSS-Stena-Voyager-Fähren fünfmal täglich. Bei der schnellsten Verbindung dauert die Überfahrt zwei Stunden.

Norfolkline Ferries unterhält zwischen Liverpool und Belfast eine Fährlinie. Die Schiffe fahren das ganze Jahr über jeden Abend und sechsmal pro Woche morgens (außer Montag) von Liverpool ab und sind nach etwa acht Stunden in Belfast. Wenn Sie die Irische See mit einer Fähre der **Isle of Man Steam Packet Co** überqueren, können Sie auch noch die Isle of Man besuchen. Die Fähren fahren nur im Sommer von Liverpool aus. Sie können in Dublin vom Schiff gehen, Ihre Heimreise aber von Belfast aus antreten oder umgekehrt.

Nach Larne bestehen von Schottland aus drei Fährrouten: von den schottischen Häfen Cairnryan und Troon sowie von Fleetwood in Lancashire aus. Die Routen von Cairnryan und Troon werden von **P&O Irish Sea** befahren. Zum Einsatz kommen konventionelle Fähren und der schnelle Superstar Express auf der Route Cairnryan–Larne. Die Schiffe fahren von Mitte März bis Anfang Oktober und brauchen unter zwei Stunden. Unter der Woche legen bis zu sieben Fähren täglich Richtung Cairnryan ab. Die Route Fleetwood–Larne wird von **Stena Line** täglich befahren.

Autos und Lastwagen bei der Ankunft in Larne Port

Hafentransfer

Obwohl man zu Fuß nur zehn Minuten vom Belfast Port zum Stadtzentrum geht, stehen am Hafen Flexibus Shuttles bereit, die Sie über das Europa Bus Centre und die Central Railway Station in die Innenstadt bringen. Von Larne Harbour aus verkehrt eine Buslinie zum Busbahnhof. Außerdem fahren jede Stunde Busse ins Zentrum. Von Larne Port fahren auch Züge zu Belfasts Bahnhöfen Yorkgate und Central Railway Station. Zudem bekommen Sie an beiden Häfen immer Taxis.

Fahrpreise

Die Fahrpreise richten sich nach den Jahreszeiten – während der Hochsaison von Mitte Juni bis Mitte September können die Preise doppelt so hoch sein. Um Weihnachten und Neujahr steigen die Preise erneut stark an. Es empfiehlt sich immer, bereits vor der Abfahrt auch die Rückfahrt auf der Fähre zu buchen. Ohne vorherige Reservierung sollten Sie nie nach Irland reisen. Checken Sie die Websites der Fährunternehmen nach speziellen Angeboten und Preisnachlässen.

Die billigste Möglichkeit für Familien oder Gruppen, mit dem Schiff nach Irland zu kommen, ist ein Gruppenticket für eine Überfahrt mit dem Auto. Ein solches Ticket kostet zu bestimmten Jahreszeiten für ein Auto mit zwei Erwachsenen und zwei Kindern weniger als 120 Euro. Am billigsten sind die Hin- und Rück-Tickets, bei denen der Reisende an bestimmte Fahrzeiten gebunden ist. Unter der Woche, frühmorgens oder am späten Abend sind die Fahrpreise meist auch günstiger. Studenten, die eine Student TravelCard *(siehe S. 372)* vorlegen, sowie Jugendliche, die mit einem InterRail-Ticket *(siehe S. 389)* unterwegs sind, bekommen Ermäßigungen.

Fährrouten nach Nordirland	Betreiber	Reisedauer
	P&O Irish Sea	1:45 Std. (European Causeway)
Cairnryan–Larne	P&O Irish Sea	1 Std. (Superstar Express)
	P&O Irish Sea	1:45 Std. (European Highlander)
Fleetwood–Larne	Stena Line	8 Std. (Stena Pioneer)
		8 Std. (Stena Leader)
Liverpool–Belfast	Norfolkline	9 Std.
Stranraer–Belfast	Stena Line	1:45 Std. (Stena HSS)
		3:15 Std. (Stena Caledonia)
Troon–Larne	P&O Irish Sea	1:50 Std. (North Channel Fast Ferry)

Straßenverkehr

Eine der besten Möglichkeiten, Irland zu bereisen, ist sicherlich, mit dem Auto quer durchs Land zu fahren. Auf den schmalen Landstraßen der Insel begegnet Ihnen manchmal kilometerweit kein Auto, doch kann es natürlich auch frustrierend sein, wenn man längere Zeit hinter einem Traktor oder einer Kuhherde hinterherfahren muss, weil die Straße zu eng zum Überholen ist. Wollen Sie nicht mit dem eigenen Wagen fahren, können Sie in Irland ein Auto mieten. Achtung: Auf der ganzen Insel herrscht Linksverkehr, der am Anfang etwas gewöhnungsbedürftig ist.

Straßenschild in gälischer Sprache: Vorfahrt beachten!

Eigenes Auto

Wollen Sie Ihr eigenes Auto via Fähre *(siehe S. 382–384)* mit nach Irland nehmen, sollte es entsprechend versichert sein. Zudem sollten Sie sich eine grüne Versicherungskarte für das Ausland geben lassen. Neben Versicherungspolice, grüner Karte, Nachweis über den Fahrzeughalter und Führerschein ist es empfehlenswert, das Europäische Unfallprotokoll (EUP) mitzuführen. Jeder erhält es bei seiner Kfz-Versicherung (oft als Download). Auch sollte man eine lichtreflektierende Warnweste im Kofferraum haben.

Für die Zeit Ihres Aufenthalts in Irland können Sie Mitglied bei einem Automobilclub bzw. Pannendienst (z. B. **AA** oder **Green Flag National Breakdown**) werden. Der ADAC ist Partner von AA. In abgelegenen Gegenden von Irland findet man nur schwer Reparaturwerkstätten.

Mietwagen

Mietwagenfirmen machen in Irland kein schlechtes Geschäft. Es ist ratsam, für die Hochsaison ein Auto im Voraus zu mieten. Ein Mietwagen ist, vor allem in der Republik Irland, relativ teuer – auch deshalb lohnt sich eine Reservierung vorab (insbesondere übers Internet). Agenturen wie **Holiday Autos** arbeiten mit den größten europäischen Mietwagenfirmen zusammen und sind meist sehr bemüht, ein gutes Angebot zu machen. Preisnachlässe erhält man auch, wenn man Flug und Leihwagen oder auch Zug,

Zapfsäule mit Bierreklame

Fähre und Mietwagen kombiniert bucht. Normalerweise können Sie mit einem Mietwagen beliebig viele Kilometer fahren. Im Preis inbegriffen sind Insassen-, Feuer- und Diebstahlversicherung, jedoch keine Versicherung gegen Schäden am Wagen selbst. Wollen Sie die innerirische Grenze überqueren, müssen Sie dies angeben.

Um ein Auto zu mieten, benötigen Sie einen gültigen Führerschein und müssen mindestens 21, bei manchen Firmen 23 oder sogar 25 Jahre alt sein.

Benzin

Diesel und bleifreies Benzin erhalten Sie überall. Die Preise variieren oft von Tankstelle zu Tankstelle, doch Benzin ist sowohl in der Republik Irland als auch in Nordirland sehr teuer. Fast alle Tankstellen akzeptieren Kreditkarten, jedoch sollten Sie in ländlichen Gegenden sicherheitshalber Bargeld bei sich haben.

Straßenkarten

Die Karte auf den hinteren Umschlaginnenseiten verzeichnet alle Städte und Ortschaften, die in diesem Reiseführer erwähnt sind. Zusätzlich finden Sie am Anfang jedes Kapitels eine Karte der jeweiligen Region, die wichtige Sehenswürdigkeiten verzeichnet und Tipps für Ausflüge bietet. Dennoch benötigen Sie eine ordentliche Straßenkarte, beispielsweise vom AA, ADAC oder ÖAMTC. Stadtpläne erhalten Sie meist gratis von den Fremdenverkehrsbüros *(siehe S. 370f)*. Dort sowie beim **National Trails Office** erhält man auch Vorschläge für Radtouren.

Büro von Hertz am Flughafen Dublin

Eine Viehherde – ein vertrauter Anblick auf Irlands Landstraßen

Verkehrsregeln

Fahrer, die den Linksverkehr nicht gewohnt sind, sollten am Anfang defensiv fahren. Sowohl in Nordirland als auch in der Republik Irland besteht Gurtpflicht – auch auf den Rücksitzen. Für Kinder sind Kindersitze vorgeschrieben. Für Motorradfahrer besteht Helmpflicht.

Trotz des Linksverkehrs hat in der Regel der von rechts Kommende Vorfahrt. Die Alkohol-Promillegrenze liegt bei 0,5 (Irland) bzw. 0,8 (Nordirland). Es besteht Handyverbot. In der Republik Irland werden Autos, die mit einem »L« gekennzeichnet sind, von Fahrschülern (»learner«) gesteuert. In Nordirland treffen Sie auf Autos mit einem roten »R« (»restricted«). Das Zeichen verweist darauf, dass der Fahrer seinen Führerschein erst in den letzten zwölf Monaten gemacht hat.

Landstraße auf der Halbinsel Dingle

Geschwindigkeitsbeschränkungen

Die Höchstgeschwindigkeiten sind in Nordirland in Meilen (mph) angegeben, in der Republik Irland in Kilometern (km/h). Folgende Geschwindigkeitsgrenzen gelten:

- 50 km/h (30 mph) in geschlossenen Ortschaften,
- 100 km/h (60 mph) auf Landstraßen,
- 110 km/h (70 mph) auf Autobahnen.

In der Innenstadt von Dublin gilt eine Höchstgeschwindigkeit von 30 km/h. Auf einigen klar bezeichneten Straßen gilt eine Höchstgeschwindigkeit von 64 km/h (40 mph) oder 80 km/h (50 mph). In der Republik Irland dürfen Autos mit Anhänger auf allen Straßen nicht schneller als 88 km/h (55 mph) fahren.

Verkehrsschilder

Die meisten Verkehrsschilder in der Republik Irland sind in gälischer und englischer Sprache, Streckenangaben sind in Kilometern angegeben. In Nordirland sind wie in Großbritannien alle Streckenangaben auf Straßenschildern in Meilen ausgewiesen.

In der Republik Irland bedeutet das Verkehrsschild mit der Aufschrift »Yield« (gälisch »Géill Slí«) »Vorfahrt achten«. Überall in Irland verweisen braune Schilder, die in weißer Farbe beschriftet sind, auf historische oder kulturelle Sehenswürdigkeiten.

Verkehrsschilder der Republik Irland

Nicht befestigtes Ufer

Achtung, Kreuzung

Achtung, Kinder

Gefährliche Kurve

Schilder in Nordirland

Hinweisschild zur Autobahn

Hinweis auf eine Hauptstraße

Straßenverhältnisse

Die Straßen in Nordirland und in der Republik Irland sind zumeist in einem guten Zustand. In beiden Teilen Irlands sind viele Straßen jedoch sehr kurvenreich. Hier ist besondere Vorsicht geboten. Das Verkehrsaufkommen, vor allem im Süden Irlands, ist relativ gering. Auf manchen Landstraßen begegnet Ihnen kilometerweit kein einziges anderes Auto, auch auf größeren Straßen herrscht wenig Verkehr.

Viele Fernstraßen in Irland wurden in der Zwischenzeit in Autobahnen und autobahnähnliche Straßen umgewandelt, sogar in abgelegeneren Gebieten wie dem County Donegal.

Parken

Leider ist es auch in Irland nicht mehr so einfach, einen Parkplatz zu finden. Aufgrund des hohen Verkehrsaufkommens gibt es jedoch in den meisten Städten ausgewiesene Parkplätze. Dublin, Belfast und einige andere größere Städte haben mit Parkuhren bestückte Parkzonen oder (sehr teure) Parkplätze. Man kann überall auf den Straßen parken – mit Ausnahme von wenigen, mit einer gelben Linie markierten Zonen. Eine gelbe Doppellinie bedeutet generelles Parkverbot.

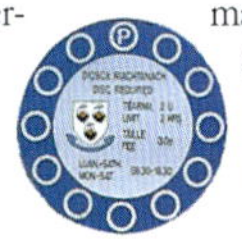

Parken nur mit Parkscheibe

Parken mit Parkscheibe ist an vielen Stellen vorgeschrieben. Parkscheiben bekommen Sie in Läden, bei Tankstellen und Fremdenverkehrsbüros sowie an Automaten. In Nordirland haben fast alle Städte und Ortschaften sogenannte Control Zones, die mit gelben und pinkfarbenen Schildern ausgewiesen sind. Aus Sicherheitsgründen ist es verboten, hier zu parken.

Verbotsschild in Nordirland

Radfahren

Auf den ruhigen Landstraßen Irlands ist es ein Vergnügen, mit dem Rad zu fahren. Doch sollte man bei der Planung immer an das unbeständige Wetter denken. Läden wie **Kearney** in Galway vermieten Fahrräder und haben normalerweise an sechs oder sieben Tagen die Woche geöffnet. Oft kann man auch Räder für einen geringen Mehrbetrag an einem Ort mieten und anderswo stehen lassen.

Bei vielen Händlern bekommt man Fahrradhelme, wetterfeste Kleidung sollten Sie mitbringen. In Zügen und Bussen kann man Räder gegen eine Gebühr mitnehmen.

Straßensperren in Nordirland

Zu Beginn des Bürgerkriegs in Nordirland in den späten 1960er Jahren wurden in der Provinz unzählige Straßensperren errichtet. Derartige von Polizisten oder Soldaten besetzte Blockaden gibt es mittlerweile nur noch selten. In Londonderry oder den abgelegenen Sperrin Mountains gibt es fast gar keine mehr. Sollten Sie doch einmal angehalten werden, so zeigen Sie Ihren Ausweis und Führerschein, Ihre Versicherungspapiere bzw. Ihren Mietwagennachweis vor, sofern dies verlangt wird. Bleiben Sie gelassen, denn dann wird man auch Ihnen gegenüber freundlich und höflich sein – und Ihre Weiterfahrt verzögert sich nicht.

Radfahrer in Ballyvaughan, County Clare

AUF EINEN BLICK

Mietwagen

Alamo
01 844 4199 (Dublin).
028 9073 9400 (Belfast).
www.alamo.com

Argus Rent-a-Car
01 499 9611 (Rep. Irland).
0870 387 5670 (UK).
www.argus-rentacar.com

Avis
01 605 7500 (Dublin).
0870 608 6317 (Belfast).
www.avis.com

Budget
01 844 5150 (Dublin).
www.budget.ie

Dan Dooley
062 53103 (Dublin).
028 9445 2522 (Belfast).
www.dan-dooley.ie

Europcar
01 614 2888 (Dublin).
www.europcar.ie

Hertz
01 844 5466 (Dublin).
0207 026 007 (UK).
www.hertz.com

Holiday Autos
0871 472 5229 (UK).
www.holidayautos.co.uk

Irish Car Rentals
1850 206 088 (Rep. Irland).
0800 4747 4227 (UK).
www.irishcarrentals.com

National Car Rental
061 206025 (Limerick).
www.carhire.ie

Pannendienste

ADAC-Notruf
0049 89 22 22 22.

Automobile Association
01 617 9999 (Rep. Irland).
1800 66 77 88 (Notruf).
www.aaireland.ie

Green Flag National Breakdown
0800 000 111 (UK).
www.greenflag.com

Wandern und Radfahren

National Trails Office
www.irishtrails.ie

Fahrradverleih

Kearney Cycles
091 563 356 (Galway).
www.kearneycycles.com

Züge

Das Bahnnetz der Republik Irland wird von Irish Rail (Iarnród Éireann) betrieben und unterliegt staatlicher Kontrolle. Zugfahren ist relativ teuer, jedoch sind die Züge zuverlässig und bequem und eignen sich somit vor allem für längere Fahrten durchs Land. Der Bahnservice der Northern Ireland Railways (NIR) ist etwas begrenzter, dafür billiger. Es gibt eine sehr gute, modernisierte Zugverbindung zwischen Dublin und Belfast. Tickets für die zweistündige Reise kosten 36 Euro, bei Online-Buchung sind Nachlässe möglich.

DART am Bahnhof Bray, County Wicklow

Zugfahrten in der Republik Irland

Auch wenn die ländlichen Gegenden der Republik Irland nicht an das Bahnnetz angebunden sind, bietet Irish Rail doch gute Verbindungen zwischen den großen Städten. Bahn zu fahren, ist eine bequeme Möglichkeit, z. B. von Dublin nach Cork, Limerick, Galway, Waterford oder Sligo zu kommen. Dennoch weist das Bahnnetz Lücken auf: So ist Donegal etwa völlig abgeschnitten. Wenn man also zur Westküste möchte, kann man mit dem Zug nur bis Galway, Sligo, Limerick oder Westport fahren und muss dann mit dem Bus weiter.

Die beiden großen Bahnhöfe von Dublin sind Connolly Station (für alle Züge nach oder von Norden, Nordwesten und Rosslare) und Heuston Station, von wo aus die Züge in den Westen, den Südwesten und die Midlands verkehren. Beide Bahnhöfe verbindet der Bus Nr. 90, der alle 10 bis 15 Minuten fährt, mit dem Stadtzentrum (15 Minuten Fahrzeit). Alle Züge verfügen über Standard- und Superstandard-Abteile (1. Klasse). Für die 1. Klasse müssen Sie einen Aufschlag zahlen, ebenso für die Mitnahme eines Fahrrads. Fahrpläne und Informationsblätter gibt es an Bahnhöfen.

Großraum Dublin

Der DART (Dublin Area Rapid Transit) bedient 30 Bahnhöfe zwischen Malahide und Greystones mit Haltestellen in Dublins Zentrum. Das Dublin Explorer Ticket ermöglicht es, an drei aufeinanderfolgenden Tagen mit DART-Zügen und mit Bussen der Dublin Bus Services zu fahren. Dieses Ticket erhalten Sie bei allen DART-Stationen. Luas-Bahnen (Niederflur-Straßenbahnen) verbinden Dublin mit den Vorstädten. Die ersten Linien wurden 2004 fertiggestellt und sind mit dem DART verbunden *(siehe S. 392)*.

Zugfahrten in Nordirland

Neben dem Express-Service nach Larne Harbour und den Nahverkehrszügen nach Bangor gibt es nur zwei bedeutendere Zugverbindungen ab Belfast: eine nach Londonderry über Coleraine (zum Giant's Causeway) und Nordirlands einzige Zugverbindung über die Grenze, eine Hochgeschwindigkeitsverbindung zwischen Belfast und Dublin (achtmal am Tag).

Alle Züge fahren ab Central Station, die sich nicht im Zentrum befindet. Von hier gehen jedoch regelmäßig Züge zum Bahnhof Great Victoria Street im Herzen der Stadt. In Nordirland gibt es aus Sicherheitsgründen weder an Bahnhöfen noch an Busbahnhöfen eine Gepäckaufbewahrung.

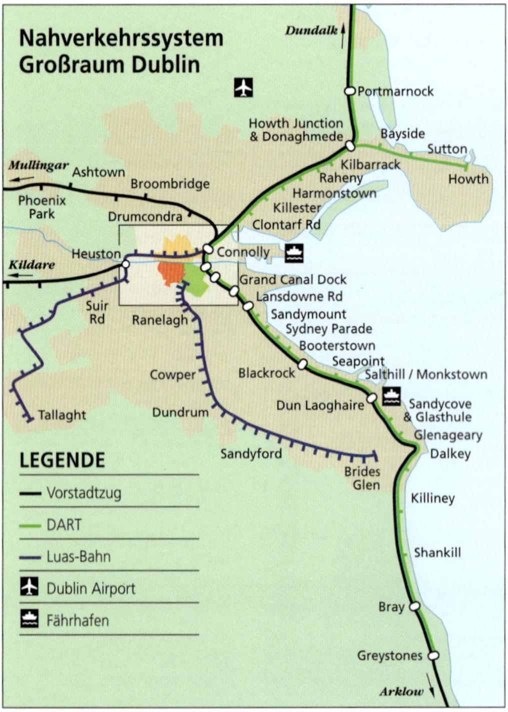

Tickets und Preise

In ganz Irland sind Zugfahrkarten recht teuer, es gibt allerdings Sonderangebote. Die meisten günstigen Tickets gelten auch für Fahrten mit dem Bus, sodass man mit nur einer Fahrkarte praktisch quer durch Irland reisen kann.

Eine der günstigsten Möglichkeiten, Irland mit öffentlichen Verkehrsmitteln zu bereisen, bietet der Open-Road Pass, der für unbegrenzte Fahrten mit Bus Éireann für einen Zeitraum von drei Tagen (54 Euro) bis 15 Tagen (234 Euro) gilt. Das Explorer Ticket für acht Tage (245 Euro) gilt für Irish Rail und Bus Éireann, jedoch nur in der Republik Irland.

Beide Fahrausweise gelten auch für viele lokale Verkehrsmittel, z. B. in den Städten Cork, Waterford, Limerick und Galway.

Fahrkartenschalter, Belfast Central Station

Ermäßigungen

Studenten erhalten Ermäßigungen für alle Zugfahrten in der Republik Irland und Nordirland mit entsprechenden Karten von Irish Rail und Translink *(siehe S. 372)*.

Mit dem InterRail Youth Global Pass können junge Leute unter 26 Jahren entweder 22 Tage oder einen Monat am Stück oder innerhalb eines flexibleren Zeitraums von fünf oder zehn Tagen die Republik Irland und weitere 30 europäische Länder mit dem Zug bereisen. Ältere können sich die etwas teurere InterRail-Plus-26-Karte besorgen.

Irlands Bahnnetz

Irish Rail (Iarnród Éireann)
35 Abbey St Lower, Dublin 1.
01 836 6222. **www.**irishrail.ie

Northern Ireland Railways (NIR)
Central Station, East Bridge St,
Belfast BT1 3PB. *028 9066 6630.*
www.translink.co.uk/NI-Railways

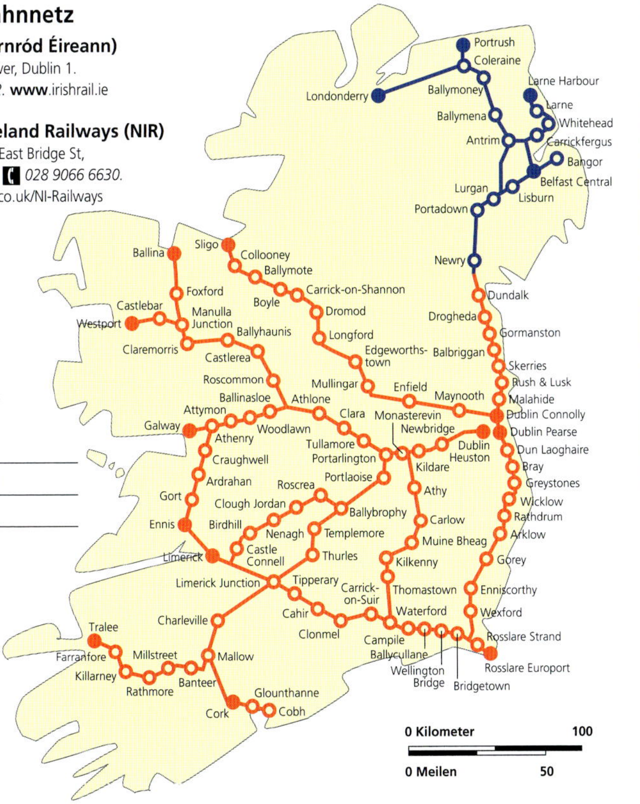

LEGENDE

- Irish Rail
- NIR

Bus und Taxi

Logo der Lokal- und Expressbusse von Bus Éireann

Das Busnetz in ganz Irland ist gut ausgebaut, auch wenn man bei längeren Busreisen öfter umsteigen muss. Planen Sie deshalb genügend Zeit ein, wenn Sie mit dem Bus unterwegs sind. Busreisen sind eine gute Möglichkeit, Irland kennenzulernen. Bei den Fremdenverkehrsbüros erhalten Sie Informationen über Routen und Preise. Oft kann man hier auch einen Sitzplatz reservieren. Taxis fahren in allen größeren Städten Irlands. In der Republik erkennt man sie am gelben Licht auf dem Dach. In Belfast und Londonderry gibt es sowohl kleine Taxis als auch die größeren, wie man sie aus London kennt.

Fahrgäste am Europa Bus Centre in Belfast

Mit dem Bus unterwegs

Das irische Busunternehmen **Bus Éireann**, bietet Verbindungen zwischen allen großen Städten der Republik. Busáras, der größte Busbahnhof in Dublin, befindet sich unweit der O'Connell Street in der Store Street.

Es gibt eine Reihe privater Busunternehmen, die zum Teil die gleichen Strecken wie Bus Éireann befahren, aber auch andere Verbindungen bieten. Im County Donegal etwa gibt es Busunternehmen, die nicht voll lizenziert sind, was im Schadensfall zu Versicherungsproblemen führen kann. Erkundigen Sie sich bei den Fremdenverkehrsbüros.

In Nordirland unterhält **Ulsterbus** einen hervorragenden Service, der das ganze Land abdeckt und Expresslinien zwischen größeren Städten bietet. In Belfast gibt es zwei Busbahnhöfe – das Europa Bus Centre nahe der Great Victoria Street und die Laganside Station. Erkundigen Sie sich rechtzeitig, welche Busse von welchem Bahnhof aus abfahren, und denken Sie daran, dass es in Nordirlands Bahnhöfen aus Sicherheitsgründen keine Möglichkeiten gibt, Gepäck aufzubewahren.

Tickets und Preise

In der Republik Irland sind Langstreckenfahrten mit dem Bus nur etwa halb so teuer wie eine entsprechende Zugfahrt. Wenn Sie am gleichen Tag hin- und zurückfahren, können Sie eine preisgünstigere Rückfahrkarte kaufen. Jugendliche unter 16 Jahren zahlen ungefähr den halben Preis. Studenten mit einer Student TravelCard *(siehe S. 372)* erhalten eine großzügige Ermäßigung. Wer viel mit dem Bus fahren will, für den empfiehlt sich ein »Rambler«-Ticket. Damit kann man beispielsweise 15 Tage lang unbegrenzt umherfahren. Daneben gibt es mehrere andere Fahrscheine.

Ein »Freedom of Northern Ireland«-Ticket gewährt freie Fahrt mit allen Bussen von Ulsterbus. Diese Tickets gibt es für einen Tag oder für eine Woche. Ulsterbus bietet zudem günstige Rückfahrkarten. Studenten erhalten bei Vorlage einer Translink Student Discount Card 15 Prozent Ermäßigung. Zudem gibt es preisgünstige Angebote, Bus- und Zugreisen zu kombinieren *(siehe S. 389)*.

Expressbus in Nordirland

Besichtigungstouren

Zwischen den großen Städten Irlands bestehen gute Busverbindungen. Mit öffentlichen Verkehrsmitteln in abgelegenere Orte zu gelangen, ist hingegen schwierig. Wenn Sie etwa in Connemara *(siehe S. 206–208)* unterwegs sind und nur wenig Zeit zur Verfügung haben, bietet sich für den Besuch zumindest der bedeutendsten Sehenswürdigkeiten eine der organisierten Besichtigungstouren an. Für etwa 25 Euro können Sie an der »Figure of Eight«-Busfahrt teilnehmen. Sie führt von Galway nach Spiddal, Kylemore, Letterfrack und Oughterard – und zurück nach Galway (nur im Sommer). Die Busse fahren um 10 Uhr ab und kommen um 17.30 Uhr zurück. Unterwegs machen sie an vielen interessanten Orten halt. Im Preis inbegriffen sind jedoch weder Eintrittsgelder noch Speisen oder Getränke. Eine Busfahrt können Sie beim Galway Tourist Information Centre buchen. Ähnliche Fahrten werden in vielen interessanten und beliebten Regionen der Insel angeboten. Weitere bekannte Touren führen durch das ländliche Irland nach Glendalough *(siehe S. 140f)*, durch Donegal *(siehe S. 224–231)* und über den Ring of Kerry *(siehe S. 164f)*.

In Dublin und anderen Städten der Republik Irland bieten auch Bus Éireann und einige private Busunternehmen Tages- und Halbtagesausflüge an. **Dublin Bus** (Bus Átha Cliath) hat außerdem Stadtrundfahrten im Programm.

In Nordirland können Sie mit Ulsterbus vom Europa Bus Centre aus Fahrten zu den bedeutendsten Sehenswürdigkeiten der Provinzen unternehmen, beispielsweise zur Causeway Coast *(siehe S. 261)*, zu den Glens of Antrim *(siehe S. 267)* und zum Ulster-American Folk Park nahe Omagh *(siehe S. 269)*. Fahrten können Sie im Büro von Ulsterbus buchen. In den Sommermonaten bietet **Translink** auch zweimal täglich Stadtrundfahrten in Belfast an. Im Winter finden diese Fahrten nur donnerstags und samstags statt.

Bus des nationalen Busunternehmens der Republik Irland, Bus Éireann

Stadtbusse

Die Stadtbusse der Republik bieten generell einen guten Service und sind preiswert. **Dublin Bus** hat Verbindungen in den ganzen Großraum Dublin *(siehe S. 392)*. Das **Luas**-Netz *(siehe S. 392)* verbindet die Vorstädte, die früher nur per Bus erreichbar waren. Die Luas-Linien stoßen an der Connolly Station auf das DART-Netz *(siehe S. 392)*.

Im Rest des Landes werden die Buslinien, darunter die Stadtbusse in Cork, Galway, Limerick und Waterford, von Bus Éireann betrieben. Fahrzeiten und Streckenverlauf können Sie dem Fahrplan entnehmen, der bei Informationszentren und an Busbahnhöfen erhältlich ist. Einige regionale Buslinien werden von privaten Unternehmen betrieben.

Das Busnetz in Nordirland betreibt **Ulsterbus/Translink**, in Belfast unter dem Namen **Metro** *(siehe S. 393)*. Das nordirische Busnetz ist gut ausgebaut, regionale Fahrpläne sind an sämtlichen Busbahnhöfen Nordirlands erhältlich.

Taxis in der Republik Irland

Außer in sehr ländlichen Gegenden der Republik Irland gibt es überall Taxis. Einzelheiten können Sie im Hotel erfragen. Herumfahrende Taxis auf Fahrgastsuche gibt es nur selten, in Dublin findet man Taxis am ehesten vor Bahn- oder Busbahnhöfen. Der Fahrpreis richtet sich nach der Streckenlänge – falls nicht, sollte man die Gebühr vorher erfragen. Hat ein Taxi keinen Taxameter, so klären Sie vorher, was die Fahrt kosten soll.

Wartende Taxis in Dublin

Taxis in Nordirland

In Nordirland sind Taxis relativ preiswert. Fahrten im Stadtzentrum von Belfast kosten meist nicht mehr als 10 £. Auch in den abgelegeneren Städten im Norden gibt es jeweils mindestens ein Taxiunternehmen bzw. einen Taxistand, an dem man relativ problemlos einen Wagen findet. Ansonsten können Sie auch vom Hotel oder B&B aus ein Taxi rufen lassen. Um legale Taxis besser identifizieren zu können, gibt es spezielle große Nummernschilder vorn und hinten am Fahrzeug. Trinkgeld ist üblich, aber nicht obligatorisch.

AUF EINEN BLICK

Busse

Bus Éireann
01 836 6111.
www.buseireann.ie

Ulsterbus / Translink
028 9066 6630.
www.translink.co.uk

Reisebusse

Dublin Bus
01 873 4222.
www.dublinbus.ie

Irish City Tours und Gray Line
01 605 7705.
www.irishcitytours.com

McGeehan Coaches
Fintown PO, Co Donegal.
074 954 6150.
www.mcgeehancoaches.com

Translink
028 9045 8484.
www.translink.co.uk

In Städten unterwegs

Die historischen Stadtviertel von Dublin und Belfast sind sehr kompakt, und man findet sich schnell zurecht. In beiden Städten gibt es ein sehr gut ausgebautes öffentliches Verkehrsnetz, sei es nun Bus, Bahn oder wie in Dublin Straßenbahn. Jede Stadt kann gut zu Fuß erkundet werden – oder mit dem Fahrrad. Sowohl in Dublin als auch in Belfast gibt es viel zu entdecken.

In Dublin unterwegs

Bus

Der beste Weg, Dublin zu entdecken, ist die Fahrt mit einem Doppeldeckerbus. Tickets (einschließlich eines Tagespasses für sechs Euro) kann man in Zeitschriftenläden oder direkt im Bus kaufen. Man sollte den Fahrpreis passend bereithalten, da man ansonsten eine Quittung über den überschüssigen Betrag bekommt, die man nur am Hauptsitz von Dublin Bus in der O'Connell Street einlösen kann. Die Fahrpreise beginnen bei 1,40 Euro und richten sich nach der gefahrenen Strecke. Busse fahren von sechs bis 23.30 Uhr. Die Nitelink-Busse fahren am Wochenende die ganze Nacht durch. Fahr- und Zeitpläne hängen an jeder Bushaltestelle aus.

Luas

Die Niederflur-Straßenbahn Luas ist eine komfortable Möglichkeit, sich in Dublin zu bewegen. Es gibt zwei Linien, die das Stadtzentrum mit den Vororten verbinden. Die Linien überkreuzen sich nicht. Von der Haltestelle St Stephen's der Grünen Linie geht man etwa 15 Minuten zur Haltestelle Abbey Street der Roten Linie. Die Rote Linie hält an den Bahnstationen Heuston und Connolly. Tickets erhält man an Fahrscheinautomaten an den Haltestellen. Die günstigste Hin- und Rückfahrkarte kostet 3,10 Euro.

DART- und Luas-Tickets

DART

Dublin Area Rapid Transit (DART), ein S-Bahn-ähnliches Nahverkehrssystem, hält an 30 Stationen entlang der Küste von Malahide und Howth nach Greystones. An DART-Haltestellen gibt es Fahrkartenautomaten und -schalter. Hier werden für drei Euro auch Fahrpläne verkauft. Vermeiden Sie die Rushhour, wenn Sie vom Zug aus einen Blick auf die Bucht werfen möchten.

Luas-Station in Dublin

Tickets und Preise

Die Prepaid-Karte »Leap Card« ist an Zeitungskiosken erhältlich und kann dort auch aufgeladen werden. Sie gilt u. a. in den Luas-Straßenbahnen, in den DART-Zügen und in den Bussen von Dublin Bus. Im Vergleich zu Einzelfahrscheinen spart man mit der Leap Card etwa 15 Prozent. Ein drei Tage gültiges Rambler-Ticket für Dublin Bus kostet 13,50 Euro, fünf Tage kosten 22 Euro. Fahrkarten bekommt man in Zeitschriftenläden, bei Dublin Bus in der O'Connell Street und an Automaten an Luas- und DART-Haltestellen.

Mit dem Auto in Dublin

In Dublin mit dem Auto zu fahren, sollte man aufgrund des hohen Verkehrsaufkommens vermeiden. Die kurzen Distanzen bewältigt man besser zu Fuß, mit dem Bus oder der Luas. Wenn Sie trotzdem fahren müssen, gibt es viele Parkhäuser und gebührenpflichtige Parkplätze auf der Straße, die je nach Parkzone zwei bis fünf Euro kosten. Achten Sie darauf, rechtzeitig zu Ihrem Wagen zurückzukommen, denn sonst drohen die Parkkralle und eine hohe Geldstrafe. Für die Ringautobahn M50 muss innerhalb von 48 Stunden online eine Maut entrichtet werden (www.eflow.ie).

Radfahren in Dublin

Dublin hat viele Radwege, und immer mehr Menschen fahren mit dem Rad. **Dublinbikes** hat in ganz Dublin 40 Selfservice-Ausleihstationen. Die ersten 30 Minuten sind kostenfrei.

Einen schönen Radweg gibt es auf beiden Seiten des Liffey unterhalb des Custom House. Läden wie **Cycle Ways** vermieten Fahrräder und haben an sechs Tagen der Woche geöffnet. **Neill's Wheels** bietet Radtouren mit einem Fremdenführer an.

Zu Fuß in Dublin

Obwohl sich die Vororte von Dublin auf einer großen Fläche erstrecken, ist das Stadtzentrum relativ klein und ideal zu Fuß zu erkunden. Ein Spaziergang entlang dem Fluss von der prächtigen Heuston Station zu den Kais im Süden nahe dem Meer dauert weniger als eine Stunde, und die Erkundung der beiden georgianischen Plätze Parnell Square und St Stephen's Green nimmt nur wenig mehr als eine halbe Stunde in Anspruch.

In Belfast unterwegs

Ein Metro-Bus in Belfast

Bus

Mit Belfasts Busverkehrssystem Metro kann man gut die Stadt und ihre Umgebung entdecken. Fahrkarten kauft man in Läden mit Metro-Zeichen, am Metro-Kiosk am Donegall Square West oder beim Busfahrer. Die Tickets muss man beim Einsteigen auf das Lesegerät neben dem Fahrer legen. Der Fahrpreis richtet sich nach der Länge der Strecke. Das günstigste Ticket kostet 1,40 £. Die Streckenpläne sieht man unter www.translink.co.uk.

Tickets und Preise

Mit dem Metro Day Ticket (2,90 £ nach 9.30 Uhr, 3,50 £ vorher) kann man den ganzen Tag mit Metro-Bussen fahren. Es gibt auch Mehrfahrtenkarten ab 6 £, wenn man länger bleibt.

Tagesticket der Metro

Mit dem Auto in Belfast

Wie in jedem anderen kleinen Stadtzentrum ist es auch in Belfast nicht sinnvoll, mit dem Auto zu fahren. Die öffentlichen Verkehrsmittel sind gut, die Distanzen lassen sich leicht zu Fuß zurücklegen, Taxis sind billig. Es wird sogar eine Stadtrundfahrt mit Taxis angeboten.

Besucher, die mit dem Auto fahren, werden nur selten in einen Stau geraten. Es gibt im Zentrum viele Parkhäuser und Parkplätze *(siehe S. 387)*. Kommen Sie pünktlich zu Ihrem Auto zurück, sonst müssen Sie eine Strafe zahlen.

Radfahren in Belfast

Belfast wird immer fahrradfreundlicher. Es gibt ein gutes Netz von Radwegen. Die Parks sind ideal für Spaziergänge und Ausflüge. Es gibt einige verkehrsfreie Radwege, die von Belfast in andere Städte führen (www.sustrans.org.uk).

Die Mitnahme von Fahrrädern in Translink-Bussen und -Zügen ist kostenlos. An vielen Stationen gibt es überdachte Fahrradparkplätze. In Läden wie **McConvey Cycles** kann man Räder ausleihen.

Zu Fuß in Belfast

Belfast ist heutzutage eine friedliche Stadt, Besucher können unbesorgt herumspazieren. Das Stadtzentrum ist klein und kann deshalb gut zu Fuß entdeckt werden. Ein Spaziergang vom Zentrum zur Queen's University, dem Titanic Quarter oder nach West Belfast dauert nur 20 Minuten. Es werden auch geführte Touren angeboten. Sie beginnen am Belfast Welcome Centre, Donegall Place. Gewählt werden kann u.a. zwischen **Historic Belfast** und **Blackstaff Way**. Hier lernt man die Straßen rund ums Zentrum besser kennen. Beide Touren kosten jeweils 6 £.

Zeichen für Fahrrad- und Fußweg

AUF EINEN BLICK

Fahrradverleih

Cycle Ways (Dublin)
☎ *01 873 4748.*
www.cycleways.com

Dublinbikes
www.dublinbikes.ie

Neill's Wheels (Dublin)
☎ *085 153 0648.*
www.rentabikedublin.com

McConvey Cycles (Belfast)
☎ *028 9033 0322.*
www.mcconveycycles.com

Stadtverkehr

DART (Dublin)
☎ *01 836 6222.*
www.irishrail.ie

Luas (Dublin)
☎ *1 800 300604.*
www.luas.ie

Taxis & Taxitouren

National Radio Cabs (Dublin)
☎ *01 677 2222.*

Black Taxi Tours of Belfast
☎ *028 9064 2264.*

Wanderungen

Historic Belfast
☎ *028 9024 6609.*

Blackstaff Way (Belfast)
☎ *028 9029 2631.*

Textregister

Seitenzahlen in **fetter** Schrift bezeichnen Haupteinträge.

D

L

M

P

Q

R

T

U

V

Danksagung und Bildnachweis

Dorling Kindersley bedankt sich bei allen Personen, die bei der Herstellung dieses Buchs mitgewirkt haben.

Hauptautoren

Lisa Gerard-Sharp ist Autorin und Rundfunksprecherin, die Beiträge zu zahlreichen Reiseführern aus der *Vis-à-Vis*-Reihe, darunter der Reiseführer *Frankreich*, verfasst hat. Gerard-Sharp hat ihre Wurzeln in den Countys Sligo und Galway und besucht Irland regelmäßig.

Tim Perry aus Dungannon, County Tyrone, schreibt über Reisen und Volksmusik für diverse Verlage in den USA und Großbritannien.

Weitere Autoren

Cian Hallinan, Eoin Higgins, Douglas Palmer, Audrey Ryan, Trevor White, Roger Williams.

Ergänzende Fotografie

Peter Anderson, Joe Cornish, Andy Crawford, Michael Diggin, Steve Gorton, Anthony Haughey, Mike Linley, Ian O'Leary, Stephen Oliver, Magnus Rew, Clive Streeter, Rough Guides/Mark Thomas, Matthew Ward.

Ergänzende Illustrationen

Richard Bonson, Brian Craker, John Fox, Paul Guest, Stephan Gyapay, Ian Henderson, Claire Littlejohn, Gillie Newman, Chris Orr, Kevin Robinson, John Woodcock, Martin Woodward.

Ergänzende Bilddokumentation

Miriam Sharland.

Redaktionsassistenz

Marion Broderick, Margaret Chang, Guy Dimond, Fay Franklin, Caroline Radula-Scott.

Grafikassistenz

Martin Cropper, Yael Freudmann, Sally Ann Hibbard, Annette Jacobs, Erika Lang und Michael Osborn.

Textregister

Hilary Bird.

Relaunch – Redaktion und Design

Publisher: Douglas Amrine.
Redaktion: Fay Franklin, Anna Freiberger, Bhaswati Ghosh, Kathryn Lane, Susan Millership, Alka Thakur, Asvari Singh.
Factcheck: Des Berry.
Design: Maite Lantaron, Baishakhee Sengupta, Shruti Singhi.
Bilddokumentation: Ellen Root.
Grafik: Vinot Harish, Jason Little, Shailesh Sharma.
Kartografie: Uma Bhattacharya, Casper Morris, Kunal Singh.

Besondere Unterstützung

Dorling Kindersley bedankt sich bei allen regionalen und städtischen Fremdenverkehrsbüros der Republik Irland und Nordirlands für ihre wertvolle Hilfe. Unser besonderer Dank gilt auch: Ralph Doak und Egerton Shelswell-White, Bantry House, Bantry, Co Cork; Vera Greif, Chester Beatty Library sowie der Gallery of Oriental Art, Dublin; Alan Figgis, Christ Church Cathedral, Dublin; Labhras Ó Murchu, Comhaltas Ceoltóirí Éireann; Catherine O'Connor, Derry City Council; Patsy O'Connell, Dublin Tourism; Tanya Cathcart, Fermanagh Tourism, Enniskillen; Peter Walsh, Guinness Hop Store, Dublin; Gerard Collet, Irish Shop, Covent Garden, London; Dónall P. Ó. Baoill at ITE, Dublin; Pat Cooke, Kilmainham Gaol, Dublin; Angela Shanahan, Kinsale Tourist Office; Bill Maxwell, Adrian Le Harivel und Marie McFeely, National Gallery of Ireland, Dublin; Philip McCann, National Library of Ireland, Dublin; Willy Cumming, National Monuments Divison, Office of Public Works, Dublin; Eileen Dunne und Sharon Fogarty, National Museum of Ireland, Dublin; Joris Minne, Northern Ireland Tourist Office, Belfast; Dr. Tom MacNeil, Queen's University, Belfast; Sheila Crowley, St Mary's Pro-Cathedral, Dublin; Paul Brock, Shannon Development Centre; Tom Sheedy, Shannon Heritage and Banquets, Bunratty Castle, Co Clare; Angela Sutherland, Shannon-Erne Waterway, Co Leitrim; Máire Ní Bháin, Trinity College, Dublin; Anne-Marie Diffley, Trinity College Library, Dublin; Pat Maclean, Ulster Museum, Belfast; Harry Hughes, Willie Clancy School of Traditional Music, Miltown Malbay, Co Clare.

Weitere Hilfe gewährten

Emma Anacootee, Shruti Bahl, Claire Baranowski, Des Berry, Nadia Bonomally, Roisin Cameron, Louise Cleghorn, Kathleen Crowley, Karen D'Souza, Rory Doyle, Sylvia Earley, Nicola Erdpresser, Anna Freiberger, Rhiannon Furbear, Lydia Halliday, Yvonne Gordon, Peter Hynes, Ciara Kenny, Delphine Lawrance, Jude Ledger/Pure Content, Therese McKenna, Alison McGill, Caroline Mead, Kate Molan, David O'Grady, Mary O'Grady, Madge Perry, Marianne Petrou, Tom Prentice, Pete Quinlan, Rada Radojicic, Susana Smith, Aine Toner, Dora Whitaker.

Fotografiererlaubnis

Dorling Kindersley bedankt sich bei allen Verantwortlichen von Museen, Galerien, Kirchen, Restaurants, Läden und Sehenswürdigkeiten, die uns in ihren Räumlichkeiten fotografieren ließen. Sie einzeln aufzuführen würde den Rahmen dieses Abschnitts sprengen.

Bildnachweis

o = oben; m = Mitte; u = unten; l = links; r = rechts; d = Detail.

/ir haben uns bemüht, alle Urheber zu recherchieren nd zu nennen. Sollte dies in einigen Fällen nicht elungen sein, bitten wir dies zu entschuldigen. In der ächsten Auflage werden wir die Nennung selbst-erständlich nachholen.

unstwerke wurden mit freundlicher Genehmigung lgender Institutionen reproduziert: ADAGB, Paris nd DACS, London 2011 90or.

orling Kindersley dankt zudem folgenden Personen, stitutionen und Bildarchiven für die freundliche enehmigung zur Reproduktion ihrer Fotografien:

bbey Theatre Ros Kavanagh 115ol.
er Lingus/Airbus Industrie 380om.
KG, London National Museum, Kopenhagen/ rich Lessing 26ml.
lamy Images BL Images Ltd. 10m; Caro/Sorge 375mlu; esign Pics Inc. 165um; FMD Stock Photography 78ul; top2/Keith Pritchard 242ol; Robert Harding Picture brary 322mlo; Robert Harding Picture Library Ltd./Pearl ucknall 388or; David Lyons 372ur; Barry Mason 104u; avid Newton 391ul; Peter Titmus 323ol; Ken Welsh 55ol.
llsport David Rogers 28mu; Steve Powell 47ol; Appletree ress Ltd., Belfast (*Irish Proverbs*, Illustrationen Karen ailey) 357ml; Stephen Saks Photography 373ol.
ristol City Museums and Art Gallery 32ol.
ritish Library *Richard II's Campaigns in Ireland* s. Harl. 1319, f.18 37ol.
ritish Museum 33ul.
us Éireann 392ol, 391 or.
ushmills Ltd. 266ul.
entral Bank of Ireland *Lady Lavery as Cathleen ní ouliban*, John Lavery 15mo, 376 (alle Banknoten und ünzen mit Ausnahme or), 377.
entral Cyber Café, Dublin Finbarr Clarkson 379or.
hester Beatty Library, Dublin 77o.
assic Designs/LJ Young Ltd., Blarney 357m.
o Iar-Chonnachta Herausgeber von *Litríocht agus bal*, Gearóid Denvir 47mr.
uce Coleman Ltd. Mark Boulton 17or; Patrick Clement mlu, 18ul; Adrian Davies 18ur; Rodney Dawson 19ml; ances Furlong 18ol; David Green 208ul; Pekka Helo mr; Jan Van de Kam 186ul; Gordon Langsbury 18ml, 6mr; John Markham 252ur; George McCarthy 19ol, ul,19ur, 138ol, 209ul; MR Phicon 18mru; Eckhart Pott mu; Hans Reinhard 19om, 162ol, 270ol; Kim Taylor om, 252o; R. Wanscheidt 19mur; Uwe Walz 18mr, 5mu; G. Ziesler 209ul.
orbis Destinations 133o; National Geographic Society/ aris Hill 227ml.
ork Examiner 29ol.
ork Public Museum 35mlo; Joe Cornish: 19mlo, 212u, 0or, 368–369.
awford Municipal Art Gallery *Begegnung des hl. Bren-n mit dem unglücklichen Judas*, Harry Clarke 174ul.
Davison & Associates, Ltd., Ireland 81mro.
Department of the Employment, Heritage and Local Government, Ireland 172 ul, 177o, 246ml, 247ol, 247mr, 248ur, 250ol.
Derry City Council 258or.
Michael Diggin 20ol, 153u, 163mr, 164mlo, 165or, 185ol, 206ul, 225o, 226or, 226ml, 363ol, 363u, 364m, 370um, 375or, 378u.
Bill Doyle 214ul.
Dublin Airport Authority 380mro.
The Dubliner Magazine Jennifer Philips 104mo, 104mr, 105ur.
GA Duncan 46mu, 46ul.
Dublin Tourism Image Library DRTA 48mlo.
Dundee Art Gallery *Die Kinder des Lir*, John Duncan 27om.
Eircom 378ol.
Emphics Ltd. Hayden West 362ml.
ET Archive 27ul.
Mary Evans Picture Library 9 (kleines Bild), 24ol, 26or, 26ul, 26ur, 27mlo, 34ul, 37um, 38ul, 44ul, 53 (kleines Bild), 77ml, 89ul, 121 (kleines Bild), 281ur, 287 (kleines Bild), 369 (kleines Bild).
Fáilte Ireland/Irish Tourist Board 11m, 176bl, 203mr; Brian Lynch 24–25, 25ol, 246ol, 246or, Pat Odea 360m; Stephen Faller Ltd., Galway: 356mlo.
Famine Museum Co Roscommon 219or.
Jim Fitzpatrick 79ul.
F & K Schorr 240ur.
Getty Images National Geographic/Jim Richardson 215mr; Donald Nausbaum 386ul; Panoramic Images 189or.
Gill and Macmillan Publishers, Dublin 45ul.
Glasnevin Trust 101ur; Jack Fields 323m.
Ronald Grant Archive *Die Commitments*, Twentieth Century Fox 23ur.
Guinness Ireland Ltd. 98ul, 98ur, 99ol, 99or, 99ul, 99ur.
Harvey's Point Hotel 292or.
Hulton Deutsch Collection 22mlu, 23or, 39o, 42ur, 42mul, 46ur, Reuter 47m, 62ul.
Images Colour Library 48ul, 55ol; 229um.
Inpho, Dublin 28mlo, Billy Stickland 28ur, Lorraine O'Sullivan 29ur.
Irish Picture Library, Dublin 38mlo, 41ol, 44ol.
Irish Times 134ur.
Irish Traditional Music Archive, Dublin 25ul.
www.ifi.ie 114mu.
Jarrold Colour Publications Ja Brooks 62ur; Michael Jenner: 243mr.
Kennedy PR 58mlo.
Timothy Kovar 109ol, 114ul.
Lambeth Palace Library, London Plan der London Vintners' Company Township Bellaghy, Ulster, 1622 (ms. Carew 634 f.34) (Ausschnitt) 39mro.
Frank Lane Picture Agency Roger Wilmshurst 186um.
Leeds City Art Gallery *The Irish House of Commons*, Francis Wheatley 40mlo; Pat Liddy: 105ol.
Londonderry Arms Hotel 289ur.

Hugh Mcknight Photography 101o.

Mander and Mitcheson Theatre Collection 24ml.

Mansell Collection 40ul, 45mro, 81ul, 268um.

Archie Miles 208ur.

John Murray 51ul, 96ml, 128m.

Museum of the City of New York Schenkung von Mrs. Robert M. Littlejohn, *Bucht und Hafen von New York 1855*, Samuel B. Waugh 42–43.

National Concert Hall, Dublin Frank Fennell 115ul.

National Gallery of Ireland, Dublin *W. B. Yeats und das Irish Theatre*, Edmund Dulac 22or, *George Bernard Shaw*, John Collier 22mr, *Carolan der Harfenist*, Francis Bindon 24or, *Leixlip Castle*, Irish School 41mlo, *The Custom House, Dublin*, James Malton 41um, *Königin Victoria und Prinz Albert eröffnen 1853 die Große Ausstellung in Dublin*, James Mahoney 43ul, *Der heimatlose Wanderer*, J. H. Foley 70ol, *Pierrot*, Juan Gris 68or, *For the Road*, J. B. Yeats 70mlo, *Die Kreuzabnahme Christi*, Caravaggio 71mro, *Judith mit dem Kopf des Holofernes*, Andrea Mantegna 71mro, *Der Krankenbesuch*, Matthew James Lawless 71mru, *Jonathan Swift, Satirist*, Charles Jerval 82um, *James Joyce*, Jacques Emile Blanche 90o, *Interior with Members of a Family*, P. Hussey 132ur, *William Butler Yeats, Poet*, J. B. Yeats 233ol, *Der Letzte Rundgang von Pilgern um Clonmacnoise*, George Petrie 250or.

National Gallery, London *Sur la plage*, Edgar Degas 91ur.

National Library of Ireland, Dublin 23mlo, 23mru, 31u, 34ol, 34mlu, 36ul, 38ol, 38mlu, 40mlu, 42ol, 42mlo, 42ul, 43mru, 43ol, 44mlu, 45ol, 45mru, *St Stephen's Green*, James Malton 52–53, 141or, 178mro, 244u.

National Museum of Ireland, Dublin 3, 32ol, 32mlu, 32mu, 32mru, 32–33, 33m, 33mlu, 33ur, 34mlo, 35mu, 35ur, 55ul, 59mr, alle 66–67, 101u.

The National Trust, Northern Ireland *Lord Castlereagh* nach Lawrence 282ol, *Hambletonian*, George Stubbs 283ol, 283mro.

The National Trust Photographic Library Mathew Antrobus 273u, John Bethell 284ol, Patrick Pendergast 272ul, Will Webster 277ur, 286–287.

National Wax Museum Plus 68mlu.

Nature Photographers B. Burbridge 187um, Paul Sterry 186mlu.

Northern Ireland Tourist Board 28or, 258ml, 273or, 358ml, 359ol.

Norton Associates 74 mlu.

The O2 Ireland Mark McCall 115or.

OPW 371mlu.

Oxford Scientific Films Frithjof Skibbe 186ol.

Pacemaker Press International, Ltd. 374um, 374ur.

Walter Pfeiffer Studios, Dublin 25or, 25mro, 25m, 25mr, 25mru, 25ur.

Photo Flora Andrew N. Gagg 186ur.

Photolibrary The Irish Image Collection 184um; White Star/imagebroker.net/Monica Gumm 73mr.

Photostage Donald Cooper 114or.

Popperfoto 46mlo, 46mru, 46or, Reuter/Crispin Rodwell 47or.

Powerscourt Estate, Enniskerry 135m.

Range Pictures 43mro.

The Reform Club, London 42mlo.

Report/Derek Spiers, Dublin 46or, 278ul, 278ur.

Retna Pictures Chris Taylor 24ul, Jay Blakesberg 24ur.

Retrograph Archive, London Martin Ranicar-Breese 65u

Rex Features Sipa Press 47ml, 47um.

Shannon Development Photo Library 360ol.

Shannon-Erne Waterway 235um.

The Slide File, Dublin 16um, 17o, 17m, 18mlo, 18mro, 22mlo, 29mro, 29mlu, 29ul, 32mlo, 48mlo, 48ul, 49mu, 50mlo, 50mro, 50mu, 50ul, 51mro, 77or, 77ur, 114ur, 122mlo, 129ur, 138ml 138ur, 151ur, 185ur, 211ol, 213or, 214mu, 214ur, 215um, 224ur, 227or, 230ol, 230u, 232or, 237u, 240ol, 248ol, 250–251, 252mro, 270mlu, 359ur, 36

Sportsfile, Dublin 29om.

Stena Line 382ml.

Don Sutton International Photo Library 290ur.

Tate Gallery Publications *Captain Thomas Lee*, Marcus Gheeraedts 38ur.

Tipperaryphotos.com 375ul, 375ml.

Topham Picture Source 41ur, Tim Graham 96o.

Tourism Ireland 354m.

Translink 392ul.

Trinity College, Dublin Ms. 1440 (Book of Burgos) f.20v 37mlu; Ms. 58 (Book of Kells) f.129v 4or, *Heirat von Prinzessin Aoite und dem Earl of Pembroke*, Daniel Mac 36mlo, Ms. 57 (Book of Durrow) f.84v 55mr, Ms. 57 (Bo of Durrow) f.85v 63mr, Ms. 58 (Book of Kells) f.129v 64mro, Ms. 58 (Book of Kells) f.36r 64ml, Ms. 58 (Book Kells) f.28v 64mru, Ms. 58 (Book of Kells) f.200r 64u.

Trip R. Drury 17ur, 140m.

Tullamore Dew Heritage Centre 251or.

Ulster Museum, Belfast *Ascona*, Philip King 278mlu; *D Fest des hl. Kevin inmitten der Ruinen von Glendalough*, Joseph Peacock 30, *Die Entsetzung Derrys*, William Sadl II 38–39, 39mru, 44mlo, 257mru, 278mlu.

Viking Ship Museum, Strandengen, Dänemark Aquare von Flemming Bau 35ol.

Waterford Corporation 35ul, 36ol, 36mlu, 37ul.

Writers Museum, Dublin 22ol.

Peter Zöller 14, 16ol, 48om, 48mr, 49mro, 49ul, 146ur, 2 216–217, 219ul, 220, 236, 249or, 364ur.

Vordere Umschlaginnenseiten Auftragsfotos, mit Ausnahme von Peter Zöller: ol, om, mu.

Umschlag

Vorderseite: **Photolibrary** F1 Online/Loehr Loehr.

Rückseite: **Dorling Kindersley** Joe Cornish mlo, ul; Alan Williams mlu, ul.

Buchrücken: **Photolibrary** F1 Online/Loehr Loehr o; **Walter Pfeiffer Studios** u.

Straßenkarte Irland
LEGENDE
Flughafen
Fährhafen
Schnellfähre
Bahnhof
Autobahn
Autobahn (im Bau)
Hauptstraße
Nebenstraße
Eisenbahn
0 Kilometer 30
0 Meilen 30
A
B
C
D
E
1
2
3
Atlantischer Ozean
North Channel
NORD IRLAND
REPUBLIK IRLAND
Campbeltown
Troon
A77
Cairnryan
Stranraer
A75
Fleetwood
Douglas & Liverpool
Douglas
Liverpool
Malin Head
Fanad Peninsula
Rosguill Peninsula
Horn Head
Tory Island
Bloody Foreland
Arranmore
Burtonport
The Rosses
Crolly
Dungloe
Derryveagh Mountains
R251
Letterkenny
R250
N56
Rathmullan
Inishowen Peninsula
R238
Buncrana
Fahan
Grianán of Aileach
Londonderry (Derry)
Mussenden Temple
Benone Strand
Limavady
A2
A37
Portrush
Portballintrae
Giant's Causeway
Bushmills
Portstewart
Coleraine
Ballycastle
Rathlin Island
Cushendall
A26
A43
Carnlough
Glenariff Forest Park
Ballygally
Ballymena
A42
A436
Larne
A29
A6
B48
Strabane
Stranorlar
Ballybofey
Ardara
Glencolmcille
R263
Slieve League
Killybegs
Kilcar
Dunkineely
Bruckless
Lough Eske
N15
Donegal
Lough Derg
Rossnowlagh
Donegal Bay
Ballyshannon
Belleek
Ulster History Park
Ulster-American Folk Park
Omagh
A5
A505
Beaghmore Stone Circles
Cookstown
Lough Neagh
Antrim
Carrickfergus
Bangor
Crawfordsburn
Holywood
BELFAST
Mount Stewart House
Ards Peninsula
M1
Lisburn
Oxford Island
Dungannon
A32
A35
A4
A28
Hillsborough
Lurgan
Portadown
A3
A1
A50
A7
Portaferry
Strangford
Lecale Peninsula
Downpatrick
Ardglass
Dundrum
Newcastle
Castlewellan Forest Park
Mountains of Mourne
Newry
Warrenpoint
Rostrevor
Annalong
Kilkeel
Carlingford
R173
Armagh
N2
Fivemiletown
Devenish Island
Lower Lough Erne
Enniskillen
Upper Lough Erne
Monaghan
N54
Clones
Lissadell House
Grange
Drumcliff
N16
Sligo
N59
Parke's Castle
Lough Gill
Dromahair
Marble Arch Caves
Florence Court
Collooney
Riverstown
Lough Allen
Lough Arrow
Ballymote
Castlebaldwin
N17
Tobercurry
R293
N4
Drumlane
Butler's Bridge
Cavan
Crossdoney
Carrick-on-Shannon
Mohill
Lough Rynn Estate
Boyle
N61
Carrickmacross
Dundalk
N3
N52
Ardee
Monasterboice
Mellifont Abbey
Drogheda
Slane
Newgrange
Kells
Navan
Duleek
Hill of Tara
N51
Fore Abbey
Tullynally Castle
Carrigglas Manor
Longford
N63
Strokestown Park House
N5
Clonalis House
Knock
Castlerea
N60
Roscommon
Belmullet
Céide Fields
R314
Ballina
Crossmolina
Lough Conn
Pontoon
Foxford
Mulrany
Newport
Achill Island
Rosturk
Castlebar
Westport
Clare Island
Croagh Patrick
R335
Inishbofin
Renvyle
Kylemore Abbey
Leenane
Lough Mask